Disfrute gratuitamente **DURANTE UN AÑO** de los eBook y audiolibros de las obras de Editorial Colex*

- Acceda a la página web de la editorial **www.colex.es**

- Identifíquese con su usuario y contraseña. En caso de no disponer de una cuenta regístrese.

- Acceda en el menú de usuario a la pestaña «Mis códigos» e introduzca el que aparece a continuación:

RASCAR PARA VISUALIZAR EL CÓDIGO

- Una vez se valide el código, aparecerá una ventana de confirmación y su eBook y/o audiolibro estará disponible **durante 1 año desde su activación** en la pestaña «Mis libros» en el menú de usuario.

---

* Los audiolibros están disponibles en las ediciones más recientes de nuestras obras. Se excluyen expresamente las colecciones «Códigos comentados», «Biblioteca digital» y los productos de www.vademecumlegal.es.

No se admitirá la devolución si el código promocional ha sido manipulado y/o utilizado.

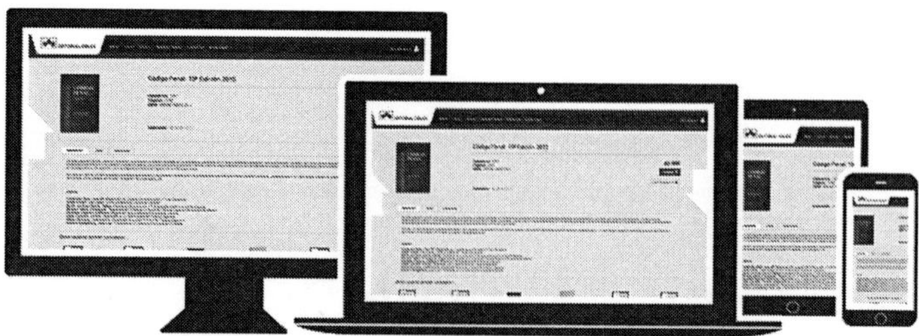

¡Gracias por confiar en nosotros!

La obra que acaba de adquirir incluye de forma gratuita la versión electrónica. Acceda a nuestra página web para aprovechar todas las funcionalidades de las que dispone en nuestro lector.

Funcionalidades eBook

Acceso desde cualquier dispositivo con conexión a internet

Idéntica visualización a la edición de papel

Navegación intuitiva

Tamaño del texto adaptable

Síguenos en: 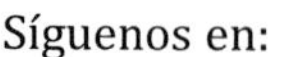

CÓDIGO PENAL Y LEGISLACIÓN COMPLEMENTARIA

Contiene concordancias, modificaciones resaltadas, índice analítico y legislación complementaria

2.ª EDICIÓN 2026

(Edición actualizada a 15 de abril de 2026)

COLEX 2026

© Editorial Colex, S.L.
Calle Costa Rica, número 5, 3º B (local comercial)
A Coruña, 15004, A Coruña (Galicia)
info@colex.es
www.colex.es

I.S.B.N.: 979-13-7011-611-8
Depósito Legal: C 694-2026

LEYENDA ICONOS

TEXTO MODIFICADO	**TEXTO NUEVO**

ABREVIATURAS

ART.	Artículo
C DE C	Código de Comercio
CC	Código Civil
CE	Constitución Española, de 27 de diciembre de 1978
CEDH	Convenio Europeo para la protección de los Derechos Humanos y de las Libertades Fundamentales (Roma, 4-11-59, ratificado por España el 26-9-79)
CP	Código Penal (LO 10/1995, de 23 de noviembre)
D.A.	Disposición adicional
D.DT.	Disposición derogatoria
D.F.	Disposición Final
D.T.	Disposición Transitoria
DUDH	Declaración Universal de los Derechos Humanos (ONU, 10-11-48)
ET	Estatuto de los trabajadores (RDLeg. 2/2015, de 23 de octubre)
L	Ley
LEC	Ley de Enjuiciamiento Civil (Ley 1/2000, de 7 de enero)
LECRIM	Ley de Enjuiciamiento Criminal (RD. de 14 de septiembre de 1882)
LGPE	Ley General Penitenciaria (LO 1/1979, de 26 de septiembre)
LH	Ley Hipotecaria (Decreto de 8 de febrero de 1946)
LJCA	Ley de la Jurisdicción Contencioso-administrativa (Ley 29/1998, de 13 de julio)
LJS	Ley de Jurisdicción Social (Ley 36/2011, de 10 de octubre)
LO	Ley Orgánica

LOFCS	Ley Orgánica de Fuerzas y Cuerpos de Seguridad (LO 2/1986, de 13 de marzo)
LOPJ	Ley Orgánica del Poder Judicial (LO 6/1985, de 1 de julio)
LOPSC	Ley Orgánica de Protección de la Seguridad Ciudadana (LO 4/2015, de 30 de marzo)
LOREG	Ley Orgánica del Régimen Electoral General (LO 5/1985, de 19 de junio)
LORPM	Ley Orgánica reguladora de la Responsabilidad Penal de los Menores (LO 5/2000, de 12 de enero)
LOTC	Ley Orgánica del Tribunal Constitucional (LO 2/1979, de 3 de octubre)
LOTJ	Ley Orgánica del Tribunal del Jurado (LO 5/1995, de 22 de mayo)
LPI	Ley de Propiedad Intelectual (RDLeg. 1/1996, de 12 de abril)
LPPNA	Ley Penal y Procesal de la Navegación Aérea (Ley 209/1964, de 24 de diciembre)
LRJSP	Ley de Régimen Jurídico del Sector Público (Ley 40/2015, de 1 de octubre)
MF	Ministerio Fiscal
O	Orden
PIDCP	Pacto Internacional de Derechos Civiles y Políticos
RD	Real Decreto
RDL	Real Decreto Ley
RDLEG	Real Decreto Legislativo
RH	Reglamento Hipotecario (Decreto de 14 de febrero de 1947)
RP	Reglamento Penitenciario (RD 190/1996, de 9 de febrero)

SUMARIO

LEY ORGÁNICA 10/1995, DE 23 DE NOVIEMBRE, DEL CÓDIGO PENAL

LEGISLACIÓN COMPLEMENTARIA

CÓDIGO PENAL

LEY ORGÁNICA 10/1995, DE 23 DE NOVIEMBRE, DEL CÓDIGO PENAL

–BOE núm. 281, de 24 de noviembre de 1994–

A todos los que la presente vieren y entendieren.

Sabed: Que las Cortes Generales han aprobado y Yo vengo en sancionar la siguiente Ley Orgánica:

EXPOSICIÓN DE MOTIVOS

Si se ha llegado a definir el ordenamiento jurídico como conjunto de normas que regulan el uso de la fuerza, puede entenderse fácilmente la importancia del Código Penal en cualquier sociedad civilizada. El Código Penal define los delitos y faltas que constituyen los presupuestos de la aplicación de la forma suprema que puede revestir el poder coactivo del Estado: la pena criminal. En consecuencia, ocupa un lugar preeminente en el conjunto del ordenamiento, hasta el punto de que, no sin razón, se ha considerado como una especie de «Constitución negativa». El Código Penal ha de tutelar los valores y principios básicos de la convivencia social. Cuando esos valores y principios cambian, debe también cambiar. En nuestro país, sin embargo, pese a las profundas modificaciones de orden social, económico y político, el texto vigente data, en lo que pudiera considerarse su núcleo básico, del pasado siglo. La necesidad de su reforma no puede, pues, discutirse.

A partir de los distintos intentos de reforma llevados a cabo desde la instauración del régimen democrático, el Gobierno ha elaborado el Proyecto que somete a la discusión y aprobación de las Cámaras. Debe, por ello, exponer, siquiera sea de modo sucinto, los criterios en que se inspira, aunque éstos puedan deducirse con facilidad de la lectura de su texto.

El eje de dichos criterios ha sido, como es lógico, el de la adaptación positiva del nuevo Código Penal a los valores constitucionales. Los cambios que introduce en esa dirección el presente Proyecto son innumerables, pero merece la pena destacar algunos.

En primer lugar, se propone una reforma total del actual sistema de penas, de modo que permita alcanzar, en lo posible, los objetivos de resocialización que la Constitución le asigna. El sistema que se propone simplifica, de una parte, la regulación de las penas privativas de libertad, ampliando, a la vez, las posibilidades de sustituirlas por otras que afecten a bienes jurídicos menos básicos, y, de otra, introduce cambios en las penas pecuniarias, adoptando el sistema de días-multa y añade los trabajos en beneficio de la comunidad.

En segundo lugar, se ha afrontado la antinomia existente entre el principio de intervención mínima y las crecientes necesidades de tutela en una sociedad cada vez más compleja, dando prudente acogida a nuevas formas de delincuencia, pero eliminando, a la vez, figuras delictivas que han perdido su razón de ser. En el primer sentido, merece destacarse la introducción de los delitos contra el orden socioeconómico o la nueva regulación de los delitos relativos a la ordenación del territorio y de los recursos naturales; en el segundo, la desaparición de las figuras complejas de robo con violencia e intimidación en las personas que, surgidas en el marco de la lucha contra el bandolerismo, deben desaparecer dejando paso a la aplicación de las reglas generales.

En tercer lugar, se ha dado especial relieve a la tutela de los derechos fundamentales y se ha procurado diseñar con especial mesura el recurso al instrumento punitivo allí donde está en juego el ejercicio de cualquiera de ellos: sirva de ejemplo, de una parte, la tutela específica de la integridad moral y, de otra, la nueva regulación de los delitos contra el honor. Al tutelar específicamente la integridad moral, se otorga al ciudadano una protección más fuerte frente a la tortura, y al configurar los delitos contra el honor del modo en que se propone, se otorga a la libertad de expresión toda la relevancia que puede y debe reconocerle un régimen democrático.

En cuarto lugar, y en consonancia con el objetivo de tutela y respeto a los derechos fundamentales, se ha eliminado el régimen de privilegio de que hasta ahora han venido gozando las injerencias ilegítimas de los funcionarios públicos en el ámbito de los derechos y libertades de los ciudadanos. Por tanto, se propone que las detenciones, entradas y registros en el domicilio llevadas a cabo por autoridad o funcionario fuera de los casos permitidos por la Ley, sean tratadas como formas agravadas de los correspondientes delitos comunes, y no como hasta ahora lo han venido siendo, esto es, como delitos especiales incomprensible e injustificadamente atenuados.

En quinto lugar, se ha procurado avanzar en el camino de la igualdad real y efectiva, tratando de cumplir la tarea que, en ese sentido, impone la Constitución a los poderes públicos. Cierto que no es el Código Penal el instrumento más importante para llevar a cabo esa tarea; sin embargo, puede contribuir a ella, eliminando regulaciones que son un obstáculo para su realización o introduciendo medidas de tutela frente a situaciones discriminatorias. Además de las normas que otorgan una protección específica frente a las actividades tendentes a la discriminación, ha de mencionarse aquí la nueva regulación de los delitos contra la libertad sexual. Se pretende con ella adecuar los tipos penales al bien jurídico protegido, que no es ya, como fuera históricamente, la honestidad de la mujer, sino la libertad sexual de todos. Bajo la tutela de la honestidad de la mujer se escondía una intolerable situación de agravio, que la regulación que se propone elimina totalmente. Podrá sorprender la novedad de las técnicas punitivas utilizadas; pero, en este caso, alejarse de la tradición parece un acierto.

Dejando el ámbito de los principios y descendiendo al de las técnicas de elaboración, el presente Proyecto difiere de los anteriores en la pretensión de universalidad. Se venía operando con la idea de que el Código Penal constituyese una regulación completa del poder punitivo del Estado. La realización de esa idea partía ya de un déficit, dada la importancia que en nuestro país reviste la potestad sancionadora de la Administración; pero, además, resultaba innecesaria y perturbadora.

Innecesaria, porque la opción decimonónica a favor del Código Penal y en contra de las leyes especiales se basaba en el hecho innegable de que el legislador, al elaborar un Código, se hallaba constreñido, por razones externas de trascendencia social, a respetar los principios constitucionales, cosa que no ocurría, u ocurría en menor medida, en el caso de una ley particular. En el marco de un constitucionalismo flexible, era ese un argumento de especial importancia para fundamentar la pretensión de universalidad absoluta del Código. Hoy, sin embargo, tanto el Código Penal como las leyes especiales se hallan jerárquicamente subordinados a la Constitución y obligados a someterse a ella, no sólo por esa jerarquía, sino también por la existencia de un control jurisdiccional de la constitucionalidad. Consiguientemente, las leyes especiales no pueden suscitar la prevención que históricamente provocaban.

Perturbadora, porque, aunque es innegable que un Código no merecería ese nombre si no contuviese la mayor parte de las normas penales y, desde luego, los principios básicos informadores de toda la regulación, lo cierto es que hay materias que difícilmente pueden introducirse en él. Pues, si una pretensión relativa de universalidad es inherente a la idea de Código, también lo son las de estabilidad y fijeza, y existen ámbitos en que, por la especial situación del resto del ordenamiento, o por la naturaleza misma de las cosas, esa estabilidad y fijeza son imposibles. Tal es, por ejemplo, el caso de los delitos relativos al control de cambios. En ellos, la modificación constante de las condiciones económicas y del contexto normativo, en el que, quiérase o no, se integran tales delitos, aconseja situar las normas penales en dicho contexto y dejarlas fuera del Código: por lo demás, ésa es nuestra tradición, y no faltan, en los países de nuestro entorno, ejemplos caracterizados de un proceder semejante.

Así pues, en ese y en otros parecidos, se ha optado por remitir a las correspondientes leyes especiales la regulación penal de las respectivas materias. La misma técnica se ha utilizado para las normas reguladoras de la despenalización de la interrupción voluntaria del embarazo. En este caso, junto a razones semejantes a las anteriormente expuestas, podría argüirse que no se trata de normas incriminadoras, sino de normas que regulan supuestos de no incriminación. El Tribunal Constitucional exigió que, en la configuración de dichos supuestos, se adoptasen garantías que no parecen propias de un Código Penal, sino más bien de otro tipo de norma.

En la elaboración del Proyecto se han tenido muy presentes las discusiones parlamentarias del de 1992, el dictamen del Consejo General del Poder Judicial, el estado de la jurisprudencia y las opiniones de la doctrina científica. Se ha llevado a cabo desde la idea, profundamente sentida, de que el Código Penal ha de ser de todos y de que, por consiguiente, han de escucharse todas las opiniones y optar por las soluciones que parezcan más razonables, esto es, por aquéllas que todo el mundo debería poder aceptar.

No se pretende haber realizado una obra perfecta, sino, simplemente, una obra útil. El Gobierno no tiene aquí la última palabra, sino solamente la primera. Se limita, pues, con este Proyecto, a pronunciarla, invitando a todas las fuerzas políticas y a todos los ciudadanos a colaborar en la tarea de su perfeccionamiento. Solamente si todos deseamos tener un Código Penal mejor y contribuimos a conseguirlo podrá lograrse un objetivo cuya importancia para la convivencia y el pacífico disfrute de los derechos y libertades que la Constitución proclama difícilmente podría exagerarse.

TÍTULO PRELIMINAR
De las garantías penales y de la aplicación de la Ley penal

ART. 1.

1. No será castigada ninguna acción ni omisión que no esté prevista como delito por Ley anterior a su perpetración.

2. Las medidas de seguridad sólo podrán aplicarse cuando concurran los presupuestos establecidos previamente por la Ley.

> *Apdo. 1 modificado por LO 1/2015, de 30 de marzo.*
>
> *Ver arts. 9.3, 25.1 y 81 CE; 2, 3, 4.1, 2 y 3, 6.10.ª, 12 y 95 CP; 43 LORPM; 15 Pacto Internacional de Derechos Civiles y Políticos; 7 Convenio para la Protección de los Derechos Humanos y Libertades Fundamentales.*

ART. 2.

1. No será castigado ningún delito con pena que no se halle prevista por Ley anterior a su perpetración. Carecerán, igualmente, de efecto retroactivo las Leyes que establezcan medidas de seguridad.

2. No obstante, tendrán efecto retroactivo aquellas leyes penales que favorezcan al reo, aunque al entrar en vigor hubiera recaído sentencia firme y el sujeto estuviese cumpliendo condena. En caso de duda sobre la determinación de la Ley más favorable, será oído el reo. Los hechos cometidos bajo la vigencia de una Ley temporal serán juzgados, sin embargo, conforme a ella, salvo que se disponga expresamente lo contrario.

> *Apdo. 1 modificado por LO 1/2015, de 30 de marzo.*
>
> *Ver nota al artículo anterior y disp. trans. 1.ª a 10.ª CP.*

ART. 3.

1. No podrá ejecutarse pena ni medida de seguridad sino en virtud de sentencia firme dictada por el Juez o Tribunal competente, de acuerdo con las leyes procesales.

2. Tampoco podrá ejecutarse pena ni medida de seguridad en otra forma que la prescrita por la Ley y reglamentos que la desarrollan, ni con otras circunstancias o accidentes que los expresados en su texto. La ejecución de la pena o de la medida de seguridad se realizará bajo el control de los Jueces y Tribunales competentes.

> *Ver arts. 24, 25.2 y 3 y 117.3 CE; 9.1, 23 y 245.3 LOPJ; 80 a 92 CP; 1, 141 y 983 a 998 LECrim; 2, 72, 76 y 77 Ley General Penitenciaria; 3.1 RP.*

ART. 4.

1. Las leyes penales no se aplicarán a casos distintos de los comprendidos expresamente en ellas.

2. En el caso de que un Juez o Tribunal, en el ejercicio de su jurisdicción, tenga conocimiento de alguna acción u omisión que, sin estar penada por la Ley, estime digna de represión, se abstendrá de todo procedimiento sobre ella y expondrá al Gobierno las razones que le asistan para creer que debiera ser objeto de sanción penal.

3. Del mismo modo acudirá al Gobierno exponiendo lo conveniente sobre la derogación o modificación del precepto o la concesión de indulto, sin perjuicio de ejecutar desde luego la sentencia, cuando de la rigurosa aplicación de las disposiciones de la Ley resulte penada una acción u omisión que, a juicio del Juez o Tribunal, no debiera serlo, o cuando la pena sea notablemente excesiva, atendidos el mal causado por la infracción y las circunstancias personales del reo.

4. Si mediara petición de indulto, y el Juez o Tribunal hubiere apreciado en resolución fundada que por el cumplimiento de la pena puede resultar vulnerado el derecho a un proceso sin dilaciones indebidas, suspenderá la ejecución de la misma en tanto no se resuelva sobre la petición formulada.

También podrá el Juez o Tribunal suspender la ejecución de la pena, mientras no se resuelva sobre el indulto cuando, de ser ejecutada la sentencia, la finalidad de éste pudiera resultar ilusoria.

Ver arts. 24.2 y 62 i) CE; 4.2 CC; 21.6.ª, 80 a 87 y 130.3.° CP; 902 y 988 LECrim; Ley de 18-6-1870, de Ejercicio de la Gracia de Indulto.

ART. 5.

No hay pena sin dolo o imprudencia.

Ver arts. 10, 12, 14 y 114 CP; 1 Ley sobre responsabilidad civil y seguro en la circulación de vehículos a motor.

ART. 6.

1. Las medidas de seguridad se fundamentan en la peligrosidad criminal del sujeto al que se impongan, exteriorizada en la comisión de un hecho previsto como delito.

2. Las medidas de seguridad no pueden resultar ni más gravosas ni de mayor duración que la pena abstractamente aplicable al hecho cometido, ni exceder el límite de lo necesario para prevenir la peligrosidad del autor.

Ver arts. 95 y sigs. CP.

ART. 7.

A los efectos de determinar la Ley penal aplicable en el tiempo, los delitos se consideran cometidos en el momento en que el sujeto ejecuta la acción u omite el acto que estaba obligado a realizar.

Modificado por LO 1/2015, de 30 de marzo.

Ver art. 132.1 CP y disp. trans. 1.ª y 2.ª CP.

ART. 8.

Los hechos susceptibles de ser calificados con arreglo a dos o más preceptos de este Código, y no comprendidos en los artículos 73 a 77, se castigarán observando las siguientes reglas:

1.ª El precepto especial se aplicará con preferencia al general.

2.ª El precepto subsidiario se aplicará sólo en defecto del principal, ya se declare expresamente dicha subsidiariedad, ya sea ésta tácitamente deducible.

3.ª El precepto penal más amplio o complejo absorberá a los que castiguen las infracciones consumidas en aquél.

4.ª En defecto de los criterios anteriores, el precepto penal más grave excluirá los que castiguen el hecho con pena menor.

Ver art. 73 a 77 y 95 CP.

ART. 9.

Las disposiciones de este Título se aplicarán a los delitos que se hallen penados por leyes especiales. Las restantes disposiciones de este Código se aplicarán como supletorias en lo no previsto expresamente por aquéllas.

Modificado por LO 1/2015, de 30 de marzo.

Ver disp. trans. undécima y derogatoria única del CP.

LIBRO I

Disposiciones generales sobre los delitos, las personas responsables, las penas, medidas de seguridad y demás consecuencias de la infracción penal

Rúbrica modificada por LO 1/2015, de 30 de marzo.

TÍTULO I
De la infracción penal

CAPÍTULO I
De los delitos

ART. 10.

Son delitos las acciones y omisiones dolosas o imprudentes penadas por la Ley.

Modificado por LO 1/2015, de 30 de marzo.

Ver las concordancias citadas en el art. 1.

ART. 11.

Los delitos que consistan en la producción de un resultado sólo se entenderán cometidos por omisión cuando la no evitación del mismo, al infringir un especial deber jurídico del autor, equivalga, según el sentido del texto de la Ley, a su causación. A tal efecto se equiparará la omisión a la acción:

a) Cuando exista una específica obligación legal o contractual de actuar.

b) Cuando el omitente haya creado una ocasión de riesgo para el bien jurídicamente protegido mediante una acción u omisión precedente.

Apdo. 1 modificado por LO 1/2015, de 30 de marzo.

Ver arts. 1.1, 4.2 y 3, 10, 12, 195, 196, 408 y 450 CP.

ART. 12.

Las acciones u omisiones imprudentes sólo se castigarán cuando expresamente lo disponga la Ley.

Ver arts. 5, 10, 14.1 CP.

ART. 13.

1. Son delitos graves las infracciones que la Ley castiga con pena grave.
2. Son delitos menos graves las infracciones que la Ley castiga con pena menos grave.
3. Son delitos leves las infracciones que la ley castiga con pena leve.
4. Cuando la pena, por su extensión, pueda incluirse a la vez entre las mencionadas en los dos primeros números de este artículo, el delito se considerará, en todo caso, como grave. Cuando la pena, por su extensión, pueda considerarse como leve y como menos grave, el delito se considerará, en todo caso, como leve.

Apdos. 3 y 4 modificados por LO 1/2015, de 30 de marzo.

Ver arts. 32, 33 y 71 CP; 14 y 757 LECrim.

ART. 14.

1. El error invencible sobre un hecho constitutivo de la infracción penal excluye la responsabilidad criminal. Si el error, atendidas las circunstancias del hecho y las personales del autor, fuera vencible, la infracción será castigada, en su caso, como imprudente.

2. El error sobre un hecho que cualifique la infracción o sobre una circunstancia agravante, impedirá su apreciación.

3. El error invencible sobre la ilicitud del hecho constitutivo de la infracción penal excluye la responsabilidad criminal. Si el error fuera vencible, se aplicará la pena inferior en uno o dos grados.

Ver arts. 5, 12, 65.2 y 118.2 y 119 CP; 6.1 CC.

ART. 15.

Son punibles el delito consumado y la tentativa de delito.

Modificado por LO 1/2015, de 30 de marzo.

Ver arts. 16, 61, 62, 63 y 64 CP.

ART. 16.

1. Hay tentativa cuando el sujeto da principio a la ejecución del delito directamente por hechos exteriores, practicando todos o parte de los actos que objetivamente deberían producir el resultado, y sin embargo éste no se produce por causas independientes de la voluntad del autor.

2. Quedará exento de responsabilidad penal por el delito intentado quien evite voluntariamente la consumación del delito, bien desistiendo de la ejecución ya iniciada, bien impidiendo la producción del resultado, sin perjuicio de la responsabilidad en que pudiera haber incurrido por los actos ejecutados, si éstos fueren ya constitutivos de otro delito.

3. Cuando en un hecho intervengan varios sujetos, quedarán exentos de responsabilidad penal aquel o aquellos que desistan de la ejecución ya iniciada, e impidan o intenten impedir, seria, firme y decididamente, la consumación, sin perjuicio de la responsabilidad en que pudieran haber incurrido por los actos ejecutados, si éstos fueren ya constitutivos de otro delito.

Apdos. 2 y 3 modificados por LO 1/2015, de 30 de marzo.

Ver las concordancias al art. 15 y arts. 354.2, 462, 480, 485.2, 547 y 579 CP.

ART. 17.

1. La conspiración existe cuando dos o más personas se conciertan para la ejecución de un delito y resuelven ejecutarlo.

2. La proposición existe cuando el que ha resuelto cometer un delito invita a otra u otras personas a participar en él.

3. La conspiración y la proposición para delinquir sólo se castigarán en los casos especialmente previstos en la Ley.

Modificado por LO 1/2015, de 30 de marzo.

Ver arts. 141, 151, 168, 269, 304, 373, 477, 488, 519, 553, 578, 585, y 615 CP.

ART. 18.

1. La provocación existe cuando directamente se incita por medio de la imprenta, la radiodifusión o cualquier otro medio de eficacia semejante, que facilite la publicidad, o ante una concurrencia de personas, a la perpetración de un delito.

Es apología, a los efectos de este Código, la exposición, ante una concurrencia de personas o por cualquier medio de difusión, de ideas o doctrinas que ensalcen el crimen o enaltezcan a su autor. La apología sólo será delictiva como forma de provocación y si por su naturaleza y circunstancias constituye una incitación directa a cometer un delito.

2. La provocación se castigará exclusivamente en los casos en que la Ley así lo prevea.

Si a la provocación hubiese seguido la perpetración del delito, se castigará como inducción.

Ver las concordancias citadas en el artículo anterior.

CAPÍTULO II
De las causas que eximen de la responsabilidad criminal

ART. 19.

Los menores de dieciocho años no serán responsables criminalmente con arreglo a este Código.

Cuando un menor de dicha edad cometa un hecho delictivo podrá ser responsable con arreglo a lo dispuesto en la ley que regule la responsabilidad penal del menor.

Ver arts. 69 CP; 375, 376, 762.7.ª LECrim; LO 5/2000, de 12 de enero, reguladora de la responsabilidad penal de los menores.

ART. 20.

Están exentos de responsabilidad criminal:

1.º El que al tiempo de cometer la infracción penal, a causa de cualquier anomalía o alteración psíquica, no pueda comprender la ilicitud del hecho o actuar conforme a esa comprensión.

El trastorno mental transitorio no eximirá de pena cuando hubiese sido provocado por el sujeto con el propósito de cometer el delito o hubiera previsto o debido prever su comisión.

2.º El que al tiempo de cometer la infracción penal se halle en estado de intoxicación plena por el consumo de bebidas alcohólicas, drogas tóxicas, estupefacientes, sustancias psicotrópicas u otras que produzcan efectos análogos, siempre que no haya sido buscado con el propósito de cometerla o no se hubiese previsto o debido prever su comisión, o se halle bajo la influencia de un síndrome de abstinencia, a causa de su dependencia de tales sustancias, que le impida comprender la ilicitud del hecho o actuar conforme a esa comprensión.

3.º El que, por sufrir alteraciones en la percepción desde el nacimiento o desde la infancia, tenga alterada gravemente la conciencia de la realidad.

4.º El que obre en defensa de la persona o derechos propios o ajenos, siempre que concurran los requisitos siguientes:

Primero. Agresión ilegítima. En caso de defensa de los bienes se reputará agresión ilegítima el ataque a los mismos que constituya delito y los ponga en grave peligro de deterioro o pérdida inminentes. En caso de defensa de la morada o sus dependencias, se reputará agresión ilegítima la entrada indebida en aquélla o éstas.

Segundo. Necesidad racional del medio empleado para impedirla o repelerla.

Tercero. Falta de provocación suficiente por parte del defensor.

5.º El que, en estado de necesidad, para evitar un mal propio o ajeno lesione un bien jurídico de otra persona o infrinja un deber, siempre que concurran los siguientes requisitos:

Primero. Que el mal causado no sea mayor que el que se trate de evitar.

Segundo. Que la situación de necesidad no haya sido provocada intencionadamente por el sujeto.

Tercero. Que el necesitado no tenga, por su oficio o cargo, obligación de sacrificarse.

6.º El que obre impulsado por miedo insuperable.

7.º El que obre en cumplimiento de un deber o en el ejercicio legítimo de un derecho, oficio o cargo.

En los supuestos de los tres primeros números se aplicarán, en su caso, las medidas de seguridad previstas en este Código.

Punto Primero del ordinal 4.º modificado por LO 1/2015, de 30 de marzo.

Apartado 1.º: ver arts. 21.1.ª y 2.ª, 60, 101, 104 a 108 y D.A. 1.ª CP; 381 a 383 y 991 a 994 LECrim. Apartado 2.º: ver arts. 21.1.ª, 102, 104 a 108, 118 y 119 CP. Apartado 3.º: ver arts. 21.1.ª, 103 a 108, 118 y 119 y D.A. 1.ª CP; 392, 398 y 440 a 442 LECrim. Apartado 4.º: ver arts. 21.1.ª CP; y 2.2 a) CEDH. Apartado 5.º: ver arts. 21.1.ª, 118 y 119 CP. Apartado 6.º: ver arts. 21.1.ª, 118 y 119 CP. Apartado 7.º: ver LO 2/1986, de 13-3, de fuerzas y cuerpos de seguridad.

CAPÍTULO III
De las circunstancias que atenúan la responsabilidad criminal

ART. 21.

Son circunstancias atenuantes:

1.ª Las causas expresadas en el capítulo anterior, cuando no concurrieren todos los requisitos necesarios para eximir de responsabilidad en sus respectivos casos.

2.ª La de actuar el culpable a causa de su grave adicción a las sustancias mencionadas en el número 2.º del artículo anterior.

3.ª La de obrar por causas o estímulos tan poderosos que hayan producido arrebato, obcecación u otro estado pasional de entidad semejante.

4.ª La de haber procedido el culpable, antes de conocer que el procedimiento judicial se dirige contra él, a confesar la infracción a las autoridades.

5.ª La de haber procedido el culpable a reparar el daño ocasionado a la víctima, o disminuir sus efectos, en cualquier momento del procedimiento y con anterioridad a la celebración del acto del juicio oral.

6.ª La dilación extraordinaria e indebida en la tramitación del procedimiento, siempre que no sea atribuible al propio inculpado y que no guarde proporción con la complejidad de la causa.

7.ª Cualquier otra circunstancia de análoga significación que las anteriores.

Circunstancia 1.ª: ver arts. 20, 65 a 71 CP; y 2 LPPNA. Circunstancia 2.ª: ver arts. 20.1.º y 2.º y 87 CP.

CAPÍTULO IV
De las circunstancias que agravan la responsabilidad criminal

ART. 22.

Son circunstancias agravantes:

1.ª Ejecutar el hecho con alevosía.

Hay alevosía cuando el culpable comete cualquiera de los delitos contra las personas empleando en la ejecución medios, modos o formas que tiendan directa o especialmente a asegurarla, sin el riesgo que para su persona pudiera proceder de la defensa por parte del ofendido.

2.ª Ejecutar el hecho mediante disfraz, con abuso de superioridad o aprovechando las circunstancias de lugar, tiempo o auxilio de otras personas que debiliten la defensa del ofendido o faciliten la impunidad del delincuente.

3.ª Ejecutar el hecho mediante precio, recompensa o promesa.

4.ª Cometer el delito por motivos racistas, antisemitas, antigitanos u otra clase de discriminación referente a la ideología, religión o creencias de la víctima, la etnia, raza o nación a la que pertenezca, su sexo, edad, orientación o identidad sexual o de género, razones de género, de aporofobia o de exclusión social, la enfermedad que padezca o su discapacidad, con independencia de que tales condiciones o circunstancias concurran efectivamente en la persona sobre la que recaiga la conducta.

5.ª Aumentar deliberada e inhumanamente el sufrimiento de la víctima, causando a ésta padecimientos innecesarios para la ejecución del delito.

6.ª Obrar con abuso de confianza.

7.ª Prevalerse del carácter público que tenga el culpable.

8.ª Ser reincidente.

Hay reincidencia cuando, al delinquir, el culpable haya sido condenado ejecutoriamente por un delito comprendido en el mismo título de este código, siempre que sea de la misma naturaleza.

A los efectos de este número no se computarán los antecedentes penales cancelados o que debieran serlo, ni los que correspondan a delitos leves, **salvo lo dispuesto para los tipos agravados por multirreincidencia de delitos leves**.

Las condenas firmes de jueces o tribunales impuestas en otros Estados de la Unión Europea producirán los efectos de reincidencia salvo que el antecedente penal haya sido cancelado o pudiera serlo con arreglo al Derecho español.

Circunstancia 8.ª modificada por Ley Orgánica 1/2026, de 8 de abril, en materia de multirreincidencia, por la que se modifica la Ley Orgánica 10/1995, de 23 de noviembre, del Código Penal y la Ley de Enjuiciamiento Criminal, aprobada por Real Decreto de 14 de septiembre de 1882. (BOE de 09-04-2026).

Circunstancia 4.ª modificada por Ley Orgánica 6/2022, de 12 de julio, complementaria de la Ley 15/2022, de 12 de julio, integral para la igualdad de trato y la no discriminación, de modificación de la Ley Orgánica 10/1995, de 23 de noviembre, del Código Penal. (BOE de 13-07-2022).

Circunstancia 4.ª anteriormente modificada por Ley Orgánica 8/2021, de 4 de junio, de protección integral a la infancia y la adolescencia frente a la violencia. (BOE de 05-06-2021). Modificación en vigor desde el 25/06/2021.

Circunstancia 1.ª: ver arts. 65 a 67 y 139.1.ª CP. Circunstancia 3.ª: ver arts. 139.2.ª y 213 CP. Circunstancia 4.ª: ver arts. 14 y 16 CE; 161.2, 314, 510 a 512, 515, 517 a 521, 525 y 607 CP. Circunstancia 5.ª: ver arts. 139 y 148 CP. Circunstancia 8.ª: ver disp. trans. séptima CP.

Ver arts. 87, 136, 190, 375, 388 y 580 y disp. trans. sexta y séptima CP; 379 LECrim; RD 95/2009, de 6-2, por el que se regula el sistema de registros administrativos de apoyo a la Administración de Justicia.

CAPÍTULO V
De la circunstancia mixta de parentesco

ART. 23.

Es circunstancia que puede atenuar o agravar la responsabilidad, según la naturaleza, los motivos y los efectos del delito, ser o haber sido el agraviado cónyuge o persona que esté o haya estado ligada de forma estable por análoga relación de afectividad, o ser ascendiente, descendiente o hermano por naturaleza o adopción del ofensor o de su cónyuge o conviviente.

Ver arts. 67, 153, 180.4.ª, 182.1.º, 268.1 y 424 CP.

CAPÍTULO VI
Disposiciones generales

ART. 24.

1. A los efectos penales se reputará autoridad al que por sí solo o como miembro de alguna corporación, tribunal u órgano colegiado tenga mando o ejerza jurisdicción propia. En todo caso, tendrán la consideración de autoridad los miembros del Congreso de los Diputados, del Senado, de las Asambleas Legislativas de las Comunidades Autónomas y del Parlamento Europeo. Tendrán también la consideración de autoridad los funcionarios del Ministerio Fiscal y los Fiscales de la Fiscalía Europea.

2. Se considerará funcionario público todo el que por disposición inmediata de la Ley o por elección o por nombramiento de autoridad competente participe en el ejercicio de funciones públicas.

Apdo. 1 modificado por Ley Orgánica 9/2021, de 1 de julio, de aplicación del Reglamento (UE) 2017/1939 del Consejo, de 12 de octubre de 2017, por el que se establece una cooperación reforzada para la creación de la Fiscalía Europea. (BOE de 02/07/2021). Modificación en vigor desde el 03/07/2021.

Ver arts. 23 EOMF; 7.1.º Ley de fuerzas y cuerpos de seguridad; 33.1 Ley 16/1987, de ordenación de los transportes terrestres; 1 Ley 315/1964, de funcionarios civiles del Estado; 1 Ley 30/1984, de 2 de agosto, de medidas de reforma de la función pública; 89 Ley 7/1985, de 2 de abril, de bases de régimen local.

ART. 25.

A los efectos de este Código se entiende por discapacidad aquella situación en que se encuentra una persona con deficiencias físicas, mentales, intelectuales o sensoriales de carácter permanente que, al interactuar con diversas barreras, puedan limitar o impedir su participación plena y efectiva en la sociedad, en igualdad de condiciones con las demás.

Asimismo a los efectos de este Código, se entenderá por persona con discapacidad necesitada de especial protección a aquella persona con discapacidad que, tenga o no judicialmente modificada su capacidad de obrar, requiera de asistencia o apoyo para el ejercicio de su capacidad jurídica y para la toma de decisiones respecto de su persona, de sus derechos o intereses a causa de sus deficiencias intelectuales o mentales de carácter permanente.

Modificado por LO 1/2015, de 30 de marzo.

Ver arts. 20, 96, 101, 103, 118, 119, 155, 156, 165, 187, 189 y D.A. 1.ª y 2.ª del CP; arts. 249 a 262 CC.

ART. 26.

A los efectos de este Código se considera documento todo soporte material que exprese o incorpore datos, hechos o narraciones con eficacia probatoria o cualquier otro tipo de relevancia jurídica.

Ver arts. 197, 390 a 399, 413 a 416, 534, 600 y 603 CP; 1216 CC; 135.2 LOREG.

TÍTULO II
De las personas criminalmente responsables de los delitos

Rúbrica modificada por LO 1/2015, de 30 de marzo.

ART. 27.

Son responsables criminalmente de los delitos los autores y los cómplices.

Modificado por LO 1/2015, de 30 de marzo.

Ver arts. 28 a 31, 61 a 63 y 116 CP.

ART. 28.

Son autores quienes realizan el hecho por sí solos, conjuntamente o por medio de otro del que se sirven como instrumento.

También serán considerados autores:

a) Los que inducen directamente a otro u otros a ejecutarlo.

b) Los que cooperan a su ejecución con un acto sin el cual no se habría efectuado.

Ver arts. 18, 20, 27, 30, 31, 61 a 63 y 116 y D.A. 1.ª y 2.ª CP.

ART. 29.

Son cómplices los que, no hallándose comprendidos en el artículo anterior, cooperan a la ejecución del hecho con actos anteriores o simultáneos.

Ver arts. 27, 28, 30.1, 31, 63, 64 y 116 CP.

ART. 30.

1. En los delitos que se cometan utilizando medios o soportes de difusión mecánicos no responderán criminalmente ni los cómplices ni quienes los hubieren favorecido personal o realmente.

2. Los autores a los que se refiere el artículo 28 responderán de forma escalonada, excluyente y subsidiaria de acuerdo con el siguiente orden:

1.º Los que realmente hayan redactado el texto o producido el signo de que se trate, y quienes les hayan inducido a realizarlo.

2.º Los directores de la publicación o programa en que se difunda.

3.º Los directores de la empresa editora, emisora o difusora.

4.º Los directores de la empresa grabadora, reproductora o impresora.

3. Cuando por cualquier motivo distinto de la extinción de la responsabilidad penal, incluso la declaración de rebeldía o la residencia fuera de España, no pueda perseguirse a ninguna de las personas comprendidas en alguno de los números del apartado anterior, se dirigirá el procedimiento contra las mencionadas en el número inmediatamente posterior.

Apdo. 1 modificado por LO 1/2015, de 30 de marzo.

Ver arts. 27 a 29, 130 a 132, 186, 211, 212, 270 y 510.2 CP; 819, 820, 822 y 823 LECrim.

ART. 31.

El que actúe como administrador de hecho o de derecho de una persona jurídica, o en nombre o representación legal o voluntaria de otro, responderá personalmente, aunque no concurran en él las condiciones, cualidades o relaciones que la correspondiente figura de delito requiera para poder ser sujeto activo del mismo, si tales circunstancias se dan en la entidad o persona en cuyo nombre o representación obre.

Apdo. 1 modificado por LO 1/2015, de 30 de marzo.

Este artículo había sido modificado asimismo por la LO 5/2010, de 22 de junio, que suprimió su apartado segundo; y también por la LO 15/2003, de 25 de noviembre.

ART. 31 bis.

1. En los supuestos previstos en este Código, las personas jurídicas serán penalmente responsables:

a) De los delitos cometidos en nombre o por cuenta de las mismas, y en su beneficio directo o indirecto, por sus representantes legales o por aquellos que actuando individualmente o como integrantes de un órgano de la persona jurídica, están autorizados para tomar decisiones en nombre de la persona jurídica u ostentan facultades de organización y control dentro de la misma.

b) De los delitos cometidos, en el ejercicio de actividades sociales y por cuenta y en beneficio directo o indirecto de las mismas, por quienes, estando sometidos a la autoridad de las personas físicas mencionadas en el párrafo anterior, han podido realizar los hechos por haberse incumplido gravemente por aquéllos los deberes de supervisión, vigilancia y control de su actividad atendidas las concretas circunstancias del caso.

2. Si el delito fuere cometido por las personas indicadas en la letra a) del apartado anterior, la persona jurídica quedará exenta de responsabilidad si se cumplen las siguientes condiciones:

1.ª el órgano de administración ha adoptado y ejecutado con eficacia, antes de la comisión del delito, modelos de organización y gestión que incluyen las medidas de vigilancia y control idóneas para prevenir delitos de la misma naturaleza o para reducir de forma significativa el riesgo de su comisión;

2.ª la supervisión del funcionamiento y del cumplimiento del modelo de prevención implantado ha sido confiada a un órgano de la persona jurídica con poderes autónomos de iniciativa y de control o que tenga encomendada legalmente la función de supervisar la eficacia de los controles internos de la persona jurídica;

3.ª los autores individuales han cometido el delito eludiendo fraudulentamente los modelos de organización y de prevención y

4.ª no se ha producido una omisión o un ejercicio insuficiente de sus funciones de supervisión, vigilancia y control por parte del órgano al que se refiere la condición 2.ª

En los casos en los que las anteriores circunstancias solamente puedan ser objeto de acreditación parcial, esta circunstancia será valorada a los efectos de atenuación de la pena.

3. En las personas jurídicas de pequeñas dimensiones, las funciones de supervisión a que se refiere la condición 2.ª del apartado 2 podrán ser asumidas directamente por el órgano de administración. A estos efectos, son personas jurídicas de pequeñas dimensiones aquéllas que, según la legislación aplicable, estén autorizadas a presentar cuenta de pérdidas y ganancias abreviada.

4. Si el delito fuera cometido por las personas indicadas en la letra b) del apartado 1, la persona jurídica quedará exenta de responsabilidad si, antes de la comisión del delito, ha adoptado y ejecutado eficazmente un modelo de organización y gestión que resulte adecuado para prevenir delitos de la naturaleza del que fue cometido o para reducir de forma significativa el riesgo de su comisión.

En este caso resultará igualmente aplicable la atenuación prevista en el párrafo segundo del apartado 2 de este artículo.

5. Los modelos de organización y gestión a que se refieren la condición 1.ª del apartado 2 y el apartado anterior deberán cumplir los siguientes requisitos:

1.º Identificarán las actividades en cuyo ámbito puedan ser cometidos los delitos que deben ser prevenidos.

2.º Establecerán los protocolos o procedimientos que concreten el proceso de formación de la voluntad de la persona jurídica, de adopción de decisiones y de ejecución de las mismas con relación a aquéllos.

3.º Dispondrán de modelos de gestión de los recursos financieros adecuados para impedir la comisión de los delitos que deben ser prevenidos.

4.º Impondrán la obligación de informar de posibles riesgos e incumplimientos al organismo encargado de vigilar el funcionamiento y observancia del modelo de prevención.

5.º Establecerán un sistema disciplinario que sancione adecuadamente el incumplimiento de las medidas que establezca el modelo.

6.º Realizarán una verificación periódica del modelo y de su eventual modificación cuando se pongan de manifiesto infracciones relevantes de sus disposiciones, o cuando se produzcan cambios en la organización, en la estructura de control o en la actividad desarrollada que los hagan necesarios.

Modificado por LO 1/2015, de 30 de marzo.

Ver arts. 33.7, 52.4, 53.5, 66 bis, 116.3, 130.2, 156 bis.3, 177 bis.7, 189 bis, 197.3, 251 bis, 257.3, 261 bis, 264.4, 288, 302.2, 310 bis y 318 bis.4 CP.

ART. 31 ter.

1. La responsabilidad penal de las personas jurídicas será exigible siempre que se constate la comisión de un delito que haya tenido que cometerse por quien ostente los cargos o funciones aludidas en el artículo anterior, aun cuando la concreta persona física responsable no haya sido individualizada o no haya sido posible dirigir el procedimiento contra ella. Cuando como consecuencia de los mismos hechos se impusiere a ambas la pena de multa, los jueces o tribunales modularán las respectivas cuantías, de modo que la suma resultante no sea desproporcionada en relación con la gravedad de aquéllos.

2. La concurrencia, en las personas que materialmente hayan realizado los hechos o en las que los hubiesen hecho posibles por no haber ejercido el debido control, de circunstancias que afecten a la culpabilidad del acusado o agraven su responsabilidad, o el hecho de que dichas personas hayan fallecido o se hubieren sustraído a la acción de la justicia, no

excluirá ni modificará la responsabilidad penal de las personas jurídicas, sin perjuicio de lo que se dispone en el artículo siguiente.

Añadido por LO 1/2015, de 30 de marzo.

ART. 31 quater.

Sólo podrán considerarse circunstancias atenuantes de la responsabilidad penal de las personas jurídicas haber realizado, con posterioridad a la comisión del delito y a través de sus representantes legales, las siguientes actividades:

a) Haber procedido, antes de conocer que el procedimiento judicial se dirige contra ella, a confesar la infracción a las autoridades.

b) Haber colaborado en la investigación del hecho aportando pruebas, en cualquier momento del proceso, que fueran nuevas y decisivas para esclarecer las responsabilidades penales dimanantes de los hechos.

c) Haber procedido en cualquier momento del procedimiento y con anterioridad al juicio oral a reparar o disminuir el daño causado por el delito.

d) Haber establecido, antes del comienzo del juicio oral, medidas eficaces para prevenir y descubrir los delitos que en el futuro pudieran cometerse con los medios o bajo la cobertura de la persona jurídica.

Añadido por LO 1/2015, de 30 de marzo.

ART. 31 quinquies.

1. Las disposiciones relativas a la responsabilidad penal de las personas jurídicas no serán aplicables al Estado, a las Administraciones públicas territoriales e institucionales, a los Organismos Reguladores, las Agencias y Entidades públicas Empresariales, a las organizaciones internacionales de derecho público, ni a aquellas otras que ejerzan potestades públicas de soberanía o administrativas.

2. En el caso de las Sociedades mercantiles públicas que ejecuten políticas públicas o presten servicios de interés económico general, solamente les podrán ser impuestas las penas previstas en las letras a) y g) del apartado 7 del artículo 33. Esta limitación no será aplicable cuando el juez o tribunal aprecie que se trata de una forma jurídica creada por sus promotores, fundadores, administradores o representantes con el propósito de eludir una eventual responsabilidad penal.

Añadido por LO 1/2015, de 30 de marzo.

TÍTULO III
De las penas

CAPÍTULO I
De las penas, sus clases y efectos

Sección 1.ª De las penas y sus clases

ART. 32.

Las penas que pueden imponerse con arreglo a este Código, bien con carácter principal bien como accesorias, son privativas de libertad, privativas de otros derechos y multa.

Ver arts. 11.2, 15, 25.2 CE.

ART. 33.

1. En función de su naturaleza y duración, las penas se clasifican en graves, menos graves y leves.

2. Son penas graves:

a) La prisión permanente revisable.

b) La prisión superior a cinco años.

c) La inhabilitación absoluta.

d) Las inhabilitaciones especiales por tiempo superior a cinco años.

e) La suspensión de empleo o cargo público por tiempo superior a cinco años.

f) La privación del derecho a conducir vehículos a motor y ciclomotores por tiempo superior a ocho años.

g) La privación del derecho a la tenencia y porte de armas por tiempo superior a ocho años.

h) La privación del derecho a residir en determinados lugares o acudir a ellos, por tiempo superior a cinco años.

i) La prohibición de aproximarse a la víctima o a aquellos de sus familiares u otras personas que determine el juez o tribunal, por tiempo superior a cinco años.

j) La prohibición de comunicarse con la víctima o con aquellos de sus familiares u otras personas que determine el juez o tribunal, por tiempo superior a cinco años.

k) La privación de la patria potestad.

3. Son penas menos graves:

a) La prisión de tres meses hasta cinco años.

b) Las inhabilitaciones especiales hasta cinco años.

c) La suspensión de empleo o cargo público hasta cinco años.

d) La privación del derecho a conducir vehículos a motor y ciclomotores de un año y un día a ocho años.

e) La privación del derecho a la tenencia y porte de armas de un año y un día a ocho años.

f) Inhabilitación especial para el ejercicio de profesión, oficio o comercio que tenga relación con los animales y para la tenencia de animales de un año y un día a cinco años.

g) La privación del derecho a residir en determinados lugares o acudir a ellos, por tiempo de seis meses a cinco años.

h) La prohibición de aproximarse a la víctima o a aquellos de sus familiares u otras personas que determine el juez o tribunal, por tiempo de seis meses a cinco años.

i) La prohibición de comunicarse con la víctima o con aquellos de sus familiares u otras personas que determine el juez o tribunal, por tiempo de seis meses a cinco años.

j) La multa de más de tres meses.

k) La multa proporcional, cualquiera que fuese su cuantía, salvo lo dispuesto en el apartado 7 de este artículo.

l) Los trabajos en beneficio de la comunidad de treinta y un días a un año.

4. Son penas leves:

a) La privación del derecho a conducir vehículos a motor y ciclomotores de tres meses a un año.

b) La privación del derecho a la tenencia y porte de armas de tres meses a un año.

c) Inhabilitación especial para el ejercicio de profesión, oficio o comercio que tenga relación con los animales y para la tenencia de animales de tres meses a un año.

d) La privación del derecho a residir en determinados lugares o acudir a ellos, por tiempo inferior a seis meses.

e) La prohibición de aproximarse a la víctima o a aquellos de sus familiares u otras personas que determine el juez o tribunal, por tiempo de un mes a menos de seis meses.

f) La prohibición de comunicarse con la víctima o con aquellos de sus familiares u otras personas que determine el juez o tribunal, por tiempo de un mes a menos de seis meses.

g) La multa de hasta tres meses.

h) La localización permanente de un día a tres meses.

i) Los trabajos en beneficio de la comunidad de uno a treinta días.

5. La responsabilidad personal subsidiaria por impago de multa tendrá naturaleza menos grave o leve, según la que corresponda a la pena que sustituya.

6. Las penas accesorias tendrán la duración que respectivamente tenga la pena principal, excepto lo que dispongan expresamente otros preceptos de este Código.

7. Las penas aplicables a las personas jurídicas, que tienen todas la consideración de graves, son las siguientes:

a) Multa por cuotas o proporcional.

b) Disolución de la persona jurídica. La disolución producirá la pérdida definitiva de su personalidad jurídica, así como la de su capacidad de actuar de cualquier modo en el tráfico jurídico, o llevar a cabo cualquier clase de actividad, aunque sea lícita.

c) Suspensión de sus actividades por un plazo que no podrá exceder de cinco años.

d) Clausura de sus locales y establecimientos por un plazo que no podrá exceder de cinco años.

e) Prohibición de realizar en el futuro las actividades en cuyo ejercicio se haya cometido, favorecido o encubierto el delito. Esta prohibición podrá ser temporal o definitiva. Si fuere temporal, el plazo no podrá exceder de quince años.

f) Inhabilitación para obtener subvenciones y ayudas públicas, para contratar con el sector público y para gozar de beneficios e incentivos fiscales o de la Seguridad Social, por un plazo que no podrá exceder de quince años.

g) Intervención judicial para salvaguardar los derechos de los trabajadores o de los acreedores por el tiempo que se estime necesario, que no podrá exceder de cinco años.

La intervención podrá afectar a la totalidad de la organización o limitarse a alguna de sus instalaciones, secciones o unidades de negocio. El Juez o Tribunal, en la sentencia o, posteriormente, mediante auto, determinará exactamente el contenido de la intervención y determinará quién se hará cargo de la intervención y en qué plazos deberá realizar informes de seguimiento para el órgano judicial. La intervención se podrá modificar o suspender en todo momento previo informe del interventor y del Ministerio Fiscal. El interventor tendrá derecho a acceder a todas las instalaciones y locales de la empresa o persona jurídica y a recibir cuanta información estime necesaria para el ejercicio de sus funciones. Reglamentariamente se determinarán los aspectos relacionados con el ejercicio de la función de interventor, como la retribución o la cualificación necesaria.

La clausura temporal de los locales o establecimientos, la suspensión de las actividades sociales y la intervención judicial podrán ser acordadas también por el Juez Instructor como medida cautelar durante la instrucción de la causa.

Apdos. 2, 3 y 4 modificados por LO 1/2015, de 30 de marzo.

Este artículo había sido asimismo modificado por la LO 5/2010, de 22 de junio, por la LO 15/2003, de 25 de noviembre y por la LO 14/1999, de 9 de junio.

Ver art. 4 LPPNA; RD 840/2011, de 17 de junio.

Ver arts. 54 y sigs. y 79 CP.

ART. 34.

No se reputarán penas:

1. La detención y prisión preventiva y las demás medidas cautelares de naturaleza penal.

2. Las multas y demás correcciones que, en uso de atribuciones gubernativas o disciplinarias, se impongan a los subordinados o administrados.

3. Las privaciones de derechos y las sanciones reparadoras que establezcan las leyes civiles o administrativas.

Ver arts. 17.2 CE; 38.1, 58, 59 y 339 CP; 1, 489 a 519 y 762 a 765 y 778 LECrim; y disp. final 2.ª de la LO 5/1995, del Tribunal del Jurado.

Sección 2.ª De las penas privativas de libertad

ART. 35.

Son penas privativas de libertad la prisión permanente revisable, la prisión, la localización permanente y la responsabilidad personal subsidiaria por impago de multa. Su cumplimiento, así como los beneficios penitenciarios que supongan acortamiento de la condena, se ajustarán a lo dispuesto en las leyes y en este Código.

Modificado por LO 1/2015, de 30 de marzo.

Ver arts. 32, 33, 36 a 38 y 53 CP.

ART. 36.

1. La pena de prisión permanente será revisada de conformidad con lo dispuesto en el artículo 92.

La clasificación del condenado en el tercer grado deberá ser autorizada por el tribunal previo pronóstico individualizado y favorable de reinserción social, oídos el Ministerio Fiscal e Instituciones Penitenciarias, y no podrá efectuarse:

a) Hasta el cumplimiento de veinte años de prisión efectiva, en el caso de que el penado lo hubiera sido por un delito del Capítulo VII del Título XXII del Libro II de este Código.

b) Hasta el cumplimiento de quince años de prisión efectiva, en el resto de los casos.

En estos supuestos, el penado no podrá disfrutar de permisos de salida hasta que haya cumplido un mínimo de doce años de prisión, en el caso previsto en la letra a), y ocho años de prisión, en el previsto en la letra b).

2. La pena de prisión tendrá una duración mínima de tres meses y máxima de veinte años, salvo lo que excepcionalmente dispongan otros preceptos del presente Código.

Cuando la duración de la pena de prisión impuesta sea superior a cinco años, el juez o tribunal podrá ordenar que la clasificación del condenado en el tercer grado de tratamiento penitenciario no se efectúe hasta el cumplimiento de la mitad de la pena impuesta.

En cualquier caso, cuando la duración de la pena de prisión impuesta sea superior a cinco años y se trate de los delitos enumerados a continuación, la clasificación del condenado en el tercer grado de tratamiento penitenciario no podrá efectuarse hasta el cumplimiento de la mitad de la misma:

a) Delitos referentes a organizaciones y grupos terroristas y delitos de terrorismo del Capítulo VII del Título XXII del Libro II de este Código.

b) Delitos cometidos en el seno de una organización o grupo criminal.

c) Delitos del Título VII bis del Libro II de este Código, cuando la víctima sea una persona menor de edad o persona con discapacidad necesitada de especial protección.

d) Delitos del artículo 181.

e) Delitos del Capítulo V del Título VIII del Libro II de este Código, cuando la víctima sea menor de dieciséis años.

En los supuestos de las letras c), d) y e), si la condena fuera superior a cinco años de prisión la clasificación del condenado en el tercer grado de tratamiento penitenciario no podrá efectuarse sin valoración e informe específico acerca del aprovechamiento por el reo del programa de tratamiento para condenados por agresión sexual.

3. La autoridad judicial de vigilancia penitenciaria, previo pronóstico individualizado y favorable de reinserción social y valorando, en su caso, las circunstancias personales de la persona condenada y la evolución del tratamiento reeducador, podrá acordar razonadamente, oídos el Ministerio Fiscal, Instituciones Penitenciarias y las demás partes, la aplicación del régimen general de cumplimiento, salvo en los supuestos contenidos en el apartado anterior.

4. En todo caso, la autoridad judicial de vigilancia penitenciaria, según corresponda, podrá acordar, previo informe del Ministerio Fiscal, Instituciones Penitenciarias y las demás partes, la progresión a tercer grado por motivos humanitarios y de dignidad personal de las personas condenadas enfermas muy graves con padecimientos incurables y de las personas septuagenarias, valorando, especialmente, su escasa peligrosidad.

Apdos. 2 y 3 se modifican y apdo. 4 se añade por Ley Orgánica 10/2022, de 6 de septiembre, de garantía integral de la libertad sexual. (BOE de 07-09-2022). Modificación en vigor desde el 7 de octubre de 2022.

Anteriormente modificado por LO 1/2015, de 30 de marzo.

Ver arts. 76, 90 y sigs. CP; 15 a 72 LGPe y 41 a 51 RP.

ART. 37.

1. La localización permanente tendrá una duración de hasta seis meses. Su cumplimiento obliga al penado a permanecer en su domicilio o en lugar determinado fijado por el juez en sentencia o posteriormente en auto motivado.

No obstante, en los casos en los que la localización permanente esté prevista como pena principal, atendiendo a la reiteración en la comisión de la infracción y siempre que así lo disponga expresamente el concreto precepto aplicable, el juez podrá acordar en sentencia que la pena de localización permanente se cumpla los sábados, domingos y días festivos en el centro penitenciario más próximo al domicilio del penado.

2. Si el reo lo solicitare y las circunstancias lo aconsejaren, oído el ministerio fiscal, el juez o tribunal sentenciador podrá acordar que la condena se cumpla durante los sábados y domingos o de forma no continuada.

3. Si el condenado incumpliera la pena, el juez o tribunal sentenciador deducirá testimonio para proceder de conformidad con lo que dispone el artículo 468.

4. Para garantizar el cumplimiento efectivo, el Juez o Tribunal podrá acordar la utilización de medios mecánicos o electrónicos que permitan la localización del reo.

Ver arts. 57, 70.2.5.º, 71.2 y 468 CP; 163 RP; RD 840/2011, de 17 de junio, por el que se establecen las circunstancias de ejecución de las penas.

ART. 38.

1. Cuando el reo estuviere preso, la duración de las penas empezará a computarse desde el día en que la sentencia condenatoria haya quedado firme.

2. Cuando el reo no estuviere preso, la duración de las penas empezará a contarse desde que ingrese en el establecimiento adecuado para su cumplimiento.

Ver arts. 34.1 y 58.1 CP; 141, 988 y 990 LECrim.

Sección 3.ª De las penas privativas de derechos

ART. 39.

Son penas privativas de derechos:

a) La inhabilitación absoluta.

b) Las de inhabilitación especial para empleo o cargo público, profesión, oficio, industria o comercio, u otras actividades, sean o no retribuidas, o de los derechos de patria potestad, tutela, guarda o curatela, tenencia de animales, derecho de sufragio pasivo o de cualquier otro derecho.

c) La suspensión de empleo o cargo público.

d) La privación del derecho a conducir vehículos a motor y ciclomotores.

e) La privación del derecho a la tenencia y porte de armas.

f) La privación del derecho a residir en determinados lugares o acudir a ellos.

g) La prohibición de aproximarse a la víctima o a aquellos de sus familiares u otras personas que determine el Juez o Tribunal.

h) La prohibición de comunicarse con la víctima o con aquellos de sus familiares u otras personas que determine el Juez o Tribunal.

i) Los trabajos en beneficio de la comunidad.

j) La privación de la patria potestad.

Párrafo b) modificado por Ley Orgánica 8/2021, de 4 de junio, de protección integral a la infancia y la adolescencia frente a la violencia. (BOE de 05-06-2021). Modificación en vigor desde el 25/06/2021.

Anteriormente modificado este artículo por LO 1/2015, de 30 de marzo.

Ver arts. 32 a 34, 40 a 49, 54 a 57, 58.2, 70 y 79 CP.

ART. 40.

1. La pena de inhabilitación absoluta tendrá una duración de seis a 20 años; las de inhabilitación especial, de tres meses a 20 años, y la de suspensión de empleo o cargo público, de tres meses a seis años.

2. La pena de privación del derecho a conducir vehículos a motor y ciclomotores, y la de privación del derecho a la tenencia y porte de armas, tendrán una duración de tres meses a 10 años.

3. La pena de privación del derecho a residir en determinados lugares o acudir a ellos tendrá una duración de hasta 10 años. La prohibición de aproximarse a la víctima o a aquellos de sus familiares u otras personas, o de comunicarse con ellas, tendrá una duración de un mes a 10 años.

4. La pena de trabajos en beneficio de la comunidad tendrá una duración de un día a un año.

5. La duración de cada una de estas penas será la prevista en los apartados anteriores, salvo lo que excepcionalmente dispongan otros preceptos de este Código.

Ver las concordancias al artículo anterior.

ART. 41.

La pena de inhabilitación absoluta produce la privación definitiva de todos los honores, empleos y cargos públicos que tenga el penado, aunque sean electivos. Produce, además, la incapacidad para obtener los mismos o cualesquiera otros honores, cargos o empleos públicos, y la de ser elegido para cargo público, durante el tiempo de la condena.

Ver arts. 33.2 y 6, 39, 40, 54, 55, 58.2, 70.2.2.° CP; 37 y 38 Decreto 315/1964, por el que se aprueba el texto articulado de la Ley de funcionarios civiles del Estado; 3.1 a), 6.2 a) y b) Ley 30/1984, de medidas para la reforma de la función pública; 3.1 y 37 LOREG.

ART. 42.

La pena de inhabilitación especial para empleo o cargo público produce la privación definitiva del empleo o cargo sobre el que recayere, aunque sea electivo, y de los honores que le sean anejos. Produce, además, la incapacidad para obtener el mismo u otros análogos, durante el tiempo de la condena. En la sentencia habrán de especificarse los empleos, cargos y honores sobre los que recae la inhabilitación.

Ver arts. 33.2 y 3, 39, 40, 54, 56, 58.2, 70.2.2.° y 107 CP.

ART. 43.

La suspensión de empleo o cargo público priva de su ejercicio al penado durante el tiempo de la condena.

Ver arts. 33.2 y 3, 39, 40, 54, 56, 58.2 y 107 CP.

ART. 44.

La inhabilitación especial para el derecho de sufragio pasivo priva al penado, durante el tiempo de la condena, del derecho a ser elegido para cargos públicos.

Ver las concordancias del art. 42, así como RD 435/1992, de 30 de abril, de Comunicación al Registro Central de penados y rebeldes y a la Oficina del Censo Electoral de las condenas que lleven aparejada privación del derecho de sufragio.

ART. 45.

La inhabilitación especial para profesión, oficio, industria o comercio u otras actividades, sean o no retribuidas, o cualquier otro derecho, que ha de concretarse expresa y motivadamente en la sentencia, priva a la persona penada de la facultad de ejercerlos durante el tiempo de la condena. La autoridad judicial podrá restringir la inhabilitación a determinadas actividades o funciones de la profesión u oficio, retribuido o no, permitiendo, si ello fuera posible, el ejercicio de aquellas funciones no directamente relacionadas con el delito cometido.

Modificado por Ley Orgánica 8/2021, de 4 de junio, de protección integral a la infancia y la adolescencia frente a la violencia. (BOE de 05-06-2021). Modificación en vigor desde el 25/06/2021.

Ver las concordancias del art. 42.

ART. 46.

La inhabilitación especial para el ejercicio de la patria potestad, tutela, curatela, guarda o acogimiento, priva a la persona condenada de los derechos inherentes a la primera, y supone la extinción de las demás, así como la incapacidad para obtener nombramiento para dichos cargos durante el tiempo de la condena. La pena de privación de la patria potestad implica la pérdida de la titularidad de la misma, subsistiendo aquellos derechos de los que sea titular el hijo o la hija respecto de la persona condenada que se determinen judicialmente. La autoridad judicial podrá acordar estas penas respecto de todas o algunas de las personas menores de edad o personas con discapacidad necesitadas de especial protección que estén a cargo de la persona condenada.

Para concretar qué derechos de las personas menores de edad o personas con discapacidad han de subsistir en caso de privación de la patria potestad y para determinar respecto de qué personas se acuerda la pena, la autoridad judicial valorará el interés superior de la persona menor de edad o con discapacidad, en relación a las circunstancias del caso concreto.

A los efectos de este artículo, la patria potestad comprende tanto la regulada en el Código Civil, incluida la prorrogada y la rehabilitada, como las instituciones análogas previstas en la legislación civil de las comunidades autónomas.

Modificado por Ley Orgánica 8/2021, de 4 de junio, de protección integral a la infancia y la adolescencia frente a la violencia. (BOE de 05-06-2021). Modificación en vigor desde el 25/06/2021.

El término «incapaces» ha sido sustituido por «personas con discapacidad necesitadas de especial protección» por LO 1/2015, de 30 de marzo.

Ver las concordancias del art. 42 y los arts. 154, 170 y Título IX CC.

ART. 47.

La imposición de la pena de privación del derecho a conducir vehículos a motor y ciclomotores inhabilitará al penado para el ejercicio de ambos derechos durante el tiempo fijado en la sentencia.

La imposición de la pena de privación del derecho a la tenencia y porte de armas inhabilitará al penado para el ejercicio de este derecho por el tiempo fijado en la sentencia.

Cuando la pena impuesta lo fuere por un tiempo superior a dos años comportará la pérdida de vigencia del permiso o licencia que habilite para la conducción o la tenencia y porte, respectivamente.

Ver arts. 33.2.3 y 4, 39, 40, 58.2, 70, 96, 105.2 a) y b) CP; RDLeg. 6/2015, de 30 de octubre, TR. de la Ley sobre Tráfico, Circulación de Vehículos a Motor y Seguridad Vial y Reglamento General de Circulación; RD 137/1993, por el que se aprueba el Reglamento de Armas.

ART. 48.

1. La privación del derecho a residir en determinados lugares o acudir a ellos impide al penado residir o acudir al lugar en que haya cometido el delito, o a aquel en que resida la víctima o su familia, si fueren distintos. En los casos en que exista declarada una discapacidad intelectual o una discapacidad que tenga su origen en un trastorno mental, se estudiará el caso concreto a fin de resolver teniendo presentes los bienes jurídicos a proteger y el interés superior de la persona con discapacidad que, en su caso, habrá de contar con los medios de acompañamiento y apoyo precisos para el cumplimiento de la medida.

2. La prohibición de aproximarse a la víctima, o a aquellos de sus familiares u otras personas que determine el juez o tribunal, impide al penado acercarse a ellos, en cualquier lugar donde se encuentren, así como acercarse a su domicilio, a sus lugares de trabajo y a cualquier otro que sea frecuentado por ellos, quedando en suspenso, respecto de los hijos, el régimen de visitas, comunicación y estancia que, en su caso, se hubiere reconocido en sentencia civil hasta el total cumplimiento de esta pena.

3. La prohibición de comunicarse con la víctima, o con aquellos de sus familiares u otras personas que determine el juez o tribunal, impide al penado establecer con ellas, por cualquier medio de comunicación o medio informático o telemático, contacto escrito, verbal o visual.

4. El Juez o Tribunal podrá acordar que el control de estas medidas se realice a través de aquellos medios electrónicos que lo permitan.

Apartado 1 modificado por LO 1/2015, de 30 de marzo.

Este artículo había sido asimismo modificado por la LO 5/2010, de 22 de junio, por la LO 15/2003, de 25 de noviembre y por la LO 14/1999, de 9 de junio.

Ver arts. 32, 33.2, 3 y 4, 39, 40, 57, 58.2, 73, 96.3.1.ª y 105 CP.

ART. 49.

Los trabajos en beneficio de la comunidad, que no podrán imponerse sin el consentimiento de la persona condenada, le obligan a prestar su cooperación no retribuida en determinadas actividades de utilidad pública, que podrán consistir, en relación con delitos de similar naturaleza al cometido por la persona condenada, en labores de reparación de los daños causados o de apoyo o asistencia a las víctimas, así como en la participación de la persona condenada en talleres o programas formativos de reeducación, laborales, culturales, de educación vial, sexual, resolución pacífica de conflictos, parentalidad positiva y otros similares. Su duración diaria no podrá exceder de ocho horas y sus condiciones serán las siguientes:

1.ª La ejecución se desarrollará bajo el control del Juez de Vigilancia Penitenciaria, que, a tal efecto, requerirá los informes sobre el desempeño del trabajo a la Administración, entidad pública o asociación de interés general en que se presten los servicios.

2.ª No atentará a la dignidad del penado.

3.ª El trabajo en beneficio de la comunidad será facilitado por la Administración, la cual podrá establecer los convenios oportunos a tal fin.

4.ª Gozará de la protección dispensada a los penados por la legislación penitenciaria en materia de Seguridad Social.

5.ª No se supeditará al logro de intereses económicos.

6.ª Los servicios sociales penitenciarios, hechas las verificaciones necesarias, comunicarán al Juez de Vigilancia Penitenciaria las incidencias relevantes de la ejecución de la pena y, en todo caso, si el penado:

a) Se ausenta del trabajo durante al menos dos jornadas laborales, siempre que ello suponga un rechazo voluntario por su parte al cumplimiento de la pena.

b) A pesar de los requerimientos del responsable del centro de trabajo, su rendimiento fuera sensiblemente inferior al mínimo exigible.

c) Se opusiera o incumpliera de forma reiterada y manifiesta las instrucciones que se le dieren por el responsable de la ocupación referidas al desarrollo de la misma.

d) Por cualquier otra razón, su conducta fuere tal que el responsable del trabajo se negase a seguir manteniéndolo en el centro.

Una vez valorado el informe, el Juez de Vigilancia Penitenciaria podrá acordar su ejecución en el mismo centro, enviar al penado para que finalice la ejecución de la misma en otro centro o entender que el penado ha incumplido la pena.

En caso de incumplimiento, se deducirá testimonio para proceder de conformidad con el artículo 468.

7.ª Si el penado faltara del trabajo por causa justificada no se entenderá como abandono de la actividad. No obstante, el trabajo perdido no se le computará en la liquidación de la condena, en la que se deberán hacer constar los días o jornadas que efectivamente hubiese trabajado del total que se le hubiera impuesto.

Párrafo introductorio modificado por Ley Orgánica 8/2021, de 4 de junio, de protección integral a la infancia y la adolescencia frente a la violencia. (BOE de 05-06-2021). Modificación en vigor desde el 25/06/2021.
Ver arts. 32, 33.3 y 4, 39 i), 40.4 y 53.1 y 2 CP; 26 a 35 LGPe; 132 y 133 RP; 4 del RD 840/2011, de 17 de junio, por el que se establecen las circunstancias de ejecución de las penas de trabajo en beneficio de la comunidad y de localización permanente.

Sección 4.ª De la pena de multa

ART. 50.

1. La pena de multa consistirá en la imposición al condenado de una sanción pecuniaria.

2. La pena de multa se impondrá, salvo que la Ley disponga otra cosa, por el sistema de días-multa.

3. Su extensión mínima será de diez días y la máxima de dos años. Las penas de multa imponibles a personas jurídicas tendrán una extensión máxima de cinco años.

4. La cuota diaria tendrá un mínimo de dos y un máximo de 400 euros, excepto en el caso de las multas imponibles a las personas jurídicas, en las que la cuota diaria tendrá un mínimo de 30 y un máximo de 5.000 euros. A efectos de cómputo, cuando se fije la duración por meses o por años, se entenderá que los meses son de treinta días y los años de trescientos sesenta.

5. Los Jueces o Tribunales determinarán motivadamente la extensión de la pena dentro de los límites establecidos para cada delito y según las reglas del Capítulo II de este Título. Igualmente, fijarán en la sentencia, el importe de estas cuotas, teniendo en cuenta para ello exclusivamente la situación económica del reo, deducida de su patrimonio, ingresos, obligaciones y cargas familiares y demás circunstancias personales del mismo.

6. El Tribunal, por causa justificada, podrá autorizar el pago de la multa dentro de un plazo que no exceda de dos años desde la firmeza de la sentencia, bien de una vez o en los plazos que se determinen. En este caso, el impago de dos de ellos determinará el vencimiento de los restantes.

Ver arts. 33.3.4 y 5, 34.2, 51 a 53, 61 y ss., 70.2.4.º, 125 y 126 CP.

ART. 51.

Si, después de la sentencia, variase la situación económica del penado, el juez o tribunal, excepcionalmente y tras la debida indagación de dicha situación, podrá modificar tanto el importe de las cuotas periódicas como los plazos para su pago.

Ver arts. 50.5 y 52 CP.

ART. 52.

1. No obstante lo dispuesto en los artículos anteriores y cuando el Código así lo determine, la multa se establecerá en proporción al daño causado, el valor del objeto del delito o el beneficio reportado por el mismo.

2. En estos casos, los Jueces y Tribunales impondrán la multa dentro de los límites fijados para cada delito, considerando para determinar en cada caso su cuantía, no sólo las circunstancias atenuantes y agravantes del hecho, sino principalmente la situación económica del culpable.

3. Si, después de la sentencia, empeorase la situación económica del penado, el Juez o Tribunal, excepcionalmente y tras la debida indagación de dicha situación, podrá reducir el importe de la multa dentro de los límites señalados por la ley para el delito de que se trate, o autorizar su pago en los plazos que se determinen.

4. En los casos en los que este Código prevé una pena de multa para las personas jurídicas en proporción al beneficio obtenido o facilitado, al perjuicio causado, al valor del objeto, o a la cantidad defraudada o indebidamente obtenida, de no ser posible el cálculo en base a tales conceptos, el Juez o Tribunal motivará la imposibilidad de proceder a tal cálculo y las multas previstas se sustituirán por las siguientes:

a) Multa de dos a cinco años, si el delito cometido por la persona física tiene prevista una pena de prisión de más de cinco años.

b) Multa de uno a tres años, si el delito cometido por la persona física tiene prevista una pena de prisión de más de dos años no incluida en el inciso anterior.

c) Multa de seis meses a dos años, en el resto de los casos.

Ver arts. 50, 51, 249, 263, 297, 305 a 308 bis y 419 a 421 CP.

ART. 53.

1. Si el condenado no satisficiere, voluntariamente o por vía de apremio, la multa impuesta, quedará sujeto a una responsabilidad personal subsidiaria de un día de privación de libertad por cada dos cuotas diarias no satisfechas, que, tratándose de delitos leves, podrá cumplirse mediante localización permanente. En este caso, no regirá la limitación que en su duración establece el apartado 1 del artículo 37.

También podrá el juez o tribunal, previa conformidad del penado, acordar que la responsabilidad subsidiaria se cumpla mediante trabajos en beneficio de la comunidad. En este caso, cada día de privación de libertad equivaldrá a una jornada de trabajo.

2. En los supuestos de multa proporcional los Jueces y Tribunales establecerán, según su prudente arbitrio, la responsabilidad personal subsidiaria que proceda, que no podrá exceder, en ningún caso, de un año de duración. También podrá el Juez o Tribunal acordar, previa conformidad del penado, que se cumpla mediante trabajos en beneficio de la comunidad.

3. Esta responsabilidad subsidiaria no se impondrá a los condenados a pena privativa de libertad superior a cinco años.

4. El cumplimiento de la responsabilidad subsidiaria extingue la obligación de pago de la multa, aunque mejore la situación económica del penado.

5. Podrá ser fraccionado el pago de la multa impuesta a una persona jurídica, durante un período de hasta cinco años, cuando su cuantía ponga probadamente en peligro la supervivencia de aquélla o el mantenimiento de los puestos de trabajo existentes en la misma, o cuando lo aconseje el interés general. Si la persona jurídica condenada no satisficiere, voluntariamente o por vía de apremio, la multa impuesta en el plazo que se hubiere señalado, el Tribunal podrá acordar su intervención hasta el pago total de la misma.

Apartado 1 modificado por LO 1/2015, de 30 de marzo.

Este artículo había sido asimismo modificado por la LO 5/2010, de 22 de junio, que introdujo el apartado 5 y por la LO 15/2003, de 25 de noviembre, que dio nueva redacción a los apartados 1, 3 y 4.

Ver arts. 50, 51 y 52 CP.

Sección 5.ª De las penas accesorias

ART. 54.

Las penas de inhabilitación son accesorias en los casos en que, no imponiéndolas especialmente, la Ley declare que otras penas las llevan consigo.

Ver arts. 40 a 46, 55, 56 y 79 CP.

ART. 55.

La pena de prisión igual o superior a diez años llevará consigo la inhabilitación absoluta durante el tiempo de la condena, salvo que ésta ya estuviere prevista como pena principal para el supuesto de que se trate. El Juez podrá además disponer la inhabilitación especial para el ejercicio de la patria potestad, tutela, curatela, guarda o acogimiento, o bien la privación de la patria potestad, cuando estos derechos hubieren tenido relación directa con el delito cometido. Esta vinculación deberá determinarse expresamente en la sentencia.

Ver las concordancias al artículo anterior.

ART. 56.

1. En las penas de prisión inferiores a diez años, los Jueces o Tribunales impondrán, atendiendo a la gravedad del delito, como penas accesorias, alguna o algunas de las siguientes:

1.º Suspensión de empleo o cargo público.

2.º Inhabilitación especial para el derecho de sufragio pasivo durante el tiempo de la condena.

3.º Inhabilitación especial para empleo o cargo público, profesión, oficio, industria, comercio, ejercicio de la patria potestad, tutela, curatela, guarda o acogimiento o cualquier otro derecho, la privación de la patria potestad, si estos derechos hubieran tenido relación directa con el delito cometido, debiendo determinarse expresamente en la sentencia esta vinculación, sin perjuicio de la aplicación de lo previsto en el artículo 579 de este Código.

2. Lo previsto en este artículo se entiende sin perjuicio de la aplicación de lo dispuesto en otros preceptos de este Código respecto de la imposición de estas penas.

Ver art. 54 CP.

ART. 57.

1. Las autoridades judiciales, en los delitos de homicidio, aborto, lesiones, contra la libertad, de torturas y contra la integridad moral, trata de seres humanos, contra la libertad e indemnidad sexuales, la intimidad, el derecho a la propia imagen y la inviolabilidad del domicilio, el honor, el patrimonio, el orden socioeconómico y las relaciones familiares, atendiendo a la gravedad de los hechos o al peligro que el delincuente represente, podrán acordar en sus sentencias la imposición de una o varias de las prohibiciones contempladas en el artículo 48, por un tiempo que no excederá de diez años si el delito fuera grave, o de cinco si fuera menos grave.

No obstante lo anterior, si la persona condenada lo fuera a pena de prisión y el Juez o Tribunal acordara la imposición de una o varias de dichas prohibiciones, lo hará por un tiempo superior entre uno y diez años al de la duración de la pena de prisión impuesta en la sentencia, si el delito fuera grave, y entre uno y cinco años, si fuera menos grave. En este supuesto, la pena de prisión y las prohibiciones antes citadas se cumplirán necesariamente por la persona condenada de forma simultánea.

2. En los supuestos de los delitos mencionados en el primer párrafo del apartado 1 de este artículo cometidos contra quien sea o haya sido el cónyuge, o sobre persona que esté o haya estado ligada al condenado por una análoga relación de afectividad aun sin convivencia, o sobre los descendientes, ascendientes o hermanos por naturaleza, adopción o afinidad, propios o del cónyuge o conviviente, o sobre los menores o personas con discapacidad necesitadas de especial protección que con él convivan o que se hallen sujetos a la potestad, tutela, curatela, acogimiento o guarda de hecho del cónyuge o conviviente, o sobre persona amparada en cualquier otra relación por la que se encuentre integrada en el núcleo de su convivencia familiar, así como sobre las personas que por su especial vulnerabilidad se encuentran sometidas a su custodia o guarda en centros públicos o privados se acordará, en todo caso, la aplicación de la pena prevista en el apartado 2 del artículo 48 por un tiempo que no excederá de diez años si el delito fuera grave, o de cinco si fuera menos grave, sin perjuicio de lo dispuesto en el párrafo segundo del apartado anterior.

3. También podrán imponerse las prohibiciones establecidas en el artículo 48, por un periodo de tiempo que no excederá de seis meses, por la comisión de los delitos mencionados en el primer párrafo del apartado 1 de este artículo que tengan la consideración de delitos leves.

Apdo. 1 modificado por Ley Orgánica 8/2021, de 4 de junio, de protección integral a la infancia y la adolescencia frente a la violencia. (BOE de 05-06-2021). Modificación en vigor desde el 25/06/2021.

Anteriormente modificado este artículo por LO 1/2015, de 30 de marzo.

Ver las concordancias del art. 48.

Sección 6.ª Disposiciones comunes

ART. 58.

1. El tiempo de privación de libertad sufrido provisionalmente será abonado en su totalidad por el Juez o Tribunal sentenciador para el cumplimiento de la pena o penas impuestas en la causa en que dicha privación fue acordada, salvo en cuanto haya coincidido con cualquier privación de libertad impuesta al penado en otra causa, que le haya sido abonada o le sea abonable en ella. En ningún caso un mismo período de privación de libertad podrá ser abonado en más de una causa.

2. El abono de prisión provisional en causa distinta de la que se decretó será acordado de oficio o a petición del penado y previa comprobación de que no ha sido abonada en otra causa, por el Juez de Vigilancia Penitenciaria de la jurisdicción de la que dependa el centro penitenciario en que se encuentre el penado, previa audiencia del Ministerio Fiscal.

3. Sólo procederá el abono de prisión provisional sufrida en otra causa cuando dicha medida cautelar sea posterior a los hechos delictivos que motivaron la pena a la que se pretende abonar.

4. Las reglas anteriores se aplicarán también respecto de las privaciones de derechos acordadas cautelarmente.

Ver arts. 34.1 y 3 CP; 490 a 492, 505 a 519 y 764.4 LECrim; 23.2 c) y 294 LOPJ; 5, 8 y 10.2 LGPe.

ART. 59.

Cuando las medidas cautelares sufridas y la pena impuesta sean de distinta naturaleza, el Juez o Tribunal ordenará que se tenga por ejecutada la pena impuesta en aquella parte que estime compensada.

Ver las concordancias al artículo anterior.

ART. 60.

1. Cuando, después de pronunciada sentencia firme, se aprecie en el penado una situación duradera de trastorno mental grave que le impida conocer el sentido de la pena, el Juez de Vigilancia Penitenciaria suspenderá la ejecución de la pena privativa de libertad que se le hubiera impuesto, garantizando que reciba la asistencia médica precisa, para lo cual podrá decretar la imposición de una medida de seguridad privativa de libertad de las previstas en este Código que no podrá ser, en ningún caso, más gravosa que la pena sustituida. Si se tratase de una pena de distinta naturaleza, el Juez de Vigilancia Penitenciaria apreciará si la situación del penado le permite conocer el sentido de la pena y, en su caso, suspenderá la ejecución imponiendo las medidas de seguridad que estime necesarias.

El Juez de Vigilancia comunicará al ministerio fiscal, con suficiente antelación, la próxima extinción de la pena o medida de seguridad impuesta, a efectos de lo previsto por la disposición adicional primera de este Código.

2. Restablecida la salud mental del penado, éste cumplirá la sentencia si la pena no hubiere prescrito, sin perjuicio de que el Juez o Tribunal, por razones de equidad, pueda dar por extinguida la condena o reducir su duración, en la medida en que el cumplimiento de la pena resulte innecesario o contraproducente.

Ver arts. 133 y 134 CP; 381 a 383 y 991 a 994 LECrim; 39 LGPe.

CAPÍTULO II
De la aplicación de las penas

Sección 1.ª Reglas generales para la aplicación de las penas

ART. 61.

Cuando la Ley establece una pena, se entiende que la impone a los autores de la infracción consumada.

Ver arts. 15, 28 y 64 CP.

ART. 62.

A los autores de tentativa de delito se les impondrá la pena inferior en uno o dos grados a la señalada por la Ley para el delito consumado, en la extensión que se estime adecuada, atendiendo al peligro inherente al intento y al grado de ejecución alcanzado.

Ver arts. 15, 16, 28, 64, 70.1.2.º, 71 y 485.2 CP.

ART. 63.

A los cómplices de un delito consumado o intentado se les impondrá la pena inferior en grado a la fijada por la Ley para los autores del mismo delito.

Ver arts. 15, 16, 29, 30, 61, 62, 66, 70.1.2.º y 71 CP.

ART. 64.

Las reglas anteriores no serán de aplicación en los casos en que la tentativa y la complicidad se hallen especialmente penadas por la Ley.

Ver arts. 192.1 y 485.2 CP.

ART. 65.

1. Las circunstancias agravantes o atenuantes que consistan en cualquier causa de naturaleza personal agravarán o atenuarán la responsabilidad sólo de aquéllos en quienes concurran.

2. Las que consistan en la ejecución material del hecho o en los medios empleados para realizarla, servirán únicamente para agravar o atenuar la responsabilidad de los que hayan tenido conocimiento de ellas en el momento de la acción o de su cooperación para el delito.

3. Cuando en el inductor o en el cooperador necesario no concurran las condiciones, cualidades o relaciones personales que fundamentan la culpabilidad del autor, los jueces o tribunales podrán imponer la pena inferior en grado a la señalada por la ley para la infracción de que se trate.

Ver arts. 14.2, 21, 22 y 23 CP.

ART. 66.

1. En la aplicación de la pena, tratándose de delitos dolosos, los jueces o tribunales observarán, según haya o no circunstancias atenuantes o agravantes, las siguientes reglas:

1.ª Cuando concurra sólo una circunstancia atenuante, aplicarán la pena en la mitad inferior de la que fije la ley para el delito.

2.ª Cuando concurran dos o más circunstancias atenuantes, o una o varias muy cualificadas, y no concurra agravante alguna, aplicarán la pena inferior en uno o dos grados a la establecida por la ley, atendidos el número y la entidad de dichas circunstancias atenuantes.

3.ª Cuando concurra sólo una o dos circunstancias agravantes, aplicarán la pena en la mitad superior de la que fije la ley para el delito.

4.ª Cuando concurran más de dos circunstancias agravantes y no concurra atenuante alguna, podrán aplicar la pena superior en grado a la establecida por la ley, en su mitad inferior.

5.ª Cuando concurra la circunstancia agravante de reincidencia con la cualificación de que el culpable al delinquir hubiera sido condenado ejecutoriamente, al menos, por tres delitos comprendidos en el mismo título de este Código, siempre que sean de la misma naturaleza, podrán aplicar la pena superior en grado a la prevista por la ley para el delito de que se trate, teniendo en cuenta las condenas precedentes, así como la gravedad del nuevo delito cometido.

A los efectos de esta regla no se computarán los antecedentes penales cancelados o que debieran serlo.

6.ª Cuando no concurran atenuantes ni agravantes aplicarán la pena establecida por la ley para el delito cometido, en la extensión que estimen adecuada, en atención a las circunstancias personales del delincuente y a la mayor o menor gravedad del hecho.

7.ª Cuando concurran atenuantes y agravantes, las valorarán y compensarán racionalmente para la individualización de la pena. En el caso de persistir un fundamento cualificado de atenuación aplicarán la pena inferior en grado. Si se mantiene un fundamento cualificado de agravación, aplicarán la pena en su mitad superior.

8.ª Cuando los jueces o tribunales apliquen la pena inferior en más de un grado podrán hacerlo en toda su extensión.

2. En los delitos leves y en los delitos imprudentes, los jueces o tribunales aplicarán las reglas a su prudente arbitrio, sin sujetarse a las reglas prescritas en el apartado anterior, **salvo lo dispuesto para los tipos agravados por multirreincidencia de delitos leves**.

Apartado 2 modificado Ley Orgánica 1/2026, de 8 de abril, en materia de multirreincidencia, por la que se modifica la Ley Orgánica 10/1995, de 23 de noviembre, del Código Penal y la Ley de Enjuiciamiento Criminal, aprobada por Real Decreto de 14 de septiembre de 1882. (BOE de 09-04-2026).

Apartado 2 anteriormente modificado por LO 1/2015, de 30 de marzo.

Ver arts. 21, 22, 23, 52, 68, 70, 71, 72, 383, 485.3.º, 605 y 607.1.1.º CP; 6 LPPNA.

ART. 66 bis.

En la aplicación de las penas impuestas a las personas jurídicas se estará a lo dispuesto en las reglas 1.ª a 4.ª y 6.ª a 8.ª del primer número del artículo 66, así como a las siguientes:

1.ª En los supuestos en los que vengan establecidas por las disposiciones del Libro II, para decidir sobre la imposición y la extensión de las penas previstas en las letras b) a g) del apartado 7 del artículo 33 habrá de tenerse en cuenta:

a) Su necesidad para prevenir la continuidad de la actividad delictiva o de sus efectos.

b) Sus consecuencias económicas y sociales, y especialmente los efectos para los trabajadores.

c) El puesto que en la estructura de la persona jurídica ocupa la persona física u órgano que incumplió el deber de control.

2.ª Cuando las penas previstas en las letras c) a g) del apartado 7 del artículo 33 se impongan con una duración limitada, ésta no podrá exceder la duración máxima de la pena privativa de libertad prevista para el caso de que el delito fuera cometido por persona física.

Para la imposición de las sanciones previstas en las letras c) a g) por un plazo superior a dos años será necesario que se dé alguna de las dos circunstancias siguientes:

a) Que la persona jurídica sea reincidente.

b) Que la persona jurídica se utilice instrumentalmente para la comisión de ilícitos penales. Se entenderá que se está ante este último supuesto siempre que la actividad legal de la persona jurídica sea menos relevante que su actividad ilegal.

Cuando la responsabilidad de la persona jurídica, en los casos previstos en la letra b) del apartado 1 del artículo 31 bis, derive de un incumplimiento de los deberes de supervisión, vigilancia y control que no tenga carácter grave, estas penas tendrán en todo caso una duración máxima de dos años.

Para la imposición con carácter permanente de las sanciones previstas en las letras b) y e), y para la imposición por un plazo superior a cinco años de las previstas en las letras e) y f) del apartado 7 del artículo 33, será necesario que se dé alguna de las dos circunstancias siguientes:

a) Que se esté ante el supuesto de hecho previsto en la regla 5.ª del apartado 1 del artículo 66.

b) Que la persona jurídica se utilice instrumentalmente para la comisión de ilícitos penales. Se entenderá que se está ante este último supuesto siempre que la actividad legal de la persona jurídica sea menos relevante que su actividad ilegal.

Regla 2.ª modificada por LO 1/2015, de 30 de marzo.

ART. 67.

Las reglas del artículo anterior no se aplicarán a las circunstancias agravantes o atenuantes que la Ley haya tenido en cuenta al describir o sancionar una infracción, ni a las que sean de tal manera inherentes al delito que sin la concurrencia de ellas no podría cometerse.

Ver arts. 21 a 23, 139, 140, 148.2.º, 153, 167, 174, 175, 180 a 184, 188, 192, 198, 204, 213, 220 a 222, 226, 227, 229.2, 314, 320, 322, 329, 369.8.º, 390, 394, 398, 404 a 449, 461.3, 463.2, 466.2, 478, 485.3, 499, 506 a 509, 510 a 512, 515.5.º, 529 a 542, 588, 599.1.º a 603 y 607 CP.

ART. 68.

En los casos previstos en la circunstancia primera del artículo 21, los jueces o tribunales impondrán la pena inferior en uno o dos grados a la señalada por la ley, atendidos el número y la entidad de los requisitos que falten o concurran, y las circunstancias personales de su autor, sin perjuicio de la aplicación del artículo 66 del presente Código.

Ver arts. 21.1.ª, 70.1.2.º, 71 y 72 CP.

ART. 69.

Al mayor de dieciocho años y menor de veintiuno que cometa un hecho delictivo podrán aplicársele las disposiciones de la Ley que regule la responsabilidad penal del menor en los casos y con los requisitos que ésta disponga.

Ver art. 19 CP; arts. 16 c) LGPe y 99.4 RP; LO 5/2000, de 12 de enero, reguladora de la responsabilidad penal de los menores.

Este artículo se entiende tácitamente derogado. La reforma de la responsabilidad penal operada por la Ley Orgánica 8/2006, de 4 de diciembre, por la que se modifica la Ley Orgánica 5/2000, de 12 de enero, reguladora de la responsabilidad penal de los menores suprimió la posibilidad de aplicar la LORRPM a los infractores comprendidos entre los 18 y los 21 años. Ver STS n.º 11/2016, rec. 10455/2015 de 21/01/2016.

ART. 70.

1. La pena superior e inferior en grado a la prevista por la ley para cualquier delito tendrá la extensión resultante de la aplicación de las siguientes reglas:

1.ª La pena superior en grado se formará partiendo de la cifra máxima señalada por la ley para el delito de que se trate y aumentando a ésta la mitad de su cuantía, constituyendo la suma resultante su límite máximo. El límite mínimo de la pena superior en grado será el máximo de la pena señalada por la ley para el delito de que se trate, incrementado en un día o en un día multa según la naturaleza de la pena a imponer.

2.ª La pena inferior en grado se formará partiendo de la cifra mínima señalada para el delito de que se trate y deduciendo de ésta la mitad de su cuantía, constituyendo el resultado de tal deducción su límite mínimo. El límite máximo de la pena inferior en grado será el mínimo de la pena señalada por la ley para el delito de que se trate, reducido en un día o en un día multa según la naturaleza de la pena a imponer.

2. A los efectos de determinar la mitad superior o inferior de la pena o de concretar la pena inferior o superior en grado, el día o el día multa se considerarán indivisibles y actuarán como unidades penológicas de más o menos, según los casos.

3. Cuando, en la aplicación de la regla 1.ª del apartado 1 de este artículo, la pena superior en grado exceda de los límites máximos fijados a cada pena en este Código, se considerarán como inmediatamente superiores:

1.º Si la pena determinada fuera la de prisión, la misma pena, con la cláusula de que su duración máxima será de 30 años.

2.º Si fuera de inhabilitación absoluta o especial, la misma pena, con la cláusula de que su duración máxima será de 30 años.

3.º Si fuera de suspensión de empleo o cargo público, la misma pena, con la cláusula de que su duración máxima será de ocho años.

4.º Tratándose de privación del derecho a conducir vehículos a motor y ciclomotores, la misma pena, con la cláusula de que su duración máxima será de 15 años.

5.º Tratándose de privación del derecho a la tenencia y porte de armas, la misma pena, con la cláusula de que su duración máxima será de 20 años.

6.º Tratándose de privación del derecho a residir en determinados lugares o acudir a ellos, la misma pena, con la cláusula de que su duración máxima será de 20 años.

7.º Tratándose de prohibición de aproximarse a la víctima o a aquellos de sus familiares u otras personas que determine el juez o tribunal, la misma pena, con la cláusula de que su duración máxima será de 20 años.

8.º Tratándose de prohibición de comunicarse con la víctima o con aquellos de sus familiares u otras personas que determine el juez o tribunal, la misma pena, con la cláusula de que su duración máxima será de 20 años.

9.º Si fuera de multa, la misma pena, con la cláusula de que su duración máxima será de 30 meses.

4. La pena inferior en grado a la de prisión permanente es la pena de prisión de veinte a treinta años.

Apartado 4 añadido por LO 1/2015, de 30 de marzo.

Ver arts. 33, 36, 37, 40, 50 y 52 CP.

ART. 71.

1. En la determinación de la pena inferior en grado, los jueces o tribunales no quedarán limitados por las cuantías mínimas señaladas en la ley a cada clase de pena, sino que podrán reducirlas en la forma que resulte de la aplicación de la regla correspondiente.

2. No obstante, cuando por aplicación de las reglas anteriores proceda imponer una pena de prisión inferior a tres meses, ésta será en todo caso sustituida por multa, trabajos en beneficio de la comunidad, o localización permanente, aunque la ley no prevea estas penas para el delito de que se trate, sustituyéndose cada día de prisión por dos cuotas de multa o por una jornada de trabajo o por un día de localización permanente.

Modificado por LO 1/2015, de 30 de marzo.

Ver arts. 13, 33, 36, 37, 40, 50 y 52 CP.

ART. 72.

Los jueces o tribunales, en la aplicación de la pena, con arreglo a las normas contenidas en este capítulo, razonarán en la sentencia el grado y extensión concreta de la impuesta.

Ver arts. 32, 33, 35 a 37, 39, 40, 50 y 52 CP.

Sección 2.ª *Reglas especiales para la aplicación de las penas*

ART. 73.

Al responsable de dos o más delitos o faltas se le impondrán todas las penas correspondientes a las diversas infracciones para su cumplimiento simultáneo, si fuera posible, por la naturaleza y efectos de las mismas.

Ver arts. 74 a 77 CP.

ART. 74.

1. No obstante lo dispuesto en el artículo anterior, el que, en ejecución de un plan preconcebido o aprovechando idéntica ocasión, realice una pluralidad de acciones u omisiones que ofendan a uno o varios sujetos e infrinjan el mismo precepto penal o preceptos de igual o semejante naturaleza, será castigado como autor de un delito o falta continuados con la pena señalada para la infracción más grave, que se impondrá en su mitad superior, pudiendo llegar hasta la mitad inferior de la pena superior en grado.

2. Si se tratare de infracciones contra el patrimonio, se impondrá la pena teniendo en cuenta el perjuicio total causado. En estas infracciones el Juez o Tribunal impondrá, motivadamente, la pena superior en uno o dos grados, en la extensión que estime conveniente, si el hecho revistiere notoria gravedad y hubiere perjudicado a una generalidad de personas.

3. Quedan exceptuadas de lo establecido en los apartados anteriores las ofensas a bienes eminentemente personales, salvo las constitutivas de infracciones contra el honor y la libertad e indemnidad sexuales que afecten al mismo sujeto pasivo. En estos casos, se atenderá a la naturaleza del hecho y del precepto infringido para aplicar o no la continuidad delictiva.

Ver arts. 70.1-1.ª, 178 a 194, 205 a 216 y 234 a 304 CP.

ART. 75.

Cuando todas o algunas de las penas correspondientes a las diversas infracciones no puedan ser cumplidas simultáneamente por el condenado, se seguirá el orden de su respectiva gravedad para su cumplimiento sucesivo, en cuanto sea posible.

Ver arts. 33, 35 a 37, 40, 50, 73, 74, 76 y 77 CP; disp. trans. 1.ª4 RP.

ART. 76.

1. No obstante lo dispuesto en el artículo anterior, el máximo de cumplimiento efectivo de la condena del culpable no podrá exceder del triple del tiempo por el que se le imponga la más grave de las penas en que haya incurrido, declarando extinguidas las que procedan desde que las ya impuestas cubran dicho máximo, que no podrá exceder de 20 años. Excepcionalmente, este límite máximo será:

a) De 25 años, cuando el sujeto haya sido condenado por dos o más delitos y alguno de ellos esté castigado por la ley con pena de prisión de hasta 20 años.

b) De 30 años, cuando el sujeto haya sido condenado por dos o más delitos y alguno de ellos esté castigado por la ley con pena de prisión superior a 20 años.

c) De 40 años, cuando el sujeto haya sido condenado por dos o más delitos y, al menos, dos de ellos estén castigados por la ley con pena de prisión superior a 20 años.

d) De 40 años, cuando el sujeto haya sido condenado por dos o más delitos referentes a organizaciones y grupos terroristas y delitos de terrorismo del capítulo VII del título XXII del libro II de este Código y alguno de ellos esté castigado por la ley con pena de prisión superior a 20 años.

e) Cuando el sujeto haya sido condenado por dos o más delitos y, al menos, uno de ellos esté castigado por la ley con pena de prisión permanente revisable, se estará a lo dispuesto en los artículos 92 y 78 bis.

2. La limitación se aplicará aunque las penas se hayan impuesto en distintos procesos cuando lo hayan sido por hechos cometidos antes de la fecha en que fueron enjuiciados los que, siendo objeto de acumulación, lo hubieran sido en primer lugar.

Letra e) del apdo. 1 añadida y apdo. 2 modificado por LO 1/2015, de 30 de marzo.

Ver arts. 73, 75 y 78 CP; 17 y 300 LEC.

ART. 77.

1. Lo dispuesto en los dos artículos anteriores no es aplicable en el caso de que un solo hecho constituya dos o más delitos, o cuando uno de ellos sea medio necesario para cometer el otro.

2. En el primer caso, se aplicará en su mitad superior la pena prevista para la infracción más grave, sin que pueda exceder de la que represente la suma de las que correspondería aplicar si se penaran separadamente las infracciones. Cuando la pena así computada exceda de este límite, se sancionarán las infracciones por separado.

3. En el segundo, se impondrá una pena superior a la que habría correspondido, en el caso concreto, por la infracción más grave, y que no podrá exceder de la suma de las penas

concretas que hubieran sido impuestas separadamente por cada uno de los delitos. Dentro de estos límites, el juez o tribunal individualizará la pena conforme a los criterios expresados en el artículo 66. En todo caso, la pena impuesta no podrá exceder del límite de duración previsto en el artículo anterior.

Modificado por LO 1/2015, de 30 de marzo.

Ver arts. 75 y 76 CP.

ART. 78.

1. Si a consecuencia de las limitaciones establecidas en el apartado 1 del artículo 76 la pena a cumplir resultase inferior a la mitad de la suma total de las impuestas, el Juez o tribunal sentenciador podrá acordar que los beneficios penitenciarios, los permisos de salida, la clasificación en tercer grado y el cómputo de tiempo para la libertad condicional se refieran a la totalidad de las penas impuestas en las sentencias.

2. En estos casos, el juez de vigilancia, previo pronóstico individualizado y favorable de reinserción social y valorando, en su caso, las circunstancias personales del reo y la evolución del tratamiento reeducador, podrá acordar razonadamente, oídos el Ministerio Fiscal, Instituciones Penitenciarias y las demás partes, la aplicación del régimen general de cumplimiento.

Si se tratase de delitos referentes a organizaciones y grupos terroristas y delitos de terrorismo del Capítulo VII del Título XXII del Libro II de este Código, o cometidos en el seno de organizaciones criminales, y atendiendo a la suma total de las penas impuestas, la anterior posibilidad sólo será aplicable:

a) Al tercer grado penitenciario, cuando quede por cumplir una quinta parte del límite máximo de cumplimiento de la condena.

b) A la libertad condicional, cuando quede por cumplir una octava parte del límite máximo de cumplimiento de la condena.

Apdo. 2 modificado y apdo. 3 suprimido por LO 1/2015, de 30 de marzo.

Ver arts. 76 y 90 a 92 CP; 154, 192 y sigs. y 205 RP.

ART. 78 bis.

1. Cuando el sujeto haya sido condenado por dos o más delitos y, al menos, uno de ellos esté castigado por la ley con pena de prisión permanente revisable, la progresión a tercer grado requerirá del cumplimiento:

a) de un mínimo de dieciocho años de prisión, cuando el penado lo haya sido por varios delitos, uno de ellos esté castigado con pena de prisión permanente revisable y el resto de las penas impuestas sumen un total que exceda de cinco años.

b) de un mínimo de veinte años de prisión, cuando el penado lo haya sido por varios delitos, uno de ellos esté castigado con una pena de prisión permanente revisable y el resto de las penas impuestas sumen un total que exceda de quince años.

c) de un mínimo de veintidós años de prisión, cuando el penado lo haya sido por varios delitos y dos o más de ellos estén castigados con una pena de prisión permanente revisable, o bien uno de ellos esté castigado con una pena de prisión permanente revisable y el resto de penas impuestas sumen un total de veinticinco años o más.

2. En estos casos, la suspensión de la ejecución del resto de la pena requerirá que el penado haya extinguido:

a) Un mínimo de veinticinco años de prisión, en los supuestos a los que se refieren las letras a) y b) del apartado anterior.

b) Un mínimo de treinta años de prisión en el de la letra c) del apartado anterior.

3. Si se tratase de delitos referentes a organizaciones y grupos terroristas y delitos de terrorismo del Capítulo VII del Título XXII del Libro II de este Código, o cometidos en el seno de organizaciones criminales, los límites mínimos de cumplimiento para el acceso al tercer grado de clasificación serán de veinticuatro años de prisión, en los supuestos a que se refieren las letras a) y b) del apartado primero, y de treinta y dos años de prisión en el de la letra c) del apartado primero.

En estos casos, la suspensión de la ejecución del resto de la pena requerirá que el penado haya extinguido un mínimo de veintiocho años de prisión, en los supuestos a que se refieren las letras a) y b) del apartado primero, y de treinta y cinco años de prisión en el de la letra b) del apartado primero.

Añadido por LO 1/2015, de 30 de marzo.

ART. 79.

Siempre que los Jueces o Tribunales impongan una pena que lleve consigo otras accesorias condenarán también expresamente al reo a estas últimas.

Ver arts. 32, 33 y 54 a 56 CP.

CAPÍTULO III
De las formas sustitutivas de la ejecución de las penas privativas de libertad y de la libertad condicional

Sección 1.ª De la suspensión de la ejecución de las penas privativas de libertad

ART. 80.

1. Los jueces o tribunales, mediante resolución motivada, podrán dejar en suspenso la ejecución de las penas privativas de libertad no superiores a dos años cuando sea razonable esperar que la ejecución de la pena no sea necesaria para evitar la comisión futura por el penado de nuevos delitos.

Para adoptar esta resolución el juez o tribunal valorará las circunstancias del delito cometido, las circunstancias personales del penado, sus antecedentes, su conducta posterior al hecho, en particular su esfuerzo para reparar el daño causado, sus circunstancias familiares y sociales, y los efectos que quepa esperar de la propia suspensión de la ejecución y del cumplimiento de las medidas que fueren impuestas.

2. Serán condiciones necesarias para dejar en suspenso la ejecución de la pena, las siguientes:

1.ª Que el condenado haya delinquido por primera vez. A tal efecto no se tendrán en cuenta las anteriores condenas por delitos imprudentes o por delitos leves, **salvo que estos integren un tipo agravado por multirreincidencia de delitos leves**, ni los antecedentes penales que hayan sido cancelados, o debieran serlo con arreglo a lo dispuesto en el artículo 136. Tampoco se tendrán en cuenta los antecedentes penales correspondientes a delitos que, por su naturaleza o circunstancias, carezcan de relevancia para valorar la probabilidad de comisión de delitos futuros.

2.ª Que la pena o la suma de las impuestas no sea superior a dos años, sin incluir en tal cómputo la derivada del impago de la multa.

3.ª Que se hayan satisfecho las responsabilidades civiles que se hubieren originado y se haya hecho efectivo el decomiso acordado en sentencia conforme al artículo 127.

Este requisito se entenderá cumplido cuando el penado asuma el compromiso de satisfacer las responsabilidades civiles de acuerdo a su capacidad económica y de facilitar el decomiso acordado, y sea razonable esperar que el mismo será cumplido en el plazo prudencial que el juez o tribunal determine. El juez o tribunal, en atención al alcance de la responsabilidad civil y al impacto social del delito, podrá solicitar las garantías que considere convenientes para asegurar su cumplimiento.

3. Excepcionalmente, aunque no concurran las condiciones 1.ª y 2.ª del apartado anterior, y siempre que no se trate de reos habituales, podrá acordarse la suspensión de las penas de prisión que individualmente no excedan de dos años cuando las circunstancias personales del reo, la naturaleza del hecho, su conducta y, en particular, el esfuerzo para reparar el daño causado, así lo aconsejen.

En estos casos, la suspensión se condicionará siempre a la reparación efectiva del daño o la indemnización del perjuicio causado conforme a sus posibilidades físicas y económicas, o al cumplimiento del acuerdo a que se refiere la medida 1.ª del artículo 84. Asimismo, se impondrá siempre una de las medidas a que se refieren los numerales 2.ª o 3.ª del mismo precepto, con una extensión que no podrá ser inferior a la que resulte de aplicar los criterios de conversión fijados en el mismo sobre un quinto de la pena impuesta.

4. Los jueces y tribunales podrán otorgar la suspensión de cualquier pena impuesta sin sujeción a requisito alguno en el caso de que el penado esté aquejado de una enfermedad muy grave con padecimientos incurables, salvo que en el momento de la comisión del delito tuviera ya otra pena suspendida por el mismo motivo.

5. Aun cuando no concurran las condiciones 1.ª y 2.ª previstas en el apartado 2 de este artículo, el juez o tribunal podrá acordar la suspensión de la ejecución de las penas privativas de libertad no superiores a cinco años de los penados que hubiesen cometido el hecho delictivo a causa de su dependencia de las sustancias señaladas en el numeral 2.º del artí-

culo 20, siempre que se certifique suficientemente, por centro o servicio público o privado debidamente acreditado u homologado, que el condenado se encuentra deshabituado o sometido a tratamiento para tal fin en el momento de decidir sobre la suspensión.

El juez o tribunal podrá ordenar la realización de las comprobaciones necesarias para verificar el cumplimiento de los anteriores requisitos.

En el caso de que el condenado se halle sometido a tratamiento de deshabituación, también se condicionará la suspensión de la ejecución de la pena a que no abandone el tratamiento hasta su finalización. No se entenderán abandono las recaídas en el tratamiento si estas no evidencian un abandono definitivo del tratamiento de deshabituación.

6. En los delitos que sólo pueden ser perseguidos previa denuncia o querella del ofendido, los jueces y tribunales oirán a éste y, en su caso, a quien le represente, antes de conceder los beneficios de la suspensión de la ejecución de la pena.

Apartado 2, regla 1.ª, modificado por Ley Orgánica 1/2026, de 8 de abril, en materia de multirreincidencia, por la que se modifica la Ley Orgánica 10/1995, de 23 de noviembre, del Código Penal y la Ley de Enjuiciamiento Criminal, aprobada por Real Decreto de 14 de septiembre de 1882. (BOE de 09-04-2026).

Artículo anteriormente modificado por LO 1/2015, de 30 de marzo.

Ver arts. 35, 81 a 86 y 92 CP; 368 a 374 Ley Procesal Militar; 30.2 LO 4/1981, de 1 de junio, de los estados de alarma, excepción y sitio.

ART. 81.

El plazo de suspensión será de dos a cinco años para las penas privativas de libertad no superiores a dos años, y de tres meses a un año para las penas leves, y se fijará por el juez o tribunal, atendidos los criterios expresados en el párrafo segundo del apartado 1 del artículo 80.

En el caso de que la suspensión hubiera sido acordada de conformidad con lo dispuesto en el apartado 5 del artículo anterior, el plazo de suspensión será de tres a cinco años.

Modificado por LO 1/2015, de 30 de marzo.

ART. 82.

1. El juez o tribunal resolverá en sentencia sobre la suspensión de la ejecución de la pena siempre que ello resulte posible. En los demás casos, una vez declarada la firmeza de la sentencia, se pronunciará con la mayor urgencia, previa audiencia a las partes, sobre la concesión o no de la suspensión de la ejecución de la pena.

2. El plazo de suspensión se computará desde la fecha de la resolución que la acuerda. Si la suspensión hubiera sido acordada en sentencia, el plazo de la suspensión se computará desde la fecha en que aquélla hubiere devenido firme.

No se computará como plazo de suspensión aquél en el que el penado se hubiera mantenido en situación de rebeldía.

Modificado por LO 1/2015, de 30 de marzo.

ART. 83.

1. El juez o tribunal podrá condicionar la suspensión al cumplimiento de las siguientes prohibiciones y deberes cuando ello resulte necesario para evitar el peligro de comisión de nuevos delitos, sin que puedan imponerse deberes y obligaciones que resulten excesivos y desproporcionados:

1.ª Prohibición de aproximarse a la víctima o a aquéllos de sus familiares u otras personas que se determine por el juez o tribunal, a sus domicilios, a sus lugares de trabajo o a otros lugares habitualmente frecuentados por ellos, o de comunicar con los mismos por cualquier medio. La imposición de esta prohibición será siempre comunicada a las personas con relación a las cuales sea acordada.

2.ª Prohibición de establecer contacto con personas determinadas o con miembros de un grupo determinado, cuando existan indicios que permitan suponer fundadamente que tales sujetos pueden facilitarle la ocasión para cometer nuevos delitos o incitarle a hacerlo.

3.ª Mantener su lugar de residencia en un lugar determinado con prohibición de abandonarlo o ausentarse temporalmente sin autorización del juez o tribunal.

4.ª Prohibición de residir en un lugar determinado o de acudir al mismo, cuando en ellos pueda encontrar la ocasión o motivo para cometer nuevos delitos.

5.ª Comparecer personalmente con la periodicidad que se determine ante el juez o tribunal, dependencias policiales o servicio de la administración que se determine, para informar de sus actividades y justificarlas.

6.ª Participar en programas formativos, laborales, culturales, de educación vial, sexual, de defensa del medio ambiente, de protección de los animales, de igualdad de trato y no discriminación, resolución pacífica de conflictos, parentalidad positiva y otros similares.

7.ª Participar en programas de deshabituación al consumo de alcohol, drogas tóxicas o sustancias estupefacientes, o de tratamiento de otros comportamientos adictivos.

8.ª Prohibición de conducir vehículos de motor que no dispongan de dispositivos tecnológicos que condicionen su encendido o funcionamiento a la comprobación previa de las condiciones físicas del conductor, cuando el sujeto haya sido condenado por un delito contra la seguridad vial y la medida resulte necesaria para prevenir la posible comisión de nuevos delitos.

9.ª Cumplir los demás deberes que el juez o tribunal estime convenientes para la rehabilitación social del penado, previa conformidad de éste, siempre que no atenten contra su dignidad como persona.

2. Cuando se trate de delitos cometidos sobre la mujer por quien sea o haya sido su cónyuge, o por quien esté o haya estado ligado a ella por una relación similar de afectividad, aun sin convivencia, se impondrán siempre las prohibiciones y deberes indicados en las reglas 1.ª, 4.ª y 6.ª del apartado anterior.

Las anteriores prohibiciones y deberes se impondrán asimismo cuando se trate de delitos contra la libertad sexual, matrimonio forzado, mutilación genital femenina y trata de seres humanos.

3. La imposición de cualquiera de las prohibiciones o deberes de las reglas 1.ª, 2.ª, 3.ª, o 4.ª del apartado 1 de este artículo será comunicada a las Fuerzas y Cuerpos de Seguridad del Estado, que velarán por su cumplimiento. Cualquier posible quebrantamiento o circunstancia relevante para valorar la peligrosidad del penado y la posibilidad de comisión futura de nuevos delitos, será inmediatamente comunicada al Ministerio Fiscal y al juez o tribunal de ejecución.

4. El control del cumplimiento de los deberes a que se refieren las reglas 6.ª, 7.ª y 8.ª del apartado 1 de este artículo corresponderá a los servicios de gestión de penas y medidas alternativas de la Administración penitenciaria. Estos servicios informarán al juez o tribunal de ejecución sobre el cumplimiento con una periodicidad al menos trimestral, en el caso de las reglas 6.ª y 8.ª, y semestral, en el caso de la 7.ª y, en todo caso, a su conclusión.

Asimismo, informarán inmediatamente de cualquier circunstancia relevante para valorar la peligrosidad del penado y la posibilidad de comisión futura de nuevos delitos, así como de los incumplimientos de la obligación impuesta o de su cumplimiento efectivo.

Apdo. 2, segundo párrafo, se añade por Ley Orgánica 10/2022, de 6 de septiembre, de garantía integral de la libertad sexual. (BOE de 07-09-2022). Modificación en vigor desde el 7 de octubre de 2022.

Apdo. 1.6.ª modificado por Ley Orgánica 8/2021, de 4 de junio, de protección integral a la infancia y la adolescencia frente a la violencia. (BOE de 05-06-2021). Modificación en vigor desde el 25/06/2021.

Anteriormente modificado este artículo por LO 1/2015, de 30 de marzo.

ART. 84.

1. El juez o tribunal también podrá condicionar la suspensión de la ejecución de la pena al cumplimiento de alguna o algunas de las siguientes prestaciones o medidas:

1.ª El cumplimiento del acuerdo alcanzado por las partes en virtud de mediación.

2.ª El pago de una multa, cuya extensión determinarán el juez o tribunal en atención a las circunstancias del caso, que no podrá ser superior a la que resultase de aplicar dos cuotas de multa por cada día de prisión sobre un límite máximo de dos tercios de su duración.

3.ª La realización de trabajos en beneficio de la comunidad, especialmente cuando resulte adecuado como forma de reparación simbólica a la vista de las circunstancias del hecho y del autor. La duración de esta prestación de trabajos se determinará por el juez o tribunal en atención a las circunstancias del caso, sin que pueda exceder de la que resulte de computar un día de trabajos por cada día de prisión sobre un límite máximo de dos tercios de su duración.

2. Si se hubiera tratado de un delito cometido sobre la mujer por quien sea o haya sido su cónyuge, o por quien esté o haya estado ligado a ella por una relación similar de afectividad, aun sin convivencia, o sobre los descendientes, ascendientes o hermanos por naturaleza, adopción o afinidad propios o del cónyuge o conviviente, o sobre los menores o personas con discapacidad necesitadas de especial protección que con él convivan o que se hallen sujetos a la potestad, tutela, curatela, acogimiento o guarda de hecho del cónyuge o conviviente, el pago de la multa a que se refiere la medida 2.ª del apartado anterior solamente

podrá imponerse cuando conste acreditado que entre ellos no existen relaciones económicas derivadas de una relación conyugal, de convivencia o filiación, o de la existencia de una descendencia común.

Modificado por LO 1/2015, de 30 de marzo.

ART. 85.

Durante el tiempo de suspensión de la pena, y a la vista de la posible modificación de las circunstancias valoradas, el juez o tribunal podrá modificar la decisión que anteriormente hubiera adoptado conforme a los artículos 83 y 84, y acordar el alzamiento de todas o alguna de las prohibiciones, deberes o prestaciones que hubieran sido acordadas, su modificación o sustitución por otras que resulten menos gravosas.

Modificado por LO 1/2015, de 30 de marzo.

ART. 86.

1. El juez o tribunal revocará la suspensión y ordenará la ejecución de la pena cuando el penado:

a) Sea condenado por un delito cometido durante el período de suspensión y ello ponga de manifiesto que la expectativa en la que se fundaba la decisión de suspensión adoptada ya no puede ser mantenida.

b) Incumpla de forma grave o reiterada las prohibiciones y deberes que le hubieran sido impuestos conforme al artículo 83, o se sustraiga al control de los servicios de gestión de penas y medidas alternativas de la Administración penitenciaria.

c) Incumpla de forma grave o reiterada las condiciones que, para la suspensión, hubieran sido impuestas conforme al artículo 84.

d) Facilite información inexacta o insuficiente sobre el paradero de bienes u objetos cuyo decomiso hubiera sido acordado; no dé cumplimiento al compromiso de pago de las responsabilidades civiles a que hubiera sido condenado, salvo que careciera de capacidad económica para ello; o facilite información inexacta o insuficiente sobre su patrimonio, incumpliendo la obligación impuesta en el artículo 589 de la Ley de Enjuiciamiento Civil.

2. Si el incumplimiento de las prohibiciones, deberes o condiciones no hubiera tenido carácter grave o reiterado, el juez o tribunal podrá:

a) Imponer al penado nuevas prohibiciones, deberes o condiciones, o modificar las ya impuestas.

b) Prorrogar el plazo de suspensión, sin que en ningún caso pueda exceder de la mitad de la duración del que hubiera sido inicialmente fijado.

3. En el caso de revocación de la suspensión, los gastos que hubiera realizado el penado para reparar el daño causado por el delito conforme al apartado 1 del artículo 84 no serán restituidos. Sin embargo, el juez o tribunal abonará a la pena los pagos y la prestación de trabajos que hubieran sido realizados o cumplidos conforme a las medidas 2.ª y 3.ª.

4. En todos los casos anteriores, el juez o tribunal resolverá después de haber oído al Fiscal y a las demás partes. Sin embargo, podrá revocar la suspensión de la ejecución de la pena y ordenar el ingreso inmediato del penado en prisión cuando resulte imprescindible para evitar el riesgo de reiteración delictiva, el riesgo de huida del penado o asegurar la protección de la víctima.

El juez o tribunal podrá acordar la realización de las diligencias de comprobación que fueran necesarias y acordar la celebración de una vista oral cuando lo considere necesario para resolver.

Modificado por LO 1/2015, de 30 de marzo.

ART. 87.

1. Transcurrido el plazo de suspensión fijado sin haber cometido el sujeto un delito que ponga de manifiesto que la expectativa en la que se fundaba la decisión de suspensión adoptada ya no puede ser mantenida, y cumplidas de forma suficiente las reglas de conducta fijadas por el juez o tribunal, éste acordará la remisión de la pena.

2. No obstante, para acordar la remisión de la pena que hubiera sido suspendida conforme al apartado 5 del artículo 80, deberá acreditarse la deshabituación del sujeto o la continuidad del tratamiento. De lo contrario, el juez o tribunal ordenará su cumplimiento, salvo que, oídos los informes correspondientes, estime necesaria la continuación del trata-

miento; en tal caso podrá conceder razonadamente una prórroga del plazo de suspensión por tiempo no superior a dos años.

Modificado por LO 1/2015, de 30 de marzo.

Sección 2.ª De la sustitución de las penas privativas de libertad

ART. 88.

(SUPRIMIDO)

Suprimido por LO 1/2015, de 30 de marzo.

ART. 89.

1. Las penas de prisión de más de un año impuestas a un ciudadano extranjero serán sustituidas por su expulsión del territorio español. Excepcionalmente, cuando resulte necesario para asegurar la defensa del orden jurídico y restablecer la confianza en la vigencia de la norma infringida por el delito, el juez o tribunal podrá acordar la ejecución de una parte de la pena que no podrá ser superior a dos tercios de su extensión, y la sustitución del resto por la expulsión del penado del territorio español. En todo caso, se sustituirá el resto de la pena por la expulsión del penado del territorio español cuando aquél acceda al tercer grado o le sea concedida la libertad condicional.

2. Cuando hubiera sido impuesta una pena de más de cinco años de prisión, o varias penas que excedieran de esa duración, el juez o tribunal acordará la ejecución de todo o parte de la pena, en la medida en que resulte necesario para asegurar la defensa del orden jurídico y restablecer la confianza en la vigencia de la norma infringida por el delito. En estos casos, se sustituirá la ejecución del resto de la pena por la expulsión del penado del territorio español, cuando el penado cumpla la parte de la pena que se hubiera determinado, acceda al tercer grado o se le conceda la libertad condicional.

3. El juez o tribunal resolverá en sentencia sobre la sustitución de la ejecución de la pena siempre que ello resulte posible. En los demás casos, una vez declarada la firmeza de la sentencia, se pronunciará con la mayor urgencia, previa audiencia al Fiscal y a las demás partes, sobre la concesión o no de la sustitución de la ejecución de la pena.

4. No procederá la sustitución cuando, a la vista de las circunstancias del hecho y las personales del autor, en particular su arraigo en España, la expulsión resulte desproporcionada.

La expulsión de un ciudadano de la Unión Europea solamente procederá cuando represente una amenaza grave para el orden público o la seguridad pública en atención a la naturaleza, circunstancias y gravedad del delito cometido, sus antecedentes y circunstancias personales.

Si hubiera residido en España durante los diez años anteriores procederá la expulsión cuando además:

a) Hubiera sido condenado por uno o más delitos contra la vida, libertad, integridad física y libertad e indemnidad sexuales castigados con pena máxima de prisión de más de cinco años y se aprecie fundadamente un riesgo grave de que pueda cometer delitos de la misma naturaleza.

b) Hubiera sido condenado por uno o más delitos de terrorismo u otros delitos cometidos en el seno de un grupo u organización criminal.

En estos supuestos será en todo caso de aplicación lo dispuesto en el apartado 2 de este artículo.

5. El extranjero no podrá regresar a España en un plazo de cinco a diez años, contados desde la fecha de su expulsión, atendidas la duración de la pena sustituida y las circunstancias personales del penado.

6. La expulsión llevará consigo el archivo de cualquier procedimiento administrativo que tuviera por objeto la autorización para residir o trabajar en España.

7. Si el extranjero expulsado regresara a España antes de transcurrir el período de tiempo establecido judicialmente, cumplirá las penas que fueron sustituidas, salvo que, excepcionalmente, el juez o tribunal, reduzca su duración cuando su cumplimiento resulte innecesario para asegurar la defensa del orden jurídico y restablecer la confianza en la norma jurídica infringida por el delito, en atención al tiempo transcurrido desde la expulsión y las circunstancias en las que se haya producido su incumplimiento.

No obstante, si fuera sorprendido en la frontera, será expulsado directamente por la autoridad gubernativa, empezando a computarse de nuevo el plazo de prohibición de entrada en su integridad.

8. Cuando, al acordarse la expulsión en cualquiera de los supuestos previstos en este artículo, el extranjero no se encuentre o no quede efectivamente privado de libertad en ejecución de la pena impuesta, el juez o tribunal podrá acordar, con el fin de asegurar la expulsión, su ingreso en un centro de internamiento de extranjeros, en los términos y con los límites y garantías previstos en la ley para la expulsión gubernativa.

En todo caso, si acordada la sustitución de la pena privativa de libertad por la expulsión, ésta no pudiera llevarse a efecto, se procederá a la ejecución de la pena originariamente impuesta o del período de condena pendiente, o a la aplicación, en su caso, de la suspensión de la ejecución de la misma.

9. No serán sustituidas las penas que se hubieran impuesto por la comisión de los delitos a que se refieren los artículos 177 bis, 312, 313 y 318 bis.

Modificado por LO 1/2015, de 30 de marzo.

Ver arts. 90 y 108 CP y art. 57 de la LO 4/2000, de 11 de enero, sobre derechos y libertades de los extranjeros en España y su integración social.

Sección 3.ª De la libertad condicional

ART. 90.

1. El juez de vigilancia penitenciaria acordará la suspensión de la ejecución del resto de la pena de prisión y concederá la libertad condicional al penado que cumpla los siguientes requisitos:

a) Que se encuentre clasificado en tercer grado.

b) Que haya extinguido las tres cuartas partes de la pena impuesta.

c) Que haya observado buena conducta.

Para resolver sobre la suspensión de la ejecución del resto de la pena y concesión de la libertad condicional, el juez de vigilancia penitenciaria valorará la personalidad del penado, sus antecedentes, las circunstancias del delito cometido, la relevancia de los bienes jurídicos que podrían verse afectados por una reiteración en el delito, su conducta durante el cumplimiento de la pena, sus circunstancias familiares y sociales y los efectos que quepa esperar de la propia suspensión de la ejecución y del cumplimiento de las medidas que fueren impuestas.

No se concederá la suspensión si el penado no hubiese satisfecho la responsabilidad civil derivada del delito en los supuestos y conforme a los criterios establecidos por los apartados 5 y 6 del artículo 72 de la Ley Orgánica 1/1979, de 26 de septiembre, General Penitenciaria.

2. También podrá acordar la suspensión de la ejecución del resto de la pena y conceder la libertad condicional a los penados que cumplan los siguientes requisitos:

a) Que hayan extinguido dos terceras partes de su condena.

b) Que durante el cumplimiento de su pena hayan desarrollado actividades laborales, culturales u ocupacionales, bien de forma continuada, bien con un aprovechamiento del que se haya derivado una modificación relevante y favorable de aquéllas de sus circunstancias personales relacionadas con su actividad delictiva previa.

c) Que acredite el cumplimiento de los requisitos a que se refiere el apartado anterior, salvo el de haber extinguido tres cuartas partes de su condena.

A propuesta de Instituciones Penitenciarias y previo informe del Ministerio Fiscal y de las demás partes, cumplidas las circunstancias de las letras a) y c) del apartado anterior, el juez de vigilancia penitenciaria podrá adelantar, una vez extinguida la mitad de la condena, la concesión de la libertad condicional en relación con el plazo previsto en el apartado anterior, hasta un máximo de noventa días por cada año transcurrido de cumplimiento efectivo de condena. Esta medida requerirá que el penado haya desarrollado continuadamente las actividades indicadas en la letra b) de este apartado y que acredite, además, la participación efectiva y favorable en programas de reparación a las víctimas o programas de tratamiento o desintoxicación, en su caso.

3. Excepcionalmente, el juez de vigilancia penitenciaria podrá acordar la suspensión de la ejecución del resto de la pena y conceder la libertad condicional a los penados en que concurran los siguientes requisitos:

a) Que se encuentren cumpliendo su primera condena de prisión y que ésta no supere los tres años de duración.

b) Que hayan extinguido la mitad de su condena.

c) Que acredite el cumplimiento de los requisitos a que se refiere al apartado 1, salvo el de haber extinguido tres cuartas partes de su condena, así como el regulado en la letra b) del apartado anterior.

Este régimen no será aplicable a los penados que lo hayan sido por la comisión de un delito contra la libertad e indemnidad sexuales.

4. El juez de vigilancia penitenciaria podrá denegar la suspensión de la ejecución del resto de la pena cuando el penado hubiera dado información inexacta o insuficiente sobre el paradero de bienes u objetos cuyo decomiso hubiera sido acordado; no dé cumplimiento conforme a su capacidad al compromiso de pago de las responsabilidades civiles a que hubiera sido condenado; o facilite información inexacta o insuficiente sobre su patrimonio, incumpliendo la obligación impuesta en el artículo 589 de la Ley de Enjuiciamiento Civil.

También podrá denegar la suspensión de la ejecución del resto de la pena impuesta para alguno de los delitos previstos en el Título XIX del Libro II de este Código, cuando el penado hubiere eludido el cumplimiento de las responsabilidades pecuniarias o la reparación del daño económico causado a la Administración a que hubiere sido condenado.

5. En los casos de suspensión de la ejecución del resto de la pena y concesión de la libertad condicional, resultarán aplicables las normas contenidas en los artículos 83, 86 y 87.

El juez de vigilancia penitenciaria, a la vista de la posible modificación de las circunstancias valoradas, podrá modificar la decisión que anteriormente hubiera adoptado conforme al artículo 83, y acordar la imposición de nuevas prohibiciones, deberes o prestaciones, la modificación de las que ya hubieran sido acordadas o el alzamiento de las mismas.

Asimismo, el juez de vigilancia penitenciaria revocará la suspensión de la ejecución del resto de la pena y la libertad condicional concedida cuando se ponga de manifiesto un cambio de las circunstancias que hubieran dado lugar a la suspensión que no permita mantener ya el pronóstico de falta de peligrosidad en que se fundaba la decisión adoptada.

El plazo de suspensión de la ejecución del resto de la pena será de dos a cinco años. En todo caso, el plazo de suspensión de la ejecución y de libertad condicional no podrá ser inferior a la duración de la parte de pena pendiente de cumplimiento. El plazo de suspensión y libertad condicional se computará desde la fecha de puesta en libertad del penado.

6. La revocación de la suspensión de la ejecución del resto de la pena y libertad condicional dará lugar a la ejecución de la parte de la pena pendiente de cumplimiento. El tiempo transcurrido en libertad condicional no será computado como tiempo de cumplimiento de la condena.

7. El juez de vigilancia penitenciaria resolverá de oficio sobre la suspensión de la ejecución del resto de la pena y concesión de la libertad condicional a petición del penado. En el caso de que la petición no fuera estimada, el juez o tribunal podrá fijar un plazo de seis meses, que motivadamente podrá ser prolongado a un año, hasta que la pretensión pueda ser nuevamente planteada.

8. En el caso de personas condenadas por delitos cometidos en el seno de organizaciones criminales o por alguno de los delitos regulados en el Capítulo VII del Título XXII del Libro II de este Código, la suspensión de la ejecución del resto de la pena impuesta y concesión de la libertad condicional requiere que el penado muestre signos inequívocos de haber abandonado los fines y los medios de la actividad terrorista y haya colaborado activamente con las autoridades, bien para impedir la producción de otros delitos por parte de la organización o grupo terrorista, bien para atenuar los efectos de su delito, bien para la identificación, captura y procesamiento de responsables de delitos terroristas, para obtener pruebas o para impedir la actuación o el desarrollo de las organizaciones o asociaciones a las que haya pertenecido o con las que haya colaborado, lo que podrá acreditarse mediante una declaración expresa de repudio de sus actividades delictivas y de abandono de la violencia y una petición expresa de perdón a las víctimas de su delito, así como por los informes técnicos que acrediten que el preso está realmente desvinculado de la organización terrorista y del entorno y actividades de asociaciones y colectivos ilegales que la rodean y su colaboración con las autoridades.

Los apartados 2 y 3 no serán aplicables a las personas condenadas por la comisión de alguno de los delitos regulados en el Capítulo VII del Título XXII del Libro II de este Código o por delitos cometidos en el seno de organizaciones criminales.

Modificado por LO 1/2015, de 30 de marzo.

Ver arts. 32, 33, 35, 78, 89, 91, 92 y 105 CP; 67, 72 y 76.2 LGPe; 192 y sigs. RP; 52 a 56 RD 112/2017, de 17 de febrero, por el que se aprueba el Reglamento penitenciario militar.

ART. 91.

1. No obstante lo dispuesto en el artículo anterior, los penados que hubieran cumplido la edad de setenta años, o la cumplan durante la extinción de la condena, y reúnan los requisitos exigidos en el artículo anterior, excepto el de haber extinguido las tres cuartas partes de aquélla, las dos terceras partes o, en su caso, la mitad de la condena, podrán obtener la suspensión de la ejecución del resto de la pena y la concesión de la libertad condicional.

El mismo criterio se aplicará cuando se trate de enfermos muy graves con padecimientos incurables, y así quede acreditado tras la práctica de los informes médicos que, a criterio del juez de vigilancia penitenciaria, se estimen necesarios.

2. Constando a la Administración penitenciaria que el interno se halla en cualquiera de los casos previstos en los párrafos anteriores, elevará el expediente de libertad condicional, con la urgencia que el caso requiera, al juez de vigilancia penitenciaria, quien, a la hora de resolverlo, valorará junto a las circunstancias personales la dificultad para delinquir y la escasa peligrosidad del sujeto.

3. Si el peligro para la vida del interno, a causa de su enfermedad o de su avanzada edad, fuera patente, por estar así acreditado por el dictamen del médico forense y de los servicios médicos del establecimiento penitenciario, el juez o tribunal podrá, sin necesidad de que se acredite el cumplimiento de ningún otro requisito y valorada la falta de peligrosidad relevante del penado, acordar la suspensión de la ejecución del resto de la pena y concederle la libertad condicional sin más trámite que requerir al centro penitenciario el informe de pronóstico final al objeto de poder hacer la valoración a que se refiere el apartado anterior.

En este caso, el penado estará obligado a facilitar al servicio médico penitenciario, al médico forense, o a aquel otro que se determine por el juez o tribunal, la información necesaria para poder valorar sobre la evolución de su enfermedad.

El incumplimiento de esta obligación podrá dar lugar a la revocación de la suspensión de la ejecución y de la libertad condicional.

4. Son aplicables al supuesto regulado en este artículo las disposiciones contenidas en los apartados 4, 5 y 6 del artículo anterior.

Modificado por LO 1/2015, de 30 de marzo.

Ver arts. 91 CP; 153 y 192 y sigs. RP.

ART. 92.

1. El tribunal acordará la suspensión de la ejecución de la pena de prisión permanente revisable cuando se cumplan los siguientes requisitos:

a) Que el penado haya cumplido veinticinco años de su condena, sin perjuicio de lo dispuesto en el artículo 78 bis para los casos regulados en el mismo.

b) Que se encuentre clasificado en tercer grado.

c) Que el tribunal, a la vista de la personalidad del penado, sus antecedentes, las circunstancias del delito cometido, la relevancia de los bienes jurídicos que podrían verse afectados por una reiteración en el delito, su conducta durante el cumplimiento de la pena, sus circunstancias familiares y sociales, y los efectos que quepa esperar de la propia suspensión de la ejecución y del cumplimiento de las medidas que fueren impuestas, pueda fundar, previa valoración de los informes de evolución remitidos por el centro penitenciario y por aquellos especialistas que el propio tribunal determine, la existencia de un pronóstico favorable de reinserción social.

En el caso de que el penado lo hubiera sido por varios delitos, el examen de los requisitos a que se refiere la letra c) se realizará valorando en su conjunto todos los delitos cometidos.

El tribunal resolverá sobre la suspensión de la pena de prisión permanente revisable tras un procedimiento oral contradictorio en el que intervendrán el Ministerio Fiscal y el penado, asistido por su abogado.

2. Si se tratase de delitos referentes a organizaciones y grupos terroristas y delitos de terrorismo del Capítulo VII del Título XXII del Libro II de este Código, será además necesario que el penado muestre signos inequívocos de haber abandonado los fines y los medios de la actividad terrorista y haya colaborado activamente con las autoridades, bien para impedir la producción de otros delitos por parte de la organización o grupo terrorista, bien para atenuar los efectos de su delito, bien para la identificación, captura y procesamiento de responsables de delitos terroristas, para obtener pruebas o para impedir la actuación o el desarrollo de las organizaciones o asociaciones a las que haya pertenecido o con las que haya colaborado, lo que podrá acreditarse mediante una declaración expresa de repudio de sus actividades delictivas y de abandono de la violencia y una petición expresa de perdón a

las víctimas de su delito, así como por los informes técnicos que acrediten que el preso está realmente desvinculado de la organización terrorista y del entorno y actividades de asociaciones y colectivos ilegales que la rodean y su colaboración con las autoridades.

3. La suspensión de la ejecución tendrá una duración de cinco a diez años. El plazo de suspensión y libertad condicional se computará desde la fecha de puesta en libertad del penado. Son aplicables las normas contenidas en el párrafo segundo del apartado 1 del artículo 80 y en los artículos 83, 86, 87 y 91.

El juez o tribunal, a la vista de la posible modificación de las circunstancias valoradas, podrá modificar la decisión que anteriormente hubiera adoptado conforme al artículo 83, y acordar la imposición de nuevas prohibiciones, deberes o prestaciones, la modificación de las que ya hubieran sido acordadas, o el alzamiento de las mismas.

Asimismo, el juez de vigilancia penitenciaria revocará la suspensión de la ejecución del resto de la pena y la libertad condicional concedida cuando se ponga de manifiesto un cambio de las circunstancias que hubieran dado lugar a la suspensión que no permita mantener ya el pronóstico de falta de peligrosidad en que se fundaba la decisión adoptada.

4. Extinguida la parte de la condena a que se refiere la letra a) del apartado 1 de este artículo o, en su caso, en el artículo 78 bis, el tribunal deberá verificar, al menos cada dos años, el cumplimiento del resto de requisitos de la libertad condicional. El tribunal resolverá también las peticiones de concesión de la libertad condicional del penado, pero podrá fijar un plazo de hasta un año dentro del cual, tras haber sido rechazada una petición, no se dará curso a sus nuevas solicitudes.

La sentencia del Tribunal Constitucional 169/2021, de 6 de octubre de 2021 (Recurso de inconstitucionalidad 3866-2015) declaró que el apartado 3, párrafo tercero, y el apartado 4 no son inconstitucionales siempre que se interpreten en el sentido establecido en el fundamento jurídico 9 b) de dicha sentencia.

Modificado por LO 1/2015, de 30 de marzo.

ART. 93.

(SUPRIMIDO)

Suprimido por LO 1/2015, de 30 de marzo.

Sección 4.ª Disposiciones comunes

ART. 94.

A los efectos previstos en la sección 2.ª de este capítulo, se consideran reos habituales los que hubieren cometido tres o más delitos de los comprendidos en un mismo capítulo, en un plazo no superior a cinco años, y hayan sido condenados por ello.

Para realizar este cómputo se considerarán, por una parte, el momento de posible suspensión o sustitución de la pena conforme al artículo 88 y, por otra parte, la fecha de comisión de aquellos delitos que fundamenten la apreciación de la habitualidad.

Ver art. 87.1.2.ª CP.

ART. 94 bis.

A los efectos previstos en este Capítulo, las condenas firmes de jueces o tribunales impuestas en otros Estados de la Unión Europea tendrán el mismo valor que las impuestas por los jueces o tribunales españoles salvo que sus antecedentes hubieran sido cancelados, o pudieran serlo con arreglo al Derecho español.

Añadido por LO 1/2015, de 30 de marzo.

TÍTULO IV
De las medidas de seguridad

CAPÍTULO I
De las medidas de seguridad en general

ART. 95.

1. Las medidas de seguridad se aplicarán por el Juez o Tribunal, previos los informes que estime convenientes, a las personas que se encuentren en los supuestos previstos en el Capítulo siguiente de este Código, siempre que concurran estas circunstancias:

1.ª Que el sujeto haya cometido un hecho previsto como delito.

2.ª Que del hecho y de las circunstancias personales del sujeto pueda deducirse un pronóstico de comportamiento futuro que revele la probabilidad de comisión de nuevos delitos.

2. Cuando la pena que hubiere podido imponerse por el delito cometido no fuere privativa de libertad, el juez o tribunal sentenciador sólo podrá acordar alguna o algunas de las medidas previstas en el artículo 96.3.

Ver arts. 1.2, 2.1, 3, 6.1, 20, párr. final, 32, 35, 39, 50, 96 a 108, 135, 137 y disp. trans. 10.ª CP; y 163 y sigs. RP.

ART. 96.

1. Las medidas de seguridad que se pueden imponer con arreglo a este Código son privativas y no privativas de libertad.

2. Son medidas privativas de libertad:

1.ª El internamiento en centro psiquiátrico.

2.ª El internamiento en centro de deshabituación.

3.ª El internamiento en centro educativo especial.

3. Son medidas no privativas de libertad:

1.ª) La inhabilitación profesional.

2.ª) La expulsión del territorio nacional de extranjeros no residentes legalmente en España.

3.ª) La libertad vigilada

4.ª) La custodia familiar. El sometido a esta medida quedará sujeto al cuidado y vigilancia del familiar que se designe y que acepte la custodia, quien la ejercerá en relación con el Juez de Vigilancia Penitenciaria y sin menoscabo de las actividades escolares o laborales del custodiado.

5.ª) La privación del derecho a conducir vehículos a motor y ciclomotores.

6.ª) La privación del derecho a la tenencia y porte de armas.

Ver las concordancias del art. 95; arts. 42, 43, 45, 47, 48 y 89 CP; 11 LGPe; 183 y sigs. RP.

ART. 97.

Durante la ejecución de la sentencia, el Juez o Tribunal sentenciador adoptará, por el procedimiento establecido en el artículo siguiente, alguna de las siguientes decisiones:

a) Mantener la ejecución de la medida de seguridad impuesta.

b) Decretar el cese de cualquier medida de seguridad impuesta en cuanto desaparezca la peligrosidad criminal del sujeto.

c) Sustituir una medida de seguridad por otra que estime más adecuada, entre las previstas para el supuesto de que se trate. En el caso de que fuera acordada la sustitución y el sujeto evolucionara desfavorablemente, se dejará sin efecto la sustitución, volviéndose a aplicar la medida sustituida.

d) Dejar en suspenso la ejecución de la medida en atención al resultado ya obtenido con su aplicación, por un plazo no superior al que reste hasta el máximo señalado en la sentencia que la impuso. La suspensión quedará condicionada a que el sujeto no delinca durante el plazo fijado, y podrá dejarse sin efecto si nuevamente resultara acreditada cualquiera de las circunstancias previstas en el artículo 95 de este Código.

Ver arts. 101 a 103 CP; 94 y 95 LOPJ; y 76 a 78 LGPe; 526, 985, 987 y 990 LECrim.

ART. 98.

1. A los efectos del artículo anterior, cuando se trate de una medida de seguridad privativa de libertad o de una medida de libertad vigilada que deba ejecutarse después del cumplimiento de una pena privativa de libertad, el Juez de Vigilancia Penitenciaria estará obligado a elevar al menos anualmente, una propuesta de mantenimiento, cese, sustitución o suspensión de la misma. Para formular dicha propuesta el Juez de Vigilancia Penitenciaria deberá valorar los informes emitidos por los facultativos y profesionales que asistan al sometido a medida de seguridad o por las Administraciones Públicas competentes y, en su caso, el resultado de las demás actuaciones que a este fin ordene.

2. Cuando se trate de cualquier otra medida no privativa de libertad, el Juez o Tribunal sentenciador recabará directamente de las Administraciones, facultativos y profesionales a que se refiere el apartado anterior, los oportunos informes acerca de la situación y la evolución del condenado, su grado de rehabilitación y el pronóstico de reincidencia o reiteración delictiva.

3. En todo caso, el Juez o Tribunal sentenciador resolverá motivadamente a la vista de la propuesta o los informes a los que respectivamente se refieren los dos apartados anteriores, oída la propia persona sometida a la medida, así como el Ministerio Fiscal y las demás partes. Se oirá asimismo a las víctimas del delito que no estuvieren personadas cuando así lo hubieran solicitado al inicio o en cualquier momento de la ejecución de la sentencia y permanezcan localizables a tal efecto.

Ver arts. 97 CP; 39 LGPe; 54 y 187 RP; 526, 985, 987 y 990 LECrim.

ART. 99.

En el caso de concurrencia de penas y medidas de seguridad privativas de libertad, el juez o tribunal ordenará el cumplimiento de la medida, que se abonará para el de la pena. Una vez alzada la medida de seguridad, el juez o tribunal podrá, si con la ejecución de la pena se pusieran en peligro los efectos conseguidos a través de aquélla, suspender el cumplimiento del resto de la pena por un plazo no superior a la duración de la misma, o aplicar alguna de las medidas previstas en el artículo 96.3.

Ver art. 104 CP.

ART. 100.

1. El quebrantamiento de una medida de seguridad de internamiento dará lugar a que el Juez o Tribunal ordene el reingreso del sujeto en el mismo centro del que se hubiese evadido o en otro que corresponda a su estado.

2. Si se tratare de otras medidas, el juez o tribunal podrá acordar la sustitución de la quebrantada por la de internamiento si ésta estuviese prevista para el supuesto de que se trate y si el quebrantamiento demostrase su necesidad.

3. En ambos casos el Juez o Tribunal deducirá testimonio por el quebrantamiento. A estos efectos, no se considerará quebrantamiento de la medida la negativa del sujeto a someterse a tratamiento médico o a continuar un tratamiento médico inicialmente consentido. No obstante, el Juez o Tribunal podrá acordar la sustitución del tratamiento inicial o posteriormente rechazado por otra medida de entre las aplicables al supuesto de que se trate.

Ver arts. 104, 468 a 471 CP.

CAPÍTULO II
De la aplicación de las medidas de seguridad

Sección 1.ª De las medidas privativas de libertad

ART. 101.

1. Al sujeto que sea declarado exento de responsabilidad criminal conforme al número 1.º del artículo 20, se le podrá aplicar, si fuere necesaria, la medida de internamiento para tratamiento médico o educación especial en un establecimiento adecuado al tipo de anomalía o alteración psíquica que se aprecie, o cualquier otra de las medidas previstas en el apartado 3 del artículo 96. El internamiento no podrá exceder del tiempo que habría durado la pena privativa de libertad, si hubiera sido declarado responsable el sujeto, y a tal efecto el Juez o Tribunal fijará en la sentencia ese límite máximo.

2. El sometido a esta medida no podrá abandonar el establecimiento sin autorización del Juez o Tribunal sentenciador, de conformidad con lo previsto en el artículo 97 de este Código.

ART. 102.

1. A los exentos de responsabilidad penal conforme al número 2.º del artículo 20 se les aplicará, si fuere necesaria, la medida de internamiento en centro de deshabituación público, o privado debidamente acreditado u homologado, o cualquiera otra de las medidas previstas en el apartado 3 del artículo 96. El internamiento no podrá exceder del tiempo que habría durado la pena privativa de libertad, si el sujeto hubiere sido declarado responsable, y a tal efecto el Juez o Tribunal fijará ese límite máximo en la sentencia.

2. El sometido a esta medida no podrá abandonar el establecimiento sin autorización del Juez o Tribunal sentenciador de conformidad con lo previsto en el artículo 97 de este Código.

ART. 103.

1. A los que fueren declarados exentos de responsabilidad conforme al número 3.º del artículo 20, se les podrá aplicar, si fuere necesaria, la medida de internamiento en un centro educativo especial o cualquier otra de las medidas previstas en el apartado tercero del artículo 96. El internamiento no podrá exceder del tiempo que habría durado la pena privativa de libertad, si el sujeto hubiera sido declarado responsable y, a tal efecto, el Juez o Tribunal fijará en la sentencia ese límite máximo.

2. El sometido a esta medida no podrá abandonar el establecimiento sin autorización del Juez o Tribunal sentenciador de conformidad con lo previsto en el artículo 97 de este Código.

3. En este supuesto, la propuesta a que se refiere el artículo 98 de este Código deberá hacerse al terminar cada curso o grado de enseñanza.

Ver arts. 6, 20, 32, 35, 39, 50 a 97 CP; 756 a 763 LEC y 184 RP.

ART. 104.

1. En los supuestos de eximente incompleta en relación con los números 1.º, 2.º y 3.º del artículo 20, el Juez o Tribunal podrá imponer, además de la pena correspondiente, las medidas previstas en los artículos 101, 102 y 103. No obstante, la medida de internamiento sólo será aplicable cuando la pena impuesta sea privativa de libertad y su duración no podrá exceder de la de la pena prevista por el Código para el delito. Para su aplicación se observará lo dispuesto en el artículo 99.

2. Cuando se aplique una medida de internamiento de las previstas en el apartado anterior o en los artículos 101, 102 y 103, el juez o tribunal sentenciador comunicará al ministerio fiscal, con suficiente antelación, la proximidad de su vencimiento, a efectos de lo previsto por la disposición adicional primera de este Código.

Ver arts. 20.1.º, 2.º y 3.º, 21.1.ª, 99, 101, 102, 103 CP.

Sección 2.ª De las medidas no privativas de libertad

ART. 105.

En los casos previstos en los artículos 101 a 104, cuando imponga la medida privativa de libertad o durante la ejecución de la misma, el Juez o Tribunal podrá imponer razonadamente una o varias medidas que se enumeran a continuación. Deberá asimismo imponer alguna o algunas de dichas medidas en los demás casos expresamente previstos en este Código.

1. Por un tiempo no superior a cinco años:

a) Libertad vigilada.

b) Custodia familiar. El sometido a esta medida quedará sujeto al cuidado y vigilancia del familiar que se designe y que acepte la custodia, quien la ejercerá en relación con el Juez de Vigilancia y sin menoscabo de las actividades escolares o laborales del custodiado.

2. Por un tiempo de hasta diez años:

a) Libertad vigilada, cuando expresamente lo disponga este Código.

b) La privación del derecho a la tenencia y porte de armas.

c) La privación del derecho a conducir vehículos a motor y ciclomotores.

Para decretar la obligación de observar alguna o algunas de las medidas previstas en este artículo, así como para concretar dicha obligación cuando por ley viene obligado a imponerlas, el Juez o Tribunal sentenciador deberá valorar los informes emitidos por los facultativos y profesionales encargados de asistir al sometido a la medida de seguridad.

El Juez de Vigilancia Penitenciaria o los servicios de la Administración correspondiente informarán al Juez o Tribunal sentenciador.

En los casos previstos en este artículo, el Juez o Tribunal sentenciador dispondrá que los servicios de asistencia social competentes presten la ayuda o atención que precise y legalmente le corresponda al sometido a medidas de seguridad no privativas de libertad.

Ver las concordancias citadas en el art. 95 y arts. 96.3.3.º, 98 y 106 CP.

ART. 106.

1. La libertad vigilada consistirá en el sometimiento del condenado a control judicial a través del cumplimiento por su parte de alguna o algunas de las siguientes medidas:

a) La obligación de estar siempre localizable mediante aparatos electrónicos que permitan su seguimiento permanente.

b) La obligación de presentarse periódicamente en el lugar que el Juez o Tribunal establezca.

c) La de comunicar inmediatamente, en el plazo máximo y por el medio que el Juez o Tribunal señale a tal efecto, cada cambio del lugar de residencia o del lugar o puesto de trabajo.

d) La prohibición de ausentarse del lugar donde resida o de un determinado territorio sin autorización del Juez o Tribunal.

e) La prohibición de aproximarse a la víctima, o a aquellos de sus familiares u otras personas que determine el Juez o Tribunal.

f) La prohibición de comunicarse con la víctima, o con aquellos de sus familiares u otras personas que determine el Juez o Tribunal.

g) La prohibición de acudir a determinados territorios, lugares o establecimientos.

h) La prohibición de residir en determinados lugares.

i) La prohibición de desempeñar determinadas actividades que puedan ofrecerle o facilitarle la ocasión para cometer hechos delictivos de similar naturaleza.

j) La obligación de participar en programas formativos, laborales, culturales, de educación sexual u otros similares.

k) La obligación de seguir tratamiento médico externo, o de someterse a un control médico periódico.

2. Sin perjuicio de lo dispuesto en el artículo 105, el Juez o Tribunal deberá imponer en la sentencia la medida de libertad vigilada para su cumplimiento posterior a la pena privativa de libertad impuesta siempre que así lo disponga de manera expresa este Código.

En estos casos, al menos dos meses antes de la extinción de la pena privativa de libertad, de modo que la medida de libertad vigilada pueda iniciarse en ese mismo momento, el Juez de Vigilancia Penitenciaria, por el procedimiento previsto en el artículo 98, elevará la oportuna propuesta al Juez o Tribunal sentenciador, que, con arreglo a dicho procedimiento, concretará, sin perjuicio de lo establecido en el artículo 97, el contenido de la medida fijando las obligaciones o prohibiciones enumeradas en el apartado 1 de este artículo que habrá de observar el condenado.

Si éste lo hubiera sido a varias penas privativas de libertad que deba cumplir sucesivamente, lo dispuesto en el párrafo anterior se entenderá referido al momento en que concluya el cumplimiento de todas ellas.

Asimismo, el penado a quien se hubiere impuesto por diversos delitos otras tantas medidas de libertad vigilada que, dado el contenido de las obligaciones o prohibiciones establecidas, no pudieran ser ejecutadas simultáneamente, las cumplirá de manera sucesiva, sin perjuicio de que el Juez o Tribunal pueda ejercer las facultades que le atribuye el apartado siguiente.

3. Por el mismo procedimiento del artículo 98, el Juez o Tribunal podrá:

a) Modificar en lo sucesivo las obligaciones y prohibiciones impuestas.

b) Reducir la duración de la libertad vigilada o incluso poner fin a la misma en vista del pronóstico positivo de reinserción que considere innecesaria o contraproducente la continuidad de las obligaciones o prohibiciones impuestas.

c) Dejar sin efecto la medida cuando la circunstancia descrita en la letra anterior se dé en el momento de concreción de las medidas que se regula en el número 2 del presente artículo.

4. En caso de incumplimiento de una o varias obligaciones el Juez o Tribunal, a la vista de las circunstancias concurrentes y por el mismo procedimiento indicado en los números anteriores, podrá modificar las obligaciones o prohibiciones impuestas. Si el incumplimiento fuera reiterado o grave, revelador de la voluntad de no someterse a las obligaciones o prohibiciones impuestas, el Juez deducirá, además, testimonio por un presunto delito del artículo 468 de este Código.

Ver las concordancias citadas en los arts. 95 y 96; arts. 74 y 75 LGPe; 227 a 229 RP.

ART. 107.

La autoridad judicial podrá decretar razonadamente la medida de inhabilitación para el ejercicio de determinado derecho, profesión, oficio, industria o comercio, cargo o empleo u otras actividades, sean o no retribuidas, por un tiempo de uno a cinco años, cuando la persona haya cometido con abuso de dicho ejercicio, o en relación con él, un hecho delictivo, y cuando de la valoración de las circunstancias concurrentes pueda deducirse el peligro de que vuelva a cometer el mismo delito u otros semejantes, siempre que no sea posible imponerle la pena correspondiente por encontrarse en alguna de las situaciones previstas en los números 1.º, 2.º y 3.º del artículo 20.

Modificado por Ley Orgánica 8/2021, de 4 de junio, de protección integral a la infancia y la adolescencia frente a la violencia. (BOE de 05-06-2021). Modificación en vigor desde el 25/06/2021.

Ver arts. 22.7.ª, 42, 45, 96, 320, 322, 329, 369.8.º, 372, 390, 391, 404 a 445, 449, 500, 506, 508, 509, 511, 521 y 616 CP.

ART. 108.

1. Si el sujeto fuera extranjero no residente legalmente en España, el juez o tribunal acordará en la sentencia, previa audiencia de aquél, la expulsión del territorio nacional como sustitutiva de las medidas de seguridad que le sean aplicables, salvo que el juez o tribunal, previa audiencia del Ministerio Fiscal, excepcionalmente y de forma motivada, aprecie que la naturaleza del delito justifica el cumplimiento en España.

La expulsión así acordada llevará consigo el archivo de cualquier procedimiento administrativo que tuviera por objeto la autorización para residir o trabajar en España.

En el supuesto de que, acordada la sustitución de la medida de seguridad por la expulsión, ésta no pudiera llevarse a efecto, se procederá al cumplimiento de la medida de seguridad originariamente impuesta.

2. El extranjero no podrá regresar a España en un plazo de 10 años, contados desde la fecha de su expulsión.

3. El extranjero que intentara quebrantar una decisión judicial de expulsión y prohibición de entrada a la que se refieren los apartados anteriores será devuelto por la autoridad gubernativa, empezando a computarse de nuevo el plazo de prohibición de entrada en su integridad.

Ver arts. 89, 96.3.1.ª y 5.ª CP; LO 4/2000, de 11 de enero, sobre derechos y libertades de los extranjeros en España y su integración social.

TÍTULO V
De la responsabilidad civil derivada de los delitos y de las costas procesales

Rúbrica modificada por LO 1/2015, de 30 de marzo.

CAPÍTULO I
De la responsabilidad civil y su extensión

ART. 109.

1. La ejecución de un hecho descrito por la Ley como delito obliga a reparar, en los términos previstos en las Leyes, los daños y perjuicios por él causados.

2. El perjudicado podrá optar, en todo caso, por exigir la responsabilidad civil ante la Jurisdicción Civil.

Apdo. 1 modificado por LO 1/2015, de 30 de marzo.

Ver arts. 1029 y 1092 CC; 100, 107, 108, 110, 117, 615 y sigs., 688 y sigs., 778.2 y 989 LECrim.

ART. 110.

La responsabilidad establecida en el artículo anterior comprende:
1.º La restitución.
2.º La reparación del daño.
3.º La indemnización de perjuicios materiales y morales.

Ver arts. 272 CP; 1089, 1092 y 1813 CC; 619, 620 y 635 LECrim; 4 LO 12/1995, de 12 de diciembre, de represión del contrabando.

ART. 111.

1. Deberá restituirse, siempre que sea posible, el mismo bien, con abono de los deterioros y menoscabos que el juez o tribunal determinen. La restitución tendrá lugar aunque el bien se halle en poder de tercero y éste lo haya adquirido legalmente y de buena fe, dejando a salvo su derecho de repetición contra quien corresponda y, en su caso, el de ser indemnizado por el responsable civil del delito.

2. Esta disposición no es aplicable cuando el tercero haya adquirido el bien en la forma y con los requisitos establecidos por las Leyes para hacerlo irreivindicable.

Apdo. 1 modificado por LO 1/2015, de 30 de marzo.

Ver arts. 464, 1950, 1955, 1956 y 1962 CC; 367, 619, 620, 635, 843 y 844 LECrim; 85, 86, 324, 560 y 561 C de c.

ART. 112.

La reparación del daño podrá consistir en obligaciones de dar, de hacer o de no hacer que el Juez o Tribunal establecerá atendiendo a la naturaleza de aquél y a las condiciones personales y patrimoniales del culpable, determinando si han de ser cumplidas por él mismo o pueden ser ejecutadas a su costa.

Ver arts. 216 y 288 CP; 365 y 366 LECrim; 1088, 1100, 1120, 1123, 1136, 1151, 1160, 1166, 1182 y 1183 CC.

ART. 113.

La indemnización de perjuicios materiales y morales comprenderá no sólo los que se hubieren causado al agraviado, sino también los que se hubieren irrogado a sus familiares o a terceros.

Ver arts. 193 CP; 1106, 1107, 1902 a 1910 CC.

ART. 114.

Si la víctima hubiere contribuido con su conducta a la producción del daño o perjuicio sufrido, los Jueces o Tribunales podrán moderar el importe de su reparación o indemnización.

Ver art. 1103 CC.

ART. 115.

Los Jueces y Tribunales, al declarar la existencia de responsabilidad civil, establecerán razonadamente, en sus resoluciones las bases en que fundamenten la cuantía de los daños e indemnizaciones, pudiendo fijarla en la propia resolución o en el momento de su ejecución.

Ver art. 24.1 CE; 365 LECrim; 378 y 379 PM.

CAPÍTULO II
De las personas civilmente responsables

ART. 116.

1. Toda persona criminalmente responsable de un delito lo es también civilmente si del hecho se derivaren daños o perjuicios. Si son dos o más los responsables de un delito los jueces o tribunales señalarán la cuota de que deba responder cada uno.

2. Los autores y los cómplices, cada uno dentro de su respectiva clase, serán responsables solidariamente entre sí por sus cuotas, y subsidiariamente por las correspondientes a los demás responsables.

La responsabilidad subsidiaria se hará efectiva: primero, en los bienes de los autores, y después, en los de los cómplices.

Tanto en los casos en que se haga efectiva la responsabilidad solidaria como la subsidiaria, quedará a salvo la repetición del que hubiere pagado contra los demás por las cuotas correspondientes a cada uno.

3. La responsabilidad penal de una persona jurídica llevará consigo su responsabilidad civil en los términos establecidos en el artículo 110 de este Código de forma solidaria con las personas físicas que fueren condenadas por los mismos hechos.

Apdo. 1 modificado por LO 1/2015, de 30 de marzo.

Ver arts. 101 a 111, 117 y 444 CP; 1089 y sigs. y 1138 CC; 100, 107, 108, 110 a 117, 615 a 621, 635, 650, 655, 734, 736, 742, 784.5, 790.5 y 798.1.ª LECrim.

ART. 117.

Los aseguradores que hubieren asumido el riesgo de las responsabilidades pecuniarias derivadas del uso o explotación de cualquier bien, empresa, industria o actividad, cuando, como consecuencia de un hecho previsto en este Código, se produzca el evento que determine el riesgo asegurado, serán responsables civiles directos hasta el límite de la indemnización legalmente establecida o convencionalmente pactada, sin perjuicio del derecho de repetición contra quien corresponda.

Ver arts. 764.1 y 765 LECrim; 1137 y sigs. CC.

ART. 118.

1. La exención de la responsabilidad criminal declarada en los números 1.º, 2.º, 3.º, 5.º y 6.º del artículo 20, no comprende la de la responsabilidad civil, que se hará efectiva conforme a las reglas siguientes:

1.ª En los casos de los números 1.º y 3.º, son también responsables por los hechos que ejecuten los declarados exentos de responsabilidad penal, quienes ejerzan su apoyo legal o de hecho, siempre que haya mediado culpa o negligencia por su parte y sin perjuicio de la responsabilidad civil directa que pudiera corresponder a los inimputables.

Los Jueces o Tribunales graduarán de forma equitativa la medida en que deba responder con sus bienes cada uno de dichos sujetos.

2.ª Son igualmente responsables el ebrio y el intoxicado en el supuesto del número 2.º

3.ª En el caso del número 5.º serán responsables civiles directos las personas en cuyo favor se haya precavido el mal, en proporción al perjuicio que se les haya evitado, si fuera estimable o, en otro caso, en la que el Juez o Tribunal establezca según su prudente arbitrio.

Cuando las cuotas de que deba responder el interesado no sean equitativamente asignables por el Juez o Tribunal, ni siquiera por aproximación, o cuando la responsabilidad se extienda a las Administraciones Públicas o a la mayor parte de una población y, en todo caso, siempre que el daño se haya causado con asentimiento de la autoridad o de sus agentes, se acordará, en su caso, la indemnización en la forma que establezcan las leyes y reglamentos especiales.

4.ª En el caso del número 6.º, responderán principalmente los que hayan causado el miedo, y en defecto de ellos, los que hayan ejecutado el hecho.

2. En el caso del artículo 14, serán responsables civiles los autores del hecho.

Apdo. 1.1.ª, primer párrafo, modificado por Ley 8/2021, de 2 de junio, por la que se reforma la legislación civil y procesal para el apoyo a las personas con discapacidad en el ejercicio de su capacidad jurídica. (BOE de 03-06-2021). Modificación vigente desde el 3 de septiembre de 2021.

Ver arts. 106.2 CE; 1902 y 1903 CC; 615 a 621 LECrim; LO 5/2000, de 12 de enero, reguladora de la responsabilidad penal de los menores; 32 y sigs. LRJSP; 120 y 123 Ley de Expropiación Forzosa; LO 2/1986, de 13 de marzo, de fuerzas y cuerpos de seguridad del Estado.

ART. 119.

En todos los supuestos del artículo anterior, el Juez o Tribunal que dicte sentencia absolutoria por estimar la concurrencia de alguna de las causas de exención citadas, procederá a fijar las responsabilidades civiles, salvo que se haya hecho expresa reserva de las acciones para reclamarlas en la vía que corresponda.

Ver art. 109 CP.

ART. 120.

Son también responsables civilmente, en defecto de los que lo sean criminalmente:

1.º Los curadores con facultades de representación plena que convivan con la persona a quien prestan apoyo, siempre que haya por su parte culpa o negligencia.

2.º Las personas naturales o jurídicas titulares de editoriales, periódicos, revistas, estaciones de radio o televisión o de cualquier otro medio de difusión escrita, hablada o visual, por los delitos cometidos utilizando los medios de los que sean titulares, dejando a salvo lo dispuesto en el artículo 212.

3.º Las personas naturales o jurídicas, en los casos de delitos cometidos en los establecimientos de los que sean titulares, cuando por parte de los que los dirijan o administren, o de sus dependientes o empleados, se hayan infringido los reglamentos de policía o las disposiciones de la autoridad que estén relacionados con el hecho punible cometido, de modo que éste no se hubiera producido sin dicha infracción.

4.º Las personas naturales o jurídicas dedicadas a cualquier género de industria o comercio, por los delitos que hayan cometido sus empleados o dependientes, representantes o gestores en el desempeño de sus obligaciones o servicios.

5.º Las personas naturales o jurídicas titulares de vehículos susceptibles de crear riesgos para terceros, por los delitos cometidos en la utilización de aquellos por sus dependientes o representantes o personas autorizadas.

Ordinal 1.º modificado por Ley 8/2021, de 2 de junio, por la que se reforma la legislación civil y procesal para el apoyo a las personas con discapacidad en el ejercicio de su capacidad jurídica. (BOE de 03-06-2021). Modificación vigente desde el 3 de septiembre de 2021.

Anteriormente modificado por LO 1/2015, de 30 de marzo.

Ver arts. 154 a 171, 222 a 285, 1783 a 1784 y 1903 a 1904 CC; 615 y sigs. LECrim; LO 5/2000, de 12 de enero, reguladora de la responsabilidad penal de los menores.

ART. 121.

El Estado, la Comunidad Autónoma, la Provincia, la Isla, el Municipio y demás Entes Públicos, según los casos, responden subsidiariamente de los daños causados por los penalmente responsables de los delitos dolosos o culposos, cuando éstos sean autoridad, agentes y contratados de la misma o funcionarios públicos en el ejercicio de sus cargos o funciones siempre que la lesión sea consecuencia directa del funcionamiento de los servicios públicos que les estuvieren confiados, sin perjuicio de la responsabilidad patrimonial derivada del funcionamiento normal o anormal de dichos servicios exigible conforme a las normas de procedimiento administrativo, y sin que, en ningún caso, pueda darse una duplicidad indemnizatoria.

Si se exigiera en el proceso penal la responsabilidad civil de la autoridad, agentes y contratados de la misma o funcionarios públicos, la pretensión deberá dirigirse simultáneamente contra la Administración o ente público presuntamente responsable civil subsidiario.

Ver las concordancias del art. 118 CP.

ART. 122.

El que por título lucrativo hubiere participado de los efectos de un delito, está obligado a la restitución de la cosa o al resarcimiento del daño hasta la cuantía de su participación.

Modificado por LO 1/2015, de 30 de marzo.

Ver arts. 298 y sigs. y 615 a 621 LECrim.

CAPÍTULO III
De las costas procesales

ART. 123.

Las costas procesales se entienden impuestas por la Ley a los criminalmente responsables de todo delito.

Modificado por LO 1/2015, de 30 de marzo.

Ver arts. 239 y 240 LECrim.

ART. 124.

Las costas comprenderán los derechos e indemnizaciones ocasionados en las actuaciones judiciales e incluirán siempre los honorarios de la acusación particular en los delitos sólo perseguibles a instancia de parte.

Ver art. 241 LECrim.

CAPÍTULO IV
Del cumplimiento de la responsabilidad civil y
demás responsabilidades pecuniarias

ART. 125.

Cuando los bienes del responsable civil no sean bastantes para satisfacer de una vez todas las responsabilidades pecuniarias, el Juez o Tribunal, previa audiencia al perjudicado, podrá fraccionar su pago, señalando, según su prudente arbitrio y en atención a las necesidades del perjudicado y a las posibilidades económicas del responsable, el período e importe de los plazos.

Ver art. 246 LECrim.

ART. 126.

1. Los pagos que se efectúen por el penado o el responsable civil subsidiario se imputarán por el orden siguiente:

1.° A la reparación del daño causado e indemnización de los perjuicios.

2.° A la indemnización al Estado por el importe de los gastos que se hubieran hecho por su cuenta en la causa.

3.° A las costas del acusador particular o privado cuando se impusiere en la sentencia su pago.

4.° A las demás costas procesales, incluso las de la defensa del procesado, sin preferencia entre los interesados.

5.° A la multa.

2. Cuando el delito hubiere sido de los que sólo pueden perseguirse a instancia de parte, se satisfarán las costas del acusador privado con preferencia a la indemnización del Estado. Tendrá la misma preferencia el pago de las costas procesales causadas a la víctima en los supuestos a que se refiere el artículo 14 de la Ley del Estatuto de la Víctima del Delito.

Modificado el apdo. 2 por Ley 4/2015, de 27 de abril, del Estatuto de la Víctima del Delito

Ver arts. 246 y 378 LECrim.

TÍTULO VI
De las consecuencias accesorias

ART. 127.

1. Toda pena que se imponga por un delito doloso llevará consigo la pérdida de los efectos que de él provengan y de los bienes, medios o instrumentos con que se haya preparado o ejecutado, así como de las ganancias provenientes del delito, cualesquiera que sean las transformaciones que hubieren podido experimentar.

2. En los casos en que la ley prevea la imposición de una pena privativa de libertad superior a un año por la comisión de un delito imprudente, el juez o tribunal podrá acordar la pérdida de los efectos que provengan del mismo y de los bienes, medios o instrumentos con que se haya preparado o ejecutado, así como de las ganancias provenientes del delito, cualesquiera que sean las transformaciones que hubieran podido experimentar.

3. Si por cualquier circunstancia no fuera posible el decomiso de los bienes señalados en los apartados anteriores de este artículo, se acordará el decomiso de otros bienes por una cantidad que corresponda al valor económico de los mismos, y al de las ganancias que se hubieran obtenido de ellos. De igual modo se procederá cuando se acuerde el decomiso de bienes, efectos o ganancias determinados, pero su valor sea inferior al que tenían en el momento de su adquisición.

Modificado por LO 1/2015, de 30 de marzo.

Este artículo había sido previamente modificado por la Ley Orgánica 5/2010, de 22 de junio, por la que se modifica la Ley Orgánica 10/1995, de 23 de noviembre, del Código Penal.

Ver arts. 282, 327, 334 a 338, 367, 567, 574, 620, 635 y 844 LECrim.

FISCALÍA GENERAL DEL ESTADO:

- Consulta 2/1986, de 21 de marzo, sobre ocupación, destrucción y comiso de estupefacientes.

- Instrucción 6/2007, de 18 de diciembre, sobre la enajenación de bienes decomisados antes de dictarse sentencia.

- Circular 4/2010, sobre las funciones del fiscal en la investigación patrimonial en el ámbito del proceso penal.

- Instrucción 5/2012, de 3 de diciembre, sobre la intervención del Fiscal en la destrucción de sustancias incautadas en procedimientos judiciales por delitos de tráfico de drogas.

ART. 127 bis.

1. El juez o tribunal ordenará también el decomiso de los bienes, efectos y ganancias pertenecientes a una persona condenada por alguno de los siguientes delitos cuando resuelva, a partir de indicios objetivos fundados, que los bienes o efectos provienen de una actividad delictiva, y no se acredite su origen lícito:

a) Delitos de trata de seres humanos.

a bis) Delitos de tráfico de órganos.

b) Delitos relativos a la prostitución y a la explotación sexual y corrupción de menores y delitos de abusos y agresiones sexuales a menores de dieciséis años.

c) Delitos informáticos de los apartados 2 y 3 del artículo 197 y artículo 264.

d) Delitos contra el patrimonio y contra el orden socioeconómico en los supuestos de continuidad delictiva y reincidencia.

e) Delitos relativos a las insolvencias punibles.

f) Delitos contra la propiedad intelectual o industrial.

g) Delitos de corrupción en los negocios.

h) Delitos de receptación del apartado 2 del artículo 298.

i) Delitos de blanqueo de capitales.

j) Delitos contra la Hacienda pública y la Seguridad Social.

k) Delitos contra los derechos de los trabajadores de los artículos 311 a 313.

l) Delitos contra los derechos de los ciudadanos extranjeros.

m) Delitos contra la salud pública de los artículos 368 a 373.

n) Delitos de falsificación de moneda.

o) Delitos de cohecho.

p) Delitos de malversación.

q) Delitos de terrorismo.

r) Delitos cometidos en el seno de una organización o grupo criminal.

2. A los efectos de lo previsto en el apartado 1 de este artículo, se valorarán, especialmente, entre otros, los siguientes indicios:

1.º La desproporción entre el valor de los bienes y efectos de que se trate y los ingresos de origen lícito de la persona condenada.

2.º La ocultación de la titularidad o de cualquier poder de disposición sobre los bienes o efectos mediante la utilización de personas físicas o jurídicas o entes sin personalidad jurídica interpuestos, o paraísos fiscales o territorios de nula tributación que oculten o dificulten la determinación de la verdadera titularidad de los bienes.

3.º La transferencia de los bienes o efectos mediante operaciones que dificulten o impidan su localización o destino y que carezcan de una justificación legal o económica válida.

3. En estos supuestos será también aplicable lo dispuesto en el apartado 3 del artículo anterior.

4. Si posteriormente el condenado lo fuera por hechos delictivos similares cometidos con anterioridad, el juez o tribunal valorará el alcance del decomiso anterior acordado al resolver sobre el decomiso en el nuevo procedimiento.

5. El decomiso a que se refiere este artículo no será acordado cuando las actividades delictivas de las que provengan los bienes o efectos hubieran prescrito o hubieran sido ya objeto de un proceso penal resuelto por sentencia absolutoria o resolución de sobreseimiento con efectos de cosa juzgada.

Letra a) bis del apdo. 1 se añade por Ley Orgánica 1/2019, de 20 de febrero, por la que se modifica la Ley Orgánica 10/1995, de 23 de noviembre, del Código Penal, para transponer Directivas de la Unión Europea en los ámbitos financiero y de terrorismo, y abordar cuestiones de índole internacional. (BOE de 21-02-2019). (Vigencia desde 13/03/2019).

Artículo añadido por LO 1/2015, de 30 de marzo.

ART. 127 ter.

1. El juez o tribunal podrá acordar el decomiso previsto en los artículos anteriores aunque no medie sentencia de condena, cuando la situación patrimonial ilícita quede acreditada en un proceso contradictorio y se trate de alguno de los siguientes supuestos:

a) Que el sujeto haya fallecido o sufra una enfermedad crónica que impida su enjuiciamiento y exista el riesgo de que puedan prescribir los hechos,

b) se encuentre en rebeldía y ello impida que los hechos puedan ser enjuiciados dentro de un plazo razonable, o

c) no se le imponga pena por estar exento de responsabilidad criminal o por haberse ésta extinguido.

2. El decomiso al que se refiere este artículo solamente podrá dirigirse contra quien haya sido formalmente acusado o contra el imputado con relación al que existan indicios racionales de criminalidad cuando las situaciones a que se refiere el apartado anterior hubieran impedido la continuación del procedimiento penal.

Añadido por LO 1/2015, de 30 de marzo.

ART. 127 quater.

1. Los jueces y tribunales podrán acordar también el decomiso de los bienes, efectos y ganancias a que se refieren los artículos anteriores que hayan sido transferidos a terceras personas, o de un valor equivalente a los mismos, en los siguientes casos:

a) En el caso de los efectos y ganancias, cuando los hubieran adquirido con conocimiento de que proceden de una actividad ilícita o cuando una persona diligente habría tenido motivos para sospechar, en las circunstancias del caso, de su origen ilícito.

b) En el caso de otros bienes, cuando los hubieran adquirido con conocimiento de que de este modo se dificultaba su decomiso o cuando una persona diligente habría tenido motivos para sospechar, en las circunstancias del caso, que de ese modo se dificultaba su decomiso.

2. Se presumirá, salvo prueba en contrario, que el tercero ha conocido o ha tenido motivos para sospechar que se trataba de bienes procedentes de una actividad ilícita o que eran transferidos para evitar su decomiso, cuando los bienes o efectos le hubieran sido transferidos a título gratuito o por un precio inferior al real de mercado.

Añadido por LO 1/2015, de 30 de marzo.

ART. 127 quinquies.

1. Los jueces y tribunales podrán acordar también el decomiso de bienes, efectos y ganancias provenientes de la actividad delictiva previa del condenado, cuando se cumplan, cumulativamente, los siguientes requisitos:

a) Que el sujeto sea o haya sido condenado por alguno de los delitos a que se refiere el artículo 127 bis.1 del Código Penal.

b) Que el delito se haya cometido en el contexto de una actividad delictiva previa continuada.

c) Que existan indicios fundados de que una parte relevante del patrimonio del penado procede de una actividad delictiva previa.

Son indicios relevantes:

1.º La desproporción entre el valor de los bienes y efectos de que se trate y los ingresos de origen lícito de la persona condenada.

2.º La ocultación de la titularidad o de cualquier poder de disposición sobre los bienes o efectos mediante la utilización de personas físicas o jurídicas o entes sin personalidad jurídica interpuestos, o paraísos fiscales o territorios de nula tributación que oculten o dificulten la determinación de la verdadera titularidad de los bienes.

3.º La transferencia de los bienes o efectos mediante operaciones que dificulten o impidan su localización o destino y que carezcan de una justificación legal o económica válida.

Lo dispuesto en el párrafo anterior solamente será de aplicación cuando consten indicios fundados de que el sujeto ha obtenido, a partir de su actividad delictiva, un beneficio superior a 6.000 euros.

2. A los efectos del apartado anterior, se entenderá que el delito se ha cometido en el contexto de una actividad delictiva continuada siempre que:

a) El sujeto sea condenado o haya sido condenado en el mismo procedimiento por tres o más delitos de los que se haya derivado la obtención de un beneficio económico directo o indirecto, o por un delito continuado que incluya, al menos, tres infracciones penales de las que haya derivado un beneficio económico directo o indirecto.

b) O en el período de seis años anterior al momento en que se inició el procedimiento en el que ha sido condenado por alguno de los delitos a que se refiere el artículo 127 bis del Código Penal, hubiera sido condenado por dos o más delitos de los que hubiera derivado la obtención de un beneficio económico, o por un delito continuado que incluya, al menos, dos infracciones penales de las que ha derivado la obtención de un beneficio económico.

Añadido por LO 1/2015, de 30 de marzo.

ART. 127 sexies.

A los efectos de lo previsto en el artículo anterior serán de aplicación las siguientes presunciones:

1.º Se presumirá que todos los bienes adquiridos por el condenado dentro del período de tiempo que se inicia seis años antes de la fecha de apertura del procedimiento penal, proceden de su actividad delictiva.

A estos efectos, se entiende que los bienes han sido adquiridos en la fecha más temprana en la que conste que el sujeto ha dispuesto de ellos.

2.º Se presumirá que todos los gastos realizados por el penado durante el período de tiempo a que se refiere el párrafo primero del número anterior, se pagaron con fondos procedentes de su actividad delictiva.

3.º Se presumirá que todos los bienes a que se refiere el número 1 fueron adquiridos libres de cargas.

El juez o tribunal podrá acordar que las anteriores presunciones no sean aplicadas con relación a determinados bienes, efectos o ganancias, cuando, en las circunstancias concretas del caso, se revelen incorrectas o desproporcionadas.

Añadido por LO 1/2015, de 30 de marzo.

ART. 127 septies.

Si la ejecución del decomiso no hubiera podido llevarse a cabo, en todo o en parte, a causa de la naturaleza o situación de los bienes, efectos o ganancias de que se trate, o por cualquier otra circunstancia, el juez o tribunal podrá, mediante auto, acordar el decomiso de otros bienes, incluso de origen lícito, que pertenezcan a los criminalmente responsables del hecho por un valor equivalente al de la parte no ejecutada del decomiso inicialmente acordado.

De igual modo se procederá, cuando se acuerde el decomiso de bienes, efectos o ganancias determinados, pero su valor sea inferior al que tenían en el momento de su adquisición.

Añadido por LO 1/2015, de 30 de marzo.

ART. 127 octies.

1. A fin de garantizar la efectividad del decomiso, los bienes, medios, instrumentos y ganancias podrán ser aprehendidos o embargados y puestos en depósito por la autoridad judicial desde el momento de las primeras diligencias.

2. Corresponderá al juez o tribunal resolver, conforme a lo dispuesto en la Ley de Enjuiciamiento Criminal, sobre la realización anticipada o utilización provisional de los bienes y efectos intervenidos.

3. Los bienes, instrumentos y ganancias decomisados por resolución firme, salvo que deban ser destinados al pago de indemnizaciones a las víctimas, serán adjudicados al Estado, que les dará el destino que se disponga legal o reglamentariamente.

Añadido por LO 1/2015, de 30 de marzo.

ART. 128.

Cuando los referidos efectos e instrumentos sean de lícito comercio y su valor no guarde proporción con la naturaleza o gravedad de la infracción penal, o se hayan satisfecho completamente las responsabilidades civiles, podrá el Juez o Tribunal no decretar el decomiso, o decretarlo parcialmente.

ART. 129.

1. En caso de delitos cometidos en el seno, con la colaboración, a través o por medio de empresas, organizaciones, grupos o cualquier otra clase de entidades o agrupaciones de personas que, por carecer de personalidad jurídica, no estén comprendidas en el artículo 31 bis, el juez o tribunal podrá imponer motivadamente a dichas empresas, organizaciones, grupos, entidades o agrupaciones una o varias consecuencias accesorias a la pena que corresponda al autor del delito, con el contenido previsto en las letras c) a g) del apartado 7 del artículo 33. Podrá también acordar la prohibición definitiva de llevar a cabo cualquier actividad, aunque sea lícita.

2. Las consecuencias accesorias a las que se refiere en el apartado anterior sólo podrán aplicarse a las empresas, organizaciones, grupos o entidades o agrupaciones en él mencionados cuando este Código lo prevea expresamente, o cuando se trate de alguno de los delitos por los que el mismo permite exigir responsabilidad penal a las personas jurídicas.

3. La clausura temporal de los locales o establecimientos, la suspensión de las actividades sociales y la intervención judicial podrán ser acordadas también por el Juez Instructor como medida cautelar durante la instrucción de la causa a los efectos establecidos en este artículo y con los límites señalados en el artículo 33.7.

Apdos. 1 y 2 modificados por LO 1/2015, de 30 de marzo.

Este artículo había sido asimismo modificado por la Ley Orgánica 15/2003, de 25 de noviembre, por la que se modificó el Código Penal, que dio nueva redacción al apartado 1 de este artículo, así como por la Ley Orgánica 5/2010, de 22 de junio, que modificó el Código Penal y también dio nueva redacción a este artículo.

ART. 129 bis.

Si se trata de condenados por la comisión de un delito grave contra la vida, la integridad de las personas, la libertad, la libertad o indemnidad sexual, de terrorismo, o cualquier otro delito grave que conlleve un riesgo grave para la vida, la salud o la integridad física de las personas, cuando de las circunstancias del hecho, antecedentes, valoración de su personalidad, o de otra información disponible pueda valorarse que existe un peligro relevante de reiteración delictiva, el juez o tribunal podrá acordar la toma de muestras biológicas de su persona y la realización de análisis para la obtención de identificadores de ADN e inscripción de los mismos en la base de datos policial. Únicamente podrán llevarse a cabo los análisis necesarios para obtener los identificadores que proporcionen, exclusivamente, información genética reveladora de la identidad de la persona y de su sexo.

Si el afectado se opusiera a la recogida de las muestras, podrá imponerse su ejecución forzosa mediante el recurso a las medidas coactivas mínimas indispensables para su ejecución, que deberán ser en todo caso proporcionadas a las circunstancias del caso y respetuosas con su dignidad.

Añadido por LO 1/2015, de 30 de marzo.

TÍTULO VII
De la extinción de la responsabilidad criminal y sus efectos

CAPÍTULO I
De las causas que extinguen la responsabilidad criminal

ART. 130.

1. La responsabilidad criminal se extingue:

1.º Por la muerte del reo.

2.º Por el cumplimiento de la condena.

3.º Por la remisión definitiva de la pena, conforme a lo dispuesto en los apartados 1 y 2 del artículo 87.

4.º Por **la amnistía o** el indulto.

5.º Por el perdón de la persona ofendida, cuando se trate de delitos leves perseguibles a instancias de la persona agraviada o la ley así lo prevea. El perdón habrá de ser otorgado de forma expresa antes de que se haya dictado sentencia, a cuyo efecto la autoridad judicial sentenciadora deberá oír a la persona ofendida por el delito antes de dictarla.

En los delitos cometidos contra personas menores de edad o personas con discapacidad necesitadas de especial protección que afecten a bienes jurídicos eminentemente personales, el perdón de la persona ofendida no extingue la responsabilidad criminal.

6.º Por la prescripción del delito.

7.º Por la prescripción de la pena o de la medida de seguridad.

2. La transformación, fusión, absorción o escisión de una persona jurídica no extingue su responsabilidad penal, que se trasladará a la entidad o entidades en que se transforme, quede fusionada o absorbida y se extenderá a la entidad o entidades que resulten de la escisión. El Juez o Tribunal podrá moderar el traslado de la pena a la persona jurídica en función de la proporción que la persona jurídica originariamente responsable del delito guarde con ella.

No extingue la responsabilidad penal la disolución encubierta o meramente aparente de la persona jurídica. Se considerará en todo caso que existe disolución encubierta o meramente aparente de la persona jurídica cuando se continúe su actividad económica y se mantenga la identidad sustancial de clientes, proveedores y empleados, o de la parte más relevante de todos ellos.

Apdo. 1.4.º modificado por Ley Orgánica 1/2024, de 10 de junio, de amnistía para la normalización institucional, política y social en Cataluña. (BOE de 11-06-2024).

Apdo. 1.5.º modificado por Ley Orgánica 8/2021, de 4 de junio, de protección integral a la infancia y la adolescencia frente a la violencia. (BOE de 05-06-2021). Modificación en vigor desde el 25/06/2021.

Numerales 3.º y 5.º del apdo. 1 anteriormente modificados por LO 1/2015, de 30 de marzo.

Apartado 1.1.º: ver art. 115 LECrim. Apartado 1.2.º: ver arts. 22 y sigs. RP. Apartado 1.3.º: ver arts. 666 LECrim; 18 LOPJ; y 206 RP. Apartado 1.4.º: ver arts. 201, 215 y 267 CP; 106 a 110 LECrim. Apartado 1.5.º: ver arts. 130 y 131 CP. Apartado 1.6.º: ver arts. 132 y 133 CP.

Véase asimismo la Ley de 18 de junio de 1870, de Reglas para el ejercicio de la Gracia de indulto.

ART. 131.

1. Los delitos prescriben:

A los veinte años, cuando la pena máxima señalada al delito sea prisión de quince o más años.

A los quince, cuando la pena máxima señalada por la ley sea inhabilitación por más de diez años, o prisión por más de diez y menos de quince años.

A los diez, cuando la pena máxima señalada por la ley sea prisión o inhabilitación por más de cinco años y que no exceda de diez.

A los cinco, los demás delitos, excepto los delitos leves y los delitos de injurias y calumnias, que prescriben al año.

2. Cuando la pena señalada por la ley fuere compuesta, se estará, para la aplicación de las reglas comprendidas en este artículo, a la que exija mayor tiempo para la prescripción.

3. Los delitos de lesa humanidad y de genocidio y los delitos contra las personas y bienes protegidos en caso de conflicto armado, salvo los castigados en el artículo 614, no prescribirán en ningún caso.

Tampoco prescribirán los delitos de terrorismo, si hubieren causado la muerte de una persona.

4. En los supuestos de concurso de infracciones o de infracciones conexas, el plazo de prescripción será el que corresponda al delito más grave.

Modificado por LO 1/2015, de 30 de marzo.

Este artículo había sido asimismo modificado por la Ley Orgánica 5/2010, de 22 de junio, por la que se modifica el Código Penal, que reformó el párrafo 4.º del apartado primero, suprimió el párrafo 5.º del mismo apartado, modificó el apartado 4.º del artículo e introdujo un nuevo apartado 5.º

El artículo también había sido previamente modificado por la Ley Orgánica 15/2003, de 25 de noviembre, por la que se modificó el Código Penal, que dio nueva redacción a los apartados 1 y 4 del artículo.

Ver arts. 132 y 607 CP; 5 CC; 666.3 LECrim.

ART. 132.

1. Los términos previstos en el artículo precedente se computarán desde el día en que se haya cometido la infracción punible. En los casos de delito continuado, delito permanente, así como en las infracciones que exijan habitualidad, tales términos se computarán, respectivamente, desde el día en que se realizó la última infracción, desde que se eliminó la situación ilícita o desde que cesó la conducta.

En los delitos de aborto no consentido, lesiones, contra la libertad, de torturas y contra la integridad moral, contra la intimidad, el derecho a la propia imagen y la inviolabilidad del domicilio, y contra las relaciones familiares, excluidos los delitos contemplados en el párrafo siguiente, cuando la víctima fuere una persona menor de dieciocho años, los términos se computarán desde el día en que ésta haya alcanzado la mayoría de edad, y si falleciere antes de alcanzarla, a partir de la fecha del fallecimiento.

En los delitos de tentativa de homicidio, de lesiones de los artículos 149 y 150, en el delito de maltrato habitual previsto en el artículo 173.2, en los delitos contra la libertad sexual y en los delitos de trata de seres humanos, cuando la víctima fuere una persona menor de dieciocho años, los términos se computarán desde que la víctima cumpla los treinta y cinco años de edad, y si falleciere antes de alcanzar esa edad, a partir de la fecha del fallecimiento.

2. La prescripción se interrumpirá, quedando sin efecto el tiempo transcurrido, cuando el procedimiento se dirija contra la persona indiciariamente responsable del delito, comenzando a correr de nuevo desde que se paralice el procedimiento o termine sin condena de acuerdo con las reglas siguientes:

1.ª Se entenderá dirigido el procedimiento contra una persona determinada desde el momento en que, al incoar la causa o con posterioridad, se dicte resolución judicial motivada en la que se le atribuya su presunta participación en un hecho que pueda ser constitutivo de delito.

2.ª No obstante lo anterior, la presentación de querella o la denuncia formulada ante un órgano judicial, en la que se atribuya a una persona determinada su presunta participación en un hecho que pueda ser constitutivo de delito, suspenderá el cómputo de la prescripción por un plazo máximo de seis meses, a contar desde la misma fecha de presentación de la querella o de formulación de la denuncia.

Si dentro de dicho plazo se dicta contra el querellado o denunciado, o contra cualquier otra persona implicada en los hechos, alguna de las resoluciones judiciales mencionadas en la regla 1.ª, la interrupción de la prescripción se entenderá retroactivamente producida, a todos los efectos, en la fecha de presentación de la querella o denuncia.

Por el contrario, el cómputo del término de prescripción continuará desde la fecha de presentación de la querella o denuncia si, dentro del plazo de seis meses, recae resolución judicial firme de inadmisión a trámite de la querella o denuncia o por la que se acuerde no dirigir el procedimiento contra la persona querellada o denunciada. La continuación del cómputo se producirá también si, dentro de dicho plazo, el juez de instrucción no adoptara ninguna de las resoluciones previstas en este artículo.

3. A los efectos de este artículo, la persona contra la que se dirige el procedimiento deberá quedar suficientemente determinada en la resolución judicial, ya sea mediante su identificación directa o mediante datos que permitan concretar posteriormente dicha identificación en el seno de la organización o grupo de personas a quienes se atribuya el hecho.

4. En los procedimientos cuya investigación haya sido asumida por la Fiscalía Europea, la prescripción se interrumpirá:

a) cuando se dirija la investigación contra una persona determinada, suficientemente identificada, en los términos del apartado anterior, y así quede reflejado en un Decreto motivado.

b) cuando se interponga querella o denuncia ante la Fiscalía Europea en la que se atribuya a una persona determinada su presunta participación en un hecho que pueda ser constitutivo de delito, resultando de aplicación la regla 2.ª del apartado 2 de este artículo.

Apdo. 1 modificado por Ley Orgánica 4/2023, de 27 de abril, para la modificación de la Ley Orgánica 10/1995, de 23 de noviembre, del Código Penal, en los delitos contra la libertad sexual. (BOE de 28-04-2023).

Apdo. 1 anteriormente modificado por Ley Orgánica 8/2021, de 4 de junio, de protección integral a la infancia y la adolescencia frente a la violencia. (BOE de 05-06-2021). Modificación en vigor desde el 25/06/2021.

Apdo. 4 añadido por Ley Orgánica 9/2021, de 1 de julio, de aplicación del Reglamento (UE) 2017/1939 del Consejo, de 12 de octubre de 2017, por el que se establece una cooperación reforzada para la creación de la Fiscalía Europea. (BOE de 02/07/2021). Modificación en vigor desde el 03/07/2021.

Anteriormente modificado este artículo por LO 1/2015, de 30 de marzo.

Ver arts. 7 y 74 CP; 107, 108, 110 y 115 a 117 LECrim; 1156 a 1213 y 1813 CC.

ART. 133.

1. Las penas impuestas por sentencia firme prescriben:

A los 30 años, las de prisión por más de 20 años.

A los 25 años, las de prisión de 15 o más años sin que excedan de 20.

A los 20, las de inhabilitación por más de 10 años y las de prisión por más de 10 y menos de 15.

A los 15, las de inhabilitación por más de seis años y que no excedan de 10, y las de prisión por más de cinco años y que no excedan de 10.

A los 10, las restantes penas graves.

A los cinco, las penas menos graves.

Al año, las penas leves.

2. Las penas impuestas por los delitos de lesa humanidad y de genocidio y por los delitos contra las personas y bienes protegidos en caso de conflicto armado, salvo los castigados en el artículo 614, no prescribirán en ningún caso.

Tampoco prescribirán las penas impuestas por delitos de terrorismo, si estos hubieren causado la muerte de una persona.

Este artículo fue modificado por la Ley Orgánica 5/2010, de 22 de junio, por la que se modifica el Código Penal, que reformó su apartado segundo.

Previamente el artículo había sido modificado por la Ley Orgánica 15/2003, de 25 de noviembre, que le dio nueva redacción.

Ver arts. 130 y 607 CP.

ART. 134.

1. El tiempo de la prescripción de la pena se computará desde la fecha de la sentencia firme, o desde el quebrantamiento de la condena, si ésta hubiese comenzado a cumplirse.

2. El plazo de prescripción de la pena quedará en suspenso:

a) Durante el período de suspensión de la ejecución de la pena.

b) Durante el cumplimiento de otras penas, cuando resulte aplicable lo dispuesto en el artículo 75.

Modificado por LO 1/2015, de 30 de marzo.

Ver arts. 458 y sigs. CP.

ART. 135.

1. Las medidas de seguridad prescribirán a los diez años, si fueran privativas de libertad superiores a tres años, y a los cinco años si fueran privativas de libertad iguales o inferiores a tres años o tuvieran otro contenido.

2. El tiempo de la prescripción se computará desde el día en que haya quedado firme la resolución en la que se impuso la medida o, en caso de cumplimiento sucesivo, desde que debió empezar a cumplirse.

3. Si el cumplimiento de una medida de seguridad fuere posterior al de una pena, el plazo se computará desde la extinción de ésta.

Ver arts. 99 y 133 CP.

CAPÍTULO II
De la cancelación de antecedentes delictivos

ART. 136.

1. Los condenados que hayan extinguido su responsabilidad penal tienen derecho a obtener del Ministerio de Justicia, de oficio o a instancia de parte, la cancelación de sus antecedentes penales, cuando hayan transcurrido sin haber vuelto a delinquir los siguientes plazos:

a) Seis meses para las penas leves.

b) Dos años para las penas que no excedan de doce meses y las impuestas por delitos imprudentes.

c) Tres años para las restantes penas menos graves inferiores a tres años.

d) Cinco años para las restantes penas menos graves iguales o superiores a tres años.

e) Diez años para las penas graves.

2. Los plazos a que se refiere el apartado anterior se contarán desde el día siguiente a aquel en que quedara extinguida la pena, pero si ello ocurriese mediante la remisión condicional, el plazo, una vez obtenida la remisión definitiva, se computará retrotrayéndolo al día siguiente a aquel en que hubiere quedado cumplida la pena si no se hubiere disfrutado de este beneficio. En este caso, se tomará como fecha inicial para el cómputo de la duración de la pena el día siguiente al del otorgamiento de la suspensión.

3. Las penas impuestas a las personas jurídicas y las consecuencias accesorias del artículo 129 se cancelarán en el plazo que corresponda, de acuerdo con la regla prevista en el apartado 1 de este artículo, salvo que se hubiese acordado la disolución o la prohibición definitiva de actividades. En estos casos, se cancelarán las anotaciones transcurridos cincuenta años computados desde el día siguiente a la firmeza de la sentencia.

4. Las inscripciones de antecedentes penales en las distintas secciones del Registro Central de Penados y Rebeldes no serán públicas. Durante su vigencia solo se emitirán certificaciones con las limitaciones y garantías previstas en sus normas específicas y en los casos establecidos por la ley. En todo caso, se librarán las que soliciten los jueces o tribunales, se refieran o no a inscripciones canceladas, haciendo constar expresamente esta última circunstancia.

5. En los casos en que, a pesar de cumplirse los requisitos establecidos en este artículo para la cancelación, ésta no se haya producido, el juez o tribunal, acreditadas tales circunstancias, no tendrá en cuenta dichos antecedentes.

Modificado por LO 1/2015, de 30 de marzo.

Este artículo había sido previamente modificado por la Ley Orgánica 15/2003, de 25 de noviembre, por la que se modificó la Ley Orgánica 10/1995, de 23 de noviembre, del Código Penal, que dio nueva redacción a sus apartados 1, 2, 3 y 5.

Ver arts. 85.2 CP; 375 y 376 LPM.

ART. 137.

Las anotaciones de las medidas de seguridad impuestas conforme a lo dispuesto en este Código o en otras leyes penales serán canceladas una vez cumplida o prescrita la respectiva medida; mientras tanto, sólo figurarán en las certificaciones que el Registro expida con destino a Jueces o Tribunales o autoridades administrativas, en los casos establecidos por la Ley.

LIBRO II
Delitos y sus penas

TÍTULO I
Del homicidio y sus formas

ART. 138.

1. El que matare a otro será castigado, como reo de homicidio, con la pena de prisión de diez a quince años.

2. Los hechos serán castigados con la pena superior en grado en los siguientes casos:

a) cuando concurra en su comisión alguna de las circunstancias del apartado 1 del artículo 140, o

b) cuando los hechos sean además constitutivos de un delito de atentado del artículo 550.

Modificado por LO 1/2015, de 30 de marzo. Se ha añadido, en esa reforma, el apartado segundo.

Ver arts. 57, 139, 142, 143, 450, 605 y 607 CP.

ART. 139.

1. Será castigado con la pena de prisión de quince a veinticinco años, como reo de asesinato, el que matare a otro concurriendo alguna de las circunstancias siguientes:

1.ª Con alevosía.

2.ª Por precio, recompensa o promesa.

3.ª Con ensañamiento, aumentando deliberada e inhumanamente el dolor del ofendido.

4.ª Para facilitar la comisión de otro delito o para evitar que se descubra.

2. Cuando en un asesinato concurran más de una de las circunstancias previstas en el apartado anterior, se impondrá la pena en su mitad superior.

Modificado por LO 1/2015, de 30 de marzo.

La modificación ha consistido en añadir la circunstancia 4.ª y el apartado segundo y que la pena que era de quince a veinte años de prisión se eleva de quince a veinticinco años de prisión.

Ver arts. 22.1.ª, 3.ª y 5.ª, 138, 142, 143, 485, 605 y 607 CP.

ART. 140.

1. El asesinato será castigado con pena de prisión permanente revisable cuando concurra alguna de las siguientes circunstancias:

1.ª Que la víctima sea menor de dieciséis años de edad, o se trate de una persona especialmente vulnerable por razón de su edad, enfermedad o discapacidad.

2.ª Que el hecho fuera subsiguiente a un delito contra la libertad sexual que el autor hubiera cometido sobre la víctima.

3.ª Que el delito se hubiera cometido por quien perteneciere a un grupo u organización criminal.

2. Al reo de asesinato que hubiera sido condenado por la muerte de más de dos personas se le impondrá una pena de prisión permanente revisable. En este caso, será de aplicación lo dispuesto en la letra b) del apartado 1 del artículo 78 bis y en la letra b) del apartado 2 del mismo artículo.

Modificado por LO 1/2015, de 30 de marzo.

ART. 140 bis.

1. A las personas condenadas por la comisión de uno o más delitos comprendidos en este título se les podrá imponer además una medida de libertad vigilada.

2. Si la víctima y quien sea autor de los delitos previstos en los tres artículos precedentes tuvieran un hijo o hija en común, la autoridad judicial impondrá, respecto de este, la pena de privación de la patria potestad.

La misma pena se impondrá cuando la víctima fuere hijo o hija del autor, respecto de otros hijos e hijas, si existieren.

Modificado por Ley Orgánica 8/2021, de 4 de junio, de protección integral a la infancia y la adolescencia frente a la violencia. (BOE de 05-06-2021). Modificación en vigor desde el 25/06/2021.

Añadido por LO 1/2015, de 30 de marzo.

ART. 141.

La provocación, la conspiración y la proposición para cometer los delitos previstos en los tres artículos precedentes, será castigada con la pena inferior en uno o dos grados a la señalada en su caso en los artículos anteriores.

Ver arts. 17.1 y 2 y 18.1 CP.

ART. 142.

1. El que por imprudencia grave causare la muerte de otro, será castigado, como reo de homicidio imprudente, con la pena de prisión de uno a cuatro años.

Si el homicidio imprudente se hubiera cometido utilizando un vehículo a motor o un ciclomotor, se impondrá asimismo la pena de privación del derecho a conducir vehículos a motor y ciclomotores de uno a seis años. A los efectos de este apartado, se reputará en todo caso como imprudencia grave la conducción en la que la concurrencia de alguna de las circunstancias previstas en el artículo 379 determinara la producción del hecho.

Si el homicidio imprudente se hubiera cometido utilizando un arma de fuego, se impondrá también la pena de privación del derecho al porte o tenencia de armas por tiempo de uno a seis años.

Si el homicidio se hubiera cometido por imprudencia profesional, se impondrá además la pena de inhabilitación especial para el ejercicio de la profesión, oficio o cargo por un periodo de tres a seis años.

2. El que por imprudencia menos grave causare la muerte de otro, será castigado con la pena de multa de tres meses a dieciocho meses.

Si el homicidio se hubiera cometido utilizando un vehículo a motor o un ciclomotor, se impondrá también la pena de privación del derecho a conducir vehículos a motor y ciclomotores de tres a dieciocho meses. Se reputará en todo caso como imprudencia menos grave aquella no calificada como grave en la que para la producción del hecho haya sido determinante la comisión de alguna de las infracciones graves de las normas de tráfico, circulación de vehículos a motor y seguridad vial. La valoración sobre la existencia o no de la determinación deberá apreciarse en resolución motivada.

Si el homicidio se hubiera cometido utilizando un arma de fuego, se podrá imponer también la pena de privación del derecho al porte o tenencia de armas por tiempo de tres a dieciocho meses.

Salvo en los casos en que se produzca utilizando un vehículo a motor o un ciclomotor, el delito previsto en este apartado solo será perseguible mediante denuncia de la persona agraviada o de su representante legal.

Apdo. 2, párrafos segundo y cuarto modificados por Ley Orgánica 11/2022, de 13 de septiembre, de modificación del Código Penal en materia de imprudencia en la conducción de vehículos a motor o ciclomotor. (BOE de 14-09-2022). En vigor desde el 15/09/2022.

Ver arts. 5, 10 y 12 CP.

ART. 142 bis.

En los casos previstos en el número 1 del artículo anterior, el Juez o Tribunal podrá imponer motivadamente la pena superior en un grado, en la extensión que estime conveniente, si el hecho revistiere notoria gravedad, en atención a la singular entidad y relevancia del riesgo creado y del deber normativo de cuidado infringido, y hubiere provocado la muerte de dos o más personas o la muerte de una y lesiones constitutivas de delito del artículo 152.1.2.º o 3.º en las demás, y en dos grados si el número de fallecidos fuere muy elevado.

Artículo añadido por Ley Orgánica 2/2019, de 1 de marzo, de modificación de la Ley Orgánica 10/1995, de 23 de noviembre, del Código Penal, en materia de imprudencia en la conducción de vehículos a motor o ciclomotor y sanción del abandono del lugar del accidente. (BOE de 02-03-2019). (Vigencia desde 03/03/2019).

ART. 143.

1. El que induzca al suicidio de otro será castigado con la pena de prisión de cuatro a ocho años.

2. Se impondrá la pena de prisión de dos a cinco años al que coopere con actos necesarios al suicidio de una persona.

3. Será castigado con la pena de prisión de seis a diez años si la cooperación llegara hasta el punto de ejecutar la muerte.

4. El que causare o cooperare activamente con actos necesarios y directos a la muerte de una persona que sufriera un padecimiento grave, crónico e imposibilitante o una enfermedad grave e incurable, con sufrimientos físicos o psíquicos constantes e insoportables, por la petición expresa, seria e inequívoca de esta, será castigado con la pena inferior en uno o dos grados a las señaladas en los apartados 2 y 3.

5. No obstante lo dispuesto en el apartado anterior, no incurrirá en responsabilidad penal quien causare o cooperare activamente a la muerte de otra persona cumpliendo lo establecido en la ley orgánica reguladora de la eutanasia.

Apdo. 4 modificado y apdo. 5 añadido por Ley Orgánica 3/2021, de 24 de marzo, de regulación de la eutanasia (BOE de 25-03-2021). Esta redacción entra en vigor el 25 de junio de 2021.

Ver art. 28 CP.

ART. 143 bis.

La distribución o difusión pública a través de Internet, del teléfono o de cualquier otra tecnología de la información o de la comunicación de contenidos específicamente destinados a promover, fomentar o incitar al suicidio de personas menores de edad o personas con discapacidad necesitadas de especial protección será castigada con la pena de prisión de uno a cuatro años.

Las autoridades judiciales ordenarán la adopción de las medidas necesarias para la retirada de los contenidos a los que se refiere el párrafo anterior, para la interrupción de los servicios que ofrezcan predominantemente dichos contenidos o para el bloqueo de unos y otros cuando radiquen en el extranjero.

Añadido por Ley Orgánica 8/2021, de 4 de junio, de protección integral a la infancia y la adolescencia frente a la violencia. (BOE de 05-06-2021). Modificación en vigor desde el 25/06/2021.

TÍTULO II
Del aborto

ART. 144.

El que produzca el aborto de una mujer, sin su consentimiento, será castigado con la pena de prisión de cuatro a ocho años e inhabilitación especial para ejercer cualquier profesión sanitaria, o para prestar servicios de toda índole en clínicas, establecimientos o consultorios ginecológicos, públicos o privados, por tiempo de tres a diez años.

Las mismas penas se impondrán al que practique el aborto habiendo obtenido la anuencia de la mujer mediante violencia, amenaza o engaño.

Ver arts. 57, 74, 169 y sigs. CP.

ART. 145.

1. El que produzca el aborto de una mujer, con su consentimiento, fuera de los casos permitidos por la ley será castigado con la pena de prisión de uno a tres años e inhabilitación especial para ejercer cualquier profesión sanitaria, o para prestar servicios de toda índole en clínicas, establecimientos o consultorios ginecológicos, públicos o privados, por tiempo de uno a seis años. El juez podrá imponer la pena en su mitad superior cuando los actos descritos en este apartado se realicen fuera de un centro o establecimiento público o privado acreditado.

2. La mujer que produjere su aborto o consintiere que otra persona se lo cause, fuera de los casos permitidos por la ley, será castigada con la pena de multa de seis a veinticuatro meses.

3. En todo caso, el juez o tribunal impondrá las penas respectivamente previstas en este artículo en su mitad superior cuando la conducta se llevare a cabo a partir de la vigésimo segunda semana de gestación.

El artículo 417 bis del Código Penal de 1973, redactado conforme a la LO 9/1985, de 5 de julio, mantuvo su vigencia por así acordarlo la disposición derogatoria única de la Ley Orgánica 10/1995, de 23 de noviembre, del Código Penal y estuvo vigente hasta el 5 de julio de 2010, siendo derogado por LO 2/2010, de 3 de marzo, de salud sexual y reproductiva y de la interrupción voluntaria del embarazo.

ART. 145 bis.

1. Será castigado con la pena de multa de seis a doce meses e inhabilitación especial para prestar servicios de toda índole en clínicas, establecimientos o consultorios ginecológicos, públicos o privados, por tiempo de seis meses a dos años, el que dentro de los casos contemplados en la ley, practique un aborto:

a) Sin contar con los dictámenes previos preceptivos;

b) Fuera de un centro o establecimiento público o privado acreditado. En este caso, el juez podrá imponer la pena en su mitad superior.

2. En todo caso, el juez o tribunal impondrá las penas previstas en este artículo en su mitad superior cuando el aborto se haya practicado a partir de la vigésimo segunda semana de gestación.

3. La embarazada no será penada a tenor de este precepto.

Letras a) y b) del apdo. 1 suprimidas y resto renumeradas por Ley Orgánica 1/2023, de 28 de febrero, por la que se modifica la Ley Orgánica 2/2010, de 3 de marzo, de salud sexual y reproductiva y de la interrupción voluntaria del embarazo. (BOE de 01-03-2023).

ART. 146.

El que por imprudencia grave ocasionare un aborto será castigado con la pena de prisión de tres a cinco meses o multa de seis a 10 meses.

Cuando el aborto fuere cometido por imprudencia profesional se impondrá asimismo la pena de inhabilitación especial para el ejercicio de la profesión, oficio o cargo por un período de uno a tres años.

La embarazada no será penada a tenor de este precepto.

El párrafo primero del artículo 146 del CP ha sido modificado por LO 15/2003, de 25 de noviembre. En la redacción anterior la pena era de arresto de doce a veinticuatro fines de semana.

TÍTULO III
De las lesiones

ART. 147.

1. El que, por cualquier medio o procedimiento, causare a otro una lesión que menoscabe su integridad corporal o su salud física o mental, será castigado, como reo del delito de lesiones con la pena de prisión de tres meses a tres años o multa de seis a doce meses, siempre que la lesión requiera objetivamente para su sanidad, además de una primera asistencia facultativa, tratamiento médico o quirúrgico. La simple vigilancia o seguimiento facultativo del curso de la lesión no se considerará tratamiento médico.

2. El que, por cualquier medio o procedimiento, causare a otro una lesión no incluida en el apartado anterior, será castigado con la pena de multa de uno a tres meses.

3. El que golpeare o maltratare de obra a otro sin causarle lesión, será castigado con la pena de multa de uno a dos meses.

4. Los delitos previstos en los dos apartados anteriores sólo serán perseguibles mediante denuncia de la persona agraviada o de su representante legal.

Modificado por LO 1/2015, de 30 de marzo.

Ver arts. 610 CP; 15 CE.

ART. 148.

Las lesiones previstas en el apartado 1 del artículo anterior podrán ser castigadas con la pena de prisión de dos a cinco años, atendiendo al resultado causado o riesgo producido:

1.º Si en la agresión se hubieren utilizado armas, instrumentos, objetos, medios, métodos o formas concretamente peligrosas para la vida o salud, física o psíquica, del lesionado.

2.° Si hubiere mediado ensañamiento o alevosía.

3.° Si la víctima fuere menor de catorce años o persona con discapacidad necesitada de especial protección.

4.° Si la víctima fuere o hubiere sido esposa, o mujer que estuviere o hubiere estado ligada al autor por una análoga relación de afectividad, aun sin convivencia.

5.° Si la víctima fuera una persona especialmente vulnerable que conviva con el autor.

Apdo. 3.° modificado por Ley Orgánica 8/2021, de 4 de junio, de protección integral a la infancia y la adolescencia frente a la violencia. (BOE de 05-06-2021). Modificación en vigor desde el 25/06/2021.

El término «incapaz» ha sido sustituido por el de «persona con discapacidad necesitada de especial protección» por LO 1/2015, de 30 de marzo.

ART. 149.

1. El que causara a otro, por cualquier medio o procedimiento, la pérdida o la inutilidad de un órgano o miembro principal, o de un sentido, la impotencia, la esterilidad, una grave deformidad, o una grave enfermedad somática o psíquica, será castigado con la pena de prisión de seis a 12 años.

2. El que causara a otro una mutilación genital en cualquiera de sus manifestaciones será castigado con la pena de prisión de seis a 12 años. Si la víctima fuera menor o persona con discapacidad necesitada de especial protección, será aplicable la pena de inhabilitación especial para el ejercicio de la patria potestad, tutela, curatela, guarda o acogimiento por tiempo de cuatro a 10 años, si el juez lo estima adecuado al interés del menor o persona con discapacidad necesitada de especial protección.

El término «incapaz» ha sido sustituido por el de «persona con discapacidad necesitada de especial protección» por LO 1/2015, de 30 de marzo.

Ver arts. 180, 486, 572, 605 y 607 CP; Ley 35/1995, de 11 de diciembre, sobre ayudas a víctimas de delitos violentos y contra la libertad sexual.

ART. 150.

El que causare a otro la pérdida o la inutilidad de un órgano o miembro no principal, o la deformidad, será castigado con la pena de prisión de tres a seis años.

ART. 151.

La provocación, la conspiración y la proposición para cometer los delitos previstos en los artículos precedentes de este Título, será castigada con la pena inferior en uno o dos grados a la del delito correspondiente.

Ver arts. 17 y 18 CP.

ART. 152.

1. El que por imprudencia grave causare alguna de las lesiones previstas en los artículos anteriores será castigado, en atención al riesgo creado y el resultado producido:

1.° Con la pena de prisión de tres a seis meses o multa de seis a dieciocho meses, si se tratare de las lesiones del apartado 1 del artículo 147.

2.° Con la pena de prisión de uno a tres años, si se tratare de las lesiones del artículo 149.

3.° Con la pena de prisión de seis meses a dos años, si se tratare de las lesiones del artículo 150.

Si los hechos se hubieran cometido utilizando un vehículo a motor o un ciclomotor, se impondrá asimismo la pena de privación del derecho a conducir vehículos a motor y ciclo-motores de uno a cuatro años. A los efectos de este apartado, se reputará en todo caso como imprudencia grave la conducción en la que la concurrencia de alguna de las circuns-tancias previstas en el artículo 379 determinara la producción del hecho.

Si las lesiones se hubieran causado utilizando un arma de fuego, se impondrá también la pena de privación del derecho al porte o tenencia de armas por tiempo de uno a cuatro años.

Si las lesiones hubieran sido cometidas por imprudencia profesional, se impondrá además la pena de inhabilitación especial para el ejercicio de la profesión, oficio o cargo por un período de seis meses a cuatro años.

2. El que por imprudencia menos grave causare alguna de las lesiones a que se refiere el artículo 147.1, será castigado con la pena de multa de uno a dos meses, y si se causaren las lesiones a que se refieren los artículos 149 y 150, será castigado con la pena de multa de tres meses a doce meses.

Si los hechos se hubieran cometido utilizando un vehículo a motor o un ciclomotor, se impondrá también la pena de privación del derecho a conducir vehículos a motor y ciclomotores de tres a dieciocho meses. A los efectos de este apartado, se reputará en todo caso como imprudencia menos grave aquella no calificada como grave en la que para la producción del hecho haya sido determinante la comisión de alguna de las infracciones graves de las normas de tráfico, circulación de vehículos y seguridad vial. La valoración sobre la existencia o no de la determinación deberá apreciarse en resolución motivada.

Si las lesiones se hubieran causado utilizando un arma de fuego, se podrá imponer también la pena de privación del derecho al porte o tenencia de armas por tiempo de tres meses a un año.

El delito previsto en este apartado solo será perseguible mediante denuncia de la persona agraviada o de su representante legal.

Apdo. 2, párrafos primero y segundo modificados por Ley Orgánica 11/2022, de 13 de septiembre, de modificación del Código Penal en materia de imprudencia en la conducción de vehículos a motor o ciclomotor. (BOE de 14-09-2022). En vigor desde el 15/09/2022.

ART. 152 bis.

En los casos previstos en el número 1 del artículo anterior, el Juez o Tribunal podrá imponer motivadamente la pena superior en un grado, en la extensión que estime conveniente, si el hecho revistiere notoria gravedad, en atención a la singular entidad y relevancia del riesgo creado y del deber normativo de cuidado infringido, y hubiere provocado lesiones constitutivas de delito del artículo 152.1.2.º o 3.º a una pluralidad de personas, y en dos grados si el número de lesionados fuere muy elevado.

Artículo añadido por Ley Orgánica 2/2019, de 1 de marzo, de modificación de la Ley Orgánica 10/1995, de 23 de noviembre, del Código Penal, en materia de imprudencia en la conducción de vehículos a motor o ciclomotor y sanción del abandono del lugar del accidente. (BOE de 02-03-2019). (Vigencia desde 03/03/2019).

ART. 153.

1. El que por cualquier medio o procedimiento causare a otro menoscabo psíquico o una lesión de menor gravedad de las previstas en el apartado 2 del artículo 147, o golpeare o maltratare de obra a otro sin causarle lesión, cuando la ofendida sea o haya sido esposa, o mujer que esté o haya estado ligada a él por una análoga relación de afectividad aun sin convivencia, o persona especialmente vulnerable que conviva con el autor, será castigado con la pena de prisión de seis meses a un año o de trabajos en beneficios de la comunidad de treinta y uno a ochenta días y, en todo caso, privación del derecho a la tenencia y porte de armas de un año y un día a tres años, así como, cuando el juez o tribunal lo estime adecuado al interés del menor o persona con discapacidad necesitada de especial protección, inhabilitación para el ejercicio de la patria potestad, tutela, curatela, guarda o acogimiento hasta cinco años.

2. Si la víctima del delito previsto en el apartado anterior fuere alguna de las personas a que se refiere el artículo 173.2, exceptuadas las personas contempladas en el apartado anterior de este artículo, el autor será castigado con la pena de prisión de tres meses a un año o de trabajos en beneficio de la comunidad de treinta y uno a ochenta días y, en todo caso, privación del derecho a la tenencia y porte de armas de un año y un día a tres años, así como cuando el Juez o Tribunal lo estime adecuado al interés del menor o persona con discapacidad necesitada de especial protección, inhabilitación para el ejercicio de la patria potestad, tutela, curatela, guarda o acogimiento de seis meses a tres años.

3. Las penas previstas en los apartados 1 y 2 se impondrán en su mitad superior cuando el delito se perpetre en presencia de menores, o utilizando armas, o tenga lugar en el domicilio común o en el domicilio de la víctima, o se realice quebrantando una pena de las contempladas en el artículo 48 de este Código o una medida cautelar o de seguridad de la misma naturaleza.

4. No obstante lo previsto en los apartados anteriores, el Juez o Tribunal, razonándolo en sentencia, en atención a las circunstancias personales del autor y las concurrentes en la realización del hecho, podrá imponer la pena inferior en grado.

El término «incapaz» ha sido sustituido por el de «persona con discapacidad necesitada de especial protección» por LO 1/2015, de 30 de marzo.

Apdo. 1 modificado por LO 1/2015, de 30 de marzo.

Ver arts. 154 y sigs. y 199 y sigs. CC.

ART. 154.

Quienes riñeren entre sí, acometiéndose tumultuariamente, y utilizando medios o instrumentos que pongan en peligro la vida o integridad de las personas, serán castigados por su participación en la riña con la pena de prisión de tres meses a un año o multa de seis a 24 meses.

Ver art. 557 CP.

ART. 155.

En los delitos de lesiones, si ha mediado el consentimiento válida, libre, espontánea y expresamente emitido del ofendido, se impondrá la pena inferior en uno o dos grados.

No será válido el consentimiento otorgado por un menor de edad o una persona con discapacidad necesitada de especial protección.

Ver art. 25 CP.

El término «incapaz» ha sido sustituido por el de «persona con discapacidad necesitada de especial protección» por LO 1/2015, de 30 de marzo.

ART. 156.

No obstante lo dispuesto en el artículo anterior, el consentimiento válida, libre, consciente y expresamente emitido exime de responsabilidad penal en los supuestos de trasplante de órganos efectuado con arreglo a lo dispuesto en la ley, esterilizaciones y cirugía transexual realizadas por facultativo, salvo que el consentimiento se haya obtenido viciadamente, o mediante precio o recompensa, o el otorgante sea menor de edad o carezca absolutamente de aptitud para prestarlo, en cuyo caso no será válido el prestado por éstos ni por sus representantes legales.

Se suprime desde el 18/12/2020 el segundo párrafo por Ley Orgánica 2/2020, de 16 de diciembre, de modificación del Código Penal para la erradicación de la esterilización forzada o no consentida de personas con discapacidad incapacitadas judicialmente (BOE de 17-12-2020).

Ver Ley 14/2006, de 26 de mayo, sobre técnicas de reproducción asistida humana; Ley 14/2007, de 3 de julio, de investigación biomédica; Ley 30/1979, de 27 de octubre, sobre extracción y trasplante de órganos.

Ver D.A. 1.ª LO 1/2015, de 30 de marzo.

ART. 156 bis.

1. Los que de cualquier modo promovieren, favorecieren, facilitaren, publicitaren o ejecutaren el tráfico de órganos humanos serán castigados con la pena de prisión de seis a doce años tratándose del órgano de una persona viva y de prisión de tres a seis años tratándose del órgano de una persona fallecida.

A estos efectos, se entenderá por tráfico de órganos humanos:

a) La extracción u obtención ilícita de órganos humanos ajenos. Dicha extracción u obtención será ilícita si se produce concurriendo cualquiera de las circunstancias siguientes:

1.ª que se haya realizado sin el consentimiento libre, informado y expreso del donante vivo en la forma y con los requisitos previstos legalmente;

2.ª que se haya realizado sin la necesaria autorización exigida por la ley en el caso del donante fallecido,

3.ª que, a cambio de la extracción u obtención, en provecho propio o ajeno, se solicitare o recibiere por el donante o un tercero, por sí o por persona interpuesta, dádiva o retribución de cualquier clase o se aceptare ofrecimiento o promesa. No se entenderá por dádiva o retribución el resarcimiento de los gastos o pérdida de ingresos derivados de la donación.

b) La preparación, preservación, almacenamiento, transporte, traslado, recepción, importación o exportación de órganos ilícitamente extraídos.

c) El uso de órganos ilícitamente extraídos con la finalidad de su trasplante o para otros fines.

2. Del mismo modo se castigará a los que, en provecho propio o ajeno:

a) solicitaren o recibieren, por sí o por persona interpuesta, dádiva o retribución de cualquier clase, o aceptaren ofrecimiento o promesa por proponer o captar a un donante o a un receptor de órganos;

b) ofrecieren o entregaren, por sí o por persona interpuesta, dádiva o retribución de cualquier clase a personal facultativo, funcionario público o particular con ocasión del ejercicio de su profesión o cargo en clínicas, establecimientos o consultorios, públicos o privados, con el fin de que se lleve a cabo o se facilite la extracción u obtención ilícitas o la implantación de órganos ilícitamente extraídos.

3. Si el receptor del órgano consintiere la realización del trasplante conociendo su origen ilícito será castigado con las mismas penas previstas en el apartado 1, que podrán ser rebajadas en uno o dos grados atendiendo a las circunstancias del hecho y del culpable.

4. Se impondrán las penas superiores en grado a las previstas en el apartado 1 cuando:

a) se hubiera puesto en grave peligro la vida o la integridad física o psíquica de la víctima del delito.

b) la víctima sea menor de edad o especialmente vulnerable por razón de su edad, discapacidad, enfermedad o situación.

Si concurrieren ambas circunstancias, se impondrá la pena en su mitad superior.

5. El facultativo, funcionario público o particular que, con ocasión del ejercicio de su profesión o cargo, realizare en centros públicos o privados las conductas descritas en los apartados 1 y 2, o solicitare o recibiere la dádiva o retribución a que se refiere la letra b) de este último apartado, o aceptare el ofrecimiento o promesa de recibirla, incurrirá en la pena en ellos señalada superior en grado y, además, en la de inhabilitación especial para empleo o cargo público, profesión u oficio, para ejercer cualquier profesión sanitaria o para prestar servicios de toda índole en clínicas, establecimientos o consultorios, públicos o privados, por el tiempo de la condena. Si concurriere, además, alguna de las circunstancias previstas en el apartado 4, se impondrán las penas en su mitad superior.

A los efectos de este artículo, el término facultativo comprende los médicos, personal de enfermería y cualquier otra persona que realice una actividad sanitaria o socio-sanitaria.

6. Se impondrá la pena superior en grado a la prevista en el apartado 1 e inhabilitación especial para profesión, oficio, industria o comercio por el tiempo de la condena, cuando el culpable perteneciere a una organización o grupo criminal dedicado a la realización de tales actividades. Si concurriere alguna de las circunstancias previstas en el apartado 4, se impondrán las penas en la mitad superior. Si concurriere la circunstancia prevista en el apartado 5, se impondrán las penas señaladas en este en su mitad superior.

Cuando se tratare de los jefes, administradores o encargados de dichas organizaciones o grupos, se les aplicará la pena en su mitad superior, que podrá elevarse a la inmediatamente superior en grado. En todo caso se elevará la pena a la inmediatamente superior en grado si concurriera alguna de las circunstancias previstas en el apartado 4 o la circunstancia prevista en el apartado 5.

7. Cuando de acuerdo con lo establecido en el artículo 31 bis una persona jurídica sea responsable de los delitos comprendidos en este artículo, se le impondrá la pena de multa del triple al quíntuple del beneficio obtenido.

Atendidas las reglas establecidas en el artículo 66 bis, los jueces y tribunales podrán asimismo imponer las penas recogidas en las letras b) a g) del apartado 7 del artículo 33.

8. La provocación, la conspiración y la proposición para cometer los delitos previstos en este artículo se castigarán con la pena inferior en uno a dos grados a la que corresponde, respectivamente, a los hechos previstos en los apartados anteriores.

9. En todo caso, las penas previstas en este artículo se impondrán sin perjuicio de las que correspondan, en su caso, por el delito del artículo 177 bis de este Código y demás delitos efectivamente cometidos.

10. Las condenas de jueces o tribunales extranjeros por delitos de la misma naturaleza que los previstos en este artículo producirán los efectos de reincidencia, salvo que el antecedente penal haya sido cancelado o pueda serlo con arreglo al Derecho español.

Modificado por Ley Orgánica 1/2019, de 20 de febrero, por la que se modifica la Ley Orgánica 10/1995, de 23 de noviembre, del Código Penal, para transponer Directivas de la Unión Europea en los ámbitos financiero y de terrorismo, y abordar cuestiones de índole internacional. (BOE de 21-02-2019). (Vigencia desde 13/03/2019).

Artículo introducido por LO 5/2010, de 22 de junio.

ART. 156 ter.

La distribución o difusión pública a través de Internet, del teléfono o de cualquier otra tecnología de la información o de la comunicación de contenidos específicamente destinados a promover, fomentar o incitar a la autolesión de personas menores de edad o personas con discapacidad necesitadas de especial protección será castigada con la pena de prisión de seis meses a tres años.

Las autoridades judiciales ordenarán la adopción de las medidas necesarias para la retirada de los contenidos a los que se refiere el párrafo anterior, para la interrupción de los servicios que ofrezcan predominantemente dichos contenidos o para el bloqueo de unos y otros cuando radiquen en el extranjero.

> *Modificado por Ley Orgánica 8/2021, de 4 de junio, de protección integral a la infancia y la adolescencia frente a la violencia. (BOE de 05-06-2021). Modificación en vigor desde el 25/06/2021.*
>
> *Añadido por LO 1/2015, de 30 de marzo.*

ART. 156 quater.

A las personas condenadas por la comisión de uno o más delitos comprendidos en este Título, cuando la víctima fuere alguna de las personas a que se refiere el apartado 2 del artículo 173, se les podrá imponer además una medida de libertad vigilada.

> *Añadido por Ley Orgánica 8/2021, de 4 de junio, de protección integral a la infancia y la adolescencia frente a la violencia. (BOE de 05-06-2021). Modificación en vigor desde el 25/06/2021. El contenido de este artículo es el que tenía el anterior art. 156 ter.*

ART. 156 quinquies.

A las personas condenadas por la comisión de alguno de los delitos previstos en los artículos 147.1, 148, 149, 150 y 153 en los que la víctima sea una persona menor de edad se les podrá imponer, además de las penas que procedan, la pena de inhabilitación especial para cualquier profesión, oficio u otras actividades, sean o no retribuidos, que conlleve contacto regular y directo con personas menores de edad, por un tiempo superior entre tres y cinco años al de la duración de la pena de privación de libertad impuesta en la sentencia o por un tiempo de dos a cinco años cuando no se hubiere impuesto una pena de prisión, en ambos casos se atenderá proporcionalmente a la gravedad del delito, el número de los delitos cometidos y a las circunstancias que concurran en la persona condenada.

> *Añadido por Ley Orgánica 8/2021, de 4 de junio, de protección integral a la infancia y la adolescencia frente a la violencia. (BOE de 05-06-2021). Modificación en vigor desde el 25/06/2021.*

TÍTULO IV
De las lesiones al feto

ART. 157.

El que, por cualquier medio o procedimiento, causare en un feto una lesión o enfermedad que perjudique gravemente su normal desarrollo, o provoque en el mismo una grave tara física o psíquica, será castigado con pena de prisión de uno a cuatro años e inhabilitación especial para ejercer cualquier profesión sanitaria, o para prestar servicios de toda índole en clínicas, establecimientos o consultorios ginecológicos, públicos o privados, por tiempo de dos a ocho años.

ART. 158.

El que, por imprudencia grave, cometiere los hechos descritos en el artículo anterior, será castigado con la pena de prisión de tres a cinco meses o multa de seis a 10 meses.

Cuando los hechos descritos en el artículo anterior fueren cometidos por imprudencia profesional se impondrá asimismo la pena de inhabilitación especial para el ejercicio de la profesión, oficio o cargo por un período de seis meses a dos años.

La embarazada no será penada a tenor de este precepto.

TÍTULO V
Delitos relativos a la manipulación genética

ART. 159.

1. Serán castigados con la pena de prisión de dos a seis años e inhabilitación especial para empleo o cargo público, profesión u oficio de siete a diez años los que, con finalidad distinta a la eliminación o disminución de taras o enfermedades graves, manipulen genes humanos de manera que se altere el genotipo.

2. Si la alteración del genotipo fuere realizada por imprudencia grave, la pena será de multa de seis a quince meses e inhabilitación especial para empleo o cargo público, profesión u oficio de uno a tres años.

Ver Ley 14/2006, de 26 de mayo, sobre técnicas de reproducción asistida Humana; Ley 14/2007, de 3 de julio, de investigación biomédica.

ART. 160.

1. La utilización de la ingeniería genética para producir armas biológicas o exterminadoras de la especie humana, será castigada con la pena de prisión de tres a siete años e inhabilitación especial para empleo o cargo público, profesión u oficio por tiempo de siete a 10 años.

2. Serán castigados con la pena de prisión de uno a cinco años e inhabilitación especial para empleo o cargo público, profesión u oficio de seis a 10 años quienes fecunden óvulos humanos con cualquier fin distinto a la procreación humana.

3. Con la misma pena se castigará la creación de seres humanos idénticos por clonación u otros procedimientos dirigidos a la selección de la raza.

Ver Ley 14/2006, de 26 de mayo, sobre técnicas de reproducción asistida Humana; Ley 14/2007, de 3 de julio, de investigación biomédica.

ART. 161.

1. Quien practicare reproducción asistida en una mujer, sin su consentimiento, será castigado con la pena de prisión de dos a seis años, e inhabilitación especial para empleo o cargo público, profesión u oficio por tiempo de uno a cuatro años.

2. Para proceder por este delito será precisa denuncia de la persona agraviada o de su representante legal. Cuando aquélla sea menor de edad, persona con discapacidad necesitada de especial protección, o una persona desvalida, también podrá denunciar el Ministerio Fiscal.

El término «incapaz» ha sido sustituido por el de «persona con discapacidad necesitada de especial protección» por LO 1/2015, de 30 de marzo.

Ver arts. 35 CP; y 282 bis LECrim.

ART. 162.

En los delitos contemplados en este título, la autoridad judicial podrá imponer alguna o algunas de las consecuencias previstas en el artículo 129 de este Código cuando el culpable perteneciere a una sociedad, organización o asociación, incluso de carácter transitorio, que se dedicare a la realización de tales actividades.

TÍTULO VI
Delitos contra la libertad

CAPÍTULO I
De las detenciones ilegales y secuestros

ART. 163.

1. El particular que encerrare o detuviere a otro, privándole de su libertad, será castigado con la pena de prisión de cuatro a seis años.

2. Si el culpable diera libertad al encerrado o detenido dentro de los tres primeros días de su detención, sin haber logrado el objeto que se había propuesto, se impondrá la pena inferior en grado.

3. Se impondrá la pena de prisión de cinco a ocho años si el encierro o detención ha durado más de quince días.

4. El particular que, fuera de los casos permitidos por las leyes, aprehendiere a una persona para presentarla inmediatamente a la autoridad, será castigado con la pena de multa de tres a seis meses.

Ver arts. 17 y 19 CE; 57 CP; 489 a 501 LECrim; LO 6/1984, de 24 de mayo, de Habeas Corpus; 9 Declaración Universal de los Derechos Humanos de 1948; 5.1 Convenio Europeo de Derechos Humanos y Libertades Fundamentales de 1950; 9 Pacto Internacional de Derechos Políticos de 1966; LO 4/2015, de 30 de marzo, de protección de la seguridad ciudadana; 11.1 f) y g) LO 2/1986, de 13 de marzo, sobre fuerzas y cuerpos de seguridad; 8 y 15 LOGP; arts. 22 y sigs. RD 190/1996, de 9 de febrero, que aprueba el Reglamento Penitenciario; 14 y 83 RDLeg. 6/2015, de 30 de octubre, TR de la Ley sobre Tráfico, Circulación de Vehículos a Motor y Seguridad Vial; LO 5/2000, de 12 de enero, reguladora de la responsabilidad penal de los menores; LO 4/2000, de 11 de enero, sobre derechos y libertades de los extranjeros en España.

ART. 164.

El secuestro de una persona exigiendo alguna condición para ponerla en libertad, será castigado con la pena de prisión de seis a diez años. Si en el secuestro se hubiera dado la circunstancia del artículo 163.3, se impondrá la pena superior en grado, y la inferior en grado si se dieren las condiciones del artículo 163.2.

Ver art. 577 CP.

ART. 165.

Las penas de los artículos anteriores se impondrán en su mitad superior, en los respectivos casos, si la detención ilegal o secuestro se ha ejecutado con simulación de autoridad o función pública, o la víctima fuere menor de edad o persona con discapacidad necesitada de especial protección o funcionario público en el ejercicio de sus funciones.

El término «incapaz» ha sido sustituido por el de «persona con discapacidad necesitada de especial protección» por LO 1/2015, de 30 de marzo.

Ver arts. 24.2, 25, 223, 402 y 403 CP; 12 CE; 239 a 248 CC.

ART. 166.

1. El reo de detención ilegal o secuestro que no dé razón del paradero de la persona detenida será castigado con una pena de prisión de diez a quince años, en el caso de la detención ilegal, y de quince a veinte años en el de secuestro.

2. El hecho será castigado con una pena de quince a veinte años de prisión, en el caso de detención ilegal, y de veinte a veinticinco años de prisión, en el de secuestro, cuando concurra alguna de las siguientes circunstancias:

a) Que la víctima fuera menor de edad o persona con discapacidad necesitada de especial protección.

b) Que el autor hubiera llevado a cabo la detención ilegal o secuestro con la intención de atentar contra la libertad o la indemnidad sexual de la víctima, o hubiera actuado posteriormente con esa finalidad.

Modificado por LO 1/2015, de 30 de marzo.

ART. 167.

1. La autoridad o funcionario público que, fuera de los casos permitidos por la ley, y sin mediar causa por delito, cometiere alguno de los hechos descritos en este Capítulo será castigado con las penas respectivamente previstas en éstos, en su mitad superior, pudiéndose llegar hasta la superior en grado.

2. Con las mismas penas serán castigados:

a) El funcionario público o autoridad que, mediando o no causa por delito, acordare, practicare o prolongare la privación de libertad de cualquiera y que no reconociese dicha privación de libertad o, de cualquier otro modo, ocultase la situación o paradero de esa persona privándola de sus derechos constitucionales o legales.

b) El particular que hubiera llevado a cabo los hechos con la autorización, el apoyo o la aquiescencia del Estado o de sus autoridades.

3. En todos los casos en los que los hechos a que se refiere este artículo hubieran sido cometidos por autoridad o funcionario público, se les impondrá, además, la pena de inhabilitación absoluta por tiempo de ocho a doce años.

Modificado por LO 1/2015, de 30 de marzo.

Ver arts. 24, 500, 529, 530, 531, 532 y 533 CP.

ART. 168.

La provocación, la conspiración y la proposición para cometer los delitos previstos en este Capítulo se castigarán con la pena inferior en uno o dos grados a la señalada al delito de que se trate.

Ver arts. 17 y 18 CP.

CAPÍTULO II
De las amenazas

ART. 169.

El que amenazare a otro con causarle a él, a su familia o a otras personas con las que esté íntimamente vinculado un mal que constituya delitos de homicidio, lesiones, aborto, contra la libertad, torturas y contra la integridad moral, la libertad sexual, la intimidad, el honor, el patrimonio y el orden socioeconómico, será castigado:

1.º Con la pena de prisión de uno a cinco años, si se hubiere hecho la amenaza exigiendo una cantidad o imponiendo cualquier otra condición, aunque no sea ilícita, y el culpable hubiere conseguido su propósito. De no conseguirlo, se impondrá la pena de prisión de seis meses a tres años.

Las penas señaladas en el párrafo anterior se impondrán en su mitad superior si las amenazas se hicieren por escrito, por teléfono o por cualquier medio de comunicación o de reproducción, o en nombre de entidades o grupos reales o supuestos.

2.º Con la pena de prisión de seis meses a dos años, cuando la amenaza no haya sido condicional.

Ver arts. 57, 74.3, 184, 490.2, 498, 504, 505, 572.3 y 577 CP; LO 5/1995, de 22 de mayo, del Tribunal del Jurado.

ART. 170.

1. Si las amenazas de un mal que constituyere delito fuesen dirigidas a atemorizar a los habitantes de una población, grupo étnico, cultural o religioso, o colectivo social o profesional, o a cualquier otro grupo de personas, y tuvieran la gravedad necesaria para conseguirlo, se impondrán respectivamente las penas superiores en grado a las previstas en el artículo anterior.

2. Serán castigados con la pena de prisión de seis meses a dos años, los que, con la misma finalidad y gravedad, reclamen públicamente la comisión de acciones violentas por parte de organizaciones o grupos terroristas.

Ver arts. 24 LOPSC.

ART. 171.

1. Las amenazas de un mal que no constituya delito serán castigadas con pena de prisión de tres meses a un año o multa de seis a 24 meses, atendidas la gravedad y circunstancia del hecho, cuando la amenaza fuere condicional y la condición no consistiere en una conducta debida. Si el culpable hubiere conseguido su propósito se le impondrá la pena en su mitad superior.

2. Si alguien exigiere de otro una cantidad o recompensa bajo la amenaza de revelar o difundir hechos referentes a su vida privada o relaciones familiares que no sean públicamente conocidos y puedan afectar a su fama, crédito o interés, será castigado con la pena de prisión de dos a cuatro años, si ha conseguido la entrega de todo o parte de lo exigido, y con la de cuatro meses a dos años, si no lo consiguiere.

3. Si el hecho descrito en el apartado anterior consistiere en la amenaza de revelar o denunciar la comisión de algún delito el ministerio fiscal podrá, para facilitar el castigo de la amenaza, abstenerse de acusar por el delito cuya revelación se hubiere amenazado, salvo que éste estuviere castigado con pena de prisión superior a dos años. En este último caso, el juez o tribunal podrá rebajar la sanción en uno o dos grados.

4. El que de modo leve amenace a quien sea o haya sido su esposa, o mujer que esté o haya estado ligada a él por una análoga relación de afectividad aun sin convivencia, será castigado con la pena de prisión de seis meses a un año o de trabajos en beneficio de la comunidad de treinta y uno a ochenta días y, en todo caso, privación del derecho a la tenencia y porte de armas de un año y un día a tres años, así como, cuando el Juez o Tribunal lo estime adecuado al interés del menor o persona con discapacidad necesitada de especial protección, inhabilitación especial para el ejercicio de la patria potestad, tutela, curatela, guarda o acogimiento hasta cinco años.

Igual pena se impondrá al que de modo leve amenace a una persona especialmente vulnerable que conviva con el autor.

5. El que de modo leve amenace con armas u otros instrumentos peligrosos a alguna de las personas a las que se refiere el artículo 173.2, exceptuadas las contempladas en el

apartado anterior de este artículo, será castigado con la pena de prisión de tres meses a un año o trabajos en beneficio de la comunidad de treinta y uno a ochenta días y, en todo caso, privación del derecho a la tenencia y porte de armas de uno a tres años, así como, cuando el Juez o Tribunal lo estime adecuado al interés del menor o persona con discapacidad necesitada de especial protección, inhabilitación especial para el ejercicio de la patria potestad, tutela, curatela, guarda o acogimiento por tiempo de seis meses a tres años.

Se impondrán las penas previstas en los apartados 4 y 5, en su mitad superior cuando el delito se perpetre en presencia de menores, o tenga lugar en el domicilio común o en el domicilio de la víctima, o se realice quebrantando una pena de las contempladas en el artículo 48 de este Código o una medida cautelar o de seguridad de la misma naturaleza.

6. No obstante lo previsto en los apartados 4 y 5, el Juez o Tribunal, razonándolo en sentencia, en atención a las circunstancias personales del autor y a las concurrentes en la realización del hecho, podrá imponer la pena inferior en grado.

7. Fuera de los casos anteriores, el que de modo leve amenace a otro será castigado con la pena de multa de uno a tres meses. Este hecho sólo será perseguible mediante denuncia de la persona agraviada o de su representante legal.

Cuando el ofendido fuere alguna de las personas a las que se refiere el apartado 2 del artículo 173, la pena será la de localización permanente de cinco a treinta días, siempre en domicilio diferente y alejado del de la víctima, o trabajos en beneficio de la comunidad de cinco a treinta días, o multa de uno a cuatro meses, ésta última únicamente en los supuestos en los que concurran las circunstancias expresadas en el apartado 2 del artículo 84. En estos casos no será exigible la denuncia a que se refiere el párrafo anterior.

Apdo. 7 añadido por LO 1/2015, de 30 de marzo.

Ver arts. 197 y sigs. y 208 y 209 CP.

CAPÍTULO III
De las coacciones

ART. 172.

1. El que, sin estar legítimamente autorizado, impidiere a otro con violencia hacer lo que la ley no prohíbe, o le compeliere a efectuar lo que no quiere, sea justo o injusto, será castigado con la pena de prisión de seis meses a tres años o con multa de 12 a 24 meses, según la gravedad de la coacción o de los medios empleados.

Cuando la coacción ejercida tuviera como objeto impedir el ejercicio de un derecho fundamental se le impondrán las penas en su mitad superior, salvo que el hecho tuviera señalada mayor pena en otro precepto de este Código.

También se impondrán las penas en su mitad superior cuando la coacción ejercida tuviera por objeto impedir el legítimo disfrute de la vivienda.

2. El que de modo leve coaccione a quien sea o haya sido su esposa, o mujer que esté o haya estado ligada a él por una análoga relación de afectividad, aun sin convivencia, será castigado con la pena de prisión de seis meses a un año o de trabajos en beneficio de la comunidad de treinta y uno a ochenta días y, en todo caso, privación del derecho a la tenencia y porte de armas de un año y un día a tres años, así como, cuando el Juez o Tribunal lo estime adecuado al interés del menor o persona con discapacidad necesitada de especial protección, inhabilitación especial para el ejercicio de la patria potestad, tutela, curatela, guarda o acogimiento hasta cinco años.

Igual pena se impondrá al que de modo leve coaccione a una persona especialmente vulnerable que conviva con el autor.

Se impondrá la pena en su mitad superior cuando el delito se perpetre en presencia de menores, o tenga lugar en el domicilio común o en el domicilio de la víctima, o se realice quebrantando una pena de las contempladas en el artículo 48 de este Código o una medida cautelar o de seguridad de la misma naturaleza.

No obstante lo previsto en los párrafos anteriores, el Juez o Tribunal, razonándolo en sentencia, en atención a las circunstancias personales del autor y a las concurrentes en la realización del hecho, podrá imponer la pena inferior en grado.

3. Fuera de los casos anteriores, el que cause a otro una coacción de carácter leve, será castigado con la pena de multa de uno a tres meses. Este hecho sólo será perseguible mediante denuncia de la persona agraviada o de su representante legal.

Cuando el ofendido fuere alguna de las personas a las que se refiere el apartado 2 del artículo 173, la pena será la de localización permanente de cinco a treinta días, siempre en domicilio diferente y alejado del de la víctima, o trabajos en beneficio de la comunidad de cinco a treinta días, o multa de uno a cuatro meses, ésta última únicamente en los supuestos en los que concurran las circunstancias expresadas en el apartado 2 del artículo 84. En estos casos no será exigible la denuncia a que se refiere el párrafo anterior.

Apdo. 3 añadido por LO 1/2015, de 30 de marzo.

Ver arts. 311 a 318, 510 y sigs., 577 CP; 24 y 26 LOPSC; 146.1 Ley Electoral.

ART. 172 bis.

1. El que con intimidación grave o violencia compeliere a otra persona a contraer matrimonio será castigado con una pena de prisión de seis meses a tres años y seis meses o con multa de doce a veinticuatro meses, según la gravedad de la coacción o de los medios empleados.

2. La misma pena se impondrá a quien, con la finalidad de cometer los hechos a que se refiere el apartado anterior, utilice violencia, intimidación grave o engaño para forzar a otro a abandonar el territorio español o a no regresar al mismo.

3. Las penas se impondrán en su mitad superior cuando la víctima fuera menor de edad.

4. En las sentencias condenatorias por delito de matrimonio forzado, además del pronunciamiento correspondiente a la responsabilidad civil, se harán, en su caso, los que procedan en orden a la declaración de nulidad o disolución del matrimonio así contraído y a la filiación y fijación de alimentos.

Apdo. 4 se añade por Ley Orgánica 10/2022, de 6 de septiembre, de garantía integral de la libertad sexual. (BOE de 07-09-2022). Modificación en vigor desde el 7 de octubre de 2022.

Artículo añadido por LO 1/2015, de 30 de marzo.

ART. 172 ter.

1. Será castigado con la pena de prisión de tres meses a dos años o multa de seis a veinticuatro meses el que acose a una persona llevando a cabo de forma insistente y reiterada, y sin estar legítimamente autorizado, alguna de las conductas siguientes y, de esta forma, altere el normal desarrollo de su vida cotidiana:

1.ª La vigile, la persiga o busque su cercanía física.

2.ª Establezca o intente establecer contacto con ella a través de cualquier medio de comunicación, o por medio de terceras personas.

3.ª Mediante el uso indebido de sus datos personales, adquiera productos o mercancías, o contrate servicios, o haga que terceras personas se pongan en contacto con ella.

4.ª Atente contra su libertad o contra su patrimonio, o contra la libertad o patrimonio de otra persona próxima a ella. Cuando la víctima se halle en una situación de especial vulnerabilidad por razón de su edad, enfermedad, discapacidad o por cualquier otra circunstancia, se impondrá la pena de prisión de seis meses a dos años.

2. Cuando el ofendido fuere alguna de las personas a las que se refiere el apartado 2 del artículo 173, se impondrá una pena de prisión de uno a dos años, o trabajos en beneficio de la comunidad de sesenta a ciento veinte días. En este caso no será necesaria la denuncia a que se refiere el apartado 4 de este artículo.

3. Las penas previstas en este artículo se impondrán sin perjuicio de las que pudieran corresponder a los delitos en que se hubieran concretado los actos de acoso.

4. Los hechos descritos en este artículo sólo serán perseguibles mediante denuncia de la persona agraviada o de su representante legal.

5. El que, sin consentimiento de su titular, utilice la imagen de una persona para realizar anuncios o abrir perfiles falsos en redes sociales, páginas de contacto o cualquier medio de difusión pública, ocasionándole a la misma situación de acoso, hostigamiento o humillación, será castigado con pena de prisión de tres meses a un año o multa de seis a doce meses. Si la víctima del delito es un menor o una persona con discapacidad, se aplicará la mitad superior de la condena.

Apdos. 1 y 5 modificados por Ley Orgánica 1/2023, de 28 de febrero, por la que se modifica la Ley Orgánica 2/2010, de 3 de marzo, de salud sexual y reproductiva y de la interrupción voluntaria del embarazo. (BOE de 01-03-2023).

Apdo. 1 se modifica y apdo. 5 se añade por Ley Orgánica 10/2022, de 6 de septiembre, de garantía integral de la libertad sexual. (BOE de 07-09-2022). Modificación en vigor desde el 7 de octubre de 2022.

Artículo añadido por LO 1/2015, de 30 de marzo.

ART. 172 quater.

1. El que para obstaculizar el ejercicio del derecho a la interrupción voluntaria del embarazo acosare a una mujer mediante actos molestos, ofensivos, intimidatorios o coactivos que menoscaben su libertad, será castigado con la pena de prisión de tres meses a un año o de trabajos en beneficio de la comunidad de treinta y uno a ochenta días.

2. Las mismas penas se impondrán a quien, en la forma descrita en el apartado anterior, acosare a los trabajadores del ámbito sanitario en su ejercicio profesional o función pública y al personal facultativo o directivo de los centros habilitados para interrumpir el embarazo con el objetivo de obstaculizar el ejercicio de su profesión o cargo.

3. Atendidas la gravedad, las circunstancias personales del autor y las concurrentes en la realización del hecho, el tribunal podrá imponer, además, la prohibición de acudir a determinados lugares por tiempo de seis meses a tres años.

4. Las penas previstas en este artículo se impondrán sin perjuicio de las que pudieran corresponder a los delitos en que se hubieran concretado los actos de acoso.

5. En la persecución de los hechos descritos en este artículo no será necesaria la denuncia de la persona agraviada ni de su representación legal.

Añadido por Ley Orgánica 4/2022, de 12 de abril, por la que se modifica la Ley Orgánica 10/1995, de 23 de noviembre, del Código Penal, para penalizar el acoso a las mujeres que acuden a clínicas para la interrupción voluntaria del embarazo. (BOE de 13-04-2022). En vigor desde el 14/04/2022.

TÍTULO VII
De las torturas y otros delitos contra la integridad moral

ART. 173.

1. El que infligiera a otra persona un trato degradante, menoscabando gravemente su integridad moral, será castigado con la pena de prisión de seis meses a dos años.

Igual pena se impondrá a quienes, teniendo conocimiento del paradero del cadáver de una persona, oculten de modo reiterado tal información a los familiares o allegados de la misma.

Con la misma pena serán castigados los que, en el ámbito de cualquier relación laboral o funcionarial y prevaliéndose de su relación de superioridad, realicen contra otro de forma reiterada actos hostiles o humillantes que, sin llegar a constituir trato degradante, supongan grave acoso contra la víctima.

Se impondrá también la misma pena al que de forma reiterada lleve a cabo actos hostiles o humillantes que, sin llegar a constituir trato degradante, tengan por objeto impedir el legítimo disfrute de la vivienda.

Cuando de acuerdo con lo establecido en el artículo 31 bis, una persona jurídica sea responsable de los delitos comprendidos en los párrafos anteriores, se le impondrá la pena de multa de seis meses a dos años. Atendidas las reglas establecidas en el artículo 66 bis, los Jueces y Tribunales podrán asimismo imponer las penas recogidas en las letras b) a g) del apartado 7 del artículo 33.

2. El que habitualmente ejerza violencia física o psíquica sobre quien sea o haya sido su cónyuge o sobre persona que esté o haya estado ligada a él por una análoga relación de afectividad aun sin convivencia, o sobre los descendientes, ascendientes o hermanos por naturaleza, adopción o afinidad, propios o del cónyuge o conviviente, o sobre los menores o personas con discapacidad necesitadas de especial protección que con él convivan o que se hallen sujetos a la potestad, tutela, curatela, acogimiento o guarda de hecho del cónyuge o conviviente, o sobre persona amparada en cualquier otra relación por la que se encuentre integrada en el núcleo de su convivencia familiar, así como sobre las personas que por su especial vulnerabilidad se encuentran sometidas a custodia o guarda en centros públicos o privados, será castigado con la pena de prisión de seis meses a tres años, privación del derecho a la tenencia y porte de armas de tres a cinco años y, en su caso, cuando el juez o tribunal lo estime adecuado al interés del menor o persona con discapacidad necesitada de especial protección, inhabilitación especial para el ejercicio de la patria potestad, tutela, curatela, guarda o acogimiento por tiempo de uno a cinco años, sin perjuicio de las penas que pudieran corresponder a los delitos en que se hubieran concretado los actos de violencia física o psíquica.

Se impondrán las penas en su mitad superior cuando alguno o algunos de los actos de violencia se perpetren en presencia de menores, o utilizando armas, o tengan lugar en el domicilio común o en el domicilio de la víctima, o se realicen quebrantando una pena de las contempladas en el artículo 48 o una medida cautelar o de seguridad o prohibición de la misma naturaleza.

En los supuestos a que se refiere este apartado, podrá además imponerse una medida de libertad vigilada.

3. Para apreciar la habitualidad a que se refiere el apartado anterior, se atenderá al número de actos de violencia que resulten acreditados, así como a la proximidad temporal de los mismos, con independencia de que dicha violencia se haya ejercido sobre la misma o diferentes víctimas de las comprendidas en este artículo, y de que los actos violentos hayan sido o no objeto de enjuiciamiento en procesos anteriores.

4. Quien cause injuria o vejación injusta de carácter leve, cuando el ofendido fuera una de las personas a las que se refiere el apartado 2 del artículo 173, será castigado con la pena de localización permanente de cinco a treinta días, siempre en domicilio diferente y alejado del de la víctima, o trabajos en beneficio de la comunidad de cinco a treinta días, o multa de uno a cuatro meses, esta última únicamente en los supuestos en los que concurren las circunstancias expresadas en el apartado 2 del artículo 84.

Las mismas penas se impondrán a quienes se dirijan a otra persona con expresiones, comportamientos o proposiciones de carácter sexual que creen a la víctima una situación objetivamente humillante, hostil o intimidatoria, sin llegar a constituir otros delitos de mayor gravedad.

Los delitos tipificados en los dos párrafos anteriores sólo serán perseguibles mediante denuncia de la persona agraviada o su representante legal.

Apdo. 1, último párrafo, modificado por Ley Orgánica 4/2023, de 27 de abril, para la modificación de la Ley Orgánica 10/1995, de 23 de noviembre, del Código Penal, en los delitos contra la libertad sexual. (BOE de 28-04-2023).

Apdo. 1, párrafo segundo, se añade por Ley Orgánica 14/2022, de 22 de diciembre, de transposición de directivas europeas y otras disposiciones para la adaptación de la legislación penal al ordenamiento de la Unión Europea, y reforma de los delitos contra la integridad moral, desórdenes públicos y contrabando de armas de doble uso. (BOE de 23-12-2022).

Apdos. 1 y 4 se modifican por Ley Orgánica 10/2022, de 6 de septiembre, de garantía integral de la libertad sexual. (BOE de 07-09-2022). Modificación en vigor desde el 7 de octubre de 2022.

Apdo. 2 modificado y apdo. 4 añadido por LO 1/2015, de 30 de marzo.

Ver arts. 15.1 CE; 5 Declaración Universal de los Derechos Humanos; 3 Convenio de Roma; 6 LGPe; 71 y 72 RD 190/1996, de 9 de febrero, por el que se aprueba el Reglamento Penitenciario; 22.5.º, 57, 113, 176, 177, 180.1.º, 533, 534.2, 607, 609, 611.6.º y 612.3.º CP; Convención contra la tortura y otros tratos o penas crueles, inhumanos o degradantes, hecho en Nueva York el 10-12-84, Instrumento de ratificación de 19-10-87; Convenio Europeo para la prevención de la tortura y de las penas y tratos inhumanos y degradantes, hecho en Estrasburgo el 26-11-1987; 3 a 11 LO 1/1996, de 15 de enero, de protección jurídica del menor.

ART. 174.

1. Comete tortura la autoridad o funcionario público que, abusando de su cargo, y con el fin de obtener una confesión o información de cualquier persona o de castigarla por cualquier hecho que haya cometido o se sospeche que ha cometido, o por cualquier razón basada en algún tipo de discriminación, la sometiere a condiciones o procedimientos que por su naturaleza, duración u otras circunstancias, le supongan sufrimientos físicos o mentales, la supresión o disminución de sus facultades de conocimiento, discernimiento o decisión o que, de cualquier otro modo, atenten contra su integridad moral. El culpable de tortura será castigado con la pena de prisión de dos a seis años si el atentado fuera grave, y de prisión de uno a tres años si no lo es. Además de las penas señaladas se impondrá, en todo caso, la pena de inhabilitación absoluta de ocho a 12 años.

2. En las mismas penas incurrirán, respectivamente, la autoridad o funcionario de instituciones penitenciarias o de centros de protección o corrección de menores que cometiere, respecto de detenidos, internos o presos, los actos a que se refiere el apartado anterior.

Ver las concordancias citadas en el artículo anterior.

ART. 175.

La autoridad o funcionario público que, abusando de su cargo y fuera de los casos comprendidos en el artículo anterior, atentare contra la integridad moral de una persona será castigado con la pena de prisión de dos a cuatro años si el atentado fuera grave, y de prisión de seis meses a dos años si no lo es. Se impondrá, en todo caso, al autor, además de las penas señaladas, la de inhabilitación especial para empleo o cargo público de dos a cuatro años.

Ver arts. 174 y 533 CP y las concordancias citadas en el art. 173.

ART. 176.

Se impondrán las penas respectivamente establecidas en los artículos precedentes a la autoridad o funcionario que, faltando a los deberes de su cargo, permitiere que otras personas ejecuten los hechos previstos en ellos.

Ver arts. 11 a), 407 y 408 CP.

ART. 177.

Si en los delitos descritos en los artículos precedentes, además del atentado a la integridad moral, se produjere lesión o daño a la vida, integridad física, salud, libertad sexual o bienes de la víctima o de un tercero, se castigarán los hechos separadamente con la pena que les corresponda por los delitos cometidos, excepto cuando aquél ya se halle especialmente castigado por la ley.

Modificado por LO 1/2015, de 30 de marzo.

Ver arts. 73, 77, 174 y 175 CP.

TÍTULO VII BIS
De la trata de seres humanos

ART. 177 bis.

1. Será castigado con la pena de cinco a ocho años de prisión como reo de trata de seres humanos el que, sea en territorio español, sea desde España, en tránsito o con destino a ella, empleando violencia, intimidación o engaño, o abusando de una situación de superioridad o de necesidad o de vulnerabilidad de la víctima nacional o extranjera, o mediante la entrega o recepción de pagos o beneficios para lograr el consentimiento de la persona que poseyera el control sobre la víctima, la captare, transportare, trasladare, acogiere, o recibiere, incluido el intercambio o transferencia de control sobre esas personas, con cualquiera de las finalidades siguientes:

a) La imposición de trabajo o de servicios forzados, la esclavitud o prácticas similares a la esclavitud, a la servidumbre o a la mendicidad.

b) La explotación sexual, incluyendo la pornografía.

c) La explotación para realizar actividades delictivas.

d) La extracción de sus órganos corporales.

e) La celebración de matrimonios forzados.

Existe una situación de necesidad o vulnerabilidad cuando la persona en cuestión no tiene otra alternativa, real o aceptable, que someterse al abuso.

Cuando la víctima de trata de seres humanos fuera una persona menor de edad se impondrá, en todo caso, la pena de inhabilitación especial para cualquier profesión, oficio o actividades, sean o no retribuidos, que conlleve contacto regular y directo con personas menores de edad, por un tiempo superior entre seis y veinte años al de la duración de la pena de privación de libertad impuesta.

2. Aun cuando no se recurra a ninguno de los medios enunciados en el apartado anterior, se considerará trata de seres humanos cualquiera de las acciones indicadas en el apartado anterior cuando se llevare a cabo respecto de menores de edad con fines de explotación.

3. El consentimiento de una víctima de trata de seres humanos será irrelevante cuando se haya recurrido a alguno de los medios indicados en el apartado primero de este artículo.

4. Se impondrá la pena superior en grado a la prevista en el apartado primero de este artículo cuando:

a) se hubiera puesto en peligro la vida o la integridad física o psíquica de las personas objeto del delito;

b) la víctima sea especialmente vulnerable por razón de enfermedad, estado gestacional, discapacidad o situación personal, o sea menor de edad.

c) la víctima sea una persona cuya situación de vulnerabilidad haya sido originada o agravada por el desplazamiento derivado de un conflicto armado o una catástrofe humanitaria.

Si concurriere más de una circunstancia se impondrá la pena en su mitad superior.

5. Se impondrá la pena superior en grado a la prevista en el apartado 1 de este artículo e inhabilitación absoluta de seis a doce años a los que realicen los hechos prevaliéndose de su condición de autoridad, agente de ésta o funcionario público. Si concurriere además

alguna de las circunstancias previstas en el apartado 4 de este artículo se impondrán las penas en su mitad superior.

6. Se impondrá la pena superior en grado a la prevista en el apartado 1 de este artículo e inhabilitación especial para profesión, oficio, industria o comercio por el tiempo de la condena, cuando el culpable perteneciera a una organización o asociación de más de dos personas, incluso de carácter transitorio, que se dedicase a la realización de tales actividades. Si concurriere alguna de las circunstancias previstas en el apartado 4 de este artículo se impondrán las penas en la mitad superior. Si concurriere la circunstancia prevista en el apartado 5 de este artículo se impondrán las penas señaladas en este en su mitad superior.

Cuando se trate de los jefes, administradores o encargados de dichas organizaciones o asociaciones, se les aplicará la pena en su mitad superior, que podrá elevarse a la inmediatamente superior en grado. En todo caso se elevará la pena a la inmediatamente superior en grado si concurriera alguna de las circunstancias previstas en el apartado 4 o la circunstancia prevista en el apartado 5 de este artículo.

7. Cuando de acuerdo con lo establecido en el artículo 31 bis una persona jurídica sea responsable de los delitos comprendidos en este artículo, se le impondrá la pena de multa del triple al quíntuple del beneficio obtenido. Atendidas las reglas establecidas en el artículo 66 bis, los jueces y tribunales podrán asimismo imponer las penas recogidas en las letras b) a g) del apartado 7 del artículo 33.

8. La provocación, la conspiración y la proposición para cometer el delito de trata de seres humanos serán castigadas con la pena inferior en uno o dos grados a la del delito correspondiente.

9. En todo caso, las penas previstas en este artículo se impondrán sin perjuicio de las que correspondan, en su caso, por el delito del artículo 318 bis de este Código y demás delitos efectivamente cometidos, incluidos los constitutivos de la correspondiente explotación.

10. Las condenas de jueces o tribunales extranjeros por delitos de la misma naturaleza que los previstos en este artículo producirán los efectos de reincidencia, salvo que el antecedente penal haya sido cancelado o pueda serlo con arreglo al Derecho español.

11. Sin perjuicio de la aplicación de las reglas generales de este Código, la víctima de trata de seres humanos quedará exenta de pena por las infracciones penales que haya cometido en la situación de explotación sufrida, siempre que su participación en ellas haya sido consecuencia directa de la situación de violencia, intimidación, engaño o abuso a que haya sido sometida y que exista una adecuada proporcionalidad entre dicha situación y el hecho criminal realizado.

Apdo. 4.c) añadido por Ley Orgánica 13/2022, de 20 de diciembre, por la que se modifica la Ley Orgánica 10/1995, de 23 de noviembre, del Código Penal, para agravar las penas previstas para los delitos de trata de seres humanos desplazados por un conflicto armado o una catástrofe humanitaria. (BOE de 21-12-2022).

Apdo. 1 modificado por Ley Orgánica 8/2021, de 4 de junio, de protección integral a la infancia y la adolescencia frente a la violencia. (BOE de 05-06-2021). Modificación en vigor desde el 25/06/2021.

Apdos. 1 y 4 anteriormente modificados por LO 1/2015, de 30 de marzo.

TÍTULO VIII
Delitos contra la libertad sexual

Rúbrica del Título VIII del Libro II se modifica por Ley Orgánica 10/2022, de 6 de septiembre, de garantía integral de la libertad sexual. (BOE de 07-09-2022). Modificación en vigor desde el 7 de octubre de 2022.

CAPÍTULO I
De las agresiones sexuales

ART. 178.

1. Será castigado con la pena de prisión de uno a cuatro años, como responsable de agresión sexual, el que realice cualquier acto que atente contra la libertad sexual de otra persona sin su consentimiento. Sólo se entenderá que hay consentimiento cuando se haya manifestado libremente mediante actos que, en atención a las circunstancias del caso, expresen de manera clara la voluntad de la persona.

2. Se consideran en todo caso agresión sexual los actos de contenido sexual que se realicen empleando violencia, intimidación o abuso de una situación de superioridad o de

vulnerabilidad de la víctima, así como los que se ejecuten sobre personas que se hallen privadas de sentido o de cuya situación mental se abusare y los que se realicen cuando la víctima tenga anulada por cualquier causa su voluntad.

3. Si la agresión se hubiera cometido empleando violencia o intimidación o sobre una víctima que tenga anulada por cualquier causa su voluntad, su responsable será castigado con la pena de uno a cinco años de prisión.

4. El órgano sentenciador, razonándolo en la sentencia, y siempre que no medie violencia o intimidación o que la víctima tuviera anulada por cualquier causa su voluntad o no concurran las circunstancias del artículo 180, podrá imponer la pena de prisión en su mitad inferior o multa de dieciocho a veinticuatro meses, en atención a la menor entidad del hecho y a las circunstancias personales del culpable.

Apdo. 2 se modifica, apdo. 3 se añade y el anterior apdo. 3 se renumera como apdo. 4, por Ley Orgánica 4/2023, de 27 de abril, para la modificación de la Ley Orgánica 10/1995, de 23 de noviembre, del Código Penal, en los delitos contra la libertad sexual. (BOE de 28-04-2023).

Anteriormente modificado por Ley Orgánica 10/2022, de 6 de septiembre, de garantía integral de la libertad sexual. (BOE de 07-09-2022). Modificación en vigor desde el 7 de octubre de 2022.

ART. 179.

1. Cuando la agresión sexual consista en acceso carnal por vía vaginal, anal o bucal, o introducción de miembros corporales u objetos por alguna de las dos primeras vías, el responsable será castigado como reo de violación con la pena de prisión de cuatro a doce años.

2. Si la agresión a la que se refiere el apartado anterior se cometiere empleando violencia o intimidación o cuando la víctima tuviera anulada por cualquier causa su voluntad, se impondrá la pena de prisión de seis a doce años.

Apdo. 2 se añade y el contenido anterior pasa a ser apdo. 1 por Ley Orgánica 4/2023, de 27 de abril, para la modificación de la Ley Orgánica 10/1995, de 23 de noviembre, del Código Penal, en los delitos contra la libertad sexual. (BOE de 28-04-2023).

Anteriormente modificado por Ley Orgánica 10/2022, de 6 de septiembre, de garantía integral de la libertad sexual. (BOE de 07-09-2022). Modificación en vigor desde el 7 de octubre de 2022.

ART. 180.

1. Las anteriores conductas serán castigadas, respectivamente, con las penas de prisión de dos a ocho años para las agresiones del artículo 178.1, de prisión de cinco a diez años para las agresiones del artículo 178.3, de prisión de siete a quince años para las agresiones del artículo 179.1 y de prisión de doce a quince años para las del artículo 179.2, cuando concurra alguna de las siguientes circunstancias:

1.ª Cuando los hechos se cometan por la actuación conjunta de dos o más personas.

2.ª Cuando la agresión sexual vaya precedida o acompañada de una violencia de extrema gravedad o de actos que revistan un carácter particularmente degradante o vejatorio.

3.ª Cuando los hechos se cometan contra una persona que se halle en una situación de especial vulnerabilidad por razón de su edad, enfermedad, discapacidad o por cualquier otra circunstancia, salvo lo dispuesto en el artículo 181.

4.ª Cuando la víctima sea o haya sido esposa o mujer que esté o haya estado ligada por análoga relación de afectividad, aun sin convivencia.

5.ª Cuando, para la ejecución del delito, la persona responsable se hubiera prevalido de una situación o relación de convivencia o de parentesco o de una relación de superioridad con respecto a la víctima.

6.ª Cuando el responsable haga uso de armas u otros medios igualmente peligrosos, susceptibles de producir la muerte o alguna de las lesiones previstas en los artículos 149 y 150 de este Código, sin perjuicio de lo dispuesto en el artículo 194 bis.

7.ª Cuando para la comisión de estos hechos la persona responsable haya anulado la voluntad de la víctima suministrándole fármacos, drogas o cualquier otra sustancia natural o química idónea a tal efecto.

Cuando en la descripción de las modalidades típicas previstas en los artículos 178 o 179 se hubiera tenido en consideración alguna de las anteriores circunstancias el conflicto se resolverá conforme a la regla del artículo 8.4 de este Código.

2. Si concurrieren dos o más de las anteriores circunstancias, las penas respectivamente previstas en el apartado 1 de este artículo se impondrán en su mitad superior.

3. En todos los casos previstos en este capítulo, cuando el culpable se hubiera prevalido de su condición de autoridad, agente de ésta o funcionario público, se impondrá, además, la pena de inhabilitación absoluta de seis a doce años.

Apdo. 1 modificado por Ley Orgánica 4/2023, de 27 de abril, para la modificación de la Ley Orgánica 10/1995, de 23 de noviembre, del Código Penal, en los delitos contra la libertad sexual. (BOE de 28-04-2023).

Anteriormente modificado por Ley Orgánica 10/2022, de 6 de septiembre, de garantía integral de la libertad sexual. (BOE de 07-09-2022). Modificación en vigor desde el 7 de octubre de 2022.

Apdo. 1, circunstancias 3.ª y 4.ª anteriormente modificadas por Ley Orgánica 8/2021, de 4 de junio, de protección integral a la infancia y la adolescencia frente a la violencia. (BOE de 05-06-2021).

CAPÍTULO II
De las agresiones sexuales a menores de dieciséis años

Rúbrica modificada por Ley Orgánica 10/2022, de 6 de septiembre, de garantía integral de la libertad sexual. (BOE de 07-09-2022). Modificación en vigor desde el 7 de octubre de 2022.

ART. 181.

1. El que realizare actos de carácter sexual con un menor de dieciséis años, será castigado con la pena de prisión de dos a seis años.

A estos efectos se consideran incluidos en los actos de carácter sexual los que realice el menor con un tercero o sobre sí mismo a instancia del autor.

2. Si en las conductas del apartado anterior concurre alguna de las modalidades descritas en el artículo 178.2 y 3, se impondrá una pena de prisión de cinco a diez años.

3. El órgano sentenciador, razonándolo en sentencia, en atención a la menor entidad del hecho y valorando todas las circunstancias concurrentes, incluyendo las circunstancias personales del culpable, podrá imponer la pena de prisión inferior en grado, excepto cuando medie violencia o intimidación o se realice sobre una víctima que tenga anulada por cualquier causa su voluntad, o concurran las circunstancias mencionadas en el apartado 5 de este artículo.

4. Cuando el acto sexual consista en acceso carnal por vía vaginal, anal o bucal, o en introducción de miembros corporales u objetos por alguna de las dos primeras vías, el responsable será castigado con la pena de prisión de ocho a doce años en los casos del apartado 1, y con la pena de prisión de doce a quince años en los casos del apartado 2.

5. Las conductas previstas en los apartados anteriores serán castigadas con la pena de prisión correspondiente en su mitad superior cuando concurra alguna de las siguientes circunstancias:

a) Cuando los hechos se cometan por la actuación conjunta de dos o más personas.

b) Cuando la agresión sexual vaya precedida o acompañada de una violencia de extrema gravedad o de actos que revistan un carácter particularmente degradante o vejatorio.

c) Cuando los hechos se cometan contra una persona que se halle en una situación de especial vulnerabilidad por razón de su edad, enfermedad, discapacidad o por cualquier otra circunstancia, y, en todo caso, cuando sea menor de cuatro años.

d) Cuando la víctima sea o haya sido pareja del autor, aun sin convivencia.

e) Cuando, para la ejecución del delito, la persona responsable se hubiera prevalido de una situación o relación de convivencia o de parentesco o de una relación de superioridad con respecto a la víctima.

f) Cuando el responsable haga uso de armas u otros medios igualmente peligrosos, susceptibles de producir la muerte o alguna de las lesiones previstas en los artículos 149 y 150 de este Código, sin perjuicio de lo dispuesto en el artículo 194 bis.

g) Cuando para la comisión de estos hechos la persona responsable haya anulado la voluntad de la víctima suministrándole fármacos, drogas o cualquier otra sustancia natural o química idónea a tal efecto.

h) Cuando la infracción se haya cometido en el seno de una organización o de un grupo criminal que se dedicare a la realización de tales actividades.

En caso de que en la descripción de las modalidades típicas previstas en los apartados 1 a 3 de este artículo se hubiera tenido en consideración alguna de las anteriores circunstancias el conflicto se resolverá conforme a la regla del artículo 8.4 de este Código.

6. Si concurrieren dos o más de las anteriores circunstancias, las penas del apartado anterior se impondrán en su mitad superior.

7. En todos los casos previstos en este artículo, cuando el culpable se hubiera prevalido de su condición de autoridad, agente de esta o funcionario público, se impondrá, además, la pena de inhabilitación absoluta de seis a doce años.

Modificado por Ley Orgánica 4/2023, de 27 de abril, para la modificación de la Ley Orgánica 10/1995, de 23 de noviembre, del Código Penal, en los delitos contra la libertad sexual. (BOE de 28-04-2023).

Anteriormente modificado por Ley Orgánica 10/2022, de 6 de septiembre, de garantía integral de la libertad sexual. (BOE de 07-09-2022). Modificación en vigor desde el 7 de octubre de 2022.

ART. 182.

1. El que, con fines sexuales, haga presenciar a un menor de dieciséis años actos de carácter sexual, aunque el autor no participe en ellos, será castigado con una pena de prisión de seis meses a dos años.

2. Si los actos de carácter sexual que se hacen presenciar al menor de dieciséis años constituyeran un delito contra la libertad sexual, la pena será de prisión de uno a tres años.

Modificado por Ley Orgánica 10/2022, de 6 de septiembre, de garantía integral de la libertad sexual. (BOE de 07-09-2022). Modificación en vigor desde el 7 de octubre de 2022.

ART. 183.

1. El que a través de internet, del teléfono o de cualquier otra tecnología de la información y la comunicación contacte con un menor de dieciséis años y proponga concertar un encuentro con el mismo a fin de cometer cualquiera de los delitos descritos en los artículos 181 y 189, siempre que tal propuesta se acompañe de actos materiales encaminados al acercamiento, será castigado con la pena de uno a tres años de prisión o multa de doce a veinticuatro meses, sin perjuicio de las penas correspondientes a los delitos en su caso cometidos. Las penas se impondrán en su mitad superior cuando el acercamiento se obtenga mediante coacción, intimidación o engaño.

2. El que, a través de internet, del teléfono o de cualquier otra tecnología de la información y la comunicación contacte con un menor de dieciséis años y realice actos dirigidos a embaucarle para que le facilite material pornográfico o le muestre imágenes pornográficas en las que se represente o aparezca un menor, será castigado con una pena de prisión de seis meses a dos años.

Modificado por Ley Orgánica 10/2022, de 6 de septiembre, de garantía integral de la libertad sexual. (BOE de 07-09-2022). Modificación en vigor desde el 7 de octubre de 2022.

ART. 183 bis.

Salvo en los casos en que concurra alguna de las circunstancias previstas en el apartado segundo del artículo 178, el libre consentimiento del menor de dieciséis años excluirá la responsabilidad penal por los delitos previstos en este capítulo cuando el autor sea una persona próxima al menor por edad y grado de desarrollo o madurez física y psicológica.

Modificado por Ley Orgánica 10/2022, de 6 de septiembre, de garantía integral de la libertad sexual. (BOE de 07-09-2022). Modificación en vigor desde el 7 de octubre de 2022.

CAPÍTULO III
Del acoso sexual

ART. 184.

1. El que solicitare favores de naturaleza sexual, para sí o para un tercero, en el ámbito de una relación laboral, docente, de prestación de servicios o análoga, continuada o habitual, y con tal comportamiento provocare a la víctima una situación objetiva y gravemente intimidatoria, hostil o humillante, será castigado, como autor de acoso sexual, con la pena de prisión de seis a doce meses o multa de diez a quince meses e inhabilitación especial para el ejercicio de la profesión, oficio o actividad de doce a quince meses.

2. Si el culpable de acoso sexual hubiera cometido el hecho prevaliéndose de una situación de superioridad laboral, docente o jerárquica, o sobre persona sujeta a su guarda o custodia, o con el anuncio expreso o tácito de causar a la víctima un mal relacionado con las legítimas expectativas que aquella pueda tener en el ámbito de la indicada relación, la pena será de prisión de uno a dos años e inhabilitación especial para el ejercicio de la profesión, oficio o actividad de dieciocho a veinticuatro meses.

3. Asimismo, si el culpable de acoso sexual lo hubiera cometido en centros de protección o reforma de menores, centro de internamiento de personas extranjeras, o cualquier otro centro de detención, custodia o acogida, incluso de estancia temporal, la pena será de prisión de uno a dos años e inhabilitación especial para el ejercicio de la profesión, oficio o actividad de dieciocho a veinticuatro meses, sin perjuicio de lo establecido en el artículo 443.2.

4. Cuando la víctima se halle en una situación de especial vulnerabilidad por razón de su edad, enfermedad o discapacidad, la pena se impondrá en su mitad superior.

5. Cuando de acuerdo con lo establecido en el artículo 31 bis, una persona jurídica sea responsable de este delito, se le impondrá la pena de multa de seis meses a dos años. Atenidas las reglas establecidas en el artículo 66 bis, los jueces y tribunales podrán asimismo imponer las penas recogidas en las letras b) a g) del apartado 7 del artículo 33.

Modificado por Ley Orgánica 10/2022, de 6 de septiembre, de garantía integral de la libertad sexual. (BOE de 07-09-2022). Modificación en vigor desde el 7 de octubre de 2022.

Ver arts. 443 y sigs. CP.

CAPÍTULO IV
De los delitos de exhibicionismo y provocación sexual

ART. 185.

El que ejecutare o hiciere ejecutar a otra persona actos de exhibición obscena ante menores de edad o personas con discapacidad necesitadas de especial protección, será castigado con la pena de prisión de seis meses a un año o multa de 12 a 24 meses.

El término «incapaz» ha sido sustituido por el de «persona con discapacidad necesitada de especial protección» por LO 1/2015, de 30 de marzo.

Ver arts. 20.4 CE; 189.1 CP; 239 a 248 CC; Ley 34/1988, de 11 de noviembre, General de Publicidad; RD 1084/2015, de 4 de diciembre, de desarrollo de la Ley del Cine; RD 1189/1982, de 4 de junio, sobre regulación de determinadas actividades contrarias a la moral y buenas costumbres.

ART. 186.

El que, por cualquier medio directo, vendiere, difundiere o exhibiere material pornográfico entre menores de edad o personas con discapacidad necesitadas de especial protección, será castigado con la pena de prisión de seis meses a un año o multa de 12 a 24 meses.

El término «incapaz» ha sido sustituido por el de «persona con discapacidad necesitada de especial protección» por LO 1/2015, de 30 de marzo.

CAPÍTULO V
De los delitos relativos a la prostitución y a la
explotación sexual y corrupción de menores

Rúbrica modificada por LO 1/2015, de 30 de marzo.

ART. 187.

1. El que, empleando violencia, intimidación o engaño, o abusando de una situación de superioridad o de necesidad o vulnerabilidad de la víctima, determine a una persona mayor de edad a ejercer o a mantenerse en la prostitución, será castigado con las penas de prisión de dos a cinco años y multa de doce a veinticuatro meses.

Se impondrá la pena de prisión de dos a cuatro años y multa de doce a veinticuatro meses a quien se lucre explotando la prostitución de otra persona, aun con el consentimiento de la misma. En todo caso, se entenderá que hay explotación cuando concurra alguna de las siguientes circunstancias:

a) Que la víctima se encuentre en una situación de vulnerabilidad personal o económica.

b) Que se le impongan para su ejercicio condiciones gravosas, desproporcionadas o abusivas.

2. Se impondrán las penas previstas en los apartados anteriores en su mitad superior, en sus respectivos casos, cuando concurra alguna de las siguientes circunstancias:

a) Cuando el culpable se hubiera prevalido de su condición de autoridad, agente de ésta o funcionario público. En este caso se aplicará, además, la pena de inhabilitación absoluta de seis a doce años.

b) Cuando el culpable perteneciere a una organización o grupo criminal que se dedicare a la realización de tales actividades.

c) Cuando el culpable hubiere puesto en peligro, de forma dolosa o por imprudencia grave, la vida o salud de la víctima.

3. Las penas señaladas se impondrán en sus respectivos casos sin perjuicio de las que correspondan por las agresiones o abusos sexuales cometidos sobre la persona prostituida.

Modificado por LO 1/2015, de 30 de marzo.

Ver arts. 25 y D.A. 2.ª CP; 23.4.º e) LOPJ; 853.3.ª CC; LO 1/1996, de 15 de enero, de protección jurídica del menor.

ART. 188.

1. El que induzca, promueva, favorezca o facilite la prostitución de un menor de edad o una persona con discapacidad necesitada de especial protección, o se lucre con ello, o explote de algún otro modo a un menor o a una persona con discapacidad para estos fines, será castigado con las penas de prisión de dos a cinco años y multa de doce a veinticuatro meses.

Si la víctima fuera menor de dieciséis años, se impondrá la pena de prisión de cuatro a ocho años y multa de doce a veinticuatro meses.

2. Si los hechos descritos en el apartado anterior se cometieran con violencia o intimidación, además de las penas de multa previstas, se impondrá la pena de prisión de cinco a diez años si la víctima es menor de dieciséis años, y la pena de prisión de cuatro a seis años en los demás casos.

3. Se impondrán las penas superiores en grado a las previstas en los apartados anteriores, en sus respectivos casos, cuando concurra alguna de las siguientes circunstancias:

a) Cuando la víctima se halle en una situación de especial vulnerabilidad por razón de su edad, enfermedad, discapacidad o por cualquier otra circunstancia.

b) Cuando, para la ejecución del delito, el responsable se hubiera prevalido de una situación de convivencia o de una relación de superioridad o parentesco, por ser ascendiente, o hermano, por naturaleza o adopción, o afines, con la víctima.

c) Cuando, para la ejecución del delito, el responsable se hubiera prevalido de su condición de autoridad, agente de ésta o funcionario público. En este caso se impondrá, además, una pena de inhabilitación absoluta de seis a doce años.

d) Cuando el culpable hubiere puesto en peligro, de forma dolosa o por imprudencia grave, la vida o salud de la víctima.

e) Cuando los hechos se hubieren cometido por la actuación conjunta de dos o más personas.

f) Cuando el culpable perteneciere a una organización o asociación, incluso de carácter transitorio, que se dedicare a la realización de tales actividades.

4. El que solicite, acepte u obtenga, a cambio de una remuneración o promesa, una relación sexual con una persona menor de edad o una persona con discapacidad necesitada de especial protección, será castigado con una pena de uno a cuatro años de prisión. Si el menor no hubiera cumplido dieciséis años de edad, se impondrá una pena de dos a seis años de prisión.

5. Las penas señaladas se impondrán en sus respectivos casos sin perjuicio de las que correspondan por las infracciones contra la libertad o indemnidad sexual cometidas sobre los menores y personas con discapacidad necesitadas de especial protección.

Apdo. 3, letras a) y b) modificadas por Ley Orgánica 8/2021, de 4 de junio, de protección integral a la infancia y la adolescencia frente a la violencia. (BOE de 05-06-2021). Modificación en vigor desde el 25/06/2021.

Modificado este artículo anteriormente por LO 1/2015, de 30 de marzo.

Ver las concordancias del artículo anterior.

ART. 189.

1. Será castigado con la pena de prisión de uno a cinco años:

a) El que captare o utilizare a menores de edad o a personas con discapacidad necesitadas de especial protección con fines o en espectáculos exhibicionistas o pornográficos, tanto públicos como privados, o para elaborar cualquier clase de material pornográfico, cualquiera que sea su soporte, o financiare cualquiera de estas actividades o se lucrare con ellas.

b) El que produjere, vendiere, distribuyere, exhibiere, ofreciere o facilitare la producción, venta, difusión o exhibición por cualquier medio de pornografía infantil o en cuya elaboración hayan sido utilizadas personas con discapacidad necesitadas de especial protección, o lo poseyere para estos fines, aunque el material tuviere su origen en el extranjero o fuere desconocido.

A los efectos de este Título se considera pornografía infantil o en cuya elaboración hayan sido utilizadas personas con discapacidad necesitadas de especial protección:

a) Todo material que represente de manera visual a un menor o una persona con discapacidad necesitada de especial protección participando en una conducta sexualmente explícita, real o simulada.

b) Toda representación de los órganos sexuales de un menor o persona con discapacidad necesitada de especial protección con fines principalmente sexuales.

c) Todo material que represente de forma visual a una persona que parezca ser un menor participando en una conducta sexualmente explícita, real o simulada, o cualquier representación de los órganos sexuales de una persona que parezca ser un menor, con fines principalmente sexuales, salvo que la persona que parezca ser un menor resulte tener en realidad dieciocho años o más en el momento de obtenerse las imágenes.

d) Imágenes realistas de un menor participando en una conducta sexualmente explícita o imágenes realistas de los órganos sexuales de un menor, con fines principalmente sexuales.

2. Serán castigados con la pena de prisión de cinco a nueve años los que realicen los actos previstos en el apartado 1 de este artículo cuando concurra alguna de las circunstancias siguientes:

a) Cuando se utilice a menores de dieciséis años.

b) Cuando los hechos revistan un carácter particularmente degradante o vejatorio, se emplee violencia física o sexual para la obtención del material pornográfico o se representen escenas de violencia física o sexual.

c) Cuando se utilice a personas menores de edad que se hallen en una situación de especial vulnerabilidad por razón de enfermedad, discapacidad o por cualquier otra circunstancia.

d) Cuando el culpable hubiere puesto en peligro, de forma dolosa o por imprudencia grave, la vida o salud de la víctima.

e) Cuando el material pornográfico fuera de notoria importancia.

f) Cuando el culpable perteneciere a una organización o asociación, incluso de carácter transitorio, que se dedicare a la realización de tales actividades.

g) Cuando el responsable sea ascendiente, tutor, curador, guardador, maestro o cualquier otra persona encargada, de hecho, aunque fuera provisionalmente, o de derecho, de la persona menor de edad o persona con discapacidad necesitada de especial protección, o se trate de cualquier persona que conviva con él o de otra persona que haya actuado abusando de su posición reconocida de confianza o autoridad.

h) Cuando concurra la agravante de reincidencia.

3. Si los hechos a que se refiere la letra a) del párrafo primero del apartado 1 se hubieran cometido con violencia o intimidación se impondrá la pena superior en grado a las previstas en los apartados anteriores.

4. El que asistiere a sabiendas a espectáculos exhibicionistas o pornográficos en los que participen menores de edad o personas con discapacidad necesitadas de especial protección, será castigado con la pena de seis meses a dos años de prisión.

5. El que para su propio uso adquiera o posea pornografía infantil o en cuya elaboración se hubieran utilizado personas con discapacidad necesitadas de especial protección, será castigado con la pena de tres meses a un año de prisión o con multa de seis meses a dos años.

La misma pena se impondrá a quien acceda a sabiendas a pornografía infantil o en cuya elaboración se hubieran utilizado personas con discapacidad necesitadas de especial protección, por medio de las tecnologías de la información y la comunicación.

6. El que tuviere bajo su potestad, tutela, guarda o acogimiento a un menor de edad o una persona con discapacidad necesitada de especial protección y que, con conocimiento de su estado de prostitución o corrupción, no haga lo posible para impedir su continuación en tal estado, o no acuda a la autoridad competente para el mismo fin si carece de medios para la custodia del menor o persona con discapacidad necesitada de especial protección, será castigado con la pena de prisión de tres a seis meses o multa de seis a doce meses.

7. El Ministerio Fiscal promoverá las acciones pertinentes con objeto de privar de la patria potestad, tutela, guarda o acogimiento familiar, en su caso, a la persona que incurra en alguna de las conductas descritas en el apartado anterior.

8. Los jueces y tribunales ordenarán la adopción de las medidas necesarias para la retirada de las páginas web o aplicaciones de internet que contengan o difundan pornografía

infantil o en cuya elaboración se hubieran utilizado personas con discapacidad necesitadas de especial protección o, en su caso, para bloquear el acceso a las mismas a los usuarios de Internet que se encuentren en territorio español.

Estas medidas podrán ser acordadas con carácter cautelar a petición del Ministerio Fiscal.

Apdo. 2, letras b), c) y g) modificadas por Ley Orgánica 8/2021, de 4 de junio, de protección integral a la infancia y la adolescencia frente a la violencia. (BOE de 05-06-2021). Modificación en vigor desde el 25/06/2021.

Modificado este artículo anteriormente por LO 1/2015, de 30 de marzo.

ART. 189 bis.

La distribución o difusión pública a través de Internet, del teléfono o de cualquier otra tecnología de la información o de la comunicación de contenidos específicamente destinados a promover, fomentar o incitar a la comisión de los delitos previstos en este capítulo y en los capítulos II y IV del presente título será castigada con la pena de multa de seis a doce meses o pena de prisión de uno a tres años.

Las autoridades judiciales ordenarán la adopción de las medidas necesarias para la retirada de los contenidos a los que se refiere el párrafo anterior, para la interrupción de los servicios que ofrezcan predominantemente dichos contenidos o para el bloqueo de unos y otros cuando radiquen en el extranjero.

Modificado por Ley Orgánica 4/2023, de 27 de abril, para la modificación de la Ley Orgánica 10/1995, de 23 de noviembre, del Código Penal, en los delitos contra la libertad sexual. (BOE de 28-04-2023).

Anteriormente modificado por Ley Orgánica 8/2021, de 4 de junio, de protección integral a la infancia y la adolescencia frente a la violencia. (BOE de 05-06-2021). Modificación en vigor desde el 25/06/2021.

ART. 189 ter.

Cuando de acuerdo con lo establecido en el artículo 31 bis una persona jurídica sea responsable de los delitos comprendidos en este Capítulo, se le impondrán las siguientes penas:

a) Multa del triple al quíntuple del beneficio obtenido, si el delito cometido por la persona física tiene prevista una pena de prisión de más de cinco años.

b) Multa del doble al cuádruple del beneficio obtenido, si el delito cometido por la persona física tiene prevista una pena de prisión de más de dos años no incluida en el anterior inciso.

c) Multa del doble al triple del beneficio obtenido, en el resto de los casos.

d) Disolución de la persona jurídica, conforme a lo dispuesto en el artículo 33.7 b) de este Código, pudiendo decretarse, atendidas las reglas recogidas en el artículo 66 bis, las demás penas previstas en el mismo que sean compatibles con la disolución.

Letra d) se añade y último párrafo se suprime por Ley Orgánica 10/2022, de 6 de septiembre, de garantía integral de la libertad sexual. (BOE de 07-09-2022). Modificación en vigor desde el 7 de octubre de 2022.

Añadido por Ley Orgánica 8/2021, de 4 de junio, de protección integral a la infancia y la adolescencia frente a la violencia. (BOE de 05-06-2021). Modificación en vigor desde el 25/06/2021. El contenido de este artículo es el que tenía el anterior art. 189 bis.

CAPÍTULO VI
Disposiciones comunes a los capítulos anteriores

ART. 190.

La condena de un Juez o Tribunal extranjero, impuesta por delitos comprendidos en este Título, será equiparada a las sentencias de los Jueces o Tribunales españoles a los efectos de la aplicación de la circunstancia agravante de reincidencia.

Modificado y reubicado por Ley Orgánica 10/2022, de 6 de septiembre, de garantía integral de la libertad sexual. (BOE de 07-09-2022). Modificación en vigor desde el 7 de octubre de 2022.

Ver arts. 7 a 10 del Convenio de 21-3-1950, para la represión de la trata de personas y de la explotación de la prostitución ajena, Instrumento de adhesión de 18-6-1962.

ART. 191.

1. Para proceder por los delitos de agresiones sexuales y acoso sexual será precisa denuncia de la persona agraviada, de su representante legal o querella del Ministerio Fiscal, que actuará ponderando los legítimos intereses en presencia. Cuando la víctima sea menor de edad, persona con discapacidad necesitada de especial protección o una persona desvalida, bastará la denuncia del Ministerio Fiscal.

2. En estos delitos el perdón del ofendido o del representante legal no extingue la acción penal ni la responsabilidad de esa clase.

Apdo. 1 modificado por Ley Orgánica 10/2022, de 6 de septiembre, de garantía integral de la libertad sexual. (BOE de 07-09-2022). Modificación en vigor desde el 7 de octubre de 2022.

El término «incapaz» ha sido sustituido por el de «persona con discapacidad necesitada de especial protección» por LO 1/2015, de 30 de marzo.

Ver arts. 25 y 130 CP; 104 a 107 LECrim.

ART. 192.

1. A los condenados a pena de prisión por uno o más delitos comprendidos en este Título se les impondrá además la medida de libertad vigilada, que se ejecutará con posterioridad a la pena privativa de libertad. La duración de dicha medida será de cinco a diez años, si alguno de los delitos fuera grave, y de uno a cinco años si se trata de uno o más delitos menos graves. En este último caso, cuando se trate de un solo delito cometido por un delincuente primario, el tribunal podrá imponer o no la medida de libertad vigilada en atención a la menor peligrosidad del autor.

2. Los ascendientes, tutores, curadores, guardadores, maestros o cualquier otra persona encargada de hecho o de derecho del menor o persona con discapacidad necesitada de especial protección, que intervengan como autores o cómplices en la perpetración de los delitos comprendidos en este Título, serán castigados con la pena que les corresponda, en su mitad superior.

No se aplicará esta regla cuando la circunstancia en ella contenida esté específicamente contemplada en el tipo penal de que se trate.

3. La autoridad judicial impondrá a las personas responsables de la comisión de alguno de los delitos de los Capítulos I o V cuando la víctima sea menor de edad y en todo caso de alguno de los delitos del Capítulo II, además de las penas previstas en tales Capítulos, la pena de privación de la patria potestad o de inhabilitación especial para el ejercicio de los derechos de la patria potestad, tutela, curatela, guarda o acogimiento, por tiempo de cuatro a diez años. A las personas responsables del resto de delitos del presente Título se les podrá imponer razonadamente, además de las penas señaladas para tales delitos, la pena de privación de la patria potestad o la pena de inhabilitación especial para el ejercicio de los derechos de la patria potestad, tutela, curatela, guarda o acogimiento, por el tiempo de seis meses a seis años, así como la pena de inhabilitación para empleo o cargo público o ejercicio de la profesión u oficio, retribuido o no, por el tiempo de seis meses a seis años.

Asimismo, la autoridad judicial impondrá a las personas responsables de los delitos comprendidos en el presente Título, sin perjuicio de las penas que correspondan con arreglo a los artículos precedentes, una pena de inhabilitación especial para cualquier profesión, oficio o actividades, sean o no retribuidos, que conlleve contacto regular y directo con personas menores de edad, por un tiempo superior entre cinco y veinte años al de la duración de la pena de privación de libertad impuesta en la sentencia si el delito fuera grave, y entre dos y veinte años si fuera menos grave. En ambos casos se atenderá proporcionalmente a la gravedad del delito, el número de los delitos cometidos y a las circunstancias que concurran en la persona condenada.

Apdo. 3 se modifica por Ley Orgánica 10/2022, de 6 de septiembre, de garantía integral de la libertad sexual. (BOE de 07-09-2022). Modificación en vigor desde el 7 de octubre de 2022.

Apdo. 3 anteriormente modificado por Ley Orgánica 8/2021, de 4 de junio, de protección integral a la infancia y la adolescencia frente a la violencia. (BOE de 05-06-2021). Modificación en vigor desde el 25/06/2021.

Apdos. 1 y 3 anteriormente modificados y el término «incapaz» sustituido por el de «persona con discapacidad necesitada de especial protección», por LO 1/2015, de 30 de marzo.

Ver arts. 57, 180, 182 y 189 CP.

ART. 193.

En las sentencias condenatorias por delitos contra la libertad sexual, además del pronunciamiento correspondiente a la responsabilidad civil, se harán, en su caso, los que procedan en orden a la filiación y fijación de alimentos.

Ver arts. 111 y 120 a 126 CC; 189 Decreto 14-11-1958, por el que se aprueba el Reglamento de la Ley del Registro Civil.

ART. 194.

En los supuestos tipificados en los capítulos IV y V de este título, cuando en la realización de los actos se utilizaren establecimientos o locales, abiertos o no al público, se decretará en la sentencia condenatoria su clausura definitiva. La clausura podrá adoptarse también con carácter cautelar.

Modificado por Ley Orgánica 10/2022, de 6 de septiembre, de garantía integral de la libertad sexual. (BOE de 07-09-2022). Modificación en vigor desde el 7 de octubre de 2022.

ART. 194 bis.

Las penas previstas en los delitos de este título se impondrán sin perjuicio de la que pudiera corresponder por los actos de violencia física o psíquica que se realizasen.

Añadido por Ley Orgánica 10/2022, de 6 de septiembre, de garantía integral de la libertad sexual. (BOE de 07-09-2022). Modificación en vigor desde el 7 de octubre de 2022.

<h1 style="text-align:center">TÍTULO IX</h1>
<h2 style="text-align:center">De la omisión del deber de socorro</h2>

ART. 195.

1. El que no socorriere a una persona que se halle desamparada y en peligro manifiesto y grave, cuando pudiere hacerlo sin riesgo propio ni de terceros, será castigado con la pena de multa de tres a doce meses.

2. En las mismas penas incurrirá el que, impedido de prestar socorro, no demande con urgencia auxilio ajeno.

3. Si la víctima lo fuere por accidente ocasionado fortuitamente por el que omitió el auxilio, la pena será de prisión de seis meses a 18 meses, y si el accidente se debiere a imprudencia, la de prisión de seis meses a cuatro años.

Ver arts. 11, 142, 152, 189.2, 412, 450 y 492 CP; 77 RDLeg. 6/2015, de 30 de octubre, TR de la Ley sobre Tráfico, Circulación de Vehículos a Motor y Seguridad Vial; Reglamento General de Circulación aprobado por RD 1428/2003, de 21 de noviembre; LO 5/1995, de 22 de mayo, del Tribunal del Jurado.

ART. 196.

El profesional que, estando obligado a ello, denegare asistencia sanitaria o abandonare los servicios sanitarios, cuando de la denegación o abandono se derive riesgo grave para la salud de las personas, será castigado con las penas del artículo precedente en su mitad superior y con la de inhabilitación especial para empleo o cargo público, profesión u oficio, por tiempo de seis meses a tres años.

Ver arts. 11, 371 y 450 CP.

<h1 style="text-align:center">TÍTULO X</h1>
<h2 style="text-align:center">Delitos contra la intimidad, el derecho a la propia
imagen y la inviolabilidad del domicilio</h2>

<h2 style="text-align:center">CAPÍTULO I</h2>
<h3 style="text-align:center">Del descubrimiento y revelación de secretos</h3>

ART. 197.

1. El que, para descubrir los secretos o vulnerar la intimidad de otro, sin su consentimiento, se apodere de sus papeles, cartas, mensajes de correo electrónico o cualesquiera otros documentos o efectos personales, intercepte sus telecomunicaciones o utilice artificios técnicos de escucha, transmisión, grabación o reproducción del sonido o de la imagen, o de cualquier otra señal de comunicación, será castigado con las penas de prisión de uno a cuatro años y multa de doce a veinticuatro meses.

2. Las mismas penas se impondrán al que, sin estar autorizado, se apodere, utilice o modifique, en perjuicio de tercero, datos reservados de carácter personal o familiar de otro que se hallen registrados en ficheros o soportes informáticos, electrónicos o telemáticos, o en cualquier otro tipo de archivo o registro público o privado. Iguales penas se impondrán a

quien, sin estar autorizado, acceda por cualquier medio a los mismos y a quien los altere o utilice en perjuicio del titular de los datos o de un tercero.

3. Se impondrá la pena de prisión de dos a cinco años si se difunden, revelan o ceden a terceros los datos o hechos descubiertos o las imágenes captadas a que se refieren los números anteriores.

Será castigado con las penas de prisión de uno a tres años y multa de doce a veinticuatro meses, el que, con conocimiento de su origen ilícito y sin haber tomado parte en su descubrimiento, realizare la conducta descrita en el párrafo anterior.

4. Los hechos descritos en los apartados 1 y 2 de este artículo serán castigados con una pena de prisión de tres a cinco años cuando:

a) Se cometan por las personas encargadas o responsables de los ficheros, soportes informáticos, electrónicos o telemáticos, archivos o registros; o

b) se lleven a cabo mediante la utilización no autorizada de datos personales de la víctima.

Si los datos reservados se hubieran difundido, cedido o revelado a terceros, se impondrán las penas en su mitad superior.

5. Igualmente, cuando los hechos descritos en los apartados anteriores afecten a datos de carácter personal que revelen la ideología, religión, creencias, salud, origen racial o vida sexual, o la víctima fuere un menor de edad o una persona con discapacidad necesitada de especial protección, se impondrán las penas previstas en su mitad superior.

6. Si los hechos se realizan con fines lucrativos, se impondrán las penas respectivamente previstas en los apartados 1 al 4 de este artículo en su mitad superior. Si además afectan a datos de los mencionados en el apartado anterior, la pena a imponer será la de prisión de cuatro a siete años.

7. Será castigado con una pena de prisión de tres meses a un año o multa de seis a doce meses el que, sin autorización de la persona afectada, difunda, revele o ceda a terceros imágenes o grabaciones audiovisuales de aquélla que hubiera obtenido con su anuencia en un domicilio o en cualquier otro lugar fuera del alcance de la mirada de terceros, cuando la divulgación menoscabe gravemente la intimidad personal de esa persona.

Se impondrá la pena de multa de uno a tres meses a quien habiendo recibido las imágenes o grabaciones audiovisuales a las que se refiere el párrafo anterior las difunda, revele o ceda a terceros sin el consentimiento de la persona afectada.

En los supuestos de los párrafos anteriores, la pena se impondrá en su mitad superior cuando los hechos hubieran sido cometidos por el cónyuge o por persona que esté o haya estado unida a él por análoga relación de afectividad, aun sin convivencia, la víctima fuera menor de edad o una persona con discapacidad necesitada de especial protección, o los hechos se hubieran cometido con una finalidad lucrativa.

Apdo. 7 modificado por Ley Orgánica 10/2022, de 6 de septiembre, de garantía integral de la libertad sexual. (BOE de 07-09-2022). Modificación en vigor desde el 7 de octubre de 2022.

Anteriormente modificado por LO 1/2015, de 30 de marzo.

Ver arts. 18.1.º, 3.º y 4.º, 20.4 y 55 CE; 12 Declaración Universal de Derechos Humanos; 8.1 Convenio Europeo para la Protección de los Derechos Humanos y de las Libertades Fundamentales; 17 Pacto Internacional de Derechos Civiles y Políticos; 122 y sigs. del Acuerdo de Schengen; 13.2 a), 17, 18 y 32.3 LO 4/1981, de 1 de junio, sobre estados de alarma, excepción y sitio; 579 y sigs. LECrim; 2.2 Ley 7/2010, de 31 de marzo, General de la Comunicación Audiovisual; 4.2 e) y 18 ET; 6 a 9 RP; 13 y 14 Ley 3/1991, de 10 de enero, de Competencia Desleal; LO 1/1982, de 5 de mayo, de protección civil del derecho al honor, a la intimidad personal y familiar y a la propia imagen; LO 15/1999, de 13 de diciembre, de protección de datos de carácter personal; 17.2, 25, 26, 30, 180 y 413 a 418 CP; LO 1/1996, de 15 de enero, de protección jurídica del menor.

ART. 197 bis.

1. El que por cualquier medio o procedimiento, vulnerando las medidas de seguridad establecidas para impedirlo, y sin estar debidamente autorizado, acceda o facilite a otro el acceso al conjunto o una parte de un sistema de información o se mantenga en él en contra de la voluntad de quien tenga el legítimo derecho a excluirlo, será castigado con pena de prisión de seis meses a dos años.

2. El que mediante la utilización de artificios o instrumentos técnicos, y sin estar debidamente autorizado, intercepte transmisiones no públicas de datos informáticos que se produzcan desde, hacia o dentro de un sistema de información, incluidas las emisiones electromagnéticas de los mismos, será castigado con una pena de prisión de tres meses a dos años o multa de tres a doce meses.

Añadido por LO 1/2015, de 30 de marzo.

ART. 197 ter.

Será castigado con una pena de prisión de seis meses a dos años o multa de tres a die-ciocho meses el que, sin estar debidamente autorizado, produzca, adquiera para su uso, importe o, de cualquier modo, facilite a terceros, con la intención de facilitar la comisión de alguno de los delitos a que se refieren los apartados 1 y 2 del artículo 197 o el artículo 197 bis:

a) un programa informático, concebido o adaptado principalmente para cometer dichos delitos; o

b) una contraseña de ordenador, un código de acceso o datos similares que permitan acceder a la totalidad o a una parte de un sistema de información.

Añadido por LO 1/2015, de 30 de marzo.

ART. 197 quater.

Si los hechos descritos en este Capítulo se hubieran cometido en el seno de una organi-zación o grupo criminal, se aplicarán respectivamente las penas superiores en grado.

Añadido por LO 1/2015, de 30 de marzo.

ART. 197 quinquies.

Cuando de acuerdo con lo establecido en el artículo 31 bis una persona jurídica sea res-ponsable de los delitos comprendidos en los artículos 197, 197 bis y 197 ter, se le impondrá la pena de multa de seis meses a dos años. Atendidas las reglas establecidas en el artículo 66 bis, los jueces y tribunales podrán asimismo imponer las penas recogidas en las letras b) a g) del apartado 7 del artículo 33.

Añadido por LO 1/2015, de 30 de marzo.

ART. 198.

La autoridad o funcionario público que, fuera de los casos permitidos por la Ley, sin mediar causa legal por delito, y prevaliéndose de su cargo, realizare cualquiera de las con-ductas descritas en el artículo anterior, será castigado con las penas respectivamente pre-vistas en el mismo, en su mitad superior y, además, con la de inhabilitación absoluta por tiempo de seis a doce años.

Ver arts. 301 LECrim; 22.7.ª, 24, 67, 413 y sigs., 534, 535, 536, 583.3.º, 584 y sigs. CP.

ART. 199.

1. El que revelare secretos ajenos, de los que tenga conocimiento por razón de su oficio o sus relaciones laborales, será castigado con la pena de prisión de uno a tres años y multa de seis a doce meses.

2. El profesional que, con incumplimiento de su obligación de sigilo o reserva, divul-gue los secretos de otra persona, será castigado con la pena de prisión de uno a cuatro años, multa de doce a veinticuatro meses e inhabilitación especial para dicha profesión por tiempo de dos a seis años.

Ver arts. 5 a) y d) y 65.2 ET; 15 y sigs. Ley 24/2015, de 24 de julio, sobre Patentes; 277, 278, 279, 285, 598 a 603 CP.

ART. 200.

Lo dispuesto en este Capítulo será aplicable al que descubriere, revelare o cediere datos reservados de personas jurídicas, sin el consentimiento de sus representantes, salvo lo dis-puesto en otros preceptos de este Código.

Ver arts. 277, 278, 279 y 285 CP.

ART. 201.

1. Para proceder por los delitos previstos en este Capítulo será necesaria denuncia de la persona agraviada o de su representante legal.

2. No será precisa la denuncia exigida en el apartado anterior para proceder por los hechos descritos en el artículo 198 de este Código, ni cuando la comisión del delito afecte a los intereses generales, a una pluralidad de personas o si la víctima es una persona menor de edad o una persona con discapacidad necesitada de especial protección.

3. El perdón del ofendido o de su representante legal, en su caso, extingue la acción penal sin perjuicio de lo dispuesto en el artículo 130.1.5.º, párrafo segundo.

Modificado por Ley Orgánica 8/2021, de 4 de junio, de protección integral a la infancia y la adolescencia frente a la violencia. (BOE de 05-06-2021). Modificación en vigor desde el 25/06/2021.

El término «incapaz» ha sido sustituido por el de «persona con discapacidad necesitada de especial protección» por LO 1/2015, de 30 de marzo.

Ver arts. 25, 86 y 130.4.º CP.

CAPÍTULO II
Del allanamiento de morada, domicilio de personas jurídicas y establecimientos abiertos al público

ART. 202.

1. El particular que, sin habitar en ella, entrare en morada ajena o se mantuviere en la misma contra la voluntad de su morador, será castigado con la pena de prisión de seis meses a dos años.

2. Si el hecho se ejecutare con violencia o intimidación la pena será de prisión de uno a cuatro años y multa de seis a doce meses.

Ver arts. 18 y 55 CE; 172, 241, 245, 490.1, 503.1, 534.1-1.º y 557 CP; 545, 550, 554.2.º y 588 LECrim; 41 CC; 17 y 32 LO 4/1981, de 1 de junio, de los estados de alarma, excepción y sitio; 1.2 d) LO 5/1995, de 22 de mayo, del Tribunal del Jurado.

ART. 203.

1. Será castigado con las penas de prisión de seis meses a un año y multa de seis a diez meses el que entrare contra la voluntad de su titular en el domicilio de una persona jurídica pública o privada, despacho profesional u oficina, o en establecimiento mercantil o local abierto al público fuera de las horas de apertura.

2. Será castigado con la pena de multa de uno a tres meses el que se mantuviere contra la voluntad de su titular, fuera de las horas de apertura, en el domicilio de una persona jurídica pública o privada, despacho profesional u oficina, o en establecimiento mercantil o local abierto al público.

3. Será castigado con la pena de prisión de seis meses a tres años, el que con violencia o intimidación entrare o se mantuviere contra la voluntad de su titular en el domicilio de una persona jurídica pública o privada, despacho profesional u oficina, o en establecimiento mercantil o local abierto al público.

Se añada un nuevo apdo. 2 y se reenumera el antiguo apdo. 2 como 3, por LO 1/2015, de 30 de marzo.

Ver Circular 11/1997 de la Fiscalía General del Estado

ART. 204.

La autoridad o funcionario público que, fuera de los casos permitidos por la Ley y sin mediar causa legal por delito, cometiere cualquiera de los hechos descritos en los dos artículos anteriores, será castigado con la pena prevista respectivamente en los mismos, en su mitad superior, e inhabilitación absoluta de seis a doce años.

Ver arts. 24 y 534.1.1.º y disp. final 2.ª CP.

TÍTULO XI
Delitos contra el honor

CAPÍTULO I
De la calumnia

ART. 205.

Es calumnia la imputación de un delito hecha con conocimiento de su falsedad o temerario desprecio hacia la verdad.

Ver arts. 18.1 y 4 y 20.4 CE; LO 1/1982, de 5 de mayo, de protección civil del derecho al honor, a la intimidad personal y familiar y a la propia imagen; 804 a 815 LECrim.

ART. 206.

Las calumnias serán castigadas con las penas de prisión de seis meses a dos años o multa de doce a 24 meses, si se propagaran con publicidad y, en otro caso, con multa de seis a 12 meses.

Ver arts. 57 y 211 y sigs. CP.

ART. 207.

El acusado por delito de calumnia quedará exento de toda pena probando el hecho criminal que hubiere imputado.

Ver arts. 210 y 504 CP.

CAPÍTULO II
De la injuria

ART. 208.

Es injuria la acción o expresión que lesionan la dignidad de otra persona, menoscabando su fama o atentando contra su propia estimación.

Solamente serán constitutivas de delito las injurias que, por su naturaleza, efectos y circunstancias, sean tenidas en el concepto público por graves, sin perjuicio de lo dispuesto en el apartado 4 del artículo 173.

Las injurias que consistan en la imputación de hechos no se considerarán graves, salvo cuando se hayan llevado a cabo con conocimiento de su falsedad o temerario desprecio hacia la verdad.

Párrafo 2.º modificado por LO 1/2015, de 30 de marzo.

Ver arts. 504 y 505 CP. Ver las concordancias del art. 205.

ART. 209.

Las injurias graves hechas con publicidad se castigarán con la pena de multa de seis a catorce meses y, en otro caso, con la de tres a siete meses.

Ver arts. 30, 31, 57 y 211 y sigs. CP.

ART. 210.

El acusado de injuria quedará exento de responsabilidad probando la verdad de las imputaciones cuando estas se dirijan contra funcionarios públicos sobre hechos concernientes al ejercicio de sus cargos o referidos a la comisión de infracciones administrativas.

Modificado por LO 1/2015, de 30 de marzo.

Ver arts. 207, 504 y 505 CP.

CAPÍTULO III
Disposiciones generales

ART. 211.

La calumnia y la injuria se reputarán hechas con publicidad cuando se propaguen por medio de la imprenta, la radiodifusión o por cualquier otro medio de eficacia semejante.

ART. 212.

En los casos a los que se refiere el artículo anterior, será responsable civil solidaria la persona física o jurídica propietaria del medio informativo a través del cual se haya propagado la calumnia o injuria.

Ver arts. 120.2 CP; 1.2 y 9.3 y 4 LO 1/1982, de 5 de mayo, de protección del derecho al honor, a la intimidad personal y familiar y a la propia imagen.

ART. 213.

Si la calumnia o injuria fueren cometidas mediante precio, recompensa o promesa, los Tribunales impondrán, además de las penas señaladas para los delitos de que se trate, la de inhabilitación especial prevista en los artículos 42 o 45 del presente Código, por tiempo de seis meses a dos años.

Ver art. 22.3.° CP.

ART. 214.

Si el acusado de calumnia o injuria reconociere ante la autoridad judicial la falsedad o falta de certeza de las imputaciones y se retractare de ellas, el Juez o Tribunal impondrá la pena inmediatamente inferior en grado y podrá dejar de imponer la pena de inhabilitación que establece el artículo anterior.

El Juez o Tribunal ante quien se produjera el reconocimiento ordenará que se entregue testimonio de retractación al ofendido y, si éste lo solicita, ordenará su publicación en el mismo medio en que se vertió la calumnia o injuria, en espacio idéntico o similar a aquél en que se produjo su difusión y dentro del plazo que señale el Juez o Tribunal sentenciador.

Ver LO 2/1984, de 26 de marzo, reguladora del derecho de rectificación.

ART. 215.

1. Nadie será penado por calumnia o injuria sino en virtud de querella de la persona ofendida por el delito o de su representante legal. Se procederá de oficio cuando la ofensa se dirija contra funcionario público, autoridad o agente de la misma sobre hechos concernientes al ejercicio de sus cargos.

2. Nadie podrá deducir acción de calumnia o injuria vertidas en juicio sin previa licencia del Juez o Tribunal que de él conociere o hubiere conocido.

3. El perdón de la persona ofendida extingue la acción penal, sin perjuicio de lo dispuesto en el artículo 130.1.5.°, párrafo segundo de este Código.

Apdo. 3 modificado por Ley Orgánica 8/2021, de 4 de junio, de protección integral a la infancia y la adolescencia frente a la violencia. (BOE de 05-06-2021). Modificación en vigor desde el 25/06/2021.

Ver arts. 278 y 804 a 815 LECrim.

ART. 216.

En los delitos de calumnia o injuria se considera que la reparación del daño comprende también la publicación o divulgación de la sentencia condenatoria, a costa del condenado por tales delitos, en el tiempo y forma que el Juez o Tribunal consideren más adecuado a tal fin, oídas las dos partes.

Ver art. 112 CP y LO 2/1984, de 26 de marzo, reguladora del derecho de rectificación.

TÍTULO XII
Delitos contra las relaciones familiares

CAPÍTULO I
De los matrimonios ilegales

ART. 217.

El que contrajere segundo o ulterior matrimonio, a sabiendas de que subsiste legalmente el anterior, será castigado con la pena de prisión de seis meses a un año.

Ver arts. 44, 46.2.°, 49, 73, 85 y 89 CC; Ley del Registro Civil; Cánones 1075 y 1078 Código de Derecho Canónico; 3 y 5 LECrim.

ART. 218.

1. El que, para perjudicar al otro contrayente, celebrare matrimonio inválido será castigado con la pena de prisión de seis meses a dos años.

2. El responsable quedará exento de pena si el matrimonio fuese posteriormente convalidado.

ART. 219.

1. El que autorizare matrimonio en el que concurra alguna causa de nulidad conocida o denunciada en el expediente, será castigado con la pena de prisión de seis meses a dos años e inhabilitación especial para empleo o cargo público de dos a seis años.

2. Si la causa de nulidad fuere dispensable, la pena será de suspensión de empleo o cargo público de seis meses a dos años.

Ver art. 446.3 CP; arts. 46 a 48 CC; Ley del Registro Civil; Cánones 1075 y 1078 Código de Derecho Canónico.

CAPÍTULO II
De la suposición de parto y de la alteración de la paternidad, estado o condición del menor

ART. 220.

1. La suposición de un parto será castigada con las penas de prisión de seis meses a dos años.

2. La misma pena se impondrá a quien ocultare o entregare a terceros una persona menor de dieciocho años para alterar o modificar su filiación.

3. La sustitución de un niño por otro será castigada con las penas de prisión de uno a cinco años.

4. Los ascendientes, por naturaleza o por adopción, que cometieran los hechos descritos en los tres apartados anteriores podrán ser castigados además con la pena de inhabilitación especial para el ejercicio del derecho de patria potestad que tuvieren sobre el hijo o descendiente supuesto, ocultado, entregado o sustituido, y, en su caso, sobre el resto de hijos o descendientes por tiempo de cuatro a diez años.

5. Las sustituciones de un niño por otro que se produjeren en centros sanitarios o sociosanitarios por imprudencia grave de los responsables de su identificación y custodia, serán castigadas con la pena de prisión de seis meses a un año.

Apdo. 2 modificado por Ley Orgánica 8/2021, de 4 de junio, de protección integral a la infancia y la adolescencia frente a la violencia. (BOE de 05-06-2021). Modificación en vigor desde el 25/06/2021.

Ver arts. 226, 229 y 231 CP; 8.2 Convención sobre los Derechos del Niño hecha en Nueva York el 20-11-1989; 112 y sigs., 172.2 y 3, 756.1.º, 852, 854 y 959 y sigs. CC; 12 a 22 LO 1/1996, de 15 de enero, sobre protección del menor.

ART. 221.

1. Los que, mediando compensación económica, entreguen a otra persona un hijo, descendiente o cualquier menor aunque no concurra relación de filiación o parentesco, eludiendo los procedimientos legales de la guarda, acogimiento o adopción, con la finalidad de establecer una relación análoga a la de filiación, serán castigados con las penas de prisión de uno a cinco años y de inhabilitación especial para el ejercicio del derecho de la patria potestad, tutela, curatela o guarda por tiempo de cuatro a 10 años.

2. Con la misma pena serán castigados la persona que lo reciba y el intermediario, aunque la entrega del menor se hubiese efectuado en país extranjero.

3. Si los hechos se cometieren utilizando guarderías, colegios u otros locales o establecimientos donde se recojan niños, se impondrá a los culpables la pena de inhabilitación especial para el ejercicio de las referidas actividades por tiempo de dos a seis años y se podrá acordar la clausura temporal o definitiva de los establecimientos. En la clausura temporal, el plazo no podrá exceder de cinco años.

Ver arts. 231.1 CP; 108 y sigs., 172, 173 bis y sigs. CC; LO 1/1996, de 15 de enero, sobre protección del menor; LO 5/2000, de 12 de enero, reguladora de la responsabilidad penal de los menores.

ART. 222.

El educador, facultativo, autoridad o funcionario público que, en el ejercicio de su profesión o cargo, realice las conductas descritas en los dos artículos anteriores, incurrirá en la pena en ellos señalada y, además, en la de inhabilitación especial para empleo o cargo público, profesión u oficio, de dos a seis años.

A los efectos de este artículo, el término facultativo comprende los médicos, matronas, personal de enfermería y cualquier otra persona que realice una actividad sanitaria o sociosanitaria.

CAPÍTULO III
De los delitos contra los derechos y deberes familiares

Sección 1.ª Del quebrantamiento de los deberes de custodia y de la inducción de menores al abandono de domicilio

ART. 223.

El que, teniendo a su cargo la custodia de un menor de edad o una persona con discapacidad necesitada de especial protección, no lo presentare a sus padres o guardadores sin justificación para ello, cuando fuere requerido por ellos, será castigado con la pena de prisión de seis meses a dos años, sin perjuicio de que los hechos constituyan otro delito más grave.

El término «incapaz» ha sido sustituido por el de «persona con discapacidad necesitada de especial protección» por LO 1/2015, de 30 de marzo.

Ver arts. 40, 41, 172 y sigs. y 239 a 248 CC; 12 a 22 LO 1/1996, de 15 de enero, de protección jurídica del menor; 25 y D.A. 1.ª y 2.ª CP; LO 5/2000, de 12 de enero, reguladora de la responsabilidad penal de los menores.

ART. 224.

El que indujere a un menor de edad o a una persona con discapacidad necesitada de especial protección a que abandone el domicilio familiar, o lugar donde resida con anuencia de sus padres, tutores o guardadores, será castigado con la pena de prisión de seis meses a dos años.

En la misma pena incurrirá el progenitor que induzca a su hijo menor a infringir el régimen de custodia establecido por la autoridad judicial o administrativa.

El término «incapaz» ha sido sustituido por el de «persona con discapacidad necesitada de especial protección» por LO 1/2015, de 30 de marzo.

Ver LO 1/1996, de 15 de enero, de protección jurídica del menor.

ART. 225.

Cuando el responsable de los delitos previstos en los dos artículos anteriores restituya al menor de edad o a la persona con discapacidad necesitada de especial protección a su domicilio o residencia, o lo deposite en lugar conocido y seguro, sin haberle hecho objeto de vejaciones, sevicias o acto delictivo alguno, ni haber puesto en peligro su vida, salud, integridad física o libertad sexual, el hecho será castigado con la pena de prisión de tres meses a un año o multa de seis a 24 meses, siempre y cuando el lugar de estancia del menor de edad o de la persona con discapacidad necesitada de especial protección haya sido comunicado a sus padres, tutores o guardadores, o la ausencia no hubiera sido superior a 24 horas.

El término «incapaz» ha sido sustituido por el de «persona con discapacidad necesitada de especial protección» por LO 1/2015, de 30 de marzo.

Ver las concordancias al art. 223.

Sección 2.ª De la sustracción de menores

ART. 225 bis.

1. El progenitor que sin causa justificada para ello sustrajere a su hijo menor será castigado con la pena de prisión de dos a cuatro años e inhabilitación especial para el ejercicio del derecho de patria potestad, por tiempo de cuatro a diez años.

2. A los efectos de este artículo, se considera sustracción:

1.º El traslado de una persona menor de edad de su lugar de residencia habitual sin consentimiento del otro progenitor o de las personas o instituciones a las cuales estuviese confiada su guarda o custodia.

2.º La retención de una persona menor de edad incumpliendo gravemente el deber establecido por resolución judicial o administrativa.

3. Cuando el menor sea trasladado fuera de España o fuese exigida alguna condición para su restitución la pena señalada en el apartado 1 se impondrá en su mitad superior.

4. Cuando el sustractor haya comunicado el lugar de estancia al otro progenitor o a quien corresponda legalmente su cuidado dentro de las veinticuatro horas siguientes a la

sustracción con el compromiso de devolución inmediata que efectivamente lleve a cabo, o la ausencia no hubiere sido superior a dicho plazo de veinticuatro horas, quedará exento de pena.

Si la restitución la hiciere, sin la comunicación a que se refiere el párrafo anterior, dentro de los quince días siguientes a la sustracción, le será impuesta la pena de prisión de seis meses a dos años.

Estos plazos se computarán desde la fecha de la denuncia de la sustracción.

5. Las penas señaladas en este artículo se impondrán igualmente a los ascendientes del menor y a los parientes del progenitor hasta el segundo grado de consanguinidad o afinidad que incurran en las conductas anteriormente descritas.

Apdo. 2 modificado por Ley Orgánica 8/2021, de 4 de junio, de protección integral a la infancia y la adolescencia frente a la violencia. (BOE de 05-06-2021). Modificación en vigor desde el 25/06/2021.

Sección 3.ª Del abandono de familia, menores o personas con discapacidad necesitadas de especial protección

Rúbrica modificada por LO 1/2015, de 30 de marzo.

ART. 226.

1. El que dejare de cumplir los deberes legales de asistencia inherentes a la patria potestad, tutela, guarda o acogimiento familiar o de prestar la asistencia necesaria legalmente establecida para el sustento de sus descendientes, ascendientes o cónyuge, que se hallen necesitados, será castigado con la pena de prisión de tres a seis meses o multa de seis a 12 meses.

2. El Juez o Tribunal podrá imponer, motivadamente, al reo la pena de inhabilitación especial para el ejercicio del derecho de patria potestad, tutela, guarda o acogimiento familiar por tiempo de cuatro a diez años.

Ver arts. 66 a 71, 142, 149 a 154, 239 a 248 CC; 25 y 228 CP; LO 1/1996, de 15 de enero, de protección jurídica del menor; LO 5/2000, de 12 de enero, reguladora de la responsabilidad penal de los menores.

ART. 227.

1. El que dejare de pagar durante dos meses consecutivos o cuatro meses no consecutivos cualquier tipo de prestación económica en favor de su cónyuge o sus hijos, establecida en convenio judicialmente aprobado o resolución judicial en los supuestos de separación legal, divorcio, declaración de nulidad del matrimonio, proceso de filiación, o proceso de alimentos a favor de sus hijos, será castigado con la pena de prisión de tres meses a un año o multa de seis a 24 meses.

2. Con la misma pena será castigado el que dejare de pagar cualquier otra prestación económica establecida de forma conjunta o única en los supuestos previstos en el apartado anterior.

3. La reparación del daño procedente del delito comportará siempre el pago de las cuantías adeudadas.

Ver arts. 91, 97, 98, 99, 100, 101 y 172 y sigs. CC; 112 y 228 CP.

ART. 228.

Los delitos previstos en los dos artículos anteriores, sólo se perseguirán previa denuncia de la persona agraviada o de su representante legal. Cuando aquélla sea menor de edad, persona con discapacidad necesitada de especial protección o una persona desvalida, también podrá denunciar el Ministerio Fiscal.

El término «incapaz» ha sido sustituido por el de «persona con discapacidad necesitada de especial protección» por LO 1/2015, de 30 de marzo.

Ver art. 86 CP.

ART. 229.

1. El abandono de un menor de edad o de una persona con discapacidad necesitada de especial protección por parte de la persona encargada de su guarda, será castigado con la pena de prisión de uno a dos años.

2. Si el abandono fuere realizado por los padres, tutores o guardadores legales, se impondrá la pena de prisión de dieciocho meses a tres años.

3. Se impondrá la pena de prisión de dos a cuatro años cuando por las circunstancias del abandono se haya puesto en concreto peligro la vida, salud, integridad física o libertad sexual del menor de edad o de la persona con discapacidad necesitada de especial protección, sin perjuicio de castigar el hecho como corresponda si constituyera otro delito más grave.

El término «incapaz» ha sido sustituido por el de «persona con discapacidad necesitada de especial protección» por LO 1/2015, de 30 de marzo.

Ver arts. 25, 233 y D.A. 2.ª CP; 172 y sigs., 756.1.°, 852 y 854 CC; 12 a 22 LO 1/1996, de 15 de enero, de protección jurídica del menor; LO 5/2000, de 12 de enero, reguladora de la responsabilidad penal de los menores.

ART. 230.

El abandono temporal de un menor de edad o de una persona con discapacidad necesitada de especial protección será castigado, en sus respectivos casos, con las penas inferiores en grado a las previstas en el artículo anterior.

El término «incapaz» ha sido sustituido por el de «persona con discapacidad necesitada de especial protección» por LO 1/2015, de 30 de marzo.

Ver arts. 25, 172 y sigs. y 233 CP; 12 a 22 LO 1/1996, de 15 de enero, de protección jurídica del menor.

ART. 231.

1. El que, teniendo a su cargo la crianza o educación de un menor de edad o de una persona con discapacidad necesitada de especial protección, lo entregare a un tercero o a un establecimiento público sin la anuencia de quien se lo hubiere confiado, o de la autoridad, en su defecto, será castigado con la pena de multa de seis a doce meses.

2. Si con la entrega se hubiere puesto en concreto peligro la vida, salud, integridad física o libertad sexual del menor de edad o de la persona con discapacidad necesitada de especial protección se impondrá la pena de prisión de seis meses a dos años.

El término «incapaz» ha sido sustituido por el de «persona con discapacidad necesitada de especial protección» por LO 1/2015, de 30 de marzo.

Ver arts. 25, 221 y 233 CP; 172 y sigs. CC; 12 a 22 LO 1/1996, de 15 de enero, de protección jurídica del menor.

ART. 232.

1. Los que utilizaren o prestaren a menores de edad o personas con discapacidad necesitadas de especial protección para la práctica de la mendicidad, incluso si ésta es encubierta, serán castigados con la pena de prisión de seis meses a un año.

2. Si para los fines del apartado anterior se traficare con menores de edad o personas con discapacidad necesitadas de especial protección, se empleare con ellos violencia o intimidación, o se les suministrare sustancias perjudiciales para su salud, se impondrá la pena de prisión de uno a cuatro años.

Los términos «incapaz» e «incapaces» han sido sustituidos por los de «persona con discapacidad necesitada de especial protección» y «personas con discapacidad necesitadas de especial protección» por LO 1/2015, de 30 de marzo.

Ver arts. 25, 233 y 369.1.° CP; 12 a 22 LO 1/1996, de 15 de enero, de protección jurídica del menor.

ART. 233.

1. El Juez o Tribunal, si lo estima oportuno en atención a las circunstancias del menor, podrá imponer a los responsables de los delitos previstos en los artículos 229 a 232 la pena de inhabilitación especial para el ejercicio de la patria potestad o de los derechos de guarda, tutela, curatela o acogimiento familiar por tiempo de cuatro a diez años.

2. Si el culpable ostentare la guarda del menor por su condición de funcionario público, se le impondrá además la pena de inhabilitación especial para empleo o cargo público por tiempo de dos a seis años.

3. En todo caso, el Ministerio Fiscal instará de la autoridad competente las medidas pertinentes para la debida custodia y protección del menor.

Ver arts. 229 a 232 y D.A. 2.ª CP; 211 a 223 CC; 12 a 22 LO 1/1996, de 15 de enero, de protección jurídica del menor; LO 5/2000, de 12 de enero, reguladora de la responsabilidad penal de los menores.

TÍTULO XIII
Delitos contra el patrimonio y contra el orden socioeconómico

CAPÍTULO I
De los hurtos

ART. 234.

1. El que, con ánimo de lucro, tomare las cosas muebles ajenas sin la voluntad de su dueño será castigado, como reo de hurto, con la pena de prisión de seis a dieciocho meses si la cuantía de lo sustraído excediese de 400 euros.

2. Se impondrá la pena de multa de uno a tres meses si la cuantía de lo sustraído no excediese de 400 euros, salvo si concurriere alguna de las circunstancias del artículo 235. No obstante, en el caso de que el culpable hubiera sido condenado ejecutoriamente al menos por tres delitos **de la misma naturaleza**, comprendidos en este Título, **y siendo al menos uno de ellos leve**, se impondrá la pena prevista en el apartado 1 de este artículo.

No se tendrán en cuenta los antecedentes **penales** cancelados o que debieran serlo.

3. Las penas establecidas en los apartados anteriores se impondrán en su mitad superior cuando en la comisión del hecho se hubieran neutralizado, eliminado o inutilizado, por cualquier medio, los dispositivos de alarma o seguridad instalados en las cosas sustraídas.

> *Apartado 2 modificado por Ley Orgánica 1/2026, de 8 de abril, en materia de multirreincidencia, por la que se modifica la Ley Orgánica 10/1995, de 23 de noviembre, del Código Penal y la Ley de Enjuiciamiento Criminal, aprobada por Real Decreto de 14 de septiembre de 1882. (BOE de 09-04-2026).*
>
> *Artículo anteriormente modificado por Ley Orgánica 9/2022, de 28 de julio, por la que se establecen normas que faciliten el uso de información financiera y de otro tipo para la prevención, detección, investigación o enjuiciamiento de infracciones penales (BOE de 29-07-2022).*

ART. 235.

1. El hurto será castigado con la pena de prisión de uno a tres años:

1.º Cuando se sustraigan cosas de valor artístico, histórico, cultural o científico.

2.º Cuando se trate de cosas de primera necesidad y se cause una situación de desabastecimiento.

3.º Cuando se trate de conducciones, cableado, equipos o componentes de infraestructuras de suministro eléctrico, de hidrocarburos o de los servicios de telecomunicaciones, o de otras cosas destinadas a la prestación de servicios de interés general, y se cause un quebranto grave a los mismos.

4.º Cuando se trate de productos agrarios o ganaderos, o de los instrumentos o medios que se utilizan para su obtención, siempre que el delito se cometa en explotaciones agrícolas o ganaderas, **y el valor de lo sustraído exceda de 400 euros**.

5.º Cuando revista especial gravedad, atendiendo al valor de los efectos sustraídos, o se produjeren perjuicios de especial consideración.

6.º Cuando ponga a la víctima o a su familia en grave situación económica o se haya realizado abusando de sus circunstancias personales o de su situación de desamparo, o aprovechando la producción de un accidente o la existencia de un riesgo o peligro general para la comunidad que haya debilitado la defensa del ofendido o facilitado la comisión impune del delito.

7.º Cuando al delinquir el culpable hubiera sido condenado ejecutoriamente por al menos tres delitos **menos graves o graves** comprendidos en este título, siempre que sean de la misma naturaleza. No se tendrán en cuenta los antecedentes cancelados o que debieran serlo.

8.º Cuando se utilice a menores de dieciséis años para la comisión del delito.

9.º Cuando el culpable o culpables participen en los hechos como miembros de una organización o grupo criminal que se dedicare a la comisión de delitos comprendidos en este Título, siempre que sean de la misma naturaleza.

10.º Cuando los objetos sustraídos fueran teléfonos móviles. Así mismo, cualquier otro dispositivo móvil de comunicación, o de almacenamiento masivo de información digital susceptible de contener datos e información de carácter personal. A los efectos de este numeral, no se considerarán incluidos los que se encuentren a la venta, almacén o exposición en establecimientos comerciales.

2. La pena señalada en el apartado anterior se impondrá en su mitad superior cuando concurrieran dos o más de las circunstancias previstas en el mismo.

Apartado 1, se modifican los ordinales 4.° y 7.° y se adiciona el 10.°, por Ley Orgánica 1/2026, de 8 de abril, en materia de multirreincidencia, por la que se modifica la Ley Orgánica 10/1995, de 23 de noviembre, del Código Penal y la Ley de Enjuiciamiento Criminal, aprobada por Real Decreto de 14 de septiembre de 1882. (BOE de 09-04-2026).

Artículo anteriormente modificado por LO 1/2015, de 30 de marzo.

Ver arts. 46 CE; 281 CP; Ley 16/1985, de 25 de junio, sobre patrimonio histórico.

ART. 236.

1. Será castigado con multa de tres a doce meses el que, siendo dueño de una cosa mueble o actuando con el consentimiento de éste, la sustrajere de quien la tenga legítimamente en su poder, con perjuicio del mismo o de un tercero.

2. Si el valor de la cosa sustraída no excediera de 400 euros, se impondrá la pena de multa de uno a tres meses.

Modificado por LO 1/2015, de 30 de marzo.

Ver art. 455 CP.

CAPÍTULO II
De los robos

ART. 237.

Son reos del delito de robo los que, con ánimo de lucro, se apoderaren de las cosas muebles ajenas empleando fuerza en las cosas para acceder o abandonar el lugar donde éstas se encuentran o violencia o intimidación en las personas, sea al cometer el delito, para proteger la huida, o sobre los que acudiesen en auxilio de la víctima o que le persiguieren.

Modificado por LO 1/2015, de 30 de marzo.

Ver arts. 244, 245 y 455 CP; 59 LPPNA.

ART. 238.

Son reos del delito de robo con fuerza en las cosas los que ejecuten el hecho cuando concurra alguna de las circunstancias siguientes:
1.° Escalamiento.
2.° Rompimiento de pared, techo o suelo, o fractura de puerta o ventana.
3.° Fractura de armarios, arcas u otra clase de muebles u objetos cerrados o sellados, o forzamiento de sus cerraduras o descubrimiento de sus claves para sustraer su contenido, sea en el lugar del robo o fuera del mismo.
4.° Uso de llaves falsas.
5.° Inutilización de sistemas específicos de alarma o guarda.

Ver arts. 328 LECrim; 239 CP.

ART. 239.

Se considerarán llaves falsas:
1. Las ganzúas u otros instrumentos análogos.
2. Las llaves legítimas perdidas por el propietario u obtenidas por un medio que constituya infracción penal.
3. Cualesquiera otras que no sean las destinadas por el propietario para abrir la cerradura violentada por el reo.

A los efectos del presente artículo, se consideran llaves las tarjetas, magnéticas o perforadas, los mandos o instrumentos de apertura a distancia y cualquier otro instrumento tecnológico de eficacia similar.

ART. 240.

1. El culpable de robo con fuerza en las cosas será castigado con la pena de prisión de uno a tres años.

2. Se impondrá la pena de prisión de dos a cinco años cuando concurra alguna de las circunstancias previstas en el artículo 235.

Modificado por LO 1/2015, de 30 de marzo.

ART. 241.

1. El robo cometido en casa habitada, edificio o local abiertos al público, o en cualquiera de sus dependencias, se castigará con una pena de prisión de dos a cinco años.

Si los hechos se hubieran cometido en un establecimiento abierto al público, o en cualquiera de sus dependencias, fuera de las horas de apertura, se impondrá una pena de prisión de uno a cinco años.

2. Se considera casa habitada todo albergue que constituya morada de una o más personas, aunque accidentalmente se encuentren ausentes de ella cuando el robo tenga lugar.

3. Se consideran dependencias de casa habitada o de edificio o local abiertos al público, sus patios, garajes y demás departamentos o sitios cercados y contiguos al edificio y en comunicación interior con él, y con el cual formen una unidad física.

4. Se impondrá una pena de dos a seis años de prisión cuando los hechos a que se refieren los apartados anteriores revistan especial gravedad, atendiendo a la forma de comisión del delito o a los perjuicios ocasionados y, en todo caso, cuando concurra alguna de las circunstancias expresadas en el artículo 235.

Modificado por LO 1/2015, de 30 de marzo.

Ver arts. 235 y 557 CP.

ART. 242.

1. El culpable de robo con violencia o intimidación en las personas será castigado con la pena de prisión de dos a cinco años, sin perjuicio de la que pudiera corresponder a los actos de violencia física que realizase.

2. Cuando el robo se cometa en casa habitada, edificio o local abiertos al público o en cualquiera de sus dependencias, se impondrá la pena de prisión de tres años y seis meses a cinco años.

3. Las penas señaladas en los apartados anteriores se impondrán en su mitad superior cuando el delincuente hiciere uso de armas u otros medios igualmente peligrosos, sea al cometer el delito o para proteger la huida, y cuando atacare a los que acudiesen en auxilio de la víctima o a los que le persiguieren.

4. En atención a la menor entidad de la violencia o intimidación ejercidas y valorando además las restantes circunstancias del hecho, podrá imponerse la pena inferior en grado a la prevista en los apartados anteriores.

Apdo. 2 modificado por LO 1/2015, de 30 de marzo.

CAPÍTULO III
De la extorsión

ART. 243.

El que, con ánimo de lucro, obligare a otro, con violencia o intimidación, a realizar u omitir un acto o negocio jurídico en perjuicio de su patrimonio o del de un tercero, será castigado con la pena de prisión de uno a cinco años, sin perjuicio de las que pudieran imponerse por los actos de violencia física realizados.

Ver arts. 73, 77 y 563 y sigs. CP.

CAPÍTULO IV
Del robo y hurto de uso de vehículos

ART. 244.

1. El que sustrajere o utilizare sin la debida autorización un vehículo a motor o ciclomotor ajenos, sin ánimo de apropiárselo, será castigado con la pena de trabajos en beneficio de la comunidad de treinta y uno a noventa días o multa de dos a doce meses, si lo restituyera, directa o indirectamente, en un plazo no superior a cuarenta y ocho horas, sin que, en ningún caso, la pena impuesta pueda ser igual o superior a la que correspondería si se apropiare definitivamente del vehículo.

2. Si el hecho se ejecutare empleando fuerza en las cosas, la pena se aplicará en su mitad superior.

3. De no efectuarse la restitución en el plazo señalado, se castigará el hecho como hurto o robo en sus respectivos casos.

4. Si el hecho se cometiere con violencia o intimidación en las personas, se impondrán, en todo caso, las penas del artículo 242.

Apdo. 1 modificado por LO 1/2015, de 30 de marzo.

Ver arts. 60 LPPNA; RDLeg. 6/2015, de 30 de octubre, TR de la Ley sobre Tráfico, Circulación de Vehículos a Motor y Seguridad Vial; Ley 20/2015, de 14 de julio, de ordenación, supervisión y solvencia de las entidades aseguradoras y reaseguradoras; Reglamento aprobado por RD 1507/2008, de 12 de septiembre, sobre la responsabilidad civil y seguro en la circulación de vehículos a motor.

CAPÍTULO V
De la usurpación

ART. 245.

1. Al que con violencia o intimidación en las personas ocupare una cosa inmueble o usurpare un derecho real inmobiliario de pertenencia ajena, se le impondrá, además de las penas en que incurriere por las violencias ejercidas, la pena de prisión de uno a dos años, que se fijará teniendo en cuenta la utilidad obtenida y el daño causado.

2. El que ocupare, sin autorización debida, un inmueble, vivienda o edificio ajenos que no constituyan morada, o se mantuviere en ellos contra la voluntad de su titular, será castigado con la pena de multa de tres a seis meses.

Ver arts. 334 CC; 202, 203 y 204 CP.

ART. 246.

1. El que alterare términos o lindes de pueblos o heredades o cualquier clase de señales o mojones destinados a fijar los límites de propiedades o demarcaciones de predios contiguos, tanto de dominio público como privado, será castigado con la pena de multa de tres a dieciocho meses.

2. Si la utilidad reportada no excediere de 400 euros, se impondrá la pena de multa de uno a tres meses.

Modificado por LO 1/2015, de 30 de marzo.

Ver arts. 338 y sigs. y 388 CC; 263 CP.

ART. 247.

1. El que, sin hallarse autorizado, distrajere las aguas de uso público o privativo de su curso, o de su embalse natural o artificial, será castigado con la pena de multa de tres a seis meses.

2. Si la utilidad reportada no excediere de 400 euros, se impondrá la pena de multa de uno a tres meses.

Modificado por LO 1/2015, de 30 de marzo.

Ver RDLeg. 1/2001, de 20 de julio, por el que se aprueba el texto refundido de la Ley de Aguas.

CAPÍTULO VI
De las defraudaciones

Sección 1.ª De las estafas

ART. 248.

Cometen estafa los que, con ánimo de lucro, utilizaren engaño bastante para producir error en otro, induciéndolo a realizar un acto de disposición en perjuicio propio o ajeno.

Los reos de estafa serán castigados con la pena de prisión de seis meses a tres años. Para la fijación de la pena se tendrá en cuenta el importe de lo defraudado, el quebranto económico causado al perjudicado, las relaciones entre este y el defraudador, los medios empleados por este y cuantas otras circunstancias sirvan para valorar la gravedad de la infracción.

Si la cuantía de lo defraudado no excediere de 400 euros, se impondrá la pena de multa de uno a tres meses, **salvo si concurriere alguna de las circunstancias del artículo 250. No obstante, en el caso de que el culpable hubiera sido condenado ejecutoriamente al menos por tres delitos de la misma naturaleza, comprendidos en este capítulo, y siendo al menos uno de ellos leve, se impondrá la pena prevista en el párrafo segundo**

del presente artículo. No se tendrán en cuenta los antecedentes penales cancelados o que debieran serlo.

Modificado por Ley Orgánica 1/2026, de 8 de abril, en materia de multirreincidencia, por la que se modifica la Ley Orgánica 10/1995, de 23 de noviembre, del Código Penal y la Ley de Enjuiciamiento Criminal, aprobada por Real Decreto de 14 de septiembre de 1882. (BOE de 09-04-2026).

Artículo anteriormente modificado por Ley Orgánica 14/2022, de 22 de diciembre, de transposición de directivas europeas y otras disposiciones para la adaptación de la legislación penal al ordenamiento de la Unión Europea, y reforma de los delitos contra la integridad moral, desórdenes públicos y contrabando de armas de doble uso. (BOE de 23-12-2022).

Ver art. 268, 269 y 438 CP.

ART. 249.

1. También se consideran reos de estafa y serán castigados con la pena de prisión de seis meses a tres años:

a) Los que, con ánimo de lucro, obstaculizando o interfiriendo indebidamente en el funcionamiento de un sistema de información o introduciendo, alterando, borrando, transmitiendo o suprimiendo indebidamente datos informáticos o valiéndose de cualquier otra manipulación informática o artificio semejante, consigan una transferencia no consentida de cualquier activo patrimonial en perjuicio de otro.

b) Los que, utilizando de forma fraudulenta tarjetas de crédito o débito, cheques de viaje o cualquier otro instrumento de pago material o inmaterial distinto del efectivo o los datos obrantes en cualquiera de ellos, realicen operaciones de cualquier clase en perjuicio de su titular o de un tercero.

2. Con la misma pena prevista en el apartado anterior serán castigados:

a) Los que fabricaren, importaren, obtuvieren, poseyeren, transportaren, comerciaren o de otro modo facilitaren a terceros dispositivos, instrumentos o datos o programas informáticos, o cualquier otro medio diseñado o adaptado específicamente para la comisión de las estafas previstas en este artículo.

b) Los que, para su utilización fraudulenta, sustraigan, se apropiaren o adquieran de forma ilícita tarjetas de crédito o débito, cheques de viaje o cualquier otro instrumento de pago material o inmaterial distinto del efectivo.

3. Se impondrá la pena en su mitad inferior a los que, para su utilización fraudulenta y sabiendo que fueron obtenidos ilícitamente, posean, adquieran, transfieran, distribuyan o pongan a disposición de terceros tarjetas de crédito o débito, cheques de viaje o cualesquiera otros instrumentos de pago materiales o inmateriales distintos del efectivo.

Modificado por Ley Orgánica 14/2022, de 22 de diciembre, de transposición de directivas europeas y otras disposiciones para la adaptación de la legislación penal al ordenamiento de la Unión Europea, y reforma de los delitos contra la integridad moral, desórdenes públicos y contrabando de armas de doble uso. (BOE de 23-12-2022).

Ver art. 438 CP.

ART. 250.

1. El delito de estafa será castigado con las penas de prisión de uno a seis años y multa de seis a doce meses, cuando:

1.º Recaiga sobre cosas de primera necesidad, viviendas u otros bienes de reconocida utilidad social.

2.º Se perpetre abusando de firma de otro, o sustrayendo, ocultando o inutilizando, en todo o en parte, algún proceso, expediente, protocolo o documento público u oficial de cualquier clase.

3.º Recaiga sobre bienes que integren el patrimonio artístico, histórico, cultural o científico.

4.º Revista especial gravedad, atendiendo a la entidad del perjuicio y a la situación económica en que deje a la víctima o a su familia.

5.º El valor de la defraudación supere los 50.000 euros, o afecte a un elevado número de personas.

6.º Se cometa con abuso de las relaciones personales existentes entre víctima y defraudador, o aproveche éste su credibilidad empresarial o profesional.

7.º Se cometa estafa procesal. Incurren en la misma los que, en un procedimiento judicial de cualquier clase, manipularen las pruebas en que pretendieran fundar sus alegaciones o emplearen otro fraude procesal análogo, provocando error en el juez o tribunal y llevándole a dictar una resolución que perjudique los intereses económicos de la otra parte o de un tercero.

8.º Al delinquir el culpable hubiera sido condenado ejecutoriamente, al menos, por tres deli-tos **menos graves o graves** comprendidos en este capítulo, **siempre que sean de la misma naturaleza**. No se tendrán en cuenta los antecedentes cancelados o que debieran serlo.

2. Si concurrieran las circunstancias incluidas en los numerales 4.º, 5.º, 6.º o 7.º con la del numeral 1.º del apartado anterior, se impondrán las penas de prisión de cuatro a ocho años y multa de doce a veinticuatro meses. La misma pena se impondrá cuando el valor de la defrau-dación supere los 250.000 euros.

Apartado 1, numeral 8.º, modificado por Ley Orgánica 1/2026, de 8 de abril, en materia de multirreinci-dencia, por la que se modifica la Ley Orgánica 10/1995, de 23 de noviembre, del Código Penal y la Ley de Enjuiciamiento Criminal, aprobada por Real Decreto de 14 de septiembre de 1882. (BOE de 09-04-2026).

Artículo anteriormente modificado por LO 1/2015, de 30 de marzo.

Ver arts. 11.2 LOPJ; Ley 19/1985, de 16 de julio, Cambiaria y del Cheque.

ART. 251.

Será castigado con la pena de prisión de uno a cuatro años:

1.º Quien, atribuyéndose falsamente sobre una cosa mueble o inmueble facultad de dis-posición de la que carece, bien por no haberla tenido nunca, bien por haberla ya ejercitado, la enajenare, gravare o arrendare a otro, en perjuicio de éste o de tercero.

2.º El que dispusiere de una cosa mueble o inmueble ocultando la existencia de cualquier carga sobre la misma, o el que, habiéndola enajenado como libre, la gravare o enajenare nue-vamente antes de la definitiva transmisión al adquirente, en perjuicio de éste, o de un tercero.

3.º El que otorgare en perjuicio de otro un contrato simulado.

ART. 251 bis.

Cuando de acuerdo con lo establecido en el artículo 31 bis una persona jurídica sea res-ponsable de los delitos comprendidos en esta Sección, se le impondrán las siguientes penas:

a) Multa del triple al quíntuple de la cantidad defraudada, si el delito cometido por la persona física tiene prevista una pena de prisión de más de cinco años.

b) Multa del doble al cuádruple de la cantidad defraudada, en el resto de los casos.

Atendidas las reglas establecidas en el artículo 66 bis, los jueces y tribunales podrán asimismo imponer las penas recogidas en las letras b) a g) del apartado 7 del artículo 33.

Artículo introducido por L.O. 5/2010, de 22 de junio

Sección 2.ª De la administración desleal

Rúbrica modificada por LO 1/2015, de 30 de marzo.

La rúbrica era la siguiente antes de la L.O. 1/2015: «De la apropiación indebida»

ART. 252.

1. Serán castigados con las penas del artículo 248 o, en su caso, con las del artículo 250, los que teniendo facultades para administrar un patrimonio ajeno, emanadas de la ley, encomendadas por la autoridad o asumidas mediante un negocio jurídico, las infrinjan excediéndose en el ejercicio de las mismas y, de esa manera, causen un perjuicio al patri-monio administrado.

2. Si la cuantía del perjuicio patrimonial no excediere de 400 euros, se impondrá una pena de multa de uno a tres meses.

3. Cuando la defraudación prevista en este artículo, cualquiera que fuese su cuantía, se cometa con la finalidad de abastecer de energía eléctrica instalaciones utilizadas para la comisión de alguna de las conductas señaladas en el artículo 368, se impondrá la pena de prisión de seis a dieciocho meses o multa de doce a veinticuatro meses.

Apdo. 3 añadido por Ley Orgánica 1/2026, de 8 de abril, en materia de multirreincidencia, por la que se modifica la Ley Orgánica 10/1995, de 23 de noviembre, del Código Penal y la Ley de Enjuiciamiento Crimi-nal, aprobada por Real Decreto de 14 de septiembre de 1882. (BOE de 09-04-2026).

Apdo. 1 modificado por Ley Orgánica 14/2022, de 22 de diciembre, de transposición de directivas euro-peas y otras disposiciones para la adaptación de la legislación penal al ordenamiento de la Unión Europea, y reforma de los delitos contra la integridad moral, desórdenes públicos y contrabando de armas de doble uso. (BOE de 23-12-2022).

Ver arts. 268, 269 y 438 CP; Ley 28/1998, de 13 de julio, de venta de bienes muebles a plazos; 150 LO 5/1985, de Régimen Electoral; 264 y 306 C de c; 1766 y 1781 y sigs. CC.

Sección 2.ª bis. De la apropiación indebida

Rúbrica añadida por LO 1/2015, de 30 de marzo.

Antes de esa reforma era la rúbrica de la Sección 2.ª

ART. 253.

1. Serán castigados con las penas del artículo 248 o, en su caso, del artículo 250, salvo que ya estuvieran castigados con una pena más grave en otro precepto de este Código, los que, en perjuicio de otro, se apropiaren para sí o para un tercero, de dinero, efectos, valores o cualquier otra cosa mueble, que hubieran recibido en depósito, comisión, o custodia, o que les hubieran sido confiados en virtud de cualquier otro título que produzca la obligación de entregarlos o devolverlos, o negaren haberlos recibido.

2. Si la cuantía de lo apropiado no excediere de 400 euros, se impondrá una pena de multa de uno a tres meses.

Apdo. 1 modificado por Ley Orgánica 14/2022, de 22 de diciembre, de transposición de directivas europeas y otras disposiciones para la adaptación de la legislación penal al ordenamiento de la Unión Europea, y reforma de los delitos contra la integridad moral, desórdenes públicos y contrabando de armas de doble uso. (BOE de 23-12-2022).

ART. 254.

1. Quien, fuera de los supuestos del artículo anterior, se apropiare de una cosa mueble ajena, será castigado con una pena de multa de tres a seis meses. Si se tratara de cosas de valor artístico, histórico, cultural o científico, la pena será de prisión de seis meses a dos años.

2. Si la cuantía de lo apropiado no excediere de 400 euros, se impondrá una pena de multa de uno a dos meses.

Modificado por LO 1/2015, de 30 de marzo.

Sección 3.ª De las defraudaciones de fluido eléctrico y análogas

ART. 255.

1. Será castigado con la pena de multa de tres a doce meses el que cometiere defraudación utilizando energía eléctrica, gas, agua, telecomunicaciones u otro elemento, energía o fluido ajenos, por alguno de los medios siguientes:

1.º Valiéndose de mecanismos instalados para realizar la defraudación.

2.º Alterando maliciosamente las indicaciones o aparatos contadores.

3.º Empleando cualesquiera otros medios clandestinos.

2. Si la cuantía de lo defraudado no excediere de 400 euros, se impondrá una pena de multa de uno a tres meses.

Modificado por LO 1/2015, de 30 de marzo.

Ver Consulta 3/2001, de la Fiscalía General del Estado sobre utilización en las cabinas públicas de teléfonos de instrumentos electrónicos que imitan el funcionamiento de las tarjetas de prepago.

ART. 256.

1. El que hiciere uso de cualquier equipo terminal de telecomunicación, sin consentimiento de su titular, y causando a éste un perjuicio económico, será castigado con la pena de multa de tres a doce meses.

2. Si la cuantía del perjuicio causado no excediere de 400 euros, se impondrá una pena de multa de uno a tres meses.

Modificado por LO 1/2015, de 30 de marzo.

CAPÍTULO VII
Frustración de la ejecución

Rúbrica modificada por LO 1/2015, de 30 de marzo.

ART. 257.

1. Será castigado con las penas de prisión de uno a cuatro años y multa de doce a veinticuatro meses:

1.º El que se alce con sus bienes en perjuicio de sus acreedores.

2.º Quien con el mismo fin realice cualquier acto de disposición patrimonial o generador de obligaciones que dilate, dificulte o impida la eficacia de un embargo o de un procedimiento ejecutivo o de apremio, judicial, extrajudicial o administrativo, iniciado o de previsible iniciación.

2. Con la misma pena será castigado quien realizare actos de disposición, contrajere obligaciones que disminuyan su patrimonio u oculte por cualquier medio elementos de su patrimonio sobre los que la ejecución podría hacerse efectiva, con la finalidad de eludir el pago de responsabilidades civiles derivadas de un delito que hubiere cometido o del que debiera responder.

3. Lo dispuesto en el presente artículo será de aplicación cualquiera que sea la naturaleza u origen de la obligación o deuda cuya satisfacción o pago se intente eludir, incluidos los derechos económicos de los trabajadores, y con independencia de que el acreedor sea un particular o cualquier persona jurídica, pública o privada.

No obstante lo anterior, en el caso de que la deuda u obligación que se trate de eludir sea de Derecho público y la acreedora sea una persona jurídico pública, o se trate de obligaciones pecuniarias derivadas de la comisión de un delito contra la Hacienda Pública o la Seguridad Social, la pena a imponer será de prisión de uno a seis años y multa de doce a veinticuatro meses.

4. Las penas previstas en el presente artículo se impondrán en su mitad superior en los supuestos previstos en los numerales 5.º o 6.º del apartado 1 del artículo 250.

5. Este delito será perseguido aun cuando tras su comisión se iniciara un procedimiento concursal.

Modificado por LO 1/2015, de 30 de marzo.

Ver arts. 268 CP; Ley 22/2003, de 9 de julio, Concursal.

ART. 258.

1. Será castigado con una pena de prisión de tres meses a un año o multa de seis a dieciocho meses quien, en un procedimiento de ejecución judicial o administrativo, presente a la autoridad o funcionario encargados de la ejecución una relación de bienes o patrimonio incompleta o mendaz, y con ello dilate, dificulte o impida la satisfacción del acreedor.

La relación de bienes o patrimonio se considerará incompleta cuando el deudor ejecutado utilice o disfrute de bienes de titularidad de terceros y no aporte justificación suficiente del derecho que ampara dicho disfrute y de las condiciones a que está sujeto.

2. La misma pena se impondrá cuando el deudor, requerido para ello, deje de facilitar la relación de bienes o patrimonio a que se refiere el apartado anterior.

3. Los delitos a que se refiere este artículo no serán perseguibles si el autor, antes de que la autoridad o funcionario hubieran descubierto el carácter mendaz o incompleto de la declaración presentada, compareciera ante ellos y presentara una declaración de bienes o patrimonio veraz y completa.

Modificado por LO 1/2015, de 30 de marzo.

Ver art. 1092 CC.

ART. 258 bis.

Serán castigados con una pena de prisión de tres a seis meses o multa de seis a veinticuatro meses, salvo que ya estuvieran castigados con una pena más grave en otro precepto de este Código, quienes hagan uso de bienes embargados por autoridad pública que hubieran sido constituidos en depósito sin estar autorizados para ello.

Añadido por LO 1/2015, de 30 de marzo.

ART. 258 ter.

Cuando de acuerdo con lo establecido en el artículo 31 bis una persona jurídica sea responsable de los delitos comprendidos en este Capítulo, se le impondrán las siguientes penas:

a) Multa de dos a cinco años, si el delito cometido por la persona física tiene prevista una pena de prisión de más de cinco años.

b) Multa de uno a tres años, si el delito cometido por la persona física tiene prevista una pena de prisión de más de dos años no incluida en el inciso anterior.

c) Multa de seis meses a dos años, en el resto de los casos.

Atendidas las reglas establecidas en el artículo 66 bis, los jueces y tribunales podrán asimismo imponer las penas recogidas en las letras b) a g) del apartado 7 del artículo 33.

Añadido por LO 1/2015, de 30 de marzo.

CAPÍTULO VII BIS
De las insolvencias punibles

Capítulo añadido por LO 1/2015, de 30 de marzo.

ART. 259.

1. Será castigado con una pena de prisión de uno a cuatro años y multa de ocho a veinticuatro meses quien, encontrándose en una situación de insolvencia actual o inminente, realice alguna de las siguientes conductas:

1.ª Oculte, cause daños o destruya los bienes o elementos patrimoniales que estén incluidos, o que habrían estado incluidos, en la masa del concurso en el momento de su apertura.

2.ª Realice actos de disposición mediante la entrega o transferencia de dinero u otros activos patrimoniales, o mediante la asunción de deudas, que no guarden proporción con la situación patrimonial del deudor, ni con sus ingresos, y que carezcan de justificación económica o empresarial.

3.ª Realice operaciones de venta o prestaciones de servicio por precio inferior a su coste de adquisición o producción, y que en las circunstancias del caso carezcan de justificación económica.

4.ª Simule créditos de terceros o proceda al reconocimiento de créditos ficticios.

5.ª Participe en negocios especulativos, cuando ello carezca de justificación económica y resulte, en las circunstancias del caso y a la vista de la actividad económica desarrollada, contrario al deber de diligencia en la gestión de asuntos económicos.

6.ª Incumpla el deber legal de llevar contabilidad, lleve doble contabilidad, o cometa en su llevanza irregularidades que sean relevantes para la comprensión de su situación patrimonial o financiera. También será punible la destrucción o alteración de los libros contables, cuando de este modo se dificulte o impida de forma relevante la comprensión de su situación patrimonial o financiera.

7.ª Oculte, destruya o altere la documentación que el empresario está obligado a conservar antes del transcurso del plazo al que se extiende este deber legal, cuando de este modo se dificulte o imposibilite el examen o valoración de la situación económica real del deudor.

8.ª Formule las cuentas anuales o los libros contables de un modo contrario a la normativa reguladora de la contabilidad mercantil, de forma que se dificulte o imposibilite el examen o valoración de la situación económica real del deudor, o incumpla el deber de formular el balance o el inventario dentro de plazo.

9.ª Realice cualquier otra conducta activa u omisiva que constituya una infracción grave del deber de diligencia en la gestión de asuntos económicos y a la que sea imputable una disminución del patrimonio del deudor o por medio de la cual se oculte la situación económica real del deudor o su actividad empresarial.

2. La misma pena se impondrá a quien, mediante alguna de las conductas a que se refiere el apartado anterior, cause su situación de insolvencia.

3. Cuando los hechos se hubieran cometido por imprudencia, se impondrá una pena de prisión de seis meses a dos años o multa de doce a veinticuatro meses.

4. Este delito solamente será perseguible cuando el deudor haya dejado de cumplir regularmente sus obligaciones exigibles o haya sido declarado su concurso.

5. Este delito y los delitos singulares relacionados con él, cometidos por el deudor o persona que haya actuado en su nombre, podrán perseguirse sin esperar a la conclusión del concurso y sin perjuicio de la continuación de este. El importe de la responsabilidad civil derivada de dichos delitos deberá incorporarse, en su caso, a la masa.

6. En ningún caso, la calificación de la insolvencia en el proceso concursal vinculará a la jurisdicción penal.

Modificado por LO 1/2015, de 30 de marzo.

Ver Ley 22/2003, de 9 de julio, Concursal.

ART. 259 bis.

Los hechos a que se refiere el artículo anterior serán castigados con una pena de prisión de dos a seis años y multa de ocho a veinticuatro meses, cuando concurra alguna de las siguientes circunstancias:

1.ª Cuando se produzca o pueda producirse perjuicio patrimonial en una generalidad de personas o pueda ponerlas en una grave situación económica.

2.ª Cuando se causare a alguno de los acreedores un perjuicio económico superior a 600.000 euros.

3.ª Cuando al menos la mitad del importe de los créditos concursales tenga como titulares a la Hacienda Pública, sea esta estatal, autonómica, local o foral y a la Seguridad Social.

Añadido por LO 1/2015, de 30 de marzo.

ART. 260.

1. Será castigado con la pena de seis meses a tres años de prisión o multa de ocho a veinticuatro meses, el deudor que, encontrándose en una situación de insolvencia actual o inminente, favorezca a alguno de los acreedores realizando un acto de disposición patrimonial o generador de obligaciones destinado a pagar un crédito no exigible o a facilitarle una garantía a la que no tenía derecho, cuando se trate de una operación que carezca de justificación económica o empresarial.

2. Será castigado con la pena de uno a cuatro años de prisión y multa de doce a veinticuatro meses el deudor que, una vez admitida a trámite la solicitud de concurso, sin estar autorizado para ello ni judicialmente ni por los administradores concursales, y fuera de los casos permitidos por la ley, realice cualquier acto de disposición patrimonial o generador de obligaciones, destinado a pagar a uno o varios acreedores, privilegiados o no, con posposición del resto.

Modificado por LO 1/2015, de 30 de marzo.

ART. 261.

El que en procedimiento concursal presentare, a sabiendas, datos falsos relativos al estado contable, con el fin de lograr indebidamente la declaración de aquel, será castigado con la pena de prisión de uno a dos años y multa de seis a 12 meses.

Ver arts. 26, 290, 390 a 393 y 461 CP.

ART. 261 bis.

Cuando de acuerdo con lo establecido en el artículo 31 bis una persona jurídica sea responsable de los delitos comprendidos en este Capítulo, se le impondrán las siguientes penas:

a) Multa de dos a cinco años, si el delito cometido por la persona física tiene prevista una pena de prisión de más de cinco años.

b) Multa de uno a tres años, si el delito cometido por la persona física tiene prevista una pena de prisión de más de dos años no incluida en el inciso anterior.

c) Multa de seis meses a dos años, en el resto de los casos.

Atendidas las reglas establecidas en el artículo 66 bis, los jueces y tribunales podrán asimismo imponer las penas recogidas en las letras b) a g) del apartado 7 del artículo 33.

Añadido por LO 5/2010, de 22 de junio, por la que se modifica el Código Penal.

CAPÍTULO VIII
De la alteración de precios en concursos y subastas públicas

ART. 262.

1. Los que solicitaren dádivas o promesas para no tomar parte en un concurso o subasta pública; los que intentaren alejar de ella a los postores por medio de amenazas, dádivas, promesas o cualquier otro artificio; los que se concertaren entre sí con el fin de alterar el precio del remate, o los que fraudulentamente quebraren o abandonaren la subasta habiendo obtenido la adjudicación, serán castigados con la pena de prisión de uno a tres años y multa de 12 a 24 meses, así como inhabilitación especial para licitar en subastas judiciales entre tres y cinco años. Si se tratare de un concurso o subasta convocados por las Administraciones o entes públicos, se impondrá además al agente y a la persona o empresa por él representada la pena de inhabilitación especial que comprenderá, en todo caso, el derecho a contratar con las Administraciones públicas por un período de tres a cinco años.

2. El juez o tribunal podrá imponer alguna o algunas de las consecuencias previstas en el artículo 129 si el culpable perteneciere a alguna sociedad, organización o asociación, incluso de carácter transitorio, que se dedicare a la realización de tales actividades.

3. Quedarán exentos de responsabilidad criminal los directores, administradores de hecho o de Derecho, gerentes y otros miembros del personal actuales y anteriores de cualquier sociedad, constituida o en formación, que en esa condición hayan cometido alguno de los hechos previstos en este artículo, cuando pongan fin a su participación en los mismos y cooperen con las autoridades competentes de manera plena, continua y diligente, aportando informaciones y elementos de prueba de los que estas carecieran, que sean útiles para la investigación, detección y sanción de las demás personas implicadas, siempre que se cumplan las siguientes condiciones:

a) Cooperen activamente en este sentido con la autoridad de la competencia que lleva el caso,

b) estas sociedades o personas físicas hayan presentado una solicitud de exención del pago de la multa de conformidad con lo establecido en la Ley de Defensa de la Competencia,

c) dicha solicitud se haya presentado en un momento anterior a aquel en que los directores, administradores de hecho o de Derecho, gerentes y otros miembros del personal actuales o anteriores de la sociedad, constituida o en formación, hayan sido informados de que están siendo investigados en relación con estos hechos,

d) se trate de una colaboración activa también con la autoridad judicial o el Ministerio Fiscal, proporcionando indicios útiles y concretos para asegurar la prueba del delito e identificar a otros autores.

Apdo. 3 añadido por Ley Orgánica 14/2022, de 22 de diciembre, de transposición de directivas europeas y otras disposiciones para la adaptación de la legislación penal al ordenamiento de la Unión Europea, y reforma de los delitos contra la integridad moral, desórdenes públicos y contrabando de armas de doble uso. (BOE de 23-12-2022).

Ver arts. 169 y sigs., 172, 284 y 419 y sigs. CP; RDLeg. 1/2007, de 16 de noviembre, por el que se aprueba el texto refundido de la Ley General para la defensa de los consumidores y usuarios y otras leyes complementarias; Ley 60/2003, de 23 de diciembre, de arbitraje; arts. 65.1 c) LOPJ y Ley 15/2007, de 3 de julio, de defensa de la competencia.

CAPÍTULO IX
De los daños

ART. 263.

1. El que causare daños en propiedad ajena no comprendidos en otros títulos de este Código, será castigado con multa de seis a veinticuatro meses, atendidas la condición económica de la víctima y la cuantía del daño.

Si la cuantía del daño causado no excediere de 400 euros, se impondrá una pena de multa de uno a tres meses.

2. Será castigado con la pena de prisión de uno a tres años y multa de doce a veinticuatro meses el que causare daños expresados en el apartado anterior, si concurriere alguno de los supuestos siguientes:

1.º Que se realicen para impedir el libre ejercicio de la autoridad o como consecuencia de acciones ejecutadas en el ejercicio de sus funciones, bien se cometiere el delito contra funcionarios públicos, bien contra particulares que, como testigos o de cualquier otra manera, hayan contribuido o puedan contribuir a la ejecución o aplicación de las Leyes o disposiciones generales.

2.º Que se cause por cualquier medio, infección o contagio de ganado.

3.º Que se empleen sustancias venenosas o corrosivas.

4.º Que afecten a bienes de dominio o uso público o comunal.

5.º Que arruinen al perjudicado o se le coloque en grave situación económica.

6.º Se hayan ocasionado daños de especial gravedad o afectado a los intereses generales.

Apdo. 1 modificado y numeral 6.º del apdo. 2 añadido por LO 1/2015, de 30 de marzo.

Ver D.A. 3.ª CP; arts. 1902 y 1910 CC; 62 y 63 Ley 209/1964, de 24 de diciembre, de navegación aérea; Ley 30/2014, de 3 de diciembre, de Parques Nacionales; LO 19/1994, de 23 de diciembre, de protección de testigos y peritos en causas criminales.

ART. 264.

1. El que por cualquier medio, sin autorización y de manera grave borrase, dañase, deteriorase, alterase, suprimiese o hiciese inaccesibles datos informáticos, programas informá-

ticos o documentos electrónicos ajenos, cuando el resultado producido fuera grave, será castigado con la pena de prisión de seis meses a tres años.

2. Se impondrá una pena de prisión de dos a cinco años y multa del tanto al décuplo del perjuicio ocasionado, cuando en las conductas descritas concurra alguna de las siguientes circunstancias:

1.ª Se hubiese cometido en el marco de una organización criminal.

2.ª Haya ocasionado daños de especial gravedad o afectado a un número elevado de sistemas informáticos.

3.ª El hecho hubiera perjudicado gravemente el funcionamiento de servicios públicos esenciales o la provisión de bienes de primera necesidad.

4.ª Los hechos hayan afectado al sistema informático de una infraestructura crítica o se hubiera creado una situación de peligro grave para la seguridad del Estado, de la Unión Europea o de un Estado Miembro de la Unión Europea. A estos efectos se considerará infraestructura crítica un elemento, sistema o parte de este que sea esencial para el mantenimiento de funciones vitales de la sociedad, la salud, la seguridad, la protección y el bienestar económico y social de la población cuya perturbación o destrucción tendría un impacto significativo al no poder mantener sus funciones.

5.ª El delito se haya cometido utilizando alguno de los medios a que se refiere el artículo 264 ter.

Si los hechos hubieran resultado de extrema gravedad, podrá imponerse la pena superior en grado.

3. Las penas previstas en los apartados anteriores se impondrán, en sus respectivos casos, en su mitad superior, cuando los hechos se hubieran cometido mediante la utilización ilícita de datos personales de otra persona para facilitarse el acceso al sistema informático o para ganarse la confianza de un tercero.

Modificado por LO 1/2015, de 30 de marzo.

Ver art. 544 CP y LO 19/1994, de 23 de diciembre, de protección a testigos y peritos en causas criminales.

ART. 264 bis.

1. Será castigado con la pena de prisión de seis meses a tres años el que, sin estar autorizado y de manera grave, obstaculizara o interrumpiera el funcionamiento de un sistema informático ajeno:

a) realizando alguna de las conductas a que se refiere el artículo anterior;

b) introduciendo o transmitiendo datos; o

c) destruyendo, dañando, inutilizando, eliminando o sustituyendo un sistema informático, telemático o de almacenamiento de información electrónica.

Si los hechos hubieran perjudicado de forma relevante la actividad normal de una empresa, negocio o de una Administración pública, se impondrá la pena en su mitad superior, pudiéndose alcanzar la pena superior en grado.

2. Se impondrá una pena de prisión de tres a ocho años y multa del triplo al décuplo del perjuicio ocasionado, cuando en los hechos a que se refiere el apartado anterior hubiera concurrido alguna de las circunstancias del apartado 2 del artículo anterior.

3. Las penas previstas en los apartados anteriores se impondrán, en sus respectivos casos, en su mitad superior, cuando los hechos se hubieran cometido mediante la utilización ilícita de datos personales de otra persona para facilitarse el acceso al sistema informático o para ganarse la confianza de un tercero.

Añadido por LO 1/2015, de 30 de marzo.

ART. 264 ter.

Será castigado con una pena de prisión de seis meses a dos años o multa de tres a dieciocho meses el que, sin estar debidamente autorizado, produzca, adquiera para su uso, importe o, de cualquier modo, facilite a terceros, con la intención de facilitar la comisión de alguno de los delitos a que se refieren los dos artículos anteriores:

a) un programa informático, concebido o adaptado principalmente para cometer alguno de los delitos a que se refieren los dos artículos anteriores; o

b) una contraseña de ordenador, un código de acceso o datos similares que permitan acceder a la totalidad o a una parte de un sistema de información.

Añadido por LO 1/2015, de 30 de marzo.

ART. 264 quater.

Cuando de acuerdo con lo establecido en el artículo 31 bis una persona jurídica sea responsable de los delitos comprendidos en los tres artículos anteriores, se le impondrán las siguientes penas:

a) Multa de dos a cinco años o del quíntuplo a doce veces el valor del perjuicio causado, si resulta una cantidad superior, cuando se trate de delitos castigados con una pena de prisión de más de tres años.

b) Multa de uno a tres años o del triple a ocho veces el valor del perjuicio causado, si resulta una cantidad superior, en el resto de los casos.

Atendidas las reglas establecidas en el artículo 66 bis, los jueces y tribunales podrán asimismo imponer las penas recogidas en las letras b) a g) del apartado 7 del artículo 33.

Añadido por LO 1/2015, de 30 de marzo.

ART. 265.

El que destruyere, dañare de modo grave, o inutilizare para el servicio, aun de forma temporal, obras, establecimientos o instalaciones militares, buques de guerra, aeronaves militares, medios de transporte o transmisión militar, material de guerra, aprovisionamiento u otros medios o recursos afectados al servicio de las Fuerzas Armadas o de las Fuerzas y Cuerpos de Seguridad, será castigado con la pena de prisión de dos a cuatro años si el daño causado excediere de mil euros.

Modificado por LO 1/2015, de 30 de marzo.

ART. 266.

1. Será castigado con la pena de prisión de uno a tres años el que cometiere los daños previstos en el apartado 1 del artículo 263 mediante incendio, o provocando explosiones, o utilizando cualquier otro medio de similar potencia destructiva o que genere un riesgo relevante de explosión o de causación de otros daños de especial gravedad, o poniendo en peligro la vida o la integridad de las personas.

2. Será castigado con la pena de prisión de tres a cinco años y multa de doce a veinticuatro meses el que cometiere los daños previstos en el apartado 2 del artículo 263, en cualquiera de las circunstancias mencionadas en el apartado anterior.

3. Será castigado con la pena de prisión de cuatro a ocho años el que cometiere los daños previstos en los artículos 265, 323 y 560, en cualquiera de las circunstancias mencionadas en el apartado 1 del presente artículo.

4. En cualquiera de los supuestos previstos en los apartados anteriores, cuando se cometieren los daños concurriendo la provocación de explosiones o la utilización de otros medios de similar potencia destructiva y, además, se pusiera en peligro la vida o integridad de las personas, la pena se impondrá en su mitad superior.

En caso de incendio será de aplicación lo dispuesto en el artículo 351.

Apdos. 1 y 2 modificados por LO 1/2015, de 30 de marzo.

Ver arts. 263 a 265, 323, 346, 351, 560, 571 y 577 CP.

ART. 267.

Los daños causados por imprudencia grave en cuantía superior a 80.000 euros, serán castigados con la pena de multa de tres a nueve meses, atendiendo a la importancia de los mismos.

Las infracciones a que se refiere este artículo sólo serán perseguibles previa denuncia de la persona agraviada o de su representante legal. El Ministerio Fiscal también podrá denunciar cuando aquélla sea menor de edad, persona con discapacidad necesitada de especial protección o una persona desvalida.

En estos casos, el perdón de la persona ofendida extingue la acción penal.

Párrafo tercero modificado por Ley Orgánica 8/2021, de 4 de junio, de protección integral a la infancia y la adolescencia frente a la violencia. (BOE de 05-06-2021). Modificación en vigor desde el 25/06/2021.

El término «incapaz» ha sido sustituido por el de «persona con discapacidad necesitada de especial protección» por LO 1/2015, de 30 de marzo.

Ver D.A. 3.ª CP.

CAPÍTULO X
Disposiciones comunes a los capítulos anteriores

ART. 268.

1. Están exentos de responsabilidad criminal y sujetos únicamente a la civil los cónyuges que no estuvieren separados legalmente o de hecho o en proceso judicial de separación, divorcio o nulidad de su matrimonio y los ascendientes, descendientes y hermanos por naturaleza o por adopción, así como los afines en primer grado si viviesen juntos, por los delitos patrimoniales que se causaren entre sí, siempre que no concurra violencia o intimidación, o abuso de la vulnerabilidad de la víctima, ya sea por razón de edad, o por tratarse de una persona con discapacidad.

2. Esta disposición no es aplicable a los extraños que participaren en el delito.

Modificado por LO 1/2015, de 30 de marzo.

Ver arts. 23 y 454 CP.

ART. 269.

La provocación, la conspiración y la proposición para cometer los delitos de robo, extorsión, estafa o apropiación indebida, serán castigadas con la pena inferior en uno o dos grados a la del delito correspondiente.

Ver arts. 17.3 y 18 CP.

CAPÍTULO XI
De los delitos relativos a la propiedad intelectual e industrial, al mercado y a los consumidores

Sección 1.ª De los delitos relativos a la propiedad intelectual

ART. 270.

1. Será castigado con la pena de prisión de seis meses a cuatro años y multa de doce a veinticuatro meses el que, con ánimo de obtener un beneficio económico directo o indirecto y en perjuicio de tercero, reproduzca, plagie, distribuya, comunique públicamente o de cualquier otro modo explote económicamente, en todo o en parte, una obra o prestación literaria, artística o científica, o su transformación, interpretación o ejecución artística fijada en cualquier tipo de soporte o comunicada a través de cualquier medio, sin la autorización de los titulares de los correspondientes derechos de propiedad intelectual o de sus cesionarios.

2. La misma pena se impondrá a quien, en la prestación de servicios de la sociedad de la información, con ánimo de obtener un beneficio económico directo o indirecto, y en perjuicio de tercero, facilite de modo activo y no neutral y sin limitarse a un tratamiento meramente técnico, el acceso o la localización en internet de obras o prestaciones objeto de propiedad intelectual sin la autorización de los titulares de los correspondientes derechos o de sus cesionarios, en particular ofreciendo listados ordenados y clasificados de enlaces a las obras y contenidos referidos anteriormente, aunque dichos enlaces hubieran sido facilitados inicialmente por los destinatarios de sus servicios.

3. En estos casos, el juez o tribunal ordenará la retirada de las obras o prestaciones objeto de la infracción. Cuando a través de un portal de acceso a internet o servicio de la sociedad de la información, se difundan exclusiva o preponderantemente los contenidos objeto de la propiedad intelectual a que se refieren los apartados anteriores, se ordenará la interrupción de la prestación del mismo, y el juez podrá acordar cualquier medida cautelar que tenga por objeto la protección de los derechos de propiedad intelectual.

Excepcionalmente, cuando exista reiteración de las conductas y cuando resulte una medida proporcionada, eficiente y eficaz, se podrá ordenar el bloqueo del acceso correspondiente.

4. En los supuestos a que se refiere el apartado 1, la distribución o comercialización ambulante o meramente ocasional se castigará con una pena de prisión de seis meses a dos años.

No obstante, atendidas las características del culpable y la reducida cuantía del beneficio económico obtenido o que se hubiera podido obtener, siempre que no concurra ninguna de las circunstancias del artículo 271, el Juez podrá imponer la pena de multa de uno a seis meses o trabajos en beneficio de la comunidad de treinta y uno a sesenta días.

5. Serán castigados con las penas previstas en los apartados anteriores, en sus respectivos casos, quienes:

a) Exporten o almacenen intencionadamente ejemplares de las obras, producciones o ejecuciones a que se refieren los dos primeros apartados de este artículo, incluyendo copias digitales de las mismas, sin la referida autorización, cuando estuvieran destinadas a ser reproducidas, distribuidas o comunicadas públicamente.

b) Importen intencionadamente estos productos sin dicha autorización, cuando estuvieran destinados a ser reproducidos, distribuidos o comunicados públicamente, tanto si éstos tienen un origen lícito como ilícito en su país de procedencia; no obstante, la importación de los referidos productos de un Estado perteneciente a la Unión Europea no será punible cuando aquellos se hayan adquirido directamente del titular de los derechos en dicho Estado, o con su consentimiento.

c) Favorezcan o faciliten la realización de las conductas a que se refieren los apartados 1 y 2 de este artículo eliminando o modificando, sin autorización de los titulares de los derechos de propiedad intelectual o de sus cesionarios, las medidas tecnológicas eficaces incorporadas por éstos con la finalidad de impedir o restringir su realización.

d) Con ánimo de obtener un beneficio económico directo o indirecto, con la finalidad de facilitar a terceros el acceso a un ejemplar de una obra literaria, artística o científica, o a su transformación, interpretación o ejecución artística, fijada en cualquier tipo de soporte o comunicado a través de cualquier medio, y sin autorización de los titulares de los derechos de propiedad intelectual o de sus cesionarios, eluda o facilite la elusión de las medidas tecnológicas eficaces dispuestas para evitarlo.

6. Será castigado también con una pena de prisión de seis meses a tres años quien fabrique, importe, ponga en circulación o posea con una finalidad comercial cualquier medio principalmente concebido, producido, adaptado o realizado para facilitar la supresión no autorizada o la neutralización de cualquier dispositivo técnico que se haya utilizado para proteger programas de ordenador o cualquiera de las otras obras, interpretaciones o ejecuciones en los términos previstos en los dos primeros apartados de este artículo.

Modificado por LO 1/2015, de 30 de marzo.

ART. 271.

Se impondrá la pena de prisión de dos a seis años, multa de dieciocho a treinta y seis meses e inhabilitación especial para el ejercicio de la profesión relacionada con el delito cometido, por un período de dos a cinco años, cuando se cometa el delito del artículo anterior concurriendo alguna de las siguientes circunstancias:

a) Que el beneficio obtenido o que se hubiera podido obtener posea especial trascendencia económica.

b) Que los hechos revistan especial gravedad, atendiendo el valor de los objetos producidos ilícitamente, el número de obras, o de la transformación, ejecución o interpretación de las mismas, ilícitamente reproducidas, distribuidas, comunicadas al público o puestas a su disposición, o a la especial importancia de los perjuicios ocasionados.

c) Que el culpable perteneciere a una organización o asociación, incluso de carácter transitorio, que tuviese como finalidad la realización de actividades infractoras de derechos de propiedad intelectual.

d) Que se utilice a menores de 18 años para cometer estos delitos.

Modificado por LO 1/2015, de 30 de marzo.

Ver Circular 1/2006, de 5 de mayo de 2006, de la Fiscalía General del Estado sobre los delitos contra la propiedad intelectual e industrial tras la reforma del Código Penal por Ley Orgánica 15/2003.

ART. 272.

1. La extensión de la responsabilidad civil derivada de los delitos tipificados en los dos artículos anteriores se regirá por las disposiciones de la Ley de Propiedad Intelectual relativas al cese de la actividad ilícita y a la indemnización de daños y perjuicios.

2. En el supuesto de sentencia condenatoria, el Juez o Tribunal podrá decretar la publicación de ésta, a costa del infractor, en un periódico oficial.

Ver arts. 138 a 143 LPI.

Ver Circular 1/2006, de 5 de mayo de 2006, de la Fiscalía General del Estado sobre los delitos contra la propiedad intelectual e industrial tras la reforma del Código Penal por Ley Orgánica 15/2003.

Sección 2.ª De los delitos relativos a la propiedad industrial

ART. 273.

1. Será castigado con la pena de prisión de seis meses a dos años y multa de 12 a 24 meses el que, con fines industriales o comerciales, sin consentimiento del titular de una patente o modelo de utilidad y con conocimiento de su registro, fabrique, importe, posea, utilice, ofrezca o introduzca en el comercio objetos amparados por tales derechos.

2. Las mismas penas se impondrán al que, de igual manera, y para los citados fines, utilice u ofrezca la utilización de un procedimiento objeto de una patente, o posea, ofrezca, introduzca en el comercio, o utilice el producto directamente obtenido por el procedimiento patentado.

3. Será castigado con las mismas penas el que realice cualquiera de los actos tipificados en el párrafo primero de este artículo concurriendo iguales circunstancias en relación con objetos amparados en favor de tercero por un modelo o dibujo industrial o artístico o topografía de un producto semiconductor.

Ver RDL 26-7-1929 que aprueba el Estatuto de la Propiedad Industrial; Ley 24/2015, de 24 de julio, de Patentes; Ley 17/2001, de 7 de diciembre, de marcas; Ley 3/1991, de 10 de enero, sobre competencia desleal; Ley 21/1992, de 16-7, sobre industria; Ley 34/1988, de 11 de noviembre, sobre publicidad.; RD 316/2017, de 31 de marzo, por el que se aprueba el Reglamento de Patentes.

ART. 274.

1. Será castigado con las penas de uno a cuatro años de prisión y multa de doce a veinticuatro meses el que, con fines industriales o comerciales, sin consentimiento del titular de un derecho de propiedad industrial registrado conforme a la legislación de marcas y con conocimiento del registro,

a) fabrique, produzca o importe productos que incorporen un signo distintivo idéntico o confundible con aquel, u

b) ofrezca, distribuya, o comercialice al por mayor productos que incorporen un signo distintivo idéntico o confundible con aquel, o los almacene con esa finalidad, cuando se trate de los mismos o similares productos, servicios o actividades para los que el derecho de propiedad industrial se encuentre registrado.

2. Será castigado con las penas de seis meses a tres años de prisión el que, con fines industriales o comerciales, sin consentimiento del titular de un derecho de propiedad industrial registrado conforme a la legislación de marcas y con conocimiento del registro, ofrezca, distribuya o comercialice al por menor, o preste servicios o desarrolle actividades, que incorporen un signo distintivo idéntico o confundible con aquél, cuando se trate de los mismos o similares productos, servicios o actividades para los que el derecho de propiedad industrial se encuentre registrado.

La misma pena se impondrá a quien reproduzca o imite un signo distintivo idéntico o confundible con aquél para su utilización para la comisión de las conductas sancionadas en este artículo.

3. La venta ambulante u ocasional de los productos a que se refieren los apartados anteriores será castigada con la pena de prisión de seis meses a dos años.

No obstante, atendidas las características del culpable y la reducida cuantía del beneficio económico obtenido o que se hubiera podido obtener, siempre que no concurra ninguna de las circunstancias del artículo 276, el Juez podrá imponer la pena de multa de uno a seis meses o trabajos en beneficio de la comunidad de treinta y uno a sesenta días.

4. Será castigado con las penas de uno a tres años de prisión el que, con fines agrarios o comerciales, sin consentimiento del titular de un título de obtención vegetal y con conocimiento de su registro, produzca o reproduzca, acondicione con vistas a la producción o reproducción, ofrezca en venta, venda o comercialice de otra forma, exporte o importe, o posea para cualquiera de los fines mencionados, material vegetal de reproducción o multiplicación de una variedad vegetal protegida conforme a la legislación nacional o de la Unión Europea sobre protección de obtenciones vegetales.

Será castigado con la misma pena quien realice cualesquiera de los actos descritos en el párrafo anterior utilizando, bajo la denominación de una variedad vegetal protegida, material vegetal de reproducción o multiplicación que no pertenezca a tal variedad.

Modificado por LO 1/2015, de 30 de marzo.

Ver Ley 17/2001, de 7 de diciembre, de marcas; Ley 24/2015, de 24 de julio, de Patentes.

ART. 275.

Las mismas penas previstas en el artículo anterior se impondrán a quien intencionadamente y sin estar autorizado para ello, utilice en el tráfico económico una denominación de origen o una indicación geográfica representativa de una calidad determinada legalmente protegidas para distinguir los productos amparados por ellas, con conocimiento de esta protección.

Ver Ley 3/1991, de 10 de enero, de competencia desleal.

ART. 276.

Se impondrá la pena de prisión de dos a seis años, multa de dieciocho a treinta y seis meses e inhabilitación especial para el ejercicio de la profesión relacionada con el delito cometido, por un período de dos a cinco años, cuando concurra alguna de las siguientes circunstancias:

a) Que el beneficio obtenido o que se hubiera podido obtener posea especial trascendencia económica.

b) Que los hechos revistan especial gravedad, atendiendo al valor de los objetos producidos ilícitamente, distribuidos, comercializados u ofrecidos, o a la especial importancia de los perjuicios ocasionados.

c) Que el culpable perteneciere a una organización o asociación, incluso de carácter transitorio, que tuviese como finalidad la realización de actividades infractoras de derechos de propiedad industrial.

d) Que se utilice a menores de 18 años para cometer estos delitos.

Modificado por LO 1/2015, de 30 de marzo.

ART. 277.

Será castigado con las penas de prisión de seis meses a dos años y multa de seis a veinticuatro meses, el que intencionadamente haya divulgado la invención objeto de una solicitud de patente secreta, en contravención con lo dispuesto en la legislación de patentes, siempre que ello sea en perjuicio de la defensa nacional.

Ver arts. 119 y sigs. Ley 24/2015, de 24 de julio, de Patentes; 16 RD 316/2017, de 31 de marzo, por el que se aprueba el Reglamento para la ejecución de la Ley de Patentes; 197 y 598 CP.

Ver Circular 1/2006, de 5 de mayo sobre los delitos contra la propiedad intelectual e industrial, tras la reforma del Código Penal operada por L.O. 15/2003

Sección 3.ª De los delitos relativos al mercado y a los consumidores

ART. 278.

1. El que, para descubrir un secreto de empresa, se apoderare por cualquier medio de datos, documentos escritos o electrónicos, soportes informáticos u otros objetos que se refieran al mismo, o empleare alguno de los medios o instrumentos señalados en el apartado 1 del artículo 197, será castigado con la pena de prisión de dos a cuatro años y multa de doce a veinticuatro meses.

2. Se impondrá la pena de prisión de tres a cinco años y multa de doce a veinticuatro meses si se difundieren, revelaren o cedieren a terceros los secretos descubiertos.

3. Lo dispuesto en el presente artículo se entenderá sin perjuicio de las penas que pudieran corresponder por el apoderamiento o destrucción de los soportes informáticos.

Ver arts. 38 CE; 197, 198, 200, 287, 288 y 413 y sigs. CP; Ley 3/1991, de 10 de enero, de Competencia Desleal; LO 15/1999, de 13 de diciembre, de protección de datos de carácter personal.

ART. 279.

La difusión, revelación o cesión de un secreto de empresa llevada a cabo por quien tuviere legal o contractualmente obligación de guardar reserva, se castigará con la pena de prisión de dos a cuatro años y multa de doce a veinticuatro meses.

Si el secreto se utilizara en provecho propio, las penas se impondrán en su mitad inferior.

Ver arts. 5 a) y 65.2 ET; Ley 24/2015, de 24 de julio, de Patentes; 197.3 y 199 CP; Ley 3/1991, de 10 de enero, de competencia desleal; LO 15/1999, de 13 de diciembre, de protección de datos de carácter personal; RDLeg. 1/2007, de 16 de noviembre, por el que se aprueba el texto refundido de la Ley General para la defensa de los consumidores y usuarios.

ART. 280.

El que, con conocimiento de su origen ilícito, y sin haber tomado parte en su descubrimiento, realizare alguna de las conductas descritas en los dos artículos anteriores, será castigado con la pena de prisión de uno a tres años y multa de doce a veinticuatro meses.

Ver art. 197 CP.

ART. 281.

1. El que detrajere del mercado materias primas o productos de primera necesidad con la intención de desabastecer un sector del mismo, de forzar una alteración de precios, o de perjudicar gravemente a los consumidores, será castigado con la pena de prisión de uno a cinco años y multa de doce a veinticuatro meses.

2. Se impondrá la pena superior en grado si el hecho se realiza en situaciones de grave necesidad o catastróficas.

Ver arts. 51 CE; RDLeg. 1/2007, de 16 de noviembre, por el que se aprueba el texto refundido de la Ley General para la defensa de los consumidores y usuarios; Ley 3/1991, de 10 de enero, de competencia desleal.

ART. 282.

Serán castigados con la pena de prisión de seis meses a un año o multa de 12 a 24 meses los fabricantes o comerciantes que, en sus ofertas o publicidad de productos o servicios, hagan alegaciones falsas o manifiesten características inciertas sobre los mismos, de modo que puedan causar un perjuicio grave y manifiesto a los consumidores, sin perjuicio de la pena que corresponda aplicar por la comisión de otros delitos.

Ver Ley 34/1988, de 11 de noviembre, de publicidad; RDLeg. 1/2007, de 16 de noviembre, por el que se aprueba el texto refundido de la Ley General para la defensa de los consumidores y usuarios; Ley 3/1991, de 10 de enero, de competencia desleal.

ART. 282 bis.

Los que, como administradores de hecho o de derecho de una sociedad emisora de valores negociados en los mercados de valores, falsearan la información económico-financiera contenida en los folletos de emisión de cualesquiera instrumentos financieros o las informaciones que la sociedad debe publicar y difundir conforme a la legislación del mercado de valores sobre sus recursos, actividades y negocios presentes y futuros, con el propósito de captar inversores o depositantes, colocar cualquier tipo de activo financiero, u obtener financiación por cualquier medio, serán castigados con la pena de prisión de uno a cuatro años, sin perjuicio de lo dispuesto en el artículo 308 de este Código.

En el supuesto de que se llegue a obtener la inversión, el depósito, la colocación del activo o la financiación, con perjuicio para el inversor, depositante, adquirente de los activos financieros o acreedor, se impondrá la pena en la mitad superior. Si el perjuicio causado fuera de notoria gravedad, la pena a imponer será de uno a seis años de prisión y multa de seis a doce meses.

Artículo introducido en el Código Penal por L.O. 5/2010, de 22 de junio.

ART. 283.

Se impondrán las penas de prisión de seis meses a un año y multa de seis a dieciocho meses a los que, en perjuicio del consumidor, facturen cantidades superiores por productos o servicios cuyo costo o precio se mida por aparatos automáticos, mediante la alteración o manipulación de éstos.

ART. 284.

1. Se impondrá la pena de prisión de seis meses a seis años, multa de dos a cinco años, o del tanto al triplo del beneficio obtenido o favorecido, o de los perjuicios evitados, si la cantidad resultante fuese más elevada, e inhabilitación especial para intervenir en el mercado financiero como actor, agente o mediador o informador por tiempo de dos a cinco años, a los que:

1.º Empleando violencia, amenaza, engaño o cualquier otro artificio, alterasen los precios que hubieren de resultar de la libre concurrencia de productos, mercancías, instrumentos financieros, contratos de contado sobre materias primas relacionadas con ellos, índices de referencia, servicios o cualesquiera otras cosas muebles o inmuebles que sean objeto de contratación, sin perjuicio de la pena que pudiere corresponderles por otros delitos cometidos.

2.º Por sí, de manera directa o indirecta o a través de un medio de comunicación, por medio de internet o mediante el uso de tecnologías de la información y la comunicación, o por cualquier otro medio, difundieren noticias o rumores o transmitieren señales falsas o engañosas sobre personas o empresas, ofreciendo a sabiendas datos económicos total o parcialmente falsos con el fin de alterar o preservar el precio de cotización de un instrumento financiero o un contrato de contado sobre materias primas relacionado o de manipular el cálculo de un índice de referencia, cuando obtuvieran, para sí o para tercero, un beneficio, siempre que concurra alguna de las siguientes circunstancias:

a) que dicho beneficio fuera superior a doscientos cincuenta mil euros o se causara un perjuicio de idéntica cantidad;

b) que el importe de los fondos empleados fuera superior a dos millones de euros;

c) que se causara un grave impacto en la integridad del mercado.

3.º Realizaren transacciones, transmitieren señales falsas o engañosas, o dieren órdenes de operación susceptibles de proporcionar indicios falsos o engañosos sobre la oferta, la demanda o el precio de un instrumento financiero, un contrato de contado sobre materias primas relacionado o índices de referencia, o se aseguraren, utilizando la misma información, por sí o en concierto con otros, una posición dominante en el mercado de dichos instrumentos o contratos con la finalidad de fijar sus precios en niveles anormales o artificiales, siempre que concurra alguna de las siguientes circunstancias:

a) que como consecuencia de su conducta obtuvieran, para sí o para tercero, un beneficio superior a doscientos cincuenta mil euros o causara un perjuicio de idéntica cantidad;

b) que el importe de los fondos empleados fuera superior a dos millones de euros;

c) que se causara un grave impacto en la integridad del mercado.

2. Se impondrá la pena en su mitad superior si concurriera alguna de las siguientes circunstancias:

1.ª Que el sujeto se dedique de forma habitual a las anteriores prácticas abusivas.

2.ª Que el beneficio obtenido, la pérdida evitada o el perjuicio causado sea de notoria importancia.

3. Si el responsable del hecho fuera trabajador o empleado de una empresa de servicios de inversión, entidad de crédito, autoridad supervisora o reguladora, o entidad rectora de mercados regulados o centros de negociación, las penas se impondrán en su mitad superior.

Artículo modificado por Ley Orgánica 1/2019, de 20 de febrero, por la que se modifica la Ley Orgánica 10/1995, de 23 de noviembre, del Código Penal, para transponer Directivas de la Unión Europea en los ámbitos financiero y de terrorismo, y abordar cuestiones de índole internacional. (BOE de 21-02-2019). (Vigencia desde 13/03/2019).

Ver art. 262 CP; Ley 15/2007, de 3 de julio, de defensa de la competencia; RDLeg. 4/2015 de 23 de octubre, TR de la Ley del mercado de valores.

ART. 285.

1. Quien de forma directa o indirecta o por persona interpuesta realizare actos de adquisición, transmisión o cesión de un instrumento financiero, o de cancelación o modificación de una orden relativa a un instrumento financiero, utilizando información privilegiada a la que hubiera tenido acceso reservado en los términos del apartado 4, o recomendare a un tercero el uso de dicha información privilegiada para alguno de esos actos, será castigado con la pena de prisión de seis meses a seis años, multa de dos a cinco años, o del tanto al triplo del beneficio obtenido o favorecido o de los perjuicios evitados si la cantidad resultante fuese más elevada, e inhabilitación especial para el ejercicio de la profesión o actividad de dos a cinco años, siempre que concurra alguna de las siguientes circunstancias:

a) que, como consecuencia de su conducta obtuviera, para sí o para tercero, un beneficio superior a quinientos mil euros o causara un perjuicio de idéntica cantidad;

b) que el valor de los instrumentos financieros empleados fuera superior a dos millones de euros;

c) que se causara un grave impacto en la integridad del mercado.

2. Se impondrá la pena en su mitad superior si concurriera alguna de las siguientes circunstancias:

1.ª Que el sujeto se dedique de forma habitual a las anteriores prácticas de operaciones con información privilegiada.

2.ª Que el beneficio obtenido, la pérdida evitada o el perjuicio causado sea de notoria importancia.

3. Las penas previstas en este artículo se impondrán, en sus respectivos casos, en su mitad superior si el responsable del hecho fuera trabajador o empleado de una empresa de servicios de inversión, entidad de crédito, autoridad supervisora o reguladora, o entidades rectoras de mercados regulados o centros de negociación.

4. A los efectos de este artículo, se entiende que tiene acceso reservado a la información privilegiada quien sea miembro de los órganos de administración, gestión o supervisión del emisor o del participante del mercado de derechos de emisión, quien participe en el capital del emisor o del participante del mercado de derechos de emisión, quien la conozca con ocasión del ejercicio de su actividad profesional o empresarial, o en el desempeño de sus funciones, y quien la obtenga a través de una actividad delictiva.

5. Las mismas penas previstas en este artículo se impondrán cuando el responsable del hecho, sin tener acceso reservado a la información privilegiada, la obtenga de cualquier modo distinto de los previstos en el apartado anterior y la utilice conociendo que se trata de información privilegiada.

Apdo. 5 modificado por Ley Orgánica 14/2022, de 22 de diciembre, de transposición de directivas europeas y otras disposiciones para la adaptación de la legislación penal al ordenamiento de la Unión Europea, y reforma de los delitos contra la integridad moral, desórdenes públicos y contrabando de armas de doble uso. (BOE de 23-12-2022).

Ver arts. 226, 277 y ss, 290 y ss, 302 y 306 de RDLeg. 4/2015, de 23 de octubre, TR de la Ley del mercado de valores.

ART. 285 bis.

Fuera de los casos previstos en el artículo anterior, quien poseyera información privilegiada y la revelare fuera del normal ejercicio de su trabajo, profesión o funciones, poniendo en peligro la integridad del mercado o la confianza de los inversores, será sancionado con pena de prisión de seis meses a cuatro años, multa de doce a veinticuatro meses e inhabilitación especial para el ejercicio de la profesión o actividad de uno a tres años.

A los efectos de lo dispuesto en este artículo, se incluirá la revelación de información privilegiada en una prospección de mercado cuando se haya realizado sin observar los requisitos previstos en la normativa europea en materia de mercados e instrumentos financieros.

Artículo añadido por Ley Orgánica 1/2019, de 20 de febrero, por la que se modifica la Ley Orgánica 10/1995, de 23 de noviembre, del Código Penal, para transponer Directivas de la Unión Europea en los ámbitos financiero y de terrorismo, y abordar cuestiones de índole internacional. (BOE de 21-02-2019). (Vigencia desde 13/03/2019).

ART. 285 ter.

Las previsiones de los tres artículos precedentes se extenderán a los instrumentos financieros, contratos, conductas, operaciones y órdenes previstos en la normativa europea y española en materia de mercado e instrumentos financieros.

Artículo añadido por Ley Orgánica 1/2019, de 20 de febrero, por la que se modifica la Ley Orgánica 10/1995, de 23 de noviembre, del Código Penal, para transponer Directivas de la Unión Europea en los ámbitos financiero y de terrorismo, y abordar cuestiones de índole internacional. (BOE de 21-02-2019). (Vigencia desde 13/03/2019).

ART. 285 quáter.

La provocación, la conspiración y la proposición para cometer los delitos previstos en los artículos 284 a 285 bis se castigará, respectivamente, con la pena inferior en uno o dos grados.

Artículo añadido por Ley Orgánica 1/2019, de 20 de febrero, por la que se modifica la Ley Orgánica 10/1995, de 23 de noviembre, del Código Penal, para transponer Directivas de la Unión Europea en los ámbitos financiero y de terrorismo, y abordar cuestiones de índole internacional. (BOE de 21-02-2019). (Vigencia desde 13/03/2019).

ART. 286.

1. Será castigado con las penas de prisión de seis meses a dos años y multa de seis a 24 meses el que, sin consentimiento del prestador de servicios y con fines comerciales, facilite el acceso inteligible a un servicio de radiodifusión sonora o televisiva, a servicios interactivos prestados a distancia por vía electrónica, o suministre el acceso condicional a los mismos, considerado como servicio independiente, mediante:

1.º La fabricación, importación, distribución, puesta a disposición por vía electrónica, venta, alquiler, o posesión de cualquier equipo o programa informático, no autorizado en otro Estado miembro de la Unión Europea, diseñado o adaptado para hacer posible dicho acceso.

2.º La instalación, mantenimiento o sustitución de los equipos o programas informáticos mencionados en el párrafo 1.º

2. Con idéntica pena será castigado quien, con ánimo de lucro, altere o duplique el número identificativo de equipos de telecomunicaciones, o comercialice equipos que hayan sufrido alteración fraudulenta.

3. A quien, sin ánimo de lucro, facilite a terceros el acceso descrito en el apartado 1, o por medio de una comunicación pública, comercial o no, suministre información a una pluralidad de personas sobre el modo de conseguir el acceso no autorizado a un servicio o el uso de un dispositivo o programa, de los expresados en ese mismo apartado 1, incitando a lograrlos, se le impondrá la pena de multa en él prevista.

4. A quien utilice los equipos o programas que permitan el acceso no autorizado a servicios de acceso condicional o equipos de telecomunicación, se le impondrá la pena prevista en el artículo 255 de este Código con independencia de la cuantía de la defraudación.

Sección 4.ª Delitos de corrupción en los negocios

Rúbrica modificada por LO 1/2015, de 30 de marzo.

ART. 286 bis.

1. El directivo, administrador, empleado o colaborador de una empresa mercantil o de una sociedad que, por sí o por persona interpuesta, reciba, solicite o acepte un beneficio o ventaja no justificados de cualquier naturaleza, u ofrecimiento o promesa de obtenerlo, para sí o para un tercero, como contraprestación para favorecer indebidamente a otro en la adquisición o venta de mercancías, o en la contratación de servicios o en las relaciones comerciales, será castigado con la pena de prisión de seis meses a cuatro años, inhabilitación especial para el ejercicio de industria o comercio por tiempo de uno a seis años y multa del tanto al triplo del valor del beneficio o ventaja.

2. Con las mismas penas será castigado quien, por sí o por persona interpuesta, prometa, ofrezca o conceda a directivos, administradores, empleados o colaboradores de una empresa mercantil o de una sociedad, un beneficio o ventaja no justificados, de cualquier naturaleza, para ellos o para terceros, como contraprestación para que le favorezca indebidamente a él o a un tercero frente a otros en la adquisición o venta de mercancías, contratación de servicios o en las relaciones comerciales.

3. Los jueces y tribunales, en atención a la cuantía del beneficio o al valor de la ventaja, y a la trascendencia de las funciones del culpable, podrán imponer la pena inferior en grado y reducir la de multa a su prudente arbitrio.

4. Lo dispuesto en este artículo será aplicable, en sus respectivos casos, a los directivos, administradores, empleados o colaboradores de una entidad deportiva, cualquiera que sea la forma jurídica de ésta, así como a los deportistas, árbitros o jueces, respecto de aquellas conductas que tengan por finalidad predeterminar o alterar de manera deliberada y fraudulenta el resultado de una prueba, encuentro o competición deportiva de especial relevancia económica o deportiva.

A estos efectos, se considerará competición deportiva de especial relevancia económica, aquélla en la que la mayor parte de los participantes en la misma perciban cualquier tipo de retribución, compensación o ingreso económico por su participación en la actividad; y competición deportiva de especial relevancia deportiva, la que sea calificada en el calendario deportivo anual aprobado por la federación deportiva correspondiente como competición oficial de la máxima categoría de la modalidad, especialidad, o disciplina de que se trate.

5. A los efectos de este artículo resulta aplicable lo dispuesto en el artículo 297.

Apdo. 1 modificado por Ley Orgánica 1/2019, de 20 de febrero, por la que se modifica la Ley Orgánica 10/1995, de 23 de noviembre, del Código Penal, para transponer Directivas de la Unión Europea en los ámbitos financiero y de terrorismo, y abordar cuestiones de índole internacional. (BOE de 21-02-2019). (Vigencia desde 13/03/2019).

ART. 286 ter.

1. Los que mediante el ofrecimiento, promesa o concesión de cualquier beneficio o ventaja indebidos, pecuniarios o de otra clase, corrompieren o intentaren corromper, por sí o por persona interpuesta, a una autoridad o funcionario público en beneficio de estos o de

un tercero, o atendieran sus solicitudes al respecto, con el fin de que actúen o se abstengan de actuar en relación con el ejercicio de funciones públicas para conseguir o conservar un contrato, negocio o cualquier otra ventaja competitiva en la realización de actividades económicas internacionales, serán castigados, salvo que ya lo estuvieran con una pena más grave en otro precepto de este Código, con las penas de prisión de tres a seis años, multa de doce a veinticuatro meses, salvo que el beneficio obtenido fuese superior a la cantidad resultante, en cuyo caso la multa será del tanto al triplo del montante de dicho beneficio.

Además de las penas señaladas, se impondrá en todo caso al responsable la pena de prohibición de contratar con el sector público, así como la pérdida de la posibilidad de obtener subvenciones o ayudas públicas y del derecho a gozar de beneficios o incentivos fiscales y de la Seguridad Social, y la prohibición de intervenir en transacciones comerciales de trascendencia pública por un periodo de siete a doce años.

2. A los efectos de este artículo se entenderá por funcionario público los determinados por los artículos 24 y 427.

Añadido por LO 1/2015, de 30 de marzo.

ART. 286 quater.

Si los hechos a que se refieren los artículos de esta Sección resultaran de especial gravedad, se impondrá la pena en su mitad superior, pudiéndose llegar hasta la superior en grado.

Los hechos se considerarán, en todo caso, de especial gravedad cuando:

a) el beneficio o ventaja tenga un valor especialmente elevado,

b) la acción del autor no sea meramente ocasional,

c) se trate de hechos cometidos en el seno de una organización o grupo criminal, o

d) el objeto del negocio versara sobre bienes o servicios humanitarios o cualesquiera otros de primera necesidad.

En el caso del apartado 4 del artículo 286 bis, los hechos se considerarán también de especial gravedad cuando:

a) tengan como finalidad influir en el desarrollo de juegos de azar o apuestas; o

b) sean cometidos en una competición deportiva oficial de ámbito estatal calificada como profesional o en una competición deportiva internacional.

Añadido por LO 1/2015, de 30 de marzo.

Sección 5.ª Disposiciones comunes a las Secciones anteriores

ART. 287.

1. Para proceder por los delitos previstos en la Sección 3ª de este Capítulo, excepto los previstos en los artículos 284 y 285, será necesaria denuncia de la persona agraviada o de sus representantes legales. Cuando aquella sea menor de edad, persona con discapacidad necesitada de especial protección o una persona desvalida, también podrá denunciar el Ministerio Fiscal.

2. No será precisa la denuncia exigida en el apartado anterior cuando la comisión del delito afecte a los intereses generales o a una pluralidad de personas.

El término «incapaz» ha sido sustituido por el de «persona con discapacidad necesitada de especial protección» por LO 1/2015, de 30 de marzo.

Ver arts. 25 y 86 CP.

ART. 288.

En los supuestos previstos en los artículos anteriores se dispondrá la publicación de la sentencia en los periódicos oficiales y, si lo solicitara el perjudicado, el juez o tribunal podrá ordenar su reproducción total o parcial en cualquier otro medio informativo, a costa del condenado.

Cuando de acuerdo con lo establecido en el artículo 31 bis una persona jurídica sea responsable de los delitos recogidos en este Capítulo, se le impondrán las siguientes penas:

1.º En el caso de los delitos previstos en los artículos 270, 271, 273, 274, 275, 276, 283 y 286:

a) Multa del doble al cuádruple del beneficio obtenido, o que se hubiera podido obtener, si el delito cometido por la persona física tiene prevista una pena de prisión de más de dos años.

b) Multa del doble al triple del beneficio obtenido, favorecido o que se hubiera podido obtener, en el resto de los casos.

2.º En el caso de los delitos previstos en los artículos 277, 278, 279, 280, 281, 282, 282 bis, 284, 285, 285 bis, 285 quater y 286 bis al 286 quater:

a) Multa de dos a cinco años, o del triple al quíntuple del beneficio obtenido o que se hubiere podido obtener si la cantidad resultante fuese más elevada, cuando el delito cometido por la persona física tiene prevista una pena de más de dos años de privación de libertad.

b) Multa de seis meses a dos años, o del tanto al duplo del beneficio obtenido o que se hubiere podido obtener si la cantidad resultante fuese más elevada, en el resto de los casos.

3.º Atendidas las reglas establecidas en el artículo 66 bis, los jueces y tribunales podrán asimismo imponer las penas recogidas en las letras b) a g) del apartado 7 del artículo 33.

Modificado por Ley Orgánica 1/2019, de 20 de febrero, por la que se modifica la Ley Orgánica 10/1995, de 23 de noviembre, del Código Penal, para transponer Directivas de la Unión Europea en los ámbitos financiero y de terrorismo, y abordar cuestiones de índole internacional. (BOE de 21-02-2019). (Vigencia desde 13/03/2019).

ART. 288 bis.

En los supuestos previstos en los artículos 281 y 284 de este Código, quedarán exentos de responsabilidad criminal los directores, administradores de hecho o de Derecho, gerentes y otros miembros del personal actuales y anteriores de cualquier sociedad, constituida o en formación, que en esa condición hayan cometido alguno de los hechos previstos en ellos, cuando pongan fin a su participación en los mismos y cooperen con las autoridades competentes de manera plena, continua y diligente, aportando informaciones y elementos de prueba de los que estas carecieran, que sean útiles para la investigación, detección y sanción de las demás personas implicadas, siempre que se cumplan las siguientes condiciones:

a) Cooperen activamente en este sentido con la autoridad de la competencia que lleva el caso,

b) estas sociedades o personas físicas hayan presentado una solicitud de exención del pago de la multa de conformidad con lo establecido en la Ley de Defensa de la Competencia,

c) dicha solicitud se haya presentado en un momento anterior a aquel en que los directores, administradores de hecho o de Derecho, gerentes y otros miembros del personal actuales y anteriores de cualquier sociedad, constituida o en formación, que en esa condición hayan sido informados de que están siendo investigados en relación con estos hechos,

d) se trate de una colaboración activa también con la autoridad judicial o el Ministerio Fiscal proporcionando indicios útiles y concretos para asegurar la prueba del delito e identificar a otros autores.

Añadido por Ley Orgánica 14/2022, de 22 de diciembre, de transposición de directivas europeas y otras disposiciones para la adaptación de la legislación penal al ordenamiento de la Unión Europea, y reforma de los delitos contra la integridad moral, desórdenes públicos y contrabando de armas de doble uso. (BOE de 23-12-2022).

CAPÍTULO XII
De la sustracción de cosa propia a su utilidad social o cultural

ART. 289.

El que por cualquier medio destruyera, inutilizara o dañara una cosa propia de utilidad social o cultural, o de cualquier modo la sustrajera al cumplimiento de los deberes legales impuestos en interés de la comunidad, será castigado con la pena de prisión de tres a cinco meses o multa de seis a 10 meses.

Ver arts. 33.2 y 46 CE; Ley 16/1985, de 25 de junio, de Patrimonio Histórico.

CAPÍTULO XIII
De los delitos societarios

ART. 290.

Los administradores, de hecho o de derecho, de una sociedad constituida o en formación, que falsearen las cuentas anuales u otros documentos que deban reflejar la situación jurídica o económica de la entidad, de forma idónea para causar un perjuicio económico a la misma, a alguno de sus socios, o a un tercero, serán castigados con la pena de prisión de uno a tres años y multa de seis a doce meses.

Si se llegare a causar el perjuicio económico se impondrán las penas en su mitad superior.

Ver arts. 116 a 174 C de c; 1.692 a 1.696 CC; 26, 297 y 390 a 393 CP; Ley 44/2015, de 14 de octubre, de Sociedades Laborales y Participadas.

Ver Consulta 15/1997 de la Fiscalía General del Estado

ART. 291.

Los que, prevaliéndose de su situación mayoritaria en la Junta de accionistas o el órgano de administración de cualquier sociedad constituida o en formación, impusieren acuerdos abusivos, con ánimo de lucro propio o ajeno, en perjuicio de los demás socios, y sin que reporten beneficios a la misma, serán castigados con la pena de prisión de seis meses a tres años o multa del tanto al triplo del beneficio obtenido.

ART. 292.

La misma pena del artículo anterior se impondrá a los que impusieren o se aprovecharen para sí o para un tercero, en perjuicio de la sociedad o de alguno de sus socios, de un acuerdo lesivo adoptado por una mayoría ficticia, obtenida por abuso de firma en blanco, por atribución indebida del derecho de voto a quienes legalmente carezcan del mismo, por negación ilícita del ejercicio de este derecho a quienes lo tengan reconocido por la Ley, o por cualquier otro medio o procedimiento semejante, y sin perjuicio de castigar el hecho como corresponde si constituyese otro delito.

ART. 293.

Los administradores de hecho o de derecho de cualquier sociedad constituida o en formación, que sin causa legal negaren o impidieren a un socio el ejercicio de los derechos de información, participación en la gestión o control de la actividad social, o suscripción preferente de acciones reconocidos por las Leyes, serán castigados con la pena de multa de seis a doce meses.

ART. 294.

Los que, como administradores de hecho o de derecho de cualquier sociedad constituida o en formación, sometida o que actúe en mercados sujetos a supervisión administrativa, negaren o impidieren la actuación de las personas, órganos o entidades inspectoras o supervisoras, serán castigados con la pena de prisión de seis meses a tres años o multa de doce a veinticuatro meses.

Además de las penas previstas en el párrafo anterior, la autoridad judicial podrá decretar algunas de las medidas previstas en el artículo 129 de este Código.

Ver arts. 92 y 93 Ley 10/2014, de 26 de junio, de ordenación, supervisión y solvencia de entidades de crédito; 16 y sigs. RDLeg. 4/2015, de 23 de octubre, TR de la Ley del mercado de valores.

ART. 295.

(SUPRIMIDO)

Suprimido por LO 1/2015, de 30 de marzo.

ART. 296.

1. Los hechos descritos en el presente Capítulo, sólo serán perseguibles mediante denuncia de la persona agraviada o de su representante legal. Cuando aquélla sea menor de edad, persona con discapacidad necesitada de especial protección o una persona desvalida, también podrá denunciar el Ministerio Fiscal.

2. No será precisa la denuncia exigida en el apartado anterior cuando la comisión del delito afecte a los intereses generales o a una pluralidad de personas.

El término «incapaz» ha sido sustituido por el de «persona con discapacidad necesitada de especial protección» por LO 1/2015, de 30 de marzo.

Ver arts. 25 y 86 CP.

ART. 297.

A los efectos de este Capítulo se entiende por sociedad toda cooperativa, Caja de Ahorros, mutua, entidad financiera o de crédito, fundación, sociedad mercantil o cualquier otra entidad de análoga naturaleza que para el cumplimiento de sus fines participe de modo permanente en el mercado.

CAPÍTULO XIV
De la receptación y el blanqueo de capitales

ART. 298.

1. El que, con ánimo de lucro y con conocimiento de la comisión de un delito contra el patrimonio o el orden socioeconómico, en el que no haya intervenido ni como autor ni como cómplice, ayude a los responsables a aprovecharse de los efectos del mismo, o reciba, adquiera u oculte tales efectos, será castigado con la pena de prisión de seis meses a dos años.

Se impondrá una pena de uno a tres años de prisión en los siguientes supuestos:

a) Cuando se trate de cosas de valor artístico, histórico, cultural o científico.

b) Cuando se trate de cosas de primera necesidad, conducciones, cableado, equipos o componentes de infraestructuras de suministro eléctrico o de servicios de telecomunicaciones, o de otras cosas destinadas a la prestación de servicios de interés general, productos agrarios o ganaderos o de los instrumentos o medios que se utilizan para su obtención.

c) Cuando los hechos revistan especial gravedad, atendiendo al valor de los efectos receptados o a los perjuicios que previsiblemente hubiera causado su sustracción.

2. Estas penas se impondrán en su mitad superior a quien reciba, adquiera u oculte los efectos del delito para traficar con ellos. Si el tráfico se realizase utilizando un establecimiento o local comercial o industrial, se impondrá, además, la pena de multa de doce a veinticuatro meses. En estos casos los jueces o tribunales, atendiendo a la gravedad del hecho y a las circunstancias personales del delincuente, podrán imponer también a éste la pena de inhabilitación especial para el ejercicio de su profesión o industria, por tiempo de dos a cinco años y acordar la medida de clausura temporal o definitiva del establecimiento o local. Si la clausura fuese temporal, su duración no podrá exceder de cinco años.

3. En ningún caso podrá imponerse pena privativa de libertad que exceda de la señalada al delito encubierto. Si éste estuviese castigado con pena de otra naturaleza, la pena privativa de libertad será sustituida por la de multa de 12 a 24 meses, salvo que el delito encubierto tenga asignada pena igual o inferior a ésta; en tal caso, se impondrá al culpable la pena de aquel delito en su mitad inferior.

Apdos. 1 y 2 modificados por LO 1/2015, de 30 de marzo.

Ver arts. 301 y sigs. y 451 y sigs. CP.

ART. 299.

(SUPRIMIDO)

Suprimido por LO 1/2015, de 30 de marzo.

ART. 300.

Las disposiciones de este Capítulo se aplicarán aun cuando el autor o el cómplice del hecho de que provengan los efectos aprovechados fuera irresponsable o estuviera personalmente exento de pena.

Ver arts. 19, 20 y 453 CP.

ART. 301.

1. El que adquiera, posea, utilice, convierta, o transmita bienes, sabiendo que éstos tienen su origen en una actividad delictiva, cometida por él o por cualquiera tercera persona, o realice cualquier otro acto para ocultar o encubrir su origen ilícito, o para ayudar a la persona que haya participado en la infracción o infracciones a eludir las consecuencias legales de sus actos, será castigado con la pena de prisión de seis meses a seis años y multa del tanto al triplo del valor de los bienes. En estos casos, los jueces o tribunales, atendiendo a la gravedad del hecho y a las circunstancias personales del delincuente, podrán imponer también a éste la pena de inhabilitación especial para el ejercicio de su profesión o industria por tiempo de uno a tres años, y acordar la medida de clausura temporal o definitiva del establecimiento o local. Si la clausura fuese temporal, su duración no podrá exceder de cinco años.

La pena se impondrá en su mitad superior cuando los bienes tengan su origen en alguno de los delitos relacionados con el tráfico de drogas tóxicas, estupefacientes o sustancias psicotrópicas descritos en los artículos 368 a 372 de este Código. En estos supuestos se aplicarán las disposiciones contenidas en el artículo 374 de este Código.

También se impondrá la pena en su mitad superior cuando los bienes tengan su origen en alguno de los delitos comprendidos en el título VII bis, el capítulo V del título VIII, la sección 4.ª del capítulo XI del título XIII, el título XV bis, el capítulo I del título XVI o los capítulos V, VI, VII, VIII, IX y X del título XIX.

2. Con las mismas penas se sancionará, según los casos, la ocultación o encubrimiento de la verdadera naturaleza, origen, ubicación, destino, movimiento o derechos sobre los bienes o propiedad de los mismos, a sabiendas de que proceden de alguno de los delitos expresados en el apartado anterior o de un acto de participación en ellos.

3. Si los hechos se realizasen por imprudencia grave, la pena será de prisión de seis meses a dos años y multa del tanto al triplo.

4. El culpable será igualmente castigado aunque el delito del que provinieren los bienes, o los actos penados en los apartados anteriores hubiesen sido cometidos, total o parcialmente, en el extranjero.

5. Si el culpable hubiera obtenido ganancias, serán decomisadas conforme a las reglas del artículo 127 de este Código.

Apdo. 1, último párrafo, modificado por Ley Orgánica 6/2021, de 28 de abril, complementaria de la Ley 6/2021, de 28 de abril, por la que se modifica la Ley 20/2011, de 21 de julio, del Registro Civil, de modificación de la Ley Orgánica 6/1985, de 1 de julio, del Poder Judicial y de modificación de la Ley Orgánica 10/1995, de 23 de noviembre, del Código Penal. (BOE de 29-04-2021)

Ver arts. 13, 33 y 368 a 372 CP; Ley 10/2010, de prevención del blanqueo de capitales y de la financiación del terrorismo.

ART. 302.

1. En los supuestos previstos en el artículo anterior se impondrán las penas privativas de libertad en su mitad superior a las personas que pertenezcan a una organización dedicada a los fines señalados en los mismos, y la pena superior en grado a los jefes, administradores o encargados de las referidas organizaciones.

También se impondrá la pena en su mitad superior a quienes, siendo sujetos obligados conforme a la normativa de prevención del blanqueo de capitales y de la financiación del terrorismo, cometan cualquiera de las conductas descritas en el artículo 301 en el ejercicio de su actividad profesional.

2. En tales casos, cuando de acuerdo con lo establecido en el artículo 31 bis sea responsable una persona jurídica, se le impondrán las siguientes penas:

a) Multa de dos a cinco años, si el delito cometido por la persona física tiene prevista una pena de prisión de más de cinco años.

b) Multa de seis meses a dos años, en el resto de los casos.

Atendidas las reglas establecidas en el artículo 66 bis, los jueces y tribunales podrán asimismo imponer las penas recogidas en las letras b) a g) del apartado 7 del artículo 33.

Se añade el segundo párrafo del apdo. 1 por Ley Orgánica 6/2021, de 28 de abril, complementaria de la Ley 6/2021, de 28 de abril, por la que se modifica la Ley 20/2011, de 21 de julio, del Registro Civil, de modificación de la Ley Orgánica 6/1985, de 1 de julio, del Poder Judicial y de modificación de la Ley Orgánica 10/1995, de 23 de noviembre, del Código Penal. (BOE de 29-04-2021)

Ver concordancias al artículo anterior y art. 369.6 CP.

ART. 303.

Si los hechos previstos en los artículos anteriores fueran realizados por empresario, intermediario en el sector financiero, facultativo, funcionario público, trabajador social, docente o educador, en el ejercicio de su cargo, profesión u oficio, se le impondrá, además de la pena correspondiente, la de inhabilitación especial para empleo o cargo público, profesión u oficio, industria o comercio, de tres a diez años. Se impondrá la pena de inhabilitación absoluta de diez a veinte años cuando los referidos hechos fueren realizados por autoridad o agente de la misma.

A tal efecto, se entiende que son facultativos los médicos, psicólogos, las personas en posesión de títulos sanitarios, los veterinarios, los farmacéuticos y sus dependientes.

Ver art. 24.1 y 2 CP sobre los conceptos de autoridad y funcionario público.

ART. 304.

La provocación, la conspiración y la proposición para cometer los delitos previstos en los artículos 301 a 303 se castigará, respectivamente, con la pena inferior en uno o dos grados.

TÍTULO XIII BIS
De los delitos de financiación ilegal de los partidos políticos

Título añadido por LO 1/2015, de 30 de marzo.

ART. 304 bis.

1. Será castigado con una pena de multa del triplo al quíntuplo de su valor, el que reciba donaciones o aportaciones destinadas a un partido político, federación, coalición o agrupación de electores con infracción de lo dispuesto en el artículo 5.Uno de la Ley Orgánica 8/2007, de 4 de julio, sobre financiación de los partidos políticos.

2. Los hechos anteriores serán castigados con una pena de prisión de seis meses a cuatro años y multa del triplo al quíntuplo de su valor o del exceso cuando:

a) Se trate de donaciones recogidas en el artículo 5.Uno, letras a) o c) de la Ley Orgánica 8/2007, de 4 de julio, sobre financiación de los partidos políticos, de importe superior a 500.000 euros, o que superen en esta cifra el límite fijado en la letra b) del aquel precepto, cuando sea ésta el infringido.

b) Se trate de donaciones recogidas en el artículo 7.Dos de la Ley Orgánica 8/2007, de 4 de julio, sobre financiación de los partidos políticos, que superen el importe de 100.000 euros.

3. Si los hechos a que se refiere el apartado anterior resultaran de especial gravedad, se impondrá la pena en su mitad superior, pudiéndose llegar hasta la superior en grado.

4. Las mismas penas se impondrán, en sus respectivos casos, a quien entregare donaciones o aportaciones destinadas a un partido político, federación, coalición o agrupación de electores, por sí o por persona interpuesta, en alguno de los supuestos de los números anteriores.

5. Las mismas penas se impondrán cuando, de acuerdo con lo establecido en el artículo 31 bis de este Código, una persona jurídica sea responsable de los hechos. Atendidas las reglas establecidas en el artículo 66 bis, los jueces y tribunales podrán asimismo imponer las penas recogidas en las letras b) a g) del apartado 7 del artículo 33.

Añadido por LO 1/2015, de 30 de marzo.

ART. 304 ter.

1. Será castigado con la pena de prisión de uno a cinco años, el que participe en estructuras u organizaciones, cualquiera que sea su naturaleza, cuya finalidad sea la financiación de partidos políticos, federaciones, coaliciones o agrupaciones de electores, al margen de lo establecido en la ley.

2. Se impondrá la pena en su mitad superior a las personas que dirijan dichas estructuras u organizaciones.

3. Si los hechos a que se refieren los apartados anteriores resultaran de especial gravedad, se impondrá la pena en su mitad superior, pudiéndose llegar hasta la superior en grado.

Añadido por LO 1/2015, de 30 de marzo.

TÍTULO XIV
De los delitos contra la Hacienda Pública y contra la Seguridad Social

ART. 305.

1. El que, por acción u omisión, defraude a la Hacienda Pública estatal, autonómica, foral o local, eludiendo el pago de tributos, cantidades retenidas o que se hubieran debido retener o ingresos a cuenta, obteniendo indebidamente devoluciones o disfrutando beneficios fiscales de la misma forma, siempre que la cuantía de la cuota defraudada, el importe no ingresado de las retenciones o ingresos a cuenta o de las devoluciones o beneficios fiscales indebidamente obtenidos o disfrutados exceda de ciento veinte mil euros será castigado con la pena de prisión de uno a cinco años y multa del tanto al séxtuplo de la citada cuantía, salvo que hubiere regularizado su situación tributaria en los términos del apartado 4 del presente artículo.

La mera presentación de declaraciones o autoliquidaciones no excluye la defraudación, cuando ésta se acredite por otros hechos.

Además de las penas señaladas, se impondrá al responsable la pérdida de la posibilidad de obtener subvenciones o ayudas públicas y del derecho a gozar de los beneficios o incentivos fiscales o de la Seguridad Social durante el período de tres a seis años.

2. A los efectos de determinar la cuantía mencionada en el apartado anterior:

a) Si se trata de tributos, retenciones, ingresos a cuenta o devoluciones, periódicos o de declaración periódica, se estará a lo defraudado en cada período impositivo o de declaración, y si éstos son inferiores a doce meses, el importe de lo defraudado se referirá al año natural. No obstante lo anterior, en los casos en los que la defraudación se lleve a cabo en el seno de una organización o grupo criminal, o por personas o entidades que actúen bajo la apariencia de una actividad económica real sin desarrollarla de forma efectiva, el delito será perseguible desde el mismo momento en que se alcance la cantidad fijada en el apartado 1.

b) En los demás supuestos, la cuantía se entenderá referida a cada uno de los distintos conceptos por los que un hecho imponible sea susceptible de liquidación.

3. Las mismas penas se impondrán a quien cometa las conductas descritas en el apartado 1 y a quien eluda el pago de cualquier cantidad que deba ingresar o disfrute de manera indebida de un beneficio obtenido legalmente, cuando los hechos se cometan contra la Hacienda de la Unión Europea, siempre que la cuantía defraudada excediera de cien mil euros en el plazo de un año natural. No obstante lo anterior, en los casos en los que la defraudación se lleve a cabo en el seno de una organización o grupo criminal, o por personas o entidades que actúen bajo la apariencia de una actividad económica real sin desarrollarla de forma efectiva, el delito será perseguible desde el mismo momento en que se alcance la cantidad fijada en este apartado.

Si la cuantía defraudada no superase los cien mil euros pero excediere de diez mil, se impondrá una pena de prisión de tres meses a un año o multa del tanto al triplo de la citada cuantía y la pérdida de la posibilidad de obtener subvenciones o ayudas públicas y del derecho a gozar de los beneficios o incentivos fiscales o de la Seguridad Social durante el período de seis meses a dos años.

4. Se considerará regularizada la situación tributaria cuando se haya procedido por el obligado tributario al completo reconocimiento y pago de la deuda tributaria, antes de que por la Administración Tributaria se le haya notificado el inicio de actuaciones de comprobación o investigación tendentes a la determinación de las deudas tributarias objeto de la regularización o, en el caso de que tales actuaciones no se hubieran producido, antes de que el Ministerio Fiscal, el Abogado del Estado o el representante procesal de la Administración autonómica, foral o local de que se trate, interponga querella o denuncia contra aquél dirigida, o antes de que el Ministerio Fiscal o el Juez de Instrucción realicen actuaciones que le permitan tener conocimiento formal de la iniciación de diligencias.

Asimismo, los efectos de la regularización prevista en el párrafo anterior resultarán aplicables cuando se satisfagan deudas tributarias una vez prescrito el derecho de la Administración a su determinación en vía administrativa.

La regularización por el obligado tributario de su situación tributaria impedirá que se le persiga por las posibles irregularidades contables u otras falsedades instrumentales que, exclusivamente en relación a la deuda tributaria objeto de regularización, el mismo pudiera haber cometido con carácter previo a la regularización de su situación tributaria.

5. Cuando la Administración Tributaria apreciare indicios de haberse cometido un delito contra la Hacienda Pública, podrá liquidar de forma separada, por una parte los conceptos y cuantías que no se encuentren vinculados con el posible delito contra la Hacienda Pública, y por otra, los que se encuentren vinculados con el posible delito contra la Hacienda Pública.

La liquidación indicada en primer lugar en el párrafo anterior seguirá la tramitación ordinaria y se sujetará al régimen de recursos propios de toda liquidación tributaria. Y la liquidación que en su caso derive de aquellos conceptos y cuantías que se encuentren vinculados con el posible delito contra la Hacienda Pública seguirá la tramitación que al efecto establezca la normativa tributaria, sin perjuicio de que finalmente se ajuste a lo que se decida en el proceso penal.

La existencia del procedimiento penal por delito contra la Hacienda Pública no paralizará la acción de cobro de la deuda tributaria. Por parte de la Administración Tributaria podrán iniciarse las actuaciones dirigidas al cobro, salvo que el Juez, de oficio o a instancia de parte, hubiere acordado la suspensión de las actuaciones de ejecución, previa prestación de garantía. Si no se pudiese prestar garantía en todo o en parte, excepcionalmente el Juez podrá acordar la suspensión con dispensa total o parcial de garantías si apreciare que la ejecución pudiese ocasionar daños irreparables o de muy difícil reparación.

6. Los Jueces y Tribunales podrán imponer al obligado tributario o al autor del delito la pena inferior en uno o dos grados, siempre que, antes de que transcurran dos meses desde la citación judicial como imputado satisfaga la deuda tributaria y reconozca judicialmente los hechos. Lo anterior será igualmente aplicable respecto de otros partícipes en el delito distintos del obligado tributario o del autor del delito, cuando colaboren activamente para la obtención de pruebas decisivas para la identificación o captura de otros responsables, para el completo esclarecimiento de los hechos delictivos o para la averiguación del patrimonio del obligado tributario o de otros responsables del delito.

7. En los procedimientos por el delito contemplado en este artículo, para la ejecución de la pena de multa y la responsabilidad civil, que comprenderá el importe de la deuda tributaria que la Administración Tributaria no haya liquidado por prescripción u otra causa legal en los términos previstos en la Ley 58/2003, General Tributaria, de 17 de diciembre, incluidos sus intereses de demora, los Jueces y Tribunales recabarán el auxilio de los servicios de la Administración Tributaria que las exigirá por el procedimiento administrativo de apremio en los términos establecidos en la citada Ley.

Apdo. 3 modificado por Ley Orgánica 1/2019, de 20 de febrero, por la que se modifica la Ley Orgánica 10/1995, de 23 de noviembre, del Código Penal, para transponer Directivas de la Unión Europea en los ámbitos financiero y de terrorismo, y abordar cuestiones de índole internacional. (BOE de 21-02-2019). (Vigencia desde 13/03/2019).

ART. 305 bis.

1. El delito contra la Hacienda Pública será castigado con la pena de prisión de dos a seis años y multa del doble al séxtuplo de la cuota defraudada cuando la defraudación se cometiere concurriendo alguna de las circunstancias siguientes:

a) Que la cuantía de la cuota defraudada exceda de seiscientos mil euros.

b) Que la defraudación se haya cometido en el seno de una organización o de un grupo criminal.

c) Que la utilización de personas físicas o jurídicas o entes sin personalidad jurídica interpuestos, negocios o instrumentos fiduciarios o paraísos fiscales o territorios de nula tributación oculte o dificulte la determinación de la identidad del obligado tributario o del responsable del delito, la determinación de la cuantía defraudada o del patrimonio del obligado tributario o del responsable del delito.

2. A los supuestos descritos en el presente artículo les serán de aplicación todas las restantes previsiones contenidas en el artículo 305.

En estos casos, además de las penas señaladas, se impondrá al responsable la pérdida de la posibilidad de obtener subvenciones o ayudas públicas y del derecho a gozar de los beneficios o incentivos fiscales o de la Seguridad Social durante el período de cuatro a ocho años.

ART. 306.

El que por acción u omisión defraude a los presupuestos generales de la Unión Europea u otros administrados por esta, en cuantía superior a cincuenta mil euros, eludiendo, fuera de los casos contemplados en el apartado 3 del artículo 305, el pago de cantidades que se deban ingresar o, dando, fuera de los casos contemplados en el artículo 308, a los fondos obtenidos una aplicación distinta de aquella a que estuvieren destinados u obteniendo indebidamente fondos falseando las condiciones requeridas para su concesión u ocultando las que la hubieran impedido, será castigado con la pena de prisión de uno a cinco años y multa del tanto al séxtuplo de la citada cuantía y la pérdida de la posibilidad de obtener subvenciones o ayudas públicas y del derecho a gozar de los beneficios o incentivos fiscales o de la Seguridad Social durante el período de tres a seis años.

Si la cuantía defraudada o aplicada indebidamente no superase los cincuenta mil euros, pero excediere de cuatro mil, se impondrá una pena de prisión de tres meses a un año o multa del tanto al triplo de la citada cuantía y la pérdida de la posibilidad de obtener subvenciones o ayudas públicas y del derecho a gozar de los beneficios o incentivos fiscales o de la Seguridad Social durante el período de seis meses a dos años.

Párrafo primero modificado por Ley Orgánica 9/2021, de 1 de julio, de aplicación del Reglamento (UE) 2017/1939 del Consejo, de 12 de octubre de 2017, por el que se establece una cooperación reforzada para la creación de la Fiscalía Europea. (BOE de 02/07/2021). Modificación en vigor desde el 03/07/2021.

Ver Tratado de la Unión Europea.

ART. 307.

1. El que, por acción u omisión, defraude a la Seguridad Social eludiendo el pago de las cuotas de ésta y conceptos de recaudación conjunta, obteniendo indebidamente devoluciones de las mismas o disfrutando de deducciones por cualquier concepto asimismo de forma indebida, siempre que la cuantía de las cuotas defraudadas o de las devoluciones o deducciones indebidas exceda de cincuenta mil euros será castigado con la pena de prisión de uno a cinco años y multa del tanto al séxtuplo de la citada cuantía salvo que hubiere regularizado su situación ante la Seguridad Social en los términos del apartado 3 del presente artículo.

La mera presentación de los documentos de cotización no excluye la defraudación, cuando ésta se acredite por otros hechos.

Además de las penas señaladas, se impondrá al responsable la pérdida de la posibilidad de obtener subvenciones o ayudas públicas y del derecho a gozar de los beneficios o incentivos fiscales o de la Seguridad Social durante el período de tres a seis años.

2. A los efectos de determinar la cuantía mencionada en el apartado anterior se estará al importe total defraudado durante cuatro años naturales.

3. Se considerará regularizada la situación ante la Seguridad Social cuando se haya procedido por el obligado frente a la Seguridad Social al completo reconocimiento y pago de la deuda antes de que se le haya notificado la iniciación de actuaciones inspectoras dirigidas a la determinación de dichas deudas o, en caso de que tales actuaciones no se hubieran producido, antes de que el Ministerio Fiscal o el Letrado de la Seguridad Social interponga querella o denuncia contra aquél dirigida o antes de que el Ministerio Fiscal o el Juez de Instrucción realicen actuaciones que le permitan tener conocimiento formal de la iniciación de diligencias.

Asimismo, los efectos de la regularización prevista en el párrafo anterior, resultarán aplicables cuando se satisfagan deudas ante la Seguridad Social una vez prescrito el derecho de la Administración a su determinación en vía administrativa.

La regularización de la situación ante la Seguridad Social impedirá que a dicho sujeto se le persiga por las posibles irregularidades contables u otras falsedades instrumentales que, exclusivamente en relación a la deuda objeto de regularización, el mismo pudiera haber cometido con carácter previo a la regularización de su situación.

4. La existencia de un procedimiento penal por delito contra la Seguridad Social no paralizará el procedimiento administrativo para la liquidación y cobro de la deuda contraída con la Seguridad Social, salvo que el Juez lo acuerde previa prestación de garantía. En el caso de que no se pudiese prestar garantía en todo o en parte, el Juez, con carácter excepcional, podrá acordar la suspensión con dispensa total o parcial de las garantías, en el caso de que apreciara que la ejecución pudiera ocasionar daños irreparables o de muy difícil reparación. La liquidación administrativa se ajustará finalmente a lo que se decida en el proceso penal.

5. Los Jueces y Tribunales podrán imponer al obligado frente a la Seguridad Social o al autor del delito la pena inferior en uno o dos grados, siempre que, antes de que transcurran dos meses desde la citación judicial como imputado, satisfaga la deuda con la Seguridad Social y reconozca judicialmente los hechos. Lo anterior será igualmente aplicable respecto de otros partícipes en el delito distintos del deudor a la Seguridad Social o del autor del delito, cuando colaboren activamente para la obtención de pruebas decisivas para la identificación o captura de otros responsables, para el completo esclarecimiento de los hechos delictivos o para la averiguación del patrimonio del obligado frente a la Seguridad Social o de otros responsables del delito.

6. En los procedimientos por el delito contemplado en este artículo, para la ejecución de la pena de multa y la responsabilidad civil, que comprenderá el importe de la deuda frente a la Seguridad Social que la Administración no haya liquidado por prescripción u otra causa legal, incluidos sus intereses de demora, los Jueces y Tribunales recabarán el auxilio de los servicios de la Administración de la Seguridad Social que las exigirá por el procedimiento administrativo de apremio.

ART. 307 bis.

1. El delito contra la Seguridad Social será castigado con la pena de prisión de dos a seis años y multa del doble al séxtuplo de la cuantía cuando en la comisión del delito concurriera alguna de las siguientes circunstancias:

a) Que la cuantía de las cuotas defraudadas o de las devoluciones o deducciones indebidas exceda de ciento veinte mil euros.

b) Que la defraudación se haya cometido en el seno de una organización o de un grupo criminal.

c) Que la utilización de personas físicas o jurídicas o entes sin personalidad jurídica interpuestos, negocios o instrumentos fiduciarios o paraísos fiscales o territorios de nula tributación oculte o dificulte la determinación de la identidad del obligado frente a la Seguridad Social o del responsable del delito, la determinación de la cuantía defraudada o del patrimonio del obligado frente a la Seguridad Social o del responsable del delito.

2. A los supuestos descritos en el presente artículo le serán de aplicación todas las restantes previsiones contenidas en el artículo 307.

3. En estos casos, además de las penas señaladas, se impondrá al responsable la pérdida de la posibilidad de obtener subvenciones o ayudas públicas y del derecho a gozar de los beneficios o incentivos fiscales o de la Seguridad Social durante el período de cuatro a ocho años.

ART. 307 ter.

1. Quien obtenga, para sí o para otro, el disfrute de prestaciones del Sistema de la Seguridad Social, la prolongación indebida del mismo, o facilite a otros su obtención, por medio del error provocado mediante la simulación o tergiversación de hechos, o la ocultación consciente de hechos de los que tenía el deber de informar, causando con ello un perjuicio a la Administración Pública, será castigado con la pena de seis meses a tres años de prisión.

Cuando los hechos, a la vista del importe defraudado, de los medios empleados y de las circunstancias personales del autor, no revistan especial gravedad, serán castigados con una pena de multa del tanto al séxtuplo.

Además de las penas señaladas, se impondrá al responsable la pérdida de la posibilidad de obtener subvenciones y del derecho a gozar de los beneficios o incentivos fiscales o de la Seguridad Social durante el período de tres a seis años.

2. Cuando el valor de las prestaciones fuera superior a cincuenta mil euros o hubiera concurrido cualquiera de las circunstancias a que se refieren las letras b) o c) del apartado 1 del artículo 307 bis, se impondrá una pena de prisión de dos a seis años y multa del tanto al séxtuplo.

En estos casos, además de las penas señaladas, se impondrá al responsable la pérdida de la posibilidad de obtener subvenciones y del derecho a gozar de los beneficios o incentivos fiscales o de la Seguridad Social durante el período de cuatro a ocho años.

3. Quedará exento de responsabilidad criminal en relación con las conductas descritas en los apartados anteriores el que reintegre una cantidad equivalente al valor de la prestación recibida incrementada en un interés anual equivalente al interés legal del dinero aumentado en dos puntos porcentuales, desde el momento en que las percibió, antes de que se le haya notificado la iniciación de actuaciones de inspección y control en relación con las mismas o, en el caso de que tales actuaciones no se hubieran producido, antes de que el Ministerio Fiscal, el Abogado del Estado, el Letrado de la Seguridad Social, o el representante de la Administración autonómica o local de que se trate, interponga querella o denuncia contra aquél dirigida o antes de que el Ministerio Fiscal o el Juez de Instrucción realicen actuaciones que le permitan tener conocimiento formal de la iniciación de diligencias.

La exención de responsabilidad penal contemplada en el párrafo anterior alcanzará igualmente a dicho sujeto por las posibles falsedades instrumentales que, exclusivamente en relación a las prestaciones defraudadas objeto de reintegro, el mismo pudiera haber cometido con carácter previo a la regularización de su situación.

4. La existencia de un procedimiento penal por alguno de los delitos de los apartados 1 y 2 de este artículo, no impedirá que la Administración competente exija el reintegro por vía administrativa de las prestaciones indebidamente obtenidas. El importe que deba ser reintegrado se entenderá fijado provisionalmente por la Administración, y se ajustará después a lo que finalmente se resuelva en el proceso penal.

El procedimiento penal tampoco paralizará la acción de cobro de la Administración competente, que podrá iniciar las actuaciones dirigidas al cobro salvo que el Juez, de oficio o a instancia de parte, hubiere acordado la suspensión de las actuaciones de ejecución previa prestación de garantía. Si no se pudiere prestar garantía en todo o en parte, excepcionalmente el Juez podrá acordar la suspensión con dispensa total o parcial de garantías si apreciare que la ejecución pudiese ocasionar daños irreparables o de muy difícil reparación.

5. En los procedimientos por el delito contemplado en este artículo, para la ejecución de la pena de multa y de la responsabilidad civil, los Jueces y Tribunales recabarán el auxilio de los servicios de la Administración de la Seguridad Social que las exigirá por el procedimiento administrativo de apremio.

6. Resultará aplicable a los supuestos regulados en este artículo lo dispuesto en el apartado 5 del artículo 307 del Código Penal.

ART. 308.

1. El que obtenga subvenciones o ayudas de las Administraciones Públicas, incluida la Unión Europea, en una cantidad o por un valor superior a cien mil euros falseando las condiciones requeridas para su concesión u ocultando las que la hubiesen impedido será castigado con la pena de prisión de uno a cinco años y multa del tanto al séxtuplo de su importe, salvo que lleve a cabo el reintegro a que se refiere el apartado 6.

2. Las mismas penas se impondrán al que, en el desarrollo de una actividad sufragada total o parcialmente con fondos de las Administraciones públicas, incluida la Unión Europea, los aplique en una cantidad superior a cien mil euros a fines distintos de aquéllos para los que la subvención o ayuda fue concedida, salvo que lleve a cabo el reintegro a que se refiere el apartado 6.

3. Además de las penas señaladas, se impondrá al responsable la pérdida de la posibilidad de obtener subvenciones o ayudas públicas y del derecho a gozar de beneficios o incentivos fiscales o de la Seguridad Social durante un período de tres a seis años.

4. Si la cuantía obtenida, defraudada o aplicada indebidamente no superase los cien mil euros pero excediere de diez mil, se impondrá una pena de prisión de tres meses a un año o multa del tanto al triplo de la citada cuantía y la pérdida de la posibilidad de obtener subvenciones o ayudas públicas y del derecho a gozar de los beneficios o incentivos fiscales o de la Seguridad Social durante el período de seis meses a dos años, salvo que lleve a cabo el reintegro a que se refiere el apartado 6.

5. A los efectos de determinar la cuantía a que se refiere este artículo, se atenderá al total de lo obtenido, defraudado o indebidamente aplicado, con independencia de si procede de una o de varias Administraciones Públicas conjuntamente.

6. Se entenderá realizado el reintegro al que se refieren los apartados 1, 2 y 4 cuando por el perceptor de la subvención o ayuda se proceda a devolver las subvenciones o ayudas indebidamente percibidas o aplicadas, incrementadas en el interés de demora aplicable en materia de subvenciones desde el momento en que las percibió, y se lleve a cabo antes de que se haya notificado la iniciación de actuaciones de comprobación o control en relación con dichas subvenciones o ayudas o, en el caso de que tales actuaciones no se hubieran producido, antes de que el Ministerio Fiscal, el Abogado del Estado o el representante de la Administración autonómica o local de que se trate, interponga querella o denuncia contra aquél dirigida o antes de que el Ministerio Fiscal o el juez de instrucción realicen actuaciones que le permitan tener conocimiento formal de la iniciación de diligencias. El reintegro impedirá que a dicho sujeto se le persiga por las posibles falsedades instrumentales que, exclusivamente en relación a la deuda objeto de regularización, el mismo pudiera haber cometido con carácter previo a la regularización de su situación.

7. La existencia de un procedimiento penal por alguno de los delitos de los apartados 1, 2 y 4 de este artículo, no impedirá que la Administración competente exija el reintegro por vía administrativa de las subvenciones o ayudas indebidamente aplicadas. El importe que deba ser reintegrado se entenderá fijado provisionalmente por la Administración, y se ajustará después a lo que finalmente se resuelva en el proceso penal.

El procedimiento penal tampoco paralizará la acción de cobro de la Administración, que podrá iniciar las actuaciones dirigidas al cobro salvo que el juez, de oficio o a instancia de parte, hubiere acordado la suspensión de las actuaciones de ejecución previa prestación de garantía. Si no se pudiere prestar garantía en todo o en parte, excepcionalmente el juez podrá acordar la suspensión con dispensa total o parcial de garantías si apreciare que la ejecución pudiese ocasionar daños irreparables o de muy difícil reparación.

8. Los jueces y tribunales podrán imponer al responsable de este delito la pena inferior en uno o dos grados, siempre que, antes de que transcurran dos meses desde la citación judicial como investigado, lleve a cabo el reintegro a que se refiere el apartado 6 y reconozca judicialmente los hechos. Lo anterior será igualmente aplicable respecto de otros partícipes en el delito distinto del obligado al reintegro o del autor del delito, cuando colaboren activamente para la obtención de pruebas decisivas para la identificación o captura de otros

responsables, para el completo esclarecimiento de los hechos delictivos o para la averiguación del patrimonio del obligado o del responsable del delito.

Modificado por Ley Orgánica 1/2019, de 20 de febrero, por la que se modifica la Ley Orgánica 10/1995, de 23 de noviembre, del Código Penal, para transponer Directivas de la Unión Europea en los ámbitos financiero y de terrorismo, y abordar cuestiones de índole internacional. (BOE de 21-02-2019). (Vigencia desde 13/03/2019).

ART. 308 bis.

1. La suspensión de la ejecución de las penas impuestas por alguno de los delitos regulados en este Título se regirá por las disposiciones contenidas en el Capítulo III del Título III del Libro I de este Código, completadas por las siguientes reglas:

1.ª La suspensión de la ejecución de la pena de prisión impuesta requerirá, además del cumplimiento de los requisitos regulados en el artículo 80, que el penado haya abonado la deuda tributaria o con la Seguridad Social, o que haya procedido al reintegro de las subvenciones o ayudas indebidamente recibidas o utilizadas.

Este requisito se entenderá cumplido cuando el penado asuma el compromiso de satisfacer la deuda tributaria, la deuda frente a la Seguridad Social o de proceder al reintegro de las subvenciones o ayudas indebidamente recibidas o utilizadas y las responsabilidades civiles de acuerdo a su capacidad económica y de facilitar el decomiso acordado, y sea razonable esperar que el mismo será cumplido. La suspensión no se concederá cuando conste que el penado ha facilitado información inexacta o insuficiente sobre su patrimonio.

La resolución por la que el juez o tribunal concedan la suspensión de la ejecución de la pena será comunicada a la representación procesal de la Hacienda Pública estatal, autonómica, local o foral, de la Seguridad Social o de la Administración que hubiera concedido la subvención o ayuda.

2.ª El juez o tribunal revocarán la suspensión y ordenarán la ejecución de la pena, además de en los supuestos del artículo 86, cuando el penado no dé cumplimiento al compromiso de pago de la deuda tributaria o con la Seguridad Social, al de reintegro de las subvenciones y ayudas indebidamente recibidas o utilizadas, o al de pago de las responsabilidades civiles, siempre que tuviera capacidad económica para ello, o facilite información inexacta o insuficiente sobre su patrimonio. En estos casos, el juez de vigilancia penitenciaria podrá denegar la concesión de la libertad condicional.

2. En el supuesto del artículo 125, el juez o tribunal oirán previamente a la representación procesal de la Hacienda Pública estatal, autonómica, local o foral, de la Seguridad Social o de la Administración que hubiera concedido la subvención o ayuda, al objeto de que aporte informe patrimonial de los responsables del delito en el que se analizará la capacidad económica y patrimonial real de los responsables y se podrá incluir una propuesta de fraccionamiento acorde con dicha capacidad y con la normativa tributaria, de la Seguridad Social o de subvenciones.

Añadido por LO 1/2015, de 30 de marzo.

ART. 309.

(DEROGADO)

Derogado por LO 7/2012, de 27 de diciembre.

ART. 310.

Será castigado con la pena de prisión de cinco a siete meses el que estando obligado por ley tributaria a llevar contabilidad mercantil, libros o registros fiscales:

a) Incumpla absolutamente dicha obligación en régimen de estimación directa de bases tributarias.

b) Lleve contabilidades distintas que, referidas a una misma actividad y ejercicio económico, oculten o simulen la verdadera situación de la empresa.

c) No hubiere anotado en los libros obligatorios negocios, actos, operaciones o, en general, transacciones económicas, o los hubiese anotado con cifras distintas a las verdaderas.

d) Hubiere practicado en los libros obligatorios anotaciones contables ficticias.

La consideración como delito de los supuestos de hecho, a que se refieren los párrafos c) y d) anteriores, requerirá que se hayan omitido las declaraciones tributarias o que las presentadas fueren reflejo de su falsa contabilidad y que la cuantía, en más o menos, de los cargos o abonos omitidos o falseados exceda, sin compensación aritmética entre ellos, de 240.000 euros por cada ejercicio económico.

ART. 310 bis.

Cuando de acuerdo con lo establecido en el artículo 31 bis una persona jurídica sea responsable de los delitos recogidos en este Título, se le impondrán las siguientes penas:

a) Multa del tanto al doble de la cantidad defraudada o indebidamente obtenida, si el delito cometido por la persona física tiene prevista una pena de prisión de más de dos años.

b) Multa del doble al cuádruple de la cantidad defraudada o indebidamente obtenida, si el delito cometido por la persona física tiene prevista una pena de prisión de más de cinco años.

c) Multa de seis meses a un año, en los supuestos recogidos en el artículo 310.

Además de las señaladas, se impondrá a la persona jurídica responsable la pérdida de la posibilidad de obtener subvenciones o ayudas públicas y del derecho a gozar de los beneficios o incentivos fiscales o de la Seguridad Social durante el período de tres a seis años. Podrá imponerse la prohibición para contratar con las Administraciones Públicas.

Atendidas las reglas establecidas en el artículo 66 bis, los Jueces y Tribunales podrán asimismo imponer las penas recogidas en las letras b), c), d), e) y g) del apartado 7 del artículo 33.

TÍTULO XV
De los delitos contra los derechos de los trabajadores

ART. 311.

Serán castigados con las penas de prisión de seis meses a seis años y multa de seis a doce meses:

1.º Los que, mediante engaño o abuso de situación de necesidad, impongan a los trabajadores a su servicio condiciones laborales o de Seguridad Social que perjudiquen, supriman o restrinjan los derechos que tengan reconocidos por disposiciones legales, convenios colectivos o contrato individual.

2.º Los que impongan condiciones ilegales a sus trabajadores mediante su contratación bajo fórmulas ajenas al contrato de trabajo, o las mantengan en contra de requerimiento o sanción administrativa.

3.º Los que den ocupación simultáneamente a una pluralidad de trabajadores sin comunicar su alta en el régimen de la Seguridad Social que corresponda o, en su caso, sin haber obtenido la correspondiente autorización de trabajo, siempre que el número de trabajadores afectados sea al menos de:

a) el veinticinco por ciento, en las empresas o centros de trabajo que ocupen a más de cien trabajadores,

b) el cincuenta por ciento, en las empresas o centros de trabajo que ocupen a más de diez trabajadores y no más de cien, o

c) la totalidad de los mismos, en las empresas o centros de trabajo que ocupen a más de cinco y no más de diez trabajadores.

4.º Los que en el supuesto de transmisión de empresas, con conocimiento de los procedimientos descritos en los apartados anteriores, mantengan las referidas condiciones impuestas por otro.

5.º Si las conductas reseñadas en los apartados anteriores se llevaren a cabo con violencia o intimidación se impondrán las penas superiores en grado.

Numeral 2.º se añade, pasando los actuales numerales 2.º a 4.º a ser 3.º a 5.º, por Ley Orgánica 14/2022, de 22 de diciembre, de transposición de directivas europeas y otras disposiciones para la adaptación de la legislación penal al ordenamiento de la Unión Europea, y reforma de los delitos contra la integridad moral, desórdenes públicos y contrabando de armas de doble uso. (BOE de 23-12-2022).

Ver arts. 31.1, 35, 37 y 41 CE; RDLeg. 8/2015, de 30 de octubre, por el que se aprueba el TR. de la Ley General de la Seguridad Social; Estatuto de los Trabajadores, RDLeg. 2/2015, de 23 de octubre, TR de la Ley del Estatuto de los Trabajadores; RDLeg. 3/2015, de 23 de octubre, TR. de la Ley de Empleo; Ley 14/1986, de 25 de abril, General de Sanidad; Ley 9/2017, de 8 de noviembre, de Contratos del Sector Público; RDLeg. 5/2000, de 4 de agosto, por el que se aprueba el Texto Refundido de la Ley sobre infracciones y sanciones en el orden social.

ART. 311 bis.

Será castigado con la pena de prisión de tres a dieciocho meses o multa de doce a treinta meses, salvo que los hechos estén castigados con una pena más grave en otro precepto de este Código, quien:

a) De forma reiterada, emplee o dé ocupación a ciudadanos extranjeros que carezcan de permiso de trabajo, o

b) emplee o dé ocupación a un menor de edad que carezca de permiso de trabajo.

Añadido por LO 1/2015, de 30 de marzo.

ART. 312.

1. Serán castigados con las penas de prisión de dos a cinco años y multa de seis a doce meses, los que trafiquen de manera ilegal con mano de obra.

2. En la misma pena incurrirán quienes recluten personas o las determinen a abandonar su puesto de trabajo ofreciendo empleo o condiciones de trabajo engañosas o falsas, y quienes empleen a súbditos extranjeros sin permiso de trabajo en condiciones que perjudiquen, supriman o restrinjan los derechos que tuviesen reconocidos por disposiciones legales, convenios colectivos o contrato individual.

Ver las concordancias del artículo 311. Art. 5.1 LO 4/2000, de 11 de enero, sobre derechos y libertades de los extranjeros en España y su integración social; art. 282 bis 4 LECrim.

ART. 313.

El que determinare o favoreciere la emigración de alguna persona a otro país simulando contrato o colocación, o usando de otro engaño semejante, será castigado con la pena prevista en el artículo anterior.

Ver Ley 40/2006, de 14 de diciembre, del Estatuto de la ciudadanía española en el exterior; Tratado de Maastricht de 7-2-1992; 282 bis 4 LECrim; LO 4/2000, de 11 de enero, sobre derechos y libertades de los extranjeros en España.

ART. 314.

Quienes produzcan una grave discriminación en el empleo, público o privado, contra alguna persona por razón de su ideología, religión o creencias, su situación familiar, su pertenencia a una etnia, raza o nación, su origen nacional, su sexo, edad, orientación o identidad sexual o de género, razones de género, de aporofobia o de exclusión social, la enfermedad que padezca o su discapacidad, por ostentar la representación legal o sindical de los trabajadores, por el parentesco con otros trabajadores de la empresa o por el uso de alguna de las lenguas oficiales dentro del Estado español, y no restablezcan la situación de igualdad ante la ley tras requerimiento o sanción administrativa, reparando los daños económicos que se hayan derivado, serán castigados con la pena de prisión de seis meses a dos años o multa de doce a veinticuatro meses.

Modificado por Ley Orgánica 8/2021, de 4 de junio, de protección integral a la infancia y la adolescencia frente a la violencia. (BOE de 05-06-2021). Modificación en vigor desde el 25/06/2021.

Ver arts. 22.4, 23, 67, 510 y sigs. y 607 CP; 17 y 28 ET.

ART. 315.

1. Serán castigados con las penas de prisión de seis meses a dos años o multa de seis a doce meses los que, mediante engaño o abuso de situación de necesidad, impidieren o limitaren el ejercicio de la libertad sindical o el derecho de huelga.

2. Si las conductas reseñadas en el apartado anterior se llevaren a cabo con coacciones serán castigadas con la pena de prisión de un año y nueve meses hasta tres años o con la pena de multa de dieciocho meses a veinticuatro meses.

Apdo. 3 suprimido por Ley Orgánica 5/2021, de 22 de abril, de derogación del artículo 315 apartado 3 del Código Penal. (BOE de 23-04-2021).

Anteriormente modificado por LO 1/2015, de 30 de marzo.

Ver art. 28.2 CE; LO 11/1985, de 2 de agosto, de Libertad Sindical; Declaración Universal de los Derechos Humanos; 11.1 Convenio de Roma; 22.1 Pacto de Nueva York; 23 LO 4/1981, de estados de alarma, excepción y sitio.

ART. 316.

Los que con infracción de las normas de prevención de riesgos laborales y estando legalmente obligados, no faciliten los medios necesarios para que los trabajadores desempeñen su actividad con las medidas de seguridad e higiene adecuadas, de forma que pongan así en peligro grave su vida, salud o integridad física, serán castigados con las penas de prisión de seis meses a tres años y multa de seis a doce meses.

Ver arts. 341 y sigs. y 350 CP; 40.2 CE; 4.2 b) ET; Ley 31/1995, de 8 de noviembre, de prevención de riesgos laborales; RDLeg. 5/2000, de 4 de agosto, que aprueba el texto refundido de la Ley sobre infracciones y sanciones en el orden social.

ART. 317.

Cuando el delito a que se refiere el artículo anterior se cometa por imprudencia grave, será castigado con la pena inferior en grado.

ART. 318.

Cuando los hechos previstos en los artículos de este título se atribuyeran a personas jurídicas, se impondrá la pena señalada a los administradores o encargados del servicio que hayan sido responsables de los mismos y a quienes, conociéndolos y pudiendo remediarlo, no hubieran adoptado medidas para ello. En estos supuestos la autoridad judicial podrá decretar, además, alguna o algunas de las medidas previstas en el artículo 129 de este Código.

Ver art. 31 CP.

TÍTULO XV BIS
Delitos contra los derechos de los ciudadanos extranjeros

ART. 318 bis.

1. El que intencionadamente ayude a una persona que no sea nacional de un Estado miembro de la Unión Europea a entrar en territorio español o a transitar a través del mismo de un modo que vulnere la legislación sobre entrada o tránsito de extranjeros, será castigado con una pena de multa de tres a doce meses o prisión de tres meses a un año.

Los hechos no serán punibles cuando el objetivo perseguido por el autor fuere únicamente prestar ayuda humanitaria a la persona de que se trate.

Si los hechos se hubieran cometido con ánimo de lucro se impondrá la pena en su mitad superior.

2. El que intencionadamente ayude, con ánimo de lucro, a una persona que no sea nacional de un Estado miembro de la Unión Europea a permanecer en España, vulnerando la legislación sobre estancia de extranjeros será castigado con una pena de multa de tres a doce meses o prisión de tres meses a un año.

3. Los hechos a que se refiere el apartado 1 de este artículo serán castigados con la pena de prisión de cuatro a ocho años cuando concurra alguna de las circunstancias siguientes:

a) Cuando los hechos se hubieran cometido en el seno de una organización que se dedicare a la realización de tales actividades. Cuando se trate de los jefes, administradores o encargados de dichas organizaciones o asociaciones, se les aplicará la pena en su mitad superior, que podrá elevarse a la inmediatamente superior en grado.

b) Cuando se hubiera puesto en peligro la vida de las personas objeto de la infracción, o se hubiera creado el peligro de causación de lesiones graves.

4. En las mismas penas del párrafo anterior y además en la de inhabilitación absoluta de seis a doce años, incurrirán los que realicen los hechos prevaliéndose de su condición de autoridad, agente de ésta o funcionario público.

5. Cuando de acuerdo con lo establecido en el artículo 31 bis una persona jurídica sea responsable de los delitos recogidos en este Título, se le impondrá la pena de multa de dos a cinco años, o la del triple al quíntuple del beneficio obtenido si la cantidad resultante fuese más elevada.

Atendidas las reglas establecidas en el artículo 66 bis, los jueces y tribunales podrán asimismo imponer las penas recogidas en las letras b) a g) del apartado 7 del artículo 33.

6. Los tribunales, teniendo en cuenta la gravedad del hecho y sus circunstancias, las condiciones del culpable y la finalidad perseguida por éste, podrán imponer la pena inferior en un grado a la respectivamente señalada.

Modificado por LO 1/2015, de 30 de marzo.

TÍTULO XVI
De los delitos relativos a la ordenación del territorio y el urbanismo, la protección del patrimonio histórico y el medio ambiente

CAPÍTULO I
De los delitos sobre la ordenación del territorio y el Urbanismo

ART. 319.

1. Se impondrán las penas de prisión de un año y seis meses a cuatro años, multa de doce a veinticuatro meses, salvo que el beneficio obtenido por el delito fuese superior a la cantidad resultante en cuyo caso la multa será del tanto al triplo del montante de dicho beneficio, e inhabilitación especial para profesión u oficio por tiempo de uno a cuatro años, a los promotores, constructores o técnicos directores que lleven a cabo obras de urbanización, construcción o edificación no autorizables en suelos destinados a viales, zonas verdes, bienes de dominio público o lugares que tengan legal o administrativamente reconocido su valor paisajístico, ecológico, artístico, histórico o cultural, o por los mismos motivos hayan sido considerados de especial protección.

2. Se impondrá la pena de prisión de uno a tres años, multa de doce a veinticuatro meses, salvo que el beneficio obtenido por el delito fuese superior a la cantidad resultante en cuyo caso la multa será del tanto al triplo del montante de dicho beneficio, e inhabilitación especial para profesión u oficio por tiempo de uno a cuatro años, a los promotores, constructores o técnicos directores que lleven a cabo obras de urbanización, construcción o edificación no autorizables en el suelo no urbanizable.

3. En cualquier caso, los jueces o tribunales, motivadamente, podrán ordenar, a cargo del autor del hecho, la demolición de la obra y la reposición a su estado originario de la realidad física alterada, sin perjuicio de las indemnizaciones debidas a terceros de buena fe, y valorando las circunstancias, y oída la Administración competente, condicionarán temporalmente la demolición a la constitución de garantías que aseguren el pago de aquéllas. En todo caso se dispondrá el decomiso de las ganancias provenientes del delito cualesquiera que sean las transformaciones que hubieren podido experimentar.

4. En los supuestos previstos en este artículo, cuando fuere responsable una persona jurídica de acuerdo con lo establecido en el artículo 31 bis de este Código se le impondrá la pena de multa de uno a tres años, salvo que el beneficio obtenido por el delito fuese superior a la cantidad resultante en cuyo caso la multa será del doble al cuádruple del montante de dicho beneficio.

Atendidas las reglas establecidas en el artículo 66 bis, los jueces y tribunales podrán asimismo imponer las penas recogidas en las letras b) a g) del apartado 7 del artículo 33.

Apdo. 3 modificado por LO 1/2015, de 30 de marzo.

Ver arts. 109 y sigs. CP; RDLeg. 7/2015, de 30 de octubre, TR de la Ley de Suelo y Rehabilitación Urbana; arts. 25 y 27 Ley 37/2015, de 29 de septiembre, de carreteras; arts. 19.1 y 21.2 b) Ley 3/1995, de 23 de marzo, de vías pecuarias.

ART. 320.

1. La autoridad o funcionario público que, a sabiendas de su injusticia, haya informado favorablemente instrumentos de planeamiento, proyectos de urbanización, parcelación, reparcelación, construcción o edificación o la concesión de licencias contrarias a las normas de ordenación territorial o urbanística vigentes, o que con motivo de inspecciones haya silenciado la infracción de dichas normas o que haya omitido la realización de inspecciones de carácter obligatorio será castigado con la pena establecida en el artículo 404 de este Código y, además, con la de prisión de un año y seis meses a cuatro años y la de multa de doce a veinticuatro meses.

2. Con las mismas penas se castigará a la autoridad o funcionario público que por sí mismo o como miembro de un organismo colegiado haya resuelto o votado a favor de la aprobación de los instrumentos de planeamiento, los proyectos de urbanización, parcelación, reparcelación, construcción o edificación o la concesión de las licencias a que se refiere el apartado anterior, a sabiendas de su injusticia.

Ver art. 24 CP.

CAPÍTULO II
De los delitos sobre el patrimonio histórico

ART. 321.

Los que derriben o alteren gravemente edificios singularmente protegidos por su interés histórico, artístico, cultural o monumental serán castigados con las penas de prisión de seis meses a tres años, multa de doce a veinticuatro meses y, en todo caso, inhabilitación especial para profesión u oficio por tiempo de uno a cinco años.

En cualquier caso, los Jueces o Tribunales, motivadamente, podrán ordenar, a cargo del autor del hecho, la reconstrucción o restauración de la obra, sin perjuicio de las indemnizaciones debidas a terceros de buena fe.

Ver arts. 109 y sigs., 264, 289 y 613.1 a) CP; 46, 132.3, 148.1-16.ª y 149.1-28.ª CE; Ley 16/1985, de 25 de junio, de regulación del patrimonio histórico Español; 2.1 e) LO 12/1995, de 12 de diciembre, de represión del contrabando.

ART. 322.

1. La Autoridad o funcionario público que, a sabiendas de su injusticia, haya informado favorablemente proyectos de derribo o alteración de edificios singularmente protegidos será castigado además de con la pena establecida en el artículo 404 de este Código con la de prisión de seis meses a dos años o la de multa de doce a veinticuatro meses.

2. Con las mismas penas se castigará a la Autoridad o funcionario público que por sí mismo o como miembro de un organismo colegiado haya resuelto o votado a favor de su concesión a sabiendas de su injusticia.

Ver art. 24 CP.

ART. 323.

1. Será castigado con la pena de prisión de seis meses a tres años o multa de doce a veinticuatro meses el que cause daños en bienes de valor histórico, artístico, científico, cultural o monumental, o en yacimientos arqueológicos, terrestres o subacuáticos. Con la misma pena se castigarán los actos de expolio en estos últimos.

2. Si se hubieran causado daños de especial gravedad o que hubieran afectado a bienes cuyo valor histórico, artístico, científico, cultural o monumental fuera especialmente relevante, podrá imponerse la pena superior en grado a la señalada en el apartado anterior.

3. En todos estos casos, los jueces o tribunales podrán ordenar, a cargo del autor del daño, la adopción de medidas encaminadas a restaurar, en lo posible, el bien dañado.

Modificado por LO 1/2015, de 30 de marzo.

Ver arts. 264, 265, 289 y 324 CP.

ART. 324.

El que por imprudencia grave cause daños, en cuantía superior a 400 euros, en un archivo, registro, museo, biblioteca, centro docente, gabinete científico, institución análoga o en bienes de valor artístico, histórico, cultural, científico o monumental, así como en yacimientos arqueológicos, será castigado con la pena de multa de tres a 18 meses, atendiendo a la importancia de los mismos.

CAPÍTULO III
De los delitos contra los recursos naturales y el medio ambiente

ART. 325.

1. Será castigado con las penas de prisión de seis meses a dos años, multa de diez a catorce meses e inhabilitación especial para profesión u oficio por tiempo de uno a dos años el que, contraviniendo las leyes u otras disposiciones de carácter general protectoras del medio ambiente, provoque o realice directa o indirectamente emisiones, vertidos, radiaciones, extracciones o excavaciones, aterramientos, ruidos, vibraciones, inyecciones o depósitos, en la atmósfera, el suelo, el subsuelo o las aguas terrestres, subterráneas o marítimas, incluido el alta mar, con incidencia incluso en los espacios transfronterizos, así como las captaciones de aguas que, por sí mismos o conjuntamente con otros, cause o

pueda causar daños sustanciales a la calidad del aire, del suelo o de las aguas, o a animales o plantas.

2. Si las anteriores conductas, por sí mismas o conjuntamente con otras, pudieran perjudicar gravemente el equilibrio de los sistemas naturales, se impondrá una pena de prisión de dos a cinco años, multa de ocho a veinticuatro meses e inhabilitación especial para profesión u oficio por tiempo de uno a tres años.

Si se hubiera creado un riesgo de grave perjuicio para la salud de las personas, se impondrá la pena de prisión en su mitad superior, pudiéndose llegar hasta la superior en grado.

Modificado por LO 1/2015, de 30 de marzo.

ART. 326.

1. Serán castigados con las penas previstas en el artículo anterior, en sus respectivos supuestos, quienes, contraviniendo las leyes u otras disposiciones de carácter general, recojan, transporten, valoricen, transformen, eliminen o aprovechen residuos, o no controlen o vigilen adecuadamente tales actividades, de modo que causen o puedan causar daños sustanciales a la calidad del aire, del suelo o de las aguas, o a animales o plantas, muerte o lesiones graves a personas, o puedan perjudicar gravemente el equilibrio de los sistemas naturales.

2. Quien, fuera del supuesto a que se refiere el apartado anterior, traslade una cantidad no desdeñable de residuos, tanto en el caso de uno como en el de varios traslados que aparezcan vinculados, en alguno de los supuestos a que se refiere el Derecho de la Unión Europea relativo a los traslados de residuos, será castigado con una pena de tres meses a un año de prisión, o multa de seis a dieciocho meses e inhabilitación especial para profesión u oficio por tiempo de tres meses a un año.

Modificado por LO 1/2015, de 30 de marzo.

ART. 326 bis.

Serán castigados con las penas previstas en el artículo 325, en sus respectivos supuestos, quienes, contraviniendo las leyes u otras disposiciones de carácter general, lleven a cabo la explotación de instalaciones en las que se realice una actividad peligrosa o en las que se almacenen o utilicen sustancias o preparados peligrosos de modo que causen o puedan causar daños sustanciales a la calidad del aire, del suelo o de las aguas, a animales o plantas, muerte o lesiones graves a las personas, o puedan perjudicar gravemente el equilibrio de los sistemas naturales.

Añadido por LO 1/2015, de 30 de marzo.

ART. 327.

Los hechos a los que se refieren los tres artículos anteriores serán castigados con la pena superior en grado, sin perjuicio de las que puedan corresponder con arreglo a otros preceptos de este Código, cuando en la comisión de cualquiera de los hechos descritos en el artículo anterior concurra alguna de las circunstancias siguientes:

a) Que la industria o actividad funcione clandestinamente, sin haber obtenido la preceptiva autorización o aprobación administrativa de sus instalaciones.

b) Que se hayan desobedecido las órdenes expresas de la autoridad administrativa de corrección o suspensión de las actividades tipificadas en el artículo anterior.

c) Que se haya falseado u ocultado información sobre los aspectos ambientales de la misma.

d) Que se haya obstaculizado la actividad inspectora de la Administración.

e) Que se haya producido un riesgo de deterioro irreversible o catastrófico.

f) Que se produzca una extracción ilegal de aguas en período de restricciones.

Modificado por LO 1/2015, de 30 de marzo.

ART. 328.

Cuando de acuerdo con lo establecido en el artículo 31 bis una persona jurídica sea responsable de los delitos recogidos en este Capítulo, se le impondrán las siguientes penas:

a) Multa de uno a tres años, o del doble al cuádruple del perjuicio causado cuando la cantidad resultante fuese más elevada, si el delito cometido por la persona física tiene prevista una pena de más de dos años de privación de libertad.

b) Multa de seis meses a dos años, o del doble al triple del perjuicio causado si la cantidad resultante fuese más elevada, en el resto de los casos.

Atendidas las reglas establecidas en el artículo 66 bis, los jueces y tribunales podrán asimismo imponer las penas recogidas en las letras b) a g) del apartado 7 del artículo 33.

Modificado por LO 1/2015, de 30 de marzo.

Ver RD 1/2001, de 20 de julio, por el que se aprueba el texto refundido de la Ley de Aguas; Ley 22/2011, de 28 de julio, de residuos y suelos contaminados.

ART. 329.

1. La autoridad o funcionario público que, a sabiendas, hubiere informado favorablemente la concesión de licencias manifiestamente ilegales que autoricen el funcionamiento de las industrias o actividades contaminantes a que se refieren los artículos anteriores, o que con motivo de sus inspecciones hubiere silenciado la infracción de leyes o disposiciones normativas de carácter general que las regulen, o que hubiere omitido la realización de inspecciones de carácter obligatorio, será castigado con la pena establecida en el artículo 404 de este Código y, además, con la de prisión de seis meses a tres años y la de multa de ocho a veinticuatro meses.

2. Con las mismas penas se castigará a la Autoridad o funcionario público que por sí mismo o como miembro de un organismo colegiado hubiese resuelto o votado a favor de su concesión a sabiendas de su injusticia.

Ver Ley 34/2007, de 15 de noviembre, de calidad del aire y protección de la atmósfera; Ley 21/1992, de 16 de julio, de Industria.

ART. 330.

Quien, en un espacio natural protegido, dañare gravemente alguno de los elementos que hayan servido para calificarlo, incurrirá en la pena de prisión de uno a cuatro años y multa de doce a veinticuatro meses.

Ver RDLeg. 7/2015, de 30 de octubre, TR de la Ley de Suelo y Rehabilitación Urbana; Ley 30/2014, de 3 de diciembre, de Parques Nacionales.

ART. 331.

Los hechos previstos en este Capítulo serán sancionados, en su caso, con la pena inferior en grado, en sus respectivos supuestos, cuando se hayan cometido por imprudencia grave.

CAPÍTULO IV
De los delitos contra la flora y fauna

Rúbrica modificada por Ley Orgánica 3/2023, de 28 de marzo, de modificación de la Ley Orgánica 10/1995, de 23 de noviembre, del Código Penal, en materia de maltrato animal. (BOE de 29-03-2023)

ART. 332.

1. El que, contraviniendo las leyes u otras disposiciones de carácter general, corte, tale, arranque, recolecte, adquiera, posea o destruya especies protegidas de flora silvestre, o trafique con ellas, sus partes, derivados de las mismas o con sus propágulos, salvo que la conducta afecte a una cantidad insignificante de ejemplares y no tenga consecuencias relevantes para el estado de conservación de la especie, será castigado con la pena de prisión de seis meses a dos años o multa de ocho a veinticuatro meses, e inhabilitación especial para profesión u oficio por tiempo de seis meses a dos años.

La misma pena se impondrá a quien, contraviniendo las leyes u otras disposiciones de carácter general, destruya o altere gravemente su hábitat.

2. La pena se impondrá en su mitad superior si se trata de especies o subespecies catalogadas en peligro de extinción.

3. Si los hechos se hubieran cometido por imprudencia grave, se impondrá una pena de prisión de tres meses a un año o multa de cuatro a ocho meses, e inhabilitación especial para profesión u oficio por tiempo de tres meses a dos años.

Modificado por LO 1/2015, de 30 de marzo.

Ver Ley 43/2003, de 21 de noviembre, de Montes; Ley 30/2014, de 3 de diciembre, de Parques Nacionales; RD 139/2011, de 4 de febrero, para el desarrollo del listado de especies silvestres en régimen de protección especial y del Catálogo Nacional de Especies Amenazadas.

ART. 333.

El que introdujera o liberara especies de flora o fauna no autóctona, de modo que perjudique el equilibrio biológico, contraviniendo las leyes o disposiciones de carácter general protectoras de las especies de flora o fauna, será castigado con la pena de prisión de cuatro meses a dos años o multa de ocho a veinticuatro meses y, en todo caso, inhabilitación especial para profesión u oficio por tiempo de uno a tres años.

ART. 334.

1. Será castigado con la pena de prisión de seis meses a dos años o multa de ocho a veinticuatro meses y, en todo caso, inhabilitación especial para profesión u oficio e inhabilitación especial para el ejercicio del derecho de cazar o pescar por tiempo de dos a cuatro años quien, contraviniendo las leyes u otras disposiciones de carácter general:
   a) cace, pesque, adquiera, posea o destruya especies protegidas de fauna silvestre;
   b) trafique con ellas, sus partes o derivados de las mismas; o,
   c) realice actividades que impidan o dificulten su reproducción o migración.
   La misma pena se impondrá a quien, contraviniendo las leyes u otras disposiciones de carácter general, destruya o altere gravemente su hábitat.
2. La pena se impondrá en su mitad superior si se trata de especies o subespecies catalogadas en peligro de extinción.
3. Si los hechos se hubieran cometido por imprudencia grave, se impondrá una pena de prisión de tres meses a un año o multa de cuatro a ocho meses y, en todo caso, inhabilitación especial para profesión u oficio e inhabilitación especial para el ejercicio del derecho de cazar o pescar por tiempo de tres meses a dos años.
4. Se impondrá la pena de privación del derecho a la tenencia y porte de armas por un periodo de entre dos a cuatro años, cuando los hechos relativos a los apartados a) y c) del apartado 1 se hubieran cometido utilizando armas, en actividades relacionadas o no con la caza.

Apdo. 4 añadido por Ley Orgánica 3/2023, de 28 de marzo, de modificación de la Ley Orgánica 10/1995, de 23 de noviembre, del Código Penal, en materia de maltrato animal. (BOE de 29-03-2023)

Artículo anteriormente modificado por LO 1/2015, de 30 de marzo.

Ver RD 1095/1989, de 8 de septiembre, de especies objeto de caza y pesca; RD 1118/1989, de 15 de septiembre, de especies comercializables; Ley 3/2001, de 26 de marzo, de Pesca Marítima.

ART. 335.

1. El que cace o pesque especies distintas de las indicadas en el artículo anterior, cuando esté expresamente prohibido por las normas específicas sobre su caza o pesca, será castigado con la pena de multa de ocho a doce meses, inhabilitación especial para el ejercicio del derecho de cazar o pescar por tiempo de dos a cinco años y privación del derecho para la tenencia y porte de armas por el mismo periodo.
2. El que cace o pesque o realice actividades de marisqueo relevantes sobre especies distintas de las indicadas en el artículo anterior en terrenos públicos o privados ajenos, sometidos a régimen cinegético especial, sin el debido permiso de su titular o sometidos a concesión o autorización marisquera o acuícola sin el debido título administrativo habilitante, será castigado con la pena de multa de cuatro a ocho meses e inhabilitación especial para el ejercicio del derecho de cazar, pescar o realizar actividades de marisqueo por tiempo de uno a tres años y privación del derecho para la tenencia y porte de armas por el mismo periodo, además de las penas que pudieran corresponderle, en su caso, por la comisión del delito previsto en el apartado 1 de este artículo.
3. Si las conductas anteriores produjeran graves daños al patrimonio cinegético de un terreno sometido a régimen cinegético especial o a la sostenibilidad de los recursos en zonas de concesión o autorización marisquera o acuícola, se impondrá la pena de prisión de seis meses a dos años e inhabilitación especial para el ejercicio de los derechos de cazar, pescar, y realizar actividades de marisqueo por tiempo de dos a cinco años y privación del derecho para la tenencia y porte de armas por el mismo periodo.

Modificado por Ley Orgánica 3/2023, de 28 de marzo, de modificación de la Ley Orgánica 10/1995, de 23 de noviembre, del Código Penal, en materia de maltrato animal. (BOE de 29-03-2023)

Artículo anteriormente modificado por LO 1/2015, de 30 de marzo, al haber sido declarado inconstitucional y nulo por STC 101/2012, de 8 de mayo.

ART. 336.

El que, sin estar legalmente autorizado, emplee para la caza o pesca veneno, medios explosivos u otros instrumentos o artes de similar eficacia destructiva o no selectiva para la fauna, será castigado con la pena de prisión de cuatro meses a dos años o multa de ocho a veinticuatro meses y, en cualquier caso, la de inhabilitación especial para profesión u oficio e inhabilitación especial para el ejercicio del derecho a cazar o pescar por tiempo de uno a tres años, con la privación del derecho para la tenencia y porte de armas por el mismo periodo. Si el daño causado fuera de notoria importancia, se impondrá la pena de prisión antes mencionada en su mitad superior.

Modificado por Ley Orgánica 3/2023, de 28 de marzo, de modificación de la Ley Orgánica 10/1995, de 23 de noviembre, del Código Penal, en materia de maltrato animal. (BOE de 29-03-2023)

ART. 337.

(SUPRIMIDO)

Suprimido por Ley Orgánica 3/2023, de 28 de marzo, de modificación de la Ley Orgánica 10/1995, de 23 de noviembre, del Código Penal, en materia de maltrato animal. (BOE de 29-03-2023)

ART. 337 bis.

(SUPRIMIDO)

Suprimido por Ley Orgánica 3/2023, de 28 de marzo, de modificación de la Ley Orgánica 10/1995, de 23 de noviembre, del Código Penal, en materia de maltrato animal. (BOE de 29-03-2023).

CAPÍTULO V
Disposiciones comunes

ART. 338.

Cuando las conductas definidas en este Título afecten a algún espacio natural protegido, se impondrán las penas superiores en grado a las respectivamente previstas.

ART. 339.

Los jueces o tribunales ordenarán la adopción, a cargo del autor del hecho, de las medidas necesarias encaminadas a restaurar el equilibrio ecológico perturbado, así como de cualquier otra medida cautelar necesaria para la protección de los bienes tutelados en este Título.

Modificado por LO 5/2010, de 22 de junio.

ART. 340.

Si el culpable de cualquiera de los hechos tipificados en este Título hubiera procedido voluntariamente a reparar el daño causado, los Jueces y Tribunales le impondrán la pena inferior en grado a las respectivamente previstas.

Ver art. 21.5.ª CP.

TÍTULO XVI BIS
De los delitos contra los animales

Título añadido por Ley Orgánica 3/2023, de 28 de marzo, de modificación de la Ley Orgánica 10/1995, de 23 de noviembre, del Código Penal, en materia de maltrato animal. (BOE de 29-03-2023)

ART. 340 bis.

1. Será castigado con la pena de prisión de tres a dieciocho meses o multa de seis a doce meses y con la pena de inhabilitación especial de uno a tres años para el ejercicio de profesión, oficio o comercio que tenga relación con los animales y para la tenencia de animales el que fuera de las actividades legalmente reguladas y por cualquier medio o procedimiento, incluyendo los actos de carácter sexual, cause a un animal doméstico, amansado, domesticado o que viva temporal o permanentemente bajo el control humano lesión que requiera tratamiento veterinario para el restablecimiento de su salud.

Si las lesiones del apartado anterior se causaren a un animal vertebrado no incluido en el apartado anterior, se impondrá la pena de prisión de tres a doce meses o multa de tres a seis meses, además de la pena de inhabilitación especial de uno a tres años para el ejercicio de la profesión, oficio o comercio que tenga relación con los animales y para la tenencia de animales.

Si el delito se hubiera cometido utilizando armas de fuego, el juez o tribunal podrá imponer motivadamente la pena de privación del derecho a tenencia y porte de armas por un tiempo de uno a cuatro años.

2. Las penas previstas en el apartado anterior se impondrán en su mitad superior cuando concurra alguna de las siguientes circunstancias agravantes:

a) Utilizar armas, instrumentos, objetos, medios, métodos o formas que pudieran resultar peligrosas para la vida o salud del animal.

b) Ejecutar el hecho con ensañamiento.

c) Causar al animal la pérdida o la inutilidad de un sentido, órgano o miembro principal.

d) Realizar el hecho por su propietario o quien tenga confiado el cuidado del animal.

e) Ejecutar el hecho en presencia de un menor de edad o de una persona especialmente vulnerable.

f) Ejecutar el hecho con ánimo de lucro.

g) Cometer el hecho para coaccionar, intimidar, acosar o producir menoscabo psíquico a quien sea o haya sido cónyuge o a persona que esté o haya estado ligada al autor por una análoga relación de afectividad, aun sin convivencia.

h) Ejecutar el hecho en un evento público o difundirlo a través de tecnologías de la información o la comunicación.

i) Utilizar veneno, medios explosivos u otros instrumentos o artes de similar eficacia destructiva o no selectiva.

3. Cuando, con ocasión de los hechos previstos en el apartado primero de este artículo, se cause la muerte de un animal doméstico, amansado, domesticado o que viva temporal o permanentemente bajo el control humano, se impondrá la pena de prisión de doce a veinticuatro meses, además de la pena de inhabilitación especial de dos a cuatro años para el ejercicio de profesión, oficio o comercio que tenga relación con los animales y para la tenencia de animales.

Cuando, con ocasión de los hechos previstos en el apartado primero de este artículo, se cause muerte de un animal vertebrado no incluido en el apartado anterior, se impondrá la pena de prisión de seis a dieciocho meses o multa de dieciocho a veinticuatro meses, además de la pena de inhabilitación especial de dos a cuatro años para el ejercicio de la profesión, oficio o comercio que tenga relación con los animales y para la tenencia de animales.

Si el delito se hubiera cometido utilizando armas de fuego, el juez o tribunal podrá imponer motivadamente la pena de privación del derecho a tenencia y porte de armas por un tiempo de dos a cinco años.

Cuando concurra alguna de las circunstancias previstas en el apartado anterior, el juez o tribunal impondrá las penas en su mitad superior.

4. Si las lesiones producidas no requiriesen tratamiento veterinario o se hubiere maltratado gravemente al animal sin causarle lesiones, se impondrá una pena de multa de uno a dos meses o trabajos en beneficio de la comunidad de uno a treinta días. Asimismo, se impondrá la pena de inhabilitación especial de tres meses a un año para el ejercicio de profesión, oficio o comercio que tenga relación con los animales y para la tenencia de animales.

Artículo añadido por Ley Orgánica 3/2023, de 28 de marzo, de modificación de la Ley Orgánica 10/1995, de 23 de noviembre, del Código Penal, en materia de maltrato animal. (BOE de 29-03-2023)

ART. 340 ter.

Quien abandone a un animal vertebrado que se encuentre bajo su responsabilidad en condiciones en que pueda peligrar su vida o integridad será castigado con una pena de multa de uno a seis meses o de trabajos en beneficio de la comunidad de treinta y uno a noventa días. Asimismo, se impondrá la pena de inhabilitación especial de uno a tres años para el ejercicio de profesión, oficio o comercio que tenga relación con los animales y para la tenencia de animales.

Artículo añadido por Ley Orgánica 3/2023, de 28 de marzo, de modificación de la Ley Orgánica 10/1995, de 23 de noviembre, del Código Penal, en materia de maltrato animal. (BOE de 29-03-2023)

ART. 340 quater.

1. Cuando de acuerdo con lo establecido en el artículo 31 bis una persona jurídica sea responsable de los delitos recogidos en este título, se le impondrán las siguientes penas:

a) Multa de uno a tres años, si el delito cometido por la persona física tiene prevista en la ley una pena de prisión superior a dos años.

b) Multa de seis meses a dos años, en el resto de los casos.

2. Atendidas las reglas establecidas en el artículo 66 bis, en los supuestos de responsabilidad de personas jurídicas los jueces y tribunales podrán asimismo imponer las penas recogidas en el artículo 33.7, párrafos b) a g).

Artículo añadido por Ley Orgánica 3/2023, de 28 de marzo, de modificación de la Ley Orgánica 10/1995, de 23 de noviembre, del Código Penal, en materia de maltrato animal. (BOE de 29-03-2023)

ART. 340 quinquies.

Los jueces o tribunales podrán adoptar motivadamente cualquier medida cautelar necesaria para la protección de los bienes tutelados en este Título, incluyendo cambios provisionales sobre la titularidad y cuidado del animal.

Cuando la pena de inhabilitación especial para el ejercicio de profesión, oficio o comercio que tenga relación con los animales y para la tenencia de animales recaiga sobre la persona que tuviera a asignada la titularidad o cuidado del animal maltratado, el juez o tribunal, de oficio o a instancia de parte, adoptará las medidas pertinentes respecto a la titularidad y el cuidado del animal.

Artículo añadido por Ley Orgánica 3/2023, de 28 de marzo, de modificación de la Ley Orgánica 10/1995, de 23 de noviembre, del Código Penal, en materia de maltrato animal. (BOE de 29-03-2023)

TÍTULO XVII
De los delitos contra la seguridad colectiva

CAPÍTULO I
De los delitos de riesgo catastrófico

Sección 1.ª De los delitos relativos a la energía nuclear y a las radiaciones ionizantes

ART. 341.

El que libere energía nuclear o elementos radiactivos que pongan en peligro la vida o la salud de las personas o sus bienes, aunque no se produzca explosión, será sancionado con la pena de prisión de quince a veinte años, e inhabilitación especial para empleo o cargo público, profesión u oficio por tiempo de diez a veinte años.

Ver Ley 25/1964, de 29 de abril, de energía nuclear; RD 1836/1999, de 3 de diciembre, Reglamento sobre instalaciones nucleares y radioactivas; RD 783/2001, de 6 de julio, que aprueba el Reglamento sobre protección sanitaria contra radiaciones ionizantes; Ley 15/1980, de 22 de abril, que crea el Consejo de Seguridad Nuclear.

ART. 342.

El que, sin estar comprendido en el artículo anterior, perturbe el funcionamiento de una instalación nuclear o radiactiva, o altere el desarrollo de actividades en las que intervengan materiales o equipos productores de radiaciones ionizantes, creando una situación de grave peligro para la vida o la salud de las personas, será sancionado con la pena de prisión de cuatro a diez años, e inhabilitación especial para empleo o cargo público, profesión u oficio por tiempo de seis a diez años.

Ver RD 783/2001, de 6 de julio, que aprueba el Reglamento sobre protección sanitaria contra radiaciones ionizantes y RD 413/1997, de 21 de marzo, sobre seguridad en el trabajo frente a radiaciones ionizantes.

ART. 343.

1. El que mediante el vertido, la emisión o la introducción en el aire, el suelo o las aguas de una cantidad de materiales o de radiaciones ionizantes, o la exposición por cualquier otro medio a dichas radiaciones ponga en peligro la vida, integridad, salud o bienes de una o varias personas, será sancionado con la pena de prisión de seis a doce años e inhabilitación especial para empleo o cargo público, profesión u oficio por tiempo de seis a diez años. La

misma pena se impondrá cuando mediante esta conducta se ponga en peligro la calidad del aire, del suelo o de las aguas o a animales o plantas.

2. Cuando con ocasión de la conducta descrita en el apartado anterior se produjere, además del riesgo prevenido, un resultado lesivo constitutivo de delito, cualquiera que sea su gravedad, los jueces o tribunales apreciarán tan sólo la infracción más gravemente penada, aplicando la pena en su mitad superior.

3. Cuando de acuerdo con lo establecido en el artículo 31 bis una persona jurídica sea responsable de los delitos recogidos en este artículo, se le impondrá la pena de multa de dos a cinco años.

Atendidas las reglas establecidas en el artículo 66 bis, los jueces y tribunales podrán asimismo imponer las penas recogidas en las letras b) a g) del apartado 7 del artículo 33.

Ver RD 783/2001, de 6 de julio, que aprueba el Reglamento sobre protección sanitaria contra radiaciones ionizantes.

ART. 344.

Los hechos previstos en los artículos anteriores serán sancionados con la pena inferior en grado, en sus respectivos supuestos, cuando se hayan cometido por imprudencia grave.

ART. 345.

1. El que, contraviniendo las leyes u otras disposiciones de carácter general, adquiera, posea, trafique, facilite, trate, transforme, utilice, almacene, transporte o elimine materiales nucleares u otras sustancias radiactivas peligrosas que causen o puedan causar la muerte o lesiones graves a personas, o daños sustanciales a la calidad del aire, la calidad del suelo o la calidad de las aguas o a animales o plantas, será castigado con la pena de prisión de uno a cinco años, multa de seis a dieciocho meses, e inhabilitación especial para profesión u oficio por tiempo de uno a tres años.

2. El que sin la debida autorización produjere tales materiales o sustancias será castigado con la pena superior en grado.

3. Si los hechos a que se refieren los apartados anteriores se hubieran cometido por imprudencia grave, se impondrá la pena inferior en grado a la señalada en los mismos.

Modificado por LO 1/2015, de 30 de marzo.

Ver arts. 234 y 237 CP; 282 bis LECrim.

Sección 2.ª De los estragos

ART. 346.

1. Los que provocando explosiones o utilizando cualquier otro medio de similar potencia destructiva, causaren la destrucción de aeropuertos, puertos, estaciones, edificios, locales públicos, depósitos que contengan materiales inflamables o explosivos, vías de comunicación, medios de transporte colectivos, o la inmersión o varamiento de nave, inundación, explosión de una mina o instalación industrial, levantamiento de los carriles de una vía férrea, cambio malicioso de las señales empleadas en el servicio de ésta para la seguridad de los medios de transporte, voladura de puente, destrozo de calzada pública, daño a oleoductos, perturbación grave de cualquier clase o medio de comunicación, perturbación o interrupción del suministro de agua, electricidad, hidrocarburos u otro recurso natural fundamental incurrirán en la pena de prisión de diez a veinte años, cuando los estragos comportaran necesariamente un peligro para la vida o integridad de las personas.

2. Cuando no concurriere tal peligro, se castigarán con una pena de cuatro a ocho años de prisión.

3. Si, además del peligro, se hubiere producido lesión para la vida, integridad física o salud de las personas, los hechos se castigarán separadamente con la pena correspondiente al delito cometido.

Apdos. 1 y 2 modificados por LO 1/2015, de 30 de marzo.

Ver arts. 265 y 266, 351, 473, 571 y 577 CP;13 LPPNA.

ART. 347.

El que por imprudencia grave provocare un delito de estragos será castigado con la pena de prisión de uno a cuatro años.

Sección 3.ª De otros delitos de riesgo provocados por explosivos y otros agentes

ART. 348.

1. Los que en la fabricación, manipulación, transporte, tenencia o comercialización de explosivos, sustancias inflamables o corrosivas, tóxicas y asfixiantes, o cualesquiera otras materias, aparatos o artificios que puedan causar estragos, contravinieran las normas de seguridad establecidas, poniendo en concreto peligro la vida, la integridad física o la salud de las personas, o el medio ambiente, serán castigados con la pena de prisión de seis meses a tres años, multa de doce a veinticuatro meses e inhabilitación especial para empleo o cargo público, profesión u oficio por tiempo de seis a doce años. Las mismas penas se impondrán a quien, de forma ilegal, produzca, importe, exporte, comercialice o utilice sustancias destructoras del ozono.

2. Los responsables de la vigilancia, control y utilización de explosivos que puedan causar estragos que, contraviniendo la normativa en materia de explosivos, hayan facilitado su efectiva pérdida o sustracción serán castigados con las penas de prisión de seis meses a tres años, multa de doce a veinticuatro meses e inhabilitación especial para empleo o cargo público, profesión u oficio de seis a doce años.

3. En los supuestos recogidos en los apartados anteriores, cuando de los hechos fuera responsable una persona jurídica de acuerdo con lo establecido en el artículo 31 bis de este Código, se le impondrá la pena de multa de uno a tres años, salvo que, acreditado el perjuicio producido, su importe fuera mayor, en cuyo caso la multa será del doble al cuádruple del montante de dicho perjuicio.

Atendidas las reglas establecidas en el artículo 66 bis, los jueces y tribunales podrán asimismo imponer las penas recogidas en las letras b) a g) del apartado 7 del artículo 33.

Las penas establecidas en los apartados anteriores se impondrán en su mitad superior cuando se trate de los directores, administradores o encargados de la sociedad, empresa, organización o explotación.

4. Serán castigados con las penas de prisión de seis meses a un año, multa de seis a doce meses e inhabilitación especial para empleo o cargo público, profesión u oficio por tiempo de tres a seis años los responsables de las fábricas, talleres, medios de transporte, depósitos y demás establecimientos relativos a explosivos que puedan causar estragos, cuando incurran en alguna o algunas de las siguientes conductas:

a) Obstaculizar la actividad inspectora de la Administración en materia de seguridad de explosivos.

b) Falsear u ocultar a la Administración información relevante sobre el cumplimiento de las medidas de seguridad obligatorias relativas a explosivos.

c) Desobedecer las órdenes expresas de la Administración encaminadas a subsanar las anomalías graves detectadas en materia de seguridad de explosivos.

Ver arts. 316, 359 y sigs., 568 CP; Ley 34/2007, de 15 de noviembre, de calidad del aire y protección de la atmósfera; Ley 22/2011, de 28 de julio, de residuos y suelos contaminados; RD 97/2014, de 14 de febrero, por el que se regulan las operaciones de transporte de mercancías peligrosas por carretera en territorio español.

ART. 349.

Los que en la manipulación, transporte o tenencia de organismos contravinieren las normas o medidas de seguridad establecidas, poniendo en concreto peligro la vida, la integridad física o la salud de las personas, o el medio ambiente, serán castigados con las penas de prisión de seis meses a dos años, multa de seis a doce meses, e inhabilitación especial para el empleo o cargo público, profesión u oficio por tiempo de tres a seis años.

Ver Ley 9/2003, de 25 de abril, sobre utilización de organismos modificados genéticamente; Ley 31/1995, de 8 de noviembre, de prevención de riesgos laborales.

ART. 350.

Sin perjuicio de lo dispuesto en el artículo 316, incurrirán en las penas previstas en el artículo anterior los que en la apertura de pozos o excavaciones, en la construcción o demolición de edificios, presas, canalizaciones u obras análogas o, en su conservación, acondicionamiento o mantenimiento infrinjan las normas de seguridad establecidas cuya inobservancia pueda ocasionar resultados catastróficos, y pongan en concreto peligro la vida, la integridad física de las personas o el medio ambiente.

Ver RD 3255/1983, de 21 de diciembre, del Estatuto minero; Estatuto de los Trabajadores; Ley 31/1995, de 8 de noviembre, de prevención de riesgos laborales.

CAPÍTULO II
De los incendios

Sección 1.ª De los delitos de incendio

ART. 351.

Los que provocaren un incendio que comporte un peligro para la vida o integridad física de las personas, serán castigados con la pena de prisión de diez a veinte años. Los Jueces o Tribunales podrán imponer la pena inferior en grado atendidas la menor entidad del peligro causado y las demás circunstancias del hecho.

Cuando no concurra tal peligro para la vida o integridad física de las personas, los hechos se castigarán como daños previstos en el artículo 266 de este Código.

Ver arts. 263 y sigs., 266 CP.

Sección 2.ª De los incendios forestales

ART. 352.

Los que incendiaren montes o masas forestales serán castigados con las penas de prisión de uno a cinco años y multa de doce a dieciocho meses.

Si ha existido peligro para la vida o integridad física de las personas, se castigará el hecho conforme a lo dispuesto en el artículo 351, imponiéndose, en todo caso, la pena de multa de doce a veinticuatro meses.

Ver Ley 43/2003, de 21 de noviembre, de Montes.

ART. 353.

1. Los hechos a que se refiere el artículo anterior serán castigados con una pena de prisión de tres a seis años y multa de dieciocho a veinticuatro meses cuando el incendio alcance especial gravedad, atendida la concurrencia de alguna de las circunstancias siguientes:

1.ª Que afecte a una superficie de considerable importancia.

2.ª Que se deriven grandes o graves efectos erosivos en los suelos.

3.ª Que altere significativamente las condiciones de vida animal o vegetal, o afecte a algún espacio natural protegido.

4.ª Que el incendio afecte a zonas próximas a núcleos de población o a lugares habitados.

5.ª Que el incendio sea provocado en un momento en el que las condiciones climatológicas o del terreno incrementen de forma relevante el riesgo de propagación del mismo.

6.ª En todo caso, cuando se ocasione grave deterioro o destrucción de los recursos afectados.

2. Se impondrá la misma pena cuando el autor actúe para obtener un beneficio económico con los efectos derivados del incendio.

Modificado por LO 1/2015, de 30 de marzo.

Ver arts. 332 y 336 CP.

ART. 354.

1. El que prendiere fuego a montes o masas forestales sin que llegue a propagarse el incendio de los mismos, será castigado con la pena de prisión de seis meses a un año y multa de seis a doce meses.

2. La conducta prevista en el apartado anterior quedará exenta de pena si el incendio no se propaga por la acción voluntaria y positiva de su autor.

ART. 355.

En todos los casos previstos en esta Sección, los Jueces o Tribunales podrán acordar que la calificación del suelo en las zonas afectadas por un incendio forestal no pueda modificarse en un plazo de hasta treinta años. Igualmente podrán acordar que se limiten o supriman los usos que se vinieran llevando a cabo en las zonas afectadas por el incendio, así como la intervención administrativa de la madera quemada procedente del incendio.

Ver RDLeg. 7/2015, de 30 de octubre, TR de la Ley de Suelo y Rehabilitación Urbana.

Sección 3.ª De los incendios en zonas no forestales

ART. 356.

El que incendiare zonas de vegetación no forestales perjudicando gravemente el medio natural será castigado con la pena de prisión de seis meses a dos años y multa de seis a veinticuatro meses.

Ver concordancias a los artículos anteriores.

Sección 4.ª De los incendios en bienes propios

ART. 357.

El incendiario de bienes propios será castigado con la pena de prisión de uno a cuatro años si tuviere propósito de defraudar o perjudicar a terceros, hubiere causado defraudación o perjuicio, existiere peligro de propagación a edificio, arbolado o plantío ajeno o hubiere perjudicado gravemente las condiciones de la vida silvestre, los bosques o los espacios naturales.

Ver arts. 248 y sigs. y 332 y sigs. CP.

Sección 5.ª Disposiciones comunes

Rúbrica modificada por LO 1/2015, de 30 de marzo.

ART. 358.

El que por imprudencia grave provocare alguno de los delitos de incendio penados en las Secciones anteriores, será castigado con la pena inferior en grado, a las respectivamente previstas para cada supuesto.

ART. 358 bis.

Lo dispuesto en los artículos 338 a 340 será también aplicable a los delitos regulados en este Capítulo.

Añadido por LO 1/2015, de 30 de marzo.

CAPÍTULO III
De los delitos contra la salud pública

ART. 359.

El que, sin hallarse debidamente autorizado, elabore sustancias nocivas para la salud o productos químicos que puedan causar estragos, o los despache o suministre, o comercie con ellos, será castigado con la pena de prisión de seis meses a tres años y multa de seis a doce meses, e inhabilitación especial para profesión o industria por tiempo de seis meses a dos años.

Ver arts. 45, 148.1.21.ª y 149.1.16.ª CE; 32 de la Ley 14/1986, de 25 de abril, General de Sanidad; RDLeg. 1/2007, de 16 de noviembre, texto refundido de la Ley General para la defensa de los consumidores y usuarios; 23.3 y 65.1 LOPJ.

ART. 360.

El que, hallándose autorizado para el tráfico de las sustancias o productos a que se refiere el artículo anterior, los despache o suministre sin cumplir con las formalidades previstas en las Leyes y Reglamentos respectivos, será castigado con la pena de multa de seis a doce meses e inhabilitación para la profesión u oficio de seis meses a dos años.

Ver RDLeg. 1/2007, de 16 de noviembre, por el que se aprueba el texto refundido de la Ley General para la defensa de los consumidores y usuarios.

ART. 361.

El que fabrique, importe, exporte, suministre, intermedie, comercialice, ofrezca o ponga en el mercado, o almacene con estas finalidades, medicamentos, incluidos los de uso humano y veterinario, así como los medicamentos en investigación, que carezcan de la necesaria autorización exigida por la ley, o productos sanitarios que no dispongan de los documentos de conformidad exigidos por las disposiciones de carácter general, o que estuvieran deteriorados, caducados o incumplieran las exigencias técnicas relativas a su composición, estabilidad y eficacia, y con ello se genere un riesgo para la vida o la salud de las personas, será castigado con una pena de prisión de seis meses a tres años, multa de seis a doce meses e inhabilitación especial para profesión u oficio de seis meses a tres años.

Modificado por LO 1/2015, de 30 de marzo.

ART. 361 bis.

La distribución o difusión pública a través de Internet, del teléfono o de cualquier otra tecnología de la información o de la comunicación de contenidos específicamente destinados a promover o facilitar, entre personas menores de edad o personas con discapacidad necesitadas de especial protección, el consumo de productos, preparados o sustancias o la utilización de técnicas de ingestión o eliminación de productos alimenticios cuyo uso sea susceptible de generar riesgo para la salud de las personas será castigado con la pena de multa de seis a doce meses o pena de prisión de uno a tres años.

Las autoridades judiciales ordenarán la adopción de las medidas necesarias para la retirada de los contenidos a los que se refiere el párrafo anterior, para la interrupción de los servicios que ofrezcan predominantemente dichos contenidos o para el bloqueo de unos y otros cuando radiquen en el extranjero.

Añadido por Ley Orgánica 8/2021, de 4 de junio, de protección integral a la infancia y la adolescencia frente a la violencia. (BOE de 05-06-2021). Modificación en vigor desde el 25/06/2021.

Anteriormente este artículo había sido suprimido por LO 1/2015, de 30 de marzo.

ART. 362.

1. Será castigado con una pena de prisión de seis meses a cuatro años, multa de seis a dieciocho meses e inhabilitación especial para profesión u oficio de uno a tres años, el que elabore o produzca,

a) un medicamento, incluidos los de uso humano y veterinario, así como los medicamentos en investigación; o una sustancia activa o un excipiente de dicho medicamento;

b) un producto sanitario, así como los accesorios, elementos o materiales que sean esenciales para su integridad;

de modo que se presente engañosamente: su identidad, incluidos, en su caso, el envase y etiquetado, la fecha de caducidad, el nombre o composición de cualquiera de sus componentes, o, en su caso, la dosificación de los mismos; su origen, incluidos el fabricante, el país de fabricación, el país de origen y el titular de la autorización de comercialización o de los documentos de conformidad; datos relativos al cumplimiento de requisitos o exigencias legales, licencias, documentos de conformidad o autorizaciones; o su historial, incluidos los registros y documentos relativos a los canales de distribución empleados, siempre que estuvieran destinados al consumo público o al uso por terceras personas, y generen un riesgo para la vida o la salud de las personas.

2. Las mismas penas se impondrán a quien altere, al fabricarlo o elaborarlo o en un momento posterior, la cantidad, la dosis, la caducidad o la composición genuina, según lo autorizado o declarado, de cualquiera de los medicamentos, sustancias, excipientes, productos sanitarios, accesorios, elementos o materiales mencionados en el apartado anterior, de un modo que reduzca su seguridad, eficacia o calidad, generando un riesgo para la vida o la salud de las personas.

Modificado por LO 1/2015, de 30 de marzo.

Ver arts. 8.4 Ley 34/1988, de 11 de noviembre, general de publicidad; 282 CP.

ART. 362 bis.

Será castigado con una pena de prisión de seis meses a cuatro años, multa de seis a dieciocho meses e inhabilitación especial para profesión u oficio de uno a tres años, el que, con conocimiento de su falsificación o alteración, importe, exporte, anuncie o haga publicidad, ofrezca, exhiba, venda, facilite, expenda, despache, envase, suministre, incluyendo la intermediación, trafique, distribuya o ponga en el mercado, cualquiera de los medicamentos, sustancias activas, excipientes, productos sanitarios, accesorios, elementos o materiales a que se refiere el artículo anterior, y con ello genere un riesgo para la vida o la salud de las personas.

Las mismas penas se impondrán a quien los adquiera o tenga en depósito con la finalidad de destinarlos al consumo público, al uso por terceras personas o a cualquier otro uso que pueda afectar a la salud pública.

Añadido por LO 1/2015, de 30 de marzo.

ART. 362 ter.

El que elabore cualquier documento falso o de contenido mendaz referido a cualquiera de los medicamentos, sustancias activas, excipientes, productos sanitarios, accesorios, elementos o materiales a que se refiere el apartado 1 del artículo 362, incluidos su envase, etiquetado y modo de empleo, para cometer o facilitar la comisión de uno de los delitos del artículo 362, será castigado con la pena de seis meses a dos años de prisión, multa de seis a doce meses e inhabilitación especial para profesión u oficio de seis meses a dos años.

Añadido por LO 1/2015, de 30 de marzo.

ART. 362 quater.

Se impondrán las penas superiores en grado a las señaladas en los artículos 361, 362, 362 bis o 362 ter, cuando el delito se perpetre concurriendo alguna de las circunstancias siguientes:

1.ª Que el culpable fuere autoridad, funcionario público, facultativo, profesional sanitario, docente, educador, entrenador físico o deportivo, y obrase en el ejercicio de su cargo, profesión u oficio.

2.ª Que los medicamentos, sustancias activas, excipientes, productos sanitarios, accesorios, elementos o materiales referidos en el artículo 362:

a) se hubieran ofrecido a través de medios de difusión a gran escala; o

b) se hubieran ofrecido o facilitado a menores de edad, personas con discapacidad necesitadas de especial protección, o personas especialmente vulnerables en relación con el producto facilitado.

3.ª Que el culpable perteneciera a una organización o grupo criminal que tuviera como finalidad la comisión de este tipo de delitos.

4.ª Que los hechos fuesen realizados en establecimientos abiertos al público por los responsables o empleados de los mismos.

Añadido por LO 1/2015, de 30 de marzo.

ART. 362 quinquies.

1. Los que, sin justificación terapéutica, prescriban, proporcionen, dispensen, suministren, administren, ofrezcan o faciliten a deportistas federados no competitivos, deportistas no federados que practiquen el deporte por recreo, o deportistas que participen en competiciones organizadas en España por entidades deportivas, sustancias o grupos farmacológicos prohibidos, así como métodos no reglamentarios, destinados a aumentar sus capacidades físicas o a modificar los resultados de las competiciones, que por su contenido, reiteración de la ingesta u otras circunstancias concurrentes, pongan en peligro la vida o la salud de los mismos, serán castigados con las penas de prisión de seis meses a dos años, multa de seis a dieciocho meses e inhabilitación especial para empleo o cargo público, profesión u oficio, de dos a cinco años.

2. Se impondrán las penas previstas en el apartado anterior en su mitad superior cuando el delito se perpetre concurriendo alguna de las circunstancias siguientes:

1.ª Que la víctima sea menor de edad.

2.ª Que se haya empleado engaño o intimidación.

3.ª Que el responsable se haya prevalido de una relación de superioridad laboral o profesional.

Añadido por LO 1/2015, de 30 de marzo.

ART. 362 sexies.

En los delitos previstos en los artículos anteriores de este Capítulo serán objeto de decomiso las sustancias y productos a que se refieren los artículos 359 y siguientes, así como los bienes, medios, instrumentos y ganancias con sujeción a lo dispuesto en los artículos 127 a 128.

Añadido por LO 1/2015, de 30 de marzo.

ART. 363.

Serán castigados con la pena de prisión de uno a cuatro años, multa de seis a doce meses e inhabilitación especial para profesión, oficio, industria o comercio por tiempo de tres a seis años los productores, distribuidores o comerciantes que pongan en peligro la salud de los consumidores:

1. Ofreciendo en el mercado productos alimentarios con omisión o alteración de los requisitos establecidos en las leyes o reglamentos sobre caducidad o composición.

2. Fabricando o vendiendo bebidas o comestibles destinados al consumo público y nocivos para la salud.

3. Traficando con géneros corrompidos.

4. Elaborando productos cuyo uso no se halle autorizado y sea perjudicial para la salud, o comerciando con ellos.

5. Ocultando o sustrayendo efectos destinados a ser inutilizados o desinfectados, para comerciar con ellos.

Ver RDLeg. 1/2015, de 24 de julio, TR. de la Ley de garantías y uso racional de los medicamentos y productos sanitarios; RD 191/2011, de 18 de febrero, sobre Registro General Sanitario de Empresas Alimentarias y Alimentos; arts. 362 y 365 CP.

ART. 364.

1. El que adulterare con aditivos u otros agentes no autorizados susceptibles de causar daños a la salud de las personas los alimentos, sustancias o bebidas destinadas al comercio alimentario, será castigado con las penas del artículo anterior. Si el reo fuera el propietario o el responsable de producción de una fábrica de productos alimenticios, se le impondrá, además, la pena de inhabilitación especial para profesión, oficio, industria o comercio de seis a diez años.

2. Se impondrá la misma pena al que realice cualquiera de las siguientes conductas:

1.º Administrar a los animales cuyas carnes o productos se destinen al consumo humano sustancias no permitidas que generen riesgo para la salud de las personas, o en dosis superiores o para fines distintos a los autorizados.

2.º Sacrificar animales de abasto o destinar sus productos al consumo humano, sabiendo que se les ha administrado las sustancias mencionadas en el número anterior.

3.º Sacrificar animales de abasto a los que se hayan aplicado tratamientos terapéuticos mediante sustancias de las referidas en el apartado 1.º

4.º Despachar al consumo público las carnes o productos de los animales de abasto sin respetar los períodos de espera en su caso reglamentariamente previstos.

ART. 365.

Será castigado con la pena de prisión de dos a seis años el que envenenare o adulterare con sustancias infecciosas, u otras que puedan ser gravemente nocivas para la salud, las aguas potables o las sustancias alimenticias destinadas al uso público o al consumo de una colectividad de personas.

Ver art. 18 Ley 14/1986, de 25 de abril, General de Sanidad.

ART. 366.

Cuando de acuerdo con lo establecido en el artículo 31 bis una persona jurídica sea responsable de los delitos recogidos en los artículos anteriores de este Capítulo, se le impondrá una pena de multa de uno a tres años, o del doble al quíntuplo del valor de las sustancias y productos a que se refieren los artículos 359 y siguientes, o del beneficio que se hubiera obtenido o podido obtener, aplicándose la cantidad que resulte más elevada.

Atendidas las reglas establecidas en el artículo 66 bis, los jueces y tribunales podrán asimismo imponer las penas recogidas en las letras b) a g) del apartado 7 del artículo 33.

Modificado por LO 1/2015, de 30 de marzo.

ART. 367.

Si los hechos previstos en todos los artículos anteriores fueran realizados por imprudencia grave, se impondrán, respectivamente, las penas inferiores en grado.

ART. 368.

Los que ejecuten actos de cultivo, elaboración o tráfico, o de otro modo promuevan, favorezcan o faciliten el consumo ilegal de drogas tóxicas, estupefacientes o sustancias psicotrópicas, o las posean con aquellos fines, serán castigados con las penas de prisión de tres a seis años y multa del tanto al triplo del valor de la droga objeto del delito si se tratare de sustancias o productos que causen grave daño a la salud, y de prisión de uno a tres años y multa del tanto al duplo en los demás casos.

No obstante lo dispuesto en el párrafo anterior, los tribunales podrán imponer la pena inferior en grado a las señaladas en atención a la escasa entidad del hecho y a las circunstancias personales del culpable. No se podrá hacer uso de esta facultad si concurriere alguna de las circunstancias a que se hace referencia en los artículos 369 bis y 370.

Ver Ley 17/1967, de 8 de abril, de estupefacientes; RD 2829/1977, de 6 de octubre, de dispensación de sustancias psicotrópicas; RDLeg. 1/2015, de 24 de julio, TR. de la Ley de garantías y uso racional de los medicamentos y productos sanitarios; 12.1 a) y e) LO 2/1986, de 13 de marzo, de fuerzas y cuerpos de seguridad; 22.3 Ley General Penitenciaria, 109 i) y 51 del Reglamento Penitenciario, 24.4 f) LOPJ; 1.10 y 2.3 a) LO 12/1995, de 12 de diciembre, de represión del contrabando; LO 1/1996, de 15 de enero, de protección jurídica del menor; arts. 101 y sigs., 301 y 302 CP; Ley 10/2010, de 28 de abril, de prevención del blanqueo de capitales y de la financiación del terrorismo; arts. 263 bis y 338 LECrim; LO 5/2000, de 12 de enero, reguladora de la responsabilidad penal de los menores.

ART. 369.

1. Se impondrán las penas superiores en grado a las señaladas en el artículo anterior y multa del tanto al cuádruplo cuando concurran alguna de las siguientes circunstancias:

1.ª El culpable fuere autoridad, funcionario público, facultativo, trabajador social, docente o educador y obrase en el ejercicio de su cargo, profesión u oficio.

2.ª El culpable participare en otras actividades organizadas o cuya ejecución se vea facilitada por la comisión del delito.

3.ª Los hechos fueren realizados en establecimientos abiertos al público por los responsables o empleados de los mismos.

4.ª Las sustancias a que se refiere el artículo anterior se faciliten a menores de 18 años, a disminuidos psíquicos o a personas sometidas a tratamiento de deshabituación o rehabilitación.

5.ª Fuere de notoria importancia la cantidad de las citadas sustancias objeto de las conductas a que se refiere el artículo anterior.

6.ª Las referidas sustancias se adulteren, manipulen o mezclen entre sí o con otras, incrementando el posible daño a la salud.

7.ª Las conductas descritas en el artículo anterior tengan lugar en centros docentes, en centros, establecimientos o unidades militares, en establecimientos penitenciarios o en centros de deshabituación o rehabilitación, o en sus proximidades.

8.ª El culpable empleare violencia o exhibiere o hiciese uso de armas para cometer el hecho.

2. (Suprimido por LO 5/2010, de 22 de junio).

Ver arts. 25, 370 y 372 CP; LO 1/1996, de 15 de enero, sobre protección jurídica del menor; LO 5/2000, de 12 de enero, reguladora de la responsabilidad penal de los menores.

ART. 369 bis.

Cuando los hechos descritos en el artículo 368 se hayan realizado por quienes pertenecieren a una organización delictiva, se impondrán las penas de prisión de nueve a doce años y multa del tanto al cuádruplo del valor de la droga si se tratara de sustancias y productos que causen grave daño a la salud y de prisión de cuatro años y seis meses a diez años y la misma multa en los demás casos.

A los jefes, encargados o administradores de la organización se les impondrán las penas superiores en grado a las señaladas en el párrafo primero.

Cuando de acuerdo con lo establecido en el artículo 31 bis una persona jurídica sea responsable de los delitos recogidos en los dos artículos anteriores, se le impondrán las siguientes penas:

a) Multa de dos a cinco años, o del triple al quíntuple del valor de la droga cuando la cantidad resultante fuese más elevada, si el delito cometido por la persona física tiene prevista una pena de prisión de más de cinco años.

b) Multa de uno a tres años, o del doble al cuádruple del valor de la droga cuando la cantidad resultante fuese más elevada, si el delito cometido por la persona física tiene prevista una pena de prisión de más de dos años no incluida en el anterior inciso.

Atendidas las reglas establecidas en el artículo 66 bis, los jueces y tribunales podrán asimismo imponer las penas recogidas en las letras b) a g) del apartado 7 del artículo 33.

ART. 370.

Se impondrá la pena superior en uno o dos grados a la señalada en el artículo 368 cuando:
1.º Se utilice a menores de 18 años o a disminuidos psíquicos para cometer estos delitos.
2.º Se trate de los jefes, administradores o encargados de las organizaciones a que se refiere la circunstancia 2.ª del apartado 1 del artículo 369.
3.º Las conductas descritas en el artículo 368 fuesen de extrema gravedad.

Se consideran de extrema gravedad los casos en que la cantidad de las sustancias a que se refiere el artículo 368 excediere notablemente de la considerada como de notoria importancia, o se hayan utilizado buques, embarcaciones o aeronaves como medio de transporte específico, o se hayan llevado a cabo las conductas indicadas simulando operaciones de comercio internacional entre empresas, o se trate de redes internacionales dedicadas a este tipo de actividades o cuando concurrieren tres o más de las circunstancias previstas en el artículo 369.1.

En los supuestos de los anteriores números 2.º y 3.º se impondrá a los culpables, además, una multa del tanto al triplo del valor de la droga objeto del delito.

Ver art. 369.6.º CP; 263 bis y 282 bis LECrim.

ART. 371.

1. El que fabrique, transporte, distribuya, comercie o tenga en su poder equipos, materiales o sustancias enumeradas en el Cuadro I y Cuadro II de la Convención de Naciones Unidas, hecha en Viena el 20 de diciembre de 1988, sobre el tráfico ilícito de estupefacientes y sustancias psicotrópicas, y cualesquiera otros productos adicionados al mismo Convenio o que se incluyan en otros futuros Convenios de la misma naturaleza, ratificados por España, a sabiendas de que van a utilizarse en el cultivo, la producción o la fabricación ilícitas de drogas tóxicas, estupefacientes o sustancias psicotrópicas, o para estos fines, será castigado con la pena de prisión de tres a seis años y multa del tanto al triplo del valor de los géneros o efectos.

2. Se impondrá la pena señalada en su mitad superior cuando las personas que realicen los hechos descritos en el apartado anterior pertenezcan a una organización dedicada a los fines en él señalados, y la pena superior en grado cuando se trate de los jefes, administradores o encargados de las referidas organizaciones o asociaciones.

En tales casos, los jueces o tribunales impondrán, además de las penas correspondientes, la de inhabilitación especial del reo para el ejercicio de su profesión o industria por tiempo de tres a seis años, y las demás medidas previstas en el artículo 369.2.

Ver arts. 370 y 372 CP; art. 1.10 LO 12/1995, de 12 de diciembre, sobre represión del Contrabando; 263 bis LECrim.

ART. 372.

Si los hechos previstos en este Capítulo fueran realizados por empresario, intermediario en el sector financiero, facultativo, funcionario público, trabajador social, docente o educador, en el ejercicio de su cargo, profesión u oficio, se le impondrá, además de la pena correspondiente, la de inhabilitación especial para empleo o cargo público, profesión u oficio, industria o comercio, de tres a diez años. Se impondrá la pena de inhabilitación absoluta de diez a veinte años cuando los referidos hechos fueren realizados por autoridad o agente de la misma, en el ejercicio de su cargo.

A tal efecto, se entiende que son facultativos los médicos, psicólogos, las personas en posesión de título sanitario, los veterinarios, los farmacéuticos y sus dependientes.

Ver art. 369 CP.

ART. 373.

La provocación, la conspiración y la proposición para cometer los delitos previstos en los artículos 368 al 372, se castigarán con la pena inferior en uno a dos grados a la que corresponde, respectivamente, a los hechos previstos en los preceptos anteriores.

Ver arts. 17 y 18 CP.

ART. 374.

En los delitos previstos en el párrafo segundo del apartado 1 del artículo 301 y en los artículos 368 a 372, además de las penas que corresponda imponer por el delito cometido, serán objeto de decomiso las drogas tóxicas, estupefacientes o sustancias psicotrópicas, los equipos, materiales y sustancias a que se refiere el artículo 371, así como los bienes, medios, instrumentos y ganancias con sujeción a lo dispuesto en los artículos 127 a 128 y a las siguientes normas especiales:

1.ª Una vez firme la sentencia, se procederá a la destrucción de las muestras que se hubieran apartado, o a la destrucción de la totalidad de lo incautado, en el caso de que el órgano judicial competente hubiera ordenado su conservación.

2.ª Los bienes, medios, instrumentos y ganancias definitivamente decomisados por sentencia, que no podrán ser aplicados a la satisfacción de las responsabilidades civiles derivadas del delito ni de las costas procesales, serán adjudicados íntegramente al Estado.

Modificado por LO 1/2015, de 30 de marzo.

Ver arts. 127 y 128 CP; 263 bis LECrim; Ley 10/2010, de 28 de abril, de prevención del blanqueo de capitales y de la financiación del terrorismo.

ART. 375.

Las condenas de jueces o tribunales extranjeros por delitos de la misma naturaleza que los previstos en los artículos 361 al 372 de este Capítulo producirán los efectos de reincidencia, salvo que el antecedente penal haya sido cancelado o pueda serlo con arreglo al Derecho español.

Modificado por LO 1/2015, de 30 de marzo.

Ver arts. 22.8 y 136 CP; 23.4 LOPJ.

ART. 376.

En los casos previstos en los artículos 361 a 372, los jueces o tribunales, razonándolo en la sentencia, podrán imponer la pena inferior en uno o dos grados a la señalada por la ley para el delito de que se trate, siempre que el sujeto haya abandonado voluntariamente sus actividades delictivas y haya colaborado activamente con las autoridades o sus agentes bien para impedir la producción del delito, bien para obtener pruebas decisivas para la identificación o captura de otros responsables o para impedir la actuación o el desarrollo de las organizaciones o asociaciones a las que haya pertenecido o con las que haya colaborado.

Igualmente, en los casos previstos en los artículos 368 a 372, los jueces o tribunales podrán imponer la pena inferior en uno o dos grados al reo que, siendo drogodependiente en el momento de comisión de los hechos, acredite suficientemente que ha finalizado con éxito un tratamiento de deshabituación, siempre que la cantidad de drogas tóxicas, estupefacientes o sustancias psicotrópicas no fuese de notoria importancia o de extrema gravedad.

Modificado por LO 1/2015, de 30 de marzo.

Ver arts. 21.4.ª y 5.ª, 368 a 372 y 579 CP.

ART. 377.

Para la determinación de la cuantía de las multas que se impongan en aplicación de los artículos 368 a 372, el valor de la droga objeto del delito o de los géneros o efectos intervenidos será el precio final del producto o, en su caso, la recompensa o ganancia obtenida por el reo, o que hubiera podido obtener.

Ver art. 52 CP.

ART. 378.

Los pagos que se efectúen por el penado por uno o varios de los delitos a que se refieren los artículos 361 al 372 se imputarán por el orden siguiente:

1.º A la reparación del daño causado e indemnización de perjuicios.

2.º A la indemnización del Estado por el importe de los gastos que se hayan hecho por su cuenta en la causa.

3.º A la multa.

4.º A las costas del acusador particular o privado cuando se imponga en la sentencia su pago.

5.º A las demás costas procesales, incluso las de la defensa del procesado, sin preferencia entre los interesados.

Modificado por LO 1/2015, de 30 de marzo.

Ver art. 126 CP.

CAPÍTULO IV
De los delitos contra la Seguridad Vial

ART. 379.

1. El que condujere un vehículo de motor o un ciclomotor a velocidad superior en sesenta kilómetros por hora en vía urbana o en ochenta kilómetros por hora en vía interurbana a la permitida reglamentariamente, será castigado con la pena de prisión de tres a seis meses o con la de multa de seis a doce meses o con la de trabajos en beneficio de la comunidad de treinta y uno a noventa días, y, en cualquier caso, con la de privación del derecho a conducir vehículos a motor y ciclomotores por tiempo superior a uno y hasta cuatro años.

2. Con las mismas penas será castigado el que condujere un vehículo de motor o ciclomotor bajo la influencia de drogas tóxicas, estupefacientes, sustancias psicotrópicas o de bebidas alcohólicas. En todo caso será condenado con dichas penas el que condujere con una tasa de alcohol en aire espirado superior a 0,60 miligramos por litro o con una tasa de alcohol en sangre superior a 1,2 gramos por litro.

Ver RDLeg. 8/2004, de 29 de octubre, que aprueba el texto refundido de la Ley sobre responsabilidad civil y seguro en la circulación de vehículos a motor; RDLeg. 6/2015, de 30 de octubre, TR de la Ley sobre Tráfico, Circulación de Vehículos a Motor y Seguridad Vial; RD 1428/2003, de 21 de noviembre, por el que se aprueba el Reglamento General de la Circulación; Ley 20/2015, de 14 de julio, de ordenación, supervisión y solvencia de las entidades aseguradoras y reaseguradoras.

ART. 380.

1. El que condujere un vehículo a motor o un ciclomotor con temeridad manifiesta y pusiere en concreto peligro la vida o la integridad de las personas será castigado con las penas de prisión de seis meses a dos años y privación del derecho a conducir vehículos a motor y ciclomotores por tiempo superior a uno y hasta seis años.

2. A los efectos del presente precepto se reputará manifiestamente temeraria la conducción en la que concurrieren las circunstancias previstas en el apartado primero y en el inciso segundo del apartado segundo del artículo anterior.

ART. 381.

1. Será castigado con las penas de prisión de dos a cinco años, multa de doce a veinticuatro meses y privación del derecho a conducir vehículos a motor y ciclomotores durante un período de seis a diez años el que, con manifiesto desprecio por la vida de los demás, realizare la conducta descrita en el artículo anterior.

2. Cuando no se hubiere puesto en concreto peligro la vida o la integridad de las personas, las penas serán de prisión de uno a dos años, multa de seis a doce meses y privación del derecho a conducir vehículos a motor y ciclomotores por el tiempo previsto en el párrafo anterior.

Ver Ley sobre responsabilidad civil y seguro en la circulación de vehículos a motor, aprobada por RDLeg. 8/2004, de 29 de octubre; 384 CP.

ART. 382.

Cuando con los actos sancionados en los artículos 379, 380 y 381 se ocasionare, además del riesgo prevenido, un resultado lesivo constitutivo de delito, cualquiera que sea su gravedad, los Jueces o Tribunales apreciarán tan sólo la infracción más gravemente penada, aplicando la pena en su mitad superior y condenando, en todo caso, al resarcimiento de la responsabilidad civil que se hubiera originado.

Cuando el resultado lesivo concurra con un delito del artículo 381, se impondrá en todo caso la pena de privación del derecho a conducir vehículos a motor y ciclomotores prevista en este precepto en su mitad superior.

Modificado por Ley Orgánica 2/2019, de 1 de marzo, de modificación de la Ley Orgánica 10/1995, de 23 de noviembre, del Código Penal, en materia de imprudencia en la conducción de vehículos a motor o ciclomotor y sanción del abandono del lugar del accidente. (BOE de 02-03-2019). (Vigencia desde 03/03/2019)

Ver art. 12 RDLeg. 6/2015, de 30 de octubre, TR de la Ley sobre Tráfico, Circulación de Vehículos a Motor y Seguridad Vial; arts. 4 a 7 Reglamento General de Circulación.

ART. 382 bis.

1. El conductor de un vehículo a motor o de un ciclomotor que, fuera de los casos contemplados en el artículo 195, voluntariamente y sin que concurra riesgo propio o de terceros, abandone el lugar de los hechos tras causar un accidente en el que fallecieren una o varias personas o en el que se les causare alguna de las lesiones a que se refieren los artículos 147.1, 149 y 150, será castigado como autor de un delito de abandono del lugar del accidente.

2. Los hechos contemplados en este artículo que tuvieran su origen en una acción imprudente del conductor, serán castigados con la pena de prisión de seis meses a cuatro años y privación del derecho a conducir vehículos a motor y ciclomotores de uno a cuatro años.

3. Si el origen de los hechos que dan lugar al abandono fuera fortuito le corresponderá una pena de tres a seis meses de prisión y privación del derecho a conducir vehículos a motor y ciclomotores de seis meses a dos años.

Apdo. 1 modificado por Ley Orgánica 11/2022, de 13 de septiembre, de modificación del Código Penal en materia de imprudencia en la conducción de vehículos a motor o ciclomotor. (BOE de 14-09-2022). En vigor desde el 15/09/2022.

Añadido por Ley Orgánica 2/2019, de 1 de marzo, de modificación de la Ley Orgánica 10/1995, de 23 de noviembre, del Código Penal, en materia de imprudencia en la conducción de vehículos a motor o ciclomotor y sanción del abandono del lugar del accidente. (BOE de 02-03-2019). (Vigencia desde 03/03/2019)

ART. 383.

El conductor que, requerido por un agente de la autoridad, se negare a someterse a las pruebas legalmente establecidas para la comprobación de las tasas de alcoholemia y la presencia de las drogas tóxicas, estupefacientes y sustancias psicotrópicas a que se refieren los artículos anteriores, será castigado con las penas de prisión de seis meses a un año y privación del derecho a conducir vehículos a motor y ciclomotores por tiempo superior a uno y hasta cuatro años.

ART. 384.

El que condujere un vehículo de motor o ciclomotor en los casos de pérdida de vigencia del permiso o licencia por pérdida total de los puntos asignados legalmente, será castigado con la pena de prisión de tres a seis meses o con la de multa de doce a veinticuatro meses o con la de trabajos en beneficio de la comunidad de treinta y uno a noventa días.

La misma pena se impondrá al que realizare la conducción tras haber sido privado cautelar o definitivamente del permiso o licencia por decisión judicial y al que condujere un vehículo de motor o ciclomotor sin haber obtenido nunca permiso o licencia de conducción.

Ver arts. 381 y 385 CP.

ART. 385.

Será castigado con la pena de prisión de seis meses a dos años o a las de multa de doce a veinticuatro meses y trabajos en beneficio de la comunidad de diez a cuarenta días, el que originare un grave riesgo para la circulación de alguna de las siguientes formas:

1.ª Colocando en la vía obstáculos imprevisibles, derramando sustancias deslizantes o inflamables o mutando, sustrayendo o anulando la señalización o por cualquier otro medio.

2.ª No restableciendo la seguridad de la vía, cuando haya obligación de hacerlo.

Ver arts. 127, 128 y 384 CP.

ART. 385 bis.

El vehículo a motor o ciclomotor utilizado en los hechos previstos en este Capítulo se considerará instrumento del delito a los efectos de los artículos 127 y 128.

ART. 385 ter.

En los delitos previstos en los artículos 379, 383, 384 y 385, el Juez o Tribunal, razonándolo en sentencia, podrá rebajar en un grado la pena de prisión en atención a la menor entidad del riesgo causado y a las demás circunstancias del hecho.

TÍTULO XVIII
De las falsedades

CAPÍTULO I
De la falsificación de moneda y efectos timbrados

ART. 386.

1. Será castigado con la pena de prisión de ocho a doce años y multa del tanto al décuplo del valor aparente de la moneda:

1.º El que altere la moneda o fabrique moneda falsa.

2.º El que exporte moneda falsa o alterada o la importe a España o a cualquier otro Estado miembro de la Unión Europea.

3.º El que transporte, expenda o distribuya moneda falsa o alterada con conocimiento de su falsedad.

2. Si la moneda falsa fuera puesta en circulación se impondrá la pena en su mitad superior.

La tenencia, recepción u obtención de moneda falsa para su expedición o distribución o puesta en circulación será castigada con la pena inferior en uno o dos grados, atendiendo al valor de aquélla y al grado de connivencia con el falsificador, alterador, introductor o exportador.

3. El que habiendo recibido de buena fe moneda falsa la expenda o distribuya después de constarle su falsedad será castigado con la pena de prisión de tres a seis meses o multa de seis a veinticuatro meses. No obstante, si el valor aparente de la moneda no excediera de 400 euros, se impondrá la pena de multa de uno a tres meses.

4. Si el culpable perteneciere a una sociedad, organización o asociación, incluso de carácter transitorio, que se dedicare a la realización de estas actividades, el juez o tribunal podrá imponer alguna o algunas de las consecuencias previstas en el artículo 129 de este Código.

5. Cuando, de acuerdo con lo establecido en el artículo 31 bis, una persona jurídica sea responsable de los anteriores delitos, se le impondrá la pena de multa del triple al décuplo del valor aparente de la moneda. Atendidas las reglas establecidas en el artículo 66 bis, los jueces y tribunales podrán asimismo imponer las penas recogidas en las letras b) a g) del apartado 7 del artículo 33.

Apdos. 1 y 5 modificados por Ley Orgánica 1/2019, de 20 de febrero, por la que se modifica la Ley Orgánica 10/1995, de 23 de noviembre, del Código Penal, para transponer Directivas de la Unión Europea en los ámbitos financiero y de terrorismo, y abordar cuestiones de índole internacional. (BOE de 21-02-2019). (Vigencia desde 13/03/2019).

Ver arts. 23.3, 23.4 d) y 65.1.º b) LOPJ; 3 Ley de Indulto de 18-6-1870; 127 CP; 282 bis LECrim.

ART. 387.

A los efectos del artículo anterior, se entiende por moneda la metálica y el papel moneda de curso legal y aquella que no ha sido todavía emitida o puesta en circulación oficialmente pero que está destinada a su circulación como moneda de curso legal. Se equipararán a la moneda nacional las de otros países de la Unión Europea y las extranjeras.

Se tendrá igualmente por moneda falsa aquella que, pese a ser realizada en las instalaciones y con los materiales legales, se realiza incumpliendo, a sabiendas, las condiciones de emisión que hubiere puesto la autoridad competente o cuando se emita no existiendo orden de emisión alguna.

Primer párrafo modificado por Ley Orgánica 1/2019, de 20 de febrero, por la que se modifica la Ley Orgánica 10/1995, de 23 de noviembre, del Código Penal, para transponer Directivas de la Unión Europea en los ámbitos financiero y de terrorismo, y abordar cuestiones de índole internacional. (BOE de 21-02-2019). (Vigencia desde 13/03/2019).

Ver art. 2 LO 10/1998, de 17 de diciembre, complementaria de la Ley sobre introducción del euro.

ART. 388.

La condena de un Tribunal extranjero, impuesta por delito de la misma naturaleza de los comprendidos en este Capítulo, será equiparada a las sentencias de los Jueces o Tribunales españoles a los efectos de reincidencia, salvo que el antecedente penal haya sido cancelado o pudiese serlo con arreglo al Derecho español.

Ver arts. 22 y 136 CP; 23 LOPJ.

ART. 389.

El que falsificare o expendiere, en connivencia con el falsificador, sellos de correos o efectos timbrados, o los introdujera en España conociendo su falsedad, será castigado con la pena de prisión de seis meses a tres años.

El adquirente de buena fe de sellos de correos o efectos timbrados que, conociendo su falsedad, los distribuyera o utilizara será castigado con la pena de prisión de tres a seis meses o multa de seis a veinticuatro meses. No obstante, si el valor aparente de los sellos o efectos timbrados no excediera de 400 euros, se impondrá la pena de multa de uno a tres meses.

Párrafo 2.º modificado por LO 1/2015, de 30 de marzo.

CAPÍTULO II
De las falsedades documentales

Sección 1.ª De la falsificación de documentos públicos, oficiales y mercantiles y de los despachos transmitidos por servicios de telecomunicación

ART. 390.

1. Será castigado con las penas de prisión de tres a seis años, multa de seis a veinticuatro meses e inhabilitación especial por tiempo de dos a seis años, la autoridad o funcionario público que, en el ejercicio de sus funciones, cometa falsedad:

1.º Alterando un documento en alguno de sus elementos o requisitos de carácter esencial.

2.º Simulando un documento en todo o en parte, de manera que induzca a error sobre su autenticidad.

3.º Suponiendo en un acto la intervención de personas que no la han tenido, o atribuyendo a las que han intervenido en él declaraciones o manifestaciones diferentes de las que hubieran hecho.

4.º Faltando a la verdad en la narración de los hechos.

2. Será castigado con las mismas penas a las señaladas en el apartado anterior el responsable de cualquier confesión religiosa que incurra en alguna de las conductas descritas en los números anteriores, respecto de actos y documentos que puedan producir efecto en el estado de las personas o en el orden civil.

Ver arts. 24 y 26, 290, 292, 327 c) CP; 681, 1216, 1217, 1218 y 1817 CC; 954 LECrim; RD 1553/2005, que regula la expedición del DNI y sus certificados de firma electrónica; Ley 8/1989, de 13 de abril, sobre tasas y precios públicos; Ley 49/2003, de 26 de noviembre, de arrendamientos rústicos; 25.5 Ley de arrendamientos urbanos 29/1994, de 24 de noviembre; Ley 6/2020, de 11 de noviembre, reguladora de determinados aspectos de los servicios electrónicos de confianza; 4 LO 4/2000, de 11 de enero, sobre derechos y libertades de los extranjeros en España y su integración social; 40.4 y 510.2.º LEC; arts. 16 CE; 59, 60, 61, 63 y 80 CC; LO 7/1980, de 5 de julio, de libertad religiosa; RD 594/2015, de 3 de julio, por el que se regula el Registro de Entidades Religiosas; Leyes 24, 25 y 26/1992, de 10 de noviembre, sobre efectos de los matrimonios civiles celebrados ante ministros de culto de iglesias evangélicas, de comunidades israelitas y en la forma establecida en la ley islámica.

ART. 391.

La autoridad o funcionario público que por imprudencia grave incurriere en alguna de las falsedades previstas en el artículo anterior o diere lugar a que otro las cometa, será castigado con la pena de multa de seis a doce meses y suspensión de empleo o cargo público por tiempo de seis meses a un año.

Ver arts. 23 Ley del Notariado, de 28 de mayo de 1862; 187 Rgto. Notarial de 2-6-1944; RD 1553/2005, de 23 de diciembre, que regula la expedición del DNI y sus certificados de firma electrónica.

ART. 392.

1. El particular que cometiere en documento público, oficial o mercantil, alguna de las falsedades descritas en los tres primeros números del apartado 1 del artículo 390, será castigado con las penas de prisión de seis meses a tres años y multa de seis a doce meses.

2. Las mismas penas se impondrán al que, sin haber intervenido en la falsificación, traficare de cualquier modo con un documento de identidad falso. Se impondrá la pena de

prisión de seis meses a un año y multa de tres a seis meses al que hiciere uso, a sabiendas, de un documento de identidad falso.

Esta disposición es aplicable aun cuando el documento de identidad falso aparezca como perteneciente a otro Estado de la Unión Europea o a un tercer Estado o haya sido falsificado o adquirido en otro Estado de la Unión Europea o en un tercer Estado si es utilizado o se trafica con él en España.

Ver arts. 390 CP; 681 CC; Ley 19/1985, de 16 de julio, cambiaria y del cheque.

ART. 393.

El que, a sabiendas de su falsedad, presentare en juicio o, para perjudicar a otro, hiciere uso de un documento falso de los comprendidos en los artículos precedentes, será castigado con la pena inferior en grado a la señalada a los falsificadores.

Ver arts. 954 LECrim; 461 CP.

ART. 394.

1. La autoridad o funcionario público encargado de los servicios de telecomunicación que supusiere o falsificare un despacho telegráfico u otro propio de dichos servicios, incurrirá en la pena de prisión de seis meses a tres años e inhabilitación especial por tiempo de dos a seis años.

2. El que, a sabiendas de su falsedad, hiciere uso del despacho falso para perjudicar a otro, será castigado con la pena inferior en grado a la señalada a los falsificadores.

Ver art. 305 CP.

Sección 2.ª De la falsificación de documentos privados

ART. 395.

El que, para perjudicar a otro, cometiere en documento privado alguna de las falsedades previstas en los tres primeros números del apartado 1 del artículo 390, será castigado con la pena de prisión de seis meses a dos años.

Ver arts. 1225 y sigs. CC.

ART. 396.

El que, a sabiendas de su falsedad, presentare en juicio o, para perjudicar a otro, hiciere uso de un documento falso de los comprendidos en el artículo anterior, incurrirá en la pena inferior en grado a la señalada a los falsificadores.

Ver art. 461 CP.

Sección 3.ª De la falsificación de certificados

ART. 397.

El facultativo que librare certificado falso será castigado con la pena de multa de tres a doce meses.

ART. 398.

La autoridad o funcionario público que librare certificación falsa con escasa trascendencia en el tráfico jurídico será castigado con la pena de suspensión de seis meses a dos años.

Este precepto no será aplicable a los certificados relativos a la Seguridad Social y a la Hacienda Pública.

ART. 399.

1. El particular que falsificare una certificación de las designadas en los artículos anteriores será castigado con la pena de multa de tres a seis meses.

2. La misma pena se impondrá al que hiciere uso, a sabiendas, de la certificación, así como al que, sin haber intervenido en su falsificación, traficare con ella de cualquier modo.

3. Esta disposición es aplicable aun cuando el certificado aparezca como perteneciente a otro Estado de la Unión Europea o a un tercer Estado o haya sido falsificado o adquirido en otro Estado de la Unión Europea o en un tercer Estado si es utilizado en España.

Sección 4.ª De la falsificación de tarjetas de crédito y débito, cheques de viaje y demás instrumentos de pago distintos del efectivo

Rúbrica modificada por Ley Orgánica 14/2022, de 22 de diciembre, de transposición de directivas europeas y otras disposiciones para la adaptación de la legislación penal al ordenamiento de la Unión Europea, y reforma de los delitos contra la integridad moral, desórdenes públicos y contrabando de armas de doble uso. (BOE de 23-12-2022).

ART. 399 bis.

1. El que altere, copie, reproduzca o de cualquier otro modo falsifique tarjetas de crédito o débito, cheques de viaje o cualquier otro instrumento de pago distinto del efectivo, será castigado con la pena de prisión de cuatro a ocho años.

Se impondrá la pena en su mitad superior cuando los efectos falsificados afecten a una generalidad de personas o cuando los hechos se cometan en el marco de una organización criminal dedicada a estas actividades.

Cuando de acuerdo con lo establecido en el artículo 31 bis una persona jurídica sea responsable de los anteriores delitos, se le impondrá la pena de multa de dos a cinco años. Atendidas las reglas establecidas en el artículo 66 bis, los jueces y tribunales podrán asimismo imponer las penas recogidas en las letras b) a g) del apartado 7 del artículo 33.

2. La tenencia de tarjetas de crédito o débito, cheques de viaje o cualesquiera otros instrumentos de pago distintos del efectivo falsificados, destinados a la distribución o tráfico será castigada con la pena señalada a la falsificación.

3. El que sin haber intervenido en la falsificación usare, en perjuicio de otro y a sabiendas de la falsedad, tarjetas de crédito o débito, cheques de viaje o cualesquiera otros instrumentos de pago distintos del efectivo falsificados, será castigado con la pena de prisión de dos a cinco años.

4. El que, para su utilización fraudulenta y a sabiendas de su falsedad, posea u obtenga, para sí o para un tercero, tarjetas de crédito o débito, cheques de viaje o cualquier otro instrumento de pago distinto del efectivo será castigado con pena de prisión de uno a dos años.

Modificado por Ley Orgánica 14/2022, de 22 de diciembre, de transposición de directivas europeas y otras disposiciones para la adaptación de la legislación penal al ordenamiento de la Unión Europea, y reforma de los delitos contra la integridad moral, desórdenes públicos y contrabando de armas de doble uso. (BOE de 23-12-2022).

ART. 399 ter.

A los efectos de este Código, se entiende por instrumento de pago distinto del efectivo cualquier dispositivo, objeto o registro protegido, material o inmaterial, o una combinación de estos, exceptuada la moneda de curso legal, que, por sí solo o en combinación con un procedimiento o conjunto de procedimientos, permite al titular o usuario transferir dinero o valor monetario incluso a través de medios digitales de intercambio.

Añadido por Ley Orgánica 14/2022, de 22 de diciembre, de transposición de directivas europeas y otras disposiciones para la adaptación de la legislación penal al ordenamiento de la Unión Europea, y reforma de los delitos contra la integridad moral, desórdenes públicos y contrabando de armas de doble uso. (BOE de 23-12-2022).

CAPÍTULO III
Disposiciones generales

ART. 400.

La fabricación, recepción, obtención, tenencia, distribución, puesta a disposición o comercialización de útiles, materiales, instrumentos, sustancias, datos y programas informáticos, aparatos, elementos de seguridad o cualquier otro medio diseñado o adaptado específicamente para la comisión de los delitos descritos en los capítulos anteriores, se castigarán con la pena señalada en cada caso para los autores.

Modificado por Ley Orgánica 14/2022, de 22 de diciembre, de transposición de directivas europeas y otras disposiciones para la adaptación de la legislación penal al ordenamiento de la Unión Europea, y reforma de los delitos contra la integridad moral, desórdenes públicos y contrabando de armas de doble uso. (BOE de 23-12-2022).

ART. 400 bis.

En los supuestos descritos en los artículos 392, 393, 394, 396 y 399 de este Código también se entenderá por uso de documento, despacho, certificación o documento de identidad falsos el uso de los correspondientes documentos, despachos, certificaciones o documentos de identidad auténticos realizado por quien no esté legitimado para ello.

CAPÍTULO IV
De la usurpación del estado civil

ART. 401.

El que usurpare el estado civil de otro será castigado con la pena de prisión de seis meses a tres años.

Ver art. 9.1.º CC; Ley del Registro Civil y su Reglamento; 220 y sigs. CP.

CAPÍTULO V
De la usurpación de funciones públicas y del intrusismo

ART. 402.

El que ilegítimamente ejerciere actos propios de una autoridad o funcionario público atribuyéndose carácter oficial, será castigado con la pena de prisión de uno a tres años.

ART. 402 bis.

El que sin estar autorizado usare pública e indebidamente uniforme, traje o insignia que le atribuyan carácter oficial será castigado con la pena de multa de uno a tres meses.

Añadido por LO 1/2015, de 30 de marzo.

ART. 403.

1. El que ejerciere actos propios de una profesión sin poseer el correspondiente título académico expedido o reconocido en España de acuerdo con la legislación vigente, incurrirá en la pena de multa de doce a veinticuatro meses. Si la actividad profesional desarrollada exigiere un título oficial que acredite la capacitación necesaria y habilite legalmente para su ejercicio, y no se estuviere en posesión de dicho título, se impondrá la pena de multa de seis a doce meses.

2. Se impondrá una pena de prisión de seis meses a dos años si concurriese alguna de las siguientes circunstancias:

a) Si el culpable, además, se atribuyese públicamente la cualidad de profesional amparada por el título referido.

b) Si el culpable ejerciere los actos a los que se refiere el apartado anterior en un local o establecimiento abierto al público en el que se anunciare la prestación de servicios propios de aquella profesión.

Modificado por LO 1/2015, de 30 de marzo.

Ver arts. 36 CE; Ley 2/1974, de 13 de febrero, sobre colegios profesionales; 38 LPPNA.

TÍTULO XIX
Delitos contra la Administración Pública

CAPÍTULO I
De la prevaricación de los funcionarios públicos y otros comportamientos injustos

ART. 404.

A la autoridad o funcionario público que, a sabiendas de su injusticia, dictare una resolución arbitraria en un asunto administrativo se le castigará con la pena de inhabilitación especial para empleo o cargo público y para el ejercicio del derecho de sufragio pasivo por tiempo de nueve a quince años.

Modificado por LO 1/2015, de 30 de marzo.

Ver arts. 320, 322, 329 y 446 a 449 CP; 37 LRJSP.

ART. 405.

A la autoridad o funcionario público que, en el ejercicio de su competencia y a sabiendas de su ilegalidad, propusiere, nombrare o diere posesión para el ejercicio de un determinado cargo público a cualquier persona sin que concurran los requisitos legalmente establecidos para ello, se le castigará con las penas de multa de tres a ocho meses y suspensión de empleo o cargo público por tiempo de uno a tres años.

Modificado por LO 1/2015, de 30 de marzo.

ART. 406.

La misma pena de multa se impondrá a la persona que acepte la propuesta, nombramiento o toma de posesión mencionada en el artículo anterior, sabiendo que carece de los requisitos legalmente exigibles.

CAPÍTULO II
Del abandono de destino y de la omisión del deber de perseguir delitos

ART. 407.

1. A la autoridad o funcionario público que abandonare su destino con el propósito de no impedir o no perseguir cualquiera de los delitos comprendidos en los Títulos XXI, XXII, XXIII y XXIV se le castigará con la pena de prisión de uno a cuatro años e inhabilitación absoluta para empleo o cargo público por tiempo de seis a diez años. Si hubiera realizado el abandono para no impedir o no perseguir cualquier otro delito, se le impondrá la pena de inhabilitación especial para empleo o cargo público por tiempo de uno a tres años.

2. Las mismas penas se impondrán, respectivamente, cuando el abandono tenga por objeto no ejecutar las penas correspondientes a estos delitos impuestas por la autoridad judicial competente.

Ver D.A. 2.ª Ley del Jurado.

ART. 408.

La autoridad o funcionario que, faltando a la obligación de su cargo, dejare intencionadamente de promover la persecución de los delitos de que tenga noticia o de sus responsables, incurrirá en la pena de inhabilitación especial para empleo o cargo público por tiempo de seis meses a dos años.

Ver arts. 262 LECrim; 5 Estatuto Orgánico del Ministerio Fiscal; 4.2 LO 2/1986, de cuerpos y fuerzas de seguridad del Estado; 412 CP.

ART. 409.

A las autoridades o funcionarios públicos que promovieren, dirigieren u organizaren el abandono colectivo y manifiestamente ilegal de un servicio público, se les castigará con la pena de multa de ocho a doce meses y suspensión de empleo o cargo público por tiempo de seis meses a dos años.

Las autoridades o funcionarios públicos que meramente tomaren parte en el abandono colectivo o manifiestamente ilegal de un servicio público esencial y con grave perjuicio de éste o de la comunidad, serán castigados con la pena de multa de ocho a doce meses.

CAPÍTULO III
De la desobediencia y denegación de auxilio

ART. 410.

1. Las autoridades o funcionarios públicos que se negaren abiertamente a dar el debido cumplimiento a resoluciones judiciales, decisiones u órdenes de la autoridad superior, dictadas dentro del ámbito de su respectiva competencia y revestidas de las formalidades legales, incurrirán en la pena de multa de tres a doce meses e inhabilitación especial para empleo o cargo público por tiempo de seis meses a dos años.

2. No obstante lo dispuesto en el apartado anterior, no incurrirán en responsabilidad criminal las autoridades o funcionarios por no dar cumplimiento a un mandato que constituya

una infracción manifiesta, clara y terminante de un precepto de Ley o de cualquier otra disposición general.

Ver arts. 103.1 y 118 CE; 48.10 y 112 b) LJCA; 79 Decreto 315/1964, de 7 de febrero, que aprueba el texto articulado de la Ley de funcionarios civiles del Estado.

ART. 411.

La autoridad o funcionario público que, habiendo suspendido, por cualquier motivo que no sea el expresado en el apartado segundo del artículo anterior, la ejecución de las órdenes de sus superiores, las desobedeciere después de que aquéllos hubieren desaprobado la suspensión, incurrirá en las penas de multa de doce a veinticuatro meses, e inhabilitación especial para empleo o cargo público por tiempo de uno a tres años.

ART. 412.

1. El funcionario público que, requerido por autoridad competente, no prestare el auxilio debido para la Administración de Justicia u otro servicio público, incurrirá en las penas de multa de tres a doce meses, y suspensión de empleo o cargo público por tiempo de seis meses a dos años.

2. Si el requerido fuera autoridad, jefe o responsable de una fuerza pública o un agente de la autoridad, se impondrán las penas de multa de doce a dieciocho meses y suspensión de empleo o cargo público por tiempo de dos a tres años.

3. La autoridad o funcionario público que, requerido por un particular a prestar algún auxilio a que venga obligado por razón de su cargo para evitar un delito contra la vida de las personas, se abstuviera de prestarlo, será castigado con la pena de multa de dieciocho a veinticuatro meses e inhabilitación especial para empleo o cargo público por tiempo de tres a seis años.

Si se tratase de un delito contra la integridad, libertad sexual, salud o libertad de las personas, será castigado con la pena de multa de doce a dieciocho meses y suspensión de empleo o cargo público de uno a tres años.

En el caso de que tal requerimiento lo fuera para evitar cualquier otro delito u otro mal, se castigará con la pena de multa de tres a doce meses y suspensión de empleo o cargo público por tiempo de seis meses a dos años.

Ver arts. 408 y 450 CP; 17 y 399 LOPJ.

CAPÍTULO IV
De la infidelidad en la custodia de documentos y de la violación de secretos

ART. 413.

La autoridad o funcionario público que, a sabiendas, sustrajere, destruyere, inutilizare u ocultare, total o parcialmente, documentos cuya custodia le esté encomendada por razón de su cargo, incurrirá en las penas de prisión de uno a cuatro años, multa de siete a veinticuatro meses, e inhabilitación especial para empleo o cargo público por tiempo de tres a seis años.

Ver arts. 234, 237, 263 y 565 CP.

ART. 414.

1. A la autoridad o funcionario público que, por razón de su cargo, tenga encomendada la custodia de documentos respecto de los que la autoridad competente haya restringido el acceso, y que a sabiendas destruya o inutilice los medios puestos para impedir ese acceso o consienta su destrucción o inutilización, incurrirá en la pena de prisión de seis meses a un año o multa de seis a veinticuatro meses y, en cualquier caso, inhabilitación especial para empleo o cargo público por tiempo de uno a tres años.

2. El particular que destruyere o inutilizare los medios a que se refiere el apartado anterior, será castigado con la pena de multa de seis a dieciocho meses.

Ver art. 263 CP.

ART. 415.

La autoridad o funcionario público no comprendido en el artículo anterior que, a sabiendas y sin la debida autorización, accediere o permitiere acceder a documentos secretos cuya custodia le esté confiada por razón de su cargo, incurrirá en la pena de multa de seis a doce meses, e inhabilitación especial para empleo o cargo público por tiempo de uno a tres años.

Ver Ley 9/1968, de 5 de abril, de secretos oficiales; 201 y 278 a 280 CP.

ART. 416.

Serán castigados con las penas de prisión o multa inmediatamente inferiores a las respectivamente señaladas en los tres artículos anteriores los particulares encargados accidentalmente del despacho o custodia de documentos, por comisión del Gobierno o de las autoridades o funcionarios públicos a quienes hayan sido confiados por razón de su cargo, que incurran en las conductas descritas en los mismos.

ART. 417.

1. La autoridad o funcionario público que revelare secretos o informaciones de los que tenga conocimiento por razón de su oficio o cargo y que no deban ser divulgados, incurrirá en la pena de multa de doce a dieciocho meses e inhabilitación especial para empleo o cargo público por tiempo de uno a tres años.

Si de la revelación a que se refiere el párrafo anterior resultara grave daño para la causa pública o para tercero, la pena será de prisión de uno a tres años, e inhabilitación especial para empleo o cargo público por tiempo de tres a cinco años.

2. Si se tratara de secretos de un particular, las penas serán las de prisión de dos a cuatro años, multa de doce a dieciocho meses, y suspensión de empleo o cargo público por tiempo de uno a tres años.

Ver arts. 198, 415, 466, 535 y 536 CP.

ART. 418.

El particular que aprovechare para sí o para un tercero el secreto o la información privilegiada que obtuviere de un funcionario público o autoridad, será castigado con multa del tanto al triplo del beneficio obtenido o facilitado y la pérdida de la posibilidad de obtener subvenciones o ayudas públicas y del derecho a gozar de los beneficios o incentivos fiscales o de la Seguridad Social durante el período de uno a tres años. Si resultara grave daño para la causa pública o para tercero, la pena será de prisión de uno a seis años y la pérdida de la posibilidad de obtener subvenciones o ayudas públicas y del derecho a gozar de los beneficios o incentivos fiscales o de la Seguridad Social durante el periodo de seis a diez años.

Modificado por LO 1/2015, de 30 de marzo.

Ver arts. 442 CP; 226 RDLeg. 4/2015, de 23 de octubre, TR de la Ley del mercado de valores.

CAPÍTULO V
Del cohecho

ART. 419.

La autoridad o funcionario público que, en provecho propio o de un tercero, recibiere o solicitare, por sí o por persona interpuesta, dádiva, favor o retribución de cualquier clase o aceptare ofrecimiento o promesa para realizar en el ejercicio de su cargo un acto contrario a los deberes inherentes al mismo o para no realizar o retrasar injustificadamente el que debiera practicar, incurrirá en la pena de prisión de tres a seis años, multa de doce a veinticuatro meses, e inhabilitación especial para empleo o cargo público y para el ejercicio del derecho de sufragio pasivo por tiempo de nueve a doce años, sin perjuicio de la pena correspondiente al acto realizado, omitido o retrasado en razón de la retribución o promesa, si fuera constitutivo de delito.

Modificado por LO 1/2015, de 30 de marzo.

ART. 420.

La autoridad o funcionario público que, en provecho propio o de un tercero, recibiere o solicitare, por sí o por persona interpuesta, dádiva, favor o retribución de cualquier clase o aceptare ofrecimiento o promesa para realizar un acto propio de su cargo, incurrirá en la pena de prisión de dos a cuatro años, multa de doce a veinticuatro meses e inhabilitación especial para empleo o cargo público y para el ejercicio del derecho de sufragio pasivo por tiempo de cinco a nueve años.

Modificado por LO 1/2015, de 30 de marzo.

ART. 421.

Las penas señaladas en los artículos precedentes se impondrán también cuando la dádiva, favor o retribución se recibiere o solicitare por la autoridad o funcionario público, en sus respectivos casos, como recompensa por la conducta descrita en dichos artículos.

ART. 422.

La autoridad o funcionario público que, en provecho propio o de un tercero, admitiera, por sí o por persona interpuesta, dádiva o regalo que le fueren ofrecidos en consideración a su cargo o función, incurrirá en la pena de prisión de seis meses a un año y suspensión de empleo y cargo público de uno a tres años.

ART. 423.

Lo dispuesto en los artículos precedentes será igualmente aplicable a los jurados y árbitros, nacionales o internacionales, así como a mediadores, peritos, administradores o interventores designados judicialmente, administradores concursales o a cualesquiera personas que participen en el ejercicio de la función pública.

Modificado por Ley Orgánica 1/2019, de 20 de febrero, por la que se modifica la Ley Orgánica 10/1995, de 23 de noviembre, del Código Penal, para transponer Directivas de la Unión Europea en los ámbitos financiero y de terrorismo, y abordar cuestiones de índole internacional. (BOE de 21-02-2019). (Vigencia desde 13/03/2019).

ART. 424.

1. El particular que ofreciere o entregare dádiva o retribución de cualquier otra clase a una autoridad, funcionario público o persona que participe en el ejercicio de la función pública para que realice un acto contrario a los deberes inherentes a su cargo o un acto propio de su cargo, para que no realice o retrase el que debiera practicar, o en consideración a su cargo o función, será castigado en sus respectivos casos, con las mismas penas de prisión y multa que la autoridad, funcionario o persona corrompida.

2. Cuando un particular entregare la dádiva o retribución atendiendo la solicitud de la autoridad, funcionario público o persona que participe en el ejercicio de la función pública, se le impondrán las mismas penas de prisión y multa que a ellos les correspondan.

3. Si la actuación conseguida o pretendida de la autoridad o funcionario tuviere relación con un procedimiento de contratación, de subvenciones o de subastas convocados por las Administraciones o entes públicos, se impondrá al particular y, en su caso, a la sociedad, asociación u organización a que representare la pena de inhabilitación para obtener subvenciones y ayudas públicas, para contratar con entes, organismos o entidades que formen parte del sector público y para gozar de beneficios o incentivos fiscales y de la Seguridad Social por un tiempo de cinco a diez años.

Modificado por LO 1/2015, de 30 de marzo.

Ver arts. 23 y 67 CP.

ART. 425.

Cuando el soborno mediare en causa criminal a favor del reo por parte de su cónyuge u otra persona a la que se halle ligado de forma estable por análoga relación de afectividad, o de algún ascendiente, descendiente o hermano por naturaleza, por adopción o afines en los mismos grados, se impondrá al sobornador la pena de prisión de seis meses a un año.

ART. 426.

Quedará exento de pena por el delito de cohecho el particular que, habiendo accedido ocasionalmente a la solicitud de dádiva u otra retribución realizada por autoridad o funcionario público, denunciare el hecho a la autoridad que tenga el deber de proceder a su averiguación antes de la apertura del procedimiento, siempre que no haya transcurrido más de dos meses desde la fecha de los hechos.

ART. 427.

Lo dispuesto en los artículos precedentes será también aplicable cuando las conductas descritas sean realizadas por o afecten a:

a) Cualquier persona que ostente un cargo o empleo legislativo, administrativo o judicial de un país de la Unión Europea o de cualquier otro país extranjero, tanto por nombramiento como por elección.

b) Cualquier persona que ejerza una función pública para un país de la Unión Europea o cualquier otro país extranjero, incluido un organismo público o una empresa pública, para la Unión Europea o para otra organización internacional pública.

c) Cualquier funcionario o agente de la Unión Europea o de una organización internacional pública.

d) Cualquier persona a la que se haya asignado y que esté ejerciendo una función de servicio público que consista en la gestión, en los Estados miembros o en terceros países, de intereses financieros de la Unión Europea o en tomar decisiones sobre esos intereses.

Modificado por Ley Orgánica 1/2019, de 20 de febrero, por la que se modifica la Ley Orgánica 10/1995, de 23 de noviembre, del Código Penal, para transponer Directivas de la Unión Europea en los ámbitos financiero y de terrorismo, y abordar cuestiones de índole internacional. (BOE de 21-02-2019). (Vigencia desde 13/03/2019)

ART. 427 bis.

Cuando de acuerdo con lo establecido en el artículo 31 bis una persona jurídica sea responsable de los delitos recogidos en este Capítulo, se le impondrán las siguientes penas:

a) Multa de dos a cinco años, o del triple al quíntuple del beneficio obtenido cuando la cantidad resultante fuese más elevada, si el delito cometido por la persona física tiene prevista una pena de prisión de más de cinco años.

b) Multa de uno a tres años, o del doble al cuádruple del beneficio obtenido cuando la cantidad resultante fuese más elevada, si el delito cometido por la persona física tiene prevista una pena de más de dos años de privación de libertad no incluida en el anterior inciso.

c) Multa de seis meses a dos años, o del doble al triple del beneficio obtenido si la cantidad resultante fuese más elevada, en el resto de los casos.

Atendidas las reglas establecidas en el artículo 66 bis, los jueces y tribunales podrán asimismo imponer las penas recogidas en las letras b) a g) del apartado 7 del artículo 33.

Añadido por LO 1/2015, de 30 de marzo.

CAPÍTULO VI
Del tráfico de influencias

ART. 428.

El funcionario público o autoridad que influyere en otro funcionario público o autoridad prevaliéndose del ejercicio de las facultades de su cargo o de cualquier otra situación derivada de su relación personal o jerárquica con éste o con otro funcionario o autoridad para conseguir una resolución que le pueda generar directa o indirectamente un beneficio económico para sí o para un tercero, incurrirá en las penas de prisión de seis meses a dos años, multa del tanto al duplo del beneficio perseguido u obtenido e inhabilitación especial para empleo o cargo público y para el ejercicio del derecho de sufragio pasivo por tiempo de cinco a nueve años. Si obtuviere el beneficio perseguido, estas penas se impondrán en su mitad superior.

Añadido por LO 1/2015, de 30 de marzo.

Ver art. 285 CP.

ART. 429.

El particular que influyere en un funcionario público o autoridad prevaliéndose de cualquier situación derivada de su relación personal con éste o con otro funcionario público o autoridad para conseguir una resolución que le pueda generar directa o indirectamente un beneficio económico para sí o para un tercero, será castigado con las penas de prisión de seis meses a dos años, multa del tanto al duplo del beneficio perseguido u obtenido, y prohibición de contratar con el sector público, así como la pérdida de la posibilidad de obtener subvenciones o ayudas públicas y del derecho a gozar de beneficios o incentivos fiscales y de la Seguridad Social por tiempo de seis a diez años. Si obtuviere el beneficio perseguido, estas penas se impondrán en su mitad superior.

Añadido por LO 1/2015, de 30 de marzo.

ART. 430.

Los que, ofreciéndose a realizar las conductas descritas en los dos artículos anteriores, solicitaren de terceros dádivas, presentes o cualquier otra remuneración, o aceptaren ofrecimiento o promesa, serán castigados con la pena de prisión de seis meses a un año. Si el delito fuere cometido por autoridad o funcionario público se le impondrá, además, la pena de inhabilitación especial para cargo o empleo público y para el ejercicio del derecho de sufragio pasivo por tiempo de uno a cuatro años.

Cuando de acuerdo con lo establecido en el artículo 31 bis una persona jurídica sea responsable de los delitos recogidos en este Capítulo, se le impondrá la pena de multa de seis meses a dos años.

Atendidas las reglas establecidas en el artículo 66 bis, los jueces y tribunales podrán asimismo imponer las penas recogidas en las letras b) a g) del apartado 7 del artículo 33.

Modificado por LO 1/2015, de 30 de marzo.

ART. 431.

A los efectos de este capítulo se entenderán funcionarios públicos los determinados por los artículos 24 y 427.

Se añade contenido a este artículo por Ley Orgánica 1/2019, de 20 de febrero, por la que se modifica la Ley Orgánica 10/1995, de 23 de noviembre, del Código Penal, para transponer Directivas de la Unión Europea en los ámbitos financiero y de terrorismo, y abordar cuestiones de índole internacional. (BOE de 21-02-2019). (Vigencia desde 13/03/2019).

CAPÍTULO VII
De la malversación

ART. 432.

1. La autoridad o funcionario público que, con ánimo de lucro, se apropiare o consintiere que un tercero, con igual ánimo, se apropie del patrimonio público que tenga a su cargo por razón de sus funciones o con ocasión de las mismas, será castigado con una pena de prisión de dos a seis años, inhabilitación especial para cargo o empleo público y para el ejercicio del derecho de sufragio pasivo por tiempo de seis a diez años.

2. Se impondrán las penas de prisión de cuatro a ocho años e inhabilitación absoluta por tiempo de diez a veinte años si en los hechos que se refieren en el apartado anterior hubiere concurrido alguna de las circunstancias siguientes:

a) se hubiera causado un daño o entorpecimiento graves al servicio público,

b) el valor del perjuicio causado o del patrimonio público apropiado excediere de 50.000 euros,

c) las cosas malversadas fueran de valor artístico, histórico, cultural o científico; o si se tratare de efectos destinados a aliviar alguna calamidad pública.

Si el valor del perjuicio causado o del patrimonio público apropiado excediere de 250.000 euros, se impondrá la pena de prisión en su mitad superior, pudiéndose llegar hasta la superior en grado.

3. Los hechos a que se refiere el presente artículo serán castigados con una pena de prisión de uno a dos años y multa de tres meses y un día a doce meses, y en todo caso inhabilitación especial para cargo o empleo público y derecho de sufragio pasivo por tiempo de uno a cinco años, cuando el perjuicio causado o el valor del patrimonio público sea inferior a 4.000 euros.

Modificado por Ley Orgánica 14/2022, de 22 de diciembre, de transposición de directivas europeas y otras disposiciones para la adaptación de la legislación penal al ordenamiento de la Unión Europea, y reforma de los delitos contra la integridad moral, desórdenes públicos y contrabando de armas de doble uso. (BOE de 23-12-2022).

Ver LO 2/1982, de 12 de mayo, del Tribunal de Cuentas; Ley 7/1988, de 5 de abril, de funcionamiento del Tribunal de Cuentas; art. 150 LOREG.

ART. 432 bis.

La autoridad o funcionario público que, sin ánimo de apropiárselo, destinare a usos privados el patrimonio público puesto a su cargo por razón de sus funciones o con ocasión de las mismas, incurrirá en la pena de prisión de seis meses a tres años, y suspensión de empleo o cargo público de uno a cuatro años.

Si el culpable no reintegrara los mismos elementos del patrimonio público distraídos dentro de los diez días siguientes al de la incoación del proceso, se le impondrán las penas del artículo anterior.

Añadido por Ley Orgánica 14/2022, de 22 de diciembre, de transposición de directivas europeas y otras disposiciones para la adaptación de la legislación penal al ordenamiento de la Unión Europea, y reforma de los delitos contra la integridad moral, desórdenes públicos y contrabando de armas de doble uso. (BOE de 23-12-2022).

ART. 433.

La autoridad o funcionario público que, sin estar comprendido en los artículos anteriores, diere al patrimonio público que administrare una aplicación pública diferente de aquélla a la que estuviere destinado, incurrirá en las penas de prisión de uno a cuatro años e inhabilitación especial de empleo o cargo público de dos a seis años, si resultare daño o entorpecimiento graves del servicio al que estuviere consignado, y de inhabilitación de empleo o cargo público de uno a tres años y multa de tres a doce meses, si no resultare.

Modificado por Ley Orgánica 14/2022, de 22 de diciembre, de transposición de directivas europeas y otras disposiciones para la adaptación de la legislación penal al ordenamiento de la Unión Europea, y reforma de los delitos contra la integridad moral, desórdenes públicos y contrabando de armas de doble uso. (BOE de 23-12-2022).

ART. 433 bis.

1. La autoridad o funcionario público que, de forma idónea para causar un perjuicio económico a la entidad pública de la que dependa, y fuera de los supuestos previstos en el artículo 390, falseare su contabilidad, los documentos que deban reflejar su situación económica o la información contenida en los mismos, será castigado con la pena de inhabilitación especial para empleo o cargo público por tiempo de uno a diez años y multa de doce a veinticuatro meses.

2. Con las mismas penas se castigará a la autoridad o funcionario público, que de forma idónea para causar un perjuicio económico a la entidad pública de la que dependa, facilite a terceros información mendaz relativa a la situación económica de la misma o alguno de los documentos o informaciones a que se refiere el apartado anterior.

3. Si se llegare a causar el perjuicio económico a la entidad, se impondrán las penas de prisión de uno a cuatro años, inhabilitación especial para empleo o cargo público por tiempo de tres a diez años y multa de doce a veinticuatro meses.

Añadido por LO 1/2015, de 30 de marzo.

ART. 433 ter.

A los efectos del presente Código, se entenderá por patrimonio público todo el conjunto de bienes y derechos, de contenido económico-patrimonial, pertenecientes a las Administraciones públicas.

Añadido por Ley Orgánica 14/2022, de 22 de diciembre, de transposición de directivas europeas y otras disposiciones para la adaptación de la legislación penal al ordenamiento de la Unión Europea, y reforma de los delitos contra la integridad moral, desórdenes públicos y contrabando de armas de doble uso. (BOE de 23-12-2022).

ART. 434.

Si el culpable de cualquiera de los hechos tipificados en este capítulo hubiere reparado de modo efectivo e íntegro el perjuicio causado al patrimonio público antes del inicio del juicio oral, o hubiera colaborado activa y eficazmente con las autoridades o sus agentes para obtener pruebas decisivas para la identificación o captura de otros responsables o para el completo esclarecimiento de los hechos delictivos, los jueces y tribunales impondrán al responsable de este delito la pena inferior en uno o dos grados.

Modificado por Ley Orgánica 14/2022, de 22 de diciembre, de transposición de directivas europeas y otras disposiciones para la adaptación de la legislación penal al ordenamiento de la Unión Europea, y reforma de los delitos contra la integridad moral, desórdenes públicos y contrabando de armas de doble uso. (BOE de 23-12-2022).

Ver art. 252 CP.

ART. 435.

Las disposiciones de este Capítulo son extensivas:

1.º A los que se hallen encargados por cualquier concepto de fondos, rentas o efectos de las Administraciones públicas.

2.º A los particulares legalmente designados como depositarios de caudales o efectos públicos.

3.º A los administradores o depositarios de dinero o bienes embargados, secuestrados o depositados por autoridad pública, aunque pertenezcan a particulares.

4.º A los administradores concursales, con relación a la masa concursal o los intereses económicos de los acreedores. En particular, se considerarán afectados los intereses de los acreedores cuando de manera dolosa se alterara el orden de pagos de los créditos establecido en la ley.

5.º A las personas jurídicas que de acuerdo con lo establecido en el artículo 31 bis sean responsables de los delitos recogidos en este Capítulo. En estos casos se impondrán las siguientes penas:

a) Multa de dos a cinco años, o del triple al quíntuple del valor del perjuicio causado o de los bienes o efectos apropiados cuando la cantidad resultante fuese más elevada, si el delito cometido por la persona física tiene prevista una pena de prisión de más de cinco años.

b) Multa de uno a tres años, o del doble al cuádruple del valor del perjuicio causado o de los bienes o efectos apropiados cuando la cantidad resultante fuese más elevada, si el delito cometido por la persona física tiene prevista una pena de más de dos años de privación de libertad no incluida en el anterior inciso.

c) Multa de seis meses a dos años, o del doble al triple del valor del perjuicio causado o de los bienes o efectos apropiados si la cantidad resultante fuese más elevada, en el resto de los casos.

Atendidas las reglas establecidas en el artículo 66 bis, los jueces y tribunales podrán asimismo imponer las penas recogidas en las letras b) a g) del apartado 7 del artículo 33.

Ordinal 5.º se añade por Ley Orgánica 1/2019, de 20 de febrero, por la que se modifica la Ley Orgánica 10/1995, de 23 de noviembre, del Código Penal, para transponer Directivas de la Unión Europea en los ámbitos financiero y de terrorismo, y abordar cuestiones de índole internacional. (BOE de 21-02-2019). (Vigencia desde 13/03/2019)

Ver Ley 9/2017, de 8 de noviembre, de Contratos del Sector Público, por la que se transponen al ordenamiento jurídico español las Directivas del Parlamento Europeo y del Consejo 2014/23/UE y 2014/24/ UE, de 26 de febrero de 2014.

ART. 435 bis.

A los efectos de este capítulo se entenderá por funcionario público los determinados por los artículos 24 y 427.

Añadido por Ley Orgánica 1/2019, de 20 de febrero, por la que se modifica la Ley Orgánica 10/1995, de 23 de noviembre, del Código Penal, para transponer Directivas de la Unión Europea en los ámbitos financiero y de terrorismo, y abordar cuestiones de índole internacional. (BOE de 21-02-2019). (Vigencia desde 13/03/2019).

CAPÍTULO VIII
De los fraudes y exacciones ilegales

ART. 436.

La autoridad o funcionario público que, interviniendo por razón de su cargo en cualesquiera de los actos de las modalidades de contratación pública o en liquidaciones de efectos o haberes públicos, se concertara con los interesados o usase de cualquier otro artificio para defraudar a cualquier ente público, incurrirá en las penas de prisión de dos a seis años e inhabilitación especial para empleo o cargo público y para el ejercicio del derecho de sufragio pasivo por tiempo de seis a diez años. Al particular que se haya concertado con la autoridad o funcionario público se le impondrá la misma pena de prisión que a éstos, así como la de inhabilitación para obtener subvenciones y ayudas públicas, para contratar con entes, organismos o entidades que formen parte del sector público y para gozar de beneficios o incentivos fiscales y de la Seguridad Social por un tiempo de dos a siete años.

Modificado por LO 1/2015, de 30 de marzo.

Ver Ley 9/2017, de 8 de noviembre, de Contratos del Sector Público, por la que se transponen al ordenamiento jurídico español las Directivas del Parlamento Europeo y del Consejo 2014/23/UE y 2014/24/UE, de 26 de febrero de 2014.

ART. 437.

La autoridad o funcionario público que exigiere, directa o indirectamente, derechos, tarifas por aranceles o minutas que no sean debidos o en cuantía mayor a la legalmente señalada, será castigado, sin perjuicio de los reintegros a que viniere obligado, con las penas de multa de seis a veinticuatro meses y de suspensión de empleo o cargo público por tiempo de seis meses a cuatro años.

Ver arts. 31.3 y 133 CE.

ART. 438.

La autoridad o funcionario público que, abusando de su cargo, cometiere algún delito de estafa o de fraude de prestaciones del Sistema de Seguridad Social del artículo 307 ter, incurrirá en las penas respectivamente señaladas a éstos, en su mitad superior, pudiéndose llegar hasta la superior en grado, e inhabilitación especial para empleo o cargo público y para el ejercicio del derecho de sufragio pasivo por tiempo de tres a nueve años, salvo que los hechos estén castigados con una pena más grave en algún otro precepto de este Código.

Modificado por LO 1/2015, de 30 de marzo.

Ver arts. 248 a 254 CP.

ART. 438 bis.

La autoridad que, durante el desempeño de su función o cargo y hasta cinco años después de haber cesado en ellos, hubiera obtenido un incremento patrimonial o una cancelación de obligaciones o deudas por un valor superior a 250.000 euros respecto a sus ingresos acreditados, y se negara abiertamente a dar el debido cumplimiento a los requerimientos de los órganos competentes destinados a comprobar su justificación, será castigada con las penas de prisión de seis meses a tres años, multa del tanto al triplo del beneficio obtenido, e inhabilitación especial para empleo o cargo público y para el ejercicio del derecho de sufragio pasivo por tiempo de dos a siete años.

Añadido por Ley Orgánica 14/2022, de 22 de diciembre, de transposición de directivas europeas y otras disposiciones para la adaptación de la legislación penal al ordenamiento de la Unión Europea, y reforma de los delitos contra la integridad moral, desórdenes públicos y contrabando de armas de doble uso. (BOE de 23-12-2022).

CAPÍTULO IX
De las negociaciones y actividades prohibidas a los funcionarios públicos y de los abusos en el ejercicio de su función

ART. 439.

La autoridad o funcionario público que, debiendo intervenir por razón de su cargo en cualquier clase de contrato, asunto, operación o actividad, se aproveche de tal circunstancia para forzar o facilitarse cualquier forma de participación, directa o por persona interpuesta, en tales negocios o actuaciones, incurrirá en la pena de prisión de seis meses a dos años, multa de doce a veinticuatro meses e inhabilitación especial para empleo o cargo público y para el ejercicio del derecho de sufragio pasivo por tiempo de dos a siete años.

Modificado por LO 1/2015, de 30 de marzo.

Ver Ley 9/2017, de 8 de noviembre, de Contratos del Sector Público, por la que se transponen al ordenamiento jurídico español las Directivas del Parlamento Europeo y del Consejo 2014/23/UE y 2014/24/UE, de 26 de febrero de 2014.

ART. 440.

Los peritos, árbitros y contadores partidores que se condujeren del modo previsto en el artículo anterior, respecto de los bienes o cosas en cuya tasación, partición o adjudicación hubieran intervenido, y los tutores, curadores o albaceas respecto de los pertenecientes a sus pupilos o testamentarías, y los administradores concursales respecto de los bienes y derechos integrados en la masa del concurso, serán castigados con la pena de multa de doce a veinticuatro meses e inhabilitación especial para empleo o cargo público, profesión u oficio, guarda, tutela o curatela, según los casos, por tiempo de tres a seis años, salvo que esta conducta esté sancionada con mayor pena en otro precepto de este Código.

Modificado por LO 1/2015, de 30 de marzo.

ART. 441.

La autoridad o funcionario público que, fuera de los casos admitidos en las leyes o reglamentos, realizare, por sí o por persona interpuesta, una actividad profesional o de asesoramiento permanente o accidental, bajo la dependencia o al servicio de entidades privadas o de particulares, en asunto en que deba intervenir o haya intervenido por razón de su cargo, o en los que se tramiten, informen o resuelvan en la oficina o centro directivo en que estuviere destinado o del que dependa, incurrirá en las penas de multa de seis a doce meses y suspensión de empleo o cargo público por tiempo de dos a cinco años.

Modificado por LO 1/2015, de 30 de marzo.

Ver arts. 11 a 15 Ley 53/1984, de 26 de diciembre, de incompatibilidades del personal al servicio de las Administraciones públicas; 2 y 4 Ley 3/2015, de 30 de marzo, reguladora del ejercicio del alto cargo de la Administración General del Estado.

ART. 442.

La autoridad o funcionario público que haga uso de un secreto del que tenga conocimiento por razón de su oficio o cargo, o de una información privilegiada, con ánimo de obtener un beneficio económico para sí o para un tercero, incurrirá en las penas de multa del tanto al triplo del beneficio perseguido, obtenido o facilitado e inhabilitación especial para empleo o cargo público y para el ejercicio del derecho de sufragio pasivo por tiempo de dos a cuatro años. Si obtuviere el beneficio perseguido se impondrán las penas de prisión de uno a tres años, multa del tanto al séxtuplo del beneficio perseguido, obtenido o facilitado e inhabilitación especial para empleo o cargo público y para el ejercicio del derecho de sufragio pasivo por tiempo de cuatro a seis años.

Si resultara grave daño para la causa pública o para tercero, la pena será de prisión de uno a seis años, e inhabilitación especial para empleo o cargo público y para el ejercicio del derecho de sufragio pasivo por tiempo de nueve a doce años. A los efectos de este artículo se entiende por información privilegiada toda información de carácter concreto que se tenga exclusivamente por razón del oficio o cargo público y que no haya sido notificada, publicada o divulgada.

Modificado por LO 1/2015, de 30 de marzo.

Ver arts. 278 y sigs., 285 y 418 CP.

ART. 443.

1. Será castigado con la pena de prisión de uno a dos años e inhabilitación absoluta por tiempo de seis a 12 años, la autoridad o funcionario público que solicitare sexualmente a una persona que, para sí misma o para su cónyuge u otra persona con la que se halle ligado de forma estable por análoga relación de afectividad, ascendiente, descendiente, hermano, por naturaleza, por adopción, o afín en los mismos grados, tenga pretensiones pendientes de la resolución de aquel o acerca de las cuales deba evacuar informe o elevar consulta a su superior.

2. El funcionario de Instituciones Penitenciarias, de centros de protección o reforma de menores, centro de internamiento de personas extranjeras, o cualquier otro centro de detención, o custodia, incluso de estancia temporal, que solicitara sexualmente a una persona sujeta a su guarda, será castigado con la pena de prisión de uno a cuatro años e inhabilitación absoluta por tiempo de seis a doce años.

3. En las mismas penas incurrirán cuando la persona solicitada fuera ascendiente, descendiente, hermano, por naturaleza, por adopción, o afines en los mismos grados de persona que tuviere bajo su guarda. Incurrirá, asimismo, en estas penas cuando la persona

solicitada sea cónyuge de persona que tenga bajo su guarda o se halle ligada a ésta de forma estable por análoga relación de afectividad.

Apdo. 2 modificado por Ley Orgánica 10/2022, de 6 de septiembre, de garantía integral de la libertad sexual. (BOE de 07-09-2022). Modificación en vigor desde el 7 de octubre de 2022.

Ver arts. 181 y sigs. CP.

ART. 444.

Las penas previstas en el artículo anterior se impondrán sin perjuicio de las que correspondan por los delitos contra la libertad sexual efectivamente cometidos.

Ver arts. 181 y sigs. CP.

CAPÍTULO X
Disposición común a los Capítulos anteriores

Rúbrica modificada por LO 1/2015, de 30 de marzo.

ART. 445.

La provocación, la conspiración y la proposición para cometer los delitos previstos en este Título se castigará, respectivamente, con la pena inferior en uno o dos grados.

Modificado por LO 1/2015, de 30 de marzo.

TÍTULO XX
Delitos contra la Administración de Justicia

CAPÍTULO I
De la prevaricación

ART. 446.

El juez o magistrado que, a sabiendas, dictare sentencia o resolución injusta será castigado:

1.º Con la pena de prisión de uno a cuatro años si se trata de sentencia injusta contra el reo en causa criminal por delito grave o menos grave y la sentencia no hubiera llegado a ejecutarse, y con la misma pena en su mitad superior y multa de doce a veinticuatro meses si se ha ejecutado. En ambos casos se impondrá, además, la pena de inhabilitación absoluta por tiempo de diez a veinte años.

2.º Con la pena de multa de seis a doce meses e inhabilitación especial para empleo o cargo público por tiempo de seis a diez años, si se tratara de una sentencia injusta contra el reo dictada en proceso por delito leve.

3.º Con la pena de multa de doce a veinticuatro meses e inhabilitación especial para empleo o cargo público por tiempo de diez a veinte años, cuando dictara cualquier otra sentencia o resolución injustas.

Modificado por LO 1/2015, de 30 de marzo.

Ver arts. 4, 24, 404 y sigs., 419, 529 y 530 CP; 60 Estatuto Orgánico del Ministerio Fiscal; arts. 292 a 297 y 405 a 409 LOPJ; art. 5.2.2.º LO 5/1995, de 22 de mayo, del Tribunal del Jurado.

ART. 447.

El Juez o Magistrado que por imprudencia grave o ignorancia inexcusable dictara sentencia o resolución manifiestamente injusta incurrirá en la pena de inhabilitación especial para empleo o cargo público por tiempo de dos a seis años.

Ver arts. 292 a 297 LOPJ.

ART. 448.

El Juez o Magistrado que se negase a juzgar, sin alegar causa legal, o so pretexto de oscuridad, insuficiencia o silencio de la Ley, será castigado con la pena de inhabilitación especial para empleo o cargo público por tiempo de seis meses a cuatro años.

Ver arts. 24.1 y 117 CE; 1.7 y 6 CC; 1, 2, 11.3, 217 a 228 y 417.8.º LOPJ; 198 LECrim.

ART. 449.

1. En la misma pena señalada en el artículo anterior incurrirá el Juez, Magistrado o Secretario Judicial culpable de retardo malicioso en la Administración de Justicia. Se entenderá por malicioso el retardo provocado para conseguir cualquier finalidad ilegítima.

2. Cuando el retardo sea imputable a funcionario distinto de los mencionados en el apartado anterior, se le impondrá la pena indicada, en su mitad inferior.

Ver arts. 4.4 y 24.2 CE; 6 Convenio Europeo para la Protección de los Derechos Humanos; 412 CP; 16, 414 y 417.9 LOPJ; 284 LECrim.

CAPÍTULO II
De la omisión de los deberes de impedir delitos o de promover su persecución

ART. 450.

1. El que, pudiendo hacerlo con su intervención inmediata y sin riesgo propio o ajeno, no impidiere la comisión de un delito que afecte a las personas en su vida, integridad o salud, libertad o libertad sexual, será castigado con la pena de prisión de seis meses a dos años si el delito fuera contra la vida, y la de multa de seis a veinticuatro meses en los demás casos, salvo que al delito no impedido le correspondiera igual o menor pena, en cuyo caso se impondrá la pena inferior en grado a la de aquél.

2. En las mismas penas incurrirá quien, pudiendo hacerlo, no acuda a la autoridad o a sus agentes para que impidan un delito de los previstos en el apartado anterior y de cuya próxima o actual comisión tenga noticia.

Ver arts. 195, 408 y 412.3 CP; 251, 259 y 264 LECrim.

CAPÍTULO III
Del encubrimiento

ART. 451.

Será castigado con la pena de prisión de seis meses a tres años el que, con conocimiento de la comisión de un delito y sin haber intervenido en el mismo como autor o cómplice, interviniere con posterioridad a su ejecución, de alguno de los modos siguientes:

1.º Auxiliando a los autores o cómplices para que se beneficien del provecho, producto o precio del delito, sin ánimo de lucro propio.

2.º Ocultando, alterando o inutilizando el cuerpo, los efectos o los instrumentos de un delito, para impedir su descubrimiento.

3.º Ayudando a los presuntos responsables de un delito a eludir la investigación de la autoridad o de sus agentes, o a sustraerse a su busca o captura, siempre que concurra alguna de las circunstancias siguientes:

a) Que el hecho encubierto sea constitutivo de traición, homicidio del Rey o de la Reina, de cualquiera de sus ascendientes o descendientes, de la Reina consorte o del consorte de la Reina, del Regente o de algún miembro de la Regencia, o del Príncipe o Princesa de Asturias, genocidio, delito de lesa humanidad, delito contra las personas y bienes protegidos en caso de conflicto armado, rebelión, terrorismo, homicidio, piratería, trata de seres humanos o tráfico ilegal de órganos.

b) Que el favorecedor haya obrado con abuso de funciones públicas. En este caso se impondrá, además de la pena de privación de libertad, la de inhabilitación especial para empleo o cargo público por tiempo de dos a cuatro años si el delito encubierto fuere menos grave, y la de inhabilitación absoluta por tiempo de seis a doce años si aquél fuera grave.

Modificado por LO 1/2015, de 30 de marzo.

Los términos «incapaz» y «Rey» han sido sustituidos por «persona con discapacidad necesitada de especial protección» y «Rey o Reina» por LO 1/2015, de 30 de marzo.

Ver arts. 138, 139, 298, 299, 301, 471 y sigs., 472, 485.1, 581 y sigs. y 607 CP.

ART. 452.

En ningún caso podrá imponerse pena privativa de libertad que exceda de la señalada al delito encubierto. Si éste estuviera castigado con pena de otra naturaleza, la pena privativa de libertad será sustituida por la de multa de seis a veinticuatro meses, salvo que el delito encubierto tenga asignada pena igual o inferior a ésta, en cuyo caso se impondrá al culpable la pena de aquel delito en su mitad inferior.

Ver art. 298.3 CP.

ART. 453.

Las disposiciones de este Capítulo se aplicarán aun cuando el autor del hecho encubierto sea irresponsable o esté personalmente exento de pena.

Ver arts. 19, 20, 300, 427 y 462 CP.

ART. 454.

Están exentos de las penas impuestas a los encubridores los que lo sean de su cónyuge o de persona a quien se hallen ligados de forma estable por análoga relación de afectividad, de sus ascendientes, descendientes, hermanos, por naturaleza, por adopción, o afines en los mismos grados, con la sola excepción de los encubridores que se hallen comprendidos en el supuesto del número 1.º del artículo 451.

Ver arts. 259, 260, 261 y 416 LECrim; 11 LO 5/1995, de 22 de mayo, del Tribunal del Jurado; 23 y 268 CP; disp. finales de la LO 1/1996, de 15 de enero, de protección jurídica del menor.

CAPÍTULO IV
De la realización arbitraria del propio derecho

ART. 455.

1. El que, para realizar un derecho propio, actuando fuera de las vías legales, empleare violencia, intimidación o fuerza en las cosas, será castigado con la pena de multa de seis a doce meses.

2. Se impondrá la pena superior en grado si para la intimidación o violencia se hiciera uso de armas u objetos peligrosos.

Ver arts. 24.2 CE; 11 LO 5/1995, de 22 de mayo, del Tribunal del Jurado.

CAPÍTULO V
De la acusación y denuncia falsas y de la simulación de delitos

ART. 456.

1. Los que, con conocimiento de su falsedad o temerario desprecio hacia la verdad, imputaren a alguna persona hechos que, de ser ciertos, constituirían infracción penal, si esta imputación se hiciera ante funcionario judicial o administrativo que tenga el deber de proceder a su averiguación, serán sancionados:

1.º Con la pena de prisión de seis meses a dos años y multa de doce a veinticuatro meses, si se imputara un delito grave.

2.º Con la pena de multa de doce a veinticuatro meses, si se imputara un delito menos grave.

3.º Con la pena de multa de tres a seis meses, si se imputara un delito leve.

2. No podrá procederse contra el denunciante o acusador sino tras sentencia firme o auto también firme, de sobreseimiento o archivo del Juez o Tribunal que haya conocido de la infracción imputada. Éstos mandarán proceder de oficio contra el denunciante o acusador siempre que de la causa principal resulten indicios bastantes de la falsedad de la imputación, sin perjuicio de que el hecho pueda también perseguirse previa denuncia del ofendido.

Apdo. 1 modificado por LO 1/2015, de 30 de marzo. Se sustituye el término «falta» por «delito leve».

Ver arts. 13, 33, 205 y 208 CP; 12, 102.2, 257, 259 y ss., 269 y 634 y sigs. LECrim; LO 6/1984, de 24 de mayo, del Habeas Corpus.

ART. 457.

El que, ante alguno de los funcionarios señalados en el artículo anterior, simulare ser responsable o víctima de una infracción penal o denunciare una inexistente, provocando actuaciones procesales, será castigado con la multa de seis a doce meses.

Ver art. 9 LO 6/1984, de 24 de mayo, del Habeas Corpus.

CAPÍTULO VI
Del falso testimonio

ART. 458.

1. El testigo que faltare a la verdad en su testimonio en causa judicial, será castigado con las penas de prisión de seis meses a dos años y multa de tres a seis meses.

2. Si el falso testimonio se diera en contra del reo en causa criminal por delito, las penas serán de prisión de uno a tres años y multa de seis a doce meses. Si a consecuencia del testimonio hubiera recaído sentencia condenatoria, se impondrán las penas superiores en grado.

3. Las mismas penas se impondrán si el falso testimonio tuviera lugar ante Tribunales Internacionales que, en virtud de Tratados debidamente ratificados conforme a la Constitución Española, ejerzan competencias derivadas de ella, o se realizara en España al declarar en virtud de comisión rogatoria remitida por un Tribunal extranjero.

Ver arts. 462 y 502.3 CP; 299.1, 360 y sigs. y 510.3.° LEC; 701 y sigs., 714, 715, 717, 954.3, 962 y 969 LECrim; 90 y sigs. Ley 36/2011, de 10 de octubre, reguladora de la Jurisdicción Social; 60 Ley 29/1998, de 13 de julio, reguladora de la Jurisdicción Contencioso-Administrativa; LO 5/2000, de 12 de enero, reguladora de responsabilidad penal de los menores.

ART. 459.

Las penas de los artículos precedentes se impondrán en su mitad superior a los peritos o intérpretes que faltaren a la verdad maliciosamente en su dictamen o traducción, los cuales serán, además, castigados con la pena de inhabilitación especial para profesión u oficio, empleo o cargo público, por tiempo de seis a doce años.

Ver arts. 422 y 460 CP; 231 LOPJ; 398, 440 a 442, 456, 711 y 723 LECrim; 299.4.°, 335 y sigs. LEC; 60 LJCA.

ART. 460.

Cuando el testigo, perito o intérprete, sin faltar sustancialmente a la verdad, la alterare con reticencias, inexactitudes o silenciando hechos o datos relevantes que le fueran conocidos, será castigado con la pena de multa de seis a doce meses y, en su caso, de suspensión de empleo o cargo público, profesión u oficio, de seis meses a tres años.

ART. 461.

1. El que presentare a sabiendas testigos falsos o peritos o intérpretes mendaces, será castigado con las mismas penas que para ellos se establecen en los artículos anteriores.

2. Si el responsable de este delito fuese abogado, procurador, graduado social o representante del Ministerio Fiscal, en actuación profesional o ejercicio de su función, se impondrá en cada caso la pena en su mitad superior y la de inhabilitación especial para empleo o cargo público, profesión u oficio, por tiempo de dos a cuatro años.

Ver arts. 393, 396 y 462 CP; 701, 710 y 954.3 LECrim; 60 LJCA.

ART. 462.

Quedará exento de pena el que, habiendo prestado un falso testimonio en causa criminal, se retracte en tiempo y forma, manifestando la verdad para que surta efecto antes de que se dicte sentencia en el proceso de que se trate. Si a consecuencia del falso testimonio, se hubiese producido la privación de libertad, se impondrán las penas correspondientes inferiores en grado.

Ver arts. 715 LECrim; 16, 214, 305, 307, 308 y 340 CP.

CAPÍTULO VII
De la obstrucción a la Justicia y la deslealtad profesional

ART. 463.

1. El que, citado en legal forma, dejare voluntariamente de comparecer, sin justa causa, ante un juzgado o tribunal en proceso criminal con reo en prisión provisional, provocando la suspensión del juicio oral, será castigado con la pena de prisión de tres a seis meses o multa de seis a 24 meses. En la pena de multa de seis a 10 meses incurrirá el que, habiendo sido

advertido, lo hiciera por segunda vez en causa criminal sin reo en prisión, haya provocado o no la suspensión.

2. Si el responsable de este delito fuese abogado, procurador o representante del Ministerio Fiscal, en actuación profesional o ejercicio de su función, se le impondrá la pena en su mitad superior y la de inhabilitación especial para empleo o cargo público, profesión u oficio, por tiempo de dos a cuatro años.

3. Si la suspensión tuviera lugar, en el caso del apartado 1 de este artículo, como consecuencia de la incomparecencia del juez o miembro del tribunal o de quien ejerza las funciones de secretario judicial, se impondrá la pena de prisión de tres a seis meses o multa de seis a 24 meses y, en cualquier caso, inhabilitación especial por tiempo de dos a cuatro años.

Ver arts. 186 y sigs., 417.9.°, 418.9.°, 449.3.°, 450, 464.1 y 2 LOPJ; 175.5, 420, 462, 463, 968 y 971 LECrim; 412 y 556 CP; 48, 62.4 y 64.4 Ley 50/1981, de 30 de diciembre, del Estatuto Orgánico del Ministerio Fiscal; 56.4 del Real Decreto 135/2021, de 2 de marzo, por el que se aprueba el Estatuto General de la Abogacía Española; LO 5/2000, de 12 de enero, de responsabilidad penal de los menores.

ART. 464.

1. El que con violencia o intimidación intentare influir directa o indirectamente en quien sea denunciante, parte o imputado, abogado, procurador, perito, intérprete o testigo en un procedimiento para que modifique su actuación procesal, será castigado con la pena de prisión de uno a cuatro años y multa de seis a veinticuatro meses.

Si el autor del hecho alcanzara su objetivo se impondrá la pena en su mitad superior.

2. Iguales penas se impondrán a quien realizare cualquier acto atentatorio contra la vida, integridad, libertad, libertad sexual o bienes, como represalia contra las personas citadas en el apartado anterior, por su actuación en procedimiento judicial, sin perjuicio de la pena correspondiente a la infracción de que tales hechos sean constitutivos.

Ver LO 19/1994, de 23 de diciembre, de protección de testigos y peritos en causas criminales; arts. 171, 231, 232, 263 y 264 CP; 442 y 439 LECrim; 239 LOPJ.

ART. 465.

1. El que, interviniendo en un proceso como abogado o procurador, con abuso de su función, destruyere, inutilizare u ocultare documentos o actuaciones de los que haya recibido traslado en aquella calidad, será castigado con la pena de prisión de seis meses a dos años, multa de siete a doce meses e inhabilitación especial para su profesión, empleo o cargo público de tres a seis años.

2. Si los hechos descritos en el apartado primero de este artículo fueran realizados por un particular, la pena será de multa de tres a seis meses.

Ver arts. 26, 234 y 263 CP; 287 LOPJ; 230, 627 a 629, 651, 654 y 783 LECrim; 48, 275 y 394 LOPM.

ART. 466.

1. El abogado o procurador que revelare actuaciones procesales declaradas secretas por la autoridad judicial, será castigado con las penas de multa de doce a veinticuatro meses e inhabilitación especial para empleo, cargo público, profesión u oficio de uno a cuatro años.

2. Si la revelación de las actuaciones declaradas secretas fuese realizada por el Juez o miembro del Tribunal, representante del Ministerio Fiscal, Secretario Judicial o cualquier funcionario al servicio de la Administración de Justicia, se le impondrán las penas previstas en el artículo 417 en su mitad superior.

3. Si la conducta descrita en el apartado primero fuere realizada por cualquier otro particular que intervenga en el proceso, la pena se impondrá en su mitad inferior.

Ver arts. 197, 198, 414 y 418 CP; 232.2, 417.12.°, 418.7.°, 437.2, 438.2, 442.1 LOPJ; 58.2 y 78.3 del RD 135/2021, de 2 de marzo, por el que se aprueba el Estatuto General de la Abogacía Española; RD 1281/2002, de 5 de diciembre, del Estatuto General de los Procuradores de los Tribunales de España; 68, 263, 301, 302, 416.2 y 649 LECrim; 50 Ley 50/1981, de 30 de diciembre, Estatuto Orgánico del Ministerio Fiscal.

ART. 467.

1. El abogado o procurador que, habiendo asesorado o tomado la defensa o representación de alguna persona, sin el consentimiento de ésta defienda o represente en el mismo asunto a quien tenga intereses contrarios, será castigado con la pena de multa de seis a doce meses e inhabilitación especial para su profesión de dos a cuatro años.

2. El abogado o procurador que, por acción u omisión, perjudique de forma manifiesta los intereses que le fueren encomendados será castigado con las penas de multa de doce a veinticuatro meses e inhabilitación especial para empleo, cargo público, profesión u oficio de uno a cuatro años.

Si los hechos fueran realizados por imprudencia grave, se impondrán las penas de multa de seis a doce meses e inhabilitación especial para su profesión de seis meses a dos años.

Ver RD 135/2021, de 2 de marzo, por el que se aprueba el Estatuto General de la Abogacía Española; RD 1281/2002, de 5 de diciembre, del Estatuto General de los Procuradores de los Tribunales de España.

CAPÍTULO VIII
Del quebrantamiento de condena

ART. 468.

1. Los que quebrantaren su condena, medida de seguridad, prisión, medida cautelar, conducción o custodia serán castigados con la pena de prisión de seis meses a un año si estuvieran privados de libertad, y con la pena de multa de doce a veinticuatro meses en los demás casos.

2. Se impondrá en todo caso la pena de prisión de seis meses a un año a los que quebrantaren una pena de las contempladas en el artículo 48 de este Código o una medida cautelar o de seguridad de la misma naturaleza impuesta en procesos criminales en los que el ofendido sea alguna de las personas a las que se refiere el artículo 173.2, así como a aquellos que quebrantaren la medida de libertad vigilada.

3. Los que inutilicen o perturben el funcionamiento normal de los dispositivos técnicos que hubieran sido dispuestos para controlar el cumplimiento de penas, medidas de seguridad o medidas cautelares, no los lleven consigo u omitan las medidas exigibles para mantener su correcto estado de funcionamiento, serán castigados con una pena de multa de seis a doce meses.

Modificado por LO 1/2015, de 30 de marzo.

Ver arts. 100, 470 y 471 CP; 502 LECrim; 41 a) y 45.1 a) LO General Penitenciaria; 108 Rgto. Penitenciario, RD 190/1996, de 9 de febrero.

ART. 469.

Los sentenciados o presos que se fugaren del lugar en que estén recluidos, haciendo uso de violencia o intimidación en las personas o fuerza en las cosas o tomando parte en motín, serán castigados con la pena de prisión de seis meses a cuatro años.

ART. 470.

1. El particular que proporcionare la evasión a un condenado, preso o detenido, bien del lugar en que esté recluido, bien durante su conducción, será castigado con la pena de prisión de seis meses a un año y multa de doce a veinticuatro meses.

2. Si se empleara al efecto violencia o intimidación en las personas, fuerza en las cosas o soborno, la pena será de prisión de seis meses a cuatro años.

3. Si se tratara de alguna de las personas citadas en el artículo 454, se les castigará con la pena de multa de tres a seis meses, pudiendo en este caso el Juez o Tribunal imponer tan sólo las penas correspondientes a los daños causados o a las amenazas o violencias ejercidas.

Ver arts. 108 del Reglamento Penitenciario; 147 y sigs., 238, 263, 423 y 424 CP; 45 Ley General Penitenciaria.

ART. 471.

Se impondrá la pena superior en grado, en sus respectivos casos, si el culpable fuera un funcionario público encargado de la conducción o custodia de un condenado, preso o detenido. El funcionario será castigado, además, con la pena de inhabilitación especial para empleo o cargo público de seis a diez años si el fugitivo estuviera condenado por sentencia ejecutoria, y con la inhabilitación especial para empleo o cargo público de tres a seis años en los demás casos.

Ver arts. 245.4 LOPJ; D.A. 2.ª CP; 141 a 143 y 983 LECrim; 338 LOPM; 18 Ley General Penitenciaria; 63 a 72 Reglamento Penitenciario.

CAPÍTULO IX
De los delitos contra la Administración de Justicia de la Corte Penal Internacional

ART. 471 bis.

1. El testigo que, intencionadamente, faltare a la verdad en su testimonio ante la Corte Penal Internacional, estando obligado a decir verdad conforme a las normas estatutarias y reglas de procedimiento y prueba de dicha Corte, será castigado con prisión de seis meses a dos años. Si el falso testimonio se diera en contra del acusado, la pena será de prisión de dos a cuatro años. Si a consecuencia del testimonio se dictara un fallo condenatorio, se impondrá pena de prisión de cuatro a cinco años.

2. El que presentare pruebas ante la Corte Penal Internacional a sabiendas de que son falsas o han sido falsificadas será castigado con las penas señaladas en el apartado anterior de este artículo.

3. El que intencionadamente destruya o altere pruebas, o interfiera en las diligencias de prueba ante la Corte Penal Internacional será castigado con la pena de prisión de seis meses a dos años y multa de siete a 12 meses.

4. El que corrompiera a un testigo, obstruyera su comparecencia o testimonio ante la Corte Penal Internacional o interfiriera en ellos será castigado con la pena de prisión de uno a cuatro años y multa de seis a 24 meses.

5. Será castigado con prisión de uno a cuatro años y multa de seis a 24 meses quien pusiera trabas a un funcionario de la Corte, lo corrompiera o intimidara, para obligarlo o inducirlo a que no cumpla sus funciones o a que lo haga de manera indebida.

6. El que tomara represalias contra un funcionario de la Corte Penal Internacional en razón de funciones que haya desempeñado él u otro funcionario será castigado con la pena de prisión de uno a cuatro años y multa de seis a 24 meses. En la misma pena incurrirá quien tome represalias contra un testigo por su declaración ante la Corte.

7. El que solicitara o aceptara un soborno en calidad de funcionario de la Corte y en relación con sus funciones oficiales incurrirá en la pena de prisión de dos a cinco años y multa del tanto al triplo del valor de la dádiva solicitada o aceptada.

TÍTULO XXI
Delitos contra la Constitución

CAPÍTULO I
Rebelión

ART. 472.

Son reos del delito de rebelión los que se alzaren violenta y públicamente para cualquiera de los fines siguientes:

1.º Derogar, suspender o modificar total o parcialmente la Constitución.

2.º Destituir o despojar en todo o en parte de sus prerrogativas y facultades al Rey o a la Reina o al Regente o miembros de la Regencia, u obligarles a ejecutar un acto contrario a su voluntad.

3.º Impedir la libre celebración de elecciones para cargos públicos.

4.º Disolver las Cortes Generales, el Congreso de los Diputados, el Senado o cualquier Asamblea Legislativa de una Comunidad Autónoma, impedir que se reúnan, deliberen o resuelvan, arrancarles alguna resolución o sustraerles alguna de sus atribuciones o competencias.

5.º Declarar la independencia de una parte del territorio nacional.

6.º Sustituir por otro el Gobierno de la Nación o el Consejo de Gobierno de una Comunidad Autónoma, o usar o ejercer por sí o despojar al Gobierno o Consejo de Gobierno de una Comunidad Autónoma, o a cualquiera de sus miembros de sus facultades, o impedirles o coartarles su libre ejercicio, u obligar a cualquiera de ellos a ejecutar actos contrarios a su voluntad.

7.º Sustraer cualquier clase de fuerza armada a la obediencia del Gobierno.

El término «Rey» ha sido sustituido por «Rey o Reina» por LO 1/2015, de 30 de marzo.

Ver arts. 7.3 LO 2/1986, de 13 de marzo, de fuerzas y cuerpos de seguridad; 23.3 c) LOPJ.

ART. 473.

1. Los que, induciendo a los rebeldes, hayan promovido o sostengan la rebelión, y los jefes principales de ésta, serán castigados con la pena de prisión de quince a veinticinco años e inhabilitación absoluta por el mismo tiempo; los que ejerzan un mando subalterno, con la de prisión de diez a quince años e inhabilitación absoluta de diez a quince años, y los meros participantes, con la de prisión de cinco a diez años e inhabilitación especial para empleo o cargo público por tiempo de seis a diez años.

2. Si se han esgrimido armas, o si ha habido combate entre la fuerza de su mando y los sectores leales a la autoridad legítima, o la rebelión hubiese causado estragos en propiedades de titularidad pública o privada, cortado las comunicaciones telegráficas, telefónicas, por ondas, ferroviarias o de otra clase, ejercido violencias graves contra las personas, exigido contribuciones o distraído los caudales públicos de su legítima inversión, las penas de prisión serán, respectivamente, de veinticinco a treinta años para los primeros, de quince a veinticinco años para los segundos y de diez a quince años para los últimos.

ART. 474.

Cuando la rebelión no haya llegado a organizarse con jefes conocidos, se reputarán como tales los que de hecho dirijan a los demás, o lleven la voz por ellos, o firmen escritos expedidos a su nombre, o ejerzan otros actos semejantes de dirección o representación.

Ver art. 546 CP.

ART. 475.

Serán castigados como rebeldes con la pena de prisión de cinco a diez años e inhabilitación absoluta por tiempo de seis a doce años los que sedujeren o allegaren tropas o cualquier otra clase de fuerza armada para cometer el delito de rebelión.

Si llegara a tener efecto la rebelión, se reputarán promotores y sufrirán la pena señalada en el artículo 473.

Ver art. 581 CP.

ART. 476.

1. El militar que no empleare los medios a su alcance para contener la rebelión en las fuerzas de su mando, será castigado con las penas de prisión de dos a cinco años e inhabilitación absoluta de seis a diez años.

2. Será castigado con las mismas penas previstas en el apartado anterior en su mitad inferior el militar que, teniendo conocimiento de que se trata de cometer un delito de rebelión, no lo denuncie inmediatamente a sus superiores o a las autoridades o funcionarios que, por razón de su cargo, tengan la obligación de perseguir el delito.

ART. 477.

La provocación, la conspiración y la proposición para cometer rebelión serán castigadas, además de con la inhabilitación prevista en los artículos anteriores, con la pena de prisión inferior en uno o dos grados a la del delito correspondiente.

ART. 478.

En el caso de hallarse constituido en autoridad el que cometa cualquiera de los delitos previstos en este Capítulo, la pena de inhabilitación que estuviese prevista en cada caso se sustituirá por la inhabilitación absoluta por tiempo de quince a veinte años, salvo que tal circunstancia se halle específicamente contemplada en el tipo penal de que se trate.

ART. 479.

Luego que se manifieste la rebelión, la autoridad gubernativa intimará a los sublevados a que inmediatamente se disuelvan y retiren.

Si los sublevados no depusieran su actitud inmediatamente después de la intimación, la autoridad hará uso de la fuerza de que disponga para disolverlos.

No será necesaria la intimación desde el momento en que los rebeldes rompan el fuego.

Ver arts. 24 y 549 CP.

ART. 480.

1. Quedará exento de pena el que, implicado en un delito de rebelión, lo revelare a tiempo de poder evitar sus consecuencias.

2. A los meros ejecutores que depongan las armas antes de haber hecho uso de ellas, sometiéndose a las autoridades legítimas, se les aplicará la pena de prisión inferior en grado. La misma pena se impondrá si los rebeldes se disolvieran o sometieran a la autoridad legítima antes de la intimación o a consecuencia de ella.

Ver arts. 16, 473 y 549 CP.

ART. 481.

Los delitos particulares cometidos en una rebelión o con motivo de ella serán castigados, respectivamente, según las disposiciones de este Código.

Ver arts. 183 y sigs. y 549 CP.

ART. 482.

Las autoridades que no hayan resistido la rebelión, serán castigadas con la pena de inhabilitación absoluta de doce a veinte años.

Ver arts. 24 y 549 CP.

ART. 483.

Los funcionarios que continúen desempeñando sus cargos bajo el mando de los alzados o que, sin habérseles admitido la renuncia de su empleo, lo abandonen cuando haya peligro de rebelión, incurrirán en la pena de inhabilitación especial para empleo o cargo público de seis a doce años.

Ver arts. 407 y 549 CP.

ART. 484.

Los que aceptaren empleo de los rebeldes, serán castigados con la pena de inhabilitación absoluta de seis a doce años.

Ver art. 549 CP.

CAPÍTULO II
Delitos contra la Corona

ART. 485.

1. El que matare al Rey o a la Reina o al Príncipe o a la Princesa de Asturias será castigado con la pena de prisión permanente revisable.

2. El que matare a cualquiera de los ascendientes o descendientes del Rey o de la Reina, a la Reina consorte o al consorte de la Reina, al Regente o a algún miembro de la Regencia, será castigado con la pena de prisión de veinte a veinticinco años, salvo que los hechos estuvieran castigados con una pena más grave en algún otro precepto de este Código.

Si concurrieran en el delito dos o más circunstancias agravantes, se impondrá la pena de prisión de veinticinco a treinta años.

3. En el caso de tentativa de estos delitos podrá imponerse la pena inferior en un grado.

Modificado por LO 1/2015, de 30 de marzo.

Ver arts. 56.1 y 57 CE; 23.3 b) y 65.1 a) LOPJ; 15, 16, 62 y 67 CP.

ART. 486.

1. El que causare al Rey, a la Reina, o a cualquiera de sus ascendientes o descendientes, a la Reina consorte o al consorte de la Reina, al Regente o a algún miembro de la Regencia, o al Príncipe o a la Princesa de Asturias, lesiones de las previstas en el artículo 149, será castigado con la pena de prisión de quince a veinte años.

Si se tratara de alguna de las lesiones previstas en el artículo 150, se castigará con la pena de prisión de ocho a quince años.

2. El que les causare cualquier otra lesión, será castigado con la pena de prisión de cuatro a ocho años.

El término «Rey» han sido sustituido por «Rey o Reina» por LO 1/2015, de 30 de marzo.

Ver arts. 147 y sigs. CP.

ART. 487.

Será castigado con la pena de prisión de quince a veinte años el que privare al Rey o Reina, o a cualquiera de sus ascendientes o descendientes, a la Reina consorte o al consorte de la Reina, al Regente o a algún miembro de la Regencia, o al Príncipe o Princesa de Asturias, de su libertad personal, salvo que los hechos estén castigados con mayor pena en otros preceptos de este Código.

El término «Rey» han sido sustituido por «Rey o Reina» por LO 1/2015, de 30 de marzo.

Ver arts. 163 y sigs. CP.

ART. 488.

La provocación, la conspiración y la proposición para los delitos previstos en los artículos anteriores se castigará con la pena inferior en uno o dos grados a las respectivamente previstas.

Ver arts. 17 y 18 CP.

ART. 489.

El que con violencia o intimidación grave obligare a las personas referidas en los artículos anteriores a ejecutar un acto contra su voluntad, será castigado con la pena de prisión de ocho a doce años.

En el caso previsto en el párrafo anterior, si la violencia o la intimidación no fueran graves, se impondrá la pena inferior en grado.

Ver art. 472 CP.

ART. 490.

1. El que allanare con violencia o intimidación la morada de cualquiera de las personas mencionadas en los artículos anteriores será castigado con la pena de prisión de tres a seis años. Si no hubiere violencia o intimidación la pena será de dos a cuatro años.

2. Con la pena de prisión de tres a seis años será castigado el que amenazare gravemente a cualquiera de las personas mencionadas en el apartado anterior, y con la pena de prisión de uno a tres años si la amenaza fuera leve.

3. El que calumniare o injuriare al Rey, a la Reina o a cualquiera de sus ascendientes o descendientes, a la Reina consorte o al consorte de la Reina, al Regente o a algún miembro de la Regencia, o al Príncipe o a la Princesa de Asturias, en el ejercicio de sus funciones o con motivo u ocasión de éstas, será castigado con la pena de prisión de seis meses a dos años si la calumnia o injuria fueran graves, y con la de multa de seis a doce meses si no lo son.

El término «Rey» han sido sustituido por «Rey o Reina» por LO 1/2015, de 30 de marzo.

Ver arts. 169, 202, 205 y 208 CP; 23.3 b) LOPJ.

ART. 491.

1. Las calumnias e injurias contra cualquiera de las personas mencionadas en el artículo anterior, y fuera de los supuestos previstos en el mismo, serán castigadas con la pena de multa de cuatro a veinte meses.

2. Se impondrá la pena de multa de seis a veinticuatro meses al que utilizare la imagen del Rey o de la Reina o de cualquiera de sus ascendientes o descendientes, o de la Reina consorte o del consorte de la Reina, o del Regente o de algún miembro de la Regencia, o del Príncipe o de la Princesa de Asturias, de cualquier forma que pueda dañar el prestigio de la Corona.

El término «Rey» han sido sustituido por «Rey o Reina» por LO 1/2015, de 30 de marzo.

Ver arts. 205 y 206 CP.

CAPÍTULO III
De los delitos contra las Instituciones del Estado y la división de poderes

Sección 1.ª Delitos contra las Instituciones del Estado

ART. 492.

Los que, al vacar la Corona o quedar inhabilitado su Titular para el ejercicio de su autoridad, impidieren a las Cortes Generales reunirse para nombrar la Regencia o el tutor del Titular menor de edad, serán sancionados con la pena de prisión de diez a quince años e inhabilitación absoluta por tiempo de diez a quince años, sin perjuicio de la pena que pudiera corresponderles por la comisión de otras infracciones más graves.

Ver arts. 57, 58 y 59 CE.

ART. 493.

Los que, sin alzarse públicamente, invadieren con fuerza, violencia o intimidación las sedes del Congreso de los Diputados, del Senado o de una Asamblea Legislativa de Comunidad Autónoma, si están reunidos, serán castigados con la pena de prisión de tres a cinco años.

Ver arts. 66 CE; 495 y 544 CP.

ART. 494.

Incurrirán en la pena de prisión de seis meses a un año o multa de doce a veinticuatro meses los que promuevan, dirijan o presidan manifestaciones u otra clase de reuniones ante las sedes del Congreso de los Diputados, del Senado o de una Asamblea Legislativa de Comunidad Autónoma, cuando estén reunidos, alterando su normal funcionamiento.

Ver arts. 513 y 514 CP.

ART. 495.

1. Los que, sin alzarse públicamente, portando armas u otros instrumentos peligrosos, intentaren penetrar en las sedes del Congreso de los Diputados, del Senado o de la Asamblea Legislativa de una Comunidad Autónoma, para presentar en persona o colectivamente peticiones a los mismos, incurrirán en la pena de prisión de tres a cinco años.

2. La pena prevista en el apartado anterior se aplicará en su mitad superior a quienes promuevan, dirijan o presidan el grupo.

Ver arts. 29 y 77.1 CE; LO 4/2001, de 12 de noviembre, reguladora del derecho de petición; 493 CP.

ART. 496.

El que injuriare gravemente a las Cortes Generales o a una Asamblea Legislativa de Comunidad Autónoma, hallándose en sesión, o a alguna de sus Comisiones en los actos públicos en que las representen, será castigado con la pena de multa de doce a dieciocho meses.

El imputado de las injurias descritas en el párrafo anterior quedará exento de pena si se dan las circunstancias previstas en el artículo 210.

Ver arts. 208 y sigs. CP.

ART. 497.

1. Incurrirán en la pena de prisión de seis meses a un año quienes, sin ser miembros del Congreso de los Diputados, del Senado o de una Asamblea Legislativa de Comunidad Autónoma, perturben gravemente el orden de sus sesiones.

2. Cuando la perturbación del orden de las sesiones a que se refiere el apartado anterior no sea grave, se impondrá la pena de multa de seis a doce meses.

Ver art. 558 CP.

ART. 498.

Los que emplearen fuerza, violencia, intimidación o amenaza grave para impedir a un miembro del Congreso de los Diputados, del Senado o de una Asamblea Legislativa de Comunidad Autónoma asistir a sus reuniones, o, por los mismos medios, coartaren la libre manifestación de sus opiniones o la emisión de su voto, serán castigados con la pena de prisión de tres a cinco años.

Ver arts. 169 a 172 CP.

ART. 499.

La autoridad o funcionario público que quebrantare la inviolabilidad de las Cortes Generales o de una Asamblea Legislativa de Comunidad Autónoma, será castigado con las penas de inhabilitación especial para empleo o cargo público por tiempo de diez a veinte años, sin perjuicio de las que pudieran corresponderle si el hecho constituyera otro delito más grave.

Ver arts. 71.1 CE; y 24 CP.

ART. 500.

La autoridad o funcionario público que detuviere a un miembro de las Cortes Generales o de una Asamblea Legislativa de Comunidad Autónoma fuera de los supuestos o sin los requisitos establecidos por la legislación vigente incurrirá, según los casos, en las penas previstas en este Código, impuestas en su mitad superior, y además en la de inhabilitación especial para empleo o cargo público de seis a doce años.

Ver arts. 71.2 CE; 11 y 12 Reglamento del Congreso; 22 Reglamento del Senado; 163 y sigs. CP.

ART. 501.

La autoridad judicial que inculpare o procesare a un miembro de las Cortes Generales o de una Asamblea Legislativa de Comunidad Autónoma sin los requisitos establecidos por la legislación vigente, será castigada con la pena de inhabilitación especial para empleo o cargo público de diez a veinte años.

Ver arts. 66.3 CE; 446 y sigs. CP; Ley 9-2-1912, sobre competencia para conocer de las causas contra senadores y diputados.

ART. 502.

1. Los que, habiendo sido requeridos en forma legal y bajo apercibimiento, dejaren de comparecer ante una Comisión de investigación de las Cortes Generales o de una Asamblea Legislativa de Comunidad Autónoma, serán castigados como reos del delito de desobediencia. Si el reo fuera autoridad o funcionario público, se le impondrá además la pena de suspensión de empleo o cargo público por tiempo de seis meses a dos años.

2. En las mismas penas incurrirá la autoridad o funcionario que obstaculizare la investigación del Defensor del Pueblo, Tribunal de Cuentas u órganos equivalentes de las Comunidades Autónomas, negándose o dilatando indebidamente el envío de los informes que éstos solicitaren o dificultando su acceso a los expedientes o documentación administrativa necesaria para tal investigación.

3. El que convocado ante una comisión parlamentaria de investigación faltare a la verdad en su testimonio será castigado con la pena de prisión de seis meses a un año o multa de 12 a 24 meses.

Ver arts. 76 CE; 24.2 LO 3/1981, de 6 de abril, del Defensor del Pueblo; 7 LO 2/1982, de 12 de mayo, del Tribunal de Cuentas; 30.5 Ley 7/1988, de 5 de abril, de funcionamiento del Tribunal de Cuentas.

ART. 503.

Incurrirán en la pena de prisión de dos a cuatro años:

1.º Los que invadan violentamente o con intimidación el local donde esté constituido el Consejo de Ministros o un Consejo de Gobierno de Comunidad Autónoma.

2.º Los que coarten o por cualquier medio pongan obstáculos a la libertad del Gobierno reunido en Consejo o de los miembros de un Gobierno de Comunidad Autónoma, reunido en Consejo, salvo que los hechos sean constitutivos de otro delito más grave.

Ver arts. 476 CP; 98 CE.

ART. 504.

1. Incurrirán en la pena de multa de doce a dieciocho meses los que calumnien, injurien o amenacen gravemente al Gobierno de la Nación, al Consejo General del Poder Judicial, al Tribunal Constitucional, al Tribunal Supremo, o al Consejo de Gobierno o al Tribunal Superior de Justicia de una Comunidad Autónoma.

El culpable de calumnias o injurias conforme a lo dispuesto en el párrafo anterior quedará exento de pena si se dan las circunstancias previstas, respectivamente, en los artículos 207 y 210 de este Código.

Se impondrá la pena de prisión de tres a cinco años a los que empleen fuerza, violencia o intimidación para impedir a los miembros de dichos Organismos asistir a sus respectivas reuniones.

2. Los que injuriaren o amenazaren gravemente a los Ejércitos, Clases o Cuerpos y Fuerzas de Seguridad, serán castigados con la pena de multa de doce a dieciocho meses.

El culpable de las injurias previstas en el párrafo anterior quedará exento de pena si se dan las circunstancias descritas en el artículo 210 de este Código.

Ver arts. 98.1, 122.3, 123.1, 152.1 y 159.1 CE; 169, 205 y 208 CP.

ART. 505.

1. Incurrirán en la pena de prisión de seis meses a un año quienes, sin ser miembros de la corporación local, perturben de forma grave el orden de sus plenos, impidiendo el acceso a los mismos, el desarrollo del orden del día previsto, la adopción de acuerdos o causen desórdenes que tengan por objeto manifestar el apoyo a organizaciones o grupos terroristas.

2. Quienes, amparándose en la existencia de organizaciones o grupos terroristas, calumnien, injurien, coaccionen o amenacen a los miembros de corporaciones locales, serán castigados con la pena superior en grado a la que corresponda por el delito cometido.

Ver arts. 557 y sigs. CP.

Sección 2.ª De la usurpación de atribuciones

ART. 506.

La autoridad o funcionario público que, careciendo de atribuciones para ello, dictare una disposición general o suspendiere su ejecución, será castigado con la pena de prisión de uno a tres años, multa de seis a doce meses e inhabilitación especial para empleo o cargo público por tiempo de seis a doce años.

Ver art. 24 CP.

ART. 506 bis.

(SUPRIMIDO)

Suprimido por LO 2/2005, de 22 de junio.

ART. 507.

El Juez o Magistrado que se arrogare atribuciones administrativas de las que careciere, o impidiere su legítimo ejercicio por quien las ostentare, será castigado con la pena de prisión de seis meses a un año, multa de tres a seis meses y suspensión de empleo o cargo público por tiempo de uno a tres años.

Ver arts. 117.3 y 4 CE; 38 a 41 LOPJ.

ART. 508.

1. La autoridad o funcionario público que se arrogare atribuciones judiciales o impidiere ejecutar una resolución dictada por la autoridad judicial competente, será castigado con las penas de prisión de seis meses a un año, multa de tres a ocho meses y suspensión de empleo o cargo público por tiempo de uno a tres años.

2. La autoridad o funcionario administrativo o militar que atentare contra la independencia de los Jueces o Magistrados, garantizada por la Constitución, dirigiéndoles instrucción, orden o intimación relativas a causas o actuaciones que estén conociendo, será castigado con la pena de prisión de uno a dos años, multa de cuatro a diez meses e inhabilitación especial para empleo o cargo público por tiempo de dos a seis años.

Ver arts. 117.1 y 118 CE; 399 LOPJ; 24 y 529 CP.

ART. 509.

El Juez o Magistrado, la autoridad o el funcionario público que, legalmente requerido de inhibición, continuare procediendo sin esperar a que se decida el correspondiente conflicto jurisdiccional, salvo en los casos permitidos por la Ley, será castigado con la pena de multa de tres a diez meses e inhabilitación especial para empleo o cargo público por tiempo de seis meses a un año.

Ver arts. 89 LEC; 11.1 LO 2/1987, de 18 de mayo, de Conflictos jurisdiccionales; 22 LECrim.

CAPÍTULO IV
De los delitos relativos al ejercicio de los derechos fundamentales y libertades públicas

Sección 1.ª De los delitos cometidos con ocasión del ejercicio de los derechos fundamentales y de las libertades públicas garantizados por la Constitución

ART. 510.

1. Serán castigados con una pena de prisión de uno a cuatro años y multa de seis a doce meses:

a) Quienes públicamente fomenten, promuevan o inciten directa o indirectamente al odio, hostilidad, discriminación o violencia contra un grupo, una parte del mismo o contra una persona determinada por razón de su pertenencia a aquel, por motivos racistas, antisemitas, antigitanos u otros referentes a la ideología, religión o creencias, situación familiar, la pertenencia de sus miembros a una etnia, raza o nación, su origen nacional, su sexo, orientación o identidad sexual, por razones de género, aporofobia, enfermedad o discapacidad.

b) Quienes produzcan, elaboren, posean con la finalidad de distribuir, faciliten a terceras personas el acceso, distribuyan, difundan o vendan escritos o cualquier otra clase de material o soportes que por su contenido sean idóneos para fomentar, promover, o incitar directa o indirectamente al odio, hostilidad, discriminación o violencia contra un grupo, una parte del mismo, o contra una persona determinada por razón de su pertenencia a aquel, por motivos racistas, antisemitas, antigitanos u otros referentes a la ideología, religión o creencias, situación familiar, la pertenencia de sus miembros a una etnia, raza o nación, su origen nacional, su sexo, orientación o identidad sexual, por razones de género, aporofobia, enfermedad o discapacidad.

c) Quienes públicamente nieguen, trivialicen gravemente o enaltezcan los delitos de genocidio, de lesa humanidad o contra las personas y bienes protegidos en caso de conflicto armado, o enaltezcan a sus autores, cuando se hubieran cometido contra un grupo o una parte del mismo, o contra una persona determinada por razón de su pertenencia al mismo, por motivos racistas, antisemitas, antigitanos, u otros referentes a la ideología, religión o creencias, la situación familiar o la pertenencia de sus miembros a una etnia, raza o nación, su origen nacional, su sexo, orientación o identidad sexual, por razones de género, aporofobia, enfermedad o discapacidad, cuando de este modo se promueva o favorezca un clima de violencia, hostilidad, odio o discriminación contra los mismos.

2. Serán castigados con la pena de prisión de seis meses a dos años y multa de seis a doce meses:

a) Quienes lesionen la dignidad de las personas mediante acciones que entrañen humillación, menosprecio o descrédito de alguno de los grupos a que se refiere el apartado anterior, o de una parte de los mismos, o de cualquier persona determinada por razón de su pertenencia a ellos por motivos racistas, antisemitas, antigitanos u otros referentes a la ideología, religión o creencias, situación familiar, la pertenencia de sus miembros a una etnia, raza o nación, su origen nacional, su sexo, orientación o identidad sexual, por razones de género, aporofobia, enfermedad o discapacidad, o produzcan, elaboren, posean con la finalidad de distribuir, faciliten a terceras personas el acceso, distribuyan, difundan o vendan escritos o cualquier otra clase de material o soportes que por su contenido sean idóneos para lesionar la dignidad de las personas por representar una grave humillación, menosprecio o descrédito de alguno de los grupos mencionados, de una parte de ellos, o de cualquier persona determinada por razón de su pertenencia a los mismos.

b) Quienes enaltezcan o justifiquen por cualquier medio de expresión pública o de difusión los delitos que hubieran sido cometidos contra un grupo, una parte del mismo, o contra una persona determinada por razón de su pertenencia a aquel por motivos racistas, antisemitas, antigitanos u otros referentes a la ideología, religión o creencias, situación familiar, la pertenencia de sus miembros a una etnia, raza o nación, su origen nacional, su sexo, orientación o identidad sexual, por razones de género, aporofobia, enfermedad o discapacidad, o a quienes hayan participado en su ejecución.

Los hechos serán castigados con una pena de uno a cuatro años de prisión y multa de seis a doce meses cuando de ese modo se promueva o favorezca un clima de violencia, hostilidad, odio o discriminación contra los mencionados grupos.

3. Las penas previstas en los apartados anteriores se impondrán en su mitad superior cuando los hechos se hubieran llevado a cabo a través de un medio de comunicación social, por medio de internet o mediante el uso de tecnologías de la información, de modo que, aquel se hiciera accesible a un elevado número de personas.

4. Cuando los hechos, a la vista de sus circunstancias, resulten idóneos para alterar la paz pública o crear un grave sentimiento de inseguridad o temor entre los integrantes del grupo, se impondrá la pena en su mitad superior, que podrá elevarse hasta la superior en grado.

5. En todos los casos, se impondrá además la pena de inhabilitación especial para profesión u oficio educativos, en el ámbito docente, deportivo y de tiempo libre, por un tiempo superior entre tres y diez años al de la duración de la pena de privación de libertad impuesta en su caso en la sentencia, atendiendo proporcionalmente a la gravedad del delito, el número de los cometidos y a las circunstancias que concurran en el delincuente.

6. El juez o tribunal acordará la destrucción, borrado o inutilización de los libros, archivos, documentos, artículos y cualquier clase de soporte objeto del delito a que se refieren los apartados anteriores o por medio de los cuales se hubiera cometido. Cuando el delito se hubiera cometido a través de tecnologías de la información y la comunicación, se acordará la retirada de los contenidos.

En los casos en los que, a través de un portal de acceso a internet o servicio de la sociedad de la información, se difundan exclusiva o preponderantemente los contenidos a que se refiere el apartado anterior, se ordenará el bloqueo del acceso o la interrupción de la prestación del mismo.

Apdos. 1 y 2 modificados por Ley Orgánica 6/2022, de 12 de julio, complementaria de la Ley 15/2022, de 12 de julio, integral para la igualdad de trato y la no discriminación, de modificación de la Ley Orgánica 10/1995, de 23 de noviembre, del Código Penal. (BOE de 13-07-2022).

Ver arts. 14 y sigs. y 55 y sigs. CE; 607 CP; 15.2 y 52.2 LO 2/1986, de 13 de marzo, de Fuerzas y Cuerpos de Seguridad; LO 1/2002, de 22 de marzo, reguladora del derecho de asociación; LO 4/2000, de 11 de enero, sobre derechos y libertades de los extranjeros en España y su integración social.

ART. 510 bis.

Cuando de acuerdo con lo establecido en el artículo 31 bis una persona jurídica sea responsable de los delitos comprendidos en los dos artículos anteriores, se le impondrá la pena de multa de dos a cinco años. Atendidas las reglas establecidas en el artículo 66 bis, los jueces y tribunales podrán asimismo imponer las penas recogidas en las letras b) a g) del apartado 7 del artículo 33.

En este caso será igualmente aplicable lo dispuesto en el número 3 del artículo 510 del Código Penal.

Añadido por LO 1/2015, de 30 de marzo.

ART. 511.

1. Incurrirá en la pena de prisión de seis meses a dos años, multa de doce a veinticuatro meses e inhabilitación especial para empleo o cargo público por tiempo de uno a tres años el particular encargado de un servicio público que deniegue a una persona una prestación a la que tenga derecho por razón de su ideología, religión o creencias, su situación familiar, pertenencia a una etnia, raza o nación, su origen nacional, su sexo, edad, orientación o identidad sexual o de género, razones de género, de aporofobia o de exclusión social, la enfermedad que padezca o su discapacidad.

2. Las mismas penas serán aplicables cuando los hechos se cometan contra una asociación, fundación, sociedad o corporación o contra sus miembros por razón de su ideología, religión o creencias, su situación familiar, la pertenencia de sus miembros o de alguno de ellos a una etnia, raza o nación, su origen nacional, su sexo, edad, orientación o identidad sexual o de género, razones de género, de aporofobia o de exclusión social, la enfermedad que padezca o su discapacidad.

3. Los funcionarios públicos que cometan alguno de los hechos previstos en este artículo, incurrirán en las mismas penas en su mitad superior y en la de inhabilitación especial para empleo o cargo público por tiempo de dos a cuatro años.

4. En todos los casos se impondrá además la pena de inhabilitación especial para profesión u oficio educativos, en el ámbito docente, deportivo y de tiempo libre, por un tiempo superior entre uno y tres años al de la duración de la pena impuesta si esta fuera de privación de libertad, cuando la pena impuesta fuera de multa, la pena de inhabilitación especial tendrá una duración de uno a tres años. En todo caso se atenderá proporcionalmente a la gravedad del delito y a las circunstancias que concurran en el delincuente.

Modificado por Ley Orgánica 8/2021, de 4 de junio, de protección integral a la infancia y la adolescencia frente a la violencia. (BOE de 05-06-2021). Modificación en vigor desde el 25/06/2021.

Modificado por LO 1/2015, de 30 de marzo. El término «minusvalía» se reemplaza por el de «discapacidad».

Ver arts. 14 y 16 CE; 2 DUDH; 26 PIDCP; 14 CEDH; LO 4/2000, de 11 de enero, sobre derechos y libertades de los extranjeros en España y su integración social.

ART. 512.

Quienes en el ejercicio de sus actividades profesionales o empresariales denegaren a una persona una prestación a la que tenga derecho por razón de su ideología, religión o creencias, su situación familiar, su pertenencia a una etnia, raza o nación, su origen nacional, su sexo, edad, orientación o identidad sexual o de género, razones de género, de aporofobia o de exclusión social, la enfermedad que padezca o su discapacidad, incurrirán en la pena de inhabilitación especial para el ejercicio de profesión, oficio, industria o comercio e inhabilitación especial para profesión u oficio educativos, en el ámbito docente, deportivo y de tiempo libre por un periodo de uno a cuatro años.

Modificado por Ley Orgánica 8/2021, de 4 de junio, de protección integral a la infancia y la adolescencia frente a la violencia. (BOE de 05-06-2021). Modificación en vigor desde el 25/06/2021.

Modificado este artículo anteriormente por LO 1/2015, de 30 de marzo. El término «minusvalía» se reemplaza por el de «discapacidad».

Ver arts. 22 y 314 CP.

ART. 513.

Son punibles las reuniones o manifestaciones ilícitas, y tienen tal consideración:

1.º Las que se celebren con el fin de cometer algún delito.

2.º Aquéllas a las que concurran personas con armas, artefactos explosivos u objetos contundentes o de cualquier otro modo peligroso.

Ver arts. 21.1 CE; LO 4/2015, de 30 de marzo, sobre protección de la seguridad ciudadana; LO 9/1983, de 15 de julio, reguladora del derecho de reunión; 20.1 DUDH; 11 CEDH; 21 PIDCP; LO 4/2000, de 11 de enero, sobre derechos y libertades de los extranjeros en España y su integración social; 472 a 478 y 544 a 549 CP.

ART. 514.

1. Los promotores o directores de cualquier reunión o manifestación comprendida en el número 1.º del artículo anterior y los que, en relación con el número 2.º del mismo, no hayan tratado de impedir por todos los medios a su alcance las circunstancias en ellos mencionadas, incurrirán en las penas de prisión de uno a tres años y multa de doce a veinticuatro meses. A estos efectos, se reputarán directores o promotores de la reunión o manifestación los que las convoquen o presidan.

2. Los asistentes a una reunión o manifestación que porten armas u otros medios igualmente peligrosos serán castigados con la pena de prisión de uno a dos años y multa de seis a doce meses. Los Jueces o Tribunales, atendiendo a los antecedentes del sujeto, circunstancias del caso y características del arma o instrumento portado, podrán rebajar en un grado la pena señalada.

3. Las personas que, con ocasión de la celebración de una reunión o manifestación, realicen actos de violencia contra la autoridad, sus agentes, personas o propiedades públicas o privadas, serán castigadas con la pena que a su delito corresponda, en su mitad superior.

4. Los que impidieren el legítimo ejercicio de las libertades de reunión o manifestación, o perturbaren gravemente el desarrollo de una reunión o manifestación lícita serán castigados con la pena de prisión de dos a tres años si los hechos se realizaran con violencia, y con la

pena de prisión de tres a seis meses o multa de seis a 12 meses si se cometieren mediante vías de hecho o cualquier otro procedimiento ilegítimo.

5. Los promotores o directores de cualquier reunión o manifestación que convocaren, celebraren o intentaren celebrar de nuevo una reunión o manifestación que hubiese sido previamente suspendida o prohibida, y siempre que con ello pretendieran subvertir el orden constitucional o alterar gravemente la paz pública, serán castigados con las penas de prisión de seis meses a un año y multa de seis a doce meses, sin perjuicio de la pena que pudiera corresponder, en su caso, conforme a los apartados precedentes.

Ver las concordancias del art. 513 CP.

ART. 515.

Son punibles las asociaciones ilícitas, teniendo tal consideración:

1.º Las que tengan por objeto cometer algún delito o, después de constituidas, promuevan su comisión.

2.º Las que, aun teniendo por objeto un fin lícito, empleen medios violentos o de alteración o control de la personalidad para su consecución.

3.º Las organizaciones de carácter paramilitar.

4.º Las que fomenten, promuevan o inciten directa o indirectamente al odio, hostilidad, discriminación o violencia contra personas, grupos o asociaciones por razón de su ideología, religión o creencias, la pertenencia de sus miembros o de alguno de ellos a una etnia, raza o nación, su origen nacional, su sexo, edad, orientación o identidad sexual o de género, razones de género, de aporofobia o de exclusión social, situación familiar, enfermedad o discapacidad.

Apdo. 4.º modificado por Ley Orgánica 8/2021, de 4 de junio, de protección integral a la infancia y la adolescencia frente a la violencia. (BOE de 05-06-2021). Modificación en vigor desde el 25/06/2021.

Modificado este artículo anteriormente por LO 1/2015, de 30 de marzo.

Ver arts. 22.2 y 5 y 28.1 CE.

ART. 516.

(SUPRIMIDO)

Suprimido por LO 5/2010, de 22 de junio.

ART. 517.

En los casos previstos en los números 1.º y 3.º al 6.º del artículo 515* se impondrán las siguientes penas:

1.º A los fundadores, directores y presidentes de las asociaciones, las de prisión de dos a cuatro años, multa de doce a veinticuatro meses e inhabilitación especial para empleo o cargo público por tiempo de seis a doce años.

2.º A los miembros activos, las de prisión de uno a tres años y multa de doce a veinticuatro meses.

**La remisión a los números 1.º y 3.º al 6.º del art. 515 se entiende hecha a los actuales números 1.º a 4.º del art. 515.*

ART. 518.

Los que con su cooperación económica o de cualquier otra clase, en todo caso relevante, favorezcan la fundación, organización o actividad de las asociaciones comprendidas en los números 1.º y 3.º al 6.º del artículo 515*, incurrirán en la pena de prisión de uno a tres años, multa de doce a veinticuatro meses, e inhabilitación para empleo o cargo público por tiempo de uno a cuatro años.

Ver arts. 301 y sigs. CP.

**La remisión a los números 1.º y 3.º al 6.º del art. 515 se entiende hecha a los actuales números 1.º a 4.º del art. 515.*

ART. 519.

La provocación, la conspiración y la proposición para cometer el delito de asociación ilícita se castigarán con la pena inferior en uno o dos grados a la que corresponda, respectivamente, a los hechos previstos en los artículos anteriores.

Ver arts. 17 y 18 CP.

ART. 520.

Los Jueces o Tribunales, en los supuestos previstos en el artículo 515, acordarán la disolución de la asociación ilícita y, en su caso, cualquier otra de las consecuencias accesorias del artículo 129 de este Código.

ART. 521.

En el delito de asociación ilícita, si el reo fuera autoridad, agente de ésta o funcionario público, se le impondrá, además de las penas señaladas, la de inhabilitación absoluta de diez a quince años.

ART. 521 bis.

(SUPRIMIDO)

Suprimido por LO 2/2005, de 22 de junio.

Sección 2.ª De los delitos contra la libertad de conciencia, los sentimientos religiosos y el respeto a los difuntos

ART. 522.

Incurrirán en la pena de multa de cuatro a diez meses:

1.º Los que por medio de violencia, intimidación, fuerza o cualquier otro apremio ilegítimo impidan a un miembro o miembros de una confesión religiosa practicar los actos propios de las creencias que profesen, o asistir a los mismos.

2.º Los que por iguales medios fuercen a otro u otros a practicar o concurrir a actos de culto o ritos, o a realizar actos reveladores de profesar o no profesar una religión, o a mudar la que profesen.

Ver arts. 169 y 172 CP; 14 y 16.2 CE; LO 7/1980, de 5 de julio, de Libertad Religiosa.

ART. 523.

El que con violencia, amenaza, tumulto o vías de hecho, impidiere, interrumpiere o perturbare los actos, funciones, ceremonias o manifestaciones de las confesiones religiosas inscritas en el correspondiente registro público del Ministerio de Justicia e Interior, será castigado con la pena de prisión de seis meses a seis años, si el hecho se ha cometido en lugar destinado al culto, y con la de multa de cuatro a diez meses si se realiza en cualquier otro lugar.

Ver las concordancias del artículo anterior.

ART. 524.

El que en templo, lugar destinado al culto o en ceremonias religiosas ejecutare actos de profanación en ofensa de los sentimientos religiosos legalmente tutelados será castigado con la pena de prisión de seis meses a un año o multa de 12 a 24 meses.

ART. 525.

1. Incurrirán en la pena de multa de ocho a doce meses los que, para ofender los sentimientos de los miembros de una confesión religiosa, hagan públicamente, de palabra, por escrito o mediante cualquier tipo de documento, escarnio de sus dogmas, creencias, ritos o ceremonias, o vejen, también públicamente, a quienes los profesan o practican.

2. En las mismas penas incurrirán los que hagan públicamente escarnio, de palabra o por escrito, de quienes no profesan religión o creencia alguna.

Ver arts. 10.1, 14 y 16 CE; 1 a 4 LO 7/1980, de 5 de julio, de Libertad Religiosa.

ART. 526.

El que, faltando al respeto debido a la memoria de los muertos, violare los sepulcros o sepulturas, profanare un cadáver o sus cenizas o, con ánimo de ultraje, destruyere, alterare o dañare las urnas funerarias, panteones, lápidas o nichos será castigado con la pena de prisión de tres a cinco meses o multa de seis a 10 meses.

Ver Ley 30/1979, de 27 de octubre, sobre extracción y trasplante de órganos; Ley 29/1980, de 21 de junio, de autopsias clínicas; Ley 14/2007, de 3 de julio, de investigación biomédica; 263 CP.

Sección 3.ª

Suprimida por LO 3/2002, de 22 de mayo

ART. 527.

(SIN CONTENIDO)

Sin contenido por LO 3/2002, de 22 de mayo.

ART. 528.

(DEROGADO)

Derogado por LO 7/1998, de 5 de mayo.

CAPÍTULO V
De los delitos cometidos por los funcionarios públicos contra las garantías constitucionales

Sección 1.ª De los delitos cometidos por los funcionarios públicos contra la libertad individual

ART. 529.

1. El Juez o Magistrado que entregare una causa criminal a otra autoridad o funcionario, militar o administrativo, que ilegalmente se la reclame, será castigado con la pena de inhabilitación especial para empleo o cargo público por tiempo de seis meses a dos años.

2. Si además entregara la persona de un detenido, se le impondrá la pena superior en grado.

Ver arts. 17 CE; 1 LECrim; 23, 26, 301 y 428 y sigs. LOPJ.

ART. 530.

La autoridad o funcionario público que, mediando causa por delito, acordare, practicare o prolongare cualquier privación de libertad de un detenido, preso o sentenciado, con violación de los plazos o demás garantías constitucionales o legales, será castigado con la pena de inhabilitación especial para empleo o cargo público por tiempo de cuatro a ocho años.

Ver arts. 17 CE; LO 6/1984, de 24 de mayo, de Habeas Corpus; 16 y 32 LO 4/1981, de 1 de junio, reguladora de los estados de alarma, excepción y sitio; LO 4/2000, de 11 de enero, sobre derechos y libertades de los extranjeros en España y su integración social; LO 4/2015, de 30 de marzo, de Protección de la Seguridad Ciudadana; 3, 6, 17.2, 42, 207, 486, 489 a 501, 505, 506, 508, 517 y 520 bis y 553 LECrim; 17.2 LGPe; 5.3 LO 2/1986, de 13 de marzo, de Fuerzas y Cuerpos de Seguridad del Estado.

ART. 531.

La autoridad o funcionario público que, mediando causa por delito, decretare, practicare o prolongare la incomunicación de un detenido, preso o sentenciado, con violación de los plazos o demás garantías constitucionales o legales, será castigado con la pena de inhabilitación especial para empleo o cargo público por tiempo de dos a seis años.

Ver arts. 17 CE; 506 a 511 y 520 bis LECrim; 16, 51 a 53 LGPe; 30, 33 y 89 a 102 RP; 167 CP.

ART. 532.

Si los hechos descritos en los dos artículos anteriores fueran cometidos por imprudencia grave, se castigarán con la pena de suspensión de empleo o cargo público por tiempo de seis meses a dos años.

ART. 533.

El funcionario penitenciario o de Centros de protección o corrección de menores que impusiere a los reclusos o internos sanciones o privaciones indebidas, o usare con ellos de un rigor innecesario, será castigado con la pena de inhabilitación especial para empleo o cargo público por tiempo de dos a seis años.

Ver arts. 3, 6, 41 y sigs. LGPe; 5 y 104 RP; 175 CP.

Sección 2.ª De los delitos cometidos por los funcionarios públicos contra la inviolabilidad domiciliaria y demás garantías de la intimidad

ART. 534.

1. Será castigado con las penas de multa de seis a doce meses e inhabilitación especial para empleo o cargo público de dos a seis años la autoridad o funcionario público que, mediando causa por delito, y sin respetar las garantías constitucionales o legales:

1.º Entre en un domicilio sin el consentimiento del morador.

2.º Registre los papeles o documentos de una persona o los efectos que se hallen en su domicilio, a no ser que el dueño haya prestado libremente su consentimiento.

Si no devolviera al dueño, inmediatamente después del registro, los papeles, documentos y efectos registrados, las penas serán las de inhabilitación especial para empleo o cargo público de seis a doce años y multa de doce a veinticuatro meses, sin perjuicio de la pena que pudiera corresponderle por la apropiación.

2. La autoridad o funcionario público que, con ocasión de lícito registro de papeles, documentos o efectos de una persona, cometa cualquier vejación injusta o daño innecesario en sus bienes, será castigado con las penas previstas para estos hechos, impuestas en su mitad superior, y, además, con la pena de inhabilitación especial para empleo o cargo público por tiempo de dos a seis años.

Ver arts. 204 y 263 CP; 18.2 CE; 545 y sigs. LECrim.

ART. 535.

La autoridad o funcionario público que, mediando causa por delito, interceptare cualquier clase de correspondencia privada, postal o telegráfica, con violación de las garantías constitucionales o legales, incurrirá en la pena de inhabilitación especial para empleo o cargo público de dos a seis años.

Si divulgara o revelara la información obtenida, se impondrá la pena de inhabilitación especial, en su mitad superior, y, además, la de multa de seis a dieciocho meses.

Ver arts. 18.3, 55 y 116 CE; 579 a 588 LECrim; 51.1 LGPe; 18 LO 4/1981, de 1 de junio, de estados de alarma, excepción y sitio; 197 y 198 CP.

ART. 536.

La autoridad, funcionario público o agente de éstos que, mediando causa por delito, interceptare las telecomunicaciones o utilizare artificios técnicos de escuchas, transmisión, grabación o reproducción del sonido, de la imagen o de cualquier otra señal de comunicación, con violación de las garantías constitucionales o legales, incurrirá en la pena de inhabilitación especial para empleo o cargo público de dos a seis años.

Si divulgare o revelare la información obtenida, se impondrán las penas de inhabilitación especial, en su mitad superior y, además, la de multa de seis a dieciocho meses.

Ver arts. 18.3 y 55 CE; 51.4 LGPe; 88 y 95 RP; 11.1 LOPJ; 579 y 588 LECrim.

Sección 3.ª De los delitos cometidos por los funcionarios públicos contra otros derechos individuales

ART. 537.

La autoridad o funcionario público que impida u obstaculice el derecho a la asistencia de abogado al detenido o preso, procure o favorezca la renuncia del mismo a dicha asistencia o no le informe de forma inmediata y de modo que le sea comprensible de sus derechos y de las razones de su detención, será castigado con la pena de multa de cuatro a diez meses e inhabilitación especial para empleo o cargo público de dos a cuatro años.

Ver arts. 17.3, 24.2 y 55 CE; 520, 527 y 767 y 768 LECrim; 51.2 LGPe, 101 RP.

ART. 538.

La autoridad o funcionario público que establezca la censura previa o, fuera de los casos permitidos por la Constitución y las Leyes, recoja ediciones de libros o periódicos o suspenda su publicación o la difusión de cualquier emisión radiotelevisiva, incurrirá en la pena de inhabilitación absoluta de seis a diez años.

Ver arts. 20, 55 y 116 CE; 19 DUDH; 10 CEDH; 19 PIDCP; 21 LO 4/1981, de 1 de junio, de estados de alarma, excepción y sitio.

ART. 539.

La autoridad o funcionario público que disuelva o suspenda en sus actividades a una asociación legalmente constituida, sin previa resolución judicial, o sin causa legítima le impida la celebración de sus sesiones, será castigado con la pena de inhabilitación especial para empleo o cargo público de ocho a doce años y multa de seis a doce meses.

Ver arts. 1, 2, 7, 21, 22 y 28 CE; 510 a 521 CP.

ART. 540.

La autoridad o funcionario público que prohíba una reunión pacífica o la disuelva fuera de los casos expresamente permitidos por las Leyes, será castigado con la pena de inhabilitación especial para empleo o cargo público de cuatro a ocho años y multa de seis a nueve meses.

Ver art. 315 CP.

ART. 541.

La autoridad o funcionario público que expropie a una persona de sus bienes fuera de los casos permitidos y sin cumplir los requisitos legales, incurrirá en las penas de inhabilitación especial para empleo o cargo público de uno a cuatro años y multa de seis a doce meses.

Ver arts. 33.3 CE; 17 DUDH; 17 Ley de Expropiación Forzosa y su Reglamento.

ART. 542.

Incurrirá en la pena de inhabilitación especial para empleo o cargo público por tiempo de uno a cuatro años la autoridad o el funcionario público que, a sabiendas, impida a una persona el ejercicio de otros derechos cívicos reconocidos por la Constitución y las Leyes.

Ver arts. 1, 6, 7, 10 y sigs., 21, 22 y 28 CE; 139, 140 y 146 Ley Electoral General; 315 y 559 CP.

CAPÍTULO VI
De los ultrajes a España

ART. 543.

Las ofensas o ultrajes de palabra, por escrito o de hecho a España, a sus Comunidades Autónomas o a sus símbolos o emblemas, efectuados con publicidad, se castigarán con la pena de multa de siete a doce meses.

Ver arts. 1, 2, 4, 137 y 147 CE; Ley 39/1981, de 28 de octubre, que regula el uso de la Bandera de España y representa los valores superiores expresados en la CE; RD 441/1981, de 27 de febrero, que determina los colores de la bandera; Ley 33/1981, de 5 de octubre, del Escudo de España; RD 2964/1981, de 18 de diciembre, que especifica el modelo oficial del Escudo de España y el RD 2267/1982, de 3 de septiembre, que dispone la especificación técnica de los colores del Escudo.

TÍTULO XXII
Delitos contra el orden público

CAPÍTULO I
Sedición

Capítulo suprimido por Ley Orgánica 14/2022, de 22 de diciembre, de transposición de directivas europeas y otras disposiciones para la adaptación de la legislación penal al ordenamiento de la Unión Europea, y reforma de los delitos contra la integridad moral, desórdenes públicos y contrabando de armas de doble uso. (BOE de 23-12-2022).

ARTS. 544 a 549.

(SUPRIMIDOS)

Artículos suprimidos por Ley Orgánica 14/2022, de 22 de diciembre, de transposición de directivas europeas y otras disposiciones para la adaptación de la legislación penal al ordenamiento de la Unión Europea, y reforma de los delitos contra la integridad moral, desórdenes públicos y contrabando de armas de doble uso. (BOE de 23-12-2022).

CAPÍTULO II
De los atentados contra la autoridad, sus agentes y los funcionarios públicos, y de la resistencia y desobediencia

ART. 550.

1. Son reos de atentado los que agredieren o, con intimidación grave o violencia, opusieren resistencia grave a la autoridad, a sus agentes o funcionarios públicos, o los acometieren, cuando se hallen en el ejercicio de las funciones de sus cargos o con ocasión de ellas.

En todo caso, se considerarán actos de atentado los cometidos contra los funcionarios docentes o sanitarios que se hallen en el ejercicio de las funciones propias de su cargo, o con ocasión de ellas.

2. Los atentados serán castigados con las penas de prisión de uno a cuatro años y multa de tres a seis meses si el atentado fuera contra autoridad y de prisión de seis meses a tres años en los demás casos.

3. No obstante lo previsto en el apartado anterior, si la autoridad contra la que se atentare fuera miembro del Gobierno, de los Consejos de Gobierno de las Comunidades Autónomas, del Congreso de los Diputados, del Senado o de las Asambleas Legislativas de las Comunidades Autónomas, de las Corporaciones locales, del Consejo General del Poder Judicial, Magistrado del Tribunal Constitucional, juez, magistrado o miembro del Ministerio Fiscal, se impondrá la pena de prisión de uno a seis años y multa de seis a doce meses.

Modificado por LO 1/2015, de 30 de marzo.

Ver arts. 24, 551 a 556 y 562 CP; 23.3 g) LOPJ; 7.2 LOFCS; LO 4/2015, de 30 de marzo, de protección de la seguridad ciudadana; Ley 5/2014, de 4 de abril, de seguridad privada.

ART. 551.

Se impondrán las penas superiores en grado a las respectivamente previstas en el artículo anterior siempre que el atentado se cometa:

1.º Haciendo uso de armas u otros objetos peligrosos.

2.º Cuando el acto de violencia ejecutado resulte potencialmente peligroso para la vida de las personas o pueda causar lesiones graves. En particular, están incluidos los supuestos de lanzamiento de objetos contundentes o líquidos inflamables, el incendio y la utilización de explosivos.

3.º Acometiendo a la autoridad, a su agente o al funcionario público haciendo uso de un vehículo de motor.

4.º Cuando los hechos se lleven a cabo con ocasión de un motín, plante o incidente colectivo en el interior de un centro penitenciario.

Modificado por LO 1/2015, de 30 de marzo.

Ver arts. 24, 550, 553 a 556 y 572.2 CP; 7.2 LOFCS.

ART. 552.

(SUPRIMIDO)

Suprimido por LO 1/2015, de 30 de marzo.

ART. 553.

La provocación, la conspiración y la proposición para cualquiera de los delitos previstos en los artículos anteriores, será castigada con la pena inferior en uno o dos grados a la del delito correspondiente.

Ver arts. 17, 18, 550 y 556 CP.

ART. 554.

1. Los hechos descritos en los artículos 550 y 551 serán también castigados con las penas expresadas en ellos cuando se cometieren contra un miembro de las Fuerzas Armadas que, vistiendo uniforme, estuviera prestando un servicio que le hubiera sido legalmente encomendado.

2. Las mismas penas se impondrán a quienes acometan, empleen violencia o intimiden a las personas que acudan en auxilio de la autoridad, sus agentes o funcionarios.

3. También se impondrán las penas de los artículos 550 y 551 a quienes acometan, empleen violencia o intimiden gravemente:

a) A los bomberos o miembros del personal sanitario o equipos de socorro que estuvieran interviniendo con ocasión de un siniestro, calamidad pública o situación de emergencia, con la finalidad de impedirles el ejercicio de sus funciones.

b) Al personal de seguridad privada, debidamente identificado, que desarrolle actividades de seguridad privada en cooperación y bajo el mando de las Fuerzas y Cuerpos de Seguridad.

Modificado por LO 1/2015, de 30 de marzo.

ART. 555.

(SUPRIMIDO)

Suprimido por LO 1/2015, de 30 de marzo.

ART. 556.

1. Serán castigados con la pena de prisión de tres meses a un año o multa de seis a dieciocho meses, los que, sin estar comprendidos en el artículo 550, resistieren o desobedecieren gravemente a la autoridad o sus agentes en el ejercicio de sus funciones, o al personal de seguridad privada, debidamente identificado, que desarrolle actividades de seguridad privada en cooperación y bajo el mando de las Fuerzas y Cuerpos de Seguridad.

2. Los que faltaren al respeto y consideración debida a la autoridad, en el ejercicio de sus funciones, serán castigados con la pena de multa de uno a tres meses.

Modificado por LO 1/2015, de 30 de marzo.

Ver arts. 227, 380, 410 a 412, 463, 502 y 550 CP; 215, 420, 463, 569, 575, 716, 764 LECrim; 192 y 193 LOPJ; 10.1 LO 4/1981, de 1 de junio, de estados de alarma, excepción y sitio; LO 4/2015, de 30 de marzo, de protección de la seguridad ciudadana.

CAPÍTULO III
De los desórdenes públicos

ART. 557.

1. Serán castigados con la pena de prisión de seis meses a tres años los que, actuando en grupo y con el fin de atentar contra la paz pública, ejecuten actos de violencia o intimidación:
a) Sobre las personas o las cosas; u
b) obstaculizando las vías públicas ocasionando un peligro para la vida o salud de las personas; o
c) invadiendo instalaciones o edificios alterando gravemente el funcionamiento efectivo de servicios esenciales en esos lugares.

2. Los hechos descritos en el apartado anterior serán castigados con la pena de prisión de tres a cinco años e inhabilitación especial para empleo o cargo público por el mismo tiempo cuando se cometan por una multitud cuyo número, organización y propósito sean idóneos para afectar gravemente el orden público. En caso de hallarse los autores constituidos en autoridad, la pena de inhabilitación será absoluta por tiempo de seis a ocho años.

3. Las penas de los apartados anteriores se impondrán en su mitad superior a los intervinientes que portaran instrumentos peligrosos o a los que llevaran a cabo actos de pillaje.

Estas penas se aplicarán en un grado superior cuando se portaran armas de fuego.

4. La provocación, la conspiración y la proposición para las conductas previstas en los apartados 2 y 3 del presente artículo serán castigadas con las penas inferiores en uno o dos grados a las respectivamente previstas.

5. Será castigado con pena de prisión de seis meses a dos años quien en lugar concurrido provocara avalancha, estampida u otra reacción análoga en el público que pongan en situación de peligro la vida o la salud de las personas.

6. Las penas señaladas en este artículo se impondrán sin perjuicio de las que les puedan corresponder a los actos concretos de lesiones, amenazas, coacciones o daños que se hubieran llevado a cabo.

Modificado por Ley Orgánica 14/2022, de 22 de diciembre, de transposición de directivas europeas y otras disposiciones para la adaptación de la legislación penal al ordenamiento de la Unión Europea, y reforma de los delitos contra la integridad moral, desórdenes públicos y contrabando de armas de doble uso. (BOE de 23-12-2022).

Ver arts. 147 y sigs., 263 y sigs. 382 y 558 a 560 CP; LO 4/2015, de 30 de marzo, de protección de la seguridad ciudadana.

ART. 557 bis.

Los que, actuando en grupo, invadan u ocupen, contra la voluntad de su titular, el domicilio de una persona jurídica pública o privada, un despacho, oficina, establecimiento o local, aunque se encuentre abierto al público, y causen con ello una perturbación relevante de la paz pública y de su actividad normal, serán castigados con una pena de prisión de tres a seis meses o multa de seis a doce meses, salvo que los hechos ya estuvieran castigados con una pena más grave en otro precepto de este Código.

Modificado por Ley Orgánica 14/2022, de 22 de diciembre, de transposición de directivas europeas y otras disposiciones para la adaptación de la legislación penal al ordenamiento de la Unión Europea, y reforma de los delitos contra la integridad moral, desórdenes públicos y contrabando de armas de doble uso. (BOE de 23-12-2022).

Añadido por LO 1/2015, de 30 de marzo.

ART. 557 ter.

(SUPRIMIDO)

Suprimido por Ley Orgánica 14/2022, de 22 de diciembre, de transposición de directivas europeas y otras disposiciones para la adaptación de la legislación penal al ordenamiento de la Unión Europea, y reforma de los delitos contra la integridad moral, desórdenes públicos y contrabando de armas de doble uso. (BOE de 23-12-2022).

ART. 558.

Serán castigados con la pena de prisión de tres a seis meses o multa de seis a 12 meses, los que perturben gravemente el orden en la audiencia de un tribunal o juzgado, en los actos públicos propios de cualquier autoridad o corporación, en colegio electoral, oficina o establecimiento público, centro docente o con motivo de la celebración de espectáculos deportivos o culturales. En estos casos se podrá imponer también la pena de privación de acudir a los lugares, eventos o espectáculos de la misma naturaleza por un tiempo superior hasta tres años a la pena de prisión impuesta.

Ver arts. 191 LOPJ; 258 y 684 LECrim.

ART. 559.

(SUPRIMIDO)

Suprimido por Ley Orgánica 14/2022, de 22 de diciembre, de transposición de directivas europeas y otras disposiciones para la adaptación de la legislación penal al ordenamiento de la Unión Europea, y reforma de los delitos contra la integridad moral, desórdenes públicos y contrabando de armas de doble uso. (BOE de 23-12-2022).

ART. 560.

1. Los que causaren daños que interrumpan, obstaculicen o destruyan líneas o instalaciones de telecomunicaciones o la correspondencia postal, serán castigados con la pena de prisión de uno a cinco años.

2. En la misma pena incurrirán los que causen daños en vías férreas u originen un grave daño para la circulación ferroviaria de alguna de las formas previstas en el artículo 382.

3. Igual pena se impondrá a los que dañen las conducciones o transmisiones de agua, gas o electricidad para las poblaciones, interrumpiendo o alterando gravemente el suministro o servicio.

Ver arts. 263 y sigs., 346 y 382 CP; Ley 209/1964, de 24 de diciembre, Penal y Procesal de la Navegación Aérea; Ley 16/1987, de 30 de julio, de Ordenación de los Transportes Terrestres.

ART. 561.

Quien afirme falsamente o simule una situación de peligro para la comunidad o la producción de un siniestro a consecuencia del cual es necesario prestar auxilio a otro, y con ello provoque la movilización de los servicios de policía, asistencia o salvamento, será castigado con la pena de prisión de tres meses y un día a un año o multa de tres a dieciocho meses.

Modificado por LO 1/2015, de 30 de marzo.

CAPÍTULO IV
Disposición común a los Capítulos anteriores

ART. 562.

En el caso de hallarse constituido en autoridad el que cometa cualquiera de los delitos expresados en los Capítulos anteriores de este Título, la pena de inhabilitación que estuviese prevista en cada caso se sustituirá por la inhabilitación absoluta por tiempo de diez a quince años, salvo que dicha circunstancia esté específicamente contemplada en el tipo penal de que se trate.

Ver art. 24 CP.

CAPÍTULO V
De la tenencia, tráfico y depósito de armas, municiones o explosivos

ART. 563.

La tenencia de armas prohibidas y la de aquellas que sean resultado de la modificación sustancial de las características de fabricación de armas reglamentadas, será castigada con la pena de prisión de uno a tres años.

Ver arts. 565 y 570 CP; 3, 4 y 5 RD. 137/1993, de 29 de enero, por el que se aprueba el Reglamento de Armas; LO 4/2015, de 30 de marzo, de protección de la seguridad ciudadana; Convenio de Schengen; 2.3 a) LO 12/1995, de 12 de diciembre, de represión del contrabando.

Ver Consulta 14/1997, de 16 de diciembre, acerca de algunas cuestiones relativas al alcance típico del delito de tenencia de armas, de la Fiscalía General del Estado

ART. 564.

1. La tenencia de armas de fuego reglamentadas, careciendo de las licencias o permisos necesarios, será castigada:
1.º Con la pena de prisión de uno a dos años, si se trata de armas cortas.
2.º Con la pena de prisión de seis meses a un año, si se trata de armas largas.
2. Los delitos previstos en el número anterior se castigarán, respectivamente, con las penas de prisión de dos a tres años y de uno a dos años, cuando concurra alguna de las circunstancias siguientes:
1.ª Que las armas carezcan de marcas de fábrica o de número, o los tengan alterados o borrados.
2.ª Que hayan sido introducidas ilegalmente en territorio español.
3.ª Que hayan sido transformadas, modificando sus características originales.

Ver arts. 3, 28 y sigs., 59 a 71, 88 y 96 Reglamento de Armas.

ART. 565.

Los Jueces o Tribunales podrán rebajar en un grado las penas señaladas en los artículos anteriores, siempre que por las circunstancias del hecho y del culpable se evidencie la falta de intención de usar las armas con fines ilícitos.

Ver arts. 263 y 264 CP.

ART. 566.

1. Los que fabriquen, comercialicen o establezcan depósitos de armas o municiones no autorizados por las leyes o la autoridad competente serán castigados:
1.º Si se trata de armas o municiones de guerra o de armas químicas, biológicas, nucleares o radiológicas o de minas antipersonas o municiones en racimo, con la pena de prisión de cinco a diez años los promotores y organizadores, y con la de prisión de tres a cinco años los que hayan cooperado a su formación.
2.º Si se trata de armas de fuego reglamentadas o municiones para las mismas, con la pena de prisión de dos a cuatro años los promotores y organizadores, y con la de prisión de seis meses a dos años los que hayan cooperado a su formación.
3.º Con las mismas penas será castigado, en sus respectivos casos, el tráfico de armas o municiones de guerra o de defensa, o de armas químicas, biológicas, nucleares o radiológicas o de minas antipersonas o municiones en racimo.

2. Las penas contempladas en el punto 1.º del apartado anterior se impondrán a los que desarrollen o empleen armas químicas, biológicas, nucleares o radiológicas o minas antipersonas o municiones en racimo, o inicien preparativos militares para su empleo o no las destruyan con infracción de los tratados o convenios internacionales en los que España sea parte.

Modificado por LO 1/2015, de 30 de marzo.

Este artículo había sido modificado asimismo por la Ley Orgánica 5/2010, de 22 de junio, por la que se modifica la Ley Orgánica 10/1995, de 23 de noviembre, del Código Penal, que reformó los ordinales 1.º y 3.º del apartado 1 y el apartado 2 de este artículo. También por la Ley Orgánica 15/2003, de 25 de noviembre, que le dio nueva redacción; y por la Ley Orgánica 2/2000, de 7 de enero, de modificación de la Ley Orgánica 10/1995, de 23 de noviembre, del Código Penal, en materia de prohibición del desarrollo y el empleo de armas químicas, que introdujo un apartado 2, pasando el texto de la redacción originaria a ser el apartado 1 de este artículo.

Ver arts. 567, 569, 570 y 573 CP; Ley 49/1999, de 20 de diciembre, sobre medidas de control de sustancias químicas susceptibles de desvío para la fabricación de armas.

ART. 567.

1. Se considera depósito de armas de guerra la fabricación, la comercialización o la tenencia de cualquiera de dichas armas, con independencia de su modelo o clase, aun cuando se hallen en piezas desmontadas. Se considera depósito de armas químicas, biológicas, nucleares o radiológicas o de minas antipersonas o de municiones en racimo la fabricación, la comercialización o la tenencia de las mismas.

El depósito de armas, en su vertiente de comercialización, comprende tanto la adquisición como la enajenación.

2. Se consideran armas de guerra las determinadas como tales en las disposiciones reguladoras de la defensa nacional. Se consideran armas químicas, biológicas, nucleares o radiológicas, minas antipersonas o municiones en racimo las determinadas como tales en los tratados o convenios internacionales en los que España sea parte.

Se entiende por desarrollo de armas químicas, biológicas, nucleares o radiológicas, minas antipersonas o municiones en racimo cualquier actividad consistente en la investigación o estudio de carácter científico o técnico encaminada a la creación de una nueva arma química, biológica, nuclear o radiológica, o mina antipersona o munición en racimo o la modificación de una preexistente.

3. Se considera depósito de armas de fuego reglamentadas la fabricación, comercialización o reunión de cinco o más de dichas armas, aun cuando se hallen en piezas desmontadas.

4. Respecto de las municiones, los Jueces y Tribunales, teniendo en cuenta la cantidad y clase de las mismas, declararán si constituyen depósito a los efectos de este Capítulo.

Apdos. 1 y 2 modificados por LO 1/2015, de 30 de marzo.

Este artículo había sido modificado previamente por la Ley Orgánica 5/2010, de 22 de junio, por la que se modifica la Ley Orgánica 10/1995, de 23 de noviembre, del Código Penal. También por la Ley Orgánica 15/2003, de 25 de noviembre, que dio nueva redacción a los apartados 1 y 2 de este artículo; así como por la Ley Orgánica 2/2000, de 7 de enero, de modificación de la Ley Orgánica 10/1995, de 23 de noviembre, del Código Penal, en materia de prohibición del desarrollo y el empleo de armas químicas, que modificó el apartado primero de la redacción originaria e introdujo un párrafo segundo en el apartado 2.

Ver arts. 282 bis 4 m) LECrim; 6 RD 137/1993, de 29 de enero, del Reglamento de Armas.

ART. 568.

1. La tenencia o el depósito de sustancias o aparatos explosivos, inflamables, incendiarios o asfixiantes, o sus componentes, así como su fabricación, tráfico o transporte, o suministro de cualquier forma, no autorizado por las Leyes o la autoridad competente, serán castigados con la pena de prisión de cuatro a ocho años, si se trata de sus promotores y organizadores, y con la pena de prisión de tres a cinco años para los que hayan cooperado a su formación.

2. En los supuestos del apartado anterior, cuando la sustancia inflamable sea un combustible líquido, la pena será de tres a cinco años de prisión. En este caso, los tribunales podrán imponer las penas inferiores en grado cuando se trate de conductas de menor entidad, atendiendo a las circunstancias del hecho y del autor.

Apartado 2 se añade, y anterior párrafo pasa a conformar el apartado 1, por Ley Orgánica 1/2026, de 8 de abril, en materia de multirreincidencia, por la que se modifica la Ley Orgánica 10/1995, de 23 de noviembre, del Código Penal y la Ley de Enjuiciamiento Criminal, aprobada por Real Decreto de 14 de septiembre de 1882. (BOE de 09-04-2026).

Ver LO 4/2015, de 30 de marzo, de protección de seguridad ciudadana; 569, 570 y 573 CP. RD. 130/2017, de 24 de febrero, Reglamento de Explosivos; 282 bis 4 m) LECrim.

ART. 569.

Los depósitos de armas, municiones o explosivos establecidos en nombre o por cuenta de una asociación con propósito delictivo, determinarán la declaración judicial de ilicitud y su consiguiente disolución.

Ver arts. 515 y 520 CP.

ART. 570.

1. En los casos previstos en este capítulo se podrá imponer la pena de privación del derecho a la tenencia y porte de armas por tiempo superior en tres años a la pena de prisión impuesta.

2. Igualmente, si el delincuente estuviera autorizado para fabricar o traficar con alguna o algunas de las sustancias, armas y municiones mencionadas en el mismo, sufrirá, además de las penas señaladas, la de inhabilitación especial para el ejercicio de su industria o comercio por tiempo de 12 a 20 años.

Ver los arts. 10 y sigs. y 59 y sigs. RD 137/1993, de 29 de enero, del Reglamento de Armas.

CAPÍTULO VI
De las organizaciones y grupos criminales

ART. 570 bis.

1. Quienes promovieren, constituyeren, organizaren, coordinaren o dirigieren una organización criminal serán castigados con la pena de prisión de cuatro a ocho años si aquélla tuviere por finalidad u objeto la comisión de delitos graves, y con la pena de prisión de tres a seis años en los demás casos; y quienes participaren activamente en la organización, formaren parte de ella o cooperaren económicamente o de cualquier otro modo con la misma serán castigados con las penas de prisión de dos a cinco años si tuviere como fin la comisión de delitos graves, y con la pena de prisión de uno a tres años en los demás casos.

A los efectos de este Código se entiende por organización criminal la agrupación formada por más de dos personas con carácter estable o por tiempo indefinido, que de manera concertada y coordinada se repartan diversas tareas o funciones con el fin de cometer delitos.

2. Las penas previstas en el número anterior se impondrán en su mitad superior cuando la organización:

a) Esté formada por un elevado número de personas.

b) Disponga de armas o instrumentos peligrosos.

c) Disponga de medios tecnológicos avanzados de comunicación o transporte que por sus características resulten especialmente aptos para facilitar la ejecución de los delitos o la impunidad de los culpables.

Si concurrieran dos o más de dichas circunstancias se impondrán las penas superiores en grado.

3. Se impondrán en su mitad superior las penas respectivamente previstas en este artículo si los delitos fueren contra la vida o la integridad de las personas, la libertad, la libertad e indemnidad sexuales o la trata de seres humanos.

Apdo. 1 modificado por LO 1/2015, de 30 de marzo.

Este artículo fue introducido por la Ley Orgánica 5/2010, de 22 de junio, por la que se modifica la Ley Orgánica 10/1995, de 23 de noviembre, del Código Penal.

Ver Circular 2/2011, de 2 de junio, sobre la reforma del Código Penal por Ley Orgánica 5/2010 en relación con las organizaciones y grupos criminales, de la Fiscalía General del Estado.

ART. 570 ter.

1. Quienes constituyeren, financiaren o integraren un grupo criminal serán castigados:

a) Si la finalidad del grupo es cometer delitos de los mencionados en el apartado 3 del artículo anterior, con la pena de dos a cuatro años de prisión si se trata de uno o más delitos graves y con la de uno a tres años de prisión si se trata de delitos menos graves.

b) Con la pena de seis meses a dos años de prisión si la finalidad del grupo es cometer cualquier otro delito grave.

c) Con la pena de tres meses a un año de prisión cuando se trate de cometer uno o varios delitos menos graves no incluidos en el apartado a) o de la perpetración reiterada de delitos leves.

A los efectos de este Código se entiende por grupo criminal la unión de más de dos personas que, sin reunir alguna o algunas de las características de la organización criminal definida en el artículo anterior, tenga por finalidad o por objeto la perpetración concertada de delitos.

2. Las penas previstas en el número anterior se impondrán en su mitad superior cuando el grupo:

a) Esté formado por un elevado número de personas.

b) Disponga de armas o instrumentos peligrosos.

c) Disponga de medios tecnológicos avanzados de comunicación o transporte que por sus características resulten especialmente aptos para facilitar la ejecución de los delitos o la impunidad de los culpables.

Si concurrieran dos o más de dichas circunstancias se impondrán las penas superiores en grado.

Apdo. 1 modificado por LO 1/2015, de 30 de marzo.

Circular 2/2011, de 2 de junio, sobre la reforma del Código Penal por Ley Orgánica 5/2010 en relación con las organizaciones y grupos criminales, de la Fiscalía General Estado.

ART. 570 quater.

1. Los jueces o tribunales, en los supuestos previstos en este Capítulo y el siguiente, acordarán la disolución de la organización o grupo y, en su caso, cualquier otra de las consecuencias de los artículos 33.7 y 129 de este Código.

2. Asimismo se impondrá a los responsables de las conductas descritas en los dos artículos anteriores, además de las penas en ellos previstas, la de inhabilitación especial para todas aquellas actividades económicas o negocios jurídicos relacionados con la actividad de la organización o grupo criminal o con su actuación en el seno de los mismos, por un tiempo superior entre seis y veinte años al de la duración de la pena de privación de libertad impuesta en su caso, atendiendo proporcionalmente a la gravedad del delito, al número de los cometidos y a las circunstancias que concurran en el delincuente.

En todo caso, cuando las conductas previstas en dichos artículos estuvieren comprendidas en otro precepto de este Código, será de aplicación lo dispuesto en la regla 4.ª del artículo 8.

3. Las disposiciones de este Capítulo serán aplicables a toda organización o grupo criminal que lleve a cabo cualquier acto penalmente relevante en España, aunque se hayan constituido, estén asentados o desarrollen su actividad en el extranjero.

4. Los jueces o tribunales, razonándolo en la sentencia, podrán imponer al responsable de cualquiera de los delitos previstos en este Capítulo la pena inferior en uno o dos grados, siempre que el sujeto haya abandonado de forma voluntaria sus actividades delictivas y haya colaborado activamente con las autoridades o sus agentes, bien para obtener pruebas decisivas para la identificación o captura de otros responsables o para impedir la actuación o el desarrollo de las organizaciones o grupos a que haya pertenecido, bien para evitar la perpetración de un delito que se tratara de cometer en el seno o a través de dichas organizaciones o grupos.

Este artículo fue introducido por la Ley Orgánica 5/2010, de 22 de junio, por la que se modifica la Ley Orgánica 10/1995, de 23 de noviembre, del Código Penal. Asimismo, su apartado primero fue modificado por la ley Orgánica 3/2011, de 28 de enero, sustituyendo el inciso «este Capítulo» por «este Capítulo y el siguiente» y el inciso «del artículo 31 bis» por «de los artículos 33.7 y 129».

Ver los artículos 570 bis y 570 ter de este código.

CAPÍTULO VII
De las organizaciones y grupos terroristas y de los delitos de terrorismo

Capítulo modificado por LO 2/2015, de 30 de marzo.

Sección 1.ª De las organizaciones y grupos terroristas

ART. 571.

A los efectos de este Código se considerarán organizaciones o grupos terroristas aquellas agrupaciones que, reuniendo las características respectivamente establecidas en el párrafo segundo del apartado 1 del artículo 570 bis y en el párrafo segundo del apartado 1 del artículo 570 ter, tengan por finalidad o por objeto la comisión de alguno de los delitos tipificados en la sección siguiente.

Modificado por LO 2/2015, de 30 de marzo.

Este artículo había sido previamente modificado por la Ley Orgánica 5/2010, de 22 de junio.

ART. 572.

1. Quienes promovieran, constituyeran, organizaran o dirigieran una organización o grupo terrorista serán castigados con las penas de prisión de ocho a quince años e inhabilitación absoluta durante el tiempo de la condena.

2. Quienes participaran activamente en la organización o grupo, o formaran parte de ellos, serán castigados con las penas de prisión de seis a doce años e inhabilitación absoluta durante el tiempo de la condena.

Modificado por Ley Orgánica 1/2019, de 20 de febrero, por la que se modifica la Ley Orgánica 10/1995, de 23 de noviembre, del Código Penal, para transponer Directivas de la Unión Europea en los ámbitos financiero y de terrorismo, y abordar cuestiones de índole internacional. (BOE de 21-02-2019). (Vigencia desde 13/03/2019).

Ver arts. 570 bis y 570 ter CP.

Sección 2.ª De los delitos de terrorismo

ART. 573.

1. Se considerará delito de terrorismo la comisión de cualquier delito grave contra la vida o la integridad física, la libertad, la integridad moral, la libertad e indemnidad sexuales, el patrimonio, los recursos naturales o el medio ambiente, la salud pública, de riesgo catastrófico, incendio, de falsedad documental, contra la Corona, de atentado y tenencia, tráfico y depósito de armas, municiones o explosivos, previstos en el presente Código, y el apoderamiento de aeronaves, buques u otros medios de transporte colectivo o de mercancías, cuando se llevaran a cabo con cualquiera de las siguientes finalidades:

1.ª Subvertir el orden constitucional, o suprimir o desestabilizar gravemente el funcionamiento de las instituciones políticas o de las estructuras económicas o sociales del Estado, u obligar a los poderes públicos a realizar un acto o a abstenerse de hacerlo.

2.ª Alterar gravemente la paz pública.

3.ª Desestabilizar gravemente el funcionamiento de una organización internacional.

4.ª Provocar un estado de terror en la población o en una parte de ella.

2. Se considerarán igualmente delitos de terrorismo los delitos informáticos tipificados en los artículos 197 bis y 197 ter y 264 a 264 quater cuando los hechos se cometan con alguna de las finalidades a las que se refiere el apartado anterior.

3. Asimismo, tendrán la consideración de delitos de terrorismo el resto de los delitos tipificados en este Capítulo.

Apdo. 1, primer párrafo, modificado por Ley Orgánica 1/2019, de 20 de febrero, por la que se modifica la Ley Orgánica 10/1995, de 23 de noviembre, del Código Penal, para transponer Directivas de la Unión Europea en los ámbitos financiero y de terrorismo, y abordar cuestiones de índole internacional. (BOE de 21-02-2019). (Vigencia desde 13/03/2019).

Ver arts. 570 bis, 570 ter, 570 y 571 de este Código.

ART. 573 bis.

1. Los delitos de terrorismo a los que se refiere el apartado 1 del artículo anterior serán castigados con las siguientes penas:

1.ª Con la de prisión por el tiempo máximo previsto en este Código si se causara la muerte de una persona.

2.ª Con la de prisión de veinte a veinticinco años cuando, en los casos de secuestro o detención ilegal, no se dé razón del paradero de la persona.

3.ª Con la de prisión de quince a veinte años si se causara un aborto del artículo 144, se produjeran lesiones de las tipificadas en los artículos 149, 150, 157 o 158, el secuestro de una persona, o estragos o incendio de los previstos respectivamente en los artículos 346 y 351.

4.ª Con la de prisión de diez a quince años si se causara cualquier otra lesión, o se detuviera ilegalmente, amenazara o coaccionara a una persona.

5.ª Y con la pena prevista para el delito cometido en su mitad superior, pudiéndose llegar a la superior en grado, cuando se tratase de cualquier otro de los delitos a que se refiere el apartado 1 del artículo anterior.

2. Las penas se impondrán en su mitad superior si los hechos se cometieran contra las personas mencionadas en el apartado 3 del artículo 550 o contra miembros de las Fuerzas y Cuerpos de Seguridad o de las Fuerzas Armadas o contra empleados públicos que presten servicio en instituciones penitenciarias.

3. Los delitos de terrorismo a los que se refiere el apartado 2 del artículo anterior se castigarán con la pena superior en grado a la respectivamente prevista en los correspondientes artículos.

4. El delito de desórdenes públicos previsto en los apartados 2 y 3 del artículo 557, así como el delito de rebelión, cuando se cometan por una organización o grupo terrorista o individualmente pero amparados en ellos, se castigarán con la pena superior en grado a las previstas para tales delitos.

Apdo. 4 modificado por Ley Orgánica 14/2022, de 22 de diciembre, de transposición de directivas europeas y otras disposiciones para la adaptación de la legislación penal al ordenamiento de la Unión Europea, y reforma de los delitos contra la integridad moral, desórdenes públicos y contrabando de armas de doble uso. (BOE de 23-12-2022).

Añadido por LO 2/2015, de 30 de marzo.

Véanse los artículos anteriores de este Código.

ART. 574.

1. El depósito de armas o municiones, la tenencia o depósito de sustancias o aparatos explosivos, inflamables, incendiarios o asfixiantes, o de sus componentes, así como su fabricación, tráfico, transporte o suministro de cualquier forma, y la mera colocación o empleo de tales sustancias o de los medios o artificios adecuados, serán castigados con la pena de prisión de ocho a quince años cuando los hechos se cometan con cualquiera de las finalidades expresadas en el apartado 1 del artículo 573.

2. Se impondrá la pena de diez a veinte años de prisión cuando se trate de armas, sustancias o aparatos nucleares, radiológicos, químicos o biológicos, o cualesquiera otros de similar potencia destructiva.

3. Serán también castigados con la pena de diez a veinte años de prisión quienes, con las mismas finalidades indicadas en el apartado 1, desarrollen armas químicas o biológicas, o se apoderen, posean, transporten, faciliten a otros o manipulen materiales nucleares, elementos radioactivos o materiales o equipos productores de radiaciones ionizantes.

Modificado por LO 2/2015, de 30 de marzo.

Este artículo había sido previamente modificado por la Ley Orgánica 5/2010, de 22 de junio.

Véanse los artículos 566 y 569 de este Código.

ART. 575.

1. Será castigado con la pena de prisión de dos a cinco años quien, con la finalidad de capacitarse para llevar a cabo cualquiera de los delitos tipificados en este Capítulo, reciba adoctrinamiento o adiestramiento militar o de combate, o en técnicas de desarrollo de armas químicas o biológicas, de elaboración o preparación de sustancias o aparatos explosivos, inflamables, incendiarios o asfixiantes, o específicamente destinados a facilitar la comisión de alguna de tales infracciones.

2. Con la misma pena se castigará a quien, con la misma finalidad de capacitarse para cometer alguno de los delitos tipificados en este Capítulo, lleve a cabo por sí mismo cualquiera de las actividades previstas en el apartado anterior.

Se entenderá que comete este delito quien, con tal finalidad, acceda de manera habitual a uno o varios servicios de comunicación accesibles al público en línea o contenidos accesibles a través de internet o de un servicio de comunicaciones electrónicas cuyos contenidos estén dirigidos o resulten idóneos para incitar a la incorporación a una organización o grupo terrorista, o a colaborar con cualquiera de ellos o en sus fines. Los hechos se entenderán cometidos en España cuando se acceda a los contenidos desde el territorio español.

Asimismo se entenderá que comete este delito quien, con la misma finalidad, adquiera o tenga en su poder documentos que estén dirigidos o, por su contenido, resulten idóneos para incitar a la incorporación a una organización o grupo terrorista o a colaborar con cualquiera de ellos o en sus fines.

3. La misma pena se impondrá a quien, para ese mismo fin, o para colaborar con una organización o grupo terrorista, o para cometer cualquiera de los delitos comprendidos en este Capítulo, se traslade o establezca en un territorio extranjero.

Apdo. 3 modificado por Ley Orgánica 1/2019, de 20 de febrero, por la que se modifica la Ley Orgánica 10/1995, de 23 de noviembre, del Código Penal, para transponer Directivas de la Unión Europea en los ámbitos financiero y de terrorismo, y abordar cuestiones de índole internacional. (BOE de 21-02-2019). (Vigencia desde 13/03/2019).

ART. 576.

1. Será castigado con la pena de prisión de cinco a diez años y multa del triple al quíntuplo de su valor el que, por cualquier medio, directa o indirectamente, recabe, adquiera, posea, utilice, convierta, transmita o realice cualquier otra actividad con bienes o valores de cualquier clase con la intención de que se utilicen, o a sabiendas de que serán utilizados, en todo o en parte, para cometer cualquiera de los delitos comprendidos en este Capítulo.

2. Si los bienes o valores se pusieran efectivamente a disposición del responsable del delito de terrorismo, se podrá imponer la pena superior en grado. Si llegaran a ser empleados para la ejecución de actos terroristas concretos, el hecho se castigará como coautoría o complicidad, según los casos.

3. En el caso de que la conducta a que se refiere el apartado 1 se hubiera llevado a cabo atentando contra el patrimonio, cometiendo extorsión, falsedad documental o mediante la comisión de cualquier otro delito, éstos se castigarán con la pena superior en grado a la que les corresponda, sin perjuicio de imponer además la que proceda conforme a los apartados anteriores.

4. El que estando específicamente sujeto por la ley a colaborar con la autoridad en la prevención de las actividades de financiación del terrorismo dé lugar, por imprudencia grave en el cumplimiento de dichas obligaciones, a que no sea detectada o impedida cualquiera de las conductas descritas en el apartado 1 será castigado con la pena inferior en uno o dos grados a la prevista en él.

Apdo. 5 suprimido por Ley Orgánica 1/2019, de 20 de febrero, por la que se modifica la Ley Orgánica 10/1995, de 23 de noviembre, del Código Penal, para transponer Directivas de la Unión Europea en los ámbitos financiero y de terrorismo, y abordar cuestiones de índole internacional. (BOE de 21-02-2019). (Vigencia desde 13/03/2019).

ART. 577.

1. Será castigado con las penas de prisión de cinco a diez años y multa de dieciocho a veinticuatro meses el que lleve a cabo, recabe o facilite cualquier acto de colaboración con las actividades o las finalidades de una organización, grupo o elemento terrorista, o para cometer cualquiera de los delitos comprendidos en este Capítulo.

En particular son actos de colaboración la información o vigilancia de personas, bienes o instalaciones, la construcción, acondicionamiento, cesión o utilización de alojamientos o depósitos, la ocultación, acogimiento o traslado de personas, la organización de prácticas de entrenamiento o la asistencia a ellas, la prestación de servicios tecnológicos, y cualquier otra forma equivalente de cooperación o ayuda a las actividades de las organizaciones o grupos terroristas, grupos o personas a que se refiere el párrafo anterior.

Cuando la información o vigilancia de personas mencionada en el párrafo anterior ponga en peligro la vida, la integridad física, la libertad o el patrimonio de las mismas se impondrá la pena prevista en este apartado en su mitad superior. Si se produjera la lesión de cualquiera de estos bienes jurídicos se castigará el hecho como coautoría o complicidad, según los casos.

2. Las penas previstas en el apartado anterior se impondrán a quienes lleven a cabo cualquier actividad de captación, adoctrinamiento o adiestramiento, que esté dirigida o que, por su contenido, resulte idónea para incitar a incorporarse a una organización o grupo terrorista, o para cometer cualquiera de los delitos comprendidos en este Capítulo.

Asimismo se impondrán estas penas a los que faciliten adiestramiento o instrucción sobre la fabricación o uso de explosivos, armas de fuego u otras armas o sustancias nocivas o peligrosas, o sobre métodos o técnicas especialmente adecuados para la comisión de alguno de los delitos del artículo 573, con la intención o conocimiento de que van a ser utilizados para ello.

Las penas se impondrán en su mitad superior, pudiéndose llegar a la superior en grado, cuando los actos previstos en este apartado se hubieran dirigido a menores de edad o personas con discapacidad necesitadas de especial protección o a mujeres víctimas de trata con el fin de convertirlas en cónyuges, compañeras o esclavas sexuales de los autores del delito, sin perjuicio de imponer las que además procedan por los delitos contra la libertad sexual cometidos.

3. Si la colaboración con las actividades o las finalidades de una organización o grupo terrorista, o en la comisión de cualquiera de los delitos comprendidos en este Capítulo, se hubiera producido por imprudencia grave se impondrá la pena de prisión de seis a dieciocho meses y multa de seis a doce meses.

Modificado por LO 2/2015, de 30 de marzo.

Este artículo había sido asimismo modificado por la Ley Orgánica 7/2000, de 22 de diciembre, de modificación de la Ley Orgánica 10/1995, de 23 de noviembre, del Código Penal, y de la Ley Orgánica 5/2000, de 12 de enero, reguladora de la Responsabilidad Penal de los Menores, en relación con los delitos de terrorismo.

Véanse los artículos 571 y ss. de este Código.

ART. 578.

1. El enaltecimiento o la justificación públicos de los delitos comprendidos en los artículos 572 a 577 o de quienes hayan participado en su ejecución, o la realización de actos que entrañen descrédito, menosprecio o humillación de las víctimas de los delitos terroristas o de sus familiares, se castigará con la pena de prisión de uno a tres años y multa de doce a dieciocho meses. El juez también podrá acordar en la sentencia, durante el período de tiempo que él mismo señale, alguna o algunas de las prohibiciones previstas en el artículo 57.

2. Las penas previstas en el apartado anterior se impondrán en su mitad superior cuando los hechos se hubieran llevado a cabo mediante la difusión de servicios o contenidos accesibles al público a través de medios de comunicación, internet, o por medio de servicios de comunicaciones electrónicas o mediante el uso de tecnologías de la información.

3. Cuando los hechos, a la vista de sus circunstancias, resulten idóneos para alterar gravemente la paz pública o crear un grave sentimiento de inseguridad o temor a la sociedad o parte de ella se impondrá la pena en su mitad superior, que podrá elevarse hasta la superior en grado.

4. El juez o tribunal acordará la destrucción, borrado o inutilización de los libros, archivos, documentos, artículos o cualquier otro soporte por medio del que se hubiera cometido el delito. Cuando el delito se hubiera cometido a través de tecnologías de la información y la comunicación se acordará la retirada de los contenidos.

Si los hechos se hubieran cometido a través de servicios o contenidos accesibles a través de internet o de servicios de comunicaciones electrónicas, el juez o tribunal podrá ordenar la retirada de los contenidos o servicios ilícitos. Subsidiariamente, podrá ordenar a los prestadores de servicios de alojamiento que retiren los contenidos ilícitos, a los motores de búsqueda que supriman los enlaces que apunten a ellos y a los proveedores de servicios de comunicaciones electrónicas que impidan el acceso a los contenidos o servicios ilícitos siempre que concurra alguno de los siguientes supuestos:

a) Cuando la medida resulte proporcionada a la gravedad de los hechos y a la relevancia de la información y necesaria para evitar su difusión.

b) Cuando se difundan exclusiva o preponderantemente los contenidos a los que se refieren los apartados anteriores.

5. Las medidas previstas en el apartado anterior podrán también ser acordadas por el juez instructor con carácter cautelar durante la instrucción de la causa.

Modificado por LO 2/2015, de 30 de marzo.

Este artículo había sido asimismo modificado por la Ley Orgánica 7/2000, de 22 de diciembre, de modificación de la Ley Orgánica 10/1995, de 23 de noviembre, del Código Penal, y de la Ley Orgánica 5/2000, de 12 de enero, reguladora de la Responsabilidad Penal de los Menores, en relación con los delitos de terrorismo.

Véanse los artículos 572 a 577 de este Código. También la Directiva de la UE 2017/541 cuyo «considerando (10)» establece: Los delitos de provocación pública a la comisión de un delito de terrorismo comprenden, entre otros, la apología y la justificación del terrorismo o la difusión de mensajes o imágenes, ya sea en línea o no, entre ellas las relacionadas con las víctimas del terrorismo, con objeto de obtener apoyo para causas terroristas o de intimidar gravemente a la población. Esta conducta debe tipificarse cuando conlleve el riesgo de que puedan cometerse actos terroristas. En cada caso concreto, al examinar si se ha materializado ese riesgo se deben tener en cuenta las circunstancias específicas del caso, como el autor y el destinatario del mensaje, así como el contexto en el que se haya cometido el acto. También deben considerarse la importancia y la verosimilitud del riesgo al aplicar la disposición sobre provocación pública de acuerdo con el Derecho nacional.

Véase asimismo la sentencia del Tribunal Constitucional n.° 112/2016 relativa a la legitimidad constitucional de la ley que amenaza con sanción penal los comportamientos enaltecedores o justificadores acomodados en principio al artículo 578 del Código Penal.

ART. 579.

1. Será castigado con la pena inferior en uno o dos grados a la prevista para el delito de que se trate el que, por cualquier medio, difunda públicamente mensajes o consignas que tengan como finalidad o que, por su contenido, sean idóneos para incitar a otros a la comisión de alguno de los delitos de este Capítulo.

2. La misma pena se impondrá al que, públicamente o ante una concurrencia de personas, incite a otros a la comisión de alguno de los delitos de este Capítulo, así como a quien solicite a otra persona que los cometa.

3. Los demás actos de provocación, conspiración y proposición para cometer alguno de los delitos regulados en este Capítulo se castigarán también con la pena inferior en uno o dos grados a la que corresponda respectivamente a los hechos previstos en este Capítulo.

4. En los casos previstos en este precepto, los jueces o tribunales podrán adoptar las medidas establecidas en los apartados 4 y 5 del artículo anterior.

Modificado por LO 2/2015, de 30 de marzo.

Este artículo había sido asimismo modificado por la Ley Orgánica 7/2000, de 22 de diciembre, de modificación de la Ley Orgánica 10/1995, de 23 de noviembre, del Código Penal, y de la Ley Orgánica 5/2000, de 12 de enero, reguladora de la Responsabilidad Penal de los Menores, en relación con los delitos de terrorismo. También por la Ley Orgánica 5/2010, de 22 de junio, por la que se modifica la Ley Orgánica 10/1995, de 23 de noviembre.

ART. 579 bis.

1. El responsable de los delitos previstos en este Capítulo, sin perjuicio de las penas que correspondan con arreglo a los artículos precedentes, será también castigado, atendiendo proporcionalmente a la gravedad del delito, el número de los cometidos y a las circunstancias que concurran en el delincuente, con las penas de inhabilitación absoluta, inhabilitación especial para profesión u oficio educativos, en los ámbitos docente, deportivo y de tiempo libre, por un tiempo superior entre seis y veinte años al de la duración de la pena de privación de libertad impuesta en su caso en la sentencia.

2. Al condenado a pena grave privativa de libertad por uno o más delitos comprendidos en este Capítulo se le impondrá además la medida de libertad vigilada de cinco a diez años, y de uno a cinco años si la pena privativa de libertad fuera menos grave. No obstante lo anterior, cuando se trate de un solo delito que no sea grave, y su autor hubiere delinquido por primera vez, el tribunal podrá imponer o no la medida de libertad vigilada, en atención a su menor peligrosidad.

3. En los delitos previstos en este Capítulo, los jueces y tribunales, razonándolo en sentencia, podrán imponer la pena inferior en uno o dos grados a la señalada para el delito de que se trate, cuando el sujeto haya abandonado voluntariamente sus actividades delictivas, se presente a las autoridades confesando los hechos en que haya participado y colabore activamente con éstas para impedir la producción del delito, o coadyuve eficazmente a la obtención de pruebas decisivas para la identificación o captura de otros responsables o para impedir la actuación o el desarrollo de organizaciones, grupos u otros elementos terroristas a los que haya pertenecido o con los que haya colaborado.

4. Los jueces y tribunales, motivadamente, atendiendo a las circunstancias concretas, podrán imponer también la pena inferior en uno o dos grados a la señalada en este Capítulo para el delito de que se trate, cuando el hecho sea objetivamente de menor gravedad, atendidos el medio empleado o el resultado producido.

Añadido por LO 2/2015, de 30 de marzo.

ART. 580.

En todos los delitos de terrorismo, la condena de un juez o tribunal extranjero será equiparada a las sentencias de los jueces o tribunales españoles a los efectos de aplicación de la agravante de reincidencia.

Modificado por LO 2/2015, de 30 de marzo.

Ver art. 22.8 de este Código.

ART. 580 bis.

Cuando de acuerdo con lo establecido en el artículo 31 bis una persona jurídica sea responsable de los delitos recogidos en este Capítulo, se le impondrán las siguientes penas:

a) Multa de dos a cinco años, o del doble al cuádruple del perjuicio causado cuando la cantidad resultante fuese más elevada, si el delito cometido por la persona física tiene prevista una pena de más de dos años de privación de libertad.

b) Multa de seis meses a dos años, o del doble al triple del perjuicio causado si la cantidad resultante fuese más elevada, en el resto de los casos.

Atendidas las reglas establecidas en el artículo 66 bis, los jueces y tribunales podrán asimismo imponer las penas recogidas en las letras b) a g) del apartado 7 del artículo 33.

Artículo añadido por Ley Orgánica 1/2019, de 20 de febrero, por la que se modifica la Ley Orgánica 10/1995, de 23 de noviembre, del Código Penal, para transponer Directivas de la Unión Europea en los ámbitos financiero y de terrorismo, y abordar cuestiones de índole internacional. (BOE de 21-02-2019). (Vigencia desde 13/03/2019).

TÍTULO XXIII
De los delitos de traición y contra la paz o la independencia del Estado, y relativos a la Defensa Nacional

CAPÍTULO I
Delitos de traición

ART. 581.

El español que indujere a una potencia extranjera a declarar la guerra a España o se concertare con ella para el mismo fin, será castigado con la pena de prisión de quince a veinte años.

Ver arts. 102.2 CE; 23.3 LOPJ; 590 CP.

ART. 582.

Será castigado con la pena de prisión de doce a veinte años:

1.º El español que facilite al enemigo la entrada en España, la toma de una plaza, puesto militar, buque o aeronave del Estado o almacenes de intendencia o armamento.

2.º El español que seduzca o allegue tropa española o que se halle al servicio de España, para que se pase a las filas enemigas o deserte de sus banderas estando en campaña.

3.º El español que reclute gente o suministre armas u otros medios eficaces para hacer la guerra a España, bajo banderas enemigas.

Ver arts. 583, 595 CP.

ART. 583.

Será castigado con la pena de prisión de doce a veinte años:

1.º El español que tome las armas contra la Patria bajo banderas enemigas.

Se impondrá la pena superior en grado al que obre como jefe o promotor, o tenga algún mando, o esté constituido en autoridad.

2.º El español que suministre a las tropas enemigas caudales, armas, embarcaciones, aeronaves, efectos o municiones de intendencia o armamento u otros medios directos y eficaces para hostilizar a España, o favorezca el progreso de las armas enemigas de un modo no comprendido en el artículo anterior.

3.º El español que suministre al enemigo planos de fortalezas, edificios o de terrenos, documentos o noticias que conduzcan directamente al mismo fin de hostilizar a España o de favorecer el progreso de las armas enemigas.

4.º El español que, en tiempo de guerra, impida que las tropas nacionales reciban los auxilios expresados en el número 2.º o los datos y noticias indicados en el número 3.º de este artículo.

ART. 584.

El español que, con el propósito de favorecer a una potencia extranjera, asociación u organización internacional, se procure, falsee, inutilice o revele información clasificada como reservada o secreta, susceptible de perjudicar la seguridad nacional o la defensa nacional, será castigado, como traidor, con la pena de prisión de seis a doce años.

Ver L 9/1968, do 5 de abril, de secretos oficiales.

ART. 585.

La provocación, la conspiración y la proposición para cualquiera de los delitos previstos en los artículos anteriores de este Capítulo, serán castigadas con la pena de prisión inferior en uno o dos grados a la del delito correspondiente.

Ver arts. 17 y 18 CP.

ART. 586.

El extranjero residente en España que cometiere alguno de los delitos comprendidos en este Capítulo será castigado con la pena inferior en grado a la señalada para ellos, salvo lo establecido por Tratados o por el Derecho de gentes acerca de los funcionarios diplomáticos, consulares y de Organizaciones internacionales.

Ver art. 13.4 CE; LO 4/2000, de 11 de enero, sobre derechos y libertades de los extranjeros en España y su integración social.

ART. 587.

Las penas señaladas en los artículos anteriores de este Capítulo son aplicables a los que cometieren los delitos comprendidos en los mismos contra una potencia aliada de España, en caso de hallarse en campaña contra el enemigo común.

ART. 588.

Incurrirán en la pena de prisión de quince a veinte años los miembros del Gobierno que, sin cumplir con lo dispuesto en la Constitución, declararan la guerra o firmaran la paz.

Ver arts. 62 i), 63.3, 74.2, 79, 94.1 b), 95, 97 y 102 CE; 57.2 LOPJ.

CAPÍTULO II
Delitos que comprometen la paz o la independencia del Estado

ART. 589.

El que publicare o ejecutare en España cualquier orden, disposición o documento de un Gobierno extranjero que atente contra la independencia o seguridad del Estado, se oponga a la observancia de sus Leyes o provoque su incumplimiento, será castigado con la pena de prisión de uno a tres años.

Ver arts. 8 CE; 23.3 a) LOPJ.

ART. 590.

1. El que, con actos ilegales o que no estén debidamente autorizados, provocare o diere motivo a una declaración de guerra contra España por parte de otra potencia, o expusiere a los españoles a experimentar vejaciones o represalias en sus personas o en sus bienes, será castigado con la pena de prisión de ocho a quince años si es autoridad o funcionario, y de cuatro a ocho si no lo es.

2. Si la guerra no llegara a declararse ni a tener efecto las vejaciones o represalias, se impondrá, respectivamente, la pena inmediata inferior.

Ver arts. 16, 24 y 581 CP.

ART. 591.

Con las mismas penas señaladas en el artículo anterior será castigado, en sus respectivos casos, el que, durante una guerra en que no intervenga España, ejecutare cualquier acto que comprometa la neutralidad del Estado o infringiere las disposiciones publicadas por el Gobierno para mantenerla.

ART. 592.

1. Serán castigados con la pena de prisión de cuatro a ocho años los que, con el fin de perjudicar la autoridad del Estado o comprometer la dignidad o los intereses vitales de España, mantuvieran inteligencia o relación de cualquier género con Gobiernos extranjeros, con sus agentes o con grupos, Organismos o Asociaciones internacionales o extranjeras.

2. Quien realizara los actos referidos en el apartado anterior con la intención de provocar una guerra o rebelión será castigado con arreglo a los artículos 581, 473 ó 475 de este Código según los casos.

ART. 593.

Se impondrá la pena de prisión de ocho a quince años a quien violare tregua o armisticio acordado entre la Nación española y otra enemiga, o entre sus fuerzas beligerantes.

ART. 594.

1. El español que, en tiempo de guerra, comunicare o hiciere circular noticias o rumores falsos encaminados a perjudicar el crédito del Estado o los intereses de la Nación, será castigado con las penas de prisión de seis meses a dos años.

2. En las mismas penas incurrirá el extranjero que en el territorio español realizare cualquiera de los hechos comprendidos en el apartado anterior.

Ver arts. 20.1 d) CE.

ART. 595.

El que, sin autorización legalmente concedida, levantare tropas en España para el servicio de una potencia extranjera, cualquiera que sea el objeto que se proponga o la Nación a la que intente hostilizar, será castigado con la pena de prisión de cuatro a ocho años.

Ver arts. 582 y 583 CP.

ART. 596.

1. El que, en tiempo de guerra y con el fin de comprometer la paz, seguridad o independencia del Estado, tuviere correspondencia con un país enemigo u ocupado por sus tropas cuando el Gobierno lo hubiera prohibido, será castigado con la pena de prisión de uno a cinco años. Si en la correspondencia se dieran avisos o noticias de las que pudiera aprovecharse el enemigo se impondrá la pena de prisión de ocho a quince años.

2. En las mismas penas incurrirá el que ejecutare los delitos comprendidos en este artículo, aunque dirija la correspondencia por país amigo o neutral para eludir la Ley.

3. Si el reo se propusiera servir al enemigo con sus avisos o noticias, se estimará comprendido en el número 3.º o el número 4.º del artículo 583.

ART. 597.

El español o extranjero que, estando en el territorio nacional, pasare o intentare pasar a país enemigo cuando lo haya prohibido el Gobierno, será castigado con la pena de multa de seis a doce meses.

CAPÍTULO III
Del descubrimiento y revelación de secretos e informaciones relativas a la Defensa Nacional

ART. 598.

El que, sin propósito de favorecer a una potencia extranjera, se procurare, revelare, falseare o inutilizare información legalmente calificada como reservada o secreta, relacionada con la seguridad nacional o la defensa nacional o relativa a los medios técnicos o sistemas empleados por las Fuerzas Armadas o las industrias de interés militar, será castigado con la pena de prisión de uno a cuatro años.

Ver Ley 9/1968, de 5 de abril, de secretos oficiales; y arts. 197 y sigs., 413 y sigs., 535 y 536 CP.

ART. 599.

La pena establecida en el artículo anterior se aplicará en su mitad superior cuando concurra alguna de las circunstancias siguientes:

1.º Que el sujeto activo sea depositario o conocedor del secreto o información por razón de su cargo o destino.

2.º Que la revelación consistiera en dar publicidad al secreto o información en algún medio de comunicación social o de forma que asegure su difusión.

Ver art. 2 LO 9/1968, de 5 de abril, de secretos oficiales.

ART. 600.

1. El que sin autorización expresa reprodujere planos o documentación referentes a zonas, instalaciones o materiales militares que sean de acceso restringido y cuyo conocimiento esté protegido y reservado por una información legalmente calificada como reservada o secreta, será castigado con la pena de prisión de seis meses a tres años.

2. Con la misma pena será castigado el que tenga en su poder objetos o información legalmente calificada como reservada o secreta, relativos a la seguridad o a la defensa nacional, sin cumplir las disposiciones establecidas en la legislación vigente.

Ver art. 9.1 LO 9/1968, de 5 de abril, de secretos oficiales.

ART. 601.

El que, por razón de su cargo, comisión o servicio, tenga en su poder o conozca oficialmente objetos o información legalmente calificada como reservada o secreta o de interés militar, relativos a la seguridad nacional o la defensa nacional, y por imprudencia grave dé lugar a que sean conocidos por persona no autorizada o divulgados, publicados o inutilizados, será castigado con la pena de prisión de seis meses a un año.

Ver arts. 8, 11 y 13 LO 9/1968, de 5 de abril, de secretos oficiales.

ART. 602.

El que descubriere, violare, revelare, sustrajere o utilizare información legalmente calificada como reservada o secreta relacionada con la energía nuclear, será castigado con la pena de prisión de seis meses a tres años, salvo que el hecho tenga señalada pena más grave en otra Ley.

ART. 603.

El que destruyere, inutilizare, falseare o abriere sin autorización la correspondencia o documentación legalmente calificada como reservada o secreta, relacionadas con la defensa nacional y que tenga en su poder por razones de su cargo o destino, será castigado con la pena de prisión de dos a cinco años e inhabilitación especial de empleo o cargo público por tiempo de tres a seis años.

Ver art. 414 CP.

ART. 604.

(SIN CONTENIDO)

Sin contenido por LO 3/2002, de 22 de mayo.

TÍTULO XXIV
Delitos contra la Comunidad Internacional

CAPÍTULO I
Delitos contra el Derecho de gentes

ART. 605.

1. El que matare al Jefe de un Estado extranjero, o a otra persona internacionalmente protegida por un Tratado, que se halle en España, será castigado con la pena de prisión permanente revisable.

2. El que causare lesiones de las previstas en el artículo 149 a las personas mencionadas en el apartado anterior, será castigado con la pena de prisión de quince a veinte años.

Si se tratara de alguna de las lesiones previstas en el artículo 150 se castigará con la pena de prisión de ocho a quince años, y de cuatro a ocho años si fuera cualquier otra lesión.

3. Cualquier otro delito cometido contra las personas mencionadas en los números precedentes, o contra los locales oficiales, la residencia particular o los medios de transporte de dichas personas, será castigado con las penas establecidas en este Código para los respectivos delitos, en su mitad superior.

Apdo. 1 modificado por LO 1/2015, de 30 de marzo.

Ver arts. 138 y sigs. y 606 CP.

ART. 606.

1. El que violare la inmunidad personal del Jefe de otro Estado o de otra persona internacionalmente protegida por un Tratado, será castigado con la pena de prisión de seis meses a tres años.

2. Cuando los delitos comprendidos en este artículo y en el anterior no tengan señalada una penalidad recíproca en las leyes del país a que correspondan las personas ofendidas, se impondrá al delincuente la pena que sería propia del delito, con arreglo a las disposiciones de este Código, si la persona ofendida no tuviese el carácter oficial mencionado en el apartado anterior.

<h1 style="text-align:center">CAPÍTULO II</h1>
<h2 style="text-align:center">Delitos de genocidio</h2>

ART. 607.

1. Los que, con propósito de destruir total o parcialmente un grupo nacional, étnico, racial, religioso o determinado por la discapacidad de sus integrantes, perpetraren alguno de los actos siguientes, serán castigados:

1.º Con la pena de prisión permanente revisable, si mataran a alguno de sus miembros.

2.º Con la pena de prisión permanente revisable, si agredieran sexualmente a alguno de sus miembros o produjeran alguna de las lesiones previstas en el artículo 149.

3.º Con la pena de prisión de ocho a quince años, si sometieran al grupo o a cualquiera de sus individuos a condiciones de existencia que pongan en peligro su vida o perturben gravemente su salud, o cuando les produjeran algunas de las lesiones previstas en el artículo 150.

4.º Con la misma pena, si llevaran a cabo desplazamientos forzosos del grupo o sus miembros, adoptaran cualquier medida que tienda a impedir su género de vida o reproducción, o bien trasladaran por la fuerza individuos de un grupo a otro.

5.º Con la de prisión de cuatro a ocho años, si produjeran cualquier otra lesión distinta de las señaladas en los numerales 2.º y 3.º de este apartado.

2. En todos los casos se impondrá además la pena de inhabilitación especial para profesión u oficio educativos, en el ámbito docente, deportivo y de tiempo libre, por un tiempo superior entre tres y cinco años al de la duración de la pena de privación de libertad impuesta en su caso en la sentencia, atendiendo proporcionalmente a la gravedad del delito y a las circunstancias que concurran en el delincuente.

Modificado por LO 1/2015, de 30 de marzo.

Este artículo había sido previamente modificado por Ley Orgánica 5/2010, de 22 de junio, por la que se modifica la Ley Orgánica 10/1995, de 23 de noviembre, del Código Penal, que modificó el inciso inicial del apartado 1 de este artículo.

Ver arts. 14 y 15 CE; 138 a 143, 178 a 180 y 510 CP; 23.4 a) LOPJ; 3.3-6.3.º PIDCP; 14 CEDH; Convenio de 9-12-1948 para la prevención y sanción del delito de genocidio.

<h1 style="text-align:center">CAPÍTULO II BIS</h1>
<h2 style="text-align:center">De los delitos de lesa humanidad</h2>

ART. 607 bis.

1. Son reos de delitos de lesa humanidad quienes cometan los hechos previstos en el apartado siguiente como parte de un ataque generalizado o sistemático contra la población civil o contra una parte de ella.

En todo caso, se considerará delito de lesa humanidad la comisión de tales hechos:

1.º Por razón de pertenencia de la víctima a un grupo o colectivo perseguido por motivos políticos, raciales, nacionales, étnicos, culturales, religiosos, de género, discapacidad u otros motivos universalmente reconocidos como inaceptables con arreglo al derecho internacional.

2.º En el contexto de un régimen institucionalizado de opresión y dominación sistemáticas de un grupo racial sobre uno o más grupos raciales y con la intención de mantener ese régimen.

2. Los reos de delitos de lesa humanidad serán castigados:

1.º Con la pena de prisión permanente revisable si causaran la muerte de alguna persona.

2.º Con la pena de prisión de 12 a 15 años si cometieran una violación, y de cuatro a seis años de prisión si el hecho consistiera en cualquier otra agresión sexual.

3.º Con la pena de prisión de 12 a 15 años si produjeran alguna de las lesiones del artículo 149, y con la de ocho a 12 años de prisión si sometieran a las personas a condiciones de existencia que pongan en peligro su vida o perturben gravemente su salud o cuando les produjeran alguna de las lesiones previstas en el artículo 150. Se aplicará la pena de prisión de cuatro a ocho años si cometieran alguna de las lesiones del artículo 147.

4.º Con la pena de prisión de ocho a 12 años si deportaran o trasladaran por la fuerza, sin motivos autorizados por el derecho internacional, a una o más personas a otro Estado o lugar, mediante la expulsión u otros actos de coacción.

5.º Con la pena de prisión de seis a ocho años si forzaran el embarazo de alguna mujer con intención de modificar la composición étnica de la población, sin perjuicio de la pena que corresponda, en su caso, por otros delitos.

6.º Con la pena de prisión de doce a quince años la desaparición forzada de personas. Se entenderá por desaparición forzada la aprehensión, detención o el secuestro o cualquier otra forma de privación de libertad que sean obra de agentes del Estado o por personas o grupos de personas que actúan con la autorización, el apoyo o la aquiescencia del Estado, seguida de la negativa a reconocer dicha privación de libertad o del ocultamiento de la suerte o el paradero de la persona desaparecida, sustrayéndola de la protección de la ley.

7.º Con la pena de prisión de ocho a 12 años si detuvieran a otro, privándolo de su libertad, con infracción de las normas internacionales sobre la detención.

Se impondrá la pena inferior en grado cuando la detención dure menos de quince días.

8.º Con la pena de cuatro a ocho años de prisión si cometieran tortura grave sobre personas que tuvieran bajo su custodia o control, y con la de prisión de dos a seis años si fuera menos grave.

A los efectos de este artículo, se entiende por tortura el sometimiento de la persona a sufrimientos físicos o psíquicos.

La pena prevista en este número se impondrá sin perjuicio de las penas que correspondieran, en su caso, por los atentados contra otros derechos de la víctima.

9.º Con la pena de prisión de cuatro a ocho años si cometieran alguna de las conductas relativas a la prostitución recogidas en el artículo 187.1, y con la de seis a ocho años en los casos previstos en el artículo 188.1.

Se impondrá la pena de seis a ocho años a quienes trasladen a personas de un lugar a otro, con el propósito de su explotación sexual, empleando violencia, intimidación o engaño, o abusando de una situación de superioridad o de necesidad o de vulnerabilidad de la víctima.

Cuando las conductas previstas en el párrafo anterior y en el artículo 188.1 se cometan sobre menores de edad o personas con discapacidad necesitadas de especial protección, se impondrán las penas superiores en grado.

10.º Con la pena de prisión de cuatro a ocho años si sometieran a alguna persona a esclavitud o la mantuvieran en ella. Esta pena se aplicará sin perjuicio de las que, en su caso, correspondan por los concretos atentados cometidos contra los derechos de las personas.

Por esclavitud se entenderá la situación de la persona sobre la que otro ejerce, incluso de hecho, todos o algunos de los atributos del derecho de propiedad, como comprarla, venderla, prestarla o darla en trueque.

3. En todos los casos previstos en el apartado anterior se impondrá además la pena de inhabilitación especial para profesión u oficio educativos, en el ámbito docente, deportivo y de tiempo libre, por un tiempo superior entre tres y cinco años al de la duración de la pena de privación de libertad impuesta en su caso en la sentencia, atendiendo proporcionalmente a la gravedad del delito y a las circunstancias que concurran en el delincuente.

Apdos. 2.1.º y 2.6.º modificados y 3 añadido por LO 1/2015, de 30 de marzo. El término «incapaces» ha sido sustituido por «personas con discapacidad necesitadas de especial protección» por esta misma Ley.

Este artículo fue introducido en el Código Penal por la Ley Orgánica 15/2003, de 25 de noviembre, y fue modificado por la Ley Orgánica 5/2010, de 22 de junio, que reformó el número 1.º del apartado 1 de este artículo.

CAPÍTULO III
De los delitos contra las personas y bienes protegidos en caso de conflicto armado

ART. 608.

A los efectos de este Capítulo, se entenderá por personas protegidas:

1.º Los heridos, enfermos o náufragos y el personal sanitario o religioso, protegidos por el I y II Convenios de Ginebra de 12 de agosto de 1949 o por el Protocolo I Adicional de 8 de junio de 1977.

2.º Los prisioneros de guerra protegidos por el III Convenio de Ginebra de 12 de agosto de 1949 o por el Protocolo I Adicional de 8 de junio de 1977.

3.º La población civil y las personas civiles protegidas por el IV Convenio de Ginebra de 12 de agosto de 1949 o por el Protocolo I Adicional de 8 de junio de 1977.

4.º Las personas fuera de combate y el personal de la Potencia Protectora y de su sustituto protegidos por los Convenios de Ginebra de 12 de agosto de 1949 o por el Protocolo I Adicional de 8 de junio de 1977.

5.º Los parlamentarios y las personas que los acompañen, protegidos por el Convenio II de La Haya de 29 de julio de 1899.

6.º El personal de Naciones Unidas y personal asociado, protegidos por la Convención sobre la Seguridad del Personal de las Naciones Unidas y del Personal Asociado, de 9 de diciembre de 1994.

7.º Cualquier otra que tenga aquella condición en virtud del Protocolo II Adicional de 8 de junio de 1977 o de cualesquiera otros Tratados internacionales en los que España fuere parte.

Ver arts. 1.1 y 2.4 Carta de Naciones Unidas de 26-6-1945; 3, 4, 5, 8, 12, 13 y 24 a 26 del Convenio de Ginebra de 1949, para mejorar la suerte de los heridos y enfermos de las fuerzas armadas en campaña.

ART. 609.

El que, con ocasión de un conflicto armado, maltrate de obra o ponga en grave peligro la vida, la salud o la integridad de cualquier persona protegida, la haga objeto de tortura o tratos inhumanos, incluidos los experimentos biológicos, le cause grandes sufrimientos o la someta a cualquier acto médico que no esté indicado por su estado de salud ni de acuerdo con las normas médicas generalmente reconocidas que la Parte responsable de la actuación aplicaría, en análogas circunstancias médicas, a sus propios nacionales no privados de libertad, será castigado con la pena de prisión de cuatro a ocho años, sin perjuicio de la pena que pueda corresponder por los resultados lesivos producidos.

Ver arts. 3, 12 y 50 Convenio de Ginebra de 1949 para mejorar la suerte de los heridos y enfermos de las fuerzas armadas en campaña; 3, 12 y 51 Convenio de Ginebra de 1949 para mejorar la suerte de los heridos, enfermos y náufragos de las fuerzas armadas en el mar; 3, 13, 30, 52, 87, 89 y 130 Convenio de Ginebra de 1949 relativo al trato de los prisioneros de guerra; 3, 27, 32, 119 y 147 Convenio de Ginebra de 1949 relativo a la protección de las personas civiles en tiempo de guerra.

ART. 610.

El que, con ocasión de un conflicto armado, emplee u ordene emplear métodos o medios de combate prohibidos o destinados a causar sufrimientos innecesarios o males superfluos, así como aquéllos concebidos para causar o de los que fundamentalmente quepa prever que causen daños extensos, duraderos y graves al medio ambiente natural, comprometiendo la salud o la supervivencia de la población, u ordene no dar cuartel, será castigado con la pena de prisión de 10 a 15 años, sin perjuicio de la pena que corresponda por los resultados producidos.

Ver arts. 28 y 147 Convenio de Ginebra de 1949, relativo a la protección de las personas civiles en tiempo de guerra.

ART. 611.

Será castigado con la pena de prisión de diez a quince años, sin perjuicio de la pena que corresponda por los resultados producidos, el que, con ocasión de un conflicto armado:

1.º Realice u ordene realizar ataques indiscriminados o excesivos o haga objeto a la población civil de ataques, represalias o actos o amenazas de violencia cuya finalidad principal sea aterrorizarla.

2.º Destruya o dañe, violando las normas del Derecho Internacional aplicables en los conflictos armados, buque o aeronave no militares de una Parte adversa o neutral, innecesariamente y sin dar tiempo o sin adoptar las medidas necesarias para proveer a la seguridad de las personas y a la conservación de la documentación de a bordo.

3.º Obligue a un prisionero de guerra o persona civil a servir, en cualquier forma, en las Fuerzas Armadas de la Parte adversa, o les prive de su derecho a ser juzgados regular e imparcialmente.

4.º Deporte, traslade de modo forzoso, tome como rehén o detenga o confine ilegalmente a cualquier persona protegida o la utilice para poner ciertos puntos, zonas o fuerzas militares a cubierto de los ataques de la parte adversa.

5.º Traslade y asiente, directa o indirectamente, en territorio ocupado a población de la parte ocupante, para que resida en él de modo permanente.

6.º Realice, ordene realizar o mantenga, respecto de cualquier persona protegida, prácticas de segregación racial y demás prácticas inhumanas y degradantes basadas en otras distinciones de carácter desfavorable, que entrañen un ultraje contra la dignidad personal.

7.º Impida o demore, injustificadamente, la liberación o la repatriación de prisioneros de guerra o de personas civiles.

8.º Declare abolidos, suspendidos o inadmisibles ante un Juez o Tribunal los derechos y acciones de los nacionales de la parte adversa.

9.º Atente contra la libertad sexual de una persona protegida cometiendo actos de violación, esclavitud sexual, prostitución inducida o forzada, embarazo forzado, esterilización forzada o cualquier otra forma de agresión sexual.

Ver arts. 3 y 12 Convenio de Ginebra de 1949, para mejorar la suerte de los heridos y enfermos de las fuerzas armadas en campaña.

ART. 612.

Será castigado con la pena de prisión de tres a siete años, sin perjuicio de la pena que corresponda por los resultados producidos, el que, con ocasión de un conflicto armado:

1.º Viole a sabiendas la protección debida a hospitales, instalaciones, material, unidades y medios de transporte sanitario, campos de prisioneros, zonas y localidades sanitarias y de seguridad, zonas neutralizadas, lugares de internamiento de la población civil, localidades no defendidas y zonas desmilitarizadas, dadas a conocer por los signos o señales distintivos apropiados.

2.º Ejerza violencia sobre el personal sanitario o religioso o integrante de la misión médica, o de las sociedades de socorro o contra el personal habilitado para usar los signos o señales distintivos de los Convenios de Ginebra, de conformidad con el derecho internacional.

3.º Injurie gravemente, prive o no procure el alimento indispensable o la asistencia médica necesaria a cualquier persona protegida o la haga objeto de tratos humillantes o degradantes, omita informarle, sin demora justificada y de modo comprensible, de su situación, imponga castigos colectivos por actos individuales o viole las prescripciones sobre el alojamiento de mujeres y familias o sobre protección especial de mujeres y niños establecidas en los tratados internacionales en los que España fuera parte y, en particular, reclute o aliste a menores de dieciocho años o los utilice para participar directamente en las hostilidades.

4.º Use indebidamente los signos protectores o distintivos, emblemas o señales establecidos y reconocidos en los tratados internacionales en los que España fuere parte, especialmente los signos distintivos de la Cruz Roja, de la Media Luna Roja y del Cristal Rojo.

5.º Utilice indebidamente o de modo pérfido bandera, uniforme, insignia o emblema distintivo de Estados neutrales, de las Naciones Unidas o de otros Estados que no sean partes en el conflicto o de Partes adversas, durante los ataques o para cubrir, favorecer, proteger u obstaculizar operaciones militares, salvo en los casos exceptuados expresamente previstos en los Tratados Internacionales en los que España fuere parte.

6.º Utilice indebidamente o de modo pérfido bandera de parlamento o de rendición, atente contra la inviolabilidad o retenga indebidamente a parlamentario o a cualquiera de las personas que lo acompañen, a personal de la Potencia Protectora o su sustituto, o a miembro de la Comisión Internacional de Encuesta.

7.º Despoje de sus efectos a un cadáver, herido, enfermo, náufrago, prisionero de guerra o persona civil internada.

8.º Haga padecer intencionadamente hambre a la población civil como método de guerra, privándola de los bienes indispensables para su supervivencia, incluido el hecho de obstaculizar arbitrariamente los suministros de socorro, realizados de conformidad con los Convenios de Ginebra y sus Protocolos Adicionales.

9.º Viole suspensión de armas, armisticio, capitulación u otro convenio celebrado con la parte adversa.

10.º Dirija intencionadamente ataques contra cualquier miembro del personal de las Naciones Unidas, personal asociado o participante en una misión de paz o de asistencia humanitaria, de conformidad con la Carta de las Naciones Unidas, siempre que tengan derecho a la protección otorgada a personas o bienes civiles, con arreglo al derecho internacional de los conflictos armados, o les amenace con tal ataque para obligar a una persona natural o jurídica a realizar o abstenerse de realizar algún acto.

Ver arts. 12, 15, 17, 18 a 21, 33, 35, 38 y sigs., 50 y 53 Convenio de Ginebra de 1949, para mejorar la suerte de los heridos y enfermos de las fuerzas armadas en campaña.

ART. 613.

1. Será castigado con la pena de prisión de cuatro a seis años el que, con ocasión de un conflicto armado, realice u ordene realizar alguna de las siguientes acciones:

a) Ataque o haga objeto de represalias o actos de hostilidad contra bienes culturales o lugares de culto que constituyen el patrimonio cultural o espiritual de los pueblos, siempre que tales bienes o lugares no estén situados en la inmediata proximidad de un objetivo militar o no sean utilizados en apoyo del esfuerzo militar del adversario y estén debidamente señalizados;

b) Use indebidamente los bienes culturales o lugares de culto referidos en la letra a) en apoyo de una acción militar;

c) Se apropie a gran escala, robe, saquee o realice actos de vandalismo contra los bienes culturales o lugares de culto referidos en la letra a);

d) Ataque o haga objeto de represalias o de actos de hostilidad a bienes de carácter civil de la parte adversa, causando su destrucción, siempre que ello no ofrezca, en las circunstancias del caso, una ventaja militar definida o que tales bienes no contribuyan eficazmente a la acción militar del adversario;

e) Ataque, destruya, sustraiga o inutilice los bienes indispensables para la supervivencia de la población civil, salvo que la parte adversa utilice tales bienes en apoyo directo de una acción militar o exclusivamente como medio de subsistencia para los miembros de sus fuerzas armadas;

f) Ataque o haga objeto de represalias a las obras o instalaciones que contengan fuerzas peligrosas, cuando tales ataques puedan producir la liberación de aquellas fuerzas y causar, en consecuencia, pérdidas importantes en la población civil, salvo que tales obras o instalaciones se utilicen en apoyo regular, importante y directo de operaciones militares y que tales ataques sean el único medio factible de poner fin a tal apoyo;

g) Destruya, dañe o se apodere, sin necesidad militar, de cosas que no le pertenezcan, obligue a otro a entregarlas o realice cualesquiera otros actos de pillaje;

h) Requise, indebida o innecesariamente, bienes muebles o inmuebles en territorio ocupado o destruya buque o aeronave no militares, y su carga, de una parte adversa o neutral o los capture, con infracción de las normas internacionales aplicables a los conflictos armados en la mar;

i) Ataque o realice actos de hostilidad contra las instalaciones, material, unidades, residencia privada o vehículos de cualquier miembro del personal referido en el ordinal 10.º del artículo 612 o amenace con tales ataques o actos de hostilidad para obligar a una persona natural o jurídica a realizar o abstenerse de realizar algún acto.

2. Cuando el ataque, la represalia, el acto de hostilidad o la utilización indebida tengan por objeto bienes culturales o lugares de culto bajo protección especial o a los que se haya conferido protección en virtud de acuerdos especiales, o bienes culturales inmuebles o lugares de culto bajo protección reforzada o sus alrededores inmediatos, se podrá imponer la pena superior en grado.

En los demás supuestos previstos en el apartado anterior de este artículo, se podrá imponer la pena superior en grado cuando se causen destrucciones extensas e importantes en los bienes, obras o instalaciones sobre los que recaigan o en los supuestos de extrema gravedad.

ART. 614.

El que, con ocasión de un conflicto armado, realice u ordene realizar cualesquiera otras infracciones o actos contrarios a las prescripciones de los tratados internacionales en los que España fuere parte y relativos a la conducción de las hostilidades, regulación de los medios y métodos de combate, protección de los heridos, enfermos y náufragos, trato debido a los prisioneros de guerra, protección de las personas civiles y protección de los bienes culturales en caso de conflicto armado, será castigado con la pena de prisión de seis meses a dos años.

ART. 614 bis.

Cuando cualquiera de las conductas contenidas en este capítulo formen parte de un plan o política o se cometan a gran escala, se aplicarán las respectivas penas en su mitad superior.

CAPÍTULO IV
Disposiciones comunes

ART. 615.

La provocación, la conspiración y la proposición para la ejecución de los delitos previstos en los capítulos anteriores de este Título se castigarán con la pena inferior en uno o dos grados a la que correspondería a los mismos.

Ver arts. 17 y 18 CP.

ART. 615 bis.

1. La autoridad o jefe militar o quien actúe efectivamente como tal que no adoptara las medidas a su alcance para evitar la comisión, por las fuerzas sometidas a su mando o control efectivo, de alguno de los delitos comprendidos en los capítulos II, II bis y III de este título, será castigado con la misma pena que los autores.

2. Si la conducta anterior se realizara por imprudencia grave, la pena será la inferior en uno o dos grados.

3. La autoridad o jefe militar o quien actúe efectivamente como tal que no adoptara las medidas a su alcance para que sean perseguidos los delitos comprendidos en los capítulos II, II bis y III de este título cometidos por las personas sometidas a su mando o control efectivo será castigada con la pena inferior en dos grados a la de los autores.

4. El superior no comprendido en los apartados anteriores que, en el ámbito de su competencia, no adoptara las medidas a su alcance para evitar la comisión por sus subordinados de alguno de los delitos comprendidos en los capítulos II, II bis y III de este título será castigado con la misma pena que los autores.

5. El superior que no adoptara las medidas a su alcance para que sean perseguidos los delitos comprendidos en los capítulos II, II bis y III de este título cometidos por sus subordinados será castigado con la pena inferior en dos grados a la de los autores.

6. El funcionario o autoridad que, sin incurrir en las conductas previstas en los apartados anteriores, y faltando a la obligación de su cargo, dejara de promover la persecución de alguno de los delitos de los comprendidos en los capítulos II, II bis y III de este título de que tenga noticia será castigado con la pena de inhabilitación especial para empleo o cargo público por tiempo de dos a seis años.

ART. 616.

En el caso de cometerse cualquiera de los delitos comprendidos en los Capítulos anteriores de este Título, excepto los previstos en el artículo 614 y en los apartados 2 y 6 del 615 bis, y en el Título anterior por una autoridad o funcionario público, se le impondrá, además de las penas señaladas en ellos, la de inhabilitación absoluta por tiempo de diez a veinte años; si fuese un particular, los jueces y tribunales podrán imponerle la de inhabilitación especial para empleo o cargo público por tiempo de uno a diez años.

Ver arts. 24, 39, 40, 41 y 42 CP.

ART. 616 bis.

Lo dispuesto en el artículo 20.7.º de este Código en ningún caso resultará aplicable a quienes cumplan mandatos de cometer o participar en los hechos incluidos en los capítulos II y II bis de este título.

CAPÍTULO V
Delito de piratería

ART. 616 ter.

El que con violencia, intimidación o engaño, se apodere, dañe o destruya una aeronave, buque u otro tipo de embarcación o plataforma en el mar, o bien atente contra las personas, cargamento o bienes que se hallaren a bordo de las mismas, será castigado como reo del delito de piratería con la pena de prisión de diez a quince años.

En todo caso, la pena prevista en este artículo se impondrá sin perjuicio de las que correspondan por los delitos cometidos.

ART. 616 quater.

1. El que con ocasión de la prevención o persecución de los hechos previstos en el artículo anterior, se resistiere o desobedeciere a un buque de guerra o aeronave militar u otro buque o aeronave que lleve signos claros y sea identificable como buque o aeronave al servicio del Estado español y esté autorizado a tal fin, será castigado con la pena de prisión de uno a tres años.

2. Si en la conducta anterior se empleare fuerza o violencia se impondrá la pena de diez a quince años de prisión.

3. En todo caso, las penas previstas en este artículo se impondrán sin perjuicio de las que correspondan por los delitos cometidos.

LIBRO III
Faltas y sus penas

Libro derogado por LO 1/2015, de 30 de marzo.

Este libro, derogado en su integridad, tenía el siguiente contenido:
TÍTULO I. Faltas contra las personas (artículos 617 a 622); TÍTULO II. Faltas contra el patrimonio (artículos 623 a 628); TÍTULO III. Faltas contra los intereses generales (artículos 629 a 632); TÍTULO IV. Faltas contra el orden público (artículos 633 a 637).

DISPOSICIONES ADICIONALES

D.A. 1.ª

Cuando una persona sea declarada exenta de responsabilidad criminal por concurrir alguna de las causas previstas en los números 1.º y 3.º del artículo 20, el Ministerio Fiscal evaluará, atendiendo a las circunstancias del caso, la procedencia de promover un proceso para la adopción judicial de medidas de apoyo a la persona con discapacidad o, en el supuesto de que tales medidas hubieran sido ya anteriormente acordadas, para su revisión.

> *Modificada por Ley 8/2021, de 2 de junio, por la que se reforma la legislación civil y procesal para el apoyo a las personas con discapacidad en el ejercicio de su capacidad jurídica. (BOE de 03-06-2021). Modificación vigente desde el 3 de septiembre de 2021.*
>
> *Ver arts. 249 y siguientes CC.*

D.A. 2.ª

Cuando la Autoridad gubernativa tenga conocimiento de la existencia de un menor de edad o de una persona con discapacidad necesitada de especial protección que se halla en estado de prostitución, sea o no por su voluntad, pero con anuencia de las personas que sobre él ejerzan autoridad familiar o ético-social o de hecho, o que carece de ellas, o éstas lo tienen en abandono y no se encargan de su custodia, lo comunicará de inmediato a la Entidad pública que en el respectivo territorio tenga encomendada la protección de menores y al Ministerio Fiscal, para que actúen de conformidad con sus respectivas competencias.

Asimismo, en los supuestos en que el Juez o Tribunal acuerde la inhabilitación especial para el ejercicio de la patria potestad, el acogimiento, la guarda, tutela o curatela, o la privación de la patria potestad lo comunicará de inmediato a la entidad pública que en el respectivo territorio tenga encomendada la protección de los menores y al Ministerio Fiscal para que actúen de conformidad con sus respectivas competencias.

> *El término «incapaz» ha sido sustituido por «persona con discapacidad necesitada de especial protección» por LO 1/2015, de 30 de marzo.*
>
> *Ver arts. 187 a 190 CP; LO 1/1996, de 15 de enero, de protección jurídica del menor.*

D.A. 3.ª

Cuando, mediando denuncia o reclamación del perjudicado, se incoe un procedimiento penal por hechos constitutivos de infracciones previstas y penadas en los artículos 267 y 621 del presente Código, podrán comparecer en las diligencias penales que se incoen y mostrarse parte todos aquellos otros implicados en los mismos hechos que se consideren perjudicados, cualquiera que sea la cuantía de los daños que reclamen.

DISPOSICIONES TRANSITORIAS

D.T. 1.ª

Los delitos y faltas cometidos hasta el día de la entrada en vigor de este Código se juzgarán conforme al cuerpo legal y demás leyes penales especiales que se derogan. Una vez que entre en vigor el presente Código, si las disposiciones del mismo son más favorables para el reo, se aplicarán éstas.

D.T. 2.ª

Para la determinación de cuál sea la ley más favorable se tendrá en cuenta la pena que correspondería al hecho enjuiciado con la aplicación de las normas completas de uno u otro

Código. Las disposiciones sobre redención de penas por el trabajo sólo serán de aplicación a todos los condenados conforme al Código derogado y no podrán gozar de ellas aquellos a quienes se les apliquen las disposiciones del nuevo Código.

En todo caso, será oído el reo.

D.T. 3.ª

Los Directores de los establecimientos penitenciarios remitirán a la mayor urgencia, a partir de la publicación del nuevo Código Penal, a los Jueces o Tribunales que estén conociendo de la ejecutoria, relación de los penados internos en el Centro que dirijan, y liquidación provisional de la pena en ejecución, señalando los días que el reo haya redimido por el trabajo y los que pueda redimir, en su caso, en el futuro conforme al artículo 100 del Código Penal que se deroga y disposiciones complementarias.

D.T. 4.ª

Los Jueces o Tribunales mencionados en la disposición anterior procederán, una vez recibida la anterior liquidación de condena, a dar traslado al Ministerio Fiscal, para que informe sobre si procede revisar la sentencia y, en tal caso, los términos de la revisión. Una vez haya informado el Fiscal, procederán también a oír al reo, notificándole los términos de la revisión propuesta, así como a dar traslado al Letrado que asumió su defensa en el juicio oral, para que exponga lo que estime más favorable para el reo.

D.T. 5.ª

El Consejo General del Poder Judicial, en el ámbito de las competencias que le atribuye el artículo 98 de la Ley Orgánica del Poder Judicial, podrá asignar a uno o varios de los Juzgados de lo Penal o Secciones de las Audiencias Provinciales dedicados en régimen de exclusividad a la ejecución de sentencias penales, la revisión de las sentencias firmes dictadas antes de la vigencia de este Código.

Dichos Jueces o Tribunales procederán a revisar las sentencias firmes y en las que el penado esté cumpliendo efectivamente la pena, aplicando la disposición más favorable considerada taxativamente y no por el ejercicio del arbitrio judicial. En las penas privativas de libertad no se considerará más favorable este Código cuando la duración de la pena anterior impuesta al hecho con sus circunstancias sea también imponible con arreglo al nuevo Código. Se exceptúa el supuesto en que este Código contenga para el mismo hecho la previsión alternativa de una pena no privativa de libertad; en tal caso deberá revisarse la sentencia.

No se revisarán las sentencias en que el cumplimiento de la pena esté suspendido, sin perjuicio de hacerlo en caso de que se revoque la suspensión y antes de proceder al cumplimiento efectivo de la pena suspendida. Igual regla se aplicará si el penado se encuentra en período de libertad condicional.

Tampoco se revisarán las sentencias en que, con arreglo al Código derogado y al nuevo, corresponda, exclusivamente, pena de multa.

D.T. 6.ª

No serán revisadas las sentencias en que la pena esté ejecutada o suspendida, aunque se encuentren pendientes de ejecutar otros pronunciamientos del fallo, así como las ya totalmente ejecutadas, sin perjuicio de que el Juez o Tribunal que en el futuro pudiera tenerlas en cuenta a efectos de reincidencia deba examinar previamente si el hecho en ellas penado ha dejado de ser delito o pudiera corresponderle una pena menor de la impuesta conforme a este Código.

En los supuestos de indulto parcial, no se revisarán las sentencias cuando la pena resultante que se halle cumpliendo el condenado se encuentre comprendida en un marco imponible inferior respecto al nuevo Código.

D.T. 7.ª

A efectos de la apreciación de la agravante de reincidencia, se entenderán comprendidos en el mismo Título de este Código, aquellos delitos previstos en el Cuerpo legal que se deroga y que tengan análoga denominación y ataquen del mismo modo a idéntico bien jurídico.

D.T. 8.ª

En los casos en que la pena que pudiera corresponder por la aplicación de este Código fuera la de arresto de fin de semana, se considerará, para valorar su gravedad comparativa, que la duración de la privación de libertad equivale a dos días por cada fin de semana que correspondiera imponer. Si la pena fuera la de multa, se considerará que cada día de arresto sustitutorio que se haya impuesto o pudiese imponer el Juez o Tribunal conforme al Código que se deroga, equivale a dos cuotas diarias de la multa del presente Cuerpo legal.

D.T. 9.ª

En las sentencias dictadas conforme a la legislación que se deroga y que no sean firmes por estar pendientes de recurso, se observarán, una vez transcurrido el período de vacatio, las siguientes reglas:

a) Si se trata de un recurso de apelación, las partes podrán invocar y el Juez o Tribunal aplicará de oficio los preceptos del nuevo Código, cuando resulten más favorables al reo.

b) Si se trata de un recurso de casación, aún no formalizado, el recurrente podrá señalar las infracciones legales basándose en los preceptos del nuevo Código.

c) Si, interpuesto recurso de casación, estuviera sustanciándose, se pasará de nuevo al recurrente, de oficio o a instancia de parte, por el término de ocho días, para que adapte, si lo estima procedente, los motivos de casación alegados a los preceptos del nuevo Código, y del recurso así modificado se instruirán las partes interesadas, el Fiscal y el Magistrado Ponente, continuando la tramitación conforme a Derecho.

D.T. 10.ª

Las medidas de seguridad que se hallen en ejecución o pendientes de ella, acordadas conforme a la Ley de Peligrosidad y Rehabilitación Social, o en aplicación de los números 1.º y 3.º del artículo 8 o del número 1.º del artículo 9 del Código Penal que se deroga, serán revisadas conforme a los preceptos del Título IV del Libro I de este Código y a las reglas anteriores.

En aquellos casos en que la duración máxima de la medida prevista en este Código sea inferior al tiempo que efectivamente hayan cumplido los sometidos a la misma, el Juez o Tribunal dará por extinguido dicho cumplimiento y, en el caso de tratarse de una medida de internamiento, ordenará su inmediata puesta en libertad.

D.T. 11.ª

1. Cuando se hayan de aplicar Leyes penales especiales o procesales por la jurisdicción ordinaria, se entenderán sustituidas:

a) La pena de reclusión mayor, por la de prisión de quince a veinte años, con la cláusula de elevación de la misma a la pena de prisión de veinte a veinticinco años cuando concurran en el hecho dos o más circunstancias agravantes.

b) La pena de reclusión menor, por la de prisión de ocho a quince años.

c) La pena de prisión mayor, por la de prisión de tres a ocho años.

d) La pena de prisión menor, por la de prisión de seis meses a tres años.

e) La pena de arresto mayor, por la de arresto de siete a quince fines de semana.

f) La pena de multa impuesta en cuantía superior a cien mil pesetas señalada para hechos castigados como delito, por la de multa de tres a diez meses.

g) La pena de multa impuesta en cuantía inferior a cien mil pesetas señalada para hechos castigados como delito, por la de multa de dos a tres meses.

h) La pena de multa impuesta para hechos delictivos en cuantía proporcional al lucro obtenido o al perjuicio causado seguirá aplicándose proporcionalmente.

i) La pena de arresto menor, por la de arresto de uno a seis fines de semana.

j) La pena de multa establecida para hechos definidos como falta, por la multa de uno a sesenta días.

k) Las penas privativas de derechos se impondrán en los términos y por los plazos fijados en este Código.

l) Cualquier otra pena de las suprimidas en este Código, por la pena o medida de seguridad que el Juez o Tribunal estime más análoga y de igual o menor gravedad. De no existir o de ser todas más graves, dejará de imponerse.

2. En caso de duda, será oído el reo.

D.T. 12.ª

(DEROGADA)

Derogada por disp. final 5.ª de la LO 5/2000, de 12 de enero.

DISPOSICIONES DEROGATORIAS

D.DT. UNICA.

1. Quedan derogados:

a) El Texto Refundido del Código Penal publicado por el Decreto 3096/1973, de 14 de septiembre, conforme a la Ley 44/1971, de 15 de noviembre, con sus modificaciones posteriores, excepto los artículos 8.2, 9.3, la regla 1.ª del artículo 20 en lo que se refiere al número 2.º del artículo 8, el segundo párrafo del artículo 22, 65 y las Disposiciones Adicionales Primera y Segunda de la Ley Orgánica 3/1989, de 21 de junio.

b) La Ley de 17 de marzo de 1908 de condena condicional, con sus modificaciones posteriores y disposiciones complementarias.

c) La Ley 16/1970, de 4 de agosto, sobre Peligrosidad y Rehabilitación Social, con sus modificaciones posteriores y disposiciones complementarias.

d) La Ley de 26 de julio de 1878, de prohibición de ejercicios peligrosos ejecutados por menores.

e) Los preceptos penales sustantivos de las siguientes leyes especiales:

Ley de 19 de septiembre de 1896, para la protección de pájaros insectívoros.

Ley de 16 de mayo de 1902, sobre la propiedad industrial.

Ley de 23 de julio de 1903, sobre mendicidad de menores.

Ley de 20 de febrero de 1942, de pesca fluvial.

Ley de 31 de diciembre de 1946, sobre pesca con explosivos.

Ley 1/1970, de 4 de abril, de caza. Los delitos y faltas previstos en dicha Ley, no contenidos en este Código, tendrán la consideración de infracciones administrativas muy graves, sancionándose con multa de cincuenta mil a quinientas mil pesetas y retirada de la licencia de caza, o de la facultad de obtenerla, por un plazo de dos a cinco años.

f) Los siguientes preceptos:

El artículo 256 del Reglamento Penitenciario, aprobado por Real Decreto 1201/1981, de 8 de mayo.

Los artículos 65 a 73 del Reglamento de los servicios de prisiones, aprobado por Decreto de 2 de febrero de 1956.

Los artículos 84 a 90 de la Ley 25/1964, de 29 de abril, de Energía Nuclear.

El artículo 54 de la Ley 33/1971, de 21 de julio, de Emigración.

El segundo párrafo del artículo 24 de la Ley Orgánica 2/1981, de 6 de abril, del Defensor del Pueblo.

El artículo 2 de la Ley Orgánica 8/1984, de 26 de diciembre, sobre régimen de recursos en caso de objeción de conciencia y su régimen penal.

El artículo 4.º de la Ley Orgánica 5/1984, de 24 de mayo, de Comparecencia ante las Comisiones de Investigación del Congreso y del Senado o de ambas Cámaras.

Los artículos 29 y 49 de la Ley 209/1964, de 24 de diciembre, Penal y Procesal de la Navegación Aérea.

Los términos «activo y» del artículo 137 de la Ley Orgánica 5/1985, de 19 de junio, del Régimen Electoral General.

El artículo 6 de la Ley 57/1968, de 27 de julio, sobre Percibo de Cantidades Anticipadas en la Construcción y Venta de Viviendas.

2. Quedan también derogadas cuantas normas sean incompatibles con lo dispuesto en este Código.

La referencia al art. 417 bis de la letra a) del apdo. 1, suprimida por LO 2/2010, de 3 de marzo.

DISPOSICIONES FINALES

D.F. 1.ª

La Ley de Enjuiciamiento Criminal quedará modificada en los siguientes términos:

*«**Artículo 14**. Tercero. Para el conocimiento y fallo de las causas por delitos menos graves, así como de las faltas, sean o no incidentales, imputables a los autores de esos delitos o a otras*

personas, cuando la comisión de la falta o su prueba estuviesen relacionadas con aquéllos, el Juez de lo Penal de la circunscripción donde el delito fue cometido o el Juez Central de lo Penal en el ámbito que le es propio.»

*«**Artículo 779**. Sin perjuicio de lo establecido para los demás procesos especiales, el procedimiento regulado en este Título se aplicará al enjuiciamiento de los delitos castigados con pena privativa de libertad no superior a nueve años, o bien con cualesquiera otras penas de distinta naturaleza, bien sean únicas, conjuntas o alternativas, cualquiera que sea su cuantía o duración.»*

D.F. 2.ª

El apartado 2 del artículo 1 de la Ley Orgánica 5/1995, sobre el Tribunal del Jurado, queda redactado en los siguientes términos:

«2. Dentro del ámbito de enjuiciamiento previsto en el apartado anterior, el Tribunal del Jurado será competente para el conocimiento y fallo de las causas por los delitos tipificados en los siguientes preceptos del Código Penal:

a) Del homicidio (artículos 138 a 140).

b) De las amenazas (artículo 169.1.º).

c) De la omisión del deber de socorro (artículos 195 y 196).

d) Del allanamiento de morada (artículos 202 y 204).

e) De los incendios forestales (artículos 352 a 354).

f) De la infidelidad en la custodia de documentos (artículos 413 a 415).

g) Del cohecho (artículos 419 a 426).

h) Del tráfico de influencias (artículos 428 a 430).

i) De la malversación de caudales públicos (artículos 432 a 434).

j) De los fraudes y exacciones ilegales (artículos 436 a 438).

k) De las negociaciones prohibidas a funcionarios (artículos 439 y 440).

l) De la infidelidad en la custodia de presos (artículo 471).»

D.F. 3.ª

1. El Capítulo VI de la Ley 35/1988, de 22 de noviembre, sobre Técnicas de Reproducción Asistida, quedará modificado en los siguientes términos:

1.º Quedan suprimidas las letras a), k), l) y v) del apartado. 2. B) del artículo 20.

2.º El texto de la letra r) de dicho apartado 2. B) se sustituirá por el siguiente: «la transferencia de gametos o preembriones humanos en el útero de otra especie animal o la operación inversa, así como las fecundaciones entre gametos humanos y animales que no estén autorizadas».

2. El artículo 21 del Capítulo VII de la Ley 35/1988, sobre Técnicas de Reproducción Asistida, pasará a ser artículo 24.

Ver arts. 159 a 162 CP.

D.F. 4.ª

La Ley Orgánica 1/1982, de 5 de mayo, de Protección del Derecho al Honor, a la Intimidad Personal y Familiar y a la Propia Imagen quedará modificada en los siguientes términos:

*«**Artículo 1º**. 2. El carácter delictivo de la intromisión no impedirá el recurso al procedimiento de tutela judicial previsto en el artículo 9.º de esta Ley. En cualquier caso, serán aplicables los criterios de esta Ley para la determinación de la responsabilidad civil derivada de delito.»*

*«**Artículo 7º**. 7. La imputación de hechos o la manifestación de juicios de valor a través de acciones o expresiones que de cualquier modo lesionen la dignidad de otra persona, menoscabando su fama o atentando contra su propia estimación.»*

D.F. 5.ª

La Disposición Adicional Segunda de la Ley Orgánica 6/1995, de 29 de junio, quedará modificada en los siguientes términos:

«La exención de responsabilidad penal contemplada en los párrafos segundos de los artículos 305 apartado 4, 307 apartado 3 y 308 apartado 4, resultará igualmente aplicable aunque las deudas objeto de regularización sean inferiores a las cuantías establecidas en los citados artículos».

D.F. 6.ª

El Título V del Libro I de este Código, los artículos 193, 212, 233.3 y 272, así como las Disposiciones Adicionales Primera y Segunda, la Disposición Transitoria Duodécima y las Disposiciones Finales Primera y Tercera tienen carácter de ley ordinaria.

D.F. 7.ª

El presente Código entrará en vigor a los seis meses de su completa publicación en el «Boletín Oficial del Estado» y se aplicará a todos los hechos punibles que se cometan a partir de su vigencia.

No obstante lo anterior, queda exceptuada la entrada en vigor de su artículo 19 hasta tanto adquiera vigencia la ley que regule la responsabilidad penal del menor a que se refiere dicho precepto.

Por tanto,

Mando a todos los españoles, particulares y autoridades que guarden y hagan guardar esta Ley Orgánica.

Madrid, 23 de noviembre de 1995.
JUAN CARLOS R.

El Presidente del Gobierno,
FELIPE GONZÁLEZ MÁRQUEZ

ÍNDICE ANALÍTICO

A

ABANDONO DE ACTIVIDADES DELICTIVAS

ABANDONO DE ANIMALES

ABANDONO DE DESTINO

ABANDONO DE DOMICILIO

ABANDONO DE FAMILIA

ABANDONO DE MENOR O PERSONA CON DISCAPACIDAD NECESITADA DE ESPECIAL PROTECCIÓN

ABANDONO DEL LUGAR DEL ACCIDENTE

ABOGADO

ABONO DE PRISIÓN O PRIVACIÓN DE DERECHOS PREVENTIVOS

ABORTO

ABSTENCIÓN DE ACUSAR

Índice
Analítico

CALUMNIA

CARÁCTER PÚBLICO

CARGO

CASA HABITADA

CAUDALES

CAUSA CRIMINAL

CAZA

CENSURA

CERRADURAS

CIBERACOSO

CIRCUNSTANCIAS

CIUDADANOS EXTRANJEROS

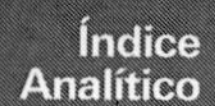

CH

D

E

De testigo en causa judicial, 458.1
En Tribunales Internacionales, 458.3
Presentación de testigos, peritos o documentos, 461

FAUNA
Fauna (protección), 333 a 336

FETO
Lesiones al, 157 y 158

FLORA
Flora (protección), 332 y 333

FLUIDO ELÉCTRICO
Defraudación, 255

FRAUDES
Defraudación de ente público, 436

FINANCIACIÓN ILEGAL DE PARTIDOS POLÍTICOS
Delitos de financiación ilegal de partidos políticos, 304 bis y 304 ter

FUNCIONARIO PÚBLICO
Concepto, 24.2, 427, 431

G

GANZÚAS
Ganzúas, 239.1°

GENOCIDIO
Imprescriptibilidad del delito, 131.3
Imprescriptibilidad de pena, 133.2
Tipos, 607.1

GRADUADO SOCIAL
Presentación en juicio de testigos, peritos e intérpretes y documentos falsos, 461.2

GRUPO CRIMINAL
Grupo criminal, 570 ter y 570 quater

GRUPO TERRORISTA
Grupo terrorista, 571 y 572

GUERRA
Depósito y armas de, 567
Provocación de, 590 y 592

H

HABITUALIDAD
Habitualidad, 94, 132.1, 173.2, 173.3, 184.1, 284.2.1.°, 285. 2.1.°, 575.2

HACIENDA PÚBLICA (DELITOS CONTRA)
Alteración de fines de subvenciones, 308.2
Defraudación a las Comunidades, 305.3 y 306
Delito contable, 310
Determinación de la cuantía, 305.2
Exención de responsabilidad, 305.4 y 307.3
Falsificación u ocultación para subvenciones, 308.1
Pérdida de subvenciones y ayudas, 305.1 y 308.3
Tipos agravados, 305 bis
Tipos básicos, 305.1

HOMICIDIO
Conspiración, proposición y provocación, 141
De persona Real, 485
Por imprudencia grave, 142 y 142 bis

J

Otros delitos, 605.3
Violación inmunidad personal, 606.1

JUEZ DE VIGILANCIA
Abono de prisión provisional, 58.2
Libertad condicional, 90 y 91
Libertad vigilada, 106.2
Medidas de seguridad, 97, 98 y 105
Régimen de cumplimiento en limitación de penas, 78
Trabajo en beneficio de la Comunidad, 49.1ª y 6ª

L

LEGÍTIMA DEFENSA
Legítima defensa, 20.4°

LESA HUMANIDAD
Lesa humanidad, 607 bis

LESIONES
Al feto, 157, 158
Con ensañamiento, 148.2.°
Cónyuge, conviviente, hijos, pupilos, ascendientes, personas con discapacidad necesitadas de especial protección, 153, 156 quater
Consentimiento, 155
Consentimiento en trasplantes, esterilizaciones y cirugía transexual, 156
Deformidad, 150
Esterilidad, 149
Esterilización de incapacitado, 492.2 y 156
Grave deformidad, 149
Grave enfermedad psíquica, 149.1
Grave enfermedad somática, 149.1
Impotencia, 149.1
Imprudencia, 152, 152 bis
    Ver SEGURIDAD VIAL (DELITOS CONTRA LA)
Imprudencia profesional, 152.1
Imprudencia vehículo de motor, 152
Menor gravedad, 147.2
Pérdida de sentido, 149
Pérdida o inutilidad de miembro no principal, 150
Pérdida o inutilidad de miembro principal, 149
Privación del derecho a residir o acudir a determinados lugares, 57
Provocación, proposición y conspiración, 151
Prohibición de aproximarse a la víctima, 57
Riña temeraria, 154
Tipo básico, 147.1
Utilización de medios o instrumentos peligrosos, 148.1
Víctima menor de 14 años, 148.3

LEY MÁS FAVORABLE
Ley más favorable, 2 y D.T. 1ª

LEY TEMPORAL
Ley temporal, 2.2

LEYES ESPECIALES
Leyes especiales, 9, D.T. 1ª, 11ª y D.DT. Única

LIBERTAD
Libertad (delitos contra), 57, 163 a 172 ter

LIBERTAD CONDICIONAL
Libertad condicional, 78, 90 a 92

LIBERTAD DE CONCIENCIA (DELITOS CONTRA)
Actos de profanación, 524
Escarnio o vejación, 525
Impedir asistencia a actos, 522.1

Prescripción, 135
Principio de legalidad, 1.2, 2.1, 3
Privativas de libertad, 96.2, 101 a 104
Procedimiento para cese, sustitución o suspensión, 97
Prohibición de aproximarse a la víctima, 106.1.e)
Quebrantamiento, 100
Revisión conforme a nuevo CP, D.T. 10ª
Suspensión, 97 e)
Sustitución, 97 c) y 100.2

MEDIO AMBIENTE
Clausura e intervención de empresa, 33.7 d)
Daños en espacios naturales, 330
En espacio natural protegido, 338
Medidas restauradoras, 339
Por funcionario público, 329
Por imprudencia, 331
Reparación de los daños, 340
Supuestos agravados, 326. 326 bis y 327
Vertidos y emisiones ilegales, 325

MEDIOS QUE DEBILITEN LA DEFENSA O FACILITEN IMPUNIDAD
Medios que debiliten la defensa o faciliten impunidad, 22.2ª

MENOR DE EDAD
Ver MINORÍA DE EDAD

MERCADO Y CONSUMIDORES (DELITOS RELATIVOS A)
Disposiciones generales, 287 y 288
Tipos, 278 a 286

MIEDO INSUPERABLE
Miedo insuperable, 20.6ª, 118 y 119

MINISTERIO FISCAL
Abandono de familia, 228
Abandono de menores, 233
Agresiones sexuales o acoso sexual, 191
Amenazas, 171
Atentados contra autoridad, agentes y funcionarios públicos, 550.3
Carácter de autoridad, 24.1
Daños por imprudencia, 267
Delitos contra la Hacienda Pública y la Seguridad Social, 305, 307, 308
Delitos relativos a la propiedad intelectual e industrial, al mercado y a los consumidores, 287
Delitos societarios, 296
Expulsión de extranjeros, 89
Libertad condicional, 90.2, 92
Medidas de seguridad, 98.3, 108.1
Obstrucción a la Justicia, 463
Perdón menores o incapacitados, 130.5.º
Personas con discapacidad necesitadas de especial protección o menores, D.A. 2ª
Presentación de testigos falsos, peritos o intérpretes mendaces o documentos falsos, 461
Prostitución, 189
Querella, denuncia: delitos libertad sexual, 191.1
Recurso de casación afectado por nuevo Código, D.T. 9ª
Régimen de cumplimiento en limitación de penas, 78
Reproducción asistida, 162
Revelación de actuaciones declaradas secretas, 466
Revisión de sentencias, D.T. 4ª
Suspensión ejecución penas privativas de libertad, 83.3

MINORÍA DE EDAD
Menor en estado de prostitución o abandono, D.A. 2ª
Minoría de edad, 19 y 69, D. T. ÚNICA 1 A) y D.F. 7ª

MONEDA
Falsa, 386
Metálica, 387

P

Q

R

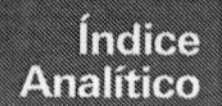
Índice
Analítico

T

U

LEGISLACIÓN COMPLEMENTARIA

I. LEY ORGÁNICA 6/1985, DE 1 DE JUNIO, DEL PODER JUDICIAL

—BOE núm. 157, de 2 de julio de 1985—

(EXTRACTO: Arts. 21 y 23)

(…)

LIBRO I
DE LA EXTENSIÓN Y LÍMITES DE LA JURISDICCIÓN Y DE LA PLANTA Y ORGANIZACIÓN DE LOS JUZGADOS Y TRIBUNALES

TÍTULO I
De la extensión y límites de la jurisdicción

ART. 21.

1. Los Tribunales civiles españoles conocerán de las pretensiones que se susciten en territorio español con arreglo a lo establecido en los tratados y convenios internacionales en los que España sea parte, en las normas de la Unión Europea y en las leyes españolas.

2. No obstante, no conocerán de las pretensiones formuladas respecto de sujetos o bienes que gocen de inmunidad de jurisdicción y de ejecución de conformidad con la legislación española y las normas de Derecho Internacional Público.

Última modificación realizada por la Ley Orgánica 16/2015, de 27 de octubre, sobre privilegios e inmunidades de los Estados extranjeros, las Organizaciones Internacionales con sede u oficina en España y las Conferencias y Reuniones internacionales celebradas en España (BOE de 28-10-2015).

(…)

ART. 23.

1. En el orden penal corresponderá a la jurisdicción española el conocimiento de las causas por delitos y faltas cometidos en territorio español o cometidos a bordo de buques o aeronaves españoles, sin perjuicio de lo previsto en los tratados internacionales en los que España sea parte.

2. También conocerá la jurisdicción española de los delitos que hayan sido cometidos fuera del territorio nacional, siempre que los criminalmente responsables fueren españoles o extranjeros que hubieran adquirido la nacionalidad española con posterioridad a la comisión del hecho y concurrieren los siguientes requisitos:

a) Que el hecho sea punible en el lugar de ejecución, salvo que, en virtud de un Tratado internacional o de un acto normativo de una Organización internacional de la que España sea parte, no resulte necesario dicho requisito, sin perjuicio de lo dispuesto en los apartados siguientes.

b) Que el agraviado o el Ministerio Fiscal interpongan querella ante los tribunales españoles. Este requisito se considerará cumplido en relación con los delitos competencia de la Fiscalía Europea cuando esta ejercite efectivamente su competencia.

c) Que el delincuente no haya sido absuelto, indultado o penado en el extranjero, o, en este último caso, no haya cumplido la condena. Si sólo la hubiere cumplido en parte, se le tendrá en cuenta para rebajarle proporcionalmente la que le corresponda.

3. Conocerá la jurisdicción española de los hechos cometidos por españoles o extranjeros fuera del territorio nacional cuando sean susceptibles de tipificarse, según la ley penal española, como alguno de los siguientes delitos:

a) De traición y contra la paz o la independencia del Estado.

b) Contra el titular de la Corona, su Consorte, su Sucesor o el Regente.

c) Rebelión y sedición.

d) Falsificación de la firma o estampilla reales, del sello del Estado, de las firmas de los Ministros y de los sellos públicos u oficiales.

e) Falsificación de moneda española y su expedición.

f) Cualquier otra falsificación que perjudique directamente al crédito o intereses del Estado, e introducción o expedición de lo falsificado.

g) Atentado contra autoridades o funcionarios públicos españoles.

h) Los perpetrados en el ejercicio de sus funciones por funcionarios públicos españoles residentes en el extranjero y los delitos contra la Administración Pública española.

i) Los relativos al control de cambios.

4. Igualmente, será competente la jurisdicción española para conocer de los hechos cometidos por españoles o extranjeros fuera del territorio nacional susceptibles de tipificarse, según la ley española, como alguno de los siguientes delitos cuando se cumplan las condiciones expresadas:

a) Genocidio, lesa humanidad o contra las personas y bienes protegidos en caso de conflicto armado, siempre que el procedimiento se dirija contra un español o contra un ciudadano extranjero que resida habitualmente en España, o contra un extranjero que se encontrara en España y cuya extradición hubiera sido denegada por las autoridades españolas.

b) Delitos de tortura y contra la integridad moral de los artículos 174 a 177 del Código Penal, cuando:

1.º el procedimiento se dirija contra un español; o,

2.º la víctima tuviera nacionalidad española en el momento de comisión de los hechos y la persona a la que se impute la comisión del delito se encuentre en territorio español.

c) Delitos de desaparición forzada incluidos en la Convención internacional para la protección de todas las personas contra las desapariciones forzadas, hecha en Nueva York el 20 de diciembre de 2006, cuando:

1.º el procedimiento se dirija contra un español; o,

2.º la víctima tuviera nacionalidad española en el momento de comisión de los hechos y la persona a la que se impute la comisión del delito se encuentre en territorio español.

d) Delitos de piratería, terrorismo, tráfico ilegal de drogas tóxicas, estupefacientes o sustancias psicotrópicas, trata de seres humanos, contra los derechos de los ciudadanos extranjeros y delitos contra la seguridad de la navegación marítima que se cometan en los espacios marinos, en los supuestos previstos en los tratados ratificados por España o en actos normativos de una Organización Internacional de la que España sea parte.

e) Terrorismo, siempre que concurra alguno de los siguientes supuestos:

1.º el procedimiento se dirija contra un español;

2.º el procedimiento se dirija contra un extranjero que resida habitualmente o se encuentre en España o, sin reunir esos requisitos, colabore con un español, o con un extranjero que resida o se encuentre en España, para la comisión de un delito de terrorismo;

3.º el delito se haya cometido por cuenta de una persona jurídica con domicilio en España;

4.º la víctima tuviera nacionalidad española en el momento de comisión de los hechos;

5.º el delito haya sido cometido para influir o condicionar de un modo ilícito la actuación de cualquier Autoridad española;

6.º el delito haya sido cometido contra una institución u organismo de la Unión Europea que tenga su sede en España;

7.º el delito haya sido cometido contra un buque o aeronave con pabellón español; o,

8.º el delito se haya cometido contra instalaciones oficiales españolas, incluyendo sus embajadas y consulados.

A estos efectos, se entiende por instalación oficial española cualquier instalación permanente o temporal en la que desarrollen sus funciones públicas autoridades o funcionarios públicos españoles.

f) Los delitos contenidos en el Convenio para la represión del apoderamiento ilícito de aeronaves, hecho en La Haya el 16 de diciembre de 1970, siempre que:

1.º el delito haya sido cometido por un ciudadano español; o,

2.º el delito se haya cometido contra una aeronave que navegue bajo pabellón español.

g) Los delitos contenidos en el Convenio para la represión de actos ilícitos contra la seguridad de la aviación civil, hecho en Montreal el 23 de septiembre de 1971, y en su Protocolo complementario hecho en Montreal el 24 de febrero de 1988, en los supuestos autorizados por el mismo.

h) Los delitos contenidos en el Convenio sobre la protección física de materiales nucleares hecho en Viena y Nueva York el 3 de marzo de 1980, siempre que el delito se haya cometido por un ciudadano español.

i) Tráfico ilegal de drogas tóxicas, estupefacientes o sustancias psicotrópicas, siempre que:

1.º el procedimiento se dirija contra un español; o,

2.º cuando se trate de la realización de actos de ejecución de uno de estos delitos o de constitución de un grupo u organización criminal con miras a su comisión en territorio español.

j) Delitos de constitución, financiación o integración en grupo u organización criminal o delitos cometidos en el seno de los mismos, siempre que se trate de grupos u organizaciones que actúen con miras a la comisión en España de un delito que esté castigado con una pena máxima igual o superior a tres años de prisión.

k) Delitos contra la libertad e indemnidad sexual cometidos sobre víctimas menores de edad, siempre que:

1.º el procedimiento se dirija contra un español;

2.º el procedimiento se dirija contra ciudadano extranjero que resida habitualmente en España;

3.º el procedimiento se dirija contra una persona jurídica, empresa, organización, grupos o cualquier otra clase de entidades o agrupaciones de personas que tengan su sede o domicilio social en España; o,

4.º el delito se hubiera cometido contra una víctima que, en el momento de comisión de los hechos, tuviera nacionalidad española o residencia habitual en España.

l) Delitos regulados en el Convenio del Consejo de Europa de 11 de mayo de 2011 sobre prevención y lucha contra la violencia contra las mujeres y la violencia doméstica, siempre que:

1.º el procedimiento se dirija contra un español;

2.º el procedimiento se dirija contra un extranjero que resida habitualmente en España; o,

3.º el delito se hubiera cometido contra una víctima que, en el momento de comisión de los hechos, tuviera nacionalidad española o residencia habitual en España, siempre que la persona a la que se impute la comisión del hecho delictivo se encuentre en España.

m) Trata de seres humanos, siempre que:

1.º el procedimiento se dirija contra un español;

2.º el procedimiento se dirija contra un ciudadano extranjero que resida habitualmente en España;

3.º el procedimiento se dirija contra una persona jurídica, empresa, organización, grupos o cualquier otra clase de entidades o agrupaciones de personas que tengan su sede o domicilio social en España; o,

4.º el delito se hubiera cometido contra una víctima que, en el momento de comisión de los hechos, tuviera nacionalidad española o residencia habitual en España, siempre que la persona a la que se impute la comisión del hecho delictivo se encuentre en España.

n) Delitos de corrupción entre particulares o en las transacciones económicas internacionales, siempre que:

1.º el procedimiento se dirija contra un español;

2.º el procedimiento se dirija contra un ciudadano extranjero que resida habitualmente en España;

3.º el delito hubiera sido cometido por el directivo, administrador, empleado o colaborador de una empresa mercantil, o de una sociedad, asociación, fundación u organización que tenga su sede o domicilio social en España; o,

4.º el delito hubiera sido cometido por una persona jurídica, empresa, organización, grupos o cualquier otra clase de entidades o agrupaciones de personas que tengan su sede o domicilio social en España.

o) Delitos regulados en el Convenio del Consejo de Europa de 28 de octubre de 2011, sobre falsificación de productos médicos y delitos que supongan una amenaza para la salud pública, cuando:

1.º el procedimiento se dirija contra un español;

2.º el procedimiento se dirija contra un extranjero que resida habitualmente en España;

3.º el procedimiento se dirija contra una persona jurídica, empresa, organización, grupos o cualquier otra clase de entidades o agrupaciones de personas que tengan su sede o domicilio social en España;

4.º la víctima tuviera nacionalidad española en el momento de comisión de los hechos; o,

5.º el delito se haya cometido contra una persona que tuviera residencia habitual en España en el momento de comisión de los hechos.

p) Cualquier otro delito cuya persecución se imponga con carácter obligatorio por un Tratado vigente para España o por otros actos normativos de una Organización Internacional de la que España sea miembro, en los supuestos y condiciones que se determine en los mismos.

Asimismo, la jurisdicción española será también competente para conocer de los delitos anteriores cometidos fuera del territorio nacional por ciudadanos extranjeros que se encontraran en España y cuya extradición hubiera sido denegada por las autoridades españolas, siempre que así lo imponga un Tratado vigente para España.

5. Los delitos a los que se refiere el apartado anterior no serán perseguibles en España en los siguientes supuestos:

a) Cuando se haya iniciado un procedimiento para su investigación y enjuiciamiento en un Tribunal Internacional constituido conforme a los Tratados y Convenios en que España fuera parte.

b) Cuando se haya iniciado un procedimiento para su investigación y enjuiciamiento en el Estado del lugar en que se hubieran cometido los hechos o en el Estado de nacionalidad de la persona a que se impute su comisión, siempre que:

1.º la persona a la que se impute la comisión del hecho no se encontrara en territorio español; o,

2.º se hubiera iniciado un procedimiento para su extradición al país del lugar en que se hubieran cometido los hechos o de cuya nacionalidad fueran las víctimas, o para ponerlo a disposición de un Tribunal Internacional para que fuera juzgado por los mismos, salvo que la extradición no fuera autorizada.

Lo dispuesto en este apartado b) no será de aplicación cuando el Estado que ejerza su jurisdicción no esté dispuesto a llevar a cabo la investigación o no pueda realmente hacerlo, y así se valore por la Sala 2.ª del Tribunal Supremo, a la que elevará exposición razonada el Juez o Tribunal.

A fin de determinar si hay o no disposición a actuar en un asunto determinado, se examinará, teniendo en cuenta los principios de un proceso con las debidas garantías reconocidos por el Derecho Internacional, si se da una o varias de las siguientes circunstancias, según el caso:

a) Que el juicio ya haya estado o esté en marcha o que la decisión nacional haya sido adoptada con el propósito de sustraer a la persona de que se trate de su responsabilidad penal.

b) Que haya habido una demora injustificada en el juicio que, dadas las circunstancias, sea incompatible con la intención de hacer comparecer a la persona de que se trate ante la justicia.

c) Que el proceso no haya sido o no esté siendo sustanciado de manera independiente o imparcial y haya sido o esté siendo sustanciado de forma en que, dadas las circunstancias, sea incompatible con la intención de hacer comparecer a la persona de que se trate ante la justicia.

A fin de determinar la incapacidad para investigar o enjuiciar en un asunto determinado, se examinará si el Estado, debido al colapso total o sustancial de su administración nacional de justicia o al hecho de que carece de ella, no puede hacer comparecer al acusado, no dispone de las pruebas y los testimonios necesarios o no está por otras razones en condiciones de llevar a cabo el juicio.

6. Los delitos a los que se refieren los apartados 3 y 4 solamente serán perseguibles en España previa interposición de querella por el agraviado o por el Ministerio Fiscal.

Última modificación realizada por Ley Orgánica 9/2021, de 1 de julio, de aplicación del Reglamento (UE) 2017/1939 del Consejo, de 12 de octubre de 2017, por el que se establece una cooperación reforzada para la creación de la Fiscalía Europea (BOE DE 02-07-2021).

(…)

II. LEY 40/1979, DE 10 DE DICIEMBRE, SOBRE RÉGIMEN JURÍDICO DE CONTROL DE CAMBIOS

—BOE núm. 197 de 18 de agosto de 1983—

(EXTRACTO: Arts. 6 a 9)

(...)

CAPÍTULO II
Delitos monetarios

ART. 6.

Cometen delito monetario los que contravinieren el sistema legal de control de cambios mediante cualquiera de los actos u omisiones siguientes, siempre que su cuantía exceda de 2.000.000 de pesetas:

A) Los que sin haber obtenido la preceptiva autorización previa o habiéndola obtenido mediante la comisión de un delito:

Primero.- Exportaren moneda metálica o billetes de Banco españoles o extranjeros, o cualquier otro medio de pago o instrumentos de giro o crédito, estén cifrados en pesetas o en moneda extranjera.

Segundo.- Importaran moneda metálica española o billetes del Banco de España, o cualquier otro medio de pago o instrumento de giro o crédito cifrados en pesetas.

Tercero.- Los residentes que a título oneroso adquirieran bienes muebles o inmuebles sitos en el extranjero o títulos mobiliarios emitidos en el exterior y los residentes que aceptaran préstamos o créditos de no residentes o se los otorgaren, o garantizasen obligaciones de no residentes.

Cuarto.- Los que en territorio español aceptasen cualquier pago, entrega o cesión de pesetas de un no residente, o por su cuenta, o los realizaren en su favor o por su cuenta.

B) Los residentes que no pusieren a la venta, a través del mercado español autorizado, y dentro de los quince días siguientes a su disponibilidad, las divisas que posean.

C) El que obtuviere divisas mediante alegación de causa falsa o por cualquier otra forma ilícita.

D) El que destinare divisas lícitamente adquiridas a fin distinto del autorizado.

Última modificación realizada por Ley Orgánica 10/1983, de 16 de agosto, por la que se modifica la Ley 40/1979, de 10 de diciembre, sobre régimen jurídico de control de cambios (BOE de 18-08-1983).

ART. 7.

1. (Anulado)

2. Los Tribunales impondrán las penas en su grado máximo cuando los delitos se cometan por medio o en beneficio de Entidades u Organizaciones en las que de su propia naturaleza o actividad pudiera derivarse una especial facilidad para la comisión de delito.

3. Cuando los actos previstos en el artículo 6. se cometan en el seno de una Sociedad o Empresa u Organización serán también responsables de los delitos las personas físicas que efectivamente ejerzan la dirección y gestión de la entidad y aquéllas por cuenta de quien obren, siempre que tuvieran conocimiento de los hechos.

4. Los Tribunales, teniendo en cuenta la trascendencia económica del hecho para los intereses sociales, las especiales circunstancias que en él concurran y específicamente la

reparación o disminución de los efectos del delito y la repatriación del capital, podrán imponer las penas inferiores en grado a las señaladas en el apartado 1 de este artículo.

5. La moneda española, divisa, objetos y cualquier otro de lo elementos por cuyo medio se cometa delito monetario se reputará instrumento del delito a efectos de lo previsto en el artículo 48 del Código Penal.

6. El Código Penal se aplicará con carácter supletorio.

Apdo. 1 declarado inconstitucional y nulo por Sentencia del TC 160/1986, de 16 de diciembre (BOE de 31-12-1986).

ART. 8.

Los administradores, directivos o empleados de las Entidades autorizadas referidas en el artículo 5. que, por negligencia en el ejercicio de sus funciones, apreciada por los Tribunales, hayan facilitado la comisión de alguna de las conductas descritas en el artículo 6. serán castigados con multa de hasta 2.000.000 de pesetas.

Última modificación realizada por Ley Orgánica 10/1983, de 16 de agosto, por la que se modifica la Ley 40/1979, de 10 de diciembre, sobre régimen jurídico de control de cambios (BOE de 18-08-1983).

ART. 9.

1. Los Tribunales españoles serán competentes para el conocimiento de los delitos establecidos en el artículo 6. de la presente Ley cualquiera que fuera el lugar donde hubieran sido ejecutados los hechos.

2. La competencia y procedimientos para conocer de los delitos monetarios se regulará por la Ley de Enjuiciamiento Criminal y el Real Decreto-ley 1/1977, de 4 de enero.

3. Conforme a lo dispuesto en el artículo 142 de la Ley de Enjuiciamiento Criminal, la sentencia, sin perjuicio de los demás pronunciamientos que dicho precepto establece, determinará, en su caso, la responsabilidad civil que regula el artículo 104 del Código Penal.

En los supuestos contemplados en el apartado 3 del artículo 7. serán responsables civiles subsidiarios la Sociedad, Empresa o las personas integrantes de la organización en cuyo seno se cometió el delito.

4. a) En todo caso los Jueces y Tribunales de la jurisdicción penal competente para conocer de los delitos de esta Ley podrán requerir el conocimiento de cualquier expediente que se esté instruyendo por la Administración por hechos sancionados en esta Ley, de oficio o por denuncia, y la Administración tendrá la obligación de remitir las actuaciones, sin que quepa el planteamiento de conflicto jurisdiccional. Igual obligación de remisión tendrá la Administración cuando, con motivo del conocimiento de un expediente administrativo en materia de control de cambios, apreciase indicios de que el hecho pueda ser constitutivo de delito tipificado en el artículo 6. de esta Ley.

b) Mientras estuviera conociendo de un hecho la autoridad judicial, la Administración se abstendrá de toda acción sancionadora en relación con las conductas origen del mismo. La actividad sancionadora de la Administración, en virtud de las infracciones administrativas previstas en esta Ley, sólo podrá iniciarse o continuarse cuando el proceso penal termine por sentencia absolutoria u otra resolución que le ponga fin, provisional o definitivamente, sin declaración de responsabilidad penal, siempre que estén basadas en motivo que no sea la inexistencia del hecho, la declaración expresa de no haber participado en él el acusado o la exención de responsabilidad penal del mismo. Sin embargo, en estos dos últimos supuestos la Administración podrá sancionar las infracciones administrativas relacionadas con el hecho y cometidas por tercero no sujeto al procedimiento penal.

Última modificación realizada por Ley Orgánica 10/1983, de 16 de agosto, por la que se modifica la Ley 40/1979, de 10 de diciembre, sobre régimen jurídico de control de cambios (BOE de 18-08-1983).

(...)

III. LEY ORGÁNICA 5/2000, DE 12 DE ENERO, REGULADORA DE LA RESPONSABILIDAD PENAL DE LOS MENORES

—BOE núm. 11, de 13 de enero del 2000—

JUAN CARLOS I
REY DE ESPAÑA

A todos los que la presente vieren y entendieren.

Sabed: Que las Cortes Generales han aprobado y Yo vengo en sancionar la siguiente Ley Orgánica.

EXPOSICIÓN DE MOTIVOS

I

1. La promulgación de la presente Ley Orgánica reguladora de la responsabilidad penal de los menores era una necesidad impuesta por lo establecido en la Ley Orgánica 4/1992, de 5 de junio, sobre reforma de la Ley reguladora de la competencia y el procedimiento de los Juzgados de Menores; en la moción aprobada por el Congreso de los Diputados el 10 de mayo de 1994, y en el artículo 19 de la vigente Ley Orgánica 10/1995, de 23 de noviembre, del Código Penal.

2. La Ley Orgánica 4/1992, promulgada como consecuencia de la sentencia del Tribunal Constitucional 36/1991, de 14 de febrero, que declaró inconstitucional el artículo 15 de la Ley de Tribunales Tutelares de Menores, texto refundido de 11 de junio de 1948, establece un marco flexible para que los Juzgados de Menores puedan determinar las medidas aplicables a éstos en cuanto infractores penales, sobre la base de valorar especialmente el interés del menor, entendiendo por menores a tales efectos a las personas comprendidas entre los doce y los dieciséis años. Simultáneamente, encomienda al Ministerio Fiscal la iniciativa procesal, y le concede amplias facultades para acordar la terminación del proceso con la intención de evitar, dentro de lo posible, los efectos aflictivos que el mismo pudiera llegar a producir. Asimismo, configura al equipo técnico como instrumento imprescindible para alcanzar el objetivo que persiguen las medidas y termina estableciendo un procedimiento de naturaleza sancionadora-educativa, al que otorga todas las garantías derivadas de nuestro ordenamiento constitucional, en sintonía con lo establecido en la aludida sentencia del Tribunal Constitucional y lo dispuesto en el artículo 40 de la Convención de los Derechos del Niño de 20 de noviembre de 1989.

Dado que la expresada Ley Orgánica se reconocía a sí misma expresamente "el carácter de una reforma urgente, que adelanta parte de una renovada legislación sobre reforma de menores, que será objeto de medidas legislativas posteriores", es evidente la oportunidad de la presente Ley Orgánica, que constituye esa necesaria reforma legislativa, partiendo de los principios básicos que ya guiaron la redacción de aquélla (especialmente, el principio del superior interés del menor), de las garantías de nuestro ordenamiento constitucional, y de las normas de Derecho internacional, con particular atención a la citada Convención de los Derechos del Niño de 20 de noviembre de 1989, y esperando responder de este modo a las expectativas creadas en la sociedad española, por razones en parte coyunturales y en parte permanentes, sobre este tema concreto.

3. Los principios expuestos en la moción aprobada unánimemente por el Congreso de los Diputados el día 10 de mayo de 1994, sobre medidas para mejorar el marco jurídico vigente de protección del menor, se refieren esencialmente al establecimiento de la mayoría de edad penal en los dieciocho años y a la promulgación de "una ley penal del menor y juvenil que contemple la exigencia de responsabilidad para los jóvenes infractores que no

hayan alcanzado la mayoría de edad penal, fundamentada en principios orientados hacia la reeducación de los menores de edad infractores, en base a las circunstancias personales, familiares y sociales, y que tenga especialmente en cuenta las competencias de las Comunidades Autónomas en esta materia...".

4. El artículo 19 del vigente Código Penal, aprobado por la Ley Orgánica 10/1995, de 23 de noviembre, fija efectivamente la mayoría de edad penal en los dieciocho años y exige la regulación expresa de la responsabilidad penal de los menores de dicha edad en una Ley independiente. También para responder a esta exigencia se aprueba la presente Ley Orgánica, si bien lo dispuesto en este punto en el Código Penal debe ser complementado en un doble sentido. En primer lugar, asentando firmemente el principio de que la responsabilidad penal de los menores presenta frente a la de los adultos un carácter primordial de intervención educativa que trasciende a todos los aspectos de su regulación jurídica y que determina considerables diferencias entre el sentido y el procedimiento de las sanciones en uno y otro sector, sin perjuicio de las garantías comunes a todo justiciable. En segundo término, la edad límite de dieciocho años establecida por el Código Penal para referirse a la responsabilidad penal de los menores precisa de otro límite mínimo a partir del cual comience la posibilidad de exigir esa responsabilidad y que se ha concretado en los catorce años, con base en la convicción de que las infracciones cometidas por los niños menores de esta edad son en general irrelevantes y que, en los escasos supuestos en que aquéllas pueden producir alarma social, son suficientes para darles una respuesta igualmente adecuada los ámbitos familiar y asistencial civil, sin necesidad de la intervención del aparato judicial sancionador del Estado.

5. Asimismo, han sido criterios orientadores de la redacción de la presente Ley Orgánica, como no podía ser de otra manera, los contenidos en la doctrina del Tribunal Constitucional, singularmente en los fundamentos jurídicos de las sentencias 36/1991, de 14 de febrero, y 60/1995, de 17 de marzo, sobre las garantías y el respeto a los derechos fundamentales que necesariamente han de imperar en el procedimiento seguido ante los Juzgados de Menores, sin perjuicio de las modulaciones que, respecto del procedimiento ordinario, permiten tener en cuenta la naturaleza y finalidad de aquel tipo de proceso, encaminado a la adopción de unas medidas que, como ya se ha dicho, fundamentalmente no pueden ser represivas, sino preventivo-especiales, orientadas hacia la efectiva reinserción y el superior interés del menor, valorados con criterios que han de buscarse primordialmente en el ámbito de las ciencias no jurídicas.

II

6. Como consecuencia de los principios, criterios y orientaciones a que se acaba de hacer referencia, puede decirse que la redacción de la presente Ley Orgánica ha sido conscientemente guiada por los siguientes principios generales: naturaleza formalmente penal pero materialmente sancionadora-educativa del procedimiento y de las medidas aplicables a los infractores menores de edad, reconocimiento expreso de todas las garantías que se derivan del respeto de los derechos constitucionales y de las especiales exigencias del interés del menor, diferenciación de diversos tramos a efectos procesales y sancionadores en la categoría de infractores menores de edad, flexibilidad en la adopción y ejecución de las medidas aconsejadas por las circunstancias del caso concreto, competencia de las entidades autonómicas relacionadas con la reforma y protección de menores para la ejecución de las medidas impuestas en la sentencia y control judicial de esta ejecución.

7. La presente Ley Orgánica tiene ciertamente la naturaleza de disposición sancionadora, pues desarrolla la exigencia de una verdadera responsabilidad jurídica a los menores infractores, aunque referida específicamente a la comisión de hechos tipificados como delitos o faltas por el Código Penal y las restantes leyes penales especiales. Al pretender ser la reacción jurídica dirigida al menor infractor una intervención de naturaleza educativa, aunque desde luego de especial intensidad, rechazando expresamente otras finalidades esenciales del Derecho penal de adultos, como la proporcionalidad entre el hecho y la sanción o la intimidación de los destinatarios de la norma, se pretende impedir todo aquello que pudiera tener un efecto contraproducente para el menor, como el ejercicio de la acción por la víctima o por otros particulares.

Y es que en el Derecho penal de menores ha de primar, como elemento determinante del procedimiento y de las medidas que se adopten, el superior interés del menor. Interés que ha de ser valorado con criterios técnicos y no formalistas por equipos de profesionales especializados en el ámbito de las ciencias no jurídicas, sin perjuicio desde luego de adecuar la aplicación de las medidas a principios garantistas generales tan indiscutibles como el principio acusatorio, el principio de defensa o el principio de presunción de inocencia.

8. Sin embargo, la Ley tampoco puede olvidar el interés propio del perjudicado o víctima del hecho cometido por el menor, estableciendo un procedimiento singular, rápido y poco formalista para el resarcimiento, en su caso, de daños y perjuicios, dotando de amplias facultades al Juez de Menores para la incorporación a los autos de documentos y testimonios relevantes de la causa principal. En este ámbito de atención a los intereses y necesidades de las víctimas, la Ley introduce el principio en cierto modo revolucionario de la responsabilidad solidaria con el menor responsable de los hechos de sus padres, tutores, acogedores o guardadores, si bien permitiendo la moderación judicial de la misma y recordando expresamente la aplicabilidad en su caso de la Ley 30/1992, de 26 de noviembre, de Régimen Jurídico de las Administraciones Públicas y del Procedimiento Administrativo Común, así como de la Ley 35/1995, de 11 de diciembre, de ayudas y asistencia a las víctimas de delitos violentos y contra la libertad sexual.

Asimismo la Ley regula, para procedimientos por delitos graves cometidos por mayores de dieciséis años, un régimen de intervención del perjudicado en orden a salvaguardar el interés de la víctima en el esclarecimiento de los hechos y su enjuiciamiento por el orden jurisdiccional competente, sin contaminar el procedimiento propiamente educativo y sancionador del menor.

Esta Ley arbitra un amplio derecho de participación a las víctimas ofreciéndoles la oportunidad de intervenir en las actuaciones procesales proponiendo y practicando prueba, formulando conclusiones e interponiendo recursos. Sin embargo, esta participación se establece de un modo limitado ya que respecto de los menores no cabe reconocer a los particulares el derecho a constituirse propiamente en parte acusadora con plenitud de derechos y cargas procesales. No existe aquí ni la acción particular de los perjudicados por el hecho criminal, ni la acción popular de los ciudadanos, porque en estos casos el interés prioritario para la sociedad y para el Estado coincide con el interés del menor.

9. Conforme a las orientaciones declaradas por el Tribunal Constitucional, anteriormente aludidas, se instaura un sistema de garantías adecuado a la pretensión procesal, asegurando que la imposición de la sanción se efectuará tras vencer la presunción de inocencia, pero sin obstaculizar los criterios educativos y de valoración del interés del menor que presiden este proceso, haciendo al mismo tiempo un uso flexible del principio de intervención mínima, en el sentido de dotar de relevancia a las posibilidades de no apertura del procedimiento o renuncia al mismo, al resarcimiento anticipado o conciliación entre el infractor y la víctima, y a los supuestos de suspensión condicional de la medida impuesta o de sustitución de la misma durante su ejecución.

La competencia corresponde a un Juez ordinario, que, con categoría de Magistrado y preferentemente especialista, garantiza la tutela judicial efectiva de los derechos en conflicto. La posición del Ministerio Fiscal es relevante, en su doble condición de institución que constitucionalmente tiene encomendada la función de promover la acción de la Justicia y la defensa de la legalidad, así como de los derechos de los menores, velando por el interés de éstos. El letrado del menor tiene participación en todas y cada una de las fases del proceso, conociendo en todo momento el contenido del expediente, pudiendo proponer pruebas e interviniendo en todos los actos que se refieren a la valoración del interés del menor y a la ejecución de la medida, de la que puede solicitar la modificación.

La adopción de medidas cautelares sigue el modelo de solicitud de parte, en audiencia contradictoria, en la que debe valorarse especialmente, una vez más, el superior interés del menor.

En defensa de la unidad de doctrina, el sistema de recursos ordinario se confía a las Salas de Menores de los Tribunales Superiores de Justicia, que habrán de crearse, las cuales, con la inclusión de Magistrados especialistas, aseguran y refuerzan la efectividad de la tutela judicial en relación con las finalidades que se propone la Ley. En el mismo sentido, procede destacar la instauración del recurso de casación para unificación de doctrina, reservado a los casos de mayor gravedad, en paralelismo con el proceso penal de adultos, reforzando la garantía de la unidad de doctrina en el ámbito del derecho sancionador de menores a través de la jurisprudencia del Tribunal Supremo.

10. Conforme a los principios señalados, se establece, inequívocamente, el límite de los catorce años de edad para exigir este tipo de responsabilidad sancionadora a los menores de edad penal y se diferencian, en el ámbito de aplicación de la Ley y de la graduación

de las consecuencias por los hechos cometidos, dos tramos, de catorce a dieciséis y de diecisiete a dieciocho años, por presentar uno y otro grupo diferencias características que requieren, desde un punto de vista científico y jurídico, un tratamiento diferenciado, constituyendo una agravación específica en el tramo de los mayores de dieciséis años la comisión de delitos que se caracterizan por la violencia, intimidación o peligro para las personas.

La aplicación de la presente Ley a los mayores de dieciocho años y menores de veintiuno, prevista en el artículo 69 del Código Penal vigente, podrá ser acordada por el Juez atendiendo a las circunstancias personales y al grado de madurez del autor, y a la naturaleza y gravedad de los hechos. Estas personas reciben, a los efectos de esta Ley, la denominación genérica de "jóvenes".

Se regulan expresamente, como situaciones que requieren una respuesta específica, los supuestos en los que el menor presente síntomas de enajenación mental o la concurrencia de otras circunstancias modificativas de su responsabilidad, debiendo promover el Ministerio Fiscal, tanto la adopción de las medidas más adecuadas al interés del menor que se encuentre en tales situaciones, como la constitución de los organismos tutelares previstos por las leyes. También se establece que las acciones u omisiones imprudentes no puedan ser sancionadas con medidas de internamiento en régimen cerrado.

11. Con arreglo a las orientaciones expuestas, la Ley establece un amplio catálogo de medidas aplicables, desde la referida perspectiva sancionadora-educativa, debiendo primar nuevamente el interés del menor en la flexible adopción judicial de la medida más idónea, dadas las características del caso concreto y de la evolución personal del sancionado durante la ejecución de la medida. La concreta finalidad que las ciencias de la conducta exigen que se persiga con cada una de las medidas relacionadas, se detalla con carácter orientador en el apartado III de esta exposición de motivos.

12. La ejecución de las medidas judicialmente impuestas corresponde a las entidades públicas de protección y reforma de menores de las Comunidades Autónomas, bajo el inexcusable control del Juez de Menores.

Se mantiene el criterio de que el interés del menor tiene que ser atendido por especialistas en las áreas de la educación y la formación, pertenecientes a esferas de mayor inmediación que el Estado. El Juez de Menores, a instancia de las partes y oídos los equipos técnicos del propio Juzgado y de la entidad pública de la correspondiente Comunidad Autónoma, dispone de amplias facultades para suspender o sustituir por otras las medidas impuestas, naturalmente sin mengua de las garantías procesales que constituyen otro de los objetivos primordiales de la nueva regulación, o permitir la participación de los padres del menor en la aplicación y consecuencias de aquéllas.

13. Un interés particular revisten en el contexto de la Ley los temas de la reparación del daño causado y la conciliación del delincuente con la víctima como situaciones que, en aras del principio de intervención mínima, y con el concurso mediador del equipo técnico, pueden dar lugar a la no incoación o sobreseimiento del expediente, o a la finalización del cumplimiento de la medida impuesta, en un claro predominio, una vez más, de los criterios educativos y resocializadores sobre los de una defensa social esencialmente basada en la prevención general y que pudiera resultar contraproducente para el futuro.

La reparación del daño causado y la conciliación con la víctima presentan el común denominador de que el ofensor y el perjudicado por la infracción llegan a un acuerdo, cuyo cumplimiento por parte del menor termina con el conflicto jurídico iniciado por su causa. La conciliación tiene por objeto que la víctima reciba una satisfacción psicológica a cargo del menor infractor, quien ha de arrepentirse del daño causado y estar dispuesto a disculparse. La medida se aplicará cuando el menor efectivamente se arrepienta y se disculpe, y la persona ofendida lo acepte y otorgue su perdón. En la reparación el acuerdo no se alcanza únicamente mediante la vía de la satisfacción psicológica, sino que requiere algo más: el menor ejecuta el compromiso contraído con la víctima o perjudicado de reparar el daño causado, bien mediante trabajos en beneficio de la comunidad, bien mediante acciones, adaptadas a las necesidades del sujeto, cuyo beneficiario sea la propia víctima o perjudicado.

III

14. En la medida de amonestación, el Juez, en un acto único que tiene lugar en la sede judicial, manifiesta al menor de modo concreto y claro las razones que hacen socialmente

intolerables los hechos cometidos, le expone las consecuencias que para él y para la víctima han tenido o podían haber tenido tales hechos, y le formula recomendaciones para el futuro.

15. La medida de prestaciones en beneficio de la comunidad, que, en consonancia con el artículo 25.2 de nuestra Constitución, no podrá imponerse sin consentimiento del menor, consiste en realizar una actividad, durante un número de sesiones previamente fijado, bien sea en beneficio de la colectividad en su conjunto, o de personas que se encuentren en una situación de precariedad por cualquier motivo. Preferentemente, se buscará relacionar la naturaleza de la actividad en que consista esta medida con la de los bienes jurídicos afectados por los hechos cometidos por el menor.

Lo característico de esta medida es que el menor ha de comprender, durante su realización, que la colectividad o determinadas personas han sufrido de modo injustificado unas consecuencias negativas derivadas de su conducta. Se pretende que el sujeto comprenda que actuó de modo incorrecto, que merece el reproche formal de la sociedad, y que la prestación de los trabajos que se le exigen es un acto de reparación justo.

16. Las medidas de internamiento responden a una mayor peligrosidad, manifestada en la naturaleza peculiarmente grave de los hechos cometidos, caracterizados en los casos más destacados por la violencia, la intimidación o el peligro para las personas. El objetivo prioritario de la medida es disponer de un ambiente que provea de las condiciones educativas adecuadas para que el menor pueda reorientar aquellas disposiciones o deficiencias que han caracterizado su comportamiento antisocial, cuando para ello sea necesario, al menos de manera temporal, asegurar la estancia del infractor en un régimen físicamente restrictivo de su libertad. La mayor o menor intensidad de tal restricción da lugar a los diversos tipos de internamiento, a los que se va a aludir a continuación. El internamiento, en todo caso, ha de proporcionar un clima de seguridad personal para todos los implicados, profesionales y menores infractores, lo que hace imprescindible que las condiciones de estancia sean las correctas para el normal desarrollo psicológico de los menores.

El internamiento en régimen cerrado pretende la adquisición por parte del menor de los suficientes recursos de competencia social para permitir un comportamiento responsable en la comunidad, mediante una gestión de control en un ambiente restrictivo y progresivamente autónomo.

El internamiento en régimen semiabierto implica la existencia de un proyecto educativo en donde desde el principio los objetivos sustanciales se realizan en contacto con personas e instituciones de la comunidad, teniendo el menor su residencia en el centro, sujeto al programa y régimen interno del mismo.

El internamiento en régimen abierto implica que el menor llevará a cabo todas las actividades del proyecto educativo en los servicios normalizados del entorno, residiendo en el centro como domicilio habitual.

El internamiento terapéutico se prevé para aquellos casos en los que los menores, bien por razón de su adicción al alcohol o a otras drogas, bien por disfunciones significativas en su psiquismo, precisan de un contexto estructurado en el que poder realizar una programación terapéutica, no dándose, ni, de una parte, las condiciones idóneas en el menor o en su entorno para el tratamiento ambulatorio, ni, de otra parte, las condiciones de riesgo que exigirían la aplicación a aquél de un internamiento en régimen cerrado.

17. En la asistencia a un centro de día, el menor es derivado a un centro plenamente integrado en la comunidad, donde se realizan actividades educativas de apoyo a su competencia social. Esta medida sirve el propósito de proporcionar a un menor un ambiente estructurado durante buena parte del día, en el que se lleven a cabo actividades socio-educativas que puedan compensar las carencias del ambiente familiar de aquél. Lo característico del centro de día es que en ese lugar es donde toma cuerpo lo esencial del proyecto socio-educativo del menor, si bien éste puede asistir también a otros lugares para hacer uso de otros recursos de ocio o culturales. El sometido a esta medida puede, por lo tanto, continuar residiendo en su hogar, o en el de su familia, o en el establecimiento de acogida.

18. En la medida de libertad vigilada, el menor infractor está sometido, durante el tiempo establecido en la sentencia, a una vigilancia y supervisión a cargo de personal especializado, con el fin de que adquiera las habilidades, capacidades y actitudes necesarias para un correcto desarrollo personal y social. Durante el tiempo que dure la libertad vigilada, el menor también deberá cumplir las obligaciones y prohibiciones que, de acuerdo con esta Ley, el Juez puede imponerle.

19. La realización de tareas socio-educativas consiste en que el menor lleve a cabo actividades específicas de contenido educativo que faciliten su reinserción social. Puede ser una medida de carácter autónomo o formar parte de otra más compleja. Empleada de modo autónomo, pretende satisfacer necesidades concretas del menor percibidas como limitadoras de su desarrollo integral. Puede suponer la asistencia y participación del menor a un programa ya existente en la comunidad, o bien a uno creado "ad hoc" por los profesionales encargados de ejecutar la medida. Como ejemplos de tareas socio-educativas, se pueden mencionar las siguientes: asistir a un taller ocupacional, a un aula de educación compensatoria o a un curso de preparación para el empleo; participar en actividades estructuradas de animación sociocultural, asistir a talleres de aprendizaje para la competencia social, etc.

20. El tratamiento ambulatorio es una medida destinada a los menores que disponen de las condiciones adecuadas en su vida para beneficiarse de un programa terapéutico que les ayude a superar procesos adictivos o disfunciones significativas de su psiquismo. Previsto para los menores que presenten una dependencia al alcohol o las drogas, y que en su mejor interés puedan ser tratados de la misma en la comunidad, en su realización pueden combinarse diferentes tipos de asistencia médica y psicológica. Resulta muy apropiado para casos de desequilibrio psicológico o perturbaciones del psiquismo que puedan ser atendidos sin necesidad de internamiento. La diferencia más clara con la tarea socio-educativa es que ésta pretende lograr una capacitación, un logro de aprendizaje, empleando una metodología, no tanto clínica, sino de orientación psicoeducativa. El tratamiento ambulatorio también puede entenderse como una tarea socio-educativa muy específica para un problema bien definido.

21. La permanencia de fin de semana es la expresión que define la medida por la que un menor se ve obligado a permanecer en su hogar desde la tarde o noche del viernes hasta la noche del domingo, a excepción del tiempo en que realice las tareas socio-educativas asignadas por el Juez. En la práctica, combina elementos del arresto de fin de semana y de la medida de tareas socio-educativas o prestaciones en beneficio de la comunidad. Es adecuada para menores que cometen actos de vandalismo o agresiones leves en los fines de semana.

22. La convivencia con una persona, familia o grupo educativo es una medida que intenta proporcionar al menor un ambiente de socialización positivo, mediante su convivencia, durante un período determinado por el Juez, con una persona, con una familia distinta a la suya o con un grupo educativo que se ofrezca a cumplir la función de la familia en lo que respecta al desarrollo de pautas socioafectivas prosociales en el menor.

23. La privación del permiso de conducir ciclomotores o vehículos a motor, o del derecho a obtenerlo, o de licencias administrativas para caza o para el uso de cualquier tipo de armas, es una medida accesoria que se podrá imponer en aquellos casos en los que el hecho cometido tenga relación con la actividad que realiza el menor y que ésta necesite autorización administrativa.

24. Por último, procede poner de manifiesto que los principios científicos y los criterios educativos a que han de responder cada una de las medidas, aquí sucintamente expuestos, se habrán de regular más extensamente en el Reglamento que en su día se dicte en desarrollo de la presente Ley Orgánica.

TÍTULO PRELIMINAR

ART. 1. Declaración general.

1. Esta Ley se aplicará para exigir la responsabilidad de las personas mayores de catorce años y menores de dieciocho por la comisión de hechos tipificados como delitos o faltas en el Código Penal o las leyes penales especiales.

2. Las personas a las que se aplique la presente Ley gozarán de todos los derechos reconocidos en la Constitución y en el ordenamiento jurídico, particularmente en la Ley Orgánica 1/1996, de 15 de enero, de Protección Jurídica del Menor, así como en la Convención sobre los Derechos del Niño de 20 de noviembre de 1989 y en todas aquellas normas sobre protección de menores contenidas en los Tratados válidamente celebrados por España.

Última modificación realizada por Ley Orgánica 8/2006, de 4 de diciembre, por la que se modifica la Ley Orgánica 5/2000, de 12 de enero, reguladora de la responsabilidad penal de los menores (BOE de 05-12-2006).

TÍTULO I
Del ámbito de aplicación de la Ley

ART. 2. Competencia de los Jueces de Menores.

1. Los Jueces de Menores serán competentes para conocer de los hechos cometidos por las personas mencionadas en el artículo 1 de esta Ley, así como para hacer ejecutar las sentencias, sin perjuicio de las facultades atribuidas por esta Ley a las Comunidades Autónomas respecto a la protección y reforma de menores.

2. Los Jueces de Menores serán asimismo competentes para resolver sobre las responsabilidades civiles derivadas de los hechos cometidos por las personas a las que resulta aplicable la presente Ley.

3. La competencia corresponde al Juez de Menores del lugar donde se haya cometido el hecho delictivo, sin perjuicio de lo establecido en el artículo 20.3 de esta Ley.

4. La competencia para conocer de los delitos previstos en los artículos 571 a 580 del Código Penal corresponderá al Juzgado Central de Menores de la Audiencia Nacional.

Corresponderá igualmente al Juzgado Central de Menores de la Audiencia Nacional la competencia para conocer de los delitos cometidos por menores en el extranjero cuando conforme al artículo 23 de la Ley Orgánica 6/1985, de 1 de julio, del Poder Judicial y a los Tratados Internacionales corresponda su conocimiento a la jurisdicción española.

La referencia del último inciso del apartado 4 del artículo 17 y cuantas otras se contienen en la presente Ley al Juez de Menores se entenderán hechas al Juez Central de Menores en lo que afecta a los menores imputados por cualquiera de los delitos a que se refieren los dos párrafos anteriores.

Última modificación realizada por Ley Orgánica 8/2012, de 27 de diciembre, de medidas de eficiencia presupuestaria en la Administración de Justicia, por la que se modifica la Ley Orgánica 6/1985, de 1 de julio, del Poder Judicial (BOE de 28-12-2012).

ART. 3. Régimen de los menores de catorce años.

Cuando el autor de los hechos mencionados en los artículos anteriores sea menor de catorce años, no se le exigirá responsabilidad con arreglo a la presente Ley, sino que se le aplicará lo dispuesto en las normas sobre protección de menores previstas en el Código Civil y demás disposiciones vigentes. El Ministerio Fiscal deberá remitir a la entidad pública de protección de menores testimonio de los particulares que considere precisos respecto al menor, a fin de valorar su situación, y dicha entidad habrá de promover las medidas de protección adecuadas a las circunstancias de aquél conforme a lo dispuesto en la Ley Orgánica 1/1996, de 15 de enero.

ART. 4. Derechos de las víctimas y de las personas perjudicadas.

El Ministerio Fiscal y el Juez de Menores velarán en todo momento por la protección de los derechos de las víctimas y de las personas perjudicadas por las infracciones cometidas por las personas menores de edad.

De manera inmediata se les instruirá de las medidas de asistencia a las víctimas que prevé la legislación vigente, debiendo el Letrado de la Administración de Justicia derivar a la víctima de violencia a la Oficina de Atención a la Víctima competente.

Las víctimas y las personas perjudicadas tendrán derecho a personarse y ser parte en el expediente que se incoe al efecto, para lo cual el Letrado de la Administración de Justicia les informará en los términos previstos en los artículos 109 y 110 de la Ley de Enjuiciamiento Criminal, instruyéndoles de su derecho a nombrar dirección letrada o instar su nombramiento de oficio en caso de ser titulares del derecho a la asistencia jurídica gratuita. Asimismo, les informará de que, de no personarse en el expediente y no hacer renuncia ni reserva de acciones civiles, el Ministerio Fiscal las ejercitará si correspondiere.

Se garantizará especialmente que las declaraciones o interrogatorios de las partes acusadoras, testigos o peritos se realicen de forma telemática en los siguientes supuestos, salvo que el Juez, Tribunal o Ministerio Fiscal, mediante resolución motivada, en atención a las circunstancias del caso concreto, estime necesaria su presencia física:

Cuando sean víctimas de violencia de género, de violencia sexual, de trata de seres humanos o cuando sean víctimas menores de edad o con discapacidad. Todas ellas podrán intervenir desde los lugares donde se encuentren recibiendo oficialmente asistencia, atención, asesoramiento o protección, o desde cualquier otro lugar, siempre que dispongan de medios suficientes para asegurar su identidad y las adecuadas condiciones de la intervención.

Última modificación realizada por Ley Orgánica 1/2025, de 2 de enero, de medidas en materia de eficiencia del Servicio Público de Justicia (BOE de 03/01/2025). Modificación con efectos desde el 3 de abril de 2025.

ART. 5. Bases de la responsabilidad de los menores.

1. Los menores serán responsables con arreglo a esta Ley cuando hayan cometido los hechos a los que se refiere el artículo 1 y no concurra en ellos ninguna de las causas de exención o extinción de la responsabilidad criminal previstas en el vigente Código Penal.

2. No obstante lo anterior, a los menores en quienes concurran las circunstancias previstas en los números 1.º, 2.º y 3.º del artículo 20 del vigente Código Penal les serán aplicables, en caso necesario, las medidas terapéuticas a las que se refiere el artículo 7.1, letras d) y e), de la presente Ley.

3. Las edades indicadas en el articulado de esta Ley se han de entender siempre referidas al momento de la comisión de los hechos, sin que el haberse rebasado las mismas antes del comienzo del procedimiento o durante la tramitación del mismo tenga incidencia alguna sobre la competencia atribuida por esta misma Ley a los Jueces y Fiscales de Menores.

ART. 6. De la intervención del Ministerio Fiscal.

Corresponde al Ministerio Fiscal la defensa de los derechos que a los menores reconocen las leyes, así como la vigilancia de las actuaciones que deban efectuarse en su interés y la observancia de las garantías del procedimiento, para lo cual dirigirá personalmente la investigación de los hechos y ordenará que la policía judicial practique las actuaciones necesarias para la comprobación de aquéllos y de la participación del menor en los mismos, impulsando el procedimiento.

TÍTULO II
De las medidas

ART. 7. Definición de las medidas susceptibles de ser impuestas a los menores y reglas generales de determinación de las mismas.

1. Las medidas que pueden imponer los Jueces de Menores, ordenadas según la restricción de derechos que suponen, son las siguientes:

a) Internamiento en régimen cerrado. Las personas sometidas a esta medida residirán en el centro y desarrollarán en el mismo las actividades formativas, educativas, laborales y de ocio.

b) Internamiento en régimen semiabierto. Las personas sometidas a esta medida residirán en el centro, pero podrán realizar fuera del mismo alguna o algunas de las actividades formativas, educativas, laborales y de ocio establecidas en el programa individualizado de ejecución de la medida. La realización de actividades fuera del centro quedará condicionada a la evolución de la persona y al cumplimiento de los objetivos previstos en las mismas, pudiendo el Juez de Menores suspenderlas por tiempo determinado, acordando que todas las actividades se lleven a cabo dentro del centro.

c) Internamiento en régimen abierto. Las personas sometidas a esta medida llevarán a cabo todas las actividades del proyecto educativo en los servicios normalizados del entorno, residiendo en el centro como domicilio habitual, con sujeción al programa y régimen interno del mismo.

d) Internamiento terapéutico en régimen cerrado, semiabierto o abierto. En los centros de esta naturaleza se realizará una atención educativa especializada o tratamiento específico dirigido a personas que padezcan anomalías o alteraciones psíquicas, un estado de dependencia de bebidas alcohólicas, drogas tóxicas o sustancias psicotrópicas, o alteraciones en la percepción que determinen una alteración grave de la conciencia de la realidad. Esta medida podrá aplicarse sola o como complemento de otra medida prevista en este artículo. Cuando el interesado rechace un tratamiento de deshabituación, el Juez habrá de aplicarle otra medida adecuada a sus circunstancias.

e) Tratamiento ambulatorio. Las personas sometidas a esta medida habrán de asistir al centro designado con la periodicidad requerida por los facultativos que las atiendan y seguir las pautas fijadas para el adecuado tratamiento de la anomalía o alteración psíquica, adicción al consumo de bebidas alcohólicas, drogas tóxicas o sustancias psicotrópicas, o alteraciones en la percepción que padezcan. Esta medida podrá aplicarse sola o como complemento de otra medida prevista en este artículo. Cuando el interesado rechace un tratamiento de deshabituación, el Juez habrá de aplicarle otra medida adecuada a sus circunstancias.

f) Asistencia a un centro de día. Las personas sometidas a esta medida residirán en su domicilio habitual y acudirán a un centro, plenamente integrado en la comunidad, a realizar actividades de apoyo, educativas, formativas, laborales o de ocio.

g) Permanencia de fin de semana. Las personas sometidas a esta medida permanecerán en su domicilio o en un centro hasta un máximo de treinta y seis horas entre la tarde o noche del viernes y la noche del domingo, a excepción, en su caso, del tiempo que deban dedicar a las tareas socio-educativas asignadas por el Juez que deban llevarse a cabo fuera del lugar de permanencia.

h) Libertad vigilada. En esta medida se ha de hacer un seguimiento de la actividad de la persona sometida a la misma y de su asistencia a la escuela, al centro de formación profesional o al lugar de trabajo, según los casos, procurando ayudar a aquélla a superar los factores que determinaron la infracción cometida. Asimismo, esta medida obliga, en su caso, a seguir las pautas socio-educativas que señale la entidad pública o el profesional encargado de su seguimiento, de acuerdo con el programa de intervención elaborado al efecto y aprobado por el Juez de Menores. La persona sometida a la medida también queda obligada a mantener con dicho profesional las entrevistas establecidas en el programa y a cumplir, en su caso, las reglas de conducta impuestas por el Juez, que podrán ser alguna o algunas de las siguientes:

1.ª Obligación de asistir con regularidad al centro docente correspondiente, si el menor está en edad de escolarización obligatoria, y acreditar ante el Juez dicha asistencia regular o justificar en su caso las ausencias, cuantas veces fuere requerido para ello.

2.ª Obligación de someterse a programas de tipo formativo, cultural, educativo, profesional, laboral, de educación sexual, de educación vial u otros similares.

3.ª Prohibición de acudir a determinados lugares, establecimientos o espectáculos.

4.ª Prohibición de ausentarse del lugar de residencia sin autorización judicial previa.

5.ª Obligación de residir en un lugar determinado.

6.ª Obligación de comparecer personalmente ante el Juzgado de Menores o profesional que se designe, para informar de las actividades realizadas y justificarlas.

7.ª Cualesquiera otras obligaciones que el Juez, de oficio o a instancia del Ministerio Fiscal, estime convenientes para la reinserción social del sentenciado, siempre que no atenten contra su dignidad como persona. Si alguna de estas obligaciones implicase la imposibilidad del menor de continuar conviviendo con sus padres, tutores o guardadores, el Ministerio Fiscal deberá remitir testimonio de los particulares a la entidad pública de protección del menor, y dicha entidad deberá promover las medidas de protección adecuadas a las circunstancias de aquél, conforme a lo dispuesto en la Ley Orgánica 1/1996.

i) La prohibición de aproximarse o comunicarse con la víctima o con aquellos de sus familiares u otras personas que determine el Juez. Esta medida impedirá al menor acercarse a ellos, en cualquier lugar donde se encuentren, así como a su domicilio, a su centro docente, a sus lugares de trabajo y a cualquier otro que sea frecuentado por ellos. La prohibición de comunicarse con la víctima, o con aquellos de sus familiares u otras personas que determine el Juez o Tribunal, impedirá al menor establecer con ellas, por cualquier medio de comunicación o medio informático o telemático, contacto escrito, verbal o visual. Si esta medida implicase la imposibilidad del menor de continuar viviendo con sus padres, tutores o guardadores, el Ministerio Fiscal deberá remitir testimonio de los particulares a la entidad pública de protección del menor, y dicha entidad deberá promover las medidas de protección adecuadas a las circunstancias de aquél, conforme a lo dispuesto en la Ley Orgánica 1/1996.

j) Convivencia con otra persona, familia o grupo educativo. La persona sometida a esta medida debe convivir, durante el período de tiempo establecido por el Juez, con otra persona, con una familia distinta a la suya o con un grupo educativo, adecuadamente seleccionados para orientar a aquélla en su proceso de socialización.

k) Prestaciones en beneficio de la comunidad. La persona sometida a esta medida, que no podrá imponerse sin su consentimiento, ha de realizar las actividades no retribuidas que se le indiquen, de interés social o en beneficio de personas en situación de precariedad.

l) Realización de tareas socio-educativas. La persona sometida a esta medida ha de realizar, sin internamiento ni libertad vigilada, actividades específicas de contenido educativo encaminadas a facilitarle el desarrollo de su competencia social.

m) Amonestación. Esta medida consiste en la represión de la persona llevada a cabo por el Juez de Menores y dirigida a hacerle comprender la gravedad de los hechos cometidos y las consecuencias que los mismos han tenido o podrían haber tenido, instándole a no volver a cometer tales hechos en el futuro.

n) Privación del permiso de conducir ciclomotores y vehículos a motor, o del derecho a obtenerlo, o de las licencias administrativas para caza o para uso de cualquier tipo de armas. Esta medida podrá imponerse como accesoria cuando el delito o falta se hubiere cometido utilizando un ciclomotor o un vehículo a motor, o un arma, respectivamente.

ñ) Inhabilitación absoluta. La medida de inhabilitación absoluta produce la privación definitiva de todos los honores, empleos y cargos públicos sobre el que recayere, aunque sean electivos; así como la incapacidad para obtener los mismos o cualesquiera otros honores, cargos o empleos públicos, y la de ser elegido para cargo público, durante el tiempo de la medida.

2. Las medidas de internamiento constarán de dos períodos: el primero se llevará a cabo en el centro correspondiente, conforme a la descripción efectuada en el apartado anterior de este artículo, el segundo se llevará a cabo en régimen de libertad vigilada, en la modalidad elegida por el Juez. La duración total no excederá del tiempo que se expresa en los artículos 9 y 10. El equipo técnico deberá informar respecto del contenido de ambos períodos, y el Juez expresará la duración de cada uno en la sentencia.

3. Para la elección de la medida o medidas adecuadas se deberá atender de modo flexible, no sólo a la prueba y valoración jurídica de los hechos, sino especialmente a la edad, las circunstancias familiares y sociales, la personalidad y el interés del menor, puestos de manifiesto los dos últimos en los informes de los equipos técnicos y de las entidades públicas de protección y reforma de menores cuando éstas hubieran tenido conocimiento del menor por haber ejecutado una medida cautelar o definitiva con anterioridad, conforme a lo dispuesto en el artículo 27 de la presente Ley. El Juez deberá motivar en la sentencia las razones por las que aplica una determinada medida, así como el plazo de duración de la misma, a los efectos de la valoración del mencionado interés del menor.

4. El Juez podrá imponer al menor una o varias medidas de las previstas en esta Ley con independencia de que se trate de uno o más hechos, sujetándose si procede a lo dispuesto en el artículo 11 para el enjuiciamiento conjunto de varias infracciones; pero, en ningún caso, se impondrá a un menor en una misma resolución más de una medida de la misma clase, entendiendo por tal cada una de las que se enumeran en el apartado 1 de este artículo.

5. Cuando la medida impuesta lo sea por la comisión de un delito de los previstos en los Capítulos I y II del Título VIII del Código Penal, el Juez impondrá de forma accesoria, en todo caso, la obligación de someterse a programas formativos de educación sexual y de educación en igualdad.

Última modificación realizada por Ley Orgánica 10/2022, de 6 de septiembre, de garantía integral de la libertad sexual (BOE de 07-09-2022).

ART. 8. Principio acusatorio.

El Juez de Menores no podrá imponer una medida que suponga una mayor restricción de derechos ni por un tiempo superior a la medida solicitada por el Ministerio Fiscal o por el acusador particular.

Tampoco podrá exceder la duración de las medidas privativas de libertad contempladas en el artículo 7.1.ª), b), c), d) y g), en ningún caso, del tiempo que hubiera durado la pena privativa de libertad que se le hubiere impuesto por el mismo hecho, si el sujeto, de haber sido mayor de edad, hubiera sido declarado responsable, de acuerdo con el Código Penal.

Última modificación realizada por Ley Orgánica 15/2003, de 25 de noviembre, por la que se modifica la Ley Orgánica 10/1995, de 23 de noviembre, del Código Penal (BOE de 26-11-2003).

ART. 9. Régimen general de aplicación y duración de las medidas.

No obstante lo establecido en los apartados 3 y 4 del artículo 7, la aplicación de las medidas se atenderá a las siguientes reglas:

1. Cuando los hechos cometidos sean calificados de falta, sólo se podrán imponer las medidas de libertad vigilada hasta un máximo de seis meses, amonestación, permanencia de fin de semana hasta un máximo de cuatro fines de semana, prestaciones en beneficio de

la comunidad hasta cincuenta horas, privación del permiso de conducir o de otras licencias administrativas hasta un año, la prohibición de aproximarse o comunicarse con la víctima o con aquellos de sus familiares u otras personas que determine el Juez hasta seis meses, y la realización de tareas socio-educativas hasta seis meses.

2. La medida de internamiento en régimen cerrado sólo podrá ser aplicable cuando:

a) Los hechos estén tipificados como delito grave por el Código Penal o las leyes penales especiales.

b) Tratándose de hechos tipificados como delito menos grave, en su ejecución se haya empleado violencia o intimidación en las personas o se haya generado grave riesgo para la vida o la integridad física de las mismas.

c) Los hechos tipificados como delito se cometan en grupo o el menor perteneciere o actuare al servicio de una banda, organización o asociación, incluso de carácter transitorio, que se dedicare a la realización de tales actividades.

3. La duración de las medidas no podrá exceder de dos años, computándose, en su caso, a estos efectos el tiempo ya cumplido por el menor en medida cautelar, conforme a lo dispuesto en el artículo 28.5 de la presente Ley. La medida de prestaciones en beneficio de la comunidad no podrá superar las cien horas. La medida de permanencia de fin de semana no podrá superar los ocho fines de semana.

4. Las acciones u omisiones imprudentes no podrán ser sancionadas con medidas de internamiento en régimen cerrado.

5. Cuando en la postulación del Ministerio Fiscal o en la resolución dictada en el procedimiento se aprecien algunas de las circunstancias a las que se refiere el artículo 5.2 de esta Ley, sólo podrán aplicarse las medidas terapéuticas descritas en el artículo 7.1, letras d) y e) de la misma.

Última modificación realizada por Ley Orgánica 8/2006, de 4 de diciembre, por la que se modifica la Ley Orgánica 5/2000, de 12 de enero, reguladora de la responsabilidad penal de los menores (BOE de 05-12-2006).

ART. 10. Reglas especiales de aplicación y duración de las medidas

1. Cuando se trate de los hechos previstos en el apartado 2 del artículo anterior, el Juez, oído el Ministerio Fiscal, las partes personadas y el equipo técnico, actuará conforme a las reglas siguientes:

a) si al tiempo de cometer los hechos el menor tuviere catorce o quince años de edad, la medida podrá alcanzar tres años de duración. Si se trata de prestaciones en beneficio de la comunidad, dicho máximo será de ciento cincuenta horas, y de doce fines de semana si la medida impuesta fuere la de permanencia de fin de semana.

b) si al tiempo de cometer los hechos el menor tuviere dieciséis o diecisiete años de edad, la duración máxima de la medida será de seis años; o, en sus respectivos casos, de doscientas horas de prestaciones en beneficio de la comunidad o permanencia de dieciséis fines de semana. En este supuesto, cuando el hecho revista extrema gravedad, el Juez deberá imponer una medida de internamiento en régimen cerrado de uno a seis años, complementada sucesivamente con otra medida de libertad vigilada con asistencia educativa hasta un máximo de cinco años. Sólo podrá hacerse uso de lo dispuesto en los artículos 13 y 51.1 de esta Ley Orgánica una vez transcurrido el primer año de cumplimiento efectivo de la medida de internamiento. A los efectos previstos en el párrafo anterior, se entenderán siempre supuestos de extrema gravedad aquellos en los que se apreciara reincidencia.

2. Cuando el hecho sea constitutivo de alguno de los delitos tipificados en los artículos 138, 139, 178, apartados 2 y 3, 179, 180, 181, apartados 2, 4, 5 y 6, y 571 a 580 del Código Penal, o de cualquier otro delito que tenga señalada en dicho Código o en las leyes penales especiales pena de prisión igual o superior a quince años, el Juez deberá imponer las medidas siguientes:

a) Si al tiempo de cometer los hechos el menor tuviere catorce o quince años de edad, una medida de internamiento en régimen cerrado de uno a cinco años de duración, complementada en su caso por otra medida de libertad vigilada de hasta tres años.

b) Si al tiempo de cometer los hechos el menor tuviere dieciséis o diecisiete años de edad, una medida de internamiento en régimen cerrado de uno a ocho años de duración, complementada en su caso por otra de libertad vigilada con asistencia educativa de hasta cinco años. En este supuesto solo podrá hacerse uso de las facultades de modificación, suspensión o sustitución de la medida impuesta a las que se refieren los artículos 13, 40 y 51.1 de esta ley orgánica, cuando haya trascurrido, al menos, la mitad de la duración de la medida de internamiento impuesta.

3. En el caso de que el delito cometido sea alguno de los comprendidos en los artículos 571 a 580 del Código Penal, el Juez, sin perjuicio de las demás medidas que correspondan con arreglo a esta Ley, también impondrá al menor una medida de inhabilitación absoluta por un tiempo superior entre cuatro y quince años al de la duración de la medida de internamiento en régimen cerrado impuesta, atendiendo proporcionalmente a la gravedad del delito, el número de los cometidos y a las circunstancias que concurran en el menor.

4. Las medidas de libertad vigilada previstas en este artículo deberán ser ratificadas mediante auto motivado, previa audiencia del Ministerio Fiscal, del letrado del menor y del representante de la entidad pública de protección o reforma de menores al finalizar el internamiento, y se llevará a cabo por las instituciones públicas encargadas del cumplimiento de las penas.

Última modificación realizada por Ley Orgánica 4/2023, de 27 de abril, para la modificación de la Ley Orgánica 10/1995, de 23 de noviembre, del Código Penal, en los delitos contra la libertad sexual, la Ley de Enjuiciamiento Criminal y la Ley Orgánica 5/2000, de 12 de enero, reguladora de la responsabilidad penal de los menores (BOE de 28-04-2023).

ART. 11. Pluralidad de infracciones.

1. Los límites máximos establecidos en el artículo 9 y en el apartado 1 del artículo 10 serán aplicables, con arreglo a los criterios establecidos en el artículo 7, apartados 3 y 4, aunque el menor fuere responsable de dos o más infracciones, en el caso de que éstas sean conexas o se trate de una infracción continuada, así como cuando un sólo hecho constituya dos o más infracciones. No obstante, en estos casos, el Juez, para determinar la medida o medidas a imponer, así como su duración, deberá tener en cuenta, además del interés del menor, la naturaleza y el número de las infracciones, tomando como referencia la más grave de todas ellas. Si pese a lo dispuesto en el artículo 20.1 de esta Ley dichas infracciones hubiesen sido objeto de diferentes procedimientos, el último Juez sentenciador señalará la medida o medidas que debe cumplir el menor por el conjunto de los hechos, dentro de los límites y con arreglo a los criterios expresados en el párrafo anterior.

2. Cuando alguno o algunos de los hechos a los que se refiere el apartado anterior fueren de los mencionados en el artículo 10.2 de esta Ley, la medida de internamiento en régimen cerrado podrá alcanzar una duración máxima de diez años para los mayores de dieciséis años y de seis años para los menores de esa edad, sin perjuicio de la medida de libertad vigilada que, de forma complementaria, corresponda imponer con arreglo a dicho artículo.

3. Cuando el menor hubiere cometido dos o más infracciones no comprendidas en el apartado 1 de este artículo será de aplicación lo dispuesto en el artículo 47 de la presente Ley.

Última modificación realizada por Ley Orgánica 8/2006, de 4 de diciembre, por la que se modifica la Ley Orgánica 5/2000, de 12 de enero, reguladora de la responsabilidad penal de los menores (BOE de 05-12-2006).

ART. 12. Procedimiento de aplicación de medidas en supuestos de pluralidad de infracciones.

1. A los fines previstos en el artículo anterior, en cuanto el Juez sentenciador tenga conocimiento de la existencia de otras medidas firmes en ejecución, pendientes de ejecución o suspendidas condicionalmente, impuestas al mismo menor por otros jueces de menores en anteriores sentencias, y una vez que la medida o medidas por él impuestas sean firmes, ordenará al secretario judicial que dé traslado del testimonio de su sentencia, por el medio más rápido posible, al Juez que haya dictado la primera sentencia firme, el cual será el competente para la ejecución de todas, asumiendo las funciones previstas en el apartado 2 de este artículo.

2. El Juez competente para la ejecución procederá a la refundición y a ordenar la ejecución de todas las medidas impuestas conforme establece el artículo 47 de esta Ley. Desde ese momento, pasará a ser competente a todos los efectos con exclusión de los órganos judiciales que hubieran dictado las posteriores resoluciones.

Última modificación realizada por Ley Orgánica 8/2006, de 4 de diciembre, por la que se modifica la Ley Orgánica 5/2000, de 12 de enero, reguladora de la responsabilidad penal de los menores (BOE de 05-12-2006).

ART. 13. Modificación de la medida impuesta.

1. El Juez competente para la ejecución, de oficio o a instancia del Ministerio Fiscal o del letrado del menor, previa audiencia de estos e informe del equipo técnico y, en su caso, de la entidad pública de protección o reforma de menores, podrá en cualquier momento dejar sin

efecto la medida impuesta, reducir su duración o sustituirla por otra, siempre que la modificación redunde en el interés del menor y se exprese suficientemente a este el reproche merecido por su conducta. Cuando el delito cometido esté tipificado en los Capítulos I y II del Título VIII del Código Penal, sólo podrá dejarse sin efecto la medida si se acredita que la persona sometida a la misma ha cumplido la obligación prevista en el apartado 5 del artículo 7.

2. En los casos anteriores, el Juez resolverá por auto motivado, contra el cual se podrán interponer los recursos previstos en la presente Ley.

Última modificación realizada por Ley Orgánica 10/2022, de 6 de septiembre, de garantía integral de la libertad sexual (BOE de 07-09-2022).

ART. 14. Mayoría de edad del condenado.

1. Cuando el menor a quien se le hubiere impuesto una medida de las establecidas en esta Ley alcanzase la mayoría de edad, continuará el cumplimiento de la medida hasta alcanzar los objetivos propuestos en la sentencia en que se le impuso conforme a los criterios expresados en los artículos anteriores.

2. Cuando se trate de la medida de internamiento en régimen cerrado y el menor alcance la edad de dieciocho años sin haber finalizado su cumplimiento, el Juez de Menores, oído el Ministerio Fiscal, el letrado del menor, el equipo técnico y la entidad pública de protección o reforma de menores, podrá ordenar en auto motivado que su cumplimiento se lleve a cabo en un centro penitenciario conforme al régimen general previsto en la Ley Orgánica General Penitenciaria si la conducta de la persona internada no responde a los objetivos propuestos en la sentencia.

3. No obstante lo señalado en los apartados anteriores, cuando las medidas de internamiento en régimen cerrado sean impuestas a quien haya cumplido veintiún años de edad o, habiendo sido impuestas con anterioridad, no hayan finalizado su cumplimiento al alcanzar la persona dicha edad, el Juez de Menores, oídos el Ministerio Fiscal, el letrado del menor, el equipo técnico y la entidad pública de protección o reforma de menores, ordenará su cumplimiento en centro penitenciario conforme al régimen general previsto en la Ley Orgánica General Penitenciaria, salvo que, excepcionalmente, entienda en consideración a las circunstancias concurrentes que procede la utilización de las medidas previstas en los artículos 13 y 51 de la presente Ley o su permanencia en el centro en cumplimiento de tal medida cuando el menor responda a los objetivos propuestos en la sentencia.

4. Cuando el menor pase a cumplir la medida de internamiento en un centro penitenciario, quedarán sin efecto el resto de medidas impuestas por el Juez de Menores que estuvieren pendientes de cumplimiento sucesivo o que estuviera cumpliendo simultáneamente con la de internamiento, si éstas no fueren compatible con el régimen penitenciario, todo ello sin perjuicio de que excepcionalmente proceda la aplicación de los artículos 13 y 51 de esta Ley.

5. La medida de internamiento en régimen cerrado que imponga el Juez de Menores con arreglo a la presente Ley se cumplirá en un centro penitenciario conforme al régimen general previsto en la Ley Orgánica General Penitenciaria siempre que, con anterioridad al inicio de la ejecución de dicha medida, el responsable hubiera cumplido ya, total o parcialmente, bien una pena de prisión impuesta con arreglo al Código Penal, o bien una medida de internamiento ejecutada en un centro penitenciario conforme a los apartados 2 y 3 de este artículo.

Última modificación realizada por Ley Orgánica 8/2006, de 4 de diciembre, por la que se modifica la Ley Orgánica 5/2000, de 12 de enero, reguladora de la responsabilidad penal de los menores (BOE de 05-12-2006).

ART. 15. De la prescripción.

1. Los hechos delictivos cometidos por los menores prescriben:

1.º Con arreglo a las normas contenidas en el Código Penal, cuando se trate de los hechos delictivos tipificados en los artículos 138, 139, 179, 180 y 571 a 580 del Código Penal o cualquier otro sancionado en el Código Penal o en las leyes penales especiales con pena de prisión igual o superior a quince años.

2.º A los cinco años, cuando se trate de un delito grave sancionado en el Código Penal con pena superior a diez años.

3.º A los tres años, cuando se trate de cualquier otro delito grave.

4.º Al año, cuando se trate de un delito menos grave. 5.º A los tres meses, cuando se trate de una falta.

2. Las medidas que tengan una duración superior a los dos años prescribirán a los tres años. Las restantes medidas prescribirán a los dos años, excepto la amonestación, las prestaciones en beneficio de la comunidad y la permanencia de fin de semana, que prescribirán al año.

Última modificación realizada por Ley Orgánica 8/2006, de 4 de diciembre, por la que se modifica la Ley Orgánica 5/2000, de 12 de enero, reguladora de la responsabilidad penal de los menores (BOE de 05-12-2006).

TÍTULO III
De la instrucción del procedimiento

CAPÍTULO I
Reglas generales

ART. 16. Incoación del expediente.

1. Corresponde al Ministerio Fiscal la instrucción de los procedimientos por los hechos a los que se refiere el artículo 1 de esta Ley.

2. Quienes tuvieren noticia de algún hecho de los indicados en el apartado anterior, presuntamente cometido por un menor de dieciocho años, deberán ponerlo en conocimiento del Ministerio Fiscal, el cual admitirá o no a trámite la denuncia, según que los hechos sean o no indiciariamente constitutivos de delito; custodiará las piezas, documentos y efectos que le hayan sido remitidos, y practicará, en su caso, las diligencias que estime pertinentes para la comprobación del hecho y de la responsabilidad del menor en su comisión, pudiendo resolver el archivo de las actuaciones cuando los hechos no constituyan delito o no tengan autor conocido. La resolución recaída sobre la denuncia deberá notificarse a quienes hubieran formulado la misma.

3. Una vez efectuadas las actuaciones indicadas en el apartado anterior, el Ministerio Fiscal dará cuenta de la incoación del expediente al Juez de Menores, quien iniciará las diligencias de trámite correspondientes.

4. El Juez de Menores ordenará al propio tiempo la apertura de la pieza separada de responsabilidad civil, que se tramitará conforme a lo establecido en las reglas del artículo 64 de esta Ley.

5. Cuando los hechos mencionados en el artículo 1 hubiesen sido cometidos conjuntamente por mayores de edad penal y por personas de las edades indicadas en el mismo artículo 1, el Juez de Instrucción competente para el conocimiento de la causa, tan pronto como compruebe la edad de los imputados, adoptará las medidas necesarias para asegurar el éxito de la actividad investigadora respecto de los mayores de edad y ordenará remitir testimonio de los particulares precisos al Ministerio Fiscal, a los efectos prevenidos en el apartado 2 de este artículo.

Última modificación realizada por Ley Orgánica 8/2006, de 4 de diciembre, por la que se modifica la Ley Orgánica 5/2000, de 12 de enero, reguladora de la responsabilidad penal de los menores (BOE de 05-12-2006).

ART. 17. Detención de los menores.

1. Las autoridades y funcionarios que intervengan en la detención de un menor deberán practicarla en la forma que menos perjudique a éste y estarán obligados a informarle, en un lenguaje claro y comprensible y de forma inmediata, de los hechos que se le imputan, de las razones de su detención y de los derechos que le asisten, especialmente los reconocidos en el artículo 520 de la Ley de Enjuiciamiento Criminal, así como a garantizar el respeto de los mismos. También deberán notificar inmediatamente el hecho de la detención y el lugar de la custodia a los representantes legales del menor y al Ministerio Fiscal. Si el menor detenido fuera extranjero, el hecho de la detención se notificará a las correspondientes autoridades consulares cuando el menor tuviera su residencia habitual fuera de España o cuando así lo solicitaran el propio menor o sus representantes legales.

2. Toda declaración del detenido, se llevará a cabo en presencia de su letrado y de aquéllos que ejerzan la patria potestad, tutela o guarda del menor -de hecho o de derecho-, salvo que, en este último caso, las circunstancias aconsejen lo contrario. En defecto de estos últimos la declaración se llevará a cabo en presencia del Ministerio Fiscal, representado por persona distinta del instructor del expediente.

El menor detenido tendrá derecho a la entrevista reservada con su abogado con anterioridad y al término de la práctica de la diligencia de toma de declaración.

3. Mientras dure la detención, los menores deberán hallarse custodiados en dependencias adecuadas y separadas de las que se utilicen para los mayores de edad, y recibirán los cuidados, protección y asistencia social, psicológica, médica y física que requieran, habida cuenta de su edad, sexo y características individuales.

4. La detención de un menor por funcionarios de policía no podrá durar más tiempo del estrictamente necesario para la realización de las averiguaciones tendentes al esclarecimiento de los hechos, y, en todo caso, dentro del plazo máximo de veinticuatro horas, el menor detenido deberá ser puesto en libertad o a disposición del Ministerio Fiscal. Se aplicará, en su caso, lo dispuesto en el artículo 520 bis de la Ley de Enjuiciamiento Criminal, atribuyendo la competencia para las resoluciones judiciales previstas en dicho precepto al Juez de Menores.

5. Cuando el detenido sea puesto a disposición del Ministerio Fiscal, éste habrá de resolver, dentro de las cuarenta y ocho horas a partir de la detención, sobre la puesta en libertad del menor, sobre el desistimiento al que se refiere el artículo siguiente, o sobre la incoación del expediente, poniendo a aquél a disposición del Juez de Menores competente e instando del mismo las oportunas medidas cautelares, con arreglo a lo establecido en el artículo 28.

6. El Juez competente para el procedimiento de hábeas corpus en relación a un menor será el Juez de Instrucción del lugar en el que se encuentre el menor privado de libertad; si no constare, el del lugar donde se produjo la detención, y, en defecto de los anteriores, el del lugar donde se hayan tenido las últimas noticias sobre el paradero del menor detenido. Cuando el procedimiento de hábeas corpus sea instado por el propio menor, la fuerza pública responsable de la detención lo notificará inmediatamente al Ministerio Fiscal, además de dar curso al procedimiento conforme a la ley orgánica reguladora.

Última modificación realizada por Ley Orgánica 8/2006, de 4 de diciembre, por la que se modifica la Ley Orgánica 5/2000, de 12 de enero, reguladora de la responsabilidad penal de los menores (BOE de 05-12-2006).

ART. 18. Desistimiento de la incoación del expediente por corrección en el ámbito educativo y familiar.

El Ministerio Fiscal podrá desistir de la incoación del expediente cuando los hechos denunciados constituyan delitos menos graves sin violencia o intimidación en las personas o faltas, tipificados en el Código Penal o en las leyes penales especiales. En tal caso, el Ministerio Fiscal dará traslado de lo actuado a la entidad pública de protección de menores para la aplicación de lo establecido en el artículo 3 de la presente Ley. Asimismo, el Ministerio Fiscal comunicará a los ofendidos o perjudicados conocidos el desistimiento acordado.

No obstante, cuando conste que el menor ha cometido con anterioridad otros hechos de la misma naturaleza, el Ministerio Fiscal deberá incoar el expediente y, en su caso, actuar conforme autoriza el artículo 27.4 de la presente Ley.

Última modificación realizada por Ley Orgánica 8/2006, de 4 de diciembre, por la que se modifica la Ley Orgánica 5/2000, de 12 de enero, reguladora de la responsabilidad penal de los menores (BOE de 05-12-2006).

ART. 19. Sobreseimiento del expediente por conciliación o reparación entre el menor y la víctima.

1. También podrá el Ministerio Fiscal desistir de la continuación del expediente, atendiendo a la gravedad y circunstancias de los hechos y del menor, de modo particular a la falta de violencia o intimidación graves en la comisión de los hechos, y a la circunstancia de que además el menor se haya conciliado con la víctima o haya asumido el compromiso de reparar el daño causado a la víctima o al perjudicado por el delito, o se haya comprometido a cumplir la actividad educativa propuesta por el equipo técnico en su informe.

El desistimiento en la continuación del expediente sólo será posible cuando el hecho imputado al menor constituya delito menos grave o falta.

2. A efectos de lo dispuesto en el apartado anterior, se entenderá producida la conciliación cuando el menor reconozca el daño causado y se disculpe ante la víctima, y ésta acepte sus disculpas, y se entenderá por reparación el compromiso asumido por el menor con la víctima o perjudicado de realizar determinadas acciones en beneficio de aquellos o de la comunidad, seguido de su realización efectiva. Todo ello sin perjuicio del acuerdo al que hayan llegado las partes en relación con la responsabilidad civil.

Cuando la medida sea consecuencia de la comisión de alguno de los delitos tipificados en los Capítulos I y II del Título VIII del Código Penal, o estén relacionados con la violencia de género, no tendrá efecto de conciliación, a menos que la víctima lo solicite expresamente y que el menor, además, haya realizado la medida accesoria de educación sexual y de educación para la igualdad.

3. El correspondiente equipo técnico realizará las funciones de mediación entre el menor y la víctima o perjudicado, a los efectos indicados en los apartados anteriores, e informará al Ministerio Fiscal de los compromisos adquiridos y de su grado de cumplimiento.

4. Una vez producida la conciliación o cumplidos los compromisos de reparación asumidos con la víctima o perjudicado por el delito o falta cometido, o cuando una u otros no pudieran llevarse a efecto por causas ajenas a la voluntad del menor, el Ministerio Fiscal dará por concluida la instrucción y solicitará del Juez el sobreseimiento y archivo de las actuaciones, con remisión de lo actuado.

5. En el caso de que el menor no cumpliera la reparación o la actividad educativa acordada, el Ministerio Fiscal continuará la tramitación del expediente.

6. En los casos en los que la víctima del delito o falta fuere menor de edad o incapaz, el compromiso al que se refiere el presente artículo habrá de ser asumido por el representante legal de la misma, con la aprobación del Juez de Menores.

Última modificación realizada por Ley Orgánica 10/2022, de 6 de septiembre, de garantía integral de la libertad sexual (BOE de 07-09-2022).

ART. 20. Unidad de expediente.

1. El Ministerio Fiscal incoará un procedimiento por cada hecho delictivo, salvo cuando se trate de hechos delictivos conexos.

2. Todos los procedimientos tramitados a un mismo menor se archivarán en el expediente personal que del mismo se haya abierto en la Fiscalía. De igual modo se archivarán las diligencias en el Juzgado de Menores respectivo.

3. En los casos en los que los delitos atribuidos al menor expedientado hubieran sido cometidos en diferentes territorios, la determinación del órgano judicial competente para el enjuiciamiento de todos ellos en unidad de expediente, así como de las entidades públicas competentes para la ejecución de las medidas que se apliquen, se hará teniendo en cuenta el lugar del domicilio del menor y, subsidiariamente, los criterios expresados en el artículo 18 de la Ley de Enjuiciamiento Criminal.

4. Los procedimientos de la competencia de la Audiencia Nacional no podrán ser objeto de acumulación con otros procedimientos instruidos en el ámbito de la jurisdicción de menores, sean o no los mismos los sujetos imputados.

Última modificación realizada por Ley Orgánica 8/2006, de 4 de diciembre, por la que se modifica la Ley Orgánica 5/2000, de 12 de enero, reguladora de la responsabilidad penal de los menores (BOE de 05-12-2006).

ART. 21. Remisión al órgano competente.

Cuando el conocimiento de los hechos no corresponda a la competencia de los Juzgados de Menores, el Fiscal acordará la remisión de lo actuado al órgano legalmente competente.

ART. 22. De la incoación del expediente.

1. Desde el mismo momento de la incoación del expediente, el menor tendrá derecho a:

a) Ser informado por el Juez, el Ministerio Fiscal, o agente de policía de los derechos que le asisten.

b) Designar abogado que le defienda, o a que le sea designado de oficio y a entrevistarse reservadamente con él, incluso antes de prestar declaración.

c) Intervenir en las diligencias que se practiquen durante la investigación preliminar y en el proceso judicial, y a proponer y solicitar, respectivamente, la práctica de diligencias.

d) Ser oído por el Juez o Tribunal antes de adoptar cualquier resolución que le concierna personalmente.

e) La asistencia afectiva y psicológica en cualquier estado y grado del procedimiento, con la presencia de los padres o de otra persona que indique el menor, si el Juez de Menores autoriza su presencia.

f) La asistencia de los servicios del equipo técnico adscrito al Juzgado de Menores.

2. El expediente será notificado al menor desde el momento mismo de su incoación, a salvo lo dispuesto en el artículo 24. A tal fin, el Fiscal requerirá al menor y a sus representantes legales para que designen letrado en el plazo de tres días, advirtiéndoles que, de no hacerlo, se le nombrará de oficio de entre los integrantes del turno de especialistas del

correspondiente Colegio de Abogados. Una vez producida dicha designación, el Fiscal la comunicará al Juez de Menores.

3. Igualmente, el Ministerio Fiscal notificará a quien aparezca como perjudicado, desde el momento en que así conste en la instrucción del expediente, la posibilidad de ejercer las acciones civiles que le puedan corresponder, personándose ante el Juez de Menores en la pieza de responsabilidad civil que se tramitará por el mismo.

Última modificación realizada por Ley Orgánica 8/2006, de 4 de diciembre, por la que se modifica la Ley Orgánica 5/2000, de 12 de enero, reguladora de la responsabilidad penal de los menores (BOE de 05-12-2006).

ART. 23. Actuación instructora del Ministerio Fiscal.

1. La actuación instructora del Ministerio Fiscal tendrá como objeto, tanto valorar la participación del menor en los hechos para expresarle el reproche que merece su conducta, como proponer las concretas medidas de contenido educativo y sancionador adecuadas a las circunstancias del hecho y de su autor y, sobre todo, al interés del propio menor valorado en la causa.

2. El Ministerio Fiscal deberá dar vista del expediente al letrado del menor y, en su caso, a quien haya ejercitado la acción penal, en un plazo no superior a veinticuatro horas, tantas veces como aquel lo solicite.

3. El Ministerio Fiscal no podrá practicar por sí mismo diligencias restrictivas de derechos fundamentales, sino que habrá de solicitar del Juzgado la práctica de las que sean precisas para el buen fin de las investigaciones. El Juez de Menores resolverá sobre esta petición por auto motivado. La práctica de tales diligencias se documentará en pieza separada.

4. El Ministerio Fiscal, de oficio o a petición de cualquiera de las partes personadas, instará al Juzgado de menores, la práctica de la declaración de la víctima o de un cualquier otro testigo, con las garantías de la prueba preconstituida, de conformidad con lo dispuesto en la Ley de Enjuiciamiento Criminal, asegurando en todo caso el principio de contradicción cuando concurran alguno de los supuestos siguientes:

a) Cuando exista riesgo de imposibilidad de concurrir al juicio oral.

b) Cuando se trate de una persona especialmente vulnerable. En todo caso, tendrá esa consideración toda persona menor de catorce años o persona con discapacidad necesitada de especial protección.

Última modificación realizada por Ley Orgánica 1/2025, de 2 de enero, de medidas en materia de eficiencia del Servicio Público de Justicia (BOE de 03/01/2025). Modificación con efectos desde el 3 de abril de 2025.

ART. 24. Secreto del expediente.

El Juez de Menores, a solicitud del Ministerio Fiscal, del menor o de su familia, o de quien ejercite la acción penal, podrá decretar mediante auto motivado el secreto del expediente, en su totalidad o parcialmente, durante toda la instrucción o durante un período limitado de ésta. No obstante, el letrado del menor y quien ejercite la acción penal deberán, en todo caso, conocer en su integridad el expediente al evacuar el trámite de alegaciones. Este incidente se tramitará por el Juzgado en pieza separada.

Última modificación realizada por Ley Orgánica 8/2006, de 4 de diciembre, por la que se modifica la Ley Orgánica 5/2000, de 12 de enero, reguladora de la responsabilidad penal de los menores (BOE de 05-12-2006).

ART. 25. De la acusación particular.

Podrán personarse en el procedimiento como acusadores particulares, a salvo de las acciones previstas por el artículo 61 de esta ley, las personas directamente ofendidas por el delito, sus padres, sus herederos o sus representantes legales si fueran menores de edad o incapaces, con las facultades y derechos que derivan de ser parte en el procedimiento, entre los que están, entre otros, los siguientes:

a) Ejercitar la acusación particular durante el procedimiento.

b) Instar la imposición de las medidas a las que se refiere esta ley.

c) Tener vista de lo actuado, siendo notificado de las diligencias que se soliciten y acuerden.

d) Proponer pruebas que versen sobre el hecho delictivo y las circunstancias de su comisión, salvo en lo referente a la situación psicológica, educativa, familiar y social del menor.

e) Participar en la práctica de las pruebas, ya sea en fase de instrucción ya sea en fase de audiencia; a estos efectos, el órgano actuante podrá denegar la práctica de la prueba de careo, si esta fuera solicitada, cuando no resulte fundamental para la averiguación de los hechos o la participación del menor en los mismos.

f) Ser oído en todos los incidentes que se tramiten durante el procedimiento.

g) Ser oído en caso de modificación o de sustitución de medidas impuestas al menor.

h) Participar en las vistas o audiencias que se celebren.

i) Formular los recursos procedentes de acuerdo con esta ley.

Una vez admitida por el Juez de Menores la personación del acusador particular, se le dará traslado de todas las actuaciones sustanciadas de conformidad con esta ley y se le permitirá intervenir en todos los trámites en defensa de sus intereses.

Última modificación realizada por Ley Orgánica 15/2003, de 25 de noviembre, por la que se modifica la Ley Orgánica 10/1995, de 23 de noviembre, del Código Penal (BOE de 26-11-2003).

ART. 26. Diligencias propuestas por las partes.

1. Las partes podrán solicitar del Ministerio Fiscal la práctica de cuantas diligencias consideren necesarias. El Ministerio Fiscal decidirá sobre su admisión, mediante resolución motivada que notificará al letrado del menor y a quien en su caso ejercite la acción penal y que pondrá en conocimiento del Juez de Menores. Las partes podrán, en cualquier momento, reproducir ante el Juzgado de Menores la petición de las diligencias no practicadas.

2. No obstante lo dispuesto en el apartado anterior, cuando alguna de las partes proponga que se lleve a efecto la declaración del menor, el Ministerio Fiscal deberá recibirla en el expediente, salvo que ya hubiese concluido la instrucción y el expediente hubiese sido elevado al Juzgado de Menores.

3. Si las diligencias propuestas por alguna de las partes afectaren a derechos fundamentales del menor o de otras personas, el Ministerio Fiscal, de estimar pertinente la solicitud, se dirigirá al Juez de Menores conforme a lo dispuesto en el artículo 23.3, sin perjuicio de la facultad de quien haya propuesto la diligencia de reproducir su solicitud ante el Juez de Menores conforme a lo dispuesto en el apartado 1 de este artículo.

Última modificación realizada por Ley Orgánica 8/2006, de 4 de diciembre, por la que se modifica la Ley Orgánica 5/2000, de 12 de enero, reguladora de la responsabilidad penal de los menores (BOE de 05-12-2006).

ART. 27. Informe del equipo técnico.

1. Durante la instrucción del expediente, el Ministerio Fiscal requerirá del equipo técnico, que a estos efectos dependerá funcionalmente de aquél sea cual fuere su dependencia orgánica, la elaboración de un informe o actualización de los anteriormente emitidos, que deberá serle entregado en el plazo máximo de diez días, prorrogable por un período no superior a un mes en casos de gran complejidad, sobre la situación psicológica, educativa y familiar del menor, así como sobre su entorno social, y en general sobre cualquier otra circunstancia relevante a los efectos de la adopción de alguna de las medidas previstas en la presente Ley.

2. El equipo técnico podrá proponer, asimismo, una intervención socio-educativa sobre el menor, poniendo de manifiesto en tal caso aquellos aspectos del mismo que considere relevantes en orden a dicha intervención.

3. De igual modo, el equipo técnico informará, si lo considera conveniente y en interés del menor, sobre la posibilidad de que éste efectúe una actividad reparadora o de conciliación con la víctima, de acuerdo con lo dispuesto en el artículo 19 de esta Ley, con indicación expresa del contenido y la finalidad de la mencionada actividad. En este caso, no será preciso elaborar un informe de las características y contenidos del apartado 1 de este artículo.

4. Asimismo podrá el equipo técnico proponer en su informe la conveniencia de no continuar la tramitación del expediente en interés del menor, por haber sido expresado suficientemente el reproche al mismo a través de los trámites ya practicados, o por considerar inadecuada para el interés del menor cualquier intervención, dado el tiempo transcurrido desde la comisión de los hechos. En estos casos, si se reunieran los requisitos previstos en el artículo 19.1 de esta Ley, el Ministerio Fiscal podrá remitir el expediente al Juez con propuesta de sobreseimiento, remitiendo además, en su caso, testimonio de lo actuado a la entidad pública de protección de menores que corresponda, a los efectos de que actúe en protección del menor.

5. En todo caso, una vez elaborado el informe del equipo técnico, el Ministerio Fiscal lo remitirá inmediatamente al Juez de Menores y dará copia del mismo al letrado del menor.

6. El informe al que se refiere el presente artículo podrá ser elaborado o complementado por aquellas entidades públicas o privadas que trabajen en el ámbito de la educación de menores y conozcan la situación del menor expedientado.

CAPÍTULO II
De las medidas cautelares

ART. 28. Reglas generales.

1. El Ministerio Fiscal, de oficio o a instancia de quien haya ejercitado la acción penal, cuando existan indicios racionales de la comisión de un delito y el riesgo de eludir u obstruir la acción de la justicia por parte del menor o de atentar contra los bienes jurídicos de la víctima, podrá solicitar del Juez de Menores, en cualquier momento, la adopción de medidas cautelares para la custodia y defensa del menor expedientado o para la debida protección de la víctima. Dichas medidas podrán consistir en internamiento en centro en el régimen adecuado, libertad vigilada, prohibición de aproximarse o comunicarse con la víctima o con aquellos de sus familiares u otras personas que determine el Juez, o convivencia con otra persona, familia o grupo educativo. El Juez, oído el letrado del menor, así como el equipo técnico y la representación de la entidad pública de protección o reforma de menores, que informarán especialmente sobre la naturaleza de la medida cautelar, resolverá sobre lo propuesto tomando en especial consideración el interés del menor. La medida cautelar adoptada podrá mantenerse hasta que recaiga sentencia firme.

2. Para la adopción de la medida cautelar de internamiento se atenderá a la gravedad de los hechos, valorando también las circunstancias personales y sociales del menor, la existencia de un peligro cierto de fuga, y, especialmente, el que el menor hubiera cometido o no con anterioridad otros hechos graves de la misma naturaleza. El Juez de Menores resolverá, a instancia del Ministerio Fiscal o de la acusación particular, en una comparecencia a la que asistirán también el letrado del menor, las demás partes personadas, el representante del equipo técnico y el de la entidad pública de protección o reforma de menores, los cuales informarán al Juez sobre la conveniencia de la adopción de la medida solicitada en función de los criterios consignados en este artículo. En dicha comparecencia el Ministerio Fiscal y las partes personadas podrán proponer los medios de prueba que puedan practicarse en el acto o dentro de las veinticuatro horas siguientes.

3. El tiempo máximo de la medida cautelar de internamiento será de seis meses, y podrá prorrogarse, a instancia del Ministerio Fiscal, previa audiencia del letrado del menor y mediante auto motivado, por otros tres meses como máximo.

4. Las medidas cautelares se documentarán en el Juzgado de Menores en pieza separada del expediente.

5. El tiempo de cumplimiento de las medidas cautelares se abonará en su integridad para el cumplimiento de las medidas que se puedan imponer en la misma causa o, en su defecto, en otras causas que hayan tenido por objeto hechos anteriores a la adopción de aquéllas. El Juez, a propuesta del Ministerio Fiscal y oídos el letrado del menor y el equipo técnico que informó la medida cautelar, ordenará que se tenga por ejecutada la medida impuesta en aquella parte que estime razonablemente compensada por la medida cautelar.

Última modificación realizada por Ley Orgánica 8/2006, de 4 de diciembre, por la que se modifica la Ley Orgánica 5/2000, de 12 de enero, reguladora de la responsabilidad penal de los menores (BOE de 05-12-2006).

ART. 29. Medidas cautelares en los casos de exención de la responsabilidad.

Si en el transcurso de la instrucción que realice el Ministerio Fiscal quedara suficientemente acreditado que el menor se encuentra en situación de enajenación mental o en cualquiera otra de las circunstancias previstas en los apartados 1.º, 2.º ó 3.º del artículo 20 del Código Penal vigente, se adoptarán las medidas cautelares precisas para la protección y custodia del menor conforme a los preceptos civiles aplicables, instando en su caso las actuaciones para la incapacitación del menor y la constitución de los organismos tutelares conforme a derecho, sin perjuicio todo ello de concluir la instrucción y de efectuar las alegaciones previstas en esta Ley conforme a lo que establecen sus artículos 5.2 y 9, y de solicitar, por los trámites de la misma, en su caso, alguna medida terapéutica adecuada al interés del menor de entre las previstas en esta Ley.

CAPÍTULO III
De la conclusión de la instrucción

ART. 30. Remisión del expediente al Juez de Menores.

1. Acabada la instrucción, el Ministerio Fiscal resolverá la conclusión del expediente, notificándosela a las partes personadas, y remitirá al Juzgado de Menores el expediente, junto con las piezas de convicción y demás efectos que pudieran existir, con un escrito de alegaciones en el que constará la descripción de los hechos, la valoración jurídica de los mismos, el grado de participación del menor, una breve reseña de las circunstancias personales y sociales de éste, la proposición de alguna medida de las previstas en esta Ley con exposición razonada de los fundamentos jurídicos y educativos que la aconsejen, y, en su caso, la exigencia de responsabilidad civil.

2. En el mismo acto propondrá el Ministerio Fiscal la prueba de que intente valerse para la defensa de su pretensión procesal.

3. Asimismo, podrá proponer el Ministerio Fiscal la participación en el acto de la audiencia de aquellas personas o representantes de instituciones públicas y privadas que puedan aportar al proceso elementos valorativos del interés del menor y de la conveniencia o no de las medidas solicitadas. En todo caso serán llamadas al acto de audiencia las personas o instituciones perjudicadas civilmente por el delito, así como los responsables civiles.

4. El Ministerio Fiscal podrá también solicitar del Juez de Menores el sobreseimiento de las actuaciones por alguno de los motivos previstos en la Ley de Enjuiciamiento Criminal, así como la remisión de los particulares necesarios a la entidad pública de protección de menores en su caso.

Última modificación realizada por Ley Orgánica 8/2006, de 4 de diciembre, por la que se modifica la Ley Orgánica 5/2000, de 12 de enero, reguladora de la responsabilidad penal de los menores (BOE de 05-12-2006).

TÍTULO IV
De la fase de audiencia

ART. 31. Apertura de la fase de audiencia.

Recibido el escrito de alegaciones con el expediente, las piezas de convicción, los efectos y demás elementos relevantes para el proceso remitidos por el Ministerio Fiscal, el secretario del Juzgado de Menores los incorporará a las diligencias, y el Juez de Menores procederá a abrir el trámite de audiencia, para lo cual el secretario judicial dará traslado simultáneamente a quienes ejerciten la acción penal y la civil para que en un plazo común de cinco días hábiles formulen sus respectivos escritos de alegaciones y propongan las pruebas que consideren pertinentes. Evacuado este trámite, el secretario judicial dará traslado de todo lo actuado al letrado del menor y, en su caso, a los responsables civiles, para que en un plazo de cinco días hábiles formule a su vez escrito de alegaciones y proponga la prueba que considere pertinente.

Última modificación realizada por Ley Orgánica 8/2006, de 4 de diciembre, por la que se modifica la Ley Orgánica 5/2000, de 12 de enero, reguladora de la responsabilidad penal de los menores (BOE de 05-12-2006).

ART. 32. Sentencia de conformidad.

Si el escrito de alegaciones de la acusación solicitara la imposición de alguna o algunas de las medidas previstas en las letras e) a ñ) del apartado 1 del artículo 7, y hubiere conformidad del menor y de su letrado, así como de los responsables civiles, la cual se expresará en comparecencia ante el Juez de Menores en los términos del artículo 36, éste dictará sentencia sin más trámite.

Cuando el menor y su letrado disintiesen únicamente respecto de la responsabilidad civil, se limitará la audiencia a la prueba y discusión de los puntos relativos a dicha responsabilidad.

Cuando la persona o personas contra quienes se dirija la acción civil no estuvieren conformes con la responsabilidad civil solicitada, se sustanciará el trámite de la audiencia sólo en lo relativo a este último extremo, practicándose la prueba propuesta a fin de determinar el alcance de aquella.

Última modificación realizada por Ley Orgánica 8/2006, de 4 de diciembre, por la que se modifica la Ley Orgánica 5/2000, de 12 de enero, reguladora de la responsabilidad penal de los menores (BOE de 05-12-2006).

ART. 33. Otras decisiones del Juez de Menores.

En los casos no previstos en el artículo anterior, a la vista de la petición del Ministerio Fiscal y de los escritos de alegaciones de las partes, el Juez adoptará alguna de las siguientes decisiones:

a) La celebración de la audiencia.

b) El sobreseimiento, mediante auto motivado, de las actuaciones.

c) El archivo por sobreseimiento de las actuaciones con remisión de particulares a la entidad pública de protección de menores correspondiente cuando así se haya solicitado por el Ministerio Fiscal.

d) La remisión de las actuaciones al Juez competente, cuando el Juez de Menores considere que no le corresponde el conocimiento del asunto.

e) Practicar por sí las pruebas propuestas por las partes y que hubieran sido denegadas por el Fiscal durante la instrucción, conforme a lo dispuesto en el artículo 26.1 de la presente Ley, y que no puedan celebrarse en el transcurso de la audiencia, siempre que considere que son relevantes a los efectos del proceso. Una vez practicadas, dará traslado de los resultados al Ministerio Fiscal y a las partes personadas, antes de iniciar las sesiones de la audiencia.

Contra las precedentes resoluciones cabrán los recursos previstos en esta Ley.

Última modificación realizada por Ley Orgánica 8/2006, de 4 de diciembre, por la que se modifica la Ley Orgánica 5/2000, de 12 de enero, reguladora de la responsabilidad penal de los menores (BOE de 05-12-2006).

ART. 34. Pertinencia de pruebas y señalamiento de la audiencia.

El Juez de Menores, dentro del plazo de cinco días desde la presentación del escrito de alegaciones del letrado del menor y, en su caso, de los responsables civiles, o una vez transcurrido el plazo para la presentación sin que ésta se hubiere efectuado, acordará, en su caso, lo procedente sobre la pertinencia de las pruebas propuestas, mediante auto de apertura de la audiencia, y el secretario judicial señalará el día y hora en que deba comenzar ésta dentro de los diez días siguientes.

Última modificación realizada por Ley Orgánica 8/2006, de 4 de diciembre, por la que se modifica la Ley Orgánica 5/2000, de 12 de enero, reguladora de la responsabilidad penal de los menores (BOE de 05-12-2006).

ART. 35. Asistentes y no publicidad de la audiencia.

1. La audiencia se celebrará con asistencia del Ministerio Fiscal, de las partes personadas, del letrado del menor, de un representante del equipo técnico que haya evacuado el informe previsto en el artículo 27 de esta Ley, y del propio menor, el cual podrá estar acompañado de sus representantes legales, salvo que el Juez, oídos los citados Ministerio Fiscal, letrado del menor y representante del equipo técnico, acuerde lo contrario. También podrá asistir el representante de la entidad pública de protección o reforma de menores que haya intervenido en las actuaciones de la instrucción, cuando se hubiesen ejecutado medidas cautelares o definitivas impuestas al menor con anterioridad. Igualmente, deberán comparecer la persona o personas a quienes se exija responsabilidad civil; aunque su inasistencia injustificada no será por sí misma causa de suspensión de la audiencia.

2. El Juez podrá acordar, en interés de la persona imputada o de la víctima, que las sesiones no sean públicas y en ningún caso se permitirá que los medios de comunicación social obtengan o difundan imágenes del menor ni datos que permitan su identificación.

3. Quienes ejerciten la acción penal en el procedimiento regulado en la presente Ley, habrán de respetar rigurosamente el derecho del menor a la confidencialidad y a la no difusión de sus datos personales o de los datos que obren en el expediente instruido, en los términos que establezca el Juez de Menores. Quien infrinja esta regla será acreedor de las responsabilidades civiles y penales a que haya lugar.

Última modificación realizada por Ley Orgánica 8/2006, de 4 de diciembre, por la que se modifica la Ley Orgánica 5/2000, de 12 de enero, reguladora de la responsabilidad penal de los menores (BOE de 05-12-2006).

ART. 36. Conformidad del menor.

1. El secretario judicial informará al menor expedientado, en un lenguaje comprensible y adaptado a su edad, de las medidas y responsabilidad civil solicitadas por el Ministerio Fiscal y, en su caso, la acusación particular y el actor civil, en sus escritos de alegaciones, así como de los hechos y de la causa en que se funden.

2. El Juez seguidamente preguntará al menor si se declara autor de los hechos y si está de acuerdo con las medidas solicitadas y con la responsabilidad civil. Si mostrase su conformidad con dichos extremos, oídos el letrado del menor y la persona o personas contra quienes se dirija la acción civil, el Juez podrá dictar resolución de conformidad. Si el letrado no estuviese de acuerdo con la conformidad prestada por el propio menor, el Juez resolverá sobre la continuación o no de la audiencia, razonando esta decisión en la sentencia.

3. Si el menor estuviere conforme con los hechos pero no con la medida solicitada, se sustanciará el trámite de la audiencia sólo en lo relativo a este último extremo, practicándose la prueba propuesta a fin de determinar la aplicación de dicha medida o su sustitución por otra más adecuada al interés del menor y que haya sido propuesta por alguna de las partes.

4. Cuando el menor o la persona o personas contra quienes se dirija la acción civil no estuvieren conformes con la responsabilidad civil solicitada, se sustanciará el trámite de la audiencia sólo en lo relativo a este último extremo, practicándose la prueba propuesta a fin de determinar el alcance de aquélla.

Última modificación realizada por Ley Orgánica 8/2006, de 4 de diciembre, por la que se modifica la Ley Orgánica 5/2000, de 12 de enero, reguladora de la responsabilidad penal de los menores (BOE de 05-12-2006).

ART. 37. Celebración de la audiencia.

1. Cuando proceda la celebración de la audiencia, el Juez invitará al Ministerio Fiscal, a quienes hayan ejercitado, en su caso, la acción penal, al letrado del menor, y eventualmente y respecto de las cuestiones que estrictamente tengan que ver con la responsabilidad civil al actor civil y terceros responsables civilmente, a que manifiesten lo que tengan por conveniente sobre la práctica de nuevas pruebas o sobre la vulneración de algún derecho fundamental en la tramitación del procedimiento, o, en su caso, les pondrá de manifiesto la posibilidad de aplicar una distinta calificación o una distinta medida de las que hubieran solicitado. Seguidamente, el Juez acordará la continuación de la audiencia o la subsanación del derecho vulnerado, si así procediere. Si acordara la continuación de la audiencia, el Juez resolverá en la sentencia sobre los extremos planteados.

2. Seguidamente se iniciará la práctica de la prueba propuesta y admitida y la que, previa declaración de pertinencia, ofrezcan las partes para su práctica en el acto, oyéndose, asimismo, al equipo técnico sobre las circunstancias del menor. A continuación, el Juez oirá al Ministerio Fiscal, a quien haya ejercitado en su caso la acción penal, al letrado del menor y al actor civil y terceros responsables civilmente respecto de los derechos que le asisten, sobre la valoración de la prueba, su calificación jurídica y la procedencia de las medidas propuestas; sobre este último punto, se oirá también al equipo técnico y, en su caso, a la entidad pública de protección o reforma de menores. Por último, el Juez oirá al menor, dejando el expediente visto para sentencia.

3. En su caso, en este procedimiento se aplicará lo dispuesto en la legislación relativa a la protección de testigos y peritos en causas penales.

4. Si en el transcurso de la audiencia el Juez considerara, de oficio o a solicitud de las partes, que el interés del menor aconseja que éste abandone la sala, podrá acordarlo así motivadamente, ordenando que continúen las actuaciones hasta que el menor pueda retornar a aquélla.

Última modificación realizada por Ley Orgánica 8/2006, de 4 de diciembre, por la que se modifica la Ley Orgánica 5/2000, de 12 de enero, reguladora de la responsabilidad penal de los menores (BOE de 05-12-2006).

TÍTULO V
De la sentencia

ART. 38. Plazo para dictar sentencia.

Finalizada la audiencia, el Juez de Menores dictará sentencia en un plazo máximo de cinco días.

Última modificación realizada por Ley Orgánica 8/2006, de 4 de diciembre, por la que se modifica la Ley Orgánica 5/2000, de 12 de enero, reguladora de la responsabilidad penal de los menores (BOE de 05-12-2006).

ART. 39. Contenido y registro de la sentencia.

1. La sentencia contendrá todos los requisitos previstos en la vigente Ley Orgánica del Poder Judicial y en ella, valorando las pruebas practicadas, las razones expuestas por el Ministerio

Fiscal, por las partes personadas y por el letrado del menor, lo manifestado en su caso por éste, tomando en consideración las circunstancias y gravedad de los hechos, así como todos los datos debatidos sobre la personalidad, situación, necesidades y entorno familiar y social del menor, la edad de éste en el momento de dictar la sentencia, y la circunstancia de que el menor hubiera cometido o no con anterioridad otros hechos de la misma naturaleza, resolverá sobre la medida o medidas propuestas, con indicación expresa de su contenido, duración y objetivos a alcanzar con las mismas. La sentencia será motivada, consignando expresamente los hechos que se declaren probados y los medios probatorios de los que resulte la convicción judicial. En la misma sentencia se resolverá sobre la responsabilidad civil derivada del delito o falta, con el contenido indicado en el artículo 115 del Código Penal. También podrá ser anticipado oralmente el fallo al término de las sesiones de la audiencia, sin perjuicio de su documentación con arreglo al artículo 248.3 de la citada Ley Orgánica del Poder Judicial.

2. El Juez, al redactar la sentencia, procurará expresar sus razonamientos en un lenguaje claro y comprensible para la edad del menor.

3. Cada Juzgado de Menores llevará un registro de sentencias en el que se incluirán firmadas todas las definitivas. La llevanza y custodia de dicho registro es responsabilidad del secretario judicial.

Última modificación realizada por Ley Orgánica 8/2006, de 4 de diciembre, por la que se modifica la Ley Orgánica 5/2000, de 12 de enero, reguladora de la responsabilidad penal de los menores (BOE de 05-12-2006).

ART. 40. Suspensión de la ejecución del fallo.

1. El Juez competente para la ejecución, de oficio o a instancia del Ministerio Fiscal o del letrado del menor, y oídos en todo caso éstos, así como el representante del equipo técnico y de la entidad pública de protección o reforma de menores, podrá acordar motivadamente la suspensión de la ejecución del fallo contenido en la sentencia, cuando la medida impuesta no sea superior a dos años de duración, durante un tiempo determinado y hasta un máximo de dos años. Dicha suspensión se acordará en la propia sentencia o por auto motivado del Juez competente para la ejecución cuando aquélla sea firme, debiendo expresar, en todo caso, las condiciones de la misma. Se exceptúa de la suspensión el pronunciamiento sobre la responsabilidad civil derivada del delito o falta.

2. Las condiciones a las que estará sometida la suspensión de la ejecución del fallo contenido en la sentencia dictada por el Juez de Menores serán las siguientes:

a) No ser condenado en sentencia firme por delito cometido durante el tiempo que dure la suspensión, si ha alcanzado la mayoría de edad, o no serle aplicada medida en sentencia firme en procedimiento regulado por esta Ley durante el tiempo que dure la suspensión.

b) Que el menor asuma el compromiso de mostrar una actitud y disposición de reintegrarse a la sociedad, no incurriendo en nuevas infracciones.

c) Además, el Juez puede establecer la aplicación de un régimen de libertad vigilada durante el plazo de suspensión o la obligación de realizar una actividad socio-educativa, recomendada por el equipo técnico o la entidad pública de protección o reforma de menores en el precedente trámite de audiencia, incluso con compromiso de participación de los padres, tutores o guardadores del menor, expresando la naturaleza y el plazo en que aquella actividad deberá llevarse a cabo.

3. Si las condiciones expresadas en el apartado anterior no se cumplieran, el Juez alzará la suspensión y se procederá a ejecutar la sentencia en todos sus extremos. Contra la resolución que así lo acuerde se podrán interponer los recursos previstos en esta Ley.

Última modificación realizada por Ley Orgánica 8/2006, de 4 de diciembre, por la que se modifica la Ley Orgánica 5/2000, de 12 de enero, reguladora de la responsabilidad penal de los menores (BOE de 05-12-2006).

TÍTULO VI
Del régimen de recursos

ART. 41. Recursos procedentes y tramitación.

1. Contra la sentencia dictada por el Juez de Menores en el procedimiento regulado en esta Ley cabe recurso de apelación ante la correspondiente Audiencia Provincial, que se interpondrá ante el Juez que dictó aquélla en el plazo de cinco días a contar desde su notificación, y se resolverá previa celebración de vista pública, salvo que en interés de la persona imputada o de la víctima, el Juez acuerde que se celebre a puerta cerrada. A la vista

deberán asistir las partes y, si el Tribunal lo considera oportuno, el representante del equipo técnico y el representante de la entidad pública de protección o reforma de menores que hayan intervenido en el caso concreto. El recurrente podrá solicitar del Tribunal la práctica de la prueba que, propuesta y admitida en la instancia, no se hubiera celebrado, conforme a las reglas de la Ley de Enjuiciamiento Criminal.

2. Contra los autos y providencias de los Jueces de Menores cabe recurso de reforma ante el propio órgano, que se interpondrá en el plazo de tres días a partir de la notificación. El auto que resuelva la impugnación de la providencia será susceptible de recurso de apelación.

3. Contra los autos que pongan fin al procedimiento o resuelvan el incidente de los artículos 13, 28, 29 y 40 de esta Ley, cabe recurso de apelación ante la Audiencia Provincial por los trámites que regula la Ley de Enjuiciamiento Criminal para el procedimiento abreviado.

4. Contra los autos y sentencias dictados por el Juzgado Central de Menores de la Audiencia Nacional cabe recurso de apelación ante la Sala de lo Penal de la Audiencia Nacional.

5. Contra las resoluciones dictadas por los secretarios judiciales caben los mismos recursos que los expresados en la Ley de Enjuiciamiento Criminal, que se sustanciarán en la forma que en ella se determina.

Última modificación realizada por Ley Orgánica 8/2006, de 4 de diciembre, por la que se modifica la Ley Orgánica 5/2000, de 12 de enero, reguladora de la responsabilidad penal de los menores (BOE de 05-12-2006).

ART. 42. Recurso de casación para unificación de doctrina.

1. Son recurribles en casación, ante la Sala Segunda del Tribunal Supremo, las sentencias dictadas en apelación por la Audiencia Nacional y por las Audiencias Provinciales cuando se hubiere impuesto una de las medidas a las que se refiere el artículo 10.

2. El recurso tendrá por objeto la unificación de doctrina con ocasión de sentencias dictadas en apelación que fueran contradictorias entre sí, o con sentencias del Tribunal Supremo, respecto de hechos y valoraciones de las circunstancias del menor que, siendo sustancialmente iguales, hayan dado lugar, sin embargo, a pronunciamientos distintos.

3. El recurso podrá prepararlo el Ministerio Fiscal o cualquiera de las partes que pretenda la indicada unificación de doctrina dentro de los diez días siguientes a la notificación de la sentencia de la Audiencia Nacional o Provincial, en escrito dirigido a la misma. El escrito de preparación deberá contener una relación precisa y circunstanciada de la contradicción alegada, con designación de las sentencias aludidas y de los informes en que se funde el interés del menor valorado en sentencia.

4. Si la Audiencia Nacional o Provincial ante quien se haya preparado el recurso estimara acreditados los requisitos a los que se refiere el apartado anterior, el secretario judicial requerirá testimonio de las sentencias citadas a los Tribunales que las dictaron, y en un plazo de diez días remitirá la documentación a la Sala Segunda del Tribunal Supremo, emplazando al recurrente y al Ministerio Fiscal, si no lo fuera, ante dicha Sala.

5. El recurso de casación se interpondrá ante la Sala Segunda del Tribunal Supremo, siendo de aplicación en la interposición, sustanciación y resolución del recurso lo dispuesto en la Ley de Enjuiciamiento Criminal, en cuanto resulte aplicable.

Última modificación realizada por Ley Orgánica 8/2006, de 4 de diciembre, por la que se modifica la Ley Orgánica 5/2000, de 12 de enero, reguladora de la responsabilidad penal de los menores (BOE de 05-12-2006).

TÍTULO VII
De la ejecución de las medidas

CAPÍTULO I
Disposiciones generales

ART. 43. Principio de legalidad.

1. No podrá ejecutarse ninguna de las medidas establecidas en esta Ley sino en virtud de sentencia firme dictada de acuerdo con el procedimiento regulado en la misma.

2. Tampoco podrán ejecutarse dichas medidas en otra forma que la prescrita en esta Ley y en los reglamentos que la desarrollen.

ART. 44. Competencia judicial.

1. La ejecución de las medidas previstas en esta Ley se realizará bajo el control del Juez de Menores que haya dictado la sentencia correspondiente, salvo cuando por aplicación de lo dispuesto en los artículos 12 y 47 de esta Ley sea competente otro, el cual resolverá por auto motivado, oídos el Ministerio Fiscal, el letrado del menor y la representación de la entidad pública que ejecute aquélla, sobre las incidencias que se puedan producir durante su transcurso.

2. Para ejercer el control de la ejecución, corresponden especialmente al Juez de Menores, de oficio o a instancia del Ministerio Fiscal o del letrado del menor, las funciones siguientes:

a) Adoptar todas las decisiones que sean necesarias para proceder a la ejecución efectiva de las medidas impuestas.

b) Resolver las propuestas de revisión de las medidas.

c) Aprobar los programas de ejecución de las medidas.

d) Conocer de la evolución de los menores durante el cumplimiento de las medidas a través de los informes de seguimiento de las mismas.

e) Resolver los recursos que se interpongan contra las resoluciones dictadas para la ejecución de las medidas, conforme establece el artículo 52 de esta Ley.

f) Acordar lo que proceda en relación a las peticiones o quejas que puedan plantear los menores sancionados sobre el régimen, el tratamiento o cualquier otra circunstancia que pueda afectar a sus derechos fundamentales.

g) Realizar regularmente visitas a los centros y entrevistas con los menores.

h) Formular a la entidad pública de protección o reforma de menores correspondiente las propuestas y recomendaciones que considere oportunas en relación con la organización y el régimen de ejecución de las medidas.

i) Adoptar las resoluciones que, en relación con el régimen disciplinario, les atribuye el artículo 60 de esta Ley.

3. Cuando, por aplicación de lo dispuesto en el artículo 14 de esta Ley, la medida de internamiento se cumpla en un establecimiento penitenciario, el Juez de Menores competente para la ejecución conservará la competencia para decidir sobre la pervivencia, modificación o sustitución de la medida en los términos previstos en esta Ley, asumiendo el Juez de Vigilancia Penitenciaria el control de las incidencias de la ejecución de la misma en todas las cuestiones y materias a que se refiere la legislación penitenciaria.

Última modificación realizada por Ley Orgánica 8/2006, de 4 de diciembre, por la que se modifica la Ley Orgánica 5/2000, de 12 de enero, reguladora de la responsabilidad penal de los menores (BOE de 05-12-2006).

ART. 45. Competencia administrativa.

1. La ejecución de las medidas adoptadas por los Jueces de Menores en sus sentencias firmes es competencia de las Comunidades Autónomas y de las Ciudades de Ceuta y Melilla, con arreglo a la disposición final vigésima segunda de la Ley Orgánica 1/1996, de 15 de enero, de Protección Jurídica del Menor. Dichas entidades públicas llevarán a cabo, de acuerdo con sus respectivas normas de organización, la creación, dirección, organización y gestión de los servicios, instituciones y programas adecuados para garantizar la correcta ejecución de las medidas previstas en esta Ley.

2. La ejecución de las medidas corresponderá a las Comunidades Autónomas y Ciudades de Ceuta y Melilla, donde se ubique el Juzgado de Menores que haya dictado la sentencia, sin perjuicio de lo dispuesto en el apartado 3 del artículo siguiente.

3. Las Comunidades Autónomas y las Ciudades de Ceuta y Melilla podrán establecer los convenios o acuerdos de colaboración necesarios con otras entidades, bien sean públicas, de la Administración del Estado, Local o de otras Comunidades Autónomas, o privadas sin ánimo de lucro, para la ejecución de las medidas de su competencia, bajo su directa supervisión, sin que ello suponga en ningún caso la cesión de la titularidad y responsabilidad derivada de dicha ejecución.

CAPÍTULO II

Reglas para la ejecución de las medidas

ART. 46. Liquidación de la medida y traslado del menor a un centro.

1. Una vez firme la sentencia y aprobado el programa de ejecución de la medida impuesta, el secretario del Juzgado de Menores competente para la ejecución de la medida practicará

la liquidación de dicha medida, indicando las fechas de inicio y de terminación de la misma, con abono en su caso del tiempo cumplido por las medidas cautelares impuestas al interesado, teniendo en cuenta lo dispuesto en el artículo 28.5. Al propio tiempo, abrirá un expediente de ejecución en el que se harán constar las incidencias que se produzcan en el desarrollo de aquélla conforme a lo establecido en la presente Ley.

2. De la liquidación mencionada en el apartado anterior y del testimonio de particulares que el Juez considere necesario y que deberá incluir los informes técnicos que obren en la causa, el secretario judicial dará traslado a la entidad pública de protección o reforma de menores competente para el cumplimiento de las medidas acordadas en la sentencia firme. También notificará al Ministerio Fiscal el inicio de la ejecución, y al letrado del menor si así lo solicitara del Juez de Menores.

3. Recibidos por la entidad pública el testimonio y la liquidación de la medida indicados en el apartado anterior, aquélla designará de forma inmediata un profesional que se responsabilizará de la ejecución de la medida impuesta, y, si ésta fuera de internamiento, designará el centro más adecuado para su ejecución de entre los más cercanos al domicilio del menor en los que existan plazas disponibles para la ejecución por la entidad pública competente en cada caso. El traslado a otro centro distinto de los anteriores sólo se podrá fundamentar en el interés del menor de ser alejado de su entorno familiar y social y requerirá en todo caso la aprobación del Juzgado de Menores competente para la ejecución de la medida. En todo caso los menores pertenecientes a una banda, organización o asociación no podrán cumplir la medida impuesta en el mismo centro, debiendo designárseles uno distinto aunque la elección del mismo suponga alejamiento del entorno familiar o social.

Última modificación realizada por Ley Orgánica 8/2006, de 4 de diciembre, por la que se modifica la Ley Orgánica 5/2000, de 12 de enero, reguladora de la responsabilidad penal de los menores (BOE de 05-12-2006).

ART. 47. Refundición de medidas impuestas.

1. Si se hubieran impuesto al menor varias medidas en la misma resolución judicial, y no fuere posible su cumplimiento simultáneo, el Juez competente para la ejecución ordenará su cumplimiento sucesivo conforme a las reglas establecidas en el apartado 5 de este artículo.

La misma regla se aplicará a las medidas impuestas en distintas resoluciones judiciales, siempre y cuando dichas medidas sean de distinta naturaleza entre sí. En este caso será el Juez competente para la ejecución quien ordene el cumplimiento simultáneo o sucesivo con arreglo al apartado 5 de este artículo, según corresponda.

2. Si se hubieren impuesto al menor en diferentes resoluciones judiciales dos o más medidas de la misma naturaleza, el Juez competente para la ejecución, previa audiencia del letrado del menor, refundirá dichas medidas en una sola, sumando la duración de las mismas, hasta el límite del doble de la más grave de las refundidas.

El Juez, previa audiencia del letrado del menor, deberá proceder de este modo respecto de cada grupo de medidas de la misma naturaleza que hayan sido impuestas al menor, de modo que una vez practicada la refundición no quedará por ejecutar más de una medida de cada clase de las enumeradas en el artículo 7 de esta Ley.

3. En caso de que, estando sujeto a la ejecución de una medida, el menor volviera a cometer un hecho delictivo, el Juez competente para la ejecución, previa audiencia del letrado del menor, dictará la resolución que proceda en relación a la nueva medida que, en su caso se haya impuesto, conforme a lo dispuesto en los dos apartados anteriores. En este caso podrá aplicar además las reglas establecidas en el artículo 50 para el supuesto de quebrantamiento de la ejecución.

4. A los fines previstos en este artículo, en cuanto el Juez sentenciador tenga conocimiento de la existencia de otras medidas firmes de ejecución, pendientes de ejecución o suspendidas condicionalmente, y una vez que la medida o medidas por él impuestas sean firmes, procederá conforme a lo dispuesto en el artículo 12 de esta Ley.

5. Cuando las medidas de distinta naturaleza, impuestas directamente o resultantes de la refundición prevista en los números anteriores, hubieren de ejecutarse de manera sucesiva, se atenderá a los siguientes criterios:

a) La medida de internamiento terapéutico se ejecutará con preferencia a cualquier otra.

b) La medida de internamiento en régimen cerrado se ejecutará con preferencia al resto de las medidas de internamiento.

c) La medida de internamiento se cumplirá antes que las no privativas de libertad, y en su caso interrumpirá la ejecución de éstas.

d) Las medidas de libertad vigilada contempladas en el artículo 10 se ejecutarán una vez finalizado el internamiento en régimen cerrado que se prevé en el mismo artículo.

e) En atención al interés del menor, el Juez podrá, previo informe del Ministerio Fiscal, de las demás partes y de la entidad pública de reforma o protección de menores, acordar motivadamente la alteración en el orden de cumplimiento previsto en las reglas anteriores.

6. Lo dispuesto en este artículo se entiende sin perjuicio de las previsiones del artículo 14 para el caso de que el menor pasare a cumplir una medida de internamiento en centro penitenciario al alcanzar la mayoría de edad.

7. Cuando una persona que se encuentre cumpliendo una o varias medidas impuestas con arreglo a esta Ley sea condenada a una pena o medida de seguridad prevista en el Código Penal o en leyes penales especiales, se ejecutarán simultáneamente aquéllas y éstas si fuere materialmente posible, atendida la naturaleza de ambas, su forma de cumplimiento o la eventual suspensión de la pena impuesta, cuando proceda.

No siendo posible la ejecución simultánea, se cumplirá la sanción penal, quedando sin efecto la medida o medidas impuestas en aplicación de la presente Ley, salvo que se trate de una medida de internamiento y la pena impuesta sea de prisión y deba efectivamente ejecutarse. En este último caso, a no ser que el Juez de Menores adopte alguna de las resoluciones previstas en el artículo 13 de esta Ley, la medida de internamiento terminará de cumplirse en el centro penitenciario en los términos previstos en el artículo 14, y una vez cumplida se ejecutará la pena.

Última modificación realizada por Ley Orgánica 8/2006, de 4 de diciembre, por la que se modifica la Ley Orgánica 5/2000, de 12 de enero, reguladora de la responsabilidad penal de los menores (BOE de 05-12-2006).

ART. 48. Expediente personal de la persona sometida a la ejecución de una medida.

1. La entidad pública abrirá un expediente personal único a cada menor respecto del cual tenga encomendada la ejecución de una medida, en el que se recogerán los informes relativos a aquél, las resoluciones judiciales que le afecten y el resto de la documentación generada durante la ejecución.

2. Dicho expediente tendrá carácter reservado y solamente tendrán acceso al mismo el Defensor del Pueblo o institución análoga de la correspondiente Comunidad Autónoma, los Jueces de Menores competentes, el Ministerio Fiscal y las personas que intervengan en la ejecución y estén autorizadas por la entidad pública de acuerdo con sus normas de organización. El menor, su letrado y, en su caso, su representante legal, también tendrán acceso al expediente.

3. La recogida, cesión y tratamiento automatizado de datos de carácter personal de las personas a las que se aplique la presente Ley, sólo podrá realizarse en ficheros informáticos de titularidad pública dependientes de las entidades públicas de protección de menores, Administraciones y Juzgados de Menores competentes o del Ministerio Fiscal, y se regirá por lo dispuesto en la Ley Orgánica 15/1999, de 13 de diciembre, de Protección de Datos de Cáracter Personal, y sus normas de desarrollo.

ART. 49. Informes sobre la ejecución.

1. La entidad pública remitirá al Juez de Menores y al Ministerio Fiscal, con la periodicidad que se establezca reglamentariamente en cada caso y siempre que fuese requerida para ello o la misma entidad lo considerase necesario, informes sobre la ejecución de la medida y sus incidencias, y sobre la evolución personal de los menores sometidos a las mismas. Dichos informes se remitirán también al letrado del menor si así lo solicitare a la entidad pública competente.

2. En los indicados informes la entidad pública podrá solicitar del Ministerio Fiscal, cuando así lo estime procedente, la revisión judicial de las medidas en el sentido propugnado por el artículo 13.1 de la presente Ley.

Última modificación realizada por Ley Orgánica 8/2006, de 4 de diciembre, por la que se modifica la Ley Orgánica 5/2000, de 12 de enero, reguladora de la responsabilidad penal de los menores (BOE de 05-12-2006).

ART. 50. Quebrantamiento de la ejecución.

1. Cuando el menor quebrantare una medida privativa de libertad, se procederá a su reingreso en el mismo centro del que se hubiera evadido o en otro adecuado a sus condiciones, o, en caso de permanencia de fin de semana, en su domicilio, a fin de cumplir de manera ininterrumpida el tiempo pendiente.

2. Si la medida quebrantada no fuere privativa de libertad, el Ministerio Fiscal podrá instar del Juez de Menores la sustitución de aquélla por otra de la misma naturaleza. Excepcionalmente, y a propuesta del Ministerio Fiscal, oídos el letrado y el representante legal del menor, así como el equipo técnico, el Juez de Menores podrá sustituir la medida por otra de internamiento en centro semiabierto, por el tiempo que reste para su cumplimiento.

3. Asimismo, el Juez de Menores acordará que el secretario judicial remita testimonio de los particulares relativos al quebrantamiento de la medida al Ministerio Fiscal, por si el hecho fuese constitutivo de alguna de las infracciones a que se refiere el artículo 1 de la presente Ley Orgánica y merecedora de reproche sancionador.

Última modificación realizada por Ley Orgánica 8/2006, de 4 de diciembre, por la que se modifica la Ley Orgánica 5/2000, de 12 de enero, reguladora de la responsabilidad penal de los menores (BOE de 05-12-2006).

ART. 51. Sustitución de las medidas.

1. Durante la ejecución de las medidas el Juez de Menores competente para la ejecución podrá, de oficio o a instancia del Ministerio Fiscal, del letrado del menor o de la Administración competente, y oídas las partes, así como el equipo técnico y la representación de la entidad pública de protección o reforma de menores, dejar sin efecto aquellas o sustituirlas por otras que se estimen más adecuadas de entre las previstas en esta Ley, por tiempo igual o inferior al que reste para su cumplimiento, siempre que la nueva medida pudiera haber sido impuesta inicialmente atendiendo a la infracción cometida. Todo ello sin perjuicio de lo dispuesto en el apartado 2 del artículo anterior y de acuerdo con el artículo 13 de la presente Ley

2. Cuando el Juez de Menores haya sustituido la medida de internamiento en régimen cerrado por la de internamiento en régimen semiabierto o abierto, y el menor evolucione desfavorablemente, previa audiencia del letrado del menor, podrá dejar sin efecto la sustitución, volviéndose a aplicar la medida sustituida de internamiento en régimen cerrado. Igualmente, si la medida impuesta es la de internamiento en régimen semiabierto y el menor evoluciona desfavorablemente, el Juez de Menores podrá sustituirla por la de internamiento en régimen cerrado, cuando el hecho delictivo por la que se impuso sea alguno de los previstos en el artículo 9.2 de esta Ley.

3. La conciliación del menor con la víctima, en cualquier momento en que se produzca el acuerdo entre ambos a que se refiere el artículo 19 de la presente Ley, podrá dejar sin efecto la medida impuesta cuando el Juez, a propuesta del Ministerio Fiscal o del letrado del menor y oídos el equipo técnico y la representación de la entidad pública de protección o reforma de menores, juzgue que dicho acto y el tiempo de duración de la medida ya cumplido expresan suficientemente el reproche que merecen los hechos cometidos por el menor.

4. En todos los casos anteriores, el Juez resolverá por auto motivado, contra el cual se podrán interponer los recursos previstos en la presente Ley.

Última modificación realizada por Ley Orgánica 8/2006, de 4 de diciembre, por la que se modifica la Ley Orgánica 5/2000, de 12 de enero, reguladora de la responsabilidad penal de los menores (BOE de 05-12-2006).

ART. 52. Presentación de recursos.

1. Cuando el menor pretenda interponer ante el Juez de Menores recurso contra cualquier resolución adoptada durante la ejecución de las medidas que le hayan sido impuestas, lo presentará de forma escrita ante el Juez o Director del centro de internamiento, quien lo pondrá en conocimiento de aquél dentro del siguiente día hábil.

El menor también podrá presentar un recurso ante el Juez de forma verbal, o manifestar de forma verbal su intención de recurrir al Director del centro, quien dará traslado de esta manifestación al Juez de Menores en el plazo indicado. En este último caso, el Juez de Menores adoptará las medidas que resulten procedentes a fin de oír la alegación del menor.

El letrado del menor también podrá interponer los recursos, en forma escrita, ante las autoridades indicadas en el párrafo primero.

2. Si el Juez de Menores admitiese a trámite el recurso, el secretario judicial recabará informe del Ministerio Fiscal y, previa audiencia del letrado del menor, aquél resolverá el recurso en el plazo de dos días, mediante auto motivado. Contra este auto cabrá recurso de apelación ante la correspondiente Audiencia Provincial, conforme a lo dispuesto en el artículo 41 de la presente Ley.

Última modificación realizada por Ley Orgánica 8/2006, de 4 de diciembre, por la que se modifica la Ley Orgánica 5/2000, de 12 de enero, reguladora de la responsabilidad penal de los menores (BOE de 05-12-2006).

ART. 53. Cumplimiento de la medida.

1. Una vez cumplida la medida, la entidad pública remitirá a los destinatarios designados en el artículo 49.1 un informe final, y el Juez de Menores dictará auto acordando lo que proceda respecto al archivo de la causa. Dicho auto será notificado por el secretario judicial al Ministerio Fiscal, al letrado del menor, a la entidad pública y a la víctima.

2. El Juez, de oficio o a instancia del Ministerio Fiscal o del letrado del menor, podrá instar de la correspondiente entidad pública de protección o reforma de menores, una vez cumplida la medida impuesta, que se arbitren los mecanismos de protección del menor conforme a las normas del Código Civil, cuando el interés de aquél así lo requiera.

Última modificación realizada por Ley Orgánica 8/2006, de 4 de diciembre, por la que se modifica la Ley Orgánica 5/2000, de 12 de enero, reguladora de la responsabilidad penal de los menores (BOE de 05-12-2006).

CAPÍTULO III
Reglas especiales para la ejecución de las medidas privativas de libertad

ART. 54. Centros para la ejecución de las medidas privativas de libertad.

1. Las medidas privativas de libertad, la detención y las medidas cautelares de internamiento que se impongan de conformidad con esta Ley se ejecutarán en centros específicos para menores infractores, diferentes de los previstos en la legislación penitenciaria para la ejecución de las condenas penales y medidas cautelares privativas de libertad impuestas a los mayores de edad penal.

La ejecución de la detención preventiva, de las medidas cautelares de internamiento o de las medidas impuestas en la sentencia, acordadas por el Juez Central de Menores o por la Sala correspondiente de la Audiencia Nacional, se llevará a cabo en los establecimientos y con el control del personal especializado que el Gobierno ponga a disposición de la Audiencia Nacional, en su caso, mediante convenio con las Comunidades Autónomas.

La ejecución de las medidas impuestas por el Juez Central de Menores o por la Sala correspondiente de la Audiencia Nacional será preferente sobre las impuestas, en su caso, por otros Jueces o Salas de Menores.

2. No obstante lo dispuesto en el apartado anterior, las medidas de internamiento también podrán ejecutarse en centros socio-sanitarios cuando la medida impuesta así lo requiera. En todo caso se requerirá la previa autorización del Juez de Menores.

3. Los centros estarán divididos en módulos adecuados a la edad, madurez, necesidades y habilidades sociales de los menores internados y se regirán por una normativa de funcionamiento interno cuyo cumplimiento tendrá como finalidad la consecución de una convivencia ordenada, que permita la ejecución de los diferentes programas de intervención educativa y las funciones de custodia de los menores internados.

Última modificación realizada por Ley Orgánica 8/2006, de 4 de diciembre, por la que se modifica la Ley Orgánica 5/2000, de 12 de enero, reguladora de la responsabilidad penal de los menores (BOE de 05-12-2006).

ART. 55. Principio de resocialización.

1. Toda la actividad de los centros en los que se ejecuten medidas de internamiento estará inspirada por el principio de que el menor internado es sujeto de derecho y continúa formando parte de la sociedad.

2. En consecuencia, la vida en el centro debe tomar como referencia la vida en libertad, reduciendo al máximo los efectos negativos que el internamiento pueda representar para el menor o para su familia, favoreciendo los vínculos sociales, el contacto con los familiares y allegados, y la colaboración y participación de las entidades públicas y privadas en el proceso de integración social, especialmente de las más próximas geográfica y culturalmente.

3. A tal fin se fijarán reglamentariamente los permisos ordinarios y extraordinarios de los que podrá disfrutar el menor internado, a fin de mantener contactos positivos con el exterior y preparar su futura vida en libertad.

ART. 56. Derechos de los menores internados.

1. Todos los menores internados tienen derecho a que se respete su propia personalidad, su libertad ideológica y religiosa y los derechos e intereses legítimos no afectados por el contenido de la condena, especialmente los inherentes a la minoría de edad civil cuando sea el caso.

2. En consecuencia, se reconocen a los menores internados los siguientes derechos:

a) Derecho a que la entidad pública de la que depende el centro vele por su vida, su integridad física y su salud, sin que puedan, en ningún caso, ser sometidos a tratos degradantes o a malos tratos de palabra o de obra, ni ser objeto de un rigor arbitrario o innecesario en la aplicación de las normas.

b) Derecho del menor de edad civil a recibir una educación y formación integral en todos los ámbitos y a la protección específica que por su condición le dispensan las leyes.

c) Derecho a que se preserve su dignidad y su intimidad, a ser designados por su propio nombre y a que su condición de internados sea estrictamente reservada frente a terceros.

d) Derecho al ejercicio de los derechos civiles, políticos, sociales, religiosos, económicos y culturales que les correspondan, salvo cuando sean incompatibles con el objeto de la detención o el cumplimiento de la condena.

e) Derecho a estar en el centro más cercano a su domicilio, de acuerdo a su régimen de internamiento, y a no ser trasladados fuera de su Comunidad Autónoma excepto en los casos y con los requisitos previstos en esta Ley y sus normas de desarrollo.

f) Derecho a la asistencia sanitaria gratuita, a recibir la enseñanza básica obligatoria que corresponda a su edad, cualquiera que sea su situación en el centro, y a recibir una formación educativa o profesional adecuada a sus circunstancias.

g) Derecho de los sentenciados a un programa de tratamiento individualizado y de todos los internados a participar en las actividades del centro.

h) Derecho a comunicarse libremente con sus padres, representantes legales, familiares u otras personas, y a disfrutar de salidas y permisos, con arreglo a lo dispuesto en esta Ley y sus normas de desarrollo.

i) Derecho a comunicarse reservadamente con sus letrados, con el Juez de Menores competente, con el Ministerio Fiscal y con los servicios de Inspección de centros de internamiento.

j) Derecho a una formación laboral adecuada, a un trabajo remunerado, dentro de las disponibilidades de la entidad pública, y a las prestaciones sociales que pudieran corresponderles, cuando alcancen la edad legalmente establecida.

k) Derecho a formular peticiones y quejas a la Dirección del centro, a la entidad pública, a las autoridades judiciales, al Ministerio Fiscal, al Defensor del Pueblo o institución análoga de su Comunidad Autónoma y a presentar todos los recursos legales que prevé esta Ley ante el Juez de Menores competente, en defensa de sus derechos e intereses legítimos.

l) Derecho a recibir información personal y actualizada de sus derechos y obligaciones, de su situación personal y judicial, de las normas de funcionamiento interno de los centros que los acojan, así como de los procedimientos concretos para hacer efectivos tales derechos, en especial para formular peticiones, quejas o recursos.

m) Derecho a que sus representantes legales sean informados sobre su situación y evolución y sobre los derechos que a ellos les corresponden, con los únicos límites previstos en esta Ley.

n) Derecho de las menores internadas a tener en su compañía a sus hijos menores de tres años, en las condiciones y con los requisitos que se establezcan reglamentariamente.

ART. 57. Deberes de los menores internados.

Los menores internados estarán obligados a:

a) Permanecer en el centro a disposición de la autoridad judicial competente hasta el momento de su puesta en libertad, sin perjuicio de las salidas y actividades autorizadas que puedan realizar en el exterior.

b) Recibir la enseñanza básica obligatoria que legalmente les corresponda.

c) Respetar y cumplir las normas de funcionamiento interno del centro y las directrices o instrucciones que reciban del personal de aquél en el ejercicio legítimo de sus funciones.

d) Colaborar en la consecución de una actividad ordenada en el interior del centro y mantener una actitud de respeto y consideración hacia todos, dentro y fuera del centro, en especial hacia las autoridades, los trabajadores del centro y los demás menores internados.

e) Utilizar adecuadamente las instalaciones del centro y los medios materiales que se pongan a su disposición.

f) Observar las normas higiénicas y sanitarias, y sobre vestuario y aseo personal establecidas en el centro.

g) Realizar las prestaciones personales obligatorias previstas en las normas de funcionamiento interno del centro para mantener el buen orden y la limpieza del mismo.

h) Participar en las actividades formativas, educativas y laborales establecidas en función de su situación personal a fin de preparar su vida en libertad.

ART. 58. Información y reclamaciones.

1. Los menores recibirán, a su ingreso en el centro, información escrita sobre sus derechos y obligaciones, el régimen de internamiento en el que se encuentran, las cuestiones de organización general, las normas de funcionamiento del centro, las normas disciplinarias y los medios para formular peticiones, quejas o recursos. La información se les facilitará en un idioma que entiendan. A los que tengan cualquier género de dificultad para comprender el contenido de esta información se les explicará por otro medio adecuado.

2. Todos los internados podrán formular, verbalmente o por escrito, en sobre abierto o cerrado, peticiones y quejas a la entidad pública sobre cuestiones referentes a su situación de internamiento. Dichas peticiones o quejas también podrán ser presentadas al Director del centro, el cual las atenderá si son de su competencia o las pondrá en conocimiento de la entidad pública o autoridades competentes, en caso contrario.

ART. 59. Medidas de vigilancia y seguridad.

1. Las actuaciones de vigilancia y seguridad interior en los centros podrán suponer, en la forma y con la periodicidad que se establezca reglamentariamente, inspecciones de los locales y dependencias, así como registros de personas, ropas y enseres de los menores internados.

2. Se podrán utilizar exclusivamente los medios de contención que se establezcan reglamentariamente para evitar actos de violencia o lesiones de las personas que cumplen las medidas previstas en esta ley, a sí mismos o a otras personas, para impedir actos de fuga y daños en las instalaciones del centro o ante la resistencia activa a las instrucciones del personal del mismo en el ejercicio legítimo de su cargo.

Solo será admisible, con carácter excepcional, la sujeción de las muñecas de la persona que cumple medida de internamiento con equipos homologados, siempre y cuando se realice bajo un estricto protocolo y no sea posible aplicar medidas menos lesivas.

3. Se prohíbe la contención mecánica consistente en la sujeción de una persona a una cama articulada o a un objeto fijo o anclado a las instalaciones o a objetos muebles.

4. La aplicación de medidas de contención requerirá en todos los casos en que se hiciera uso de la fuerza, la exploración física del interno por facultativo médico en el plazo máximo de 48 horas, extendiéndose el correspondiente parte médico.

5. Las medidas de contención aplicadas en los centros deberán ser comunicadas con carácter inmediato al Juzgado de Menores y al Ministerio Fiscal. Asimismo, se anotarán en el Libro Registro de Incidencias, que será supervisado por parte de la dirección del centro y en el expediente individualizado del menor, que debe mantenerse actualizado.

Última modificación realizada por Ley Orgánica 8/2021, de 4 de junio, de protección integral a la infancia y la adolescencia frente a la violencia (BOE de 05-06-2021).

ART. 60. Régimen disciplinario.

1. Los menores internados podrán ser corregidos disciplinariamente en los casos y de acuerdo con el procedimiento que se establezca reglamentariamente, de acuerdo con los principios de la Constitución, de esta Ley y del Título IX de la Ley 30/1992, de 26 de noviembre, de Régimen Jurídico de las Administraciones Públicas y del Procedimiento Administrativo Común, respetando en todo momento la dignidad de aquéllos y sin que en ningún caso se les pueda privar de sus derechos de alimentación, enseñanza obligatoria y comunicaciones y visitas, previstos en esta Ley y disposiciones que la desarrollen.

2. Las faltas disciplinarias se clasificarán en muy graves, graves y leves, atendiendo a la violencia desarrollada por el sujeto, su intencionalidad, la importancia del resultado y el número de personas ofendidas.

3. Las únicas sanciones que se podrán imponer por la comisión de faltas muy graves serán las siguientes:

a) La separación del grupo por un período de tres a siete días en casos de evidente agresividad, violencia y alteración grave de la convivencia.

b) La separación del grupo durante tres a cinco fines de semana.

c) La privación de salidas de fin de semana de quince días a un mes.

d) La privación de salidas de carácter recreativo por un período de uno a dos meses.

4. Las únicas sanciones que se podrán imponer por la comisión de faltas graves serán las siguientes:

a) Las mismas que en los cuatro supuestos del apartado anterior, con la siguiente duración: dos días, uno o dos fines de semana, uno a quince días, y un mes respectivamente.

b) La privación de participar en las actividades recreativas del centro durante un período de siete a quince días.

5. Las únicas sanciones que se podrán imponer por la comisión de faltas leves serán las siguientes:

a) La privación de participar en todas o algunas de las actividades recreativas del centro durante un período de uno a seis días.

b) La amonestación.

6. La sanción de separación supondrá que el menor permanecerá en su habitación o en otra de análogas características a la suya, durante el horario de actividades del centro, excepto para asistir, en su caso, a la enseñanza obligatoria, recibir visitas y disponer de dos horas de tiempo al día al aire libre.

7. Las resoluciones sancionadoras podrán ser recurridas, antes del inicio de su cumplimiento, ante el Juez de Menores. A tal fin, el menor sancionado podrá presentar el recurso por escrito o verbalmente ante el Director del establecimiento, quien, en el plazo de veinticuatro horas, remitirá dicho escrito o testimonio de la queja verbal, con sus propias alegaciones, al Juez de Menores y éste, en el término de una audiencia y oído el Ministerio Fiscal, dictará auto, confirmando, modificando o anulando la sanción impuesta, sin que contra dicho auto quepa recurso alguno. El auto, una vez notificado al establecimiento, será de ejecución inmediata. En tanto se sustancia el recurso, en el plazo de dos días, la entidad pública ejecutora de la medida podrá adoptar las decisiones precisas para restablecer el orden alterado, aplicando al sancionado lo dispuesto en el apartado 6 de este artículo. El letrado del menor también podrá interponer los recursos a que se refiere el párrafo anterior.

TÍTULO VIII
De la responsabilidad civil

ART. 61. Reglas generales.

1. La acción para exigir la responsabilidad civil en el procedimiento regulado en esta Ley se ejercitará por el Ministerio Fiscal, salvo que el perjudicado renuncie a ella, la ejercite por sí mismo en el plazo de un mes desde que se le notifique la apertura de la pieza separada de responsabilidad civil o se la reserve para ejercitarla ante el orden jurisdiccional civil conforme a los preceptos del Código Civil y de la Ley de Enjuiciamiento Civil.

2. Se tramitará una pieza separada de responsabilidad civil por cada uno de los hechos imputados.

3. Cuando el responsable de los hechos cometidos sea un menor de dieciocho años, responderán solidariamente con él de los daños y perjuicios causados sus padres, tutores, acogedores y guardadores legales o de hecho, por este orden. Cuando éstos no hubieren favorecido la conducta del menor con dolo o negligencia grave, su responsabilidad podrá ser moderada por el Juez según los casos.

4. En su caso, se aplicará también lo dispuesto en el artículo 145 de la Ley 30/1992, de 26 de noviembre, de Régimen Jurídico de las Administraciones Públicas y del Procedimiento Administrativo Común, y en la Ley 35/1995, de 11 de diciembre, de ayudas y asistencia a las víctimas de delitos violentos y contra la libertad sexual, y sus disposiciones complementarias.

ART. 62. Extensión de la responsabilidad civil.

La responsabilidad civil a la que se refiere el artículo anterior se regulará, en cuanto a su extensión, por lo dispuesto en el capítulo I del Título V del Libro I del Código Penal vigente.

ART. 63. Responsabilidad civil de los aseguradores.

Los aseguradores que hubiesen asumido el riesgo de las responsabilidades pecuniarias derivadas de los actos de los menores a los que se refiere la presente Ley serán responsables civiles directos hasta el límite de la indemnización legalmente establecida o convencionalmente pactada, sin perjuicio de su derecho de repetición contra quien corresponda.

ART. 64. Reglas de procedimiento.

Los trámites para la exigencia de la responsabilidad civil aludida en los artículos anteriores se acomodarán a las siguientes reglas:

1.ª Tan pronto como el Juez de Menores reciba el parte de la incoación del expediente por el Ministerio Fiscal, ordenará abrir de forma simultánea con el proceso principal una pieza separada de responsabilidad civil, notificando el secretario judicial a quienes aparezcan como perjudicados su derecho a ser parte en la misma, y estableciendo el plazo límite para el ejercicio de la acción.

2.ª En la pieza de referencia, que se tramitará de forma simultánea con el proceso principal, podrán personarse los perjudicados que hayan recibido notificación al efecto del Juez de Menores o del Ministerio Fiscal, conforme establece el artículo 22 de la presente Ley, y también espontáneamente quienes se consideren como tales. Asimismo, podrán personarse las compañías aseguradoras que se tengan por partes interesadas, dentro del plazo para el ejercicio de la acción de responsabilidad civil. En el escrito de personación, indicarán las personas que consideren responsables de los hechos cometidos y contra las cuales pretendan reclamar, bastando con la indicación genérica de su identidad.

3.ª El secretario judicial notificará al menor y a sus representantes legales, en su caso, su condición de posibles responsables civiles.

4.ª Una vez personados los presuntos perjudicados y responsables civiles, el Juez de Menores resolverá sobre su condición de partes, continuándose el procedimiento por las reglas generales.

5.ª La intervención en el proceso a los efectos de exigencia de responsabilidad civil se realizará en las condiciones que el Juez de Menores señale con el fin de preservar la intimidad del menor y que el conocimiento de los documentos obrantes en los autos se refiera exclusivamente a aquellos que tengan una conexión directa con la acción ejercitada por los mismos.

Última modificación realizada por Ley Orgánica 8/2006, de 4 de diciembre, por la que se modifica la Ley Orgánica 5/2000, de 12 de enero, reguladora de la responsabilidad penal de los menores (BOE de 05-12-2006).

DISPOSICIONES ADICIONALES

D.A. 1.ª Aplicación en la Jurisdicción Militar.

(DEROGADA)

Derogada por Ley Orgánica 8/2006, de 4 de diciembre, por la que se modifica la Ley Orgánica 5/2000, de 12 de enero, reguladora de la responsabilidad penal de los menores (BOE de 05-12-2006).

D.A. 2.ª Aplicación de medidas en casos de riesgo para la salud.

Cuando los Jueces de Menores aplicaren alguna de las medidas terapéuticas a las que se refieren los artículos 5.2, 7.1 y 29 de esta Ley, en caso de enfermedades transmisibles u otros riesgos para la salud de los menores o de quienes con ellos convivan, podrán encomendar a las autoridades o Servicios de Salud correspondientes su control y seguimiento, de conformidad con lo dispuesto en la Ley Orgánica 3/1986, de 14 de abril, de medidas especiales en materia de salud pública.

D.A. 3.ª Creación del Registro Central de Menores.

En el Ministerio de la Presidencia, Justicia y Relaciones con las Cortes se llevará un Registro Central de sentencias, medidas cautelares, requisitorias y rebeldías dictadas o acordadas en todos los procesos tramitados con arreglo a la presente ley orgánica. El acceso a los datos de este Registro se ajustará a lo establecido en la normativa que regule el Sistema de registros administrativos de apoyo a la Administración de Justicia y el Registro Central de Delincuentes Sexuales y de Trata de Seres Humanos, y en la legislación aplicable en materia de protección de datos personales.

Última modificación realizada por Ley Orgánica 4/2024, de 18 de octubre, por la que se modifica la Ley Orgánica 7/2014, de 12 de noviembre, sobre intercambio de información de antecedentes penales y consideración de resoluciones judiciales penales en la Unión Europea, para su adecuación a la normativa de la Unión Europea sobre el Sistema Europeo de Información de Antecedentes Penales (ECRIS) (BOE de 19-10-2024). Téngase en cuenta que el Registro Central de Menores, entra en funcionamiento el 8 de noviembre de 2025, según establece la disposición transitoria única de la citada Ley Orgánica.

D.A. 4.ª Aplicación a los delitos previstos en los artículos 138, 139, 179, 180, 571 a 580 y aquellos otros sancionados en el Código Penal con pena de prisión igual o superior a quince años.

(DEROGADA)

Derogada por Ley Orgánica 8/2006, de 4 de diciembre, por la que se modifica la Ley Orgánica 5/2000, de 12 de enero, reguladora de la responsabilidad penal de los menores (BOE de 05-12-2006).

D.A. 5.ª

El Gobierno dentro del plazo de cinco años desde la entrada en vigor de esta Ley Orgánica remitirá al Congreso de los Diputados un informe, en el que se analizarán y evaluarán los efectos y las consecuencias de la aplicación de la disposición adicional cuarta.

Añadida por Ley Orgánica 7/2000, de 22 de diciembre, de modificación de la Ley Orgánica 10/1995, de 23 de noviembre, del Código Penal, y de la Ley Orgánica 5/2000, de 12 de enero, reguladora de la Responsabilidad Penal de los Menores, en relación con los delitos de terrorismo (BOE de 23-12-2000).

D.A. 6.ª

Evaluada la aplicación de esta ley orgánica, oídos el Consejo General del Poder Judicial, el Ministerio Fiscal, las comunidades autónomas y los grupos parlamentarios, el Gobierno procederá a impulsar las medidas orientadas a sancionar con más firmeza y eficacia los hechos delictivos cometidos por personas que, aun siendo menores, revistan especial gravedad, tales como los previstos en los artículos 138, 139, 179 y 180 del Código Penal.

A tal fin, se establecerá la posibilidad de prolongar el tiempo de internamiento, su cumplimiento en centros en los que se refuercen las medidas de seguridad impuestas y la posibilidad de su cumplimiento a partir de la mayoría de edad en centros penitenciarios.

Añadida por Ley Orgánica 15/2003, de 25 de noviembre, por la que se modifica la Ley Orgánica 10/1995, de 23 de noviembre, del Código Penal (BOE de 26-11-2003).

DISPOSICIONES TRANSITORIAS

D.T. Única. Régimen transitorio.

1. A los hechos cometidos con anterioridad a la entrada en vigor de la presente Ley por los menores sujetos a la Ley Orgánica 4/1992, de 5 de junio, sobre Reforma de la Ley Reguladora de la Competencia y el Procedimiento de los Juzgados de Menores, que se deroga, les será de aplicación la legislación vigente en el momento de su comisión. Quienes estuvieren cumpliendo una medida de las previstas en la citada Ley Orgánica 4/1992 continuarán dicho cumplimiento hasta la extinción de la responsabilidad en las condiciones previstas en dicha Ley.

2. A la entrada en vigor de la presente Ley, cesará inmediatamente el cumplimiento de todas las medidas previstas en la Ley Orgánica 4/1992 que estuvieren cumpliendo personas menores de catorce años, extinguiéndose las correspondientes responsabilidades.

3. A los menores de dieciocho años, juzgados con arreglo a lo dispuesto en el Código Penal de 1973, en las leyes penales especiales derogadas o en la disposición derogatoria del Código Penal vigente, a quienes se hubiere impuesto una pena de dos años de prisión menor o una pena de prisión superior a dos años, que estuvieren pendientes de cumplimiento a la entrada en vigor de la presente Ley, dichas penas les serán sustituidas por alguna de las medidas previstas en esta Ley, a instancia del Ministerio Fiscal, previo informe del equipo técnico o de la correspondiente entidad pública de protección o reforma de menores. A tal efecto, se habrá de dar traslado al Ministerio Fiscal de la ejecutoria y de la liquidación provisional de las penas impuestas a los menores comprendidos en los supuestos previstos en este apartado.

4. Si, en los supuestos a los que se refiere el apartado anterior, la pena impuesta o pendiente de cumplimiento fuera de prisión inferior a dos años o de cualquiera otra naturaleza, se podrá imponer al condenado una medida de libertad vigilada simple por el tiempo que restara de cumplimiento de la condena, si el Juez de Menores, a petición del Ministerio Fiscal y oídos el letrado del menor, su representante legal, la correspondiente entidad pública de protección o reforma de menores y el propio sentenciado, lo considerara acorde con la finalidad educativa que persigue la presente Ley. En otro caso, el Juez de Menores podrá tener por cumplida la pena y extinguida la responsabilidad del sentenciado.

5. Las decisiones del Juez de Menores a que se refieren los apartados anteriores se adoptarán mediante auto recurrible directamente en apelación, en el plazo de cinco días hábiles, ante la Audiencia Provincial. Los Jueces de Menores deberán adoptar estas decisiones en el plazo de dos meses desde la entrada en vigor de esta Ley. Durante este plazo la situación del menor no se verá afectada.

6. En los procedimientos penales en curso a la entrada en vigor de la presente Ley, en los que haya imputadas personas por la comisión de hechos delictivos cuando aún no hayan cumplido los dieciocho años, el Juez o Tribunal competente remitirá las actuaciones practicadas al Ministerio Fiscal para que instruya el procedimiento regulado en la misma.

Los que se hallaren sujetos a prisión preventiva a la entrada en vigor de la Ley serán excarcelados y conducidos a un centro de reforma a disposición del Ministerio Fiscal. Si el Ministerio Fiscal estima procedente el mantenimiento del internamiento, deberá solicitarlo en el plazo de cuarenta y ocho horas del Juez de Menores, quien convocará la comparecencia prevista en el artículo 28.2.

Si el imputado lo fuere por hechos cometidos cuando era mayor de dieciocho años y menor de veintiuno, el Juez instructor acordará lo que proceda, según lo dispuesto en el artículo 4 de esta Ley.

Última modificación realizada por Ley Orgánica 9/2000, de 22 de diciembre, sobre medidas urgentes para la agilización de la Administración de Justicia, por la que se modifica la Ley Orgánica 6/1985, de 1 de julio, del Poder Judicial (BOE de 23-12-2000).

DISPOSICIONES FINALES

D.F. 1.ª Derecho supletorio.

Tendrán el carácter de normas supletorias, para lo no previsto expresamente en esta Ley Orgánica, en el ámbito sustantivo, el Código Penal y las leyes penales especiales, y, en el ámbito del procedimiento, la Ley de Enjuiciamiento Criminal, en particular lo dispuesto para los trámites del procedimiento abreviado regulado en el Título III del Libro IV de la misma.

D.F. 2.ª Modificación de la Ley Orgánica del Poder Judicial y del Estatuto Orgánico del Ministerio Fiscal.

1. El Gobierno, en el plazo de seis meses a partir de la publicación de la presente Ley en el "Boletín Oficial del Estado", elevará al Parlamento un proyecto de Ley Orgánica de reforma de la Ley Orgánica 6/1985, de 1 de julio, del Poder Judicial, para la creación de las Salas de Menores de los Tribunales Superiores de Justicia y para la adecuación de la regulación y competencia de los Juzgados de Menores y de la composición de la Sala Segunda del Tribunal Supremo a lo establecido en la presente Ley.

2. El Gobierno, en el plazo de seis meses a partir de la publicación de la presente Ley en el "Boletín Oficial del Estado", elevará al Parlamento un proyecto de Ley de reforma de la Ley 50/1981, de 30 de diciembre, por la que se regula el Estatuto Orgánico del Ministerio Fiscal, a fin de adecuar la organización del Ministerio Fiscal a lo establecido en la presente Ley.

D.F. 3.ª Reformas en materia de personal.

1. El Gobierno, a través del Ministerio de Justicia, oído el Consejo General del Poder Judicial, la Fiscalía General del Estado y las Comunidades Autónomas afectadas, en el plazo de seis meses desde la publicación de la presente Ley en el "Boletín Oficial del Estado" adoptará las disposiciones oportunas para adecuar la planta de los Juzgados de Menores y las plantillas de las Carreras Judicial y Fiscal a las necesidades orgánicas que resulten de la aplicación de lo dispuesto en la presente Ley.

2. Las plazas de Jueces de Menores deberán ser servidas necesariamente por Magistrados pertenecientes a la Carrera Judicial. A la entrada en vigor de esta Ley los titulares de un Juzgado de Menores que ostenten la categoría de Juez deberán cesar en dicho cargo, quedando, en su caso, en la situación que prevé el artículo 118.2 y concordantes de la vigente Ley Orgánica del Poder Judicial, procediéndose a cubrir tales plazas por concurso ordinario entre Magistrados.

3. El Gobierno, a través del Ministerio de Justicia, y las Comunidades Autónomas con competencia en la materia, a través de las correspondientes Consejerías, adecuarán las plantillas de funcionarios de la Administración de Justicia a las necesidades que presenten los Juzgados y las Fiscalías de Menores para la aplicación de la presente Ley. Asimismo, determinarán el número y plantilla de los Equipos Técnicos compuestos por personal fun-

cionario o laboral al servicio de las Administraciones Públicas, que actuarán bajo los principios de independencia, imparcialidad y profesionalidad.

4. Asimismo, el Gobierno, a través del Ministerio del Interior, y sin perjuicio de las competencias de las Comunidades Autónomas, adecuará las plantillas de los Grupos de Menores de las Brigadas de Policía Judicial, con objeto de establecer la adscripción a las Secciones de Menores de las Fiscalías de los funcionarios necesarios a los fines propuestos por esta Ley.

Última modificación realizada por Ley Orgánica 8/2006, de 4 de diciembre, por la que se modifica la Ley Orgánica 5/2000, de 12 de enero, reguladora de la responsabilidad penal de los menores (BOE de 05-12-2006).

D.F. 4.ª Especialización de Jueces, Fiscales y abogados.

1. El Consejo General del Poder Judicial y el Ministerio de Justicia, en el ámbito de sus competencias respectivas, procederán a la formación de miembros de la Carrera Judicial y Fiscal especialistas en materia de Menores con arreglo a lo que se establezca reglamentariamente. Dichos especialistas tendrán preferencia para desempeñar los correspondientes cargos en las Salas de Menores de los Tribunales Superiores de Justicia y en los Juzgados y Fiscalías de Menores, conforme a lo que establezcan las leyes y reglamentos.

2. En todas las Fiscalías existirá una Sección de Menores compuesta por miembros de la Carrera Fiscal, especialistas, con las dotaciones de funcionarios administrativos que sean necesarios, según se determine reglamentariamente.

3. El Consejo General de la Abogacía deberá adoptar las disposiciones oportunas para que en los Colegios en los que resulte necesario se impartan cursos homologados para la formación de aquellos letrados que deseen adquirir la especialización en materia de menores a fin de intervenir ante los órganos de esta Jurisdicción.

D.F. 5.ª Cláusula derogatoria.

1. Se derogan: la Ley Orgánica reguladora de la competencia y el procedimiento de los Juzgados de Menores, texto refundido aprobado por Decreto de 11 de junio de 1948, modificada por la Ley Orgánica 4/1992, de 5 de junio; los preceptos subsistentes del Reglamento para la ejecución de la Ley Orgánica reguladora de la competencia y el procedimiento de los Juzgados de Menores, aprobado por Decreto de 11 de junio de 1948; la disposición transitoria duodécima de la Ley Orgánica 10/1995, de 23 de noviembre, del Código Penal; y los artículos 8.2, 9.3, la regla 1.ª del artículo 20, en lo que se refiere al número 2.º del artículo 8, el segundo párrafo del artículo 22 y el artículo 65 del texto refundido del Código Penal, publicado por el Decreto 3096/1973, de 14 de septiembre, conforme a la Ley 44/1971, de 15 de noviembre.

2. Quedan asimismo derogadas cuantas otras normas, de igual o inferior rango, se opongan a lo establecido en la presente Ley.

D.F. 6.ª Naturaleza de la presente Ley.

Los artículos 16, 20, 21, 23 a 27, 30 a 35, 37 a 39, 41, 42 y 61 a 64, la disposición adicional tercera y la disposición final tercera de la presente Ley Orgánica tienen naturaleza de Ley ordinaria.

D.F. 7.ª Entrada en vigor y desarrollo reglamentario.

1. La presente Ley Orgánica entrará en vigor al año de su publicación en el "Boletín Oficial del Estado". En dicha fecha entrarán también en vigor los artículos 19 y 69 de la Ley Orgánica 10/1995, de 23 de noviembre, del Código Penal.

2. Durante el plazo mencionado en el apartado anterior, las Comunidades Autónomas con competencia respecto a la protección y reforma de menores adaptarán su normativa para la adecuada ejecución de las funciones que les otorga la presente Ley.

Por tanto,

Mando a todos los españoles, particulares y autoridades, que guarden y hagan guardar esta Ley Orgánica.

Madrid, 12 de enero de 2000.

JUAN CARLOS R.

El Presidente del Gobierno,

JOSÉ MARÍA AZNAR LÓPEZ

IV. REAL DECRETO 1774/2004, DE 30 DE JULIO, POR EL QUE SE APRUEBA EL REGLAMENTO DE LA LEY ORGÁNICA 5/2000, DE 12 DE ENERO, REGULADORA DE LA RESPONSABILIDAD PENAL DE LOS MENORES

—BOE núm. 209, de 30 de agosto de 2004—

La ley orgánica 5/2000, de 12 de enero, reguladora de la responsabilidad penal de los menores, en el apartado 24 de su exposición de motivos, prevé una regulación más extensa de algunos de sus aspectos en el reglamento que en su día se dicte en su desarrollo. Asimismo, en diferentes artículos de la ley orgánica hay llamamientos concretos al desarrollo reglamentario para establecer: la periodicidad con que se remitirá al juez de menores y al Ministerio Fiscal los informes sobre la ejecución de la medida y sus incidencias, y sobre la evolución personal de los menores sometidos a ellas; los permisos ordinarios y extraordinarios de los que podrá disfrutar el menor internado; los requisitos para trasladar al menor de centro fuera de la comunidad autónoma; el derecho del menor a comunicarse libremente con sus padres y familiares, y a disfrutar de salidas y permisos; el derecho de las menores internadas a tener en su compañía a sus hijos menores de tres años; la forma y la periodicidad de las actuaciones de vigilancia y seguridad en los centros; los medios de contención para evitar actos de violencia, impedir actos de fuga y daños en las instalaciones, o ante la resistencia a las instrucciones del personal del centro, y el régimen disciplinario de los centros para la ejecución de las medidas privativas de libertad.

A la vista de estas previsiones, se ha elaborado un reglamento que, conforme a su artículo 1, pretende abordar un desarrollo parcial de la Ley Orgánica 5/2000, de 12 de enero, reguladora de la responsabilidad penal de los menores, en lo relativo a tres materias concretas: la actuación de la Policía Judicial y del equipo técnico, la ejecución de las medidas cautelares y definitivas y el régimen disciplinario de los centros.

El capítulo II, rubricado 'De la actuación de la Policía Judicial y del equipo técnico', regula en términos generales la intervención de ambos colectivos. Los artículos 2 y 3 se dedican a la actuación de la Policía Judicial, dependiente funcionalmente del Ministerio Fiscal y del juez de menores, prestando especial atención al modo de llevar a cabo la detención del menor. El artículo 4 se refiere a la actuación del equipo técnico, integrado por psicólogos, educadores y trabajadores sociales, y responsables de prestar asistencia al menor desde el momento de su detención, de asistir técnicamente a los jueces de menores y al Ministerio Fiscal y de intervenir activamente en la mediación entre el menor y la víctima o perjudicado, función ampliamente desarrollada por el artículo 5 del reglamento.

El capítulo III ('De las reglas para la ejecución de las medidas') se divide en tres secciones. La primera destinada a regular las reglas comunes; la segunda, a algunas medidas no privativas de libertad, y la tercera, a las medidas privativas de libertad.

Las denominadas reglas comunes comprenden el establecimiento de los principios que deben inspirar la ejecución de las medidas y los derechos de los menores, con expresa mención en el último a los tratados internacionales ratificados por España (artículos 6 y 7) y la delimitación de la competencia de las Administraciones públicas para la ejecución de las medidas (artículos 8 a 11). Pero también regula el expediente personal del menor, único en la comunidad autónoma que ejecute la medida, de carácter reservado y sometido a la Ley Orgánica 15/1999, de 13 de diciembre, de Protección de Datos de Carácter Personal (artículo 12), así como los llamados 'informes de seguimiento' que la entidad pública competente deberá remitir al juez de menores y al Ministerio Fiscal (artículo 13). Seguidamente, reglamenta la actuación de la entidad pública en los casos de incumplimiento de las medidas de internamiento y de permanencia de fin de semana en el centro o en el domicilio y otras medidas no privativas de libertad. La sección concluye con un precepto que regula los casos en que el menor desee conciliarse con la víctima o reparar el daño causado. En estos casos, se encomiendan a la entidad pública las funciones de mediación.

IV

La sección 2.ª del capítulo III contempla reglas específicas para la ejecución de determinadas medidas no privativas de libertad, en desarrollo del artículo 7 de la Ley Orgánica 5/2000, de 12 de enero, comprendiendo la regulación de las medidas de tratamiento ambulatorio, asistencia a un centro de día, libertad vigilada, convivencia con otra persona, familia o grupo educativo, prestaciones en beneficio de la comunidad y realización de tareas socioeducativas. Es nota común a todas ellas la elaboración de un programa individualizado de ejecución.

La sección 3.ª es la más extensa y heterogénea del reglamento y bajo la rúbrica 'Reglas específicas para la ejecución de las medidas privativas de libertad', regula tanto las medidas como los trámites para el ingreso, la asistencia del menor, su régimen de comunicación, etc. Atendiendo a su contenido, los 36 artículos que integran esta sección pueden estructurarse en los siguientes apartados: disposiciones relativas a los regímenes de internamiento (artículos 23 a 29, 34 y 53), disposiciones relativas al funcionamiento de los centros (artículos 30, 33, 35 y 53 a 58), disposiciones relativas al ingreso y a la libertad del menor (artículos 31, 32, 34 y 36), disposiciones relativas a la asistencia del menor (artículos 37, 38 y 39), disposiciones relativas a las comunicaciones (artículos 40 a 44) y disposiciones relativas a las salidas y permisos (artículos 45 a 52).

El capítulo IV ('Del régimen disciplinario de los centros') da cumplimiento al tercer objetivo que apunta el artículo 1 del reglamento, inspirándose en el título X del Reglamento Penitenciario, aprobado por el Real Decreto 190/1996, de 9 de febrero. Aunque no se divide en secciones, su contenido permite apreciar un bloque de temática homogénea: los artículos 59 y 60 regulan, respectivamente, el fundamento y ámbito de aplicación y los principios de la potestad disciplinaria; los artículos 61 a 64 regulan las faltas disciplinarias clasificándolas en muy graves, graves y leves, 'atendiendo a la violencia desarrollada por el sujeto, su intencionalidad, la importancia del resultado y el número de personas ofendidas'; los artículos 65 a 69 regulan las sanciones con carácter general y taxativo; los artículos 70 a 80 regulan los procedimientos para la imposición de sanciones; finalmente, los artículos 81 a 85 contienen reglas especiales sobre las sanciones (ejecución y cumplimiento, reducción, suspensión y anulación, extinción y prescripción) y sobre incentivos o recompensas de un modo similar al artículo 263 del Reglamento Penitenciario.

Este reglamento ha sido sometido al preceptivo informe de la Agencia Española de Protección de Datos, la Fiscalía General del Estado y el Consejo General del Poder Judicial.

En su virtud, a propuesta del Ministro de Justicia, con la aprobación previa del Ministro de Administraciones Públicas, de acuerdo con el Consejo de Estado y previa deliberación del Consejo de Ministros en su reunión del día 30 de julio de 2004,

DISPONGO:

ART. único. Aprobación del Reglamento de la Ley Orgánica 5/2000, de 12 de enero, reguladora de la responsabilidad penal de los menores.

Se aprueba el Reglamento de la Ley Orgánica 5/2000, de 12 de enero, reguladora de la responsabilidad penal de los menores, cuyo texto se inserta a continuación.

D.A. única. Evaluación de resultados.

Transcurrido un año desde la entrada en vigor del reglamento de la Ley Orgánica 5/2000, de 12 de enero, reguladora de la responsabilidad penal de los menores, el Gobierno procederá a evaluar los resultados de su aplicación, consultando para ello a las comunidades autónomas, al Consejo General del Poder Judicial y al Fiscal General del Estado.

D.F. única. Entrada en vigor.

El presente real decreto entrará en vigor a los seis meses de su publicación en el 'Boletín Oficial del Estado'.

Dado en Palma de Mallorca, a 30 de julio de 2004.

JUAN CARLOS R.

El Ministro de Justicia,
JUAN FERNANDO LÓPEZ AGUILAR

REGLAMENTO DE LA LEY ORGÁNICA 5/2000, DE 12 DE ENERO, REGULADORA DE LA RESPONSABILIDAD PENAL DE LOS MENORES

CAPÍTULO I
Disposiciones generales

ART. 1. Objeto y ámbito de aplicación.

1. Este reglamento tiene por objeto el desarrollo de la Ley Orgánica 5/2000, de 12 de enero, reguladora de la responsabilidad penal de los menores, en lo referente a la actuación del equipo técnico y de la Policía Judicial, a la ejecución de las medidas cautelares y definitivas adoptadas de conformidad con aquella y al régimen disciplinario de los centros para la ejecución de las medidas privativas de libertad, sin perjuicio de las normas que en aplicación de lo dispuesto en el artículo 45.1 y la disposición final séptima de la citada ley orgánica establezcan las comunidades autónomas y las Ciudades de Ceuta y Melilla, en el ámbito de sus competencias.

2. Al efecto de designar a las personas a quienes se aplica este reglamento, en su articulado se utiliza el término menores para referirse a las personas que no han cumplido 18 años, sin perjuicio de lo previsto en los artículos 4 y 15 de la Ley Orgánica 5/2000, de 12 de enero, cuando sea aplicable.

CAPÍTULO II
De la actuación de la Policía Judicial y del equipo técnico

ART. 2. Actuación de la Policía Judicial.

1. La Policía Judicial actúa en la investigación de los hechos cometidos por menores que pudieran ser constitutivos de delitos o faltas, bajo la dirección del Ministerio Fiscal.

2. La actuación de la Policía Judicial se atendrá a las órdenes del Ministerio Fiscal y se sujetará a lo establecido en la Ley Orgánica 5/2000, de 12 de enero, reguladora de la responsabilidad penal de los menores, y en la Ley de Enjuiciamiento Criminal.

Salvo la detención, toda diligencia policial restrictiva de derechos fundamentales será interesada al Ministerio Fiscal para que, por su conducto, se realice la oportuna solicitud al juez de menores competente.

3. Los registros policiales donde consten la identidad y otros datos que afecten a la intimidad de los menores serán de carácter estrictamente confidencial y no podrán ser consultados por terceros. Solo tendrán acceso a dichos archivos las personas que participen directamente en la investigación de un caso en trámite o aquellas personas que, en el ejercicio de sus respectivas competencias, autoricen expresamente el juez de menores o el Ministerio Fiscal, todo ello sin perjuicio de las disposiciones que, en materia de regulación de ficheros y registros automatizados, dicten las comunidades autónomas de acuerdo con sus respectivas competencias.

4. A tal efecto, cuando, de conformidad con el artículo 17 de la Ley Orgánica 5/2000, de 12 de enero, reguladora de la responsabilidad penal de los menores, se proceda a la detención de un menor, se podrá proceder a tomar reseña de sus impresiones dactilares, así como fotografías de su rostro, que se remitirán, como parte del atestado policial, al Ministerio Fiscal para la instrucción del expediente, y constarán en la base de datos de identificación personal.

5. El cacheo y aseguramiento físico de los menores detenidos se llevará a cabo en los casos en que sea estrictamente necesario y como medida proporcional de seguridad para el propio menor detenido y los funcionarios actuantes, cuando no sea posible otro medio de contención física del menor.

6. Además de lo anterior, existirá un registro o archivo central donde, de modo específico para menores, se incorporará la información relativa a los datos de estos resultantes de la investigación. Tal registro o archivo solo podrá facilitar información a requerimiento del Ministerio Fiscal o del juez de menores.

Tanto los registros policiales como el registro central al que se refiere este apartado estarán sometidos a lo dispuesto en la Ley Orgánica 15/1999, de 13 de diciembre, de Protección de Datos de Carácter Personal.

7. Cuando el Ministerio Fiscal o el juez de menores, en el ejercicio de sus competencias atribuidas por la Ley Orgánica 5/2000, de 12 de enero, reguladora de la responsabilidad penal de los menores, deseen consultar datos relativos a la identidad o edad de un menor, requerirán del mencionado registro o archivo central que se comparen los datos que obran en su poder con los que existan en dicho registro, a fin de acreditar la identidad u otros datos del menor expedientado. A tal fin, dirigirán comunicación, directamente o a través del Grupo de Menores u otras unidades similares, al mencionado registro, que facilitará los datos y emitirá un informe sobre los extremos requeridos.

8. Los registros de menores a que se refiere este artículo no podrán ser utilizados en procesos de adultos relativos a casos subsiguientes en los que esté implicada la misma persona.

9. Cuando la policía judicial investigue a una persona como presunto autor de una infracción penal de cuya minoría de edad se dude y no consten datos que permitan su determinación, se pondrá a disposición de la autoridad judicial de la jurisdicción ordinaria para que proceda a determinar la identidad y edad del presunto delincuente por las reglas de la Ley de Enjuiciamiento Criminal. Una vez acreditada la edad, si esta fuese inferior a los 18 años, se procederá conforme a lo previsto en la Ley Orgánica 5/2000, de 12 de enero, reguladora de la responsabilidad penal de los menores.

10. Cuando para la identificación de un menor haya de acudirse a la diligencia de reconocimiento prevista en el artículo 369 de la Ley de Enjuiciamiento Criminal, dicha diligencia solo podrá llevarse a cabo con orden o autorización del Ministerio Fiscal o del juez de menores según sus propias competencias.

Para la práctica de la diligencia de reconocimiento, se utilizarán los medios que resulten menos dañinos a la integridad del menor, debiendo llevarse a cabo en las dependencias de los Grupos de Menores o en las sedes del Ministerio Fiscal o autoridad judicial competente. La rueda deberá estar compuesta por otras personas, menores o no, conforme a los requisitos de la Ley de Enjuiciamiento Criminal.

Cuando la rueda esté compuesta por otros menores de edad, se deberá contar con su autorización y con la de sus representantes legales o guardadores de hecho o de derecho, a salvo el supuesto de los mayores de 16 años no emancipados y de los menores emancipados en que sea de aplicación lo dispuesto para las limitaciones a la declaración de voluntad de los menores en el artículo 2 de la Ley Orgánica 1/1996, de protección jurídica del menor.

ART. 3. Modo de llevar a cabo la detención del menor.

1. Las autoridades y funcionarios que intervengan en la detención de un menor deberán practicarla en la forma que menos le perjudique, y estarán obligados a informarle, en un lenguaje claro y comprensible y de forma inmediata, de los hechos que se le imputan, de las razones de su detención y de los derechos que le asisten, especialmente los reconocidos en el artículo 520 de la Ley de Enjuiciamiento Criminal, así como a garantizar el respeto de tales derechos. También deberán notificar inmediatamente el hecho de la detención y el lugar de la custodia a los representantes legales del menor y al Ministerio Fiscal. Si el menor detenido fuera extranjero, el hecho de la detención se notificará a las correspondientes autoridades consulares cuando el menor tuviera su residencia habitual fuera de España o cuando así lo solicitaran el propio menor o sus representantes legales.

2. Toda declaración del detenido se llevará a cabo en presencia de su letrado y de aquellos que ejerzan la patria potestad, tutela o guarda del menor, de hecho o de derecho, salvo que, en este último caso, las circunstancias aconsejen lo contrario. En defecto de estos últimos, la declaración se llevará a cabo en presencia del Ministerio Fiscal, representado por un fiscal distinto del instructor del expediente.

3. Mientras dure la detención los menores deberán hallarse custodiados en dependencias adecuadas conforme establece la Ley Orgánica 5/2000, de 12 de enero, reguladora de la responsabilidad penal de los menores.

La custodia de los menores detenidos a que se refiere el párrafo anterior corresponderá a las Fuerzas y Cuerpos de Seguridad competentes hasta que el fiscal resuelva sobre la libertad del menor, el desistimiento o la incoación del expediente, con puesta a disposición del juez a que se refiere el artículo 17.5 de la Ley Orgánica 5/2000, de 12 de enero, reguladora de la responsabilidad penal de los menores. El fiscal resolverá en el menor espacio de tiempo posible y, en todo caso, dentro de las 48 horas siguientes a la detención.

4. Durante la detención debe garantizarse que todo menor disponga de alimentación, vestimenta y condiciones de intimidad, seguridad y sanidad adecuadas.

5. En los establecimientos de detención deberá llevarse un libro registro, de carácter confidencial, que al menos deberá contar con la siguiente información:

a) Datos relativos a la identidad del menor.

b) Circunstancias de la detención, motivos y en su caso autoridad que la ordenó.

c) Día y hora del ingreso, traslado o libertad.

d) Indicación de la persona o personas que custodian al menor.

e) Detalle de la notificación a los padres o representantes legales del menor y al Ministerio Fiscal de la detención del menor.

f) Expresión de las circunstancias psicofísicas del menor.

g) Constatación de que se le ha informado de las circunstancias de la detención y de sus derechos.

Los datos de dicho registro estarán exclusivamente a disposición del Ministerio Fiscal y de la autoridad judicial competente.

Este libro registro será único para todo lo concerniente a la detención del menor, y no se consignará ninguno de sus datos en ningún otro libro de la dependencia.

ART. 4. Actuación del equipo técnico.

1. Los equipos técnicos estarán formados por psicólogos, educadores y trabajadores sociales cuya función es asistir técnicamente en las materias propias de sus disciplinas profesionales a los jueces de menores y al Ministerio Fiscal, elaborando los informes, efectuando las propuestas, siendo oídos en los supuestos y en la forma establecidos en la Ley Orgánica 5/2000, de 12 de enero, reguladora de la responsabilidad penal de los menores, y, en general, desempeñando las funciones que tengan legalmente atribuidas.

Del mismo modo, prestarán asistencia profesional al menor desde el momento de su detención y realizarán funciones de mediación entre el menor y la víctima o perjudicado.

Podrán también incorporarse de modo temporal o permanente a los equipos técnicos otros profesionales relacionados con las funciones que tienen atribuidas, cuando las necesidades planteadas lo requieran y así lo acuerde el órgano competente.

2. Los profesionales integrantes de los equipos técnicos dependerán orgánicamente del Ministerio de Justicia o de las comunidades autónomas con competencias asumidas y estarán adscritos a los juzgados de menores.

Durante la instrucción del expediente, desempeñarán las funciones establecidas en la Ley Orgánica 5/2000, de 12 de enero, bajo la dependencia funcional del Ministerio Fiscal y del juez de menores cuando lo ordene.

No obstante lo anterior, en el ejercicio de su actividad técnica actuarán con independencia y con sujeción a criterios estrictamente profesionales.

3. En todo caso, la Administración competente garantizará que el equipo técnico realice sus funciones en los términos que exijan las necesidades del servicio, adoptando las medidas oportunas al efecto.

4. El Ministerio de Justicia y las comunidades autónomas con competencias asumidas en sus respectivos ámbitos determinarán el número de equipos técnicos necesarios, su composición y plantilla de conformidad con las necesidades que presenten los juzgados de menores y fiscalías garantizando que cada fiscal instructor cuente con los medios personales adecuados y suficientes para la emisión de los informes determinados por la ley y en los plazos establecidos.

5. Los informes serán firmados por los profesionales del equipo técnico que intervengan en cada caso. La representación del equipo la ostentará aquel que sea designado por el Ministerio Fiscal o el juez de menores en la actuación concreta de que se trate.

ART. 5. Modo de llevar a cabo las soluciones extrajudiciales.

1. En el supuesto previsto en el artículo 19 de la Ley Orgánica 5/2000, de 12 de enero, reguladora de la responsabilidad penal de los menores, se procederá del siguiente modo:

a) Si el Ministerio Fiscal, a la vista de las circunstancias concurrentes o a instancia del letrado del menor, apreciara la posibilidad de desistir de la continuación del expediente, solicitará del equipo técnico informe sobre la conveniencia de adoptar la solución extrajudicial más adecuada al interés del menor y al de la víctima.

b) Recibida la solicitud por el equipo técnico, citará a su presencia al menor, a sus representantes legales y a su letrado defensor.

c) El equipo técnico expondrá al menor la posibilidad de solución extrajudicial prevista en el artículo 19 de la Ley Orgánica 5/2000, de 12 de enero, y oirá a sus representantes legales.

Si, con audiencia de su letrado, el menor aceptara alguna de las soluciones que el equipo le propone, a ser posible en el mismo acto, se recabará la conformidad de sus representantes legales.

Si el menor o sus representantes legales manifestaran su negativa a aceptar una solución extrajudicial, el equipo técnico lo comunicará al Ministerio Fiscal e iniciará la elaboración del informe al que alude el artículo 27 de la Ley Orgánica 5/2000, de 12 de enero.

d) El equipo técnico se pondrá en contacto con la víctima para que manifieste su conformidad o disconformidad a participar en un procedimiento de mediación, ya sea a través de comparecencia personal ante el equipo técnico, ya sea por cualquier otro medio que permita dejar constancia.

Si la víctima fuese menor de edad o incapaz, este consentimiento deberá ser confirmado por sus representantes legales y ser puesto en conocimiento del juez de menores competente.

e) Si la víctima se mostrase conforme a participar en la mediación, el equipo técnico citará a ambos a un encuentro para concretar los acuerdos de conciliación o reparación. No obstante, la conciliación y la reparación también podrán llevarse a cabo sin encuentro, a petición de la víctima, por cualquier otro medio que permita dejar constancia de los acuerdos.

f) No siendo posible la conciliación o la reparación directa o social, o cuando el equipo técnico lo considere más adecuado al interés del menor, propondrá a este la realización de tareas socioeducativas o la prestación de servicios en beneficio de la comunidad.

g) El equipo técnico pondrá en conocimiento del Ministerio Fiscal el resultado del proceso de mediación, los acuerdos alcanzados por las partes y su grado de cumplimiento o, en su caso, los motivos por los que no han podido llevarse a efecto los compromisos alcanzados por las partes, a efectos de lo dispuesto en el artículo 19.4 y 5 de la Ley Orgánica 5/2000, de 12 de enero, reguladora de la responsabilidad penal de los menores.

2. Si, conforme a lo previsto en el artículo 27.3 de la Ley Orgánica 5/2000, de 12 de enero, reguladora de la responsabilidad penal de los menores, el equipo técnico considera conveniente que el menor efectúe una actividad reparadora o de conciliación con la víctima, informará de tal extremo al Ministerio Fiscal y al letrado del menor. Si este apreciara la posibilidad de desistir de la continuación del expediente, solicitará del equipo técnico informe sobre la solución extrajudicial más adecuada y se seguirán los trámites previstos en el apartado anterior.

3. Lo dispuesto en este artículo podrá ser aplicable al procedimiento de mediación previsto en el artículo 51.2 de la Ley Orgánica 5/2000, de 12 de enero, reguladora de la responsabilidad penal de los menores, sin perjuicio de la competencia de la entidad pública y de lo dispuesto en el artículo 15 de este reglamento. Las referencias al equipo técnico hechas en este artículo se entenderán efectuadas a la entidad pública cuando, de conformidad con lo establecido en el artículo 8.7 de este reglamento, dicha entidad realice las funciones de mediación.

CAPÍTULO III
De las reglas para la ejecución de las medidas

Sección 1.ª Reglas comunes para la ejecución de las medidas

ART. 6. Principios inspiradores de la ejecución de las medidas.

Los profesionales, organismos e instituciones que intervengan en la ejecución de las medidas ajustarán su actuación con los menores a los principios siguientes:

a) El superior interés del menor de edad sobre cualquier otro interés concurrente.

b) El respeto al libre desarrollo de la personalidad del menor.

c) La información de los derechos que les corresponden en cada momento y la asistencia necesaria para poder ejercerlos.

d) La aplicación de programas fundamentalmente educativos que fomenten el sentido de la responsabilidad y el respeto por los derechos y libertades de los otros.

e) La adecuación de las actuaciones a la edad, la personalidad y las circunstancias personales y sociales de los menores.

f) La prioridad de las actuaciones en el propio entorno familiar y social, siempre que no sea perjudicial para el interés del menor. Asimismo en la ejecución de las medidas se utilizarán preferentemente los recursos normalizados del ámbito comunitario.

g) El fomento de la colaboración de los padres, tutores o representantes legales durante la ejecución de las medidas.

h) El carácter preferentemente interdisciplinario en la toma de decisiones que afecten o puedan afectar a la persona.

i) La confidencialidad, la reserva oportuna y la ausencia de injerencias innecesarias en la vida privada de los menores o en la de sus familias, en las actuaciones que se realicen.

j) La coordinación de actuaciones y la colaboración con los demás organismos de la propia o de diferente Administración, que intervengan con menores y jóvenes, especialmente con los que tengan competencias en materia de educación y sanidad.

ART. 7. Derechos de los menores durante la ejecución de las medidas.

Los menores y los jóvenes gozarán durante la ejecución de las medidas de los derechos y libertades que a todos reconocen la Constitución, los tratados internacionales ratificados por España y el resto del ordenamiento jurídico vigente, a excepción de los que se encuentren expresamente limitados por la ley, el contenido del fallo condenatorio o el sentido de la medida impuesta.

ART. 8. Competencia funcional.

1. Corresponde a las comunidades autónomas y las Ciudades de Ceuta y Melilla, mediante las entidades públicas que estas designen con arreglo a la disposición final vigésima segunda de la Ley Orgánica 1/1996, de 15 de enero, de protección jurídica del menor:

a) La ejecución de las medidas cautelares adoptadas de conformidad con el artículo 28 de la Ley Orgánica 5/2000, de 12 de enero, reguladora de la responsabilidad penal de los menores.

b) La ejecución de las medidas adoptadas por los jueces de menores en sus sentencias firmes, previstas en los párrafos a) a k) del artículo 7.1 de la Ley Orgánica 5/2000, de 12 de enero.

c) La ejecución del régimen de libertad vigilada y de la actividad socioeducativa a la que alude el artículo 40.2.c) de la Ley Orgánica 5/2000, de 12 de enero.

Dichas entidades públicas llevarán a cabo, de acuerdo con sus respectivas normas de organización, la creación, dirección, organización y gestión de los servicios, instituciones y programas adecuados para garantizar la correcta ejecución de las medidas, sin perjuicio de los convenios y acuerdos de colaboración que puedan establecer de conformidad con el artículo 45.3 de la Ley Orgánica 5/2000, de 12 de enero, reguladora de la responsabilidad penal de los menores.

2. Corresponde al Estado, en los establecimientos y con el control del personal especializado que ponga a disposición de la Audiencia Nacional, la ejecución de la detención preventiva, de las medidas cautelares de internamiento y de las medidas adoptadas en sentencia firme que, de conformidad con la disposición adicional cuarta de la Ley Orgánica 5/2000, de 12 de enero, reguladora de la responsabilidad penal de los menores, acuerden el Juzgado Central de Menores o la sala correspondiente de la Audiencia Nacional, sin perjuicio de los convenios que, en su caso, pueda establecer para dicha finalidad con las comunidades autónomas y las Ciudades de Ceuta y Melilla.

3. Corresponde a las instituciones públicas que en el respectivo territorio tengan encomendada la ejecución de las medidas penales a las que alude el artículo 105.1 de la Ley Orgánica 10/1995, de 23 de noviembre, del Código Penal, la ejecución de la medida de libertad vigilada impuesta de conformidad con la regla 5.ª del artículo 9 y, en su caso, con el apartado 2.c) de la disposición adicional cuarta de la Ley Orgánica 5/2000, de 12 de enero, reguladora de la responsabilidad penal de los menores.

4. Las medidas de privación del permiso de conducir ciclomotores o vehículos a motor, o del derecho a obtenerlo, o de las licencias administrativas para caza o para cualquier tipo de armas y la inhabilitación absoluta, previstas en los párrafos m) y n) del artículo 7.1 de la Ley Orgánica 5/2000, de 12 de enero, reguladora de la responsabilidad penal de los menores, si no fueran ejecutadas directamente por el juez de menores, se ejecutarán por los órganos administrativos competentes por razón de la materia.

5. Si en virtud de lo dispuesto en el artículo 15 de la Ley Orgánica 5/2000, de 12 de enero, reguladora de la responsabilidad penal de los menores, se ordena el cumplimiento de la medida de internamiento del menor en un centro penitenciario, la competencia para la ejecución de esta será de la Administración penitenciaria, sin perjuicio de las facultades propias del juez de menores competente. Esta competencia será extensiva a la ejecución de las medidas pendientes de cumplimiento del artículo 7.1.e) a k) de la Ley Orgánica 5/2000, de 12 de enero, una vez finalizado el internamiento.

6. Cuando de conformidad con la Ley Orgánica 5/2000, de 12 de enero, reguladora de la responsabilidad penal de los menores, el juez de menores o el Ministerio Fiscal remitan a la entidad pública de protección de menores testimonio de particulares sobre un menor de 14 años, será dicha entidad la competente para valorar la situación y decidir si se ha de adoptar alguna medida, conforme a las normas del Código Civil y la legislación de protección de menores.

7. Sin perjuicio de las funciones de mediación atribuidas en el artículo 19.3 de la Ley Orgánica 5/2000, de 12 de enero, reguladora de la responsabilidad penal de los menores, a los equipos técnicos correspondientes, también las entidades públicas podrán poner a disposición del Ministerio Fiscal y de los juzgados de menores, en su caso, los programas necesarios para realizar las funciones de mediación a las que alude el citado artículo.

ART. 9. Punto de conexión para determinar la Administración competente en la ejecución de las medidas.

1. Para la ejecución de las medidas previstas en el apartado 1 del artículo anterior, serán competentes las comunidades autónomas y las Ciudades de Ceuta y Melilla donde se ubique el juzgado de menores que las haya acordado.

En el caso de que la entidad pública haya designado un centro de internamiento para la ejecución situado fuera de su comunidad autónoma, de acuerdo con lo previsto en la Ley Orgánica 5/2000, de 12 de enero, y en este reglamento, será la comunidad autónoma a la que pertenezca dicho centro la competente para la ejecución de la medida, en los términos previstos en el artículo 46.3 de la Ley Orgánica 5/2000, de 12 de enero, reguladora de la responsabilidad penal de los menores.

2. Si la aprobación judicial prevista en el artículo 46.3 de la Ley Orgánica 5/2000, de 12 de enero, reguladora de la responsabilidad penal de los menores, se adopta una vez iniciada la ejecución de la medida, dejará de ser competente la comunidad autónoma respectiva desde el momento del traslado efectivo del menor al nuevo centro o desde la notificación judicial a la comunidad autónoma de residencia para que designe el profesional responsable de la ejecución de la medida no privativa de libertad impuesta.

3. En caso de traslado de centro por las circunstancias previstas en el artículo 35.1.b) y c) de este reglamento, continuará siendo competente de la ejecución de la medida la comunidad autónoma donde se ubique el juzgado de menores que la haya acordado, sin perjuicio de la colaboración prestada por la comunidad autónoma responsable del centro de destino.

ART. 10. Inicio de la ejecución.

1. Para dar inicio a la ejecución de las medidas acordadas en sentencia firme, que sean competencia de las entidades públicas, se procederá conforme a las reglas siguientes:

1.ª Recibidos en la entidad pública la ejecutoria y el testimonio de particulares del juzgado de menores, así como los informes técnicos que obren en la causa y la identificación del letrado del menor, la entidad pública competente, cuando la medida impuesta sea alguna de las previstas en los párrafos a) a d) del artículo 7.1 de la Ley Orgánica 5/2000, de 12 de enero, reguladora de la responsabilidad penal de los menores, o la de permanencia de fin de semana en un centro, designará de forma inmediata el centro que considere más adecuado para su ejecución de entre los más cercanos al domicilio del menor en los que existan plazas disponibles correspondientes al régimen o al tipo de internamiento impuesto. La designación se comunicará al juzgado de menores competente para que ordene el ingreso del menor si no estuviera ingresado cautelarmente.

2.ª Se requerirá la previa aprobación judicial del centro propuesto por la entidad pública en los casos siguientes:

a) Cuando de conformidad con el artículo 46.3 de la Ley Orgánica 5/2000, de 12 de enero, se proponga, en interés del menor, el ingreso en un centro de la comunidad autónoma que se encuentre alejado de su domicilio y de su entorno social y familiar, aun existiendo plaza en un centro más cercano adecuada al régimen o al tipo de internamiento impuesto.

b) Cuando se proponga para la ejecución de la medida el ingreso del menor en un centro sociosanitario, de conformidad con lo dispuesto en el artículo 54.2 de la Ley Orgánica 5/2000, de 12 de enero.

c) Cuando se proponga el ingreso del menor en un centro de otra comunidad autónoma, por los motivos descritos en el artículo 35.1 de este reglamento.

3.ª La entidad pública designará de forma inmediata y, en todo caso, en el plazo máximo de cinco días un profesional que se responsabilizará de la ejecución de la medida impuesta, siempre que esta sea alguna de las previstas en los párrafos e), f), g), cuando en este caso la permanencia se ordene en el domicilio, h), i), j) y k) del artículo 7.1 de la Ley Orgánica 5/2000, de 12 de enero, reguladora de la responsabilidad penal de los menores. Dicha designación se comunicará al juzgado correspondiente.

4.ª En la medida de libertad vigilada y en las medidas de internamiento, el profesional o el centro designado elaborarán el programa individualizado de ejecución en el plazo de 20 días desde el inicio de aquellas, prorrogable previa autorización judicial.

En el resto de las medidas, el programa individualizado de ejecución se elaborará, previamente a su inicio, en el plazo de 20 días desde la fecha de la designación del profesional, prorrogable previa autorización judicial.

5.ª El programa individualizado de ejecución de la medida se comunicará al juez competente para su aprobación. Si el juez rechazase, en todo o en parte, el programa propuesto, se someterá a su consideración uno nuevo o la modificación correspondiente del anterior, conforme a lo previsto en el artículo 44 de la Ley Orgánica 5/2000, de 12 de enero, reguladora de la responsabilidad penal de los menores.

6.ª Una vez aprobado el programa individualizado de ejecución de la medida, la entidad pública la iniciará, salvo que ya estuviese iniciada por tratarse de una medida de internamiento o de libertad vigilada, y comunicará la fecha al juzgado de menores para que el secretario judicial practique la liquidación de la medida y la comunique al menor. A efectos de la liquidación, que practicará el secretario judicial, se considerarán como fechas de inicio las siguientes:

a) En las medidas de internamiento, la del día del ingreso o la de firmeza de la sentencia si estuviera internado cautelarmente.

b) En las medidas de libertad vigilada, el día de la primera entrevista del profesional aludido en la regla 3.ª con el menor, que deberá llevarse a cabo en la fecha señalada por el juez de menores de entre las propuestas por la entidad pública y comunicada al menor una vez firme la sentencia. Si la medida ya estuviera iniciada cautelarmente, la fecha de inicio será la de la firmeza de la sentencia.

Si el menor no compareciera, citado en debida forma, incurrirá en el quebrantamiento previsto en el artículo 50.2 de la Ley Orgánica 5/2000, de 12 de enero.

c) En las medidas de permanencia de fin de semana, el primer día de permanencia en el centro o en el domicilio.

d) En las medidas de tratamiento ambulatorio y de asistencia a un centro de día, la fecha en que el menor asiste por primera vez al centro ambulatorio o al centro de día asignado.

e) En las medidas de prestaciones en beneficio de la comunidad y de realización de tareas socioeducativas, la fecha en que comienzan de forma efectiva las prestaciones o las tareas asignadas.

f) En la medida de convivencia con otra persona, familia o grupo educativo, el primer día de convivencia.

Si ya estuviera en medida de convivencia cautelar, el día de la firmeza de la sentencia, sin perjuicio del abono que corresponda.

g) En las medidas a las que alude el artículo 8.4 de este reglamento, el día en que el menor entregue en la secretaría del juzgado el permiso o licencia correspondiente, o en la fecha que el juez señale a la autoridad administrativa.

7.ª En la liquidación de la medida practicada por el secretario del juzgado, se abonará en su caso el tiempo cumplido de las medidas cautelares en los términos del artículo 28.5 de la Ley Orgánica 5/2000, de 12 de enero, reguladora de la responsabilidad penal de los menores.

Una vez aprobada la liquidación por el juez, previo informe del Ministerio Fiscal y del letrado del menor, se comunicará a la entidad pública competente.

2. El inicio de la ejecución de las medidas acordadas en sentencia firme por el Juzgado Central de Menores se ajustará a las reglas anteriores, excepto en lo referente a la competencia administrativa, que siempre será del Gobierno, y a los centros o profesionales designados, que serán los que el Gobierno ponga a disposición de la Audiencia Nacional, sin perjuicio de los convenios que, en su caso, pueda establecer con las comunidades autónomas.

3. Para dar inicio a la ejecución de las medidas cautelares que se acuerden de conformidad con el artículo 28 de la Ley Orgánica 5/2000, de 12 de enero, reguladora de la responsabilidad penal de los menores, una vez adoptado y comunicado a la entidad pública el auto correspondiente, se aplicarán en lo que proceda las reglas 1.ª, 2.ª y 3.ª del apartado 1 de este artículo.

ART. 11. Ejecución de varias medidas.

1. La ejecución de varias medidas se llevará a cabo en todo caso teniendo en cuenta lo acordado por el juez, de acuerdo con lo previsto en los artículos 13 y 47.1 de la Ley Orgánica 5/2000, de 12 de enero, reguladora de la responsabilidad penal de los menores.

Cuando concurran varias medidas impuestas en el mismo o en diferentes procedimientos, se cumplirán simultáneamente las que se relacionan a continuación:

a) Las medidas no privativas de libertad cuando concurran con otras medidas no privativas de libertad diferentes.

b) La medida de permanencia de fin de semana cuando concurra con otra medida no privativa de libertad.

c) La amonestación, la privación del permiso de conducir ciclomotores o vehículos a motor, o del derecho a obtenerlo, o de las licencias administrativas para caza o para uso de cualquier tipo de armas y la inhabilitación absoluta, cuando concurran con otra medida diferente.

2. El segundo período de las medidas de internamiento descritas en los párrafos a) a d) del artículo 7.1 de la Ley Orgánica 5/2000, de 12 de enero, reguladora de la responsabilidad penal de los menores, acordado en la sentencia en régimen de libertad vigilada, se cumplirá inmediatamente después de finalizado el primer período de internamiento en centro. No obstante, cuando existan otras medidas o penas privativas de libertad, su cumplimiento se regirá por lo previsto en los apartados 2 y 3 del artículo 47 de la citada ley orgánica.

3. De igual forma, la medida de libertad vigilada prevista en la regla 5.ª del artículo 9 y en el apartado 2.c) de la disposición adicional cuarta de la Ley Orgánica 5/2000, de 12 de enero, reguladora de la responsabilidad penal de los menores, habrá de ejecutarse una vez finalizada la medida de internamiento en régimen cerrado, salvo que concurra con otras medidas o penas privativas de libertad; en tal caso, será de aplicación lo dispuesto en el inciso último del apartado anterior.

4. Cuando concurran varias medidas de internamiento, definitivas o cautelares, de diferente régimen, se cumplirá antes la de régimen más restringido y, en su caso, se interrumpirá la de régimen menos restringido que se estuviera ejecutando, salvo que el juez de menores haya dispuesto otro orden en aplicación del apartado 3 del artículo 47 de la Ley Orgánica 5/2000, de 12 de enero, reguladora de la responsabilidad penal de los menores.

5. En todo caso, la ejecución de las medidas impuestas por el Juez Central de Menores o por la sala correspondiente de la Audiencia Nacional será preferente sobre las impuestas por otros jueces o salas de menores.

6. La ejecución de varias medidas, en todos los casos previstos en los apartados anteriores, se llevará a cabo cumpliendo las resoluciones dictadas por el juez.

7. En los casos en que al menor se le hayan impuesto varias medidas de internamiento y se haya acordado por el juez de menores su acumulación en un único expediente de ejecución, el centro donde el menor sea ingresado elaborará un programa individualizado de ejecución que comprenda la totalidad de las medidas, así como un único informe final, sin perjuicio de los correspondientes informes de seguimiento que establece el artículo 13 de este reglamento.

ART. 12. Expediente personal del menor en la ejecución de la medida.

1. La entidad pública competente abrirá un expediente personal a cada menor del que tenga encomendada la ejecución de una medida. Dicho expediente será único en el ámbito territorial de la comunidad autónoma, aun cuando se ejecuten medidas sucesivas.

2. El expediente deberá contener una copia de todos los informes y documentos de cualquier tipo que haya remitido la entidad pública a los órganos judiciales competentes y al Ministerio Fiscal durante la ejecución; las resoluciones y documentos que los acompañen, comunicadas por los órganos judiciales o el Ministerio Fiscal a la entidad pública, y el resto de documentos administrativos que se generen a consecuencia del cumplimiento de la medida, y que, en uno u otro caso, afecten al menor. En dicho expediente deberán constar igualmente los datos del letrado del menor y la comunicación del secretario del juzgado de cualquier modificación en ellos.

3. El expediente personal tiene carácter reservado y a este solamente podrán acceder:

a) El Defensor del Pueblo o institución análoga de la correspondiente comunidad autónoma, los jueces de menores competentes y el Ministerio Fiscal cuando así lo requieran a la entidad pública.

b) Los profesionales que de manera directa tienen encomendada la responsabilidad de planificar y desarrollar los programas individualizados de ejecución de la medida, y solo sobre los datos personales de los menores que tengan a su cargo si están expresamente autorizados para ello por la entidad pública de acuerdo con sus normas de organización, debiendo observar en todo momento el deber de sigilo.

c) El menor, su letrado y, en su caso, el representante legal del menor, si lo solicitan de forma expresa a la entidad pública, conforme al procedimiento de acceso que esta establezca. Será de aplicación lo dispuesto en los artículos 35 y 37 de la Ley 30/1992, de 26 de noviembre, de Régimen Jurídico de las Administraciones Públicas y del Procedimiento Administrativo Común.

4. Los profesionales que intervengan en la ejecución de la medida, pertenecientes a otras entidades públicas o privadas con las que la entidad pública competente haya establecido convenios o acuerdos de colaboración, podrán acceder al fichero informático dependiente de dicha entidad, al que alude el artículo 48.3 de la Ley Orgánica 5/2000, de 12 de enero, reguladora de la responsabilidad penal de los menores, cuando así lo autorice dicha entidad, sin perjuicio de lo dispuesto en la Ley Orgánica 15/1999, de 13 de diciembre, de Protección de Datos de Carácter Personal, y sus normas de desarrollo.

5. Todos los que intervengan en la ejecución de la medida tienen el deber de mantener la reserva oportuna de la información que obtengan con relación a los menores y jóvenes en el ejercicio de sus funciones, y de no facilitarla a terceras personas ajenas a la ejecución, deber que persiste una vez finalizada esta.

6. Una vez finalizada la estancia en el centro, deberán remitirse a la entidad pública, por los medios que se establezcan, todos los documentos relativos al menor, con objeto de que se integren en su expediente personal, sin que pueda quedarse el centro con copia alguna.

ART. 13. Informes durante la ejecución.

1. Durante la ejecución de la medida, la entidad pública remitirá al juez de menores y al Ministerio Fiscal los informes de seguimiento. Su contenido será suficiente, de acuerdo con la naturaleza y finalidad de cada medida, para conocer el grado de cumplimiento de esta, las incidencias que se produzcan y la evolución personal del menor.

2. La periodicidad mínima con la que se elaborarán y tramitarán los informes de seguimiento será la siguiente:

a) En la medida de permanencia de fin de semana, un informe cada cuatro fines de semana cumplidos.

b) En la medida de prestaciones en beneficio de la comunidad, un informe cada 25 horas cumplidas si la medida impuesta es igual o inferior a 50 horas, y uno cada 50 horas cumplidas si la duración es superior.

c) En el resto de las medidas, un informe trimestral.

3. No obstante lo dispuesto en el apartado anterior, la entidad pública remitirá informes de seguimiento al juez de menores y al Ministerio Fiscal, siempre que fuera requerida por estos o cuando la propia entidad lo considere necesario.

4. Cuando el informe de seguimiento contenga una propuesta de revisión de la medida en alguno de los sentidos previstos en los artículos 14.1 ó 51 de la Ley Orgánica 5/2000, de 12 de enero, reguladora de la responsabilidad penal de los menores, se hará constar expresamente.

5. Una vez cumplida la medida, la entidad pública elaborará un informe final dirigido al juez de menores y al Ministerio Fiscal, en el que además de indicar dicha circunstancia se hará una valoración de la situación en la que queda el menor.

6. Una copia de los informes de seguimiento y final al que aluden los apartados anteriores se remitirá también al letrado que acredite ser el defensor del menor y lo solicite de forma expresa a la entidad pública.

ART. 14. Incumplimientos.

La entidad pública comunicará al juez de menores y al Ministerio Fiscal a los efectos, en su caso, de lo dispuesto en el artículo 50 de la Ley Orgánica 5/2000, de 12 de enero, reguladora de la responsabilidad penal de los menores, los incumplimientos siguientes de los que tenga constancia:

a) En las medidas de internamiento y de permanencia de fin de semana en un centro: la fuga del centro, el no retorno en la fecha o la hora indicadas después de una salida autorizada y la no presentación en el centro el día o la hora señalados para el cumplimiento de las permanencias establecidas.

b) En la medida de permanencia de fin de semana en el domicilio: la no presentación en su domicilio y la ausencia no autorizada del domicilio, durante los días y horas establecidos de permanencia, así como el no retorno a este para continuar el cumplimiento de la medida después de una salida autorizada.

c) En las medidas no privativas de libertad, la falta de presentación a las entrevistas a las que el menor haya sido citado para elaborar el programa de ejecución y el incumplimiento de cualquiera de las obligaciones que, según lo dispuesto en el artículo 7 de la Ley Orgánica 5/2000, de 12 de enero, conforman el contenido de cada medida.

Además, la entidad pública comunicará a las Fuerzas y Cuerpos de Seguridad el incumplimiento de las medidas de internamiento y de permanencia de fin de semana en un centro a que se refiere el párrafo a), así como de las medidas de permanencia de fin de semana en el domicilio prevista en el párrafo b). Asimismo, se pondrá en conocimiento de las Fuerzas y Cuerpos de Seguridad el ingreso del menor en el centro en los términos previstos en el artículo 31.2 cuando se hubiese solicitado su búsqueda.

ART. 15. Revisión de la medida por conciliación.

1. Si durante la ejecución de la medida el menor manifestara su voluntad de conciliarse con la víctima o perjudicado, o de repararles por el daño causado, la entidad pública informará al juzgado de menores y al Ministerio Fiscal de dicha circunstancia, realizará las funciones de mediación correspondientes entre el menor y la víctima e informará de los compromisos adquiridos y de su grado de cumplimiento al juez y al Ministerio Fiscal, a los efectos de lo dispuesto en el artículo 51.2 de la Ley Orgánica 5/2000, de 12 de enero, reguladora de la responsabilidad penal de los menores. Si la víctima fuera menor, deberá recabarse autorización del juez de menores en los términos del artículo 19.6 de la citada ley orgánica.

2. Las funciones de mediación llevadas a cabo con menores internados no podrán suponer una alteración del régimen de cumplimiento de la medida impuesta, sin perjuicio de las salidas que para dicha finalidad pueda autorizar el juzgado de menores competente.

Sección 2.ª Reglas específicas para la ejecución de determinadas medidas no privativas de libertad

ART. 16. Tratamiento ambulatorio.

1. Para elaborar el programa individualizado de ejecución de la medida, la entidad pública designará el centro, el servicio o la institución más adecuada a la problemática detectada, objeto del tratamiento, entre los más cercanos al domicilio del menor en los que exista plaza disponible.

2. Los especialistas o facultativos correspondientes elaborarán, tras examinar al menor, un programa de tratamiento que se adjuntará al programa individualizado de ejecución de la medida que elabore el profesional designado por la entidad pública.

3. En dicho programa de tratamiento se establecerán las pautas sociosanitarias recomendadas, los controles que ha de seguir el menor y la periodicidad con la que ha de asistir al centro, servicio o institución designada, para su tratamiento, seguimiento y control.

4. Cuando el tratamiento tenga por objeto la deshabituación del consumo de bebidas alcohólicas, drogas tóxicas, estupefacientes o sustancias psicotrópicas y el menor no preste su consentimiento para iniciarlo o, una vez iniciado, lo abandone o no se someta a las pautas sociosanitarias o a los controles establecidos en el programa de tratamiento aprobado, la entidad pública no iniciará el tratamiento o lo suspenderá y lo pondrá en conocimiento del juez de menores a los efectos oportunos.

ART. 17. Asistencia a un centro de día.

1. Para elaborar el programa individualizado de ejecución de la medida, la entidad pública designará el centro de día más adecuado, entre los más cercanos al domicilio del menor en los que exista plaza disponible.

2. El profesional designado por la entidad pública, en coordinación con dicho centro, se entrevistará con el menor para evaluar sus necesidades y elaborar el programa de ejecución,

en el que constarán las actividades de apoyo, educativas, formativas, laborales o de ocio que el menor realizará, la periodicidad de la asistencia al centro de día y el horario de asistencia, que deberá ser compatible con su actividad escolar si está en el período de la enseñanza básica obligatoria y, en la medida de lo posible, con su actividad laboral.

3. A los efectos de lo establecido en este artículo, tendrán la condición de centro de día los recursos incluidos en la red de servicios sociales de cada comunidad autónoma, siempre que se encuentren plenamente integrados en la comunidad y sean adecuados a la finalidad de la medida.

ART. 18. Libertad vigilada.

1. Una vez designado el profesional encargado de la ejecución de la medida y notificada la designación al juzgado de menores, se entrevistará con el menor al efecto de elaborar el programa individualizado de ejecución de la medida.

2. En el programa individualizado de ejecución de la medida, el profesional expondrá la situación general detectada, los aspectos concretos referentes a los ámbitos personal, familiar, social, educativo, formativo o laboral en los que se considera necesario incidir, así como las pautas socioeducativas que el menor deberá seguir para superar los factores que determinaron la infracción cometida. También propondrá la frecuencia mínima de las entrevistas con el menor, que posibiliten el seguimiento y el control de la medida, sin perjuicio de otras que puedan mantener el profesional y el menor en el curso de la ejecución, cuando el primero las considere necesarias.

3. Si con la medida se hubiera impuesto al menor alguna regla de conducta que requiera para su cumplimiento un programa o recurso específico, este se elaborará o designará por la entidad pública y se adjuntará al programa individualizado de ejecución de la medida.

4. Lo dispuesto en este artículo será también de aplicación para la ejecución del período de libertad vigilada previsto en los artículos 7.2, 9.5.ª, 40.2.c) y apartado 2.c) de la disposición adicional cuarta de la Ley Orgánica 5/2000, de 12 de enero, reguladora de la responsabilidad penal de los menores.

ART. 19. Convivencia con otra persona, familia o grupo educativo.

1. Para la ejecución de la medida, la entidad pública seleccionará la persona, familia o grupo educativo que considere más idóneo, entre los que se hayan ofrecido y acepten voluntariamente la convivencia. En el proceso de selección se escuchará necesariamente al menor y, cuando sea el caso, a sus representantes legales.

2. La persona o personas que integren la familia o grupo educativo, que acepten convivir con el menor, deberán estar en pleno ejercicio de sus derechos civiles, no estar incursas en alguna de las causas de inhabilidad establecidas para los tutores en el Código Civil y tener unas condiciones personales, familiares y económicas adecuadas, a criterio de la entidad pública, para orientar al menor en su proceso de socialización.

3. Una vez hechas las entrevistas pertinentes el profesional designado elaborará el programa individualizado de ejecución de la medida en el que deberá constar la aceptación expresa de la convivencia por la persona, familia o grupo educativo seleccionado, la predisposición mostrada por el menor para la convivencia y, en su caso, la opinión de los representantes legales.

4. La inexistencia de persona, familia o grupo educativo idóneo que acepte la convivencia se pondrá en conocimiento inmediato del juez de menores.

Igualmente, se comunicará el desistimiento de la persona, familia o grupo educativo de la aceptación de la convivencia, una vez iniciada la ejecución de la medida.

5. La persona, familia o grupo educativo que asuma la convivencia adquirirá las obligaciones civiles propias de la guarda y deberá colaborar con el profesional designado en el seguimiento de la medida.

6. Durante la ejecución de la medida el menor conservará el derecho de relacionarse con su familia, salvo que haya una prohibición judicial expresa.

ART. 20. Prestaciones en beneficio de la comunidad.

1. La entidad pública es la responsable de proporcionar las actividades de interés social o en beneficio de personas en situación de precariedad, para la ejecución de la medida, sin perjuicio de los convenios o acuerdos de colaboración que al efecto haya suscrito con otras entidades públicas, o privadas sin ánimo de lucro.

2. Las actividades a las que hace referencia el apartado anterior reunirán las condiciones siguientes:

a) Han de tener un interés social o realizarse en beneficio de personas en situación de precariedad.

b) Estarán relacionadas, preferentemente, con la naturaleza del bien jurídico lesionado por los hechos cometidos por el menor.

c) No podrán atentar a la dignidad del menor.

d) No estarán supeditadas a la consecución de intereses económicos.

3. Las prestaciones del menor no serán retribuidas, pero podrá ser indemnizado por la entidad a beneficio de la cual se haga la prestación por los gastos de transporte y, en su caso, de manutención, salvo que estos servicios los preste dicha entidad o sean asumidos por la entidad pública.

4. Durante la prestación de la actividad, el menor que tenga la edad legal requerida gozará de la misma protección prevista en materia de Seguridad Social para los sometidos a la pena de trabajo en beneficio de la comunidad por la legislación penitenciaria y estará protegido por la normativa laboral en materia de prevención de riesgos laborales. Al menor que no tenga dicha edad, la entidad pública le garantizará una cobertura suficiente por los accidentes que pudiera padecer durante el desempeño de la prestación y una protección que en ningún caso será inferior a la regulada por la normativa laboral en materia de prevención de riesgos laborales.

5. Cada jornada de prestaciones no podrá exceder de cuatro horas diarias si el menor no alcanza los 16 años, ni de ocho horas si es mayor de dicha edad.

6. La determinación de la duración de las jornadas, el plazo de tiempo en el que deberán cumplirse y la ejecución de esta medida estará regida por el principio de flexibilidad a fin de hacerla compatible, en la medida de lo posible, con las actividades diarias del menor. En ningún caso la realización de las prestaciones podrá suponer la imposibilidad de la asistencia al centro docente si el menor se encuentra en el período de la enseñanza básica obligatoria.

7. El profesional designado se entrevistará con el menor para conocer sus características personales, sus capacidades, sus obligaciones escolares o laborales y su entorno social, personal y familiar, con la finalidad de determinar la actividad más adecuada. En esta entrevista le ofertará las distintas plazas existentes con indicación expresa de su contenido y los horarios posibles de realización.

8. El programa individualizado de ejecución de la medida elaborado por el profesional deberá contener las actividades a realizar, su cometido, el beneficiario, el lugar de realización, la persona responsable de la actividad, el número de horas de cada jornada, el horario y el consentimiento expreso del menor a realizar dichas actividades en las condiciones establecidas.

9. Si el menor no aceptara las actividades propuestas o sus condiciones de realización y no hubiera otras actividades disponibles adecuadas a sus aptitudes personales o no se pudieran variar las condiciones, el profesional designado lo pondrá en conocimiento inmediato del juez de menores a los efectos oportunos.

ART. 21. Realización de tareas socioeducativas.

1. El profesional designado, después de entrevistarse con el menor para conocer sus características personales, su situación y sus necesidades, elaborará el programa individualizado de ejecución de la medida en el que expondrá las tareas específicas de carácter formativo, cultural y educativo que debe realizar el menor, encaminadas a facilitarle el desarrollo de su competencia social, el lugar donde se realizarán y el horario de realización, que deberá ser compatible con el de la actividad escolar si el menor se encuentra en el período de la enseñanza básica obligatoria, y, en la medida de lo posible, con su actividad laboral.

2. Lo dispuesto en el apartado anterior será de aplicación para la ejecución de la actividad socioeducativa prevista en el artículo 40.2.c) de la Ley Orgánica 5/2000, de 12 de enero, reguladora de la responsabilidad penal de los menores.

ART. 22. Medidas cautelares.

Cuando al menor se le impongan las medidas cautelares de libertad vigilada o convivencia con otra persona, familia o grupo educativo, previstas en el artículo 28 de la Ley Orgánica 5/2000, de 12 de enero, reguladora de la responsabilidad penal de los menores, serán de aplicación las reglas descritas en los artículos 18 y 19, respectivamente, de este reglamento, para su ejecución, respetando, no obstante, el principio de presunción de inocencia.

Sección 3.ª Reglas específicas para la ejecución de las medidas privativas de libertad

ART. 23. Regímenes de internamiento.

Los menores cumplirán la medida de internamiento en el régimen acordado en resolución motivada por el juez de menores, de acuerdo con lo establecido en los párrafos a), b) y c) del artículo 7.1 de la Ley Orgánica 5/2000, de 12 de enero, reguladora de la responsabilidad penal de los menores.

ART. 24. Internamiento en régimen cerrado.

Los menores sometidos a esta medida residirán en el centro y desarrollarán en este las actividades formativas, educativas, laborales y de ocio, planificadas en el programa individualizado de ejecución de la medida.

ART. 25. Internamiento en régimen semiabierto.

1. Los menores en régimen semiabierto residirán en el centro, pero realizarán fuera de este alguna o algunas de las actividades formativas, educativas, laborales y de ocio, establecidas en el programa individualizado de ejecución de la medida. Este programa podrá establecer un régimen flexible que deje a la entidad pública un margen de decisión para su aplicación concreta.

2. La actividad o actividades que se realicen en el exterior se ajustarán a los horarios y condiciones establecidos en el programa individualizado de ejecución de la medida, sin perjuicio de que, en función de la evolución personal del menor, la entidad pública pueda aumentar o disminuir las actividades en el exterior o los horarios, siempre dentro del margen establecido en el propio programa.

ART. 26. Internamiento en régimen abierto.

1. Los menores sujetos a esta medida llevarán a cabo en los servicios normalizados del entorno todas las actividades de carácter escolar, formativo y laboral establecidas en el programa individualizado de ejecución de la medida, residiendo en el centro como domicilio habitual.

2. Las actividades en el exterior se llevarán a cabo conforme a los horarios y condiciones de realización establecidas en el programa individualizado de ejecución de la medida.

3. En general, el tiempo mínimo de permanencia en el centro será de ocho horas, y el menor deberá pernoctar en este. No obstante, cuando el menor realice en el exterior una actividad formativa o laboral cuyas características lo requieran, la entidad pública podrá proponer al juzgado de menores la posibilidad de no pernoctar en el centro durante un período determinado de tiempo y acudir a este solamente con la periodicidad concreta establecida, para realizar actividades determinadas del programa individualizado de ejecución de la medida, entrevistas y controles presenciales.

4. Cuando la entidad pública entienda que las características personales del menor y la evolución de la medida de internamiento en régimen abierto lo aconsejan, podrá proponer al juzgado de menores que aquella continúe en viviendas o instituciones de carácter familiar ubicadas fuera del recinto del centro, bajo el control de dicha entidad.

ART. 27. Internamiento terapéutico.

1. Los menores sometidos a esta medida residirán en el centro designado para recibir la atención educativa especializada o el tratamiento específico de la anomalía o alteración psíquica, dependencia de bebidas alcohólicas, drogas tóxicas, estupefacientes o sustancias psicotrópicas, o alteraciones en la percepción que determinen una alteración grave de la conciencia de la realidad, que padezcan, de acuerdo con el programa de ejecución de la medida elaborado por la entidad pública.

2. Los especialistas o facultativos correspondientes elaborarán un programa de tratamiento de la problemática objeto del internamiento, con las pautas sociosanitarias recomendadas y, en su caso, los controles para garantizar el seguimiento, que formará parte del programa individualizado de ejecución de la medida que elabore la entidad pública.

3. Cuando el tratamiento tenga por objeto la deshabituación del consumo de bebidas alcohólicas, drogas tóxicas o sustancia psicotrópicas y el menor no preste su consentimiento para iniciarlo o para someterse a los controles de seguimiento establecidos o, una vez iniciado, lo abandone o rechace someterse a los controles, la entidad pública no iniciará el tratamiento o lo suspenderá y lo pondrá en conocimiento del juez de menores a los efectos oportunos.

4. Cuando la entidad pública, en atención al diagnóstico realizado por los facultativos correspondientes o a la evolución en la medida considere que lo más adecuado es el internamiento en un centro sociosanitario, lo solicitará al juez de menores.

ART. 28. Permanencia de fin de semana.

1. Una vez recibido en la entidad pública el testimonio de la resolución firme con el número de fines de semana impuestos y las horas de permanencia de cada fin de semana, el profesional designado se entrevistará con el menor al efecto de elaborar el programa individualizado de ejecución de la medida, en el que deberán constar las fechas establecidas para el cumplimiento de las permanencias, los días concretos de cada fin de semana en los que se ejecutará la medida y la distribución de las horas entre los días de permanencia, así como el lugar donde se cumplirá la medida.

2. El profesional designado también propondrá las tareas socioeducativas que deberá realizar el menor, de carácter formativo, cultural o educativo, el lugar donde se realizarán y el horario de realización.

3. Una vez aprobado el programa individualizado de ejecución de la medida por el juez de menores, la entidad pública lo pondrá en conocimiento del menor con indicación de la fecha en la que se dará inicio al cumplimiento de la medida, en el domicilio o en el centro designado, el lugar donde deberá presentarse para realizar las tareas socioeducativas asignadas y el horario de estas.

ART. 29. Internamiento cautelar.

1. Los menores a los que se aplique la medida de internamiento cautelar en aplicación de lo dispuesto en el artículo 28 de la Ley Orgánica 5/2000, de 12 de enero, reguladora de la responsabilidad penal de los menores, ingresarán en el centro designado por la entidad pública, en el régimen de internamiento que el juez haya establecido y les será de aplicación, en función de dicho régimen, lo dispuesto en los artículos anteriores de este capítulo.

2. No obstante, para salvaguardar y respetar el principio de presunción de inocencia, el programa individualizado de ejecución de la medida se sustituirá por un modelo individualizado de intervención que deberá contener una planificación de actividades adecuadas a sus características y circunstancias personales, compatible con el régimen de internamiento y su situación procesal. Dicho modelo individualizado de intervención deberá someterse a la aprobación del juez de menores, conforme a lo previsto en el artículo 44 de la Ley Orgánica 5/2000, de 12 de enero, reguladora de la responsabilidad penal de los menores.

ART. 30. Normativa de funcionamiento interno.

1. Todos los centros se regirán por una normativa de funcionamiento interno, cuyo cumplimiento tendrá como finalidad la consecución de una convivencia ordenada, que permita la ejecución de los diferentes programas de intervención educativa y las funciones de custodia de los menores internados, y asegurar la igualdad de trato a todos los menores, prestando especial atención a aquellos que presenten alguna discapacidad.

2. Serán normas de convivencia comunes a todos los centros las siguientes:

a) El menor internado ocupará, como norma general, una habitación individual. No obstante, si no existen razones de tratamiento, médicas o de orden y seguridad que lo desaconsejen, se podrán compartir los dormitorios, siempre que estos reúnan las condiciones suficientes y adecuadas para preservar la intimidad. En todo caso, cada menor dispondrá de un lugar adecuado para guardar sus pertenencias.

b) El menor internado tiene derecho a vestir su propia ropa, siempre que sea adecuada a la disciplina y orden interno del centro, u optar por la que le facilite el centro que deberá ser correcta, adaptada a las condiciones climatológicas y desprovista de cualquier elemento que pueda afectar a su dignidad o que denote, en sus salidas al exterior, su condición de internado.

Por razones médicas o higiénicas se podrá ordenar la inutilización de las ropas y efectos contaminantes propiedad de los menores internados.

c) El menor podrá conservar en su poder el dinero y los objetos de valor de su propiedad si la dirección del centro o el órgano que la entidad pública haya establecido en su normativa lo autoriza en cada caso de forma expresa. Los que no sean autorizados han de ser retirados y conservados en lugar seguro por el centro, con el resguardo previo correspondiente, y devueltos al menor en el momento de su salida del centro. También podrán ser entregados a los representantes legales del menor.

d) En cada centro ha de haber una lista de objetos y sustancias cuya tenencia en el centro se considera prohibida por razones de seguridad, orden o finalidad del centro. Si se encontraran a los menores internados drogas tóxicas, armas u otros objetos peligrosos, se pondrán a disposición de la fiscalía o del juzgado competente. En todo caso, se consideran objetos o sustancias prohibidos:

1.º Las bebidas alcohólicas.

2.º Las drogas tóxicas, estupefacientes o sustancias psicotrópicas.

3.º Cualquier otro producto o sustancia tóxica.

4.º Dinero de curso legal en cuantía que supere lo establecido en la norma de régimen interior del centro.

5.º Cualquier material o utensilio que pueda resultar peligroso para la vida o la integridad física o la seguridad del centro.

6.º Aquellos previstos por la normativa de funcionamiento interno de los centros.

e) En todos los centros habrá un horario por el que se regulen las diferentes actividades y el tiempo libre.

Dicho horario ha de garantizar un mínimo de ocho horas diarias de descanso nocturno y, siempre que sea posible, dos horas al aire libre.

f) Todos los menores observarán las normas higiénicas, sanitarias y sobre vestuario y aseo personal que se establezcan en la normativa de funcionamiento interno del centro. También estarán obligados a realizar las prestaciones no retribuidas que se establezcan en dicha normativa para mantener el buen orden y la limpieza del centro, que en ningún caso tendrán la condición de actividad laboral.

g) Los incumplimientos de deberes podrán ser objeto de corrección educativa siempre que no tengan como fundamento la seguridad y el buen orden del centro.

En este caso, si la conducta también fuese constitutiva de una infracción disciplinaria por atentar a la seguridad y al buen orden del centro, podrá ser objeto de la correspondiente sanción, que en ningún caso podrá extenderse al fundamento o motivo de la corrección educativa.

ART. 31. Ingreso en el centro.

1. El ingreso de un menor en un centro sólo se podrá realizar en cumplimiento de un mandamiento de internamiento cautelar o de una sentencia firme adoptada por la autoridad judicial competente.

2. También podrá ingresar por presentación voluntaria el menor sobre el que se haya dictado un mandamiento de internamiento cautelar o una sentencia firme de internamiento pendiente de ejecutar, el menor evadido de un centro y el no retornado a este después de una salida autorizada.

En estos casos, el director del centro recabará del juez de menores, dentro de las 24 horas siguientes al ingreso, el correspondiente mandamiento, así como, en su caso, el testimonio de sentencia y liquidación de condena. Cuando se trate de internos evadidos que decidiesen voluntariamente reingresar en un centro distinto del originario, se solicitará del centro del que se hubiesen evadido los datos necesarios de su expediente personal, sin perjuicio de lo que se determine en relación con su traslado.

ART. 32. Trámites después del ingreso.

1. Una vez ingresado el menor en el centro, se procurará que el procedimiento de ingreso se lleve a cabo con la máxima intimidad posible y que durante el período de adaptación cuente con el apoyo técnico necesario para reducir los efectos negativos que la situación de internamiento pueda representar para él.

2. En todos los centros se llevará un registro autorizado por la entidad pública en el que han de constar los datos de identidad de los menores internados, la fecha y hora de los ingresos, traslados y puestas en libertad, sus motivos, las autoridades judiciales que los acuerden y los datos del letrado del menor.

3. El ingreso del menor será comunicado al juzgado de menores que lo haya ordenado, al Ministerio Fiscal y a los representantes legales del menor o, en su defecto, a la persona que el menor designe. Tratándose de menor de edad extranjero, el ingreso se pondrá en conocimiento de las autoridades consulares de su país cuando el menor tuviera su residencia habitual fuera de España o cuando así lo solicitaran el propio menor o sus representantes legales.

4. En el momento del ingreso, el menor, sus ropas y enseres personales podrán ser objeto de registro, de conformidad con lo establecido en el artículo 54.5, retirándose los enseres y objetos no autorizados y los prohibidos. También se adoptarán las medidas de higiene personal necesarias y se entregarán al menor las prendas de vestir que precise.

5. Todos los menores internados serán examinados por un médico en el plazo más breve posible y siempre antes de 24 horas. Del resultado se dejará constancia en la historia clínica individual que deberá serle abierta en ese momento. A estos datos solamente tendrá acceso el personal que autorice expresamente la entidad pública, el Ministerio Fiscal o el juez de menores.

6. Los menores recibirán, en el momento de su ingreso en el centro, información escrita sobre sus derechos y obligaciones, el régimen de internamiento en el que se encuentran, las cuestiones de organización general, las normas de funcionamiento del centro, las normas disciplinarias y los medios para formular peticiones, quejas o recursos. La información se les facilitará en un idioma que entiendan. A los que tengan cualquier género de dificultad para comprender el contenido de esta información, se les explicará por otro medio adecuado.

ART. 33. Grupos de separación interior.

1. Los centros estarán divididos en módulos adecuados a la edad, madurez, necesidades y habilidades sociales de los menores internados y se regirán por una normativa de funcionamiento interno cuyo cumplimiento tendrá como finalidad la consecución de una convivencia ordenada, que permita la ejecución de los diferentes programas de intervención educativa y las funciones de custodia de los menores internados.

2. Los menores que por cualquier circunstancia personal requieran de una protección especial estarán separados de aquellos que les puedan poner en situación de riesgo o de peligro mediante su traslado bien a otro módulo del mismo centro, bien a otro centro, previa autorización del juez de menores en este último caso.

ART. 34. Internamiento de madres con hijos menores.

1. Las menores internadas podrán tener en su compañía, dentro del centro, a sus hijos menores de tres años, siempre y cuando:

a) En el momento del ingreso o una vez ingresada, la madre lo solicite expresamente a la entidad pública o a la dirección del centro.

b) Se acredite fehacientemente la filiación.

c) A criterio de la entidad pública, dicha situación no entrañe riesgo para los hijos.

d) Lo autorice el juez de menores.

2. Los posibles conflictos que surjan entre los derechos del hijo y los de la madre originados por el internamiento en el centro se resolverán por el juez de menores, con independencia de lo que acuerde respecto al hijo la autoridad competente.

3. Admitido el niño en el centro de internamiento, deberá ser reconocido por el médico del centro y, salvo que este dispusiera otra cosa, pasará a ocupar con su madre la habitación que se le asigne, que será en todo caso individual y acondicionada a las necesidades del niño.

ART. 35. Traslados.

1. El menor internado podrá ser trasladado a un centro de una comunidad autónoma diferente a la del juzgado de menores que haya dictado la resolución de internamiento, previa autorización de este, en los casos siguientes:

a) Cuando quede acreditado que el domicilio del menor o el de sus representantes legales se encuentra en dicha comunidad autónoma.

b) Cuando la entidad pública competente proponga el internamiento en un centro de otra comunidad autónoma distinta, con la que haya establecido el correspondiente acuerdo de colaboración, fundamentado en el interés del menor de alejarlo de su entorno familiar y social, durante el tiempo que subsista dicho interés.

c) Cuando la entidad pública competente, por razones temporales de plena ocupación de sus centros o por otras causas, carezca de plaza disponible adecuada al régimen o al tipo de internamiento impuesto y disponga de plaza en otra comunidad autónoma con la que haya establecido el correspondiente acuerdo de colaboración, mientras se mantenga dicha situación.

2. No se podrá trasladar al menor fuera del centro si no se recibiera orden o autorización del juez de menores a cuya disposición se encuentre, conforme a lo previsto en el artículo

46.3 de la Ley Orgánica 5/2000, de 12 de enero, reguladora de la responsabilidad penal de los menores.

3. El traslado del menor a una institución o centro hospitalario por razones de urgencia no requerirá la previa autorización del juzgado de menores competente, sin perjuicio de su comunicación inmediata al juez.

4. Las salidas de los menores internados para la práctica de diligencias procesales se harán previa orden del órgano judicial correspondiente. Dichas salidas se comunicarán por la entidad pública al juzgado de menores competente, si no fuera este quien las hubiera ordenado.

5. De conformidad con lo previsto en la disposición adicional única, el director del centro podrá solicitar a la autoridad competente que las Fuerzas y Cuerpos de Seguridad lleven a cabo los desplazamientos, conducciones y traslados del menor cuando exista un riesgo fundado para la vida o la integridad física de las personas o para los bienes.

En todo caso, los desplazamientos, conducciones y traslados se realizarán respetando la dignidad, la seguridad y la intimidad de los menores.

ART. 36. Adopción y cumplimiento de la decisión sobre la libertad del menor.

1. La libertad de los menores internados solamente podrá ser acordada por resolución de la autoridad judicial competente remitida a la entidad pública o por cumplimiento de la fecha aprobada por el juez en la liquidación de la medida.

2. La entidad pública ejecutará inmediatamente el mandamiento de libertad, excepto cuando hechas las comprobaciones pertinentes el menor haya de permanecer internado por estar sujeto a otras responsabilidades.

3. La ejecución del mandamiento de libertad se pondrá en conocimiento del juez de menores competente.

Cuando el mandamiento de libertad se refiera a un menor de edad, el centro lo comunicará inmediatamente a sus representantes legales para que se hagan cargo de él, y de no ser localizados, se pondrá a disposición de la entidad pública de protección de menores a los efectos oportunos.

ART. 37. Asistencia escolar y formativa.

1. La entidad pública y el organismo que en el respectivo territorio tenga atribuida la competencia en la materia adoptarán las medidas oportunas para garantizar el derecho de los menores internados a recibir la enseñanza básica obligatoria que legalmente le corresponda, cualquiera que sea su situación en el centro. También facilitarán a los menores el acceso a los otros estudios que componen los diferentes niveles del sistema educativo y otras enseñanzas no regladas que contribuyan a su desarrollo personal y sean adecuadas a sus circunstancias.

2. Al efecto de lo dispuesto en el apartado anterior, cuando el menor no pueda asistir a los centros docentes de la zona a causa del régimen o tipo de internamiento impuesto, la entidad pública y el organismo competente en la materia arbitrarán los medios necesarios para que pueda recibir la enseñanza correspondiente en el centro de internamiento.

3. El organismo que en el territorio de residencia del menor tenga atribuidas las competencias en materia de educación garantizará la incorporación inmediata del menor que haya sido puesto en libertad y que se encuentre en el período de la enseñanza básica obligatoria al centro docente que le corresponda. Con esta finalidad, la entidad pública comunicará esta circunstancia y la documentación escolar correspondiente al citado organismo.

4. Los certificados y diplomas de estudio, expediente académico y libros de escolaridad no han de indicar, en ningún caso, que se han tramitado o conseguido en un centro para menores infractores.

ART. 38. Asistencia sanitaria.

1. La entidad pública y el organismo que en el respectivo territorio tengan atribuida la competencia en la materia adoptarán las medidas oportunas para garantizar el derecho de los menores internados a la asistencia sanitaria gratuita reconocida por la ley.

2. La entidad pública adoptará las medidas oportunas para que se dispense a los menores internados la asistencia sanitaria en los términos y con las garantías previstos en la legislación aplicable, incluida la realización de pruebas analíticas para la detección de enfermedades infecto-contagiosas que pudieran suponer un peligro para la salud o la vida del propio menor o de terceras personas.

3. Se dará conocimiento al juez de menores competente y, en su caso, al representante legal del menor de las intervenciones médicas que se le efectúen.

4. Cuando a criterio facultativo se precise el ingreso del menor en un centro hospitalario y no se cuente con la autorización del menor, o de su representante legal, la entidad pública solicitará al juez de menores competente la autorización del ingreso, salvo en caso de urgencia en que la comunicación al juez se hará posteriormente de forma inmediata.

5. La entidad pública permitirá que se facilite al menor información sobre su estado de salud de forma adecuada a su grado de comprensión. Dicha información también será puesta en conocimiento de su representante legal.

6. De conformidad con lo previsto en la disposición adicional única, el director del centro en el que se encuentre internado el menor podrá solicitar a la autoridad competente que la vigilancia y custodia del menor, durante su permanencia en el centro sanitario, se lleve a cabo por las Fuerzas y Cuerpos de Seguridad cuando exista riesgo fundado para la vida o la integridad física de las personas o para las instalaciones sanitarias.

ART. 39. Asistencia religiosa.

1. Todos los menores internados tendrán derecho a dirigirse a una confesión religiosa registrada, de conformidad con lo previsto por la legislación vigente.

2. Ningún menor internado podrá ser obligado a asistir o participar en los actos de una confesión religiosa.

3. La entidad pública facilitará que los menores puedan respetar la alimentación, los ritos y las fiestas de su propia confesión, siempre que sea compatible con los derechos fundamentales de los otros internos y no afecte a la seguridad del centro y al desarrollo de la vida en el centro.

ART. 40. Comunicaciones y visitas de familiares y de otras personas.

1. Los menores internados tienen derecho a comunicarse libremente de forma oral y escrita, en su propia lengua, con sus padres, representantes legales, familiares u otras personas, y a recibir sus visitas, dentro del horario establecido por el centro. Como mínimo, se autorizarán dos visitas por semana, que podrán ser acumuladas en una sola.

2. Además de las comunicaciones y visitas ordinarias establecidas en el apartado anterior, el director del centro o el órgano que la entidad pública haya establecido en su normativa podrá conceder otras de carácter extraordinario o fuera del horario establecido, por motivos justificados o como incentivo a la conducta y buena evolución del menor.

3. Los familiares deberán acreditar el parentesco con los menores internados en el momento de la visita, y los visitantes que no sean familiares habrán de obtener la autorización previa del director del centro para poder comunicarse con el menor o visitarle. Cuando el comunicante o visitante sea menor de edad no emancipado, deberá contar con la autorización de su representante legal.

4. El horario de visitas será suficiente para permitir una comunicación de 40 minutos de duración como mínimo. No podrán visitar al menor más de cuatro personas simultáneamente, salvo que las normas de funcionamiento interno del centro o el director del mismo, por motivos justificados, autoricen la presencia de más personas.

Al menos una vez al mes, podrá tener lugar una visita de convivencia familiar por un tiempo no inferior a tres horas.

5. Los visitantes y comunicantes no podrán ser portadores, durante la visita o la comunicación, de bolsos o paquetes ni de objetos o sustancias prohibidas por las normas del centro. Los visitantes deberán pasar los controles de identidad y seguridad establecidos por el centro, incluido el registro superficial de su persona, que se llevará a cabo según lo establecido en el artículo 54.5.c). En caso de negativa del visitante a someterse a dichos controles, el director del centro podrá denegar la comunicación o la visita, poniéndolo en conocimiento del juez de menores competente.

6. El director del centro ordenará la suspensión temporal o terminación de cualquier visita cuando en su desarrollo se produzcan amenazas, coacciones, agresiones verbales o físicas, se advierta un comportamiento incorrecto, existan razones fundadas para creer que el interno o los visitantes puedan estar preparando alguna actuación delictiva o que atente contra la convivencia o la seguridad del centro, o entienda que los visitantes pueden perjudicar al menor porque afecten negativamente al desarrollo integral de su personalidad.

7. Cuando se considere que las comunicaciones previstas en este artículo perjudican o pueden perjudicar al menor porque afecten negativamente a su derecho fundamental a la educación y al desarrollo integral de su personalidad, el director del centro lo pondrá en conocimiento del juez de menores competente, sin perjuicio de suspender cautelarmente este derecho a la comunicación hasta tanto este resuelva, oídos el Ministerio Fiscal y el equipo técnico. También podrá el director suspender cautelarmente el derecho de comunicación cuando, en atención a la seguridad y buena convivencia en el centro, se aprecie razonadamente la concurrencia de peligro grave y cierto para estas.

En ambos casos, la suspensión cautelar acordada por el director debe ser comunicada de manera inmediata al juez de menores.

8. Los menores que durante un plazo superior a un mes no disfruten de ninguna salida de fin de semana o de permisos ordinarios de salida tendrán derecho, previa solicitud al centro, a comunicaciones íntimas con su cónyuge o con persona ligada por análoga relación de afectividad, siempre que dicha relación quede acreditada. Como mínimo se autorizará una comunicación al mes, de una duración mínima de una hora. Estas comunicaciones se llevarán a cabo en dependencias adecuadas del centro y respetando al máximo la intimidad de los comunicantes.

9. En todos los centros se llevará un libro de visitas en el que queden registrados la fecha de la visita, el nombre del interno, el nombre del visitante, su dirección y documento nacional de identidad, así como el parentesco o relación que tiene con el interno.

ART. 41. Comunicaciones con el juez, el Ministerio Fiscal, el abogado y con otros profesionales y autoridades.

1. Los menores internados tienen derecho a comunicarse reservadamente, en local apropiado, con sus abogados y procuradores, con el juez de menores competente, con el Ministerio Fiscal y con los servicios de inspección de centros de internamiento.

2. Tendrán derecho, igualmente, a comunicarse reservadamente con otros profesionales acreditados y ministros de su religión para la realización de las funciones propias de su profesión o ministerio.

El menor solicitará la presencia de tales profesionales o ministros al director del centro o al órgano que la entidad pública haya establecido en su normativa, dentro de los horarios que establezca la entidad pública o acuerde el director en cada caso, previa acreditación de su identidad y condición profesional y autorización del director del centro.

3. Los menores extranjeros se podrán comunicar, en locales apropiados y dentro de los horarios establecidos, con los representantes diplomáticos o consulares de su país o con las personas que las respectivas embajadas o consulados indiquen, previa acreditación y autorización del director del centro o del órgano que la entidad pública haya establecido en su normativa.

4. El menor podrá realizar la solicitud de comunicación con las personas relacionadas en los apartados anteriores directamente por escrito. También podrá manifestar al director del centro, verbalmente o por escrito, la solicitud de comunicación, el cual dará traslado de esta de forma inmediata a su destinatario y, en todo caso, dentro de las 24 horas siguientes.

5. El lugar, el día y la hora para la comunicación telefónica o personal del menor con el juez de menores o con el Ministerio Fiscal serán los que estos determinen.

La comunicación telefónica o personal con el abogado o con las personas responsables de la inspección de centros se llevará a cabo en el centro en la fecha que estos requieran.

6. En el momento de la visita, el abogado o el procurador presentarán al director del centro o al órgano que la entidad pública haya establecido en su normativa el carné profesional que los acredite como tales, además de la designación o documento en el que consten como defensor o representante del menor en las causas que se sigan contra él o por las cuales estuviera internado.

Las comunicaciones del menor con su abogado o procurador no podrán ser suspendidas, en ningún caso, por decisión administrativa. Solamente podrán ser suspendidas previa orden expresa de la autoridad judicial.

7. Las comunicaciones de los menores con el Defensor del Pueblo, sus Adjuntos o delegados, o con instituciones análogas de las comunidades autónomas, autoridades judiciales y miembros del Ministerio Fiscal, se llevarán a cabo en locales adecuados y en el horario que estos estimen oportuno.

8. Las comunicaciones previstas en este artículo no podrán ser suspendidas ni ser objeto de intervención, restricción o limitación administrativa de ningún tipo.

9. Todas las autoridades y funcionarios a que hace mención este artículo deberán acreditarse convenientemente al personal de seguridad del centro.

ART. 42. Comunicaciones telefónicas.

1. Los menores podrán efectuar y recibir comunicaciones telefónicas de sus padres, representantes legales y familiares, dentro del horario establecido en el centro. Para recibir y efectuar comunicaciones con otras personas o fuera del horario establecido, se requerirá la previa autorización del director.

2. El número mínimo de llamadas que podrán efectuar los menores será el de dos por semana con derecho a una duración mínima de 10 minutos. El abono de las llamadas correrá a cargo del menor internado, de acuerdo con las tarifas vigentes, salvo que la entidad pública establezca lo contrario en atención a las circunstancias del menor o al objeto de la llamada.

ART. 43. Comunicaciones escritas.

1. Los menores podrán enviar y recibir correspondencia libremente, sin ningún tipo de censura, salvo prohibición expresa del juez, acordada en el correspondiente expediente conforme a los preceptos de la Ley Orgánica 5/2000, de 12 de enero, reguladora de la responsabilidad penal de los menores.

2. Toda la correspondencia que expidan y reciban los internos será registrada con indicación del nombre del interno remitente o destinatario y la fecha correspondiente en el libro que para tal fin se llevará en el centro.

3. La recepción de correspondencia dirigida a los menores internados se llevará a cabo previa comprobación de la identidad de quien la deposita. La correspondencia de entrada será entregada a su destinatario, quien la abrirá en presencia del personal del centro, con el único fin de controlar que su interior no contiene objetos o sustancias prohibidas.

4. Los menores deberán cerrar la correspondencia que envíen en presencia del personal designado por la dirección del centro, con la única finalidad de comprobar que no contiene objetos y sustancias prohibidos o que no les pertenecen legítimamente.

ART. 44. Paquetes y encargos.

Los menores podrán enviar y recibir paquetes sin ningún tipo de limitación, salvo prohibición expresa del juez.

El contenido de los que se pretendan enviar o el de los recibidos será revisado en su presencia para comprobar que lo enviado pertenece legítimamente al menor y para evitar, en los recibidos, la entrada de objetos o sustancias prohibidos o en deficientes condiciones higiénicas.

La recepción de paquetes dirigidos a los menores internados se llevará a cabo previa comprobación de la identidad de quien lo deposita.

ART. 45. Permisos de salida ordinarios.

1. Los menores internados por sentencia en régimen abierto o semiabierto podrán disfrutar de permisos de salida ordinarios, siempre que concurran los requisitos que se establecen en este artículo.

2. Los permisos ordinarios serán de un máximo de 60 días por año para los internados en régimen abierto y de un máximo de 40 días por año para los internados en régimen semiabierto, distribuidos proporcionalmente en los dos semestres del año, no computándose dentro de estos topes los permisos extraordinarios, ni las salidas de fin de semana ni las salidas programadas. La duración máxima de cada permiso no excederá nunca de 15 días.

3. No obstante, cuando se trate de menores que se encuentren en el período de la enseñanza básica obligatoria, no se podrán conceder permisos ordinarios de salida en días que sean lectivos según el calendario escolar oficial. La distribución a la que hace referencia el apartado anterior se hará en los días en que se interrumpa la actividad escolar.

4. Serán requisitos imprescindibles para la concesión de permisos ordinarios de salida los siguientes:

a) La petición previa del menor.

b) Que no se encuentre cumpliendo o pendiente de cumplir sanciones disciplinarias por faltas muy graves o graves impuestas de conformidad con este reglamento.

c) Que participe en las actividades previstas en su programa individualizado de ejecución de la medida.

d) Que se hayan previsto los permisos en el programa individualizado de ejecución de la medida o en sus modificaciones posteriores, aprobados por el juez de menores competente.

e) Que en el momento de decidir la concesión no se den las circunstancias previstas en el artículo 52.2.

f) Que no exista respecto del menor internado un pronóstico desfavorable del centro por la existencia de variables cualitativas que indiquen el probable quebrantamiento de la medida, la comisión de nuevos hechos delictivos o una repercusión negativa de la salida sobre el menor desde la perspectiva de su preparación para la vida en libertad o de su programa individualizado de ejecución de la medida.

La dirección del centro o el órgano que la entidad pública haya establecido en su normativa podrá suspender el derecho a la concesión de los permisos ordinarios de salida a un menor internado, dando cuenta de ello al juez de menores cuando concurran las circunstancias previstas en el apartado anterior.

5. La concesión del permiso compete al director del centro o al órgano que la entidad pública haya establecido en su normativa, y se disfrutará en las fechas, con la duración y en las condiciones establecidas.

6. De la concesión, o denegación en su caso, del permiso, de las condiciones, duración y fechas de disfrute se dará cuenta al juez de menores competente. Cuando se acuerde denegar o suspender el permiso se notificará al menor, quien podrá recurrir la decisión conforme a lo dispuesto en el artículo 52 de la Ley Orgánica 5/2000, de 12 de enero, reguladora de la responsabilidad penal de los menores.

7. Los menores internados por sentencia firme en régimen cerrado, una vez cumplido el primer tercio del período de internamiento, cuando la buena evolución personal durante la ejecución de la medida lo justifique y ello favorezca el proceso de reinserción social, y cumplan los requisitos establecidos en el apartado 4, podrán disfrutar de hasta 12 días de permiso al año, con una duración máxima de hasta cuatro días, cuando el juez de menores competente lo autorice.

ART. 46. Salidas de fin de semana.

1. Podrán disfrutar de salidas de fin de semana los menores internados por sentencia firme en régimen abierto y semiabierto, siempre que concurran los requisitos establecidos en este artículo y en el apartado 4 del artículo anterior.

2. Como norma general, las salidas de fin de semana se disfrutarán desde las 16.00 horas del viernes hasta las 20.00 horas del domingo. Si el viernes o el lunes es festivo, la duración de la salida de fin de semana podrá incrementarse 24 horas más.

3. Los menores internados en régimen abierto podrán disfrutar de salidas todos los fines de semana, salvo que la evolución en el tratamiento aconseje otra frecuencia de salidas y ello se haya comunicado motivadamente al fiscal y al juez de menores competente.

Como regla general, los internados en régimen semiabierto podrán disfrutar de una salida al mes hasta cumplir el primer tercio del período de internamiento y de dos salidas al mes durante el resto, salvo que la evolución del menor aconseje otra cosa.

4. La autorización para la salida compete al director del centro o al órgano que la entidad pública haya establecido en su normativa.

5. En estas salidas se podrá establecer que personal del centro u otras personas autorizadas por la entidad pública acompañen al menor, cuando las circunstancias así lo aconsejen.

6. De la autorización de las salidas de fin de semana y de su periodicidad se dará cuenta al juez de menores competente. Asimismo, se les dará cuenta del acuerdo de denegar o suspender el permiso o el derecho a su concesión.

7. Los menores internados por sentencia firme en régimen cerrado, una vez cumplido el primer tercio del periodo de internamiento, cuando la buena evolución personal durante la ejecución de la medida lo justifique y ello favorezca el proceso de reinserción social, podrán disfrutar de una salida de fin de semana al mes, siempre que cumplan los requisitos de este artículo y el juez de menores competente lo autorice.

ART. 47. Permisos extraordinarios.

1. En caso de fallecimiento o enfermedad grave de los padres, cónyuge, hijos, hermanos u otras personas íntimamente vinculadas con los menores o de nacimiento de un hijo, así

como por importantes y comprobados motivos de análoga naturaleza, se concederán, con las medidas de seguridad adecuadas en su caso, permisos de salida extraordinarios, salvo que concurran circunstancias excepcionales que lo impidan.

2. La duración de cada permiso extraordinario vendrá determinada por su finalidad y no podrá exceder de cuatro días.

3. La concesión del permiso compete al director del centro o al órgano que la entidad pública haya establecido en su normativa.

4. De la concesión de permisos extraordinarios se dará cuenta al juez de menores competente. Cuando se trate de menores internados en régimen cerrado, será necesaria su autorización expresa.

ART. 48. Salidas programadas.

1. Son salidas programadas aquellas que, sin ser propias del régimen de internamiento abierto o semiabierto, ni constituir permisos ni salidas de fin de semana, organiza el centro para el desarrollo del programa individualizado de ejecución de la medida.

2. Podrán disfrutar de salidas programadas los menores internados en régimen abierto y semiabierto cuando formen parte del programa individualizado de ejecución de la medida.

3. Las salidas programadas se llevarán a cabo preferentemente durante los fines de semana y festivos.

También podrán programarse en días laborales siempre que sean compatibles con los horarios de actividades del menor.

4. Como regla general, su duración será inferior a 48 horas, sin perjuicio de que se pueda autorizar otra cosa con carácter excepcional.

5. Los requisitos de concesión y el órgano competente para autorizar la salida serán los establecidos en el artículo 45.

6. Los menores internados por sentencia firme en régimen cerrado, una vez cumplido el primer tercio del periodo de internamiento, cuando la buena evolución personal durante la ejecución de la medida lo justifique y ello favorezca el proceso de integración social, podrán disfrutar de salidas programadas de acuerdo con lo establecido en este artículo, cuando el juez de menores competente lo autorice.

ART. 49. Salidas y permisos de menores sometidos a medida cautelar de internamiento.

La autorización de cualquier permiso o salida a los menores sometidos a medida cautelar de internamiento se someterá al mismo régimen que el previsto cuando se imponga por sentencia.

ART. 50. Salidas y permisos de menores en internamiento terapéutico.

1. Las salidas, permisos y comunicaciones con el exterior de los menores sometidos a internamiento terapéutico se autorizarán, en el marco del programa individual de tratamiento, por el juez de menores en los términos previstos en el artículo 44 de la Ley Orgánica 5/2000, de 12 de enero, reguladora de la responsabilidad penal de los menores.

2. Las salidas, permisos y comunicaciones con el exterior podrán ser dejadas sin efecto por el juez de menores, conforme prevé el artículo 44 de la Ley Orgánica 5/2000, de 12 de enero, reguladora de la responsabilidad penal de los menores, en cualquier momento, si el menor incumple las condiciones.

ART. 51. Domicilio durante las salidas y permisos.

1. Los menores de edad deberán estar bajo la responsabilidad de sus padres o representantes legales o de las personas que estos autoricen durante las salidas y permisos que se hagan en su compañía, designando un domicilio a efectos de comunicaciones.

2. Cuando el menor esté bajo la tutela de la entidad pública de protección de menores, será competencia de dicha entidad determinar las personas o instituciones con las que estará el menor durante los permisos y salidas autorizadas, designándose igualmente un domicilio.

3. Si los padres o representantes legales del menor no estuviesen localizables, se negasen a acogerlos durante las salidas y permisos, o si el menor se negase a estar en su compañía o en la de las personas que aquellos determinen, el juez de menores competente podrá autorizar el permiso o la salida con otras personas o instituciones conforme prevé el artículo 44 de la Ley Orgánica 5/2000, de 12 de enero, reguladora de la responsabilidad penal de los menores.

4. Los menores que disfruten de salidas o permisos indicarán un domicilio a efectos de poder ser localizados en caso necesario.

ART. 52. Suspensión y revocación de permisos y salidas.

1. Cuando antes de iniciarse el disfrute de un permiso ordinario, de un permiso extraordinario o de las salidas a los que hacen referencia los artículos 45, 46, 47 y 48 se produzcan hechos que modifiquen las circunstancias que propiciaron su concesión, la entidad pública podrá suspenderlos motivadamente. Si el permiso o la salida se hubiese autorizado por el juez de menores, la suspensión tendrá carácter provisional y se pondrá inmediatamente en conocimiento del juez para que resuelva lo que proceda.

2. El permiso o la salida quedará sin efecto desde el momento en que el menor se vea imputado en un nuevo hecho constitutivo de infracción penal.

ART. 53. Trabajo.

1. Los menores internos que tengan la edad laboral legalmente establecida tienen derecho a un trabajo remunerado, dentro de las disponibilidades de la entidad pública, y a las prestaciones sociales que legalmente les correspondan.

2. A estos efectos, la entidad pública llevará a cabo las actuaciones necesarias para facilitar que dichos menores desarrollen actividades laborales remuneradas de carácter productivo, dentro o fuera de los centros, en función del régimen o tipo de internamiento.

3. La relación laboral de los internos que se desarrolle fuera de los centros y esté sometida a un sistema de contratación ordinaria con empresarios se regulará por la legislación laboral común, sin perjuicio de la supervisión que en el desarrollo de estos contratos se pueda realizar por la entidad pública competente sobre su adecuación con el programa de ejecución de la medida.

4. El trabajo productivo que se desarrolle en los centros específicos para menores infractores será dirigido por la entidad pública correspondiente, directamente o a través de personas físicas o jurídicas con las que se establezcan conciertos, y les será de aplicación la normativa reguladora de la relación laboral especial penitenciaria y de la protección de Seguridad Social establecida en la legislación vigente para este colectivo, con las siguientes especialidades:

a) Tendrá la consideración de empleador la entidad pública correspondiente o la persona física o jurídica con la que tenga establecido el oportuno concierto, sin perjuicio de la responsabilidad solidaria de la entidad pública, respecto de los incumplimientos en materia salarial y de Seguridad Social.

b) A los trabajadores menores de 18 años se les aplicarán las normas siguientes:

1.ª No podrán realizar trabajos nocturnos, ni aquellas actividades o puestos de trabajo prohibidos a los menores.

2.ª No podrán realizar horas extraordinarias.

3.ª No podrán realizar más de ocho horas diarias de trabajo efectivo, incluyendo, en su caso, el tiempo dedicado a la formación y, si trabajasen para varios empleadores, las horas realizadas para cada uno de ellos.

4.ª Siempre que la duración de la jornada diaria continuada exceda de cuatro horas y media, deberá establecerse un período de descanso durante dicha jornada no inferior a 30 minutos.

5.ª La duración del descanso semanal será como mínimo de dos días ininterrumpidos.

6.ª En su caso, se podrán establecer reglamentariamente otras especialidades que se consideren necesarias en relación con la normativa existente para los penados.

5. En todo caso, el trabajo que realicen los internos tendrá como finalidad esencial su inserción laboral, así como su incorporación al mercado de trabajo. A estos efectos, la práctica laboral se complementará con cursos de formación profesional ocupacional u otros programas que mejoren su competencia y capacidad laboral y favorezcan su futura inserción laboral.

ART. 54. Vigilancia y seguridad.

1. Las funciones de vigilancia y seguridad interior de los centros corresponde a sus trabajadores, con arreglo a los cometidos propios de cada uno y a la distribución de servicios que el director del centro o la entidad pública haya acordado en su interior.

2. Las actuaciones encaminadas a garantizar la seguridad interior de los centros consistirán en la observación de los menores internados. También podrán suponer, en la forma y con la periodicidad establecida en este artículo, inspecciones de locales y dependencias, así como registros de personas, ropas y enseres de los menores internados.

3. En aquellas dependencias que a criterio del centro lo requieran, podrán utilizarse medios electrónicos para la detección de presencia de metales o para el examen del contenido de paquetes u objetos.

4. Las inspecciones de las dependencias y locales del centro se harán con la periodicidad que la entidad pública o el director del centro establezca.

5. El registro de la persona, ropa y enseres del menor se ajustará a las siguientes normas:

a) Su utilización se regirá por los principios de necesidad y proporcionalidad y se llevarán siempre a cabo con el respeto debido a la dignidad y a los derechos fundamentales de la persona. Ante la opción de utilizar medios de igual eficacia, se dará preferencia a los de carácter electrónico.

b) Los registros de las ropas y enseres personales del menor se practicarán, normalmente, en su presencia.

c) El registro de la persona del menor se llevará a cabo por personal del mismo sexo, en lugar cerrado sin la presencia de otros menores y preservando, en todo lo posible, la intimidad.

d) Solamente por motivos de seguridad concretos y específicos, cuando existan razones individuales y contrastadas que hagan pensar que el menor oculta en su cuerpo algún objeto peligroso o sustancia susceptible de causar daño a la salud o integridad física de las personas o de alterar la seguridad o convivencia ordenada del centro, y cuando no sea posible la utilización de medios electrónicos, se podrá realizar el registro con desnudo integral, con autorización del director del centro, previa notificación urgente al juez de menores de guardia y al fiscal de guardia, con explicación de las razones que aconsejan dicho cacheo. En todo caso, será de aplicación lo dispuesto en los párrafos a) y c) anteriores.

Una vez efectuado en su caso el cacheo, se dará cuenta al juez de menores y al Ministerio Fiscal de su realización y del resultado obtenido.

e) Si el resultado del registro con desnudo integral fuese infructuoso y persistiese la sospecha, se podrá solicitar por el director del centro a la autoridad judicial competente la autorización para la aplicación de otros medios de control adecuados.

6. De los registros establecidos en el apartado anterior se formulará informe escrito, que deberá especificar los registros con desnudo integral efectuados y los demás extremos previstos en el párrafo d). El informe deberá estar firmado por los profesionales del centro que hayan practicado los registros y dirigirlo al director del centro y al juez de menores.

7. Se intervendrán el dinero u objetos de valor no autorizados, así como los objetos no permitidos y los que se entiendan peligrosos para la seguridad o convivencia ordenada o de ilícita procedencia. Cuando se trate de dinero u objetos de valor se aplicará lo dispuesto en el artículo 30.2.d).

8. La entidad pública podrá autorizar, en aquellos centros donde la necesidad de seguridad así lo requiera, el servicio de personal especializado, en funciones de vigilancia y de apoyo a las actuaciones de los trabajadores del centro previstas en los apartados anteriores de este artículo. Este personal dependerá funcionalmente del director del centro y no podrá portar ni utilizar dentro del centro otros medios que los contemplados en el artículo 55.2.

9. Cuando exista riesgo inminente de graves alteraciones del orden con peligro para la vida o la integridad física de las personas o para las instalaciones, la entidad pública o el director del centro podrá solicitar la intervención de las Fuerzas y Cuerpos de Seguridad competentes en cada territorio.

ART. 55. Medios de contención.

1. Solamente podrán utilizarse los medios de contención descritos en el apartado 2 de este artículo por los motivos siguientes:

a) Para evitar actos de violencia o lesiones de los menores a sí mismos o a otras personas.

b) Para impedir actos de fuga.

c) Para impedir daños en las instalaciones del centro.

d) Ante la resistencia activa o pasiva a las instrucciones del personal del centro en el ejercicio legítimo de su cargo.

2. Los medios de contención que se podrán emplear serán:

a) La contención física personal.

b) Las defensas de goma.

c) La sujeción mecánica.

d) Aislamiento provisional.

3. El uso de los medios de contención será proporcional al fin pretendido, nunca supondrá una sanción encubierta y solo se aplicarán cuando no exista otra manera menos gravosa para conseguir la finalidad perseguida y por el tiempo estrictamente necesario.

4. Los medios de contención no podrán aplicarse a las menores gestantes, a las menores hasta seis meses después de la terminación del embarazo, a las madres lactantes, a las que tengan hijos consigo ni a los menores enfermos convalecientes de enfermedad grave, salvo que de la actuación de aquellos pudiera derivarse un inminente peligro para su integridad o para la de otras personas.

5. Cuando se aplique la medida de aislamiento provisional se deberá cumplir en una habitación que reúna medidas que procuren evitar que el menor atente contra su integridad física o la de los demás. El menor será visitado durante el periodo de aislamiento provisional por el médico o el personal especializado que precise.

6. La utilización de los medios de contención será previamente autorizada por el director del centro o por quien la entidad pública haya establecido en su normativa, salvo que razones de urgencia no lo permitan; en tal caso, se pondrá en su conocimiento inmediatamente.

Asimismo, comunicará inmediatamente al juez de menores la adopción y cese de tales medios de contención, con expresión detallada de los hechos que hubieren dado lugar a su utilización y de las circunstancias que pudiesen aconsejar su mantenimiento.

7. Los medios materiales de contención serán depositados en el lugar o lugares que el director o quien la entidad pública haya establecido en su normativa considere idóneos.

8. En los casos de graves alteraciones del orden con peligro inminente para la vida, la integridad física de las personas o para las instalaciones, la entidad pública o el director del centro podrán solicitar el auxilio de las Fuerzas y Cuerpos de Seguridad que en cada territorio tenga atribuida la competencia, dando cuenta inmediata al juzgado de menores y al Ministerio Fiscal.

ART. 56. Informaciones.

1. Todos los menores internados tienen derecho a recibir de la entidad pública, con la periodicidad adecuada y, en todo caso, siempre que lo requieran, información personal y actualizada de sus derechos y deberes, previstos en los artículos 56 y 57 de la Ley Orgánica 5/2000, de 12 de enero, reguladora de la responsabilidad penal de los menores. Dicha información será explicada de forma que se garantice su comprensión, en atención a la edad y a las circunstancias del menor.

2. Los representantes legales del menor internado serán informados por la dirección del centro o por el órgano que la entidad pública haya designado sobre la situación y la evolución del menor, y sobre los derechos que como representantes legales les corresponden durante la situación de internamiento.

Salvo prohibición judicial expresa, esta información será facilitada cuando la soliciten los representantes legales del menor o lo considere necesario la dirección del centro o el órgano que la entidad pública haya establecido en su normativa.

3. En caso de enfermedad, accidente o cualquier otra circunstancia grave que afecte al menor, la entidad pública ha de informar inmediatamente a sus representantes legales. Dichas personas también serán informadas de los ingresos en el centro, de los traslados entre centros y de los ingresos en instituciones hospitalarias, salvo que exista una prohibición expresa del juez de menores competente.

4. El menor ha de ser informado sin dilación de la defunción, accidente o enfermedad grave de un pariente cercano o de otra persona íntimamente vinculada con él, y de cualquier otra noticia importante comunicada por la familia.

ART. 57. Peticiones, quejas y tramitación de recursos.

1. Todos los menores internados y, en su caso, sus representantes legales podrán formular, verbalmente o por escrito, en sobre abierto o cerrado, peticiones y quejas a la entidad pública o al director del centro, sobre cuestiones referentes a su situación de internamiento, que serán atendidas cuando correspondan al ámbito propio de sus competencias. En caso contrario, el director del centro o la entidad pública harán llegar las presentadas, en el plazo más breve posible, a la autoridad u organismo competente.

2. El menor podrá dirigir la petición o queja por escrito, en sobre abierto o cerrado, a las autoridades judiciales, al Ministerio Fiscal y al Defensor del Pueblo o institución análoga de su comunidad autónoma. Los que se entreguen directamente al director del centro o a la entidad pública se harán llegar a sus destinatarios en el plazo más breve posible.

3. Las peticiones y quejas que presenten los menores a través del centro o la entidad pública serán registradas. La tramitación que se le haya dado y, en su caso, la resolución adoptada se comunicará al menor, con indicación de los recursos que procedan.

4. Los recursos que de conformidad con lo dispuesto en el artículo 52.1 de la Ley Orgánica 5/2000, de 12 de enero, reguladora de la responsabilidad penal de los menores, interponga el menor contra cualquier resolución dictada para la ejecución de las medidas, que fueran presentados por el menor o por su letrado de forma escrita al director del centro, se pondrán en conocimiento del juez de menores competente dentro del siguiente día hábil. Si el menor manifestara al director del centro, de forma verbal, su intención de recurrir la resolución dictada, el director dará traslado de esta manifestación al juez de menores, dentro del plazo indicado anteriormente, y, en su caso, dará cumplimiento a las medidas que adopte el juez para oír la alegación del menor.

ART. 58. Inspección de centros.

1. Sin perjuicio de las funciones de inspección que correspondan a los jueces de menores, al Ministerio Fiscal y al Defensor del Pueblo o institución análoga de la comunidad autónoma, la entidad pública, con los medios personales y materiales y los procedimientos que articule para esta finalidad, ejercerá las funciones de inspección para garantizar que la actuación de los centros propios y colaboradores y la de sus profesionales se lleva a cabo con respeto a los derechos y garantías de los menores internados.

2. Los menores podrán solicitar la comunicación con el órgano de inspección correspondiente, de conformidad con lo establecido en el artículo 41, sin perjuicio de las comunicaciones que dicho órgano realice con el menor en el ejercicio de sus funciones.

3. Los hechos descubiertos en el ejercicio de sus funciones por el órgano de inspección, que supongan una vulneración de los derechos de los menores, se pondrán en conocimiento de la entidad pública, del juez de menores competente y del Ministerio Fiscal.

CAPÍTULO IV
Del régimen disciplinario de los centros

ART. 59. Fundamento y ámbito de aplicación.

1. El régimen disciplinario de los centros tendrá como finalidad contribuir a la seguridad y convivencia ordenada en estos y estimular el sentido de la responsabilidad y la capacidad de autocontrol de los menores internados.

2. El régimen disciplinario se aplicará a todos los menores que cumplan medidas de internamiento en régimen cerrado, abierto o semiabierto, y terapéuticos, sin perjuicio de lo dispuesto en el apartado siguiente, bien en centros propios o colaboradores, tanto dentro del centro como durante los traslados, conducciones o salidas autorizadas que aquellos realicen.

3. El régimen disciplinario previsto en este capítulo no será aplicable a aquellos menores a los que se haya impuesto una medida de internamiento terapéutico como consecuencia de una anomalía o alteración psíquica o de una alteración en la percepción que les impida comprender la ilicitud de los hechos o actuar conforme a aquella comprensión, mientras se mantengan en tal estado.

ART. 60. Principios de la potestad disciplinaria.

1. El ejercicio de la potestad disciplinaria en los centros propios y colaboradores, regulada en este reglamento, corresponderá a quien la tenga expresamente atribuida por la entidad pública. En defecto de esta atribución, el ejercicio de la potestad disciplinaria corresponderá al director del centro.

2. No podrán atribuirse al mismo órgano las fases de instrucción y resolución del procedimiento.

3. La potestad disciplinaria habrá de ejercerse siempre respetando la dignidad del menor. Ninguna sanción podrá implicar, de manera directa o indirecta, castigos corporales, ni privación de los derechos de alimentación, enseñanza obligatoria y comunicaciones y visitas previstos en la Ley Orgánica 5/2000, de 12 de enero, reguladora de la responsabilidad penal de los menores, y en este reglamento.

4. Las sanciones impuestas podrán ser reducidas, dejadas sin efecto en su totalidad, suspendidas o aplazadas en su ejecución, en los términos establecidos en este reglamento.

5. La conciliación con la persona ofendida, la restitución de los bienes, la reparación de los daños y la realización de actividades en beneficio de la colectividad del centro, voluntariamente asumidos por el menor, podrán ser valoradas por el órgano competente para el

sobreseimiento del procedimiento disciplinario o para dejar sin efecto las sanciones disciplinarias impuestas.

6. Aquellos hechos que pudiesen ser constitutivos de infracción penal podrán ser también sancionados disciplinariamente cuando el fundamento de esta sanción, que ha de ser distinto del de la penal, sea la seguridad y el buen orden del centro. En estos casos, los hechos serán puestos en conocimiento del Ministerio Fiscal y de la autoridad judicial competente, sin perjuicio de que continúe la tramitación del expediente disciplinario hasta su resolución e imposición de la sanción si procediera.

ART. 61. Clasificación de las faltas disciplinarias.

Las faltas disciplinarias se clasifican en muy graves, graves y leves, atendiendo a la violencia desarrollada por el sujeto, su intencionalidad, la importancia del resultado y el número de personas ofendidas.

ART. 62. Faltas muy graves.

Son faltas muy graves:

a) Agredir, amenazar o coaccionar de forma grave a cualquier persona dentro del centro.

b) Agredir, amenazar o coaccionar de forma grave, fuera del centro, a otro menor internado o a personal del centro o autoridad o agente de la autoridad, cuando el menor hubiera salido durante el internamiento.

c) Instigar o participar en motines, plantes o desórdenes colectivos.

e) Intentar o consumar la evasión del interior del centro o cooperar con otros internos en su producción.

f) Resistirse activa y gravemente al cumplimiento de órdenes recibidas del personal del centro en el ejercicio legítimo de sus atribuciones.

g) Introducir, poseer o consumir en el centro drogas tóxicas, sustancias psicotrópicas o estupefacientes o bebidas alcohólicas.

h) Introducir o poseer en el centro armas u objetos prohibidos por su peligro para las personas.

i) Inutilizar deliberadamente las dependencias, materiales o efectos del centro o las pertenencias de otras personas, causando daños y perjuicios superiores a 300 euros.

j) Sustraer materiales o efectos del centro o pertenencias de otras personas.

ART. 63. Faltas graves.

Son faltas graves:

a) Agredir, amenazar o coaccionar de manera leve a cualquier persona dentro del centro.

b) Agredir, amenazar o coaccionar de manera leve, fuera del centro, a otro menor internado, o a personal del centro o autoridad o agente de la autoridad, cuando el menor hubiese salido durante el internamiento.

c) Insultar o faltar gravemente al respeto a cualquier persona dentro del centro.

d) Insultar o faltar gravemente al respeto, fuera del centro, a otro menor internado, o a personal del centro o autoridad o agente de la autoridad, cuando el menor hubiera salido durante el internamiento.

e) No retornar al centro, sin causa justificada, el día y hora establecidos, después de una salida temporal autorizada.

f) Desobedecer las órdenes e instrucciones recibidas del personal del centro en el ejercicio legítimo de sus funciones, o resistirse pasivamente a cumplirlas.

g) Inutilizar deliberadamente las dependencias, materiales o efectos del centro, o las pertenencias de otras personas, causando daños y perjuicios inferiores a 300 euros.

h) Causar daños de cuantía elevada por negligencia grave en la utilización de las dependencias, materiales o efectos del centro, o las pertenencias de otras personas.

i) Introducir o poseer en el centro objetos o sustancias que estén prohibidas por la normativa de funcionamiento interno distintas de las contempladas en los párrafos g) y h) del artículo anterior.

j) Hacer salir del centro objetos cuya salida no esté autorizada.

k) Consumir en el centro sustancias que estén prohibidas por las normas de funcionamiento interno, distintas de las previstas en el párrafo g) del artículo anterior.

l) Autolesionarse como medida reivindicativa o simular lesiones o enfermedades para evitar la realización de actividades obligatorias.

m) Incumplir las condiciones y medidas de control establecidas en las salidas autorizadas.

ART. 64. Faltas leves.

Son faltas leves:

a) Faltar levemente al respeto a cualquier persona dentro del centro.

b) Faltar levemente al respeto, fuera del centro, a otro menor internado, o a personal del centro o autoridad o agente de la autoridad, cuando el menor hubiera salido durante el internamiento.

c) Hacer un uso abusivo y perjudicial en el centro de objetos y sustancias no prohibidas por las normas de funcionamiento interno.

d) Causar daños y perjuicios de cuantía elevada a las dependencias materiales o efectos del centro o en las pertenencias de otras personas, por falta de cuidado o de diligencia en su utilización.

e) Alterar el orden promoviendo altercados o riñas con compañeros de internamiento.

f) Cualquier otra acción u omisión que implique incumplimiento de las normas de funcionamiento del centro y no tenga consideración de falta grave o muy grave.

ART. 65. Sanciones disciplinarias.

1. Las únicas sanciones disciplinarias que se pueden imponer a los menores serán alguna de las especificadas en los apartados siguientes de este artículo.

2. Por la comisión de faltas muy graves:

a) La separación del grupo por tiempo de tres a siete días en casos de evidente agresividad, violencia y alteración grave de la convivencia.

b) La separación del grupo por tiempo de tres a cinco fines de semana.

c) La privación de salidas de fin de semana de 15 días a un mes.

d) La privación de salidas de carácter recreativo por un tiempo de uno a dos meses.

3. Por la comisión de faltas graves:

a) La separación del grupo hasta dos días como máximo.

b) La separación del grupo por un tiempo de uno a dos fines de semana.

c) La privación de salidas de fin de semana de uno a 15 días.

d) La privación de salidas de carácter recreativo por un tiempo máximo de un mes.

e) La privación de participar en las actividades recreativas del centro por un tiempo de siete a 15 días.

4. Por la comisión de faltas leves:

a) La privación de participar en todas o en algunas de las actividades recreativas del centro por un tiempo de uno a seis días.

b) La amonestación.

5. A los menores que cumplan en el centro medidas de permanencia de fin de semana se les impondrán las sanciones correspondientes a la naturaleza de la infracción cometida adaptando su duración a la naturaleza y duración de la medida indicada.

ART. 66. Sanción de separación.

1. La sanción de separación por la comisión de faltas muy graves o faltas graves solamente se podrá imponer en los casos en los que se manifieste una evidente agresividad o violencia por parte del menor, o cuando este, reiterada y gravemente, altere la normal convivencia en el centro.

2. La sanción de separación se cumplirá en la propia habitación del menor o en otra de análogas características durante el horario de actividades del centro.

3. Durante el cumplimiento de la sanción de separación, el menor dispondrá de dos horas al aire libre y deberá asistir, en su caso, a la enseñanza obligatoria y podrá recibir las visitas previstas en los artículos 40 y 41. Durante el horario general de actividades se programarán actividades individuales alternativas que podrán realizarse dentro de la habitación.

4. Diariamente visitará al menor el médico o el psicólogo que informará al director del centro sobre el estado de salud física y mental del menor, así como sobre la conveniencia de suspender, modificar o dejar sin efecto la sanción impuesta.

5. No obstante lo anterior, la sanción de separación de grupo no se aplicará a las menores embarazadas, a las menores hasta que hayan transcurrido seis meses desde la finalización del embarazo, a las madres lactantes y a las que tengan hijos en su compañía. Tampoco se aplicará a los menores enfermos y se dejará sin efecto en el momento en que se aprecie que esta sanción afecta a su salud física o mental.

ART. 67. Graduación de las sanciones

1. La determinación de las sanciones y su duración se llevará a efecto de acuerdo al principio de la proporcionalidad, atendiendo a las circunstancias del menor, la naturaleza de los hechos, la violencia o agresividad mostrada en la comisión de los hechos, la intencionalidad, la perturbación producida en la convivencia del centro, la gravedad de los daños y perjuicios ocasionados, el grado de ejecución y de participación y la reincidencia en otras faltas disciplinarias.

2. Atendiendo a la escasa relevancia de la falta disciplinaria, a la evolución del interno en el cumplimiento de la medida, al reconocimiento por el menor de la comisión de la infracción y a la incidencia de la intervención educativa realizada para expresarle el reproche merecido por su conducta infractora, podrá imponerse al autor de una falta disciplinaria muy grave una sanción establecida para faltas disciplinarias graves y al autor de una falta disciplinaria grave una sanción prevista para las faltas disciplinarias leves.

ART. 68. Concurso de infracciones y normas para el cumplimiento de las sanciones.

1. Al responsable de dos o más faltas enjuiciadas en el mismo expediente se le impondrán las sanciones correspondientes a cada una de las faltas. También se le podrá imponer una única sanción por todas las faltas cometidas, tomando como referencia la más grave de las enjuiciadas. En el caso de que se impongan varias sanciones, se cumplirán simultáneamente, si fuera posible. Si no lo fuera, se cumplirán sucesivamente por orden de gravedad y duración, sin que puedan exceder en duración del doble de tiempo por el que se imponga la más grave.

2. No obstante lo dispuesto en el apartado anterior, en ningún caso el cumplimiento sucesivo de diversas sanciones impuestas en el mismo o en diferentes procedimientos disciplinarios supondrá para el menor estar consecutivamente:

a) Más de siete días o más de cinco fines de semanas en situación de separación de grupo.

b) Más de un mes privado de salidas de fin de semana.

c) Más de dos meses privado de salidas programadas de carácter recreativo.

d) Más de 15 días privado de todas las actividades recreativas del centro.

ART. 69. Pluralidad de faltas e infracción continuada.

1. Cuando un mismo hecho sea constitutivo de dos o más faltas o cuando una de estas sea medio necesario para la comisión de otra, se impondrá al menor una sola sanción teniendo en cuenta la más grave de las faltas cometidas.

2. Cuando se trate de una infracción continuada, se impondrá al menor una sola sanción teniendo en cuenta la más grave de las faltas cometidas.

ART. 70. Necesidad de procedimientos sancionadores.

Para la imposición de sanciones por faltas graves y muy graves será preceptiva la observancia del procedimiento regulado en los artículos 71 a 78, y para las sanciones impuestas por faltas leves podrá seguirse el procedimiento abreviado previsto en el artículo 79.

ART. 71. Procedimiento ordinario: inicio.

1. Cuando el órgano competente para la iniciación del procedimiento disciplinario aprecie en los menores internados indicios de conductas que pueden dar lugar a responsabilidad disciplinaria, acordará la iniciación del procedimiento de alguna de las siguientes formas:

a) Por propia iniciativa.

b) Como consecuencia de orden emitida por un órgano administrativo superior jerárquico.

c) Por petición razonada de otro órgano administrativo que no sea superior jerárquico.

d) Por denuncia de persona identificada.

2. El órgano competente para la iniciación designará el instructor que considere conveniente, excluyendo a las personas que pudieran estar relacionadas con los hechos.

3. Para el debido esclarecimiento de los hechos que pudieran ser determinantes de responsabilidad disciplinaria, el órgano competente podrá acordar la apertura de una información previa, que se practicará por el órgano administrativo o la persona que aquel determine.

ART. 72. Instrucción y pliego de cargos.

1. El instructor, a la vista de los indicios de responsabilidad que existan, formulará pliego de cargos dirigido al menor, en un lenguaje claro, y en el plazo máximo de 48 horas desde su designación, el cual se incorporará, en su caso, al expediente, con el contenido siguiente:

a) La identificación de la persona responsable.

b) La relación detallada de los hechos imputados.

c) La calificación de la falta o faltas en las que ha podido incurrir.

d) Las posibles sanciones aplicables.

e) El órgano competente para la resolución del expediente de acuerdo con lo previsto en la norma autonómica correspondiente o, en su caso, en la Ley Orgánica 5/2000, de 12 de enero, o en este reglamento.

f) La identificación del instructor.

g) Las medidas cautelares que se hayan acordado.

h) Los posibles daños y perjuicios ocasionados.

2. El pliego de cargos se notificará al menor infractor el mismo día de su redacción, mediante su lectura íntegra y con entrega de la correspondiente copia con indicación de:

a) El derecho del menor a formular alegaciones y proponer las pruebas que considere oportunas en defensa de sus intereses, verbalmente ante el instructor en el mismo acto de notificación, o por escrito en el plazo máximo de 24 horas. Si formula alegaciones verbalmente, se levantará acta de estas, que deberá firmar el menor.

b) La posibilidad de que un letrado le asesore en la redacción del pliego de descargos y ser asistido por personal del centro o por cualquier otra persona del propio centro.

c) Al menor extranjero que desconozca el castellano o la lengua cooficial de la comunidad autónoma, la posibilidad de asistirse de una persona que hable su idioma.

3. Por el instructor se admitirán verbalmente las pruebas propuestas por el menor o se rechazarán motivadamente por escrito las que fueran improcedentes, por no poder alterar la resolución final del procedimiento o por ser de imposible realización.

ART. 73. Tramitación.

1. Notificado el pliego de cargos, el instructor realizará cuantas actuaciones resulten necesarias para el examen de los hechos y recabará los datos e informes que considere necesarios.

2. Dentro de las 24 horas siguientes a la presentación del pliego de descargos o a la formulación verbal de alegaciones, o transcurrido este plazo si el menor no hubiera ejercitado su derecho, el menor será oído y se practicarán las pruebas propuestas y las que el instructor considere convenientes.

3. Si el menor reconoce voluntariamente su responsabilidad, el instructor elevará el expediente al órgano competente, para que emita resolución, sin perjuicio de continuar el procedimiento si hay indicios racionales de engaño o encubrimiento de otras personas.

4. Una vez finalizado el trámite de alegaciones y de la práctica de la prueba, el instructor, inmediatamente y en todo caso en el plazo de 24 horas, formulará la propuesta de resolución, que notificará al interno con indicación de los hechos imputados, la falta cometida y la sanción que deba imponerse, para que en el término de 24 horas pueda formular las alegaciones que considere procedentes. Una vez completado este trámite, el instructor elevará el expediente al órgano competente para que dicte la resolución correspondiente.

ART. 74. Resolución.

El órgano competente, en el mismo día o como máximo en el plazo de 24 horas, habrá de resolver motivadamente sobre el sobreseimiento del expediente, la imposición de la sanción disciplinaria correspondiente o la práctica de nuevas actuaciones por parte del instructor. En este último caso, se estará a lo dispuesto en los artículos anteriores.

ART. 75. Acuerdo sancionador.

1. El acuerdo sancionador se formulará por escrito y deberá contener las siguientes menciones:

a) El lugar y la fecha del acuerdo.

b) El órgano que lo adopta

c) El número del expediente disciplinario y un breve resumen de los actos procedimentales básicos que lo hayan precedido. En el supuesto de haberse desestimado la práctica de alguna prueba, deberá expresarse la motivación formulada por el instructor en su momento.

d) Relación circunstanciada de los hechos imputados al menor, que no podrán ser distintos de los consignados en el pliego de cargos formulado por el instructor, con independencia de que pueda variar su calificación jurídica.

e) Artículo y apartado de este reglamento en el que se estima comprendida la falta cometida.

f) Sanción impuesta y artículo y apartado de este reglamento que la contempla.

g) Indicación del recurso que puede interponer.

h) La firma del titular del órgano competente.

2. La resolución será ejecutiva cuando ponga fin a la vía administrativa.

En la resolución se adoptarán, en su caso, las disposiciones cautelares precisas para garantizar su eficacia en tanto no sea ejecutiva.

3. La iniciación del procedimiento y las sanciones impuestas se anotarán en el expediente personal del menor sancionado. También se anotará la reducción o revocación de la sanción, así como la suspensión de su efectividad.

ART. 76. Notificación de la resolución

1. La notificación al menor del acuerdo sancionador deberá hacerse el mismo día o en el plazo máximo de 24 horas de ser adoptado, dando lectura íntegra de aquel y entregándole una copia.

2. Asimismo, el acuerdo sancionador se notificará en todo caso y en igual plazo al Ministerio Fiscal y a la defensa letrada del menor.

Apdo. 2 modificado por Real Decreto 535/2021, de 13 de julio, por el que se modifica el Reglamento de la Ley Orgánica 5/2000, de 12 de enero, reguladora de la responsabilidad penal de los menores (BOE de 17-07-2021).

ART. 77. Caducidad.

Transcurrido el plazo máximo de un mes desde la iniciación del procedimiento disciplinario sin que la resolución se hubiera notificado al menor expedientado, se entenderá caducado el procedimiento disciplinario y se procederá al archivo de las actuaciones, siempre que la demora no fuera imputable al interesado.

ART. 78. Recursos.

Las resoluciones sancionadoras podrán ser recurridas, antes del inicio del cumplimiento, ante el juez de menores, verbalmente en el mismo acto de la notificación o por escrito dentro del plazo de 24 horas, por el propio interesado o por su letrado, actuándose de conformidad con el artículo 60.7 de la Ley Orgánica 5/2000, de 12 de enero, reguladora de la responsabilidad penal de los menores.

ART. 79. Procedimiento abreviado.

Cuando el órgano competente para iniciar el procedimiento considere que existen elementos de juicio suficientes para calificar la infracción del menor como falta leve, se tramitará el procedimiento abreviado, con arreglo a las siguientes normas:

a) El informe del personal del centro operará como pliego de cargos que se notificará, verbalmente, al presunto infractor, con indicación de la sanción que le puede corresponder.

b) El menor podrá hacer las alegaciones que estime pertinentes y proponer las pruebas de que intente valerse, en el mismo acto de la notificación o por escrito 24 horas después.

c) Transcurrido el plazo anterior, el órgano competente resolverá lo que proceda. Si acuerda imponer una sanción, se le notificará al menor y a su letrado por escrito.

d) En todo caso, este procedimiento se documentará debidamente.

ART. 80. Medidas cautelares durante el procedimiento.

1. El órgano competente para iniciar el procedimiento, por sí o a propuesta del instructor del expediente disciplinario, podrá acordar en cualquier momento del procedimiento, mediante acuerdo motivado, las medidas cautelares que resulten necesarias para asegurar la eficacia de la resolución que pudiera recaer y el buen fin del procedimiento, así como para evitar la persistencia de los efectos de la infracción y asegurar la integridad del expedientado y de otros posibles afectados. Las únicas medidas cautelares que se podrán adoptar serán las previstas como sanción en el artículo 65 para la presunta falta cometida.

2. Estas medidas quedarán reflejadas en el expediente del menor y deberán ajustarse a la intensidad, proporcionalidad y necesidades de los objetivos que se pretendan garantizar en cada supuesto concreto, y su adopción será notificada al menor y puesta inmediatamente en conocimiento del juez de menores y del Ministerio Fiscal. Si durante la tramitación del procedimiento hubiera alteración de las causas que motivaron la aplicación de estas medidas cautelares, podrán modificarse las medidas adoptadas. En el supuesto de que desaparezcan las causas que motivaron la aplicación de las medidas, se procederá a alzar la medida.

3. Cuando la sanción que recayera, en su caso, coincida en naturaleza con la medida cautelar impuesta, esta se abonará para el cumplimiento de aquella. Si no coincidiese, se deberá compensar en la parte que se estime razonable, siempre que sea posible.

4. Las medidas cautelares no podrán exceder del tiempo máximo que corresponda a la sanción prevista, en función de la gravedad de la falta, en el artículo 65.

ART. 81. Ejecución y cumplimiento de las sanciones.

Los acuerdos sancionadores no se harán efectivos en tanto no haya sido resuelto el recurso interpuesto, o en caso de que no se haya interpuesto, hasta que haya transcurrido el plazo para su impugnación, sin perjuicio de las medidas cautelares previstas en el artículo anterior.

Durante la sustanciación del recurso, en el plazo de dos días, la entidad pública ejecutora de la medida podrá adoptar las decisiones precisas para restablecer el orden alterado de acuerdo con lo previsto en el artículo 60.7 de la Ley Orgánica 5/2000, de 12 de enero, reguladora de la responsabilidad penal de los menores.

ART. 82. Reducción, suspensión y anulación de sanciones.

1. El órgano competente podrá dejar sin efecto, reducir o suspender la ejecución de las sanciones disciplinarias en cualquier momento de su ejecución si el cumplimiento de la sanción se revela perjudicial en la evolución educativa del menor.

2. Las medidas anteriores no podrán adoptarse sin autorización del juez de menores cuando este haya intervenido en su imposición por vía de recurso.

ART. 83. Extinción automática de sanciones.

1. Cuando un menor ingrese nuevamente en un centro para la ejecución de otra medida, se extinguirán automáticamente la sanción o sanciones que hubiesen sido impuestas en un ingreso anterior y que hubiesen quedado incumplidas total o parcialmente.

2. En caso de traslado de centro, el menor continuará el cumplimiento de las sanciones impuestas en el centro anterior, sin perjuicio de lo dispuesto en el anterior artículo.

ART. 84. Prescripción de faltas y sanciones.

1. Las faltas disciplinarias muy graves prescriben al año; las graves, a los seis meses, y las leves, a los dos meses, a contar desde la fecha de la comisión de la infracción.

2. La prescripción de las faltas se interrumpe a partir del momento en que, con conocimiento del menor, se inicia el procedimiento disciplinario, volviendo a iniciarse el cómputo de la prescripción desde que se paralice el procedimiento durante un mes por causa no imputable al presunto infractor.

3. Las sanciones impuestas por faltas muy graves, graves y leves prescriben, respectivamente, en los mismos plazos señalados en el apartado 1. El plazo de prescripción empieza a contar desde el día siguiente a aquel en que adquiera firmeza el acuerdo sancionador o desde que se levante el aplazamiento de la ejecución o la suspensión de la efectividad, o desde que se interrumpa el cumplimiento de la sanción si este hubiese ya comenzado.

ART. 85. Incentivos.

Los actos del menor que pongan de manifiesto buena conducta, espíritu de trabajo y sentido de la responsabilidad en el comportamiento personal y colectivo, así como la participación positiva en las actividades derivadas del proyecto educativo, podrán ser incentivados por la entidad pública con cualquier recompensa que no resulte incompatible con la ley y los preceptos de este reglamento.

Disposición adicional única. Actuaciones policiales de vigilancia, custodia y traslado.

1. Las actuaciones policiales de vigilancia, custodia y traslado de menores previstas en este reglamento serán realizadas por los cuerpos de policía autonómica o, en su caso, por las unidades adscritas del Cuerpo Nacional de Policía, en sus ámbitos territoriales de actuación, de conformidad con lo dispuesto en el artículo 45 de la Ley Orgánica 5/2000, de 12 de enero.

En caso de ausencia o insuficiencia de las anteriores, o cuando sean varias las comunidades autónomas afectadas, se realizarán por las Fuerzas y Cuerpos de Seguridad del Estado.

2. A los efectos de lo dispuesto en el apartado anterior, el director del centro solicitará la intervención al órgano competente de la comunidad autónoma o, en su caso, al Delegado o al Subdelegado del Gobierno, con suficiente antelación para permitir su planificación.

En situaciones de urgencia, cuando no sea posible actuar conforme a lo previsto en el párrafo anterior, el director del centro podrá solicitar directamente la intervención de las Fuerzas y Cuerpos de Seguridad competentes, dando cuenta de ello inmediatamente a las autoridades antes mencionadas, con expresión de las causas de la urgencia.

V. LEY ORGÁNICA 1/2004, DE 28 DE DICIEMBRE, DE MEDIDAS DE PROTECCIÓN INTEGRAL CONTRA LA VIOLENCIA DE GÉNERO

—BOE núm. 313, de 29 de diciembre de 2004—

(Incluye corrección de errores publicada en BOE núm. 87, de 12 de abril de 2005.)

JUAN CARLOS I
REY DE ESPAÑA

A todos los que la presente vieren y entendieren.

Sabed: Que las Cortes Generales han aprobado y Yo vengo en sancionar la siguiente ley orgánica.

EXPOSICIÓN DE MOTIVOS

I

La violencia de género no es un problema que afecte al ámbito privado. Al contrario, se manifiesta como el símbolo más brutal de la desigualdad existente en nuestra sociedad. Se trata de una violencia que se dirige sobre las mujeres por el hecho mismo de serlo, por ser consideradas, por sus agresores, carentes de los derechos mínimos de libertad, respeto y capacidad de decisión.

Nuestra Constitución incorpora en su artículo 15 el derecho de todos a la vida y a la integridad física y moral, sin que en ningún caso puedan ser sometidos a torturas ni a penas o tratos inhumanos o degradantes. Además, continúa nuestra Carta Magna, estos derechos vinculan a todos los poderes públicos y sólo por ley puede regularse su ejercicio.

La Organización de Naciones Unidas en la IV Conferencia Mundial de 1995 reconoció ya que la violencia contra las mujeres es un obstáculo para lograr los objetivos de igualdad, desarrollo y paz y viola y menoscaba el disfrute de los derechos humanos y las libertades fundamentales. Además la define ampliamente como una manifestación de las relaciones de poder históricamente desiguales entre mujeres y hombres. Existe ya incluso una definición técnica del síndrome de la mujer maltratada que consiste en «las agresiones sufridas por la mujer como consecuencia de los condicionantes socioculturales que actúan sobre el género masculino y femenino, situándola en una posición de subordinación al hombre y manifestadas en los tres ámbitos básicos de relación de la persona: maltrato en el seno de las relaciones de pareja, agresión sexual en la vida social y acoso en el medio laboral».

En la realidad española, las agresiones sobre las mujeres tienen una especial incidencia, existiendo hoy una mayor conciencia que en épocas anteriores sobre ésta, gracias, en buena medida, al esfuerzo realizado por las organizaciones de mujeres en su lucha contra todas las formas de violencia de género. Ya no es un «delito invisible», sino que produce un rechazo colectivo y una evidente alarma social.

II

Los poderes públicos no pueden ser ajenos a la violencia de género, que constituye uno de los ataques más flagrantes a derechos fundamentales como la libertad, la igualdad, la vida, la seguridad y la no discriminación proclamados en nuestra Constitución. Esos mismos poderes públicos tienen, conforme a lo dispuesto en el artículo 9.2 de la Constitución, la obligación de adoptar medidas de acción positiva para hacer reales y efectivos dichos derechos, removiendo los obstáculos que impiden o dificultan su plenitud.

En los últimos años se han producido en el derecho español avances legislativos en materia de lucha contra la violencia de género, tales como la Ley Orgánica 11/2003, de 29 de septiembre, de Medidas Concretas en Materia de Seguridad Ciudadana, Violencia Doméstica e Integración Social de los Extranjeros; la Ley Orgánica 15/2003, de 25 de noviembre, por la que se modifica la Ley Orgánica 10/1995, de 23 de noviembre, del Código Penal, o la Ley 27/2003, de 31 de julio, reguladora de la Orden de Protección de las Víctimas de la Violencia Doméstica; además de las leyes aprobadas por diversas Comunidades Autónomas, dentro de su ámbito competencial. Todas ellas han incidido en distintos ámbitos civiles, penales, sociales o educativos a través de sus respectivas normativas.

La Ley pretende atender a las recomendaciones de los organismos internacionales en el sentido de proporcionar una respuesta global a la violencia que se ejerce sobre las mujeres. Al respecto se puede citar la Convención sobre la eliminación de todas las formas de discriminación sobre la mujer de 1979; la Declaración de Naciones Unidas sobre la eliminación de la violencia sobre la mujer, proclamada en diciembre de 1993 por la Asamblea General; las Resoluciones de la última Cumbre Internacional sobre la Mujer celebrada en Pekín en septiembre de 1995; la Resolución WHA49.25 de la Asamblea Mundial de la Salud declarando la violencia como problema prioritario de salud pública proclamada en 1996 por la OMS; el informe del Parlamento Europeo de julio de 1997; la Resolución de la Comisión de Derechos Humanos de Naciones Unidas de 1997; y la Declaración de 1999 como Año Europeo de Lucha Contra la Violencia de Género, entre otros. Muy recientemente, la Decisión n.º 803/2004/CE del Parlamento Europeo, por la que se aprueba un programa de acción comunitario (2004-2008) para prevenir y combatir la violencia ejercida sobre la infancia, los jóvenes y las mujeres y proteger a las víctimas y grupos de riesgo (programa Daphne II), ha fijado la posición y estrategia de los representantes de la ciudadanía de la Unión al respecto.

El ámbito de la Ley abarca tanto los aspectos preventivos, educativos, sociales, asistenciales y de atención posterior a las víctimas, como la normativa civil que incide en el ámbito familiar o de convivencia donde principalmente se producen las agresiones, así como el principio de subsidiariedad en las Administraciones Públicas. Igualmente se aborda con decisión la respuesta punitiva que deben recibir todas las manifestaciones de violencia que esta Ley regula.

La violencia de género se enfoca por la Ley de un modo integral y multidisciplinar, empezando por el proceso de socialización y educación.

La conquista de la igualdad y el respeto a la dignidad humana y la libertad de las personas tienen que ser un objetivo prioritario en todos los niveles de socialización.

La Ley establece medidas de sensibilización e intervención en al ámbito educativo. Se refuerza, con referencia concreta al ámbito de la publicidad, una imagen que respete la igualdad y la dignidad de las mujeres. Se apoya a las víctimas a través del reconocimiento de derechos como el de la información, la asistencia jurídica gratuita y otros de protección social y apoyo económico. Proporciona por tanto una respuesta legal integral que abarca tanto las normas procesales, creando nuevas instancias, como normas sustantivas penales y civiles, incluyendo la debida formación de los operadores sanitarios, policiales y jurídicos responsables de la obtención de pruebas y de la aplicación de la ley.

Se establecen igualmente medidas de sensibilización e intervención en el ámbito sanitario para optimizar la detección precoz y la atención física y psicológica de las víctimas, en coordinación con otras medidas de apoyo.

Las situaciones de violencia sobre la mujer afectan también a los menores que se encuentran dentro de su entorno familiar, víctimas directas o indirectas de esta violencia. La Ley contempla también su protección no sólo para la tutela de los derechos de los menores, sino para garantizar de forma efectiva las medidas de protección adoptadas respecto de la mujer.

III

La Ley se estructura en un título preliminar, cinco títulos, veinte disposiciones adicionales, dos disposiciones transitorias, una disposición derogatoria y siete disposiciones finales.

En el título preliminar se recogen las disposiciones generales de la Ley que se refieren a su objeto y principios rectores.

En el título I se determinan las medidas de sensibilización, prevención y detección e intervención en diferentes ámbitos. En el educativo se especifican las obligaciones del sistema para la transmisión de valores de respeto a la dignidad de las mujeres y a la igualdad entre hombres y mujeres. El objetivo fundamental de la educación es el de proporcionar una formación integral que les permita conformar su propia identidad, así como construir una concepción de la realidad que integre a la vez el conocimiento y valoración ética de la misma.

En la Educación Secundaria se incorpora la educación sobre la igualdad entre hombres y mujeres y contra la violencia de género como contenido curricular, incorporando en todos los Consejos Escolares un nuevo miembro que impulse medidas educativas a favor de la igualdad y contra la violencia sobre la mujer.

En el campo de la publicidad, ésta habrá de respetar la dignidad de las mujeres y su derecho a una imagen no estereotipada, ni discriminatoria, tanto si se exhibe en los medios de comunicación públicos como en los privados. De otro lado, se modifica la acción de cesación o rectificación de la publicidad legitimando a las instituciones y asociaciones que trabajan a favor de la igualdad entre hombres y mujeres para su ejercicio.

En el ámbito sanitario se contemplan actuaciones de detección precoz y apoyo asistencial a las víctimas, así como la aplicación de protocolos sanitarios ante las agresiones derivadas de la violencia objeto de esta Ley, que se remitirán a los Tribunales correspondientes con objeto de agilizar el procedimiento judicial. Asimismo, se crea, en el seno del Consejo Interterritorial del Sistema Nacional de Salud, una Comisión encargada de apoyar técnicamente, coordinar y evaluar las medidas sanitarias establecidas en la Ley.

En el título II, relativo a los derechos de las mujeres víctimas de violencia, en su capítulo I, se garantiza el derecho de acceso a la información y a la asistencia social integrada, a través de servicios de atención permanente, urgente y con especialización de prestaciones y multidisciplinariedad profesional. Con el fin de coadyuvar a la puesta en marcha de estos servicios, se dotará un Fondo al que podrán acceder las Comunidades Autónomas, de acuerdo con los criterios objetivos que se determinen en la respectiva Conferencia Sectorial.

Asimismo, se reconoce el derecho a la asistencia jurídica gratuita, con el fin de garantizar a aquellas víctimas con recursos insuficientes para litigar una asistencia letrada en todos los procesos y procedimientos, relacionados con la violencia de género, en que sean parte, asumiendo una misma dirección letrada su asistencia en todos los procesos. Se extiende la medida a los perjudicados en caso de fallecimiento de la víctima.

Se establecen, asimismo, medidas de protección en el ámbito social, modificando el Real Decreto Legislativo 1/1995, de 24 de marzo, por el que se aprueba el texto refundido de la Ley del Estatuto de los Trabajadores, para justificar las ausencias del puesto de trabajo de las víctimas de la violencia de género, posibilitar su movilidad geográfica, la suspensión con reserva del puesto de trabajo y la extinción del contrato.

En idéntico sentido se prevén medidas de apoyo a las funcionarias públicas que sufran formas de violencia de las que combate esta Ley, modificando los preceptos correspondientes de la Ley 30/1984, de 2 de agosto, de Medidas para la Reforma de la Función Pública.

Se regulan, igualmente, medidas de apoyo económico, modificando el Real Decreto Legislativo 1/1994, de 20 de junio, por el que se aprueba el texto refundido de la Ley General de la Seguridad Social, para que las víctimas de la violencia de género generen derecho a la situación legal de desempleo cuando resuelvan o suspendan voluntariamente su contrato de trabajo.

Para garantizar a las víctimas de violencia de género que carezcan de recursos económicos unas ayudas sociales en aquellos supuestos en que se estime que la víctima debido a su edad, falta de preparación general especializada y circunstancias sociales no va a mejorar de forma sustancial su empleabilidad, se prevé su incorporación al programa de acción específico creado al efecto para su inserción profesional. Estas ayudas, que se modularán en relación a la edad y responsabilidades familiares de la víctima, tienen como objetivo fundamental facilitarle unos recursos mínimos de subsistencia que le permitan independizarse del agresor; dichas ayudas serán compatibles con las previstas en la Ley 35/1995, de 11 de diciembre, de Ayudas y Asistencia a las Víctimas de Delitos Violentos y Contra la Libertad Sexual.

En el título III, concerniente a la Tutela Institucional, se procede a la creación de dos órganos administrativos. En primer lugar, la Delegación Especial del Gobierno contra la Violencia sobre la Mujer, en el Ministerio de Trabajo y Asuntos Sociales, a la que corresponderá, entre otras funciones, proponer la política del Gobierno en relación con la violencia sobre la mujer y coordinar e impulsar todas las actuaciones que se realicen en dicha materia, que necesariamente habrán de comprender todas aquellas actuaciones que hagan efectiva la garantía de los derechos de las mujeres. También se crea el Observatorio Estatal de Violencia sobre la Mujer, como un órgano colegiado en el Ministerio de Trabajo y Asuntos Sociales, y que tendrá como principales funciones servir como centro de análisis de la situación y evolución de la violencia sobre la mujer, así como asesorar y colaborar con el Delegado en la elaboración de propuestas y medidas para erradicar este tipo de violencia.

En su título IV la Ley introduce normas de naturaleza penal, mediante las que se pretende incluir, dentro de los tipos agravados de lesiones, uno específico que incremente la sanción penal cuando la lesión se produzca contra quien sea o haya sido la esposa del autor, o mujer que esté o haya estado ligada a él por una análoga relación de afectividad, aun sin convivencia. También se castigarán como delito las coacciones leves y las amenazas leves de cualquier clase cometidas contra las mujeres mencionadas con anterioridad.

Para la ciudadanía, para los colectivos de mujeres y específicamente para aquellas que sufren este tipo de agresiones, la Ley quiere dar una respuesta firme y contundente y mostrar firmeza plasmándolas en tipos penales específicos.

En el título V se establece la llamada Tutela Judicial para garantizar un tratamiento adecuado y eficaz de la situación jurídica, familiar y social de las víctimas de violencia de género en las relaciones intrafamiliares.

Desde el punto de vista judicial nos encontramos ante un fenómeno complejo en el que es necesario intervenir desde distintas perspectivas jurídicas, que tienen que abarcar desde las normas procesales y sustantivas hasta las disposiciones relativas a la atención a las víctimas, intervención que sólo es posible a través de una legislación específica.

Una Ley para la prevención y erradicación de la violencia sobre la mujer ha de ser una Ley que recoja medidas procesales que permitan procedimientos ágiles y sumarios, como el establecido en la Ley 27/2003, de 31 de julio, pero, además, que compagine, en los ámbitos civil y penal, medidas de protección a las mujeres y a sus hijos e hijas, y medidas cautelares para ser ejecutadas con carácter de urgencia.

La normativa actual, civil, penal, publicitaria, social y administrativa presenta muchas deficiencias, debidas fundamentalmente a que hasta el momento no se ha dado a esta cuestión una respuesta global y multidisciplinar. Desde el punto de vista penal la respuesta nunca puede ser un nuevo agravio para la mujer.

En cuanto a las medidas jurídicas asumidas para garantizar un tratamiento adecuado y eficaz de la situación jurídica, familiar y social de las víctimas de violencia sobre la mujer en las relaciones intrafamiliares, se han adoptado las siguientes: conforme a la tradición jurídica española, se ha optado por una fórmula de especialización dentro del orden penal, de los Jueces de Instrucción, creando los Juzgados de Violencia sobre la Mujer y excluyendo la posibilidad de creación de un orden jurisdiccional nuevo o la asunción de competencias penales por parte de los Jueces Civiles. Estos Juzgados conocerán de la instrucción, y, en su caso, del fallo de las causas penales en materia de violencia sobre la mujer, así como de aquellas causas civiles relacionadas, de forma que unas y otras en la primera instancia sean objeto de tratamiento procesal ante la misma sede. Con ello se asegura la mediación garantista del debido proceso penal en la intervención de los derechos fundamentales del presunto agresor, sin que con ello se reduzcan lo más mínimo las posibilidades legales que esta Ley dispone para la mayor, más inmediata y eficaz protección de la víctima, así como los recursos para evitar reiteraciones en la agresión o la escalada en la violencia.

Respecto de la regulación expresa de las medidas de protección que podrá adoptar el Juez de Violencia sobre la Mujer, se ha optado por su inclusión expresa, ya que no están recogidas como medidas cautelares en la Ley de Enjuiciamiento Criminal, que sólo regula la prohibición de residencia y la de acudir a determinado lugar para los delitos recogidos en el artículo 57 del Código Penal (artículo 544 bis de la Ley de Enjuiciamiento Criminal, introducido por la Ley Orgánica 14/1999, de 9 de junio, de modificación del Código Penal de 1995, en materia de protección a las víctimas de malos tratos y de la Ley de Enjuiciamiento Criminal). Además se opta por la delimitación temporal de estas medidas (cuando son medidas cautelares) hasta la finalización del proceso. Sin embargo, se añade la posibilidad de que cualquiera de estas medidas de protección pueda ser utilizada como medida de seguridad, desde el principio o durante la ejecución de la sentencia, incrementando con ello la lista del artículo 105 del Código Penal (modificado por la Ley Orgánica 15/2003, de 25 de noviembre, por la que se modifica la Ley Orgánica 10/1995, de 23 de noviembre, del Código Penal), y posibilitando al Juez la garantía de protección de las víctimas más allá de la finalización del proceso.

Se contemplan normas que afectan a las funciones del Ministerio Fiscal, mediante la creación del Fiscal contra la Violencia sobre la Mujer, encargado de la supervisión y coordinación del Ministerio Fiscal en este aspecto, así como mediante la creación de una Sección equivalente en cada Fiscalía de los Tribunales Superiores de Justicia y de las Audiencias Provinciales a las que se adscribirán Fiscales con especialización en la materia. Los Fiscales intervendrán en los procedimientos penales por los hechos constitutivos de delitos o faltas cuya competencia esté atribuida a los Juzgados de Violencia sobre la Mujer, además de intervenir en los procesos civiles de nulidad, separación o divorcio, o que versen sobre guarda y custodia de los hijos menores en los que se aleguen malos tratos al cónyuge o a los hijos.

En sus disposiciones adicionales la Ley lleva a cabo una profunda reforma del ordenamiento jurídico para adaptar las normas vigentes al marco introducido por el presente texto. Con objeto de armonizar las normas anteriores y ofrecer un contexto coordinado entre los textos legales, parte de la reforma integral se ha llevado a cabo mediante la modificación de normas existentes. En este sentido, las disposiciones adicionales desarrollan las medidas previstas en el articulado, pero integrándolas directamente en la legislación educativa, publicitaria, laboral, de Seguridad Social y de Función Pública; asimismo, dichas disposiciones afectan, en especial, al reconocimiento de pensiones y a la dotación del Fondo previsto en esta Ley para favorecer la asistencia social integral a las víctimas de violencia de género.

En materia de régimen transitorio se extiende la aplicación de la presente Ley a los procedimientos en tramitación en el momento de su entrada en vigor, aunque respetando la competencia judicial de los órganos respectivos.

Por último, la presente Ley incluye en sus disposiciones finales las habilitaciones necesarias para el desarrollo normativo de sus preceptos.

Redactada conforme a la corrección de errores del BOE núm. 87, del 12 de abril de 2005.

TÍTULO PRELIMINAR

ART. 1. Objeto de la Ley.

1. La presente Ley tiene por objeto actuar contra la violencia que, como manifestación de la discriminación, la situación de desigualdad y las relaciones de poder de los hombres sobre las mujeres, se ejerce sobre éstas por parte de quienes sean o hayan sido sus cónyuges o de quienes estén o hayan estado ligados a ellas por relaciones similares de afectividad, aun sin convivencia.

2. Por esta ley se establecen medidas de protección integral cuya finalidad es prevenir, sancionar y erradicar esta violencia y prestar asistencia a las mujeres, a sus hijos menores y a los menores sujetos a su tutela, o guarda y custodia, víctimas de esta violencia.

3. La violencia de género a que se refiere la presente Ley comprende todo acto de violencia física y psicológica, incluidas las agresiones a la libertad sexual, las amenazas, las coacciones o la privación arbitraria de libertad.

4. La violencia de género a que se refiere esta Ley también comprende la violencia que con el objetivo de causar perjuicio o daño a las mujeres se ejerza sobre sus familiares o allegados menores de edad por parte de las personas indicadas en el apartado primero.

Última modificación realizada por Ley Orgánica 8/2021, de 4 de junio, de protección integral a la infancia y la adolescencia frente a la violencia (BOE de 05-06-2021).

ART. 2. Principios rectores.

A través de esta Ley se articula un conjunto integral de medidas encaminadas a alcanzar los siguientes fines:

a) Fortalecer las medidas de sensibilización ciudadana de prevención, dotando a los poderes públicos de instrumentos eficaces en el ámbito educativo, servicios sociales, sanitario, publicitario y mediático.

b) Consagrar derechos de las mujeres víctimas de violencia de género, exigibles ante las Administraciones Públicas, y así asegurar un acceso rápido, transparente y eficaz a los servicios establecidos al efecto.

c) Reforzar hasta la consecución de los mínimos exigidos por los objetivos de la ley los servicios sociales de información, de atención, de emergencia, de apoyo y de recuperación integral, así como establecer un sistema para la más eficaz coordinación de los servicios ya existentes a nivel municipal y autonómico.

d) Garantizar derechos en el ámbito laboral y funcionarial que concilien los requerimientos de la relación laboral y de empleo público con las circunstancias de aquellas trabajadoras o funcionarias que sufran violencia de género.

e) Garantizar derechos económicos para las mujeres víctimas de violencia de género, con el fin de facilitar su integración social.

f) Establecer un sistema integral de tutela institucional en el que la Administración General del Estado, a través de la Delegación Especial del Gobierno contra la Violencia sobre la Mujer, en colaboración con el Observatorio Estatal de la Violencia sobre la Mujer, impulse la creación de políticas públicas dirigidas a ofrecer tutela a las víctimas de la violencia contemplada en la presente Ley.

g) Fortalecer el marco penal y procesal vigente para asegurar una protección integral, desde las instancias jurisdiccionales, a las víctimas de violencia de género.

h) Coordinar los recursos e instrumentos de todo tipo de los distintos poderes públicos para asegurar la prevención de los hechos de violencia de género y, en su caso, la sanción adecuada a los culpables de los mismos.

i) Promover la colaboración y participación de las entidades, asociaciones y organizaciones que desde la sociedad civil actúan contra la violencia de género.

j) Fomentar la especialización de los colectivos profesionales que intervienen en el proceso de información, atención y protección a las víctimas.

k) Garantizar el principio de transversalidad de las medidas, de manera que en su aplicación se tengan en cuenta las necesidades y demandas específicas de todas las mujeres víctimas de violencia de género.

TÍTULO I
Medidas de sensibilización, prevención y detección

ART. 3. Planes de sensibilización.

1. Desde la responsabilidad del Gobierno del Estado y de manera inmediata a la entrada en vigor de esta ley, con la consiguiente dotación presupuestaria, se pondrá en marcha un Plan Estatal de Sensibilización y Prevención de la Violencia de Género con carácter permanente que como mínimo recoja los siguientes elementos:

a) Que introduzca en el escenario social las nuevas escalas de valores basadas en el respeto de los derechos y libertades fundamentales y de la igualdad entre hombres y mujeres, así como en el ejercicio de la tolerancia y de la libertad dentro de los principios democráticos de convivencia, todo ello desde la perspectiva de las relaciones de género.

b) Dirigido tanto a hombres como a mujeres, desde un trabajo comunitario e intercultural, incluyendo el ámbito de las tecnologías de la información y el digital.

c) Que contemple un amplio programa de formación complementaria y de reciclaje de los profesionales que intervienen en estas situaciones.

d) Controlado por una Comisión de amplia participación, que se creará en un plazo máximo de un mes, en la que se ha de asegurar la presencia de las víctimas y su entorno, las instituciones, los profesionales y de personas de reconocido prestigio social relacionado con el tratamiento de estos temas.

La Delegación del Gobierno contra la Violencia de Género, oída la Comisión a la que se refiere el párrafo anterior, elaborará el Informe anual de evaluación del Plan Estatal de Sensibilización y Prevención de la Violencia de Género y lo remitirá a las Cortes Generales.

2. Los poderes públicos, en el marco de sus competencias, impulsarán además campañas de información y sensibilización específicas con el fin de prevenir la violencia de género.

3. Las campañas de información y sensibilización contra esta forma de violencia se realizarán de manera que se garantice el acceso a las mismas de las personas con discapacidad.

Última modificación realizada por Ley Orgánica 10/2022, de 6 de septiembre, de garantía integral de la libertad sexual (BOE de 07-09-2022).

CAPÍTULO I
En el ámbito educativo

ART. 4. Principios y valores del sistema educativo.

1. El sistema educativo español incluirá entre sus fines la formación en el respeto de los derechos y libertades fundamentales y de la igualdad entre hombres y mujeres, así como en el ejercicio de la tolerancia y de la libertad dentro de los principios democráticos de convivencia.

Igualmente, el sistema educativo español incluirá, dentro de sus principios de calidad, la eliminación de los obstáculos que dificultan la plena igualdad entre hombres y mujeres y la formación para la prevención de conflictos y para la resolución pacífica de los mismos.

2. La Educación Infantil contribuirá a desarrollar en la infancia el aprendizaje en la resolución pacífica de conflictos.

3. La Educación Primaria contribuirá a desarrollar en el alumnado su capacidad para adquirir habilidades en la resolución pacífica de conflictos y para comprender y respetar la igualdad entre sexos.

4. La Educación Secundaria Obligatoria contribuirá a desarrollar en el alumnado la capacidad para relacionarse con los demás de forma pacífica y para conocer, valorar y respetar la igualdad de oportunidades de hombres y mujeres.

5. El Bachillerato y la Formación Profesional contribuirán a desarrollar en el alumnado la capacidad para consolidar su madurez personal, social y moral, que les permita actuar de forma responsable y autónoma y para analizar y valorar críticamente las desigualdades de sexo y fomentar la igualdad real y efectiva entre hombres y mujeres.

6. La Enseñanza para las personas adultas incluirá entre sus objetivos desarrollar actividades en la resolución pacífica de conflictos y fomentar el respeto a la dignidad de las personas y a la igualdad entre hombres y mujeres.

7. Las Universidades incluirán y fomentarán en todos los ámbitos académicos la formación, docencia e investigación en igualdad de género y no discriminación de forma transversal.

ART. 5. Escolarización inmediata en caso de violencia de género.

Las Administraciones competentes deberán prever la escolarización inmediata de los hijos que se vean afectados por un cambio de residencia derivada de actos de violencia de género.

ART. 6. Fomento de la igualdad.

Con el fin de garantizar la efectiva igualdad entre hombres y mujeres, las Administraciones educativas velarán para que en todos los materiales educativos se eliminen los estereotipos sexistas o discriminatorios y para que fomenten el igual valor de hombres y mujeres.

ART. 7. Formación inicial y permanente del profesorado.

Las Administraciones educativas adoptarán las medidas necesarias para que en los planes de formación inicial y permanente del profesorado se incluya una formación específica en materia de igualdad, con el fin de asegurar que adquieren los conocimientos y las técnicas necesarias que les habiliten para:

a) La educación en el respeto de los derechos y libertades fundamentales y de la igualdad entre hombres y mujeres y en el ejercicio de la tolerancia y de la libertad dentro de los principios democráticos de convivencia.

b) La educación en la prevención de conflictos y en la resolución pacífica de los mismos, en todos los ámbitos de la vida personal, familiar y social.

c) La detección precoz de la violencia en el ámbito familiar, especialmente sobre la mujer y los hijos e hijas.

d) El fomento de actitudes encaminadas al ejercicio de iguales derechos y obligaciones por parte de mujeres y hombres, tanto en el ámbito público como privado, y la corresponsabilidad entre los mismos en el ámbito doméstico.

ART. 8. Participación en los Consejos Escolares.

Se adoptarán las medidas precisas para asegurar que los Consejos Escolares impulsen la adopción de medidas educativas que fomenten la igualdad real y efectiva entre hombres y mujeres. Con el mismo fin, en el Consejo Escolar del Estado se asegurará la representación del Instituto de la Mujer y de las organizaciones que defiendan los intereses de las mujeres, con implantación en todo el territorio nacional.

ART. 9. Actuación de la inspección educativa.

Los servicios de inspección educativa velarán por el cumplimiento y aplicación de los principios y valores recogidos en este capítulo en el sistema educativo destinados a fomentar la igualdad real entre mujeres y hombres.

CAPÍTULO II
En el ámbito de la publicidad y de los medios de comunicación

ART. 10. Publicidad ilícita.

De acuerdo con lo establecido en la Ley 34/1988, de 11 de noviembre, General de Publicidad, se considerará ilícita la publicidad que utilice la imagen de la mujer con carácter vejatorio o discriminatorio.

ART. 11.

El Ente público al que corresponda velar para que los medios audiovisuales cumplan sus obligaciones adoptará las medidas que procedan para asegurar un tratamiento de la mujer conforme con los principios y valores constitucionales, sin perjuicio de las posibles actuaciones por parte de otras entidades.

ART. 12. Titulares de la acción de cesación y rectificación.

La Delegación Especial del Gobierno contra la Violencia sobre la Mujer, el Instituto de la Mujer u órgano equivalente de cada Comunidad Autónoma, el Ministerio Fiscal y las Asociaciones que tengan como objetivo único la defensa de los intereses de la mujer estarán legitimados para ejercitar ante los Tribunales la acción de cesación de publicidad ilícita por utilizar en forma vejatoria la imagen de la mujer, en los términos de la Ley 34/1988, de 11 de noviembre, General de Publicidad.

ART. 13. Medios de comunicación.

1. Las Administraciones Públicas velarán por el cumplimiento estricto de la legislación en lo relativo a la protección y salvaguarda de los derechos fundamentales, con especial atención a la erradicación de conductas favorecedoras de situaciones de desigualdad de las mujeres en todos los medios de comunicación social, de acuerdo con la legislación vigente.

2. La Administración pública promoverá acuerdos de autorregulación que, contando con mecanismos de control preventivo y de resolución extrajudicial de controversias eficaces, contribuyan al cumplimiento de la legislación publicitaria.

ART. 14.

Los medios de comunicación fomentarán la protección y salvaguarda de la igualdad entre hombre y mujer, evitando toda discriminación entre ellos.

La difusión de informaciones relativas a la violencia sobre la mujer garantizará, con la correspondiente objetividad informativa, la defensa de los derechos humanos, la libertad y dignidad de las mujeres víctimas de violencia y de sus hijos. En particular, se tendrá especial cuidado en el tratamiento gráfico de las informaciones.

CAPÍTULO III
En el ámbito sanitario

ART. 15. Sensibilización y formación.

1. Las Administraciones sanitarias, en el seno del Consejo Interterritorial del Sistema Nacional de Salud, promoverán e impulsarán actuaciones de los profesionales sanitarios para la detección precoz de la violencia de género y propondrán las medidas que estimen necesarias a fin de optimizar la contribución del sector sanitario en la lucha contra este tipo de violencia.

2. En particular, se desarrollarán programas de sensibilización y formación continuada del personal sanitario con el fin de mejorar e impulsar el diagnóstico precoz, la asistencia y la rehabilitación de la mujer en las situaciones de violencia de género a que se refiere esta Ley.

3. Las Administraciones educativas competentes asegurarán que en los ámbitos curriculares de las licenciaturas y diplomaturas, y en los programas de especialización de las profesiones sociosanitarias, se incorporen contenidos dirigidos a la capacitación para la prevención, la detección precoz, intervención y apoyo a las víctimas de esta forma de violencia.

4. En los Planes Nacionales de Salud que procedan se contemplará un apartado de prevención e intervención integral en violencia de género.

ART. 16. Consejo Interterritorial del Sistema Nacional de Salud.

En el seno del Consejo Interterritorial del Sistema Nacional de Salud se constituirá, en el plazo de un año desde la entrada en vigor de la presente Ley, una Comisión contra la Violencia de Género que apoye técnicamente y oriente la planificación de las medidas sanitarias contempladas en este capítulo, evalúe y proponga las necesarias para la aplicación del protocolo sanitario y cualesquiera otras medidas que se estimen precisas para que el sector sanitario contribuya a la erradicación de esta forma de violencia.

La Comisión contra la Violencia de Género del Consejo Interterritorial del Sistema Nacional de Salud estará compuesta por representantes de todas las Comunidades Autónomas con competencia en la materia.

La Comisión emitirá un informe anual que será remitido al Observatorio Estatal de la Violencia sobre la Mujer y al Pleno del Consejo Interterritorial.

Redactado el párrafo 1 conforme a la corrección de errores del BOE núm. 87, del 12 de abril de 2005.

TÍTULO II
Derechos de las mujeres víctimas de violencia de género

CAPÍTULO I
Derecho a la información, a la asistencia social integral y a la asistencia jurídica gratuita

ART. 17. Garantía de los derechos de las víctimas.

1. Todas las mujeres víctimas de violencia de género tienen garantizados los derechos reconocidos en esta ley, sin que pueda existir discriminación en el acceso a los mismos.

2. La información, la asistencia social integral y la asistencia jurídica a las víctimas de la violencia de género, en los términos regulados en este capítulo, contribuyen a hacer reales y efectivos sus derechos constitucionales a la integridad física y moral, a la libertad y seguridad y a la igualdad y no discriminación por razón de sexo.

3. Los servicios de información y orientación, atención psicosocial inmediata, telefónica y en línea, asesoramiento jurídico 24 horas, los servicios de acogida y asistencia social integral, consistentes en orientación jurídica, psicológica y social destinadas a las víctimas de violencias contra las mujeres tendrán carácter de servicios esenciales.

En caso de que concurra cualquier situación que dificulte el acceso o la prestación de tales servicios, las administraciones públicas competentes adoptarán las medidas necesarias para garantizar su normal funcionamiento y su adaptación, si fuera necesario, a las necesidades específicas de las víctimas derivadas de la situación de dicha situación excepcional.

Igualmente, se garantizará el normal funcionamiento y prestación del sistema de seguimiento por medios telemáticos del cumplimiento de las medidas cautelares y penas de prohibición de aproximación en materia de violencia de género.

Última modificación realizada por Ley Orgánica 10/2022, de 6 de septiembre, de garantía integral de la libertad sexual (BOE de 07-09-2022).

ART. 18. Derecho a la información.

1. Las mujeres víctimas de violencia de género tienen derecho a recibir plena información y asesoramiento adecuado a su situación personal, sin que pueda existir discriminación en el acceso a los mismos, a través de los servicios, organismos u oficinas que puedan disponer las administraciones públicas.

Dicha información comprenderá las medidas contempladas en esta ley relativas a su protección y seguridad, y los derechos y ayudas previstos en la misma, así como la referente al lugar de prestación de los servicios de atención, emergencia, apoyo y recuperación integral.

2. Se garantizará, a través de los medios necesarios, que las mujeres con discapacidad víctimas de violencia de género tengan acceso integral a la información sobre sus derechos y sobre los recursos existentes. Esta información deberá ofrecerse en formato accesible y comprensible a las personas con discapacidad, tales como lengua de signos u otras modalidades u opciones de comunicación, incluidos los sistemas alternativos y aumentativos.

3. Asimismo, se articularán los medios necesarios para que las mujeres víctimas de violencia de género que por sus circunstancias personales y sociales puedan tener una mayor dificultad para el acceso integral a la información, tengan garantizado el ejercicio efectivo de este derecho. La información deberá ser accesible para las mujeres que desconozcan el castellano o, en su caso, la otra lengua oficial de su territorio de residencia.

Última modificación realizada por Ley Orgánica 10/2022, de 6 de septiembre, de garantía integral de la libertad sexual (BOE de 07-09-2022).

ART. 19. Derecho a la asistencia social integral.

1. Las mujeres víctimas de violencia de género tienen derecho a servicios sociales de atención, de emergencia, de apoyo y acogida y de recuperación integral. La organización de estos servicios por parte de las comunidades autónomas y las Corporaciones Locales responderá a los principios de atención permanente, actuación urgente, especialización de prestaciones y multidisciplinariedad profesional.

2. La atención multidisciplinar implicará especialmente:

a) Información a las víctimas.

b) Atención psicológica.

c) Apoyo social.

d) Seguimiento de las reclamaciones de los derechos de la mujer.

e) Apoyo educativo a la unidad familiar.

f) Formación preventiva en los valores de igualdad dirigida a su desarrollo personal y a la adquisición de habilidades en la resolución no violenta de conflictos.

g) Apoyo a la formación e inserción laboral.

3. Los servicios adoptarán fórmulas organizativas que, por la especialización de su personal, por sus características de convergencia e integración de acciones, garanticen la efectividad de los indicados principios, asegurando, en todo caso, la disponibilidad, accesibilidad y calidad de los mismos. En todo caso, se procurará una distribución territorial equitativa de los servicios y se garantizará su accesibilidad a las mujeres de las zonas rurales y otras zonas alejadas.

4. Estos servicios actuarán coordinadamente y en colaboración con los Cuerpos de Seguridad, los Juzgados de Violencia sobre la Mujer, los servicios sanitarios y las instituciones encargadas de prestar asistencia jurídica a las víctimas del ámbito geográfico correspondiente. Estos servicios podrán solicitar al órgano judicial las medidas urgentes que consideren necesarias.

5. También tendrán derecho a la asistencia social integral a través de estos servicios sociales los menores que se encuentren bajo la patria potestad o guarda y custodia de la persona agredida, o convivan en contextos familiares en los que se cometen actos de violencia de género. A estos efectos, los servicios sociales deberán contar con personal específicamente formado para atender a los menores, con el fin de prevenir y evitar de forma eficaz las situaciones que puedan comportar daños psíquicos y físicos a los menores que viven en entornos familiares donde existe violencia de género. En particular, deberán contar con profesionales de la psicología infantil para la atención de las hijas e hijos menores víctimas de violencia de género, incluida la violencia vicaria.

6. En los instrumentos y procedimientos de cooperación entre la Administración General del Estado y la Administración de las comunidades autónomas en las materias reguladas en este artículo, se incluirán compromisos de aportación, por parte de la Administración General del Estado, de recursos financieros referidos específicamente a la prestación de los servicios.

7. Los organismos de igualdad orientarán y valorarán los programas y acciones que se lleven a cabo y emitirán recomendaciones para su mejora.

Última modificación realizada por Ley Orgánica 10/2022, de 6 de septiembre, de garantía integral de la libertad sexual (BOE de 07-09-2022).

ART. 19 bis. Derecho a la atención sanitaria.

1. El Sistema Público de Salud garantizará a las mujeres víctimas de violencia de género, así como a sus hijos e hijas, el derecho a la atención sanitaria, con especial atención psicológica y psiquiátrica, y al seguimiento de la evolución de su estado de salud hasta su total recuperación, en lo concerniente a la sintomatología o las secuelas psíquicas y físicas derivadas de la situación de violencia sufrida. Asimismo, los servicios sanitarios deberán contar

con psicólogos infantiles para la atención de los hijos e hijas menores que sean víctimas de violencia vicaria.

2. Estos servicios se prestarán, garantizando la privacidad y la intimidad de las mujeres y el respeto, en todo caso, a las decisiones que ellas tomen en relación a su atención sanitaria.

3. Asimismo, se establecerán medidas específicas para la detección, intervención y asistencia en situaciones de violencia contra mujeres con discapacidad, mujeres con problemas de salud mental, adicciones u otras problemáticas u otros casos de adicciones derivadas o añadidas a la violencia.

Añadido por Ley Orgánica 10/2022, de 6 de septiembre, de garantía integral de la libertad sexual (BOE de 07-09-2022).

ART. 20. Asistencia jurídica.

1. Las víctimas de violencia de género tienen derecho a recibir asesoramiento jurídico gratuito en el momento inmediatamente previo a la interposición de la denuncia, y a la defensa y representación gratuitas por abogado y procurador en todos los procesos y procedimientos administrativos que tengan causa directa o indirecta en la violencia padecida. En estos supuestos, una misma dirección letrada deberá asumir la defensa de la víctima, siempre que con ello se garantice debidamente su derecho de defensa. Este derecho asistirá también a los causahabientes en caso de fallecimiento de la víctima, siempre que no fueran partícipes en los hechos. En todo caso, se garantizará la defensa jurídica, gratuita y especializada de forma inmediata a todas las víctimas de violencia de género que lo soliciten.

2. En todo caso, cuando se trate de garantizar la defensa y asistencia jurídica a las víctimas de violencia de género, se procederá de conformidad con lo dispuesto en la Ley 1/1996, de 10 enero, de Asistencia Jurídica Gratuita.

3. Los Colegios de Abogados, cuando exijan para el ejercicio del turno de oficio cursos de especialización, asegurarán una formación específica que coadyuve al ejercicio profesional de una defensa eficaz en materia de violencia de género.

4. Igualmente, los Colegios de Abogados adoptarán las medidas necesarias para la designación urgente de letrado o letrada de oficio en los procedimientos que se sigan por violencia de género y para asegurar su inmediata presencia y asistencia a las víctimas.

5. Los Colegios de Procuradores adoptarán las medidas necesarias para la designación urgente de procurador o procuradora en los procedimientos que se sigan por violencia de género cuando la víctima desee personarse como acusación particular.

6. El abogado o abogada designado para la víctima tendrá también habilitación legal para la representación procesal de aquella hasta la designación del procurador o procuradora, en tanto la víctima no se haya personado como acusación conforme a lo dispuesto en el apartado siguiente. Hasta entonces cumplirá el abogado o abogada el deber de señalamiento de domicilio a efectos de notificaciones y traslados de documentos.

7. Las víctimas de violencia de género podrán personarse como acusación particular en cualquier momento del procedimiento si bien ello no permitirá retrotraer ni reiterar las actuaciones ya practicadas antes de su personación, ni podrá suponer una merma del derecho de defensa del acusado.

Última modificación realizada por Real Decreto-ley 9/2018, de 3 de agosto, de medidas urgentes para el desarrollo del Pacto de Estado contra la violencia de género. (BOE de 04-08-2018).

CAPÍTULO II
Derechos laborales y prestaciones de la Seguridad Social

ART. 21. Derechos laborales y de Seguridad Social.

1. La trabajadora víctima de violencia de género tendrá derecho, en los términos previstos en el Estatuto de los Trabajadores, a la reducción o a la reordenación de su tiempo de trabajo, a la movilidad geográfica, al cambio de centro de trabajo, a la adaptación de su puesto de trabajo y a los apoyos que precise por razón de su discapacidad para su reincorporación, a la suspensión de la relación laboral con reserva de puesto de trabajo y a la extinción del contrato de trabajo.

2. En los términos previstos en la Ley General de la Seguridad Social y en la Ley Orgánica 4/2000, de 11 de enero, sobre derechos y libertades de los extranjeros en España y su integración social, la suspensión y la extinción del contrato de trabajo previstas en el apartado ante-

rior darán lugar a situación legal de desempleo. El tiempo de suspensión se considerará como periodo de cotización efectiva a efectos de prestaciones de Seguridad Social y de desempleo.

3. Las empresas que formalicen contratos de interinidad, para sustituir a trabajadoras víctimas de violencia de género que hayan suspendido su contrato de trabajo o ejercitado su derecho a la movilidad geográfica o al cambio de centro de trabajo, tendrán derecho a una bonificación del 100 por 100 de las cuotas empresariales a la Seguridad Social por contingencias comunes, durante todo el período de suspensión de la trabajadora sustituida o durante seis meses en los supuestos de movilidad geográfica o cambio de centro de trabajo. Cuando se produzca la reincorporación, ésta se realizará en las mismas condiciones existentes en el momento de la suspensión del contrato de trabajo, garantizándose los ajustes razonables que se puedan precisar por razón de discapacidad.

4. Las ausencias o faltas de puntualidad al trabajo motivadas por la situación física o psicológica derivada de la violencia de género se considerarán justificadas y serán remuneradas, cuando así lo determinen los servicios sociales de atención o servicios de salud, según proceda, sin perjuicio de que dichas ausencias sean comunicadas por la trabajadora a la empresa a la mayor brevedad.

5. A las trabajadoras por cuenta propia víctimas de violencia de género que cesen en su actividad para hacer efectiva su protección o su derecho a la asistencia social integral, se les considerará en situación de cese temporal de la actividad en los términos previstos en el texto refundido de la Ley General de la Seguridad Social, aprobado por el Real Decreto Legislativo 8/2015, de 30 de octubre, y se les suspenderá la obligación de cotización durante un período de seis meses, que les serán considerados como de cotización efectiva a efectos de las prestaciones de Seguridad Social. Asimismo, su situación será considerada como asimilada al alta.

A los efectos de lo previsto en el párrafo anterior, se tomará una base de cotización equivalente al promedio de las bases cotizadas durante los seis meses previos a la suspensión de la obligación de cotizar.

Última modificación realizada por Ley Orgánica 10/2022, de 6 de septiembre, de garantía integral de la libertad sexual (BOE de 07-09-2022).

ART. 22. Programa específico de empleo.

1. En el marco de los planes anuales de empleo a los que se refiere el artículo 11 del texto refundido de la Ley de Empleo, aprobado por Real Decreto Legislativo 3/2015, de 23 de octubre, se desarrollará un programa de acción específico para las víctimas de violencia de género inscritas como demandantes de empleo.

Este programa incluirá medidas para favorecer el inicio de una nueva actividad por cuenta propia.

Última modificación realizada por Ley Orgánica 10/2022, de 6 de septiembre, de garantía integral de la libertad sexual (BOE de 07-09-2022).

ART. 23. Acreditación de las situaciones de violencia de género.

Las situaciones de violencia de género que dan lugar al reconocimiento de los derechos regulados en esta ley se acreditarán mediante una sentencia condenatoria por cualquiera de las manifestaciones de la violencia contra las mujeres previstas en esta ley, una orden de protección o cualquier otra resolución judicial que acuerde una medida cautelar a favor de la víctima, o bien por el informe del Ministerio Fiscal que indique la existencia de indicios de que la demandante es víctima de violencia de género. También podrán acreditarse las situaciones de violencia contra las mujeres mediante informe de los servicios sociales, de los servicios especializados, o de los servicios de acogida de la Administración Pública competente destinados a las víctimas de violencia de género, o por cualquier otro título, siempre que ello esté previsto en las disposiciones normativas de carácter sectorial que regulen el acceso a cada uno de los derechos y recursos.

En el caso de víctimas menores de edad, la acreditación podrá realizarse, además, por documentos sanitarios oficiales de comunicación a la Fiscalía o al órgano judicial.

El Gobierno y las comunidades autónomas, en el marco de la Conferencia Sectorial de Igualdad, diseñarán, de común acuerdo, los procedimientos básicos que permitan poner en marcha los sistemas de acreditación de las situaciones de violencia de género.

Última modificación realizada por Ley Orgánica 10/2022, de 6 de septiembre, de garantía integral de la libertad sexual (BOE de 07-09-2022).

CAPÍTULO III
Derechos de las funcionarias públicas

ART. 24. Ámbito de los derechos.

La funcionaria víctima de violencia de género tendrá derecho a la reducción o a la reordenación de su tiempo de trabajo, a la movilidad geográfica de centro de trabajo y a la excedencia en los términos que se determinen en su legislación específica.

ART. 25. Justificación de las faltas de asistencia.

Las ausencias totales o parciales al trabajo motivadas por la situación física o psicológica derivada de la violencia de género sufrida por una mujer funcionaria se considerarán justificadas en los términos que se determine en su legislación específica.

ART. 26. Acreditación de las situaciones de violencia de género ejercida sobre las funcionarias.

La acreditación de las circunstancias que dan lugar al reconocimiento de los derechos de movilidad geográfica de centro de trabajo, excedencia, y reducción o reordenación del tiempo de trabajo, se realizará en los términos establecidos en el artículo 23.

CAPÍTULO IV
Derechos económicos

ART. 27. Ayudas sociales.

1. Cuando las víctimas de violencia de género careciesen de rentas superiores, en cómputo mensual, al 75 por 100 del salario mínimo interprofesional, excluida la parte proporcional de dos pagas extraordinarias, recibirán una ayuda de pago único, siempre que se presuma que debido a su edad, falta de preparación general o especializada y circunstancias sociales, la víctima tendrá especiales dificultades para obtener un empleo y por dicha circunstancia no participará en los programas de empleo establecidos para su inserción profesional.

2. El importe de esta ayuda será equivalente al de seis meses de subsidio por desempleo. Cuando la víctima de la violencia ejercida contra la mujer tuviera reconocida oficialmente una discapacidad en grado igual o superior al 33 por 100, el importe será equivalente a doce meses de subsidio por desempleo.

3. Estas ayudas, financiadas con cargo a los Presupuestos Generales del Estado, serán concedidas por las Administraciones competentes en materia de servicios sociales. En la tramitación del procedimiento de concesión, deberá incorporarse informe del Servicio Público de Empleo referido a la previsibilidad de que por las circunstancias a las que se refiere el apartado 1 de este artículo, la aplicación del programa de empleo no incida de forma sustancial en la mejora de la empleabilidad de la víctima.

La concurrencia de las circunstancias de violencia se acreditará de conformidad con lo establecido en el artículo 23 de esta Ley.

4. En el caso de que la víctima tenga responsabilidades familiares, su importe podrá alcanzar el de un período equivalente al de 18 meses de subsidio, o de 24 meses si la víctima o alguno de los familiares que conviven con ella tiene reconocida oficialmente una minusvalía en grado igual o superior al 33 por 100, en los términos que establezcan las disposiciones de desarrollo de la presente Ley.

5. Estas ayudas serán compatibles con cualquiera de las previstas en la Ley 35/1995, de 11 de diciembre, de Ayudas y Asistencia a las Víctimas de Delitos Violentos y contra la Libertad Sexual, así como con cualquier otra ayuda económica de carácter autonómico o local concedida por la situación de violencia de género.

Última modificación realizada por Real Decreto-ley 9/2018, de 3 de agosto, de medidas urgentes para el desarrollo del Pacto de Estado contra la violencia de género (BOE de 04-08-2018).

ART. 28. Acceso a la vivienda y residencias públicas para mayores.

Las mujeres víctimas de violencia de género serán consideradas colectivos prioritarios en el acceso a viviendas protegidas y residencias públicas para mayores, en los términos que determine la legislación aplicable.

CAPÍTULO V
Derecho a la reparación

Capítulo añadido por Ley Orgánica 10/2022, de 6 de septiembre, de garantía integral de la libertad sexual (BOE de 07-09-2022).

ART. 28 bis. Alcance y garantía del derecho.

Las víctimas de violencia de género tienen derecho a la reparación, lo que comprende la compensación económica por los daños y perjuicios derivados de la violencia, las medidas necesarias para su completa recuperación física, psíquica y social, las acciones de reparación simbólica y las garantías de no repetición.

Artículo añadido por Ley Orgánica 10/2022, de 6 de septiembre, de garantía integral de la libertad sexual (BOE de 07-09-2022).

ART. 28 ter. Medidas para garantizar el derecho a la reparación.

1. Las víctimas de violencia de género tienen derecho a la reparación, lo que comprende la indemnización a la que se refiere el apartado siguiente, las medidas necesarias para su completa recuperación física, psíquica y social, las acciones de reparación simbólica y las garantías de no repetición.

2. Las administraciones públicas asegurarán que las víctimas tengan acceso efectivo a la indemnización que corresponda por los daños y perjuicios, que deberá garantizar la satisfacción económicamente evaluable de, al menos, los siguientes conceptos:

a) El daño físico y psicológico, incluido el daño moral y el daño a la dignidad.

b) La pérdida de oportunidades, incluidas las oportunidades de educación, empleo y prestaciones sociales.

c) Los daños materiales y la pérdida de ingresos, incluido el lucro cesante.

d) El daño social, entendido como el daño al proyecto de vida.

e) El tratamiento terapéutico, social y de salud sexual y reproductiva.

3. La indemnización será satisfecha por la o las personas civil o penalmente responsables, de acuerdo con la normativa vigente.

4. Las administraciones públicas garantizarán la completa recuperación física, psíquica y social de las víctimas a través de la red de recursos de atención integral previstos en el Título II. Asimismo, con el objetivo de garantizar la recuperación simbólica, promoverán el restablecimiento de su dignidad y reputación, la superación de cualquier situación de estigmatización y el derecho de supresión aplicado a buscadores en Internet y medios de difusión públicos.

Asimismo, las administraciones públicas podrán establecer ayudas complementarias destinadas a las víctimas que, por la especificidad o gravedad de las secuelas derivadas de la violencia, no encuentren una respuesta adecuada o suficiente en la red de recursos de atención y recuperación. En particular, dichas víctimas podrán recibir ayudas adicionales para financiar los tratamientos sanitarios adecuados, incluyendo los tratamientos de reconstrucción genital femenina, si fueran necesarios.

5. Con el objetivo de cumplir las garantías de no repetición, las administraciones públicas, en el marco de sus respectivas competencias, impulsarán las medidas necesarias para que las víctimas cuenten con protección efectiva ante represalias o amenazas.

6. Las administraciones públicas promoverán, a través de homenajes y de acciones de difusión pública, el compromiso colectivo frente a la violencia contra las mujeres y el respeto por las víctimas.

Artículo añadido por Ley Orgánica 10/2022, de 6 de septiembre, de garantía integral de la libertad sexual (BOE de 07-09-2022).

TÍTULO III
Tutela Institucional

ART. 29. La Delegación del Gobierno contra la Violencia de Género.

1. La Delegación del Gobierno contra la Violencia de Género, adscrita al Ministerio de Igualdad o al departamento con competencias en la materia, formulará las políticas públicas en relación con la violencia de género a desarrollar por el Gobierno y elaborará la Macroencuesta de Violencia contra las Mujeres. Asimismo, coordinará e impulsará cuantas

acciones se realicen en dicha materia, trabajando en colaboración y coordinación con las administraciones con competencia en la materia.

2. La persona titular de la Delegación del Gobierno contra la Violencia de Género estará legitimada ante los órganos jurisdiccionales para intervenir en defensa de los derechos y de los intereses tutelados en esta ley en colaboración y coordinación con las administraciones con competencias en la materia.

3. Reglamentariamente se determinará el rango y las funciones concretas de la persona titular de la Delegación del Gobierno contra la Violencia de Género.

Última modificación realizada por Ley Orgánica 10/2022, de 6 de septiembre, de garantía integral de la libertad sexual (BOE de 07-09-2022).

ART. 30. Observatorio Estatal de Violencia sobre la Mujer.

1. Se constituirá el Observatorio Estatal de Violencia sobre la Mujer, como órgano colegiado adscrito al Ministerio de Trabajo y Asuntos Sociales, al que corresponderá el asesoramiento, evaluación, colaboración institucional, elaboración de informes y estudios, y propuestas de actuación en materia de violencia de género. Estos informes, estudios y propuestas considerarán de forma especial la situación de las mujeres con mayor riesgo de sufrir violencia de género o con mayores dificultades para acceder a los servicios. En cualquier caso, los datos contenidos en dichos informes, estudios y propuestas se consignarán desagregados por sexo.

2. El Observatorio Estatal de Violencia sobre la Mujer remitirá al Gobierno y a las Comunidades Autónomas, con periodicidad anual, un informe sobre la evolución de la violencia ejercida sobre la mujer en los términos a que se refiere el artículo 1 de la presente Ley, con determinación de los tipos penales que se hayan aplicado, y de la efectividad de las medidas acordadas para la protección de las víctimas. El informe destacará asimismo las necesidades de reforma legal con objeto de garantizar que la aplicación de las medidas de protección adoptadas puedan asegurar el máximo nivel de tutela para las mujeres.

3. Reglamentariamente se determinarán sus funciones, su régimen de funcionamiento y su composición, en la que se garantizará, en todo caso, la participación de las Comunidades Autónomas, las entidades locales, los agentes sociales, las asociaciones de consumidores y usuarios, y las organizaciones de mujeres con implantación en todo el territorio del Estado así como de las organizaciones empresariales y sindicales más representativas.

ART. 31. Fuerzas y Cuerpos de Seguridad.

1. El Gobierno establecerá, en las Fuerzas y Cuerpos de Seguridad del Estado, unidades especializadas en la prevención de la violencia de género y en el control de la ejecución de las medidas judiciales adoptadas.

2. El Gobierno, con el fin de hacer más efectiva la protección de las víctimas, promoverá las actuaciones necesarias para que las Policías Locales, en el marco de su colaboración con las Fuerzas y Cuerpos de Seguridad del Estado, cooperen en asegurar el cumplimiento de las medidas acordadas por los órganos judiciales cuando éstas sean algunas de las previstas en la presente Ley o en el artículo 544 bis de la Ley de Enjuiciamiento Criminal o en el artículo 57 del Código Penal.

3. La actuación de las Fuerzas y Cuerpos de Seguridad habrá de tener en cuenta el Protocolo de Actuación de las Fuerzas y Cuerpos de Seguridad y de Coordinación con los Órganos Judiciales para la protección de la violencia doméstica y de género.

4. Lo dispuesto en el presente artículo será de aplicación en las Comunidades Autónomas que cuenten con cuerpos de policía que desarrollen las funciones de protección de las personas y bienes y el mantenimiento del orden y la seguridad ciudadana dentro del territorio autónomo, en los términos previstos en sus Estatutos, en la Ley Orgánica 2/1986, de 13 de marzo, de Fuerzas y Cuerpos de Seguridad, y en sus leyes de policía, y todo ello con la finalidad de hacer más efectiva la protección de las víctimas.

ART. 32. Planes de colaboración.

1. Los poderes públicos elaborarán planes de colaboración que garanticen la ordenación de sus actuaciones en la prevención, asistencia y persecución de los actos de violencia de género, que deberán implicar a las administraciones sanitarias, la Administración de Justicia, las Fuerzas y Cuerpos de Seguridad y los servicios sociales y organismos de igualdad.

2. En desarrollo de dichos planes, se articularán protocolos de actuación que determinen los procedimientos que aseguren una actuación global e integral de las distintas administraciones y servicios implicados, y que garanticen la actividad probatoria en los procesos que se sigan.

3. Las administraciones con competencias sanitarias promoverán la aplicación, permanente actualización y difusión de protocolos que contengan pautas uniformes de actuación sanitaria, tanto en el ámbito público como privado, y en especial, del Protocolo aprobado por el Consejo Interterritorial del Sistema Nacional de Salud.

Tales protocolos impulsarán las actividades de prevención, detección precoz e intervención continuada con la mujer sometida a violencia de género o en riesgo de padecerla.

Los protocolos, además de referirse a los procedimientos a seguir, harán referencia expresa a las relaciones con la Administración de Justicia, en aquellos casos en que exista constatación o sospecha fundada de daños físicos o psíquicos ocasionados por estas agresiones o abusos.

4. En las actuaciones previstas en este artículo se considerará de forma especial la situación de las mujeres que, por sus circunstancias personales y sociales puedan tener mayor riesgo de sufrir la violencia de género o mayores dificultades para acceder a los servicios previstos en esta ley, tales como las pertenecientes a minorías, las inmigrantes, las que se encuentran en situación de exclusión social, las mujeres con discapacidad, las mujeres mayores o aquellas que viven en el ámbito rural.

Última modificación realizada por Ley Orgánica 10/2022, de 6 de septiembre, de garantía integral de la libertad sexual (BOE de 07-09-2022).

TÍTULO IV
Tutela Penal

Este título entra en vigor el 29 de junio de 2005, según establece la disposición final 7.

ART. 33. Suspensión de penas.

El párrafo segundo del apartado 1, 6.ª, del artículo 83 del Código Penal, en la redacción dada por la Ley Orgánica 15/2003, queda redactado de la forma siguiente:

«Si se tratase de delitos relacionados con la violencia de género, el Juez o Tribunal condicionará en todo caso la suspensión al cumplimiento de las obligaciones o deberes previstos en las reglas 1.ª, 2.ª y 5.ª de este apartado.»

ART. 34. Comisión de delitos durante el período de suspensión de la pena.

El apartado 3 del artículo 84 del Código Penal, en la redacción dada por la Ley Orgánica 15/2003, queda redactado de la forma siguiente:

«3. En el supuesto de que la pena suspendida fuera de prisión por la comisión de delitos relacionados con la violencia de género, el incumplimiento por parte del reo de las obligaciones o deberes previstos en las reglas 1.ª, 2.ª y 5.ª del apartado 1 del artículo 83 determinará la revocación de la suspensión de la ejecución de la pena.»

ART. 35. Sustitución de penas.

El párrafo tercero del apartado 1 del artículo 88 del Código Penal, en la redacción dada por la Ley Orgánica 15/2003, queda redactado de la forma siguiente:

«En el caso de que el reo hubiera sido condenado por un delito relacionado con la violencia de género, la pena de prisión sólo podrá ser sustituida por la de trabajos en beneficio de la comunidad. En estos supuestos, el Juez o Tribunal impondrá adicionalmente, además de la sujeción a programas específicos de reeducación y tratamiento psicológico, la observancia de las obligaciones o deberes previstos en las reglas 1.ª y 2.ª, del apartado 1 del artículo 83 de este Código.»

ART. 36. Protección contra las lesiones.

Se modifica el artículo 148 del Código Penal que queda redactado de la siguiente forma:

«Las lesiones previstas en el apartado 1 del artículo anterior podrán ser castigadas con la pena de prisión de dos a cinco años, atendiendo al resultado causado o riesgo producido:

1.º Si en la agresión se hubieren utilizado armas, instrumentos, objetos, medios, métodos o formas concretamente peligrosas para la vida o salud, física o psíquica, del lesionado.

2.º Si hubiere mediado ensañamiento o alevosía.

3.º Si la víctima fuere menor de doce años o incapaz.

4.º Si la víctima fuere o hubiere sido esposa, o mujer que estuviere o hubiere estado ligada al autor por una análoga relación de afectividad, aun sin convivencia.

5.º Si la víctima fuera una persona especialmente vulnerable que conviva con el autor.»

ART. 37. Protección contra los malos tratos.

El artículo 153 del Código Penal, queda redactado como sigue:

«1. El que por cualquier medio o procedimiento causare a otro menoscabo psíquico o una lesión no definidos como delito en este Código, o golpeare o maltratare de obra a otro sin causarle lesión, cuando la ofendida sea o haya sido esposa, o mujer que esté o haya estado ligada a él por una análoga relación de afectividad aun sin convivencia, o persona especialmente vulnerable que conviva con el autor, será castigado con la pena de prisión de seis meses a un año o de trabajos en beneficios de la comunidad de treinta y uno a ochenta días y, en todo caso, privación del derecho a la tenencia y porte de armas de un año y un día a tres años, así como, cuando el Juez o Tribunal lo estime adecuado al interés del menor o incapaz, inhabilitación para el ejercicio de la patria potestad, tutela, curatela, guarda o acogimiento hasta cinco años.

2. Si la víctima del delito previsto en el apartado anterior fuere alguna de las personas a que se refiere el artículo 173.2, exceptuadas las personas contempladas en el apartado anterior de este artículo, el autor será castigado con la pena de prisión de tres meses a un año o de trabajos en beneficio de la comunidad de treinta y uno a ochenta días y, en todo caso, privación del derecho a la tenencia y porte de armas de un año y un día a tres años, así como, cuando el Juez o Tribunal lo estime adecuado al interés del menor o incapaz, inhabilitación para el ejercicio de la patria potestad, tutela, curatela, guarda o acogimiento de seis meses a tres años.

3. Las penas previstas en los apartados 1 y 2 se impondrán en su mitad superior cuando el delito se perpetre en presencia de menores, o utilizando armas, o tenga lugar en el domicilio común o en el domicilio de la víctima, o se realice quebrantando una pena de las contempladas en el artículo 48 de este Código o una medida cautelar o de seguridad de la misma naturaleza.

4. No obstante lo previsto en los apartados anteriores, el Juez o Tribunal, razonándolo en sentencia, en atención a las circunstancias personales del autor y las concurrentes en la realización del hecho, podrá imponer la pena inferior en grado.»

Redactados los apartados 1 a 3 conforme a la corrección de errores del BOE núm. 87, del 12 de abril de 2005.

ART. 38. Protección contra las amenazas.

Se añaden tres apartados, numerados como 4, 5 y 6, al artículo 171 del Código Penal, que tendrán la siguiente redacción:

«4. El que de modo leve amenace a quien sea o haya sido su esposa, o mujer que esté o haya estado ligada a él por una análoga relación de afectividad aun sin convivencia, será castigado con la pena de prisión de seis meses a un año o de trabajos en beneficio de la comunidad de treinta y uno a ochenta días y, en todo caso, privación del derecho a la tenencia y porte de armas de un año y un día a tres años, así como, cuando el Juez o Tribunal lo estime adecuado al interés del menor o incapaz, inhabilitación especial para el ejercicio de la patria potestad, tutela, curatela, guarda o acogimiento hasta cinco años.

Igual pena se impondrá al que de modo leve amenace a una persona especialmente vulnerable que conviva con el autor.

5. El que de modo leve amenace con armas u otros instrumentos peligrosos a alguna de las personas a las que se refiere el artículo 173.2, exceptuadas las contempladas en el apartado anterior de este artículo, será castigado con la pena de prisión de tres meses a un año o trabajos en beneficio de la comunidad de treinta y uno a ochenta días y, en todo caso, privación del derecho a la tenencia y porte de armas de uno a tres años, así como, cuando el Juez o Tribunal lo estime adecuado al interés del menor o incapaz, inhabilitación especial para el ejercicio de la patria potestad, tutela, curatela, guarda o acogimiento por tiempo de seis meses a tres años.

Se impondrán las penas previstas en los apartados 4 y 5, en su mitad superior cuando el delito se perpetre en presencia de menores, o tenga lugar en el domicilio común o en el domicilio de la víctima, o se realice quebrantando una pena de las contempladas en el artículo 48 de este Código o una medida cautelar o de seguridad de la misma naturaleza.

6. No obstante lo previsto en los apartados 4 y 5, el Juez o Tribunal, razonándolo en sentencia, en atención a las circunstancias personales del autor y a las concurrentes en la realización del hecho, podrá imponer la pena inferior en grado.»

Redactado el apartado 5 conforme a la corrección de errores del BOE núm. 87, del 12 de abril de 2005.

ART. 39. Protección contra las coacciones.

El contenido actual del artículo 172 del Código Penal queda numerado como apartado 1 y se añade un apartado 2 a dicho artículo con la siguiente redacción:

«2. El que de modo leve coaccione a quien sea o haya sido su esposa, o mujer que esté o haya estado ligada a él por una análoga relación de afectividad, aun sin convivencia, será castigado con la pena de prisión de seis meses a un año o de trabajos en beneficio de la comunidad

de treinta y uno a ochenta días y, en todo caso, privación del derecho a la tenencia y porte de armas de un año y un día a tres años, así como, cuando el Juez o Tribunal lo estime adecuado al interés del menor o incapaz, inhabilitación especial para el ejercicio de la patria potestad, tutela, curatela, guarda o acogimiento hasta cinco años.

Igual pena se impondrá al que de modo leve coaccione a una persona especialmente vulnerable que conviva con el autor.

Se impondrá la pena en su mitad superior cuando el delito se perpetre en presencia de menores, o tenga lugar en el domicilio común o en el domicilio de la víctima, o se realice quebrantando una pena de las contempladas en el artículo 48 de este Código o una medida cautelar o de seguridad de la misma naturaleza.

No obstante lo previsto en los párrafos anteriores, el Juez o Tribunal, razonándolo en sentencia, en atención a las circunstancias personales del autor y a las concurrentes en la realización del hecho, podrá imponer la pena inferior en grado.»

Redactado conforme a la corrección de errores del BOE núm. 87, del 12 de abril de 2005.

ART. 40. Quebrantamiento de condena.

Se modifica el artículo 468 del Código Penal que queda redactado de la siguiente forma:

«1. Los que quebrantaren su condena, medida de seguridad, prisión, medida cautelar, conducción o custodia serán castigados con la pena de prisión de seis meses a un año si estuvieran privados de libertad, y con la pena de multa de doce a veinticuatro meses en los demás casos.

2. Se impondrá en todo caso la pena de prisión de seis meses a un año a los que quebrantaren una pena de las contempladas en el artículo 48 de este Código o una medida cautelar o de seguridad de la misma naturaleza impuestas en procesos criminales en los que el ofendido sea alguna de las personas a las que se refiere el artículo 173.2.»

ART. 41. Protección contra las vejaciones leves.

El artículo 620 del Código Penal queda redactado como sigue:

«Serán castigados con la pena de multa de diez a veinte días:

1.º Los que de modo leve amenacen a otro con armas u otros instrumentos peligrosos, o los saquen en riña, como no sea en justa defensa, salvo que el hecho sea constitutivo de delito.

2.º Los que causen a otro una amenaza, coacción, injuria o vejación injusta de carácter leve, salvo que el hecho sea constitutivo de delito.

Los hechos descritos en los dos números anteriores sólo serán perseguibles mediante denuncia de la persona agraviada o de su representante legal.

En los supuestos del número 2.º de este artículo, cuando el ofendido fuere alguna de las personas a las que se refiere el artículo 173.2, la pena será la de localización permanente de cuatro a ocho días, siempre en domicilio diferente y alejado del de la víctima, o trabajos en beneficio de la comunidad de cinco a diez días. En estos casos no será exigible la denuncia a que se refiere el párrafo anterior de este artículo, excepto para la persecución de las injurias.»

ART. 42. Administración penitenciaria.

1. La Administración penitenciaria realizará programas específicos para internos condenados por delitos relacionados con la violencia de género.

2. Las Juntas de Tratamiento valorarán, en las progresiones de grado, concesión de permisos y concesión de la libertad condicional, el seguimiento y aprovechamiento de dichos programas específicos por parte de los internos a que se refiere el apartado anterior.

TÍTULO V
Tutela Judicial

Este título entra en vigor el 29 de junio de 2005, según establece la disposición final 7.

CAPÍTULO I
De los Juzgados de Violencia sobre la Mujer

ART. 43. Organización territorial.

Se adiciona un artículo 87 bis en la Ley Orgánica 6/1985, de 1 de julio, del Poder Judicial, con la siguiente redacción:

«1. En cada partido habrá uno o más Juzgados de Violencia sobre la Mujer, con sede en la capital de aquél y jurisdicción en todo su ámbito territorial. Tomarán su designación del municipio de su sede.

2. No obstante lo anterior, podrán establecerse, excepcionalmente, Juzgados de Violencia sobre la Mujer que extiendan su jurisdicción a dos o más partidos dentro de la misma provincia.

3. El Consejo General del Poder Judicial podrá acordar, previo informe de las Salas de Gobierno, que, en aquellas circunscripciones donde sea conveniente en función de la carga de trabajo existente, el conocimiento de los asuntos referidos en el artículo 87 ter de la presente Ley Orgánica, corresponda a uno de los Juzgados de Primera Instancia e Instrucción, o de Instrucción en su caso, determinándose en esta situación que uno solo de estos Órganos conozca de todos estos asuntos dentro del partido judicial, ya sea de forma exclusiva o conociendo también de otras materias.

4. En los partidos judiciales en que exista un solo Juzgado de Primera Instancia e Instrucción será éste el que asuma el conocimiento de los asuntos a que se refiere el artículo 87 ter de esta Ley.»

ART. 44. Competencia.

Se adiciona un artículo 87 ter en la Ley Orgánica 6/1985, de 1 de julio, del Poder Judicial, con la siguiente redacción:

«1. Los Juzgados de Violencia sobre la Mujer conocerán, en el orden penal, de conformidad en todo caso con los procedimientos y recursos previstos en la Ley de Enjuiciamiento Criminal, de los siguientes supuestos:

a) De la instrucción de los procesos para exigir responsabilidad penal por los delitos recogidos en los títulos del Código Penal relativos a homicidio, aborto, lesiones, lesiones al feto, delitos contra la libertad, delitos contra la integridad moral, contra la libertad e indemnidad sexuales o cualquier otro delito cometido con violencia o intimidación, siempre que se hubiesen cometido contra quien sea o haya sido su esposa, o mujer que esté o haya estado ligada al autor por análoga relación de afectividad, aun sin convivencia, así como de los cometidos sobre los descendientes, propios o de la esposa o conviviente, o sobre los menores o incapaces que con él convivan o que se hallen sujetos a la potestad, tutela, curatela, acogimiento o guarda de hecho de la esposa o conviviente, cuando también se haya producido un acto de violencia de género.

b) De la instrucción de los procesos para exigir responsabilidad penal por cualquier delito contra los derechos y deberes familiares, cuando la víctima sea alguna de las personas señaladas como tales en la letra anterior.

c) De la adopción de las correspondientes órdenes de protección a las víctimas, sin perjuicio de las competencias atribuidas al Juez de Guardia.

d) Del conocimiento y fallo de las faltas contenidas en los títulos I y II del libro III del Código Penal, cuando la víctima sea alguna de las personas señaladas como tales en la letra a) de este apartado.

2. Los Juzgados de Violencia sobre la Mujer podrán conocer en el orden civil, en todo caso de conformidad con los procedimientos y recursos previstos en la Ley de Enjuiciamiento Civil, de los siguientes asuntos:

a) Los de filiación, maternidad y paternidad.

b) Los de nulidad del matrimonio, separación y divorcio.

c) Los que versen sobre relaciones paterno filiales.

d) Los que tengan por objeto la adopción o modificación de medidas de trascendencia familiar.

e) Los que versen exclusivamente sobre guarda y custodia de hijos e hijas menores o sobre alimentos reclamados por un progenitor contra el otro en nombre de los hijos e hijas menores.

f) Los que versen sobre la necesidad de asentimiento en la adopción.

g) Los que tengan por objeto la oposición a las resoluciones administrativas en materia de protección de menores.

3. Los Juzgados de Violencia sobre la Mujer tendrán de forma exclusiva y excluyente competencia en el orden civil cuando concurran simultáneamente los siguientes requisitos:

a) Que se trate de un proceso civil que tenga por objeto alguna de las materias indicadas en el número 2 del presente artículo.

b) Que alguna de las partes del proceso civil sea víctima de los actos de violencia de género, en los términos a que hace referencia el apartado 1 a) del presente artículo.

c) Que alguna de las partes del proceso civil sea imputado como autor, inductor o cooperador necesario en la realización de actos de violencia de género.

d) Que se hayan iniciado ante el Juez de Violencia sobre la Mujer actuaciones penales por delito o falta a consecuencia de un acto de violencia sobre la mujer, o se haya adoptado una orden de protección a una víctima de violencia de género.

4. Cuando el Juez apreciara que los actos puestos en su conocimiento, de forma notoria, no constituyen expresión de violencia de género, podrá inadmitir la pretensión, remitiéndola al órgano judicial competente.

5. En todos estos casos está vedada la mediación.»

ART. 45. Recursos en materia penal.

Se adiciona un nuevo ordinal 4.º al artículo 82.1 de la Ley Orgánica 6/1985, de 1 de julio, del Poder Judicial, con la siguiente redacción:

«De los recursos que establezca la ley contra las resoluciones en materia penal dictadas por los Juzgados de Violencia sobre la Mujer de la provincia. A fin de facilitar el conocimiento de estos recursos, y atendiendo al número de asuntos existentes, deberán especializarse una o varias de sus secciones de conformidad con lo previsto en el artículo 98 de la citada Ley Orgánica. Esta especialización se extenderá a aquellos supuestos en que corresponda a la Audiencia Provincial el enjuiciamiento en primera instancia de asuntos instruidos por los Juzgados de Violencia sobre la Mujer de la provincia.»

ART. 46. Recursos en materia civil.

Se adiciona un nuevo párrafo al artículo 82.4 en la Ley Orgánica 6/1985, de 1 de julio, del Poder Judicial, con la siguiente redacción:

«Las Audiencias Provinciales conocerán, asimismo, de los recursos que establezca la ley contra las resoluciones dictadas en materia civil por los Juzgados de Violencia sobre la Mujer de la provincia. A fin de facilitar el conocimiento de estos recursos, y atendiendo al número de asuntos existentes, podrán especializarse una o varias de sus secciones de conformidad con lo previsto en el artículo 98 de la citada Ley Orgánica.»

ART. 47. Formación.

El Gobierno, el Consejo General del Poder Judicial y las comunidades autónomas, en el ámbito de sus respectivas competencias, asegurarán una formación específica relativa a la igualdad y no discriminación por razón de sexo y sobre violencia de género en los cursos de formación de Jueces y Magistrados, Fiscales, Secretarios Judiciales, Fuerzas y Cuerpos de Seguridad y Médicos Forenses. En todo caso, en los cursos de formación anteriores se introducirá el enfoque de la discapacidad de las víctimas y se tendrá en cuenta la violencia vicaria.

Última modificación realizada por Ley Orgánica 10/2022, de 6 de septiembre, de garantía integral de la libertad sexual (BOE de 07-09-2022).

ART. 48. Jurisdicción de los Juzgados.

Se modifica el apartado 1 del artículo 4 de la Ley 38/1988, de 28 de diciembre, de Demarcación y Planta Judicial, que queda redactado de la siguiente forma:

«1. Los Juzgados de Primera Instancia e Instrucción y los Juzgados de Violencia sobre la Mujer tienen jurisdicción en el ámbito territorial de su respectivo partido.

No obstante lo anterior, y atendidas las circunstancias geográficas, de ubicación y población, podrán crearse Juzgados de Violencia sobre la Mujer que atiendan a más de un partido judicial.»

ART. 49. Sede de los Juzgados.

Se modifica el artículo 9 de la Ley 38/1988, de 28 de diciembre, de Demarcación y Planta Judicial, que queda redactado de la siguiente forma:

«Los Juzgados de Primera Instancia e Instrucción y los Juzgados de Violencia sobre la Mujer tienen su sede en la capital del partido.»

ART. 50. Planta de los Juzgados de Violencia sobre la Mujer.

Se adiciona un artículo 15 bis en la Ley 38/1988, de 28 de diciembre, de Demarcación y Planta Judicial, con la siguiente redacción:

«1. La planta inicial de los Juzgados de Violencia sobre la Mujer será la establecida en el anexo XIII de esta Ley.

2. La concreción de la planta inicial y la que sea objeto de desarrollo posterior, será realizada mediante Real Decreto de conformidad con lo establecido en el artículo 20 de la presente Ley y se ajustará a los siguientes criterios:

a) Podrán crearse Juzgados de Violencia sobre la Mujer en aquellos partidos judiciales en los que la carga de trabajo así lo aconseje.

b) En aquellos partidos judiciales en los que, en atención al volumen de asuntos, no se considere necesario el desarrollo de la planta judicial, se podrán transformar algunos de los Juzgados de Instrucción y de Primera Instancia e Instrucción en funcionamiento en Juzgados de Violencia sobre la Mujer.

c) Asimismo cuando se considere, en función de la carga de trabajo, que no es precisa la creación de un órgano judicial específico, se determinará, de existir varios, qué Juzgados de

Instrucción o de Primera Instancia e Instrucción, asumirán el conocimiento de las materias de violencia sobre la mujer en los términos del artículo 1 de la Ley Orgánica de Medidas de Protección Integral contra la Violencia de Género con carácter exclusivo junto con el resto de las correspondientes a la jurisdicción penal o civil, según la naturaleza del órgano en cuestión.

3. Serán servidos por Magistrados los Juzgados de Violencia sobre la Mujer que tengan su sede en la capital de la provincia y los demás Juzgados que así se establecen en el anexo XIII de esta Ley.»

ART. 51. Plazas servidas por Magistrados.

El apartado 2 del artículo 21 de la Ley 38/1988, de 28 de diciembre, de Demarcación y Planta Judicial tendrá la siguiente redacción:

«2. El Ministro de Justicia podrá establecer que los Juzgados de Primera Instancia y de Instrucción o de Primera Instancia e Instrucción y los Juzgados de Violencia sobre la Mujer, sean servidos por Magistrados, siempre que estén radicados en un partido judicial superior a 150.000 habitantes de derecho o experimenten aumentos de población de hecho que superen dicha cifra, y el volumen de cargas competenciales así lo exija.»

ART. 52. Constitución de los Juzgados.

Se incluye un nuevo artículo 46 ter en la Ley 38/1988, de 28 de diciembre, de Demarcación y Planta Judicial, con la siguiente redacción:

«1. El Gobierno, dentro del marco de la Ley de Presupuestos Generales del Estado, oído el Consejo General del Poder Judicial y, en su caso, la Comunidad Autónoma afectada, procederá de forma escalonada y mediante Real Decreto a la constitución, compatibilización y transformación de Juzgados de Instrucción y de Primera Instancia e Instrucción para la plena efectividad de la planta de los Juzgados de Violencia sobre la Mujer.

2. En tanto las Comunidades Autónomas no fijen la sede de los Juzgados de Violencia sobre la Mujer, ésta se entenderá situada en aquellas poblaciones que se establezcan en el anexo XIII de la presente Ley.»

ART. 53. Notificación de las sentencias dictadas por Tribunales.

Se adiciona un nuevo párrafo en el artículo 160 de la Ley de Enjuiciamiento Criminal, con el contenido siguiente:

«Cuando la instrucción de la causa hubiera correspondido a un Juzgado de Violencia sobre la Mujer la sentencia será remitida al mismo por testimonio de forma inmediata, con indicación de si la misma es o no firme.»

ART. 54. Especialidades en el supuesto de juicios rápidos.

Se adiciona un nuevo artículo 797 bis en la Ley de Enjuiciamiento Criminal con el contenido siguiente:

«1. En el supuesto de que la competencia corresponda al Juzgado de Violencia sobre la Mujer, las diligencias y resoluciones señaladas en los artículos anteriores deberán ser practicadas y adoptadas durante las horas de audiencia.

2. La Policía Judicial habrá de realizar las citaciones a que se refiere el artículo 796, ante el Juzgado de Violencia sobre la Mujer, en el día hábil más próximo, entre aquéllos que se fijen reglamentariamente.

No obstante el detenido, si lo hubiere, habrá de ser puesto a disposición del Juzgado de Instrucción de Guardia, a los solos efectos de regularizar su situación personal, cuando no sea posible la presentación ante el Juzgado de Violencia sobre la Mujer que resulte competente.

3. Para la realización de las citaciones antes referidas, la Policía Judicial fijará el día y la hora de la comparecencia coordinadamente con el Juzgado de Violencia sobre la Mujer. A estos efectos el Consejo General del Poder Judicial, de acuerdo con lo establecido en el artículo 110 de la Ley Orgánica del Poder Judicial, dictará los Reglamentos oportunos para asegurar esta coordinación.»

Redactado conforme a la corrección de errores del BOE núm. 87, del 12 de abril de 2005.

ART. 55. Notificación de las sentencias dictadas por Juzgado de lo Penal.

Se adiciona un apartado 5 en el artículo 789 de la Ley de Enjuiciamiento Criminal, con el contenido siguiente:

«5. Cuando la instrucción de la causa hubiera correspondido a un Juzgado de Violencia sobre la Mujer la sentencia será remitida al mismo por testimonio de forma inmediata. Igualmente se le remitirá la declaración de firmeza y la sentencia de segunda instancia cuando la misma fuera revocatoria, en todo o en parte, de la sentencia previamente dictada.»

ART. 56. Especialidades en el supuesto de juicios rápidos en materia de faltas.

Se adiciona un nuevo apartado 5 al artículo 962 de la Ley de Enjuiciamiento Criminal, con el contenido siguiente:

«5. En el supuesto de que la competencia para conocer corresponda al Juzgado de Violencia sobre la Mujer, la Policía Judicial habrá de realizar las citaciones a que se refiere este artículo ante dicho Juzgado en el día hábil más próximo. Para la realización de las citaciones antes referidas, la Policía Judicial fijará el día y la hora de la comparecencia coordinadamente con el Juzgado de Violencia sobre la Mujer.

A estos efectos el Consejo General del Poder Judicial, de acuerdo con lo establecido en el artículo 110 de la Ley Orgánica del Poder Judicial, dictará los Reglamentos oportunos para asegurar esta coordinación.»

CAPÍTULO II
Normas procesales civiles

ART. 57. Pérdida de la competencia objetiva cuando se produzcan actos de violencia sobre la mujer.

Se adiciona un nuevo artículo 49 bis en la Ley 1/2000, de 7 de enero, de Enjuiciamiento Civil, cuya redacción es la siguiente:

*«**Artículo 49 bis. Pérdida de la competencia cuando se produzcan actos de violencia sobre la mujer.***

1. Cuando un Juez, que esté conociendo en primera instancia de un procedimiento civil, tuviese noticia de la comisión de un acto de violencia de los definidos en el artículo 1 de la Ley Orgánica de Medidas de Protección Integral contra la Violencia de Género, que haya dado lugar a la iniciación de un proceso penal o a una orden de protección, tras verificar la concurrencia de los requisitos previstos en el apartado 3 del artículo 87 ter de la Ley Orgánica del Poder Judicial, deberá inhibirse, remitiendo los autos en el estado en que se hallen al Juez de Violencia sobre la Mujer que resulte competente, salvo que se haya iniciado la fase del juicio oral.

2. Cuando un Juez que esté conociendo de un procedimiento civil, tuviese noticia de la posible comisión de un acto de violencia de género, que no haya dado lugar a la iniciación de un proceso penal, ni a dictar una orden de protección, tras verificar que concurren los requisitos del apartado 3 del artículo 87 ter de la Ley Orgánica del Poder Judicial, deberá inmediatamente citar a las partes a una comparecencia con el Ministerio Fiscal que se celebrará en las siguientes 24 horas a fin de que éste tome conocimiento de cuantos datos sean relevantes sobre los hechos acaecidos. Tras ella, el Fiscal, de manera inmediata, habrá de decidir si procede, en las 24 horas siguientes, a denunciar los actos de violencia de género o a solicitar orden de protección ante el Juzgado de Violencia sobre la Mujer que resulte competente. En el supuesto de que se interponga denuncia o se solicite la orden de protección, el Fiscal habrá de entregar copia de la denuncia o solicitud en el Tribunal, el cual continuará conociendo del asunto hasta que sea, en su caso, requerido de inhibición por el Juez de Violencia sobre la Mujer competente.

3. Cuando un Juez de Violencia sobre la Mujer que esté conociendo de una causa penal por violencia de género tenga conocimiento de la existencia de un proceso civil, y verifique la concurrencia de los requisitos del apartado 3 del artículo 87 ter de la Ley Orgánica del Poder Judicial, requerirá de inhibición al Tribunal Civil, el cual deberá acordar de inmediato su inhibición y la remisión de los autos al órgano requirente.

A los efectos del párrafo anterior, el requerimiento de inhibición se acompañará de testimonio de la incoación de diligencias previas o de juicio de faltas, del auto de admisión de la querella, o de la orden de protección adoptada.

4. En los casos previstos en los apartados 1 y 2 de este artículo, el Tribunal Civil remitirá los autos al Juzgado de Violencia sobre la Mujer sin que sea de aplicación lo previsto en el artículo 48.3 de la Ley de Enjuiciamiento Civil, debiendo las partes desde ese momento comparecer ante dicho órgano.

En estos supuestos no serán de aplicación las restantes normas de esta sección, ni se admitirá declinatoria, debiendo las partes que quieran hacer valer la competencia del Juzgado de Violencia sobre la Mujer presentar testimonio de alguna de las resoluciones dictadas por dicho Juzgado a las que se refiere el párrafo final del número anterior.

5. Los Juzgados de Violencia sobre la Mujer ejercerán sus competencias en materia civil de forma exclusiva y excluyente, y en todo caso de conformidad con los procedimientos y recursos previstos en la Ley de Enjuiciamiento Civil.»

Redactados los apartados 1, 2 y 3 conforme a la corrección de errores del BOE núm. 87, del 12 de abril de 2005.

CAPÍTULO III
Normas procesales penales

ART. 58. Competencias en el orden penal.

Se modifica el artículo 14 de la Ley de Enjuiciamiento Criminal, que queda redactado de la siguiente forma:

«Fuera de los casos que expresa y limitadamente atribuyen la Constitución y las leyes a Jueces y Tribunales determinados, serán competentes:

1. Para el conocimiento y fallo de los juicios de faltas, el Juez de Instrucción, salvo que la competencia corresponda al Juez de Violencia sobre la Mujer de conformidad con el número quinto de este artículo. Sin embargo, conocerá de los juicios por faltas tipificadas en los artículos 626, 630, 632 y 633 del Código Penal, el Juez de Paz del lugar en que se hubieran cometido. También conocerán los Jueces de Paz de los juicios por faltas tipificadas en el artículo 620.1.° y 2.°, del Código Penal, excepto cuando el ofendido fuere alguna de las personas a que se refiere el artículo 173.2 del mismo Código.

2. Para la instrucción de las causas, el Juez de Instrucción del partido en que el delito se hubiere cometido, o el Juez de Violencia sobre la Mujer, o el Juez Central de Instrucción respecto de los delitos que la Ley determine.

3. Para el conocimiento y fallo de las causas por delitos a los que la Ley señale pena privativa de libertad de duración no superior a cinco años o pena de multa cualquiera que sea su cuantía, o cualesquiera otras de distinta naturaleza, bien sean únicas, conjuntas o alternativas, siempre que la duración de éstas no exceda de diez años, así como por faltas, sean o no incidentales, imputables a los autores de estos delitos o a otras personas, cuando la comisión de la falta o su prueba estuviesen relacionadas con aquéllos, el Juez de lo Penal de la circunscripción donde el delito fue cometido, o el Juez de lo Penal correspondiente a la circunscripción del Juzgado de Violencia sobre la Mujer en su caso, o el Juez Central de lo Penal en el ámbito que le es propio, sin perjuicio de la competencia del Juez de Instrucción de Guardia del lugar de comisión del delito para dictar sentencia de conformidad, o del Juez de Violencia sobre la Mujer competente en su caso, en los términos establecidos en el artículo 801.

No obstante, en los supuestos de competencia del Juez de lo Penal, si el delito fuere de los atribuidos al Tribunal del Jurado, el conocimiento y fallo corresponderá a éste.

4. Para el conocimiento y fallo de las causas en los demás casos la Audiencia Provincial de la circunscripción donde el delito se haya cometido, o la Audiencia Provincial correspondiente a la circunscripción del Juzgado de Violencia sobre la Mujer en su caso, o la Sala de lo Penal de la Audiencia Nacional.

No obstante, en los supuestos de competencia de la Audiencia Provincial, si el delito fuere de los atribuidos al Tribunal de Jurado, el conocimiento y fallo corresponderá a éste.

5. Los Juzgados de Violencia sobre la Mujer serán competentes en las siguientes materias, en todo caso de conformidad con los procedimientos y recursos previstos en esta Ley:

a) De la instrucción de los procesos para exigir responsabilidad penal por los delitos recogidos en los títulos del Código Penal relativos a homicidio, aborto, lesiones, lesiones al feto, delitos contra la libertad, delitos contra la integridad moral, contra la libertad e indemnidad sexuales o cualquier otro delito cometido con violencia o intimidación, siempre que se hubiesen cometido contra quien sea o haya sido su esposa, o mujer que esté o haya estado ligada al autor por análoga relación de afectividad, aun sin convivencia, así como de los cometidos sobre los descendientes, propios o de la esposa o conviviente, o sobre los menores o incapaces que con él convivan o que se hallen sujetos a la potestad, tutela, curatela, acogimiento o guarda de hecho de la esposa o conviviente, cuando también se haya producido un acto de violencia de género.

b) De la instrucción de los procesos para exigir responsabilidad penal por cualquier delito contra los derechos y deberes familiares, cuando la víctima sea alguna de las personas señaladas como tales en la letra anterior.

c) De la adopción de las correspondientes órdenes de protección a las víctimas, sin perjuicio de las competencias atribuidas al Juez de Guardia.

d) Del conocimiento y fallo de las faltas contenidas en los títulos I y II del libro III del Código Penal, cuando la víctima sea alguna de las personas señaladas como tales en la letra a) de este apartado.»

ART. 59. Competencia territorial.

Se adiciona un nuevo artículo 15 bis en la Ley de Enjuiciamiento Criminal, cuya redacción es la siguiente:

«En el caso de que se trate de algunos de los delitos o faltas cuya instrucción o conocimiento corresponda al Juez de Violencia sobre la Mujer, la competencia territorial vendrá determinada por el lugar del domicilio de la víctima, sin perjuicio de la adopción de la orden de protección, o de medidas urgentes del artículo 13 de la presente Ley que pudiera adoptar el Juez del lugar de comisión de los hechos.»

ART. 60. Competencia por conexión.

Se adiciona un nuevo artículo 17 bis en la Ley de Enjuiciamiento Criminal, cuya redacción es la siguiente:

«La competencia de los Juzgados de Violencia sobre la Mujer se extenderá a la instrucción y conocimiento de los delitos y faltas conexas siempre que la conexión tenga su origen en alguno de los supuestos previstos en los números 3.º y 4.º del artículo 17 de la presente Ley.»

CAPÍTULO IV
Medidas judiciales de protección y de seguridad de las víctimas

ART. 61. Disposiciones generales.

1. Las medidas de protección y seguridad previstas en el presente capítulo serán compatibles con cualesquiera de las medidas cautelares y de aseguramiento que se pueden adoptar en los procesos civiles y penales.

2. En todos los procedimientos relacionados con la violencia de género, el Juez competente deberá pronunciarse en todo caso, de oficio o a instancia de las víctimas, de los hijos, de las personas que convivan con ellas o se hallen sujetas a su guarda o custodia, del Ministerio Fiscal o de la Administración de la que dependan los servicios de atención a las víctimas o su acogida, sobre la pertinencia de la adopción de las medidas cautelares y de aseguramiento contempladas en este capítulo, especialmente sobre las recogidas en los artículos 64, 65 y 66, determinando su plazo y su régimen de cumplimiento y, si procediera, las medidas complementarias a ellas que fueran precisas.

Última modificación realizada por Ley Orgánica 8/2015, de 22 de julio, de modificación del sistema de protección a la infancia y a la adolescencia (BOE de 23-07-2015).

ART. 62. De la orden de protección.

Recibida la solicitud de adopción de una orden de protección, el Juez de Violencia sobre la Mujer y, en su caso, el Juez de Guardia, actuarán de conformidad con lo dispuesto en el artículo 544 ter de la Ley de Enjuiciamiento Criminal.

ART. 63. De la protección de datos y las limitaciones a la publicidad.

1. En las actuaciones y procedimientos relacionados con la violencia de género se protegerá la intimidad de las víctimas; en especial, sus datos personales, los de sus descendientes y los de cualquier otra persona que esté bajo su guarda o custodia.

2. Los Jueces competentes podrán acordar, de oficio o a instancia de parte, que las vistas se desarrollen a puerta cerrada y que las actuaciones sean reservadas.

ART. 64. De las medidas de salida del domicilio, alejamiento o suspensión de las comunicaciones.

1. El Juez podrá ordenar la salida obligatoria del inculpado por violencia de género del domicilio en el que hubiera estado conviviendo o tenga su residencia la unidad familiar, así como la prohibición de volver al mismo.

2. El Juez, con carácter excepcional, podrá autorizar que la persona protegida concierte, con una agencia o sociedad pública allí donde la hubiere y que incluya entre sus actividades la del arrendamiento de viviendas, la permuta del uso atribuido de la vivienda familiar de la que sean copropietarios, por el uso de otra vivienda, durante el tiempo y en las condiciones que se determinen.

3. El Juez podrá prohibir al inculpado que se aproxime a la persona protegida, lo que le impide acercarse a la misma en cualquier lugar donde se encuentre, así como acercarse a su domicilio, a su lugar de trabajo o a cualquier otro que sea frecuentado por ella.

Podrá acordarse la utilización de instrumentos con la tecnología adecuada para verificar de inmediato su incumplimiento.

El Juez fijará una distancia mínima entre el inculpado y la persona protegida que no se podrá rebasar, bajo apercibimiento de incurrir en responsabilidad penal.

4. La medida de alejamiento podrá acordarse con independencia de que la persona afectada, o aquéllas a quienes se pretenda proteger, hubieran abandonado previamente el lugar.

5. El Juez podrá prohibir al inculpado toda clase de comunicación con la persona o personas que se indique, bajo apercibimiento de incurrir en responsabilidad penal.

6. Las medidas a que se refieren los apartados anteriores podrán acordarse acumulada o separadamente.

Redactado el apartado 2 conforme a la corrección de errores del BOE núm. 87, del 12 de abril de 2005.

ART. 65. De las medidas de suspensión de la patria potestad o la custodia de menores.

El Juez podrá suspender para el inculpado por violencia de género el ejercicio de la patria potestad, guarda y custodia, acogimiento, tutela, curatela o guarda de hecho, respecto de los menores que dependan de él.

Si no acordara la suspensión, el Juez deberá pronunciarse en todo caso sobre la forma en la que se ejercerá la patria potestad y, en su caso, la guarda y custodia, el acogimiento, la tutela, la curatela o la guarda de hecho de lo menores. Asimismo, adoptará las medidas necesarias para garantizar la seguridad, integridad y recuperación de los menores y de la mujer, y realizará un seguimiento periódico de su evolución.

Última modificación realizada por Ley Orgánica 8/2015, de 22 de julio, de modificación del sistema de protección a la infancia y a la adolescencia (BOE de 23-07-2015).

ART. 66. De la medida de suspensión del régimen de visitas, estancia, relación o comunicación con los menores.

El Juez ordenará la suspensión del régimen de visitas, estancia, relación o comunicación del inculpado por violencia de género respecto de los menores que dependan de él. Si, en interés superior del menor, no acordara la suspensión, el Juez deberá pronunciarse en todo caso sobre la forma en que se ejercerá el régimen de estancia, relación o comunicación del inculpado por violencia de género respecto de los menores que dependan del mismo. Asimismo, adoptará las medidas necesarias para garantizar la seguridad, integridad y recuperación de los menores y de la mujer, a través de servicios de atención especializada, y realizará un seguimiento periódico de su evolución, en coordinación con dichos servicios.

Última modificación realizada por Ley Orgánica 10/2022, de 6 de septiembre, de garantía integral de la libertad sexual (BOE de 07-09-2022).

ART. 67. De la medida de suspensión del derecho a la tenencia, porte y uso de armas.

El Juez podrá acordar, respecto de los inculpados en delitos relacionados con la violencia a que se refiere esta Ley, la suspensión del derecho a la tenencia, porte y uso de armas, con la obligación de depositarlas en los términos establecidos por la normativa vigente.

ART. 68. Garantías para la adopción de las medidas.

Las medidas restrictivas de derechos contenidas en este capítulo deberán adoptarse mediante auto motivado en el que se aprecie su proporcionalidad y necesidad, y, en todo caso, con intervención del Ministerio Fiscal y respeto de los principios de contradicción, audiencia y defensa.

ART. 69. Mantenimiento de las medidas de protección y seguridad.

Las medidas de este capítulo podrán mantenerse tras la sentencia definitiva y durante la tramitación de los eventuales recursos que correspondiesen. En este caso, deberá hacerse constar en la sentencia el mantenimiento de tales medidas.

CAPÍTULO V
Del Fiscal contra la Violencia sobre la Mujer

ART. 70. Funciones del Fiscal contra la Violencia sobre la Mujer.

Se añade un artículo 18 quáter en la Ley 50/1981, de 30 de diciembre, reguladora del Estatuto Orgánico del Ministerio Fiscal, con la siguiente redacción:

«1. El Fiscal General del Estado nombrará, oído el Consejo Fiscal, como delegado, un Fiscal contra la Violencia sobre la Mujer, con categoría de Fiscal de Sala, que ejercerá las siguientes funciones:

a) Practicar las diligencias a que se refiere el artículo 5 del Estatuto Orgánico del Ministerio Fiscal, e intervenir directamente en aquellos procesos penales de especial trascendencia apreciada por el Fiscal General del Estado, referentes a los delitos por actos de violencia de género comprendidos en el artículo 87 ter.1 de la Ley Orgánica del Poder Judicial.

b) Intervenir, por delegación del Fiscal General del Estado, en los procesos civiles comprendidos en el artículo 87 ter.2 de la Ley Orgánica del Poder Judicial.

c) Supervisar y coordinar la actuación de las Secciones contra la Violencia sobre la Mujer, y recabar informes de las mismas, dando conocimiento al Fiscal Jefe de las Fiscalías en que se integren.

d) Coordinar los criterios de actuación de las diversas Fiscalías en materias de violencia de género, para lo cual podrá proponer al Fiscal General del Estado la emisión de las correspondientes instrucciones.

e) Elaborar semestralmente, y presentar al Fiscal General del Estado, para su remisión a la Junta de Fiscales de Sala del Tribunal Supremo, y al Consejo Fiscal, un informe sobre los procedimientos seguidos y actuaciones practicadas por el Ministerio Fiscal en materia de violencia de género.

2. Para su adecuada actuación se le adscribirán los profesionales y expertos que sean necesarios para auxiliarlo de manera permanente u ocasional.»

ART. 71. Secciones contra la violencia sobre la mujer.

Se sustituyen los párrafos segundo y tercero del apartado 1 del artículo 18 de la Ley 50/1981, de 30 de diciembre, reguladora del Estatuto Orgánico del Ministerio Fiscal, por el siguiente texto:

«En la Fiscalía de la Audiencia Nacional y en cada Fiscalía de los Tribunales Superiores de Justicia y de las Audiencias Provinciales, existirá una Sección de Menores a la que se encomendarán las funciones y facultades que al Ministerio Fiscal atribuye la Ley Orgánica Reguladora de la Responsabilidad Penal de los Menores y otra Sección Contra la Violencia sobre la Mujer en cada Fiscalía de los Tribunales Superiores de Justicia y de las Audiencias Provinciales. A estas Secciones serán adscritos Fiscales que pertenezcan a sus respectivas plantillas, teniendo preferencia aquellos que por razón de las anteriores funciones desempeñadas, cursos impartidos o superados o por cualquier otra circunstancia análoga, se hayan especializado en la materia. No obstante, cuando las necesidades del servicio así lo aconsejen podrán actuar también en otros ámbitos o materias.

En las Fiscalías de los Tribunales Superiores de Justicia y en las Audiencias Provinciales podrán existir las adscripciones permanentes que se determinen reglamentariamente.

A la Sección Contra la Violencia sobre la Mujer se atribuyen las siguientes funciones:

a) Intervenir en los procedimientos penales por los hechos constitutivos de delitos o faltas cuya competencia esté atribuida a los Juzgados de Violencia sobre la Mujer.

b) Intervenir directamente en los procesos civiles cuya competencia esté atribuida a los Juzgados de Violencia sobre la Mujer.

En la Sección Contra la Violencia sobre la Mujer deberá llevarse un registro de los procedimientos que se sigan relacionados con estos hechos que permitirá la consulta de los Fiscales cuando conozcan de un procedimiento de los que tienen atribuida la competencia, al efecto en cada caso procedente.»

ART. 72. Delegados de la Jefatura de la Fiscalía.

Se da una nueva redacción al apartado 5 del artículo 22 de la Ley 50/1981, de 30 de diciembre, reguladora del Estatuto Orgánico del Ministerio Fiscal, que queda redactado de la siguiente forma:

«5. En aquellas Fiscalías en las que el número de asuntos de que conociera así lo aconsejara y siempre que resultara conveniente para la organización del servicio, previo informe del Consejo Fiscal, podrán designarse delegados de la Jefatura con el fin de asumir las funciones de dirección y coordinación que le fueran específicamente encomendadas. La plantilla orgánica determinará el número máximo de delegados de la Jefatura que se puedan designar en cada Fiscalía. En todo caso, en cada Fiscalía habrá un delegado de Jefatura que asumirá las funciones de dirección y coordinación, en los términos previstos en este apartado, en materia de infracciones relacionadas con la violencia de género, delitos contra el medio ambiente, y vigilancia penitenciaria, con carácter exclusivo o compartido con otras materias.

Tales delegados serán nombrados y, en su caso, relevados mediante resolución dictada por el Fiscal General del Estado, a propuesta motivada del Fiscal Jefe respectivo, oída la Junta de Fiscalía. Cuando la resolución del Fiscal General del Estado sea discrepante con la propuesta del Fiscal Jefe respectivo, deberá ser motivada.

Para la cobertura de estas plazas será preciso, con carácter previo a la propuesta del Fiscal Jefe correspondiente, realizar una convocatoria entre los Fiscales de la plantilla. A la propuesta se acompañará relación del resto de los Fiscales que hayan solicitado el puesto con aportación de los méritos alegados.»

Redactado conforme a la corrección de errores del BOE núm. 87, del 12 de abril de 2005.

DISPOSICIONES ADICIONALES

D.A. 1.ª Pensiones y ayudas.

1. Quien fuera condenado, por sentencia firme, por la comisión de un delito doloso de homicidio en cualquiera de sus formas o de lesiones, perderá la condición de beneficiario de la pensión de viudedad que le corresponda dentro del sistema público de pensiones cuando la víctima de dichos delitos fuera la causante de la pensión, salvo que, en su caso, medie reconciliación entre ellos.

En tales casos, la pensión de viudedad que hubiera debido reconocerse incrementará las pensiones de orfandad, si las hubiese, siempre que tal incremento esté establecido en la legislación reguladora del régimen de Seguridad Social de que se trate.

2. A quien fuera condenado, por sentencia firme, por la comisión de un delito doloso de homicidio en cualquiera de sus formas o de lesiones cuando la ofendida por el delito fuera su cónyuge o excónyuge, o estuviera o hubiera estado ligada a él por una análoga relación de afectividad, aun sin convivencia, no le será abonable, en ningún caso, la pensión por orfandad de la que pudieran ser beneficiarios sus hijos dentro del Sistema Público de Pensiones, salvo que, en su caso, hubiera mediado reconciliación entre aquellos.

3. No tendrá la consideración de beneficiario, a título de víctima indirecta, de las ayudas previstas en la Ley 35/1995, de 11 de diciembre, de Ayudas y Asistencia a las Víctimas de Delitos Violentos y contra la Libertad Sexual, quien fuera condenado por delito doloso de homicidio en cualquiera de sus formas, cuando la ofendida fuera su cónyuge o excónyuge o persona con la que estuviera o hubiera estado ligado de forma estable por análoga relación de afectividad, con independencia de su orientación sexual, durante, al menos, los dos años anteriores al momento del fallecimiento, salvo que hubieran tenido descendencia en común, en cuyo caso bastará la mera convivencia.

Última modificación realizada por Ley 40/2007, de 4 de diciembre, de medidas en materia de Seguridad Social (BOE de 05-12-2007).

D.A. 2.ª Protocolos de actuación.

El Gobierno y las comunidades autónomas que hayan asumido competencias en materia de justicia, organizarán en el ámbito que a cada una le es propio los servicios forenses de modo que cuenten con unidades de valoración forense integral encargadas de diseñar protocolos de actuación global e integral en casos de violencia de género. Estos protocolos deberán prestar especial atención a la violencia vicaria.

Última modificación realizada por Ley Orgánica 10/2022, de 6 de septiembre, de garantía integral de la libertad sexual (BOE de 07-09-2022).

D.A. 3.ª Modificación de la Ley Orgánica reguladora del Derecho a la Educación.

Uno. Las letras b) y g) del artículo 2 de la Ley Orgánica 8/1985, de 3 de julio, reguladora del Derecho a la Educación, quedarán redactadas de la forma siguiente:

«b) La formación en el respeto de los derechos y libertades fundamentales, de la igualdad entre hombres y mujeres y en el ejercicio de la tolerancia y de la libertad dentro de los principios democráticos de convivencia.

g) La formación para la paz, la cooperación y la solidaridad entre los pueblos y para la prevención de conflictos y para la resolución pacífica de los mismos y no violencia en todos los ámbitos de la vida personal, familiar y social.»

Dos. Se incorporan tres nuevas letras en el apartado 1 del artículo 31 de la Ley Orgánica 8/1985, de 3 de julio, reguladora del Derecho a la Educación, que quedarán redactadas de la forma siguiente:

«k) Las organizaciones de mujeres con implantación en todo el territorio del Estado.

l) El Instituto de la Mujer.

m) Personalidades de reconocido prestigio en la lucha para la erradicación de la violencia de género.»

Tres. La letra e) del apartado 1 del artículo 32 de la Ley Orgánica 8/1985, de 3 de julio, reguladora del Derecho a la Educación, quedará redactada de la forma siguiente:

«e) Las disposiciones que se refieran al desarrollo de la igualdad de derechos y oportunidades y al fomento de la igualdad real y efectiva entre hombres y mujeres en la enseñanza.»

Cuatro. El apartado 1 del artículo 33 de la Ley Orgánica 8/1985, de 3 de julio, reguladora del Derecho a la Educación, quedará redactado de la forma siguiente:

«1. El Consejo Escolar del Estado elaborará y hará público anualmente un informe sobre el sistema educativo, donde deberán recogerse y valorarse los diversos aspectos del mismo, incluyendo la posible situación de violencia ejercida en la comunidad educativa. Asimismo se informará de las medidas que en relación con la prevención de violencia y fomento de la igualdad entre hombres y mujeres establezcan las Administraciones educativas.»

Cinco. Se incluye un nuevo séptimo guión en el apartado 1 del artículo 56 de la Ley Orgánica 8/1985, de 3 de julio, reguladora del Derecho a la Educación, con la siguiente redacción:

«–Una persona, elegida por los miembros del Consejo Escolar del Centro, que impulse medidas educativas que fomenten la igualdad real y efectiva entre hombres y mujeres.»

Seis. Se adiciona una nueva letra m) en el artículo 57 de la Ley Orgánica 8/1985, de 3 de julio, reguladora del Derecho a la Educación, con la siguiente redacción:

«m) Proponer medidas e iniciativas que favorezcan la convivencia en el centro, la igualdad entre hombres y mujeres y la resolución pacífica de conflictos en todos los ámbitos de la vida personal, familiar y social.»

D.A. 4.ª Modificación de la Ley Orgánica de Ordenación General del Sistema Educativo.

Uno. Se modifica la letra b) del apartado 1 del artículo 1 de la Ley Orgánica 1/1990, de 3 de octubre, de Ordenación General del Sistema Educativo, que quedará redactado de la siguiente forma:

«b) La formación en el respeto de los derechos y libertades fundamentales, de la igualdad entre hombres y mujeres y en el ejercicio de la tolerancia y de la libertad dentro de los principios democráticos de convivencia.»

Dos. Se modifica la letra e) y se añade la letra l) en el apartado 3 del artículo 2 de la Ley Orgánica 1/1990, de 3 de octubre, de Ordenación General del Sistema Educativo, que quedarán redactadas de la siguiente forma:

«e) El fomento de los hábitos de comportamiento democrático y las habilidades y técnica en la prevención de conflictos y en la resolución pacífica de los mismos.

l) La formación para la prevención de conflictos y para la resolución pacífica de los mismos en todos los ámbitos de la vida personal, familiar y social.»

Tres. Se modifica el apartado 3 del artículo 34 de la Ley Orgánica 1/1990, de 3 de octubre, de Ordenación General del Sistema Educativo, que quedará redactada de la siguiente forma:

«3. La metodología didáctica de la formación profesional específica promoverá la integración de contenidos científicos, tecnológicos y organizativos. Asimismo, favorecerá en el alumno la capacidad para aprender por sí mismo y para trabajar en equipo, así como la formación en la prevención de conflictos y para la resolución pacífica de los mismos en todos los ámbitos de la vida personal, familiar y social.»

D.A. 5.ª Modificación de la Ley Orgánica de Calidad de la Educación.

Uno. Se adiciona una nueva letra b), con el consiguiente desplazamiento de las actuales, y tres nuevas letras n), ñ) y o) en el artículo 1 de la Ley Orgánica 10/2002, de 23 de diciembre, de Calidad de la Educación, con el siguiente contenido:

«b) La eliminación de los obstáculos que dificultan la plena igualdad entre hombres y mujeres.

n) La formación en el respeto de los derechos y libertades fundamentales, de la igualdad entre hombres y mujeres y en el ejercicio de la tolerancia y de la libertad dentro de los principios democráticos de convivencia.

ñ) La formación para la prevención de conflictos y para la resolución pacífica de los mismos y no violencia en todos los ámbitos de la vida personal familiar y social.

o) El desarrollo de las capacidades afectivas.»

Dos. Se adicionan dos nuevas letras e) y f), con el consiguiente desplazamiento de las actuales, en el apartado 2 del artículo 12 de la Ley Orgánica 10/2002, de 23 de diciembre, de Calidad de la Educación, con el siguiente contenido:

«e) Ejercitarse en la prevención de los conflictos y en la resolución pacífica de los mismos.

f) Desarrollar sus capacidades afectivas.»

Tres. Se adicionan tres nuevas letras b), c) y d), con el consiguiente desplazamiento de las actuales, en el apartado 2 del artículo 15 de la Ley Orgánica 10/2002, de 23 de diciembre, de Calidad de la Educación, con el siguiente contenido:

«b) Adquirir habilidades en la prevención de conflictos y en la resolución pacífica de los mismos que permitan desenvolverse con autonomía en el ámbito familiar y doméstico, así como en los grupos sociales en los que se relacionan.

c) Comprender y respetar la igualdad entre sexos.

d) Desarrollar sus capacidades afectivas.»

Cuatro. Se adicionan tres nuevas letras b), c) y d), con el consiguiente desplazamiento de las actuales, en el apartado 2 del artículo 22 de la Ley Orgánica 10/2002, de 23 de diciembre, de Calidad de la Educación, con el siguiente contenido:

«b) Conocer, valorar y respetar la igualdad de oportunidades de hombres y mujeres.

c) Relacionarse con los demás sin violencia, resolviendo pacíficamente los conflictos.

d) Desarrollar sus capacidades afectivas.»

Cinco. Se modifica la letra f) del apartado 1 y se añade un nuevo apartado 5 en el artículo 23 de la Ley Orgánica 10/2002, de 23 de diciembre, de Calidad de la Educación, que queda redactado de la forma siguiente:

«1. f) Ética e igualdad entre hombres y mujeres.»

«5. La asignatura de Ética incluirá contenidos específicos sobre la igualdad entre hombres y mujeres.»

Seis. Se adicionan dos nuevas letras b) y c), con el consiguiente desplazamiento de las actuales, en el apartado 2 del artículo 34 de la Ley Orgánica 10/2002, de 23 de diciembre, de Calidad de la Educación, con el siguiente contenido:

«b) Consolidar una madurez personal, social y moral, que les permita actuar de forma responsable, autónoma y prever y resolver pacíficamente los conflictos personales, familiares y sociales.

c) Fomentar la igualdad real y efectiva entre hombres y mujeres y analizar y valorar críticamente las desigualdades entre ellos.»

Siete. Se adiciona un nuevo apartado 3 en el artículo 40 de la Ley Orgánica 10/2002, de 23 de diciembre, de Calidad de la Educación, con el siguiente contenido:

«3. Con el fin de promover la efectiva igualdad entre hombres y mujeres, las Administraciones educativas velarán para que todos los currículos y los materiales educativos reconozcan el igual valor de hombres y mujeres y se elaboren a partir de presupuestos no discriminatorios para las mujeres. Asimismo, deberán fomentar el respeto en la igualdad de derechos y obligaciones.»

Ocho. Se adicionan dos nuevas letras e) y f) en el apartado 2 del artículo 52 de la Ley Orgánica 10/2002, de 23 de diciembre, de Calidad de la Educación, con el siguiente contenido:

«e) Desarrollar habilidades en la resolución pacífica de los conflictos en las relaciones personales, familiares y sociales.

f) Fomentar el respeto a la dignidad de las personas y a la igualdad entre hombres y mujeres.»

Nueve. Se modifica la letra d) del artículo 56 de la Ley Orgánica 10/2002, de 23 de diciembre, de Calidad de la Educación, que queda redactada de la forma siguiente:

«d) La tutoría del alumnado para dirigir su aprendizaje, transmitirles valores y ayudarlos, en colaboración con los padres, a superar sus dificultades y resolver pacíficamente sus conflictos.»

Diez. Se adiciona una nueva letra g), con el consiguiente desplazamiento de la letra g) actual que pasará a ser una nueva letra h), en el apartado 2 del artículo 81 de la Ley Orgánica 10/2002, de 23 de diciembre, de Calidad de la Educación, con el contenido siguiente:

«g) Una persona que impulse medidas educativas que fomenten la igualdad real y efectiva entre hombres y mujeres, residente en la ciudad donde se halle emplazado el centro y elegida por el Consejo Escolar del centro.»

Once. Se modifica la letra k) en el apartado 1 del artículo 82 de la Ley Orgánica 10/2002, de 23 de diciembre, de Calidad de la Educación, que queda redactado de la forma siguiente:

«k) Proponer medidas e iniciativas que favorezcan la convivencia en el centro, la igualdad entre hombres y mujeres y la resolución pacífica de conflictos en todos los ámbitos de la vida personal, familiar y social.»

Doce. Se añade una nueva letra g) al apartado 1 del artículo 105 de la Ley Orgánica 10/2002, de 23 de diciembre, de Calidad de la Educación, que queda redactada de la forma siguiente:

«g) Velar por el cumplimiento y aplicación de las medidas e iniciativas educativas destinadas a fomentar la igualdad real entre mujeres y hombres.»

Redactado el apartado 1 conforme a la corrección de errores del BOE núm. 87, del 12 de abril de 2005.

D.A. 6.ª Modificación de la Ley General de Publicidad.

Uno. Se modifica el artículo 3, letra a), de la Ley 34/1988, de 11 de noviembre, General de Publicidad, que quedará redactado de la siguiente forma:

«Es ilícita:

a) La publicidad que atente contra la dignidad de la persona o vulnere los valores y derechos reconocidos en la Constitución, especialmente a los que se refieren sus artículos 18 y 20, apartado 4. Se entenderán incluidos en la previsión anterior los anuncios que presenten a las mujeres de forma vejatoria, bien utilizando particular y directamente su cuerpo o partes del mismo como mero objeto desvinculado del producto que se pretende promocionar, bien su imagen asociada a comportamientos estereotipados que vulneren los fundamentos de nuestro ordenamiento coadyuvando a generar la violencia a que se refiere la Ley Orgánica de medidas de protección integral contra la violencia de género.»

Dos. Se adiciona un nuevo apartado 1 bis en el artículo 25 de la Ley 34/1988, de 11 de noviembre, General de Publicidad, con el contenido siguiente:

«1 bis. Cuando una publicidad sea considerada ilícita por afectar a la utilización vejatoria o discriminatoria de la imagen de la mujer, podrán solicitar del anunciante su cesación y rectificación:

a) La Delegación Especial del Gobierno contra la Violencia sobre la Mujer.

b) El Instituto de la Mujer o su equivalente en el ámbito autonómico.

c) Las asociaciones legalmente constituidas que tengan como objetivo único la defensa de los intereses de la mujer y no incluyan como asociados a personas jurídicas con ánimo de lucro.

d) Los titulares de un derecho o interés legítimo.»

Tres. Se adiciona una disposición adicional a la Ley 34/1988, de 11 de noviembre, General de Publicidad, con el contenido siguiente:

«La acción de cesación cuando una publicidad sea considerada ilícita por afectar a la utilización vejatoria o discriminatoria de la imagen de la mujer, se ejercitará en la forma y en los términos previstos en los artículos 26 y 29, excepto en materia de legitimación que la tendrán, además del Ministerio Fiscal, las personas y las Instituciones a que se refiere el artículo 25.1 bis de la presente Ley.»

D.A. 7.ª Modificación de la Ley del Estatuto de los Trabajadores.

Uno. Se introduce un nuevo apartado 7 en el artículo 37 de la Ley del Estatuto de los Trabajadores, texto refundido aprobado por Real Decreto Legislativo 1/1995, de 24 de marzo, con el siguiente contenido:

«7. La trabajadora víctima de violencia de género tendrá derecho, para hacer efectiva su protección o su derecho a la asistencia social integral, a la reducción de la jornada de trabajo con disminución proporcional del salario o a la reordenación del tiempo de trabajo, a través de la adaptación del horario, de la aplicación del horario flexible o de otras formas de ordenación del tiempo de trabajo que se utilicen en la empresa.

Estos derechos se podrán ejercitar en los términos que para estos supuestos concretos se establezcan en los convenios colectivos o en los acuerdos entre la empresa y los representantes de los trabajadores, o conforme al acuerdo entre la empresa y la trabajadora afectada. En su defecto, la concreción de estos derechos corresponderá a la trabajadora, siendo de aplicación las reglas establecidas en el apartado anterior, incluidas las relativas a la resolución de discrepancias.»

Dos. Se introduce un nuevo apartado 3 bis) en el artículo 40 de la Ley del Estatuto de los Trabajadores, texto refundido aprobado por Real Decreto Legislativo 1/1995, de 24 de marzo, con el siguiente contenido:

«3 bis) La trabajadora víctima de violencia de género que se vea obligada a abandonar el puesto de trabajo en la localidad donde venía prestando sus servicios, para hacer efectiva su protección o su derecho a la asistencia social integral, tendrá derecho preferente a ocupar

otro puesto de trabajo, del mismo grupo profesional o categoría equivalente, que la empresa tenga vacante en cualquier otro de sus centros de trabajo.

En tales supuestos, la empresa estará obligada a comunicar a la trabajadora las vacantes existentes en dicho momento o las que se pudieran producir en el futuro.

El traslado o el cambio de centro de trabajo tendrán un duración inicial de seis meses, durante los cuales la empresa tendrá la obligación de reservar el puesto de trabajo que anteriormente ocupaba la trabajadora.

Terminado este período, la trabajadora podrá optar entre el regreso a su puesto de trabajo anterior o la continuidad en el nuevo. En este último caso, decaerá la mencionada obligación de reserva.»

Tres. Se introduce una nueva letra n) en el artículo 45, apartado 1, de la Ley del Estatuto de los Trabajadores, texto refundido aprobado por Real Decreto Legislativo 1/1995, de 24 de marzo, con el contenido siguiente:

«n) Por decisión de la trabajadora que se vea obligada a abandonar su puesto de trabajo como consecuencia de ser víctima de violencia de género.»

Cuatro. Se introduce un nuevo apartado 6, en el artículo 48 de la Ley del Estatuto de los Trabajadores, texto refundido aprobado por Real Decreto Legislativo 1/1995, de 24 de marzo, con el siguiente contenido:

«6. En el supuesto previsto en la letra n) del apartado 1 del artículo 45, el período de suspensión tendrá una duración inicial que no podrá exceder de seis meses, salvo que de las actuaciones de tutela judicial resultase que la efectividad del derecho de protección de la víctima requiriese la continuidad de la suspensión, En este caso, el juez podrá prorrogar la suspensión por períodos de tres meses, con un máximo de dieciocho meses.»

Cinco. Se introduce una nueva letra m) en el artículo 49, apartado 1, de la Ley del Estatuto de los Trabajadores, texto refundido aprobado por Real Decreto Legislativo 1/1995, de 24 de marzo, con el contenido siguiente:

«m) Por decisión de la trabajadora que se vea obligada a abandonar definitivamente su puesto de trabajo como consecuencia de ser víctima de violencia de género.»

Seis. Se modifica el párrafo segundo de la letra d) del artículo 52 de la Ley del Estatuto de los Trabajadores, texto refundido aprobado por Real Decreto Legislativo 1/1995, de 24 de marzo, con el siguiente contenido:

«No se computarán como faltas de asistencia, a los efectos del párrafo anterior, las ausencias debidas a huelga legal por el tiempo de duración de la misma, el ejercicio de actividades de representación legal de los trabajadores, accidente de trabajo, maternidad, riesgo durante el embarazo, enfermedades causadas por embarazo, parto o lactancia, licencias y vacaciones, enfermedad o accidente no laboral, cuando la baja haya sido acordada por los servicios sanitarios oficiales y tenga una duración de más de veinte días consecutivos, ni las motivadas por la situación física o psicológica derivada de violencia de género, acreditada por los servicios sociales de atención o servicios de salud, según proceda.»

Siete. Se modifica la letra b) del apartado 5 del artículo 55, de la Ley del Estatuto de los Trabajadores, texto refundido aprobado por Real Decreto Legislativo 1/1995, de 24 de marzo, con el siguiente contenido:

«b) El de las trabajadoras embarazadas, desde la fecha de inicio del embarazo hasta la del comienzo del período de suspensión a que se refiere la letra a); la de los trabajadores que hayan solicitado uno de los permisos a los que se refieren los apartados 4 y 5 del artículo 37 de esta Ley, o estén disfrutando de ellos, o hayan solicitado la excedencia prevista en el apartado 3 del artículo 46 de la misma; y la de las trabajadoras víctimas de violencia de género por el ejercicio de los derechos de reducción o reordenación de su tiempo de trabajo, de movilidad geográfica, de cambio de centro de trabajo o de suspensión de la relación laboral, en los términos y condiciones reconocidos en esta Ley.»

D.A. 8.ª Modificación de la Ley General de la Seguridad Social.

Uno. Se añade un apartado 5 en el artículo 124 de la Ley General de la Seguridad Social, texto refundido aprobado por Real Decreto Legislativo 1/1994, de 20 de junio, con el siguiente contenido:

«5. El período de suspensión con reserva del puesto de trabajo, contemplado en el artículo 48.6 del Estatuto de los Trabajadores, tendrá la consideración de período de cotización efectiva a efectos de las correspondientes prestaciones de la Seguridad Social por jubilación, incapacidad permanente, muerte o supervivencia, maternidad y desempleo.»

Dos. Se modifica la letra e) del apartado 1.1, así como el apartado 1.2 del artículo 208 de la Ley General de la Seguridad Social, texto refundido aprobado por Real Decreto Legislativo 1/1994, de 20 de junio, con el siguiente contenido:

«1.1.e) Por resolución voluntaria por parte del trabajador, en los supuestos previstos en los artículos 40, 41.3, 49.1.m) y 50 del Estatuto de los Trabajadores.

1.2 Cuando se suspenda su relación laboral en virtud de expediente de regulación de empleo, o de resolución judicial adoptada en el seno de un procedimiento concursal, o en el supuesto contemplado en la letra n), del apartado 1 del artículo 45 del Estatuto de los Trabajadores.»

Tres. Se modifica el apartado 2 del artículo 210 de la Ley General de la Seguridad Social, texto refundido aprobado por Real Decreto Legislativo 1/1994, de 20 de junio, con el siguiente contenido:

«2. A efectos de determinación del período de ocupación cotizada a que se refiere el apartado anterior se tendrán en cuenta todas las cotizaciones que no hayan sido computadas para el reconocimiento de un derecho anterior, tanto de nivel contributivo como asistencial. No obstante, no se considerará como derecho anterior el que se reconozca en virtud de la suspensión de la relación laboral prevista en el artículo 45.1.n) del Estatuto de los Trabajadores.

No se computarán las cotizaciones correspondientes al tiempo de abono de la prestación que efectúe la entidad gestora o, en su caso, la empresa, excepto cuando la prestación se perciba en virtud de la suspensión de la relación laboral prevista en el artículo 45.1.n) del Estatuto de los Trabajadores, tal como establece el artículo 124.5 de esta Ley.»

Cuatro. Se modifica el apartado 2 del artículo 231 de la Ley General de la Seguridad Social, texto refundido aprobado por Real Decreto Legislativo 1/1994, de 20 de junio, con el siguiente contenido:

«2. A los efectos previstos en este título, se entenderá por compromiso de actividad el que adquiera el solicitante o beneficiario de las prestaciones de buscar activamente empleo, aceptar una colocación adecuada y participar en acciones específicas de motivación, información, orientación, formación, reconversión o inserción profesional para incrementar su ocupabilidad, así como de cumplir las restantes obligaciones previstas en este artículo.

Para la aplicación de lo establecido en el párrafo anterior el Servicio Público de Empleo competente tendrá en cuenta la condición de víctima de violencia de género, a efectos de atemperar, en caso necesario, el cumplimiento de las obligaciones que se deriven del compromiso suscrito.»

Cinco. Se introduce una nueva disposición adicional en la Ley General de la Seguridad Social, texto refundido aprobado por Real Decreto Legislativo 1/1994, de 20 de junio, con el siguiente contenido:

*«**Disposición adicional cuadragésima segunda. Acreditación de situaciones legales de desempleo.***

La situación legal de desempleo prevista en los artículos 208.1.1e) y 208.1.2 de la presente Ley, cuando se refieren, respectivamente, a los artículos 49.1 m) y 45.1 n) de la Ley del Estatuto de los Trabajadores, se acreditará por comunicación escrita del empresario sobre la extinción o suspensión temporal de la relación laboral, junto con la orden de protección a favor de la víctima o, en su defecto, junto con el informe del Ministerio Fiscal que indique la existencia de indicios sobre la condición de víctima de violencia de género.»

Redactado el apartado 3 conforme a la corrección de errores del BOE núm. 87, del 12 de abril de 2005.

D.A. 9.ª Modificación de la Ley de Medidas para la Reforma de la Función Pública.

Uno. El apartado 3 del artículo 1 de la Ley 30/1984, de 2 de agosto, de Medidas para la Reforma de la Función Pública, tendrá la siguiente redacción:

«3. Se consideran bases del régimen estatutario de los funcionarios públicos, dictadas al amparo del artículo 149.1.18.ª de la Constitución, y en consecuencia aplicables al personal de todas las Administraciones Públicas, los siguientes preceptos: artículos: 3.2.e) y f); 6; 7; 8; 11; 12; 13.2, 3 y 4; 14.4 y 5; 16; 17; 18.1 a 5; 19.1 y 3; 20.1.a), b), párrafo primero, c), e), g) en sus párrafos primero a cuarto, e i), 2 y 3; 21; 22.1, a excepción de los dos últimos párrafos; 23; 24; 25; 26; 29, a excepción del último párrafo de sus apartados 5, 6 y 7; 30.5; 31; 32; 33; disposiciones adicionales tercera, 2 y 3, cuarta, duodécima y decimoquinta; disposiciones transitoria segunda, octava y novena.»

Dos. Se añade un nuevo apartado 3 al artículo 17 de la Ley 30/1984, de 2 de agosto, de Medidas para la Reforma de la Función Pública.

«3. En el marco de los Acuerdos que las Administraciones Públicas suscriban con la finalidad de facilitar la movilidad entre los funcionarios de las mismas, tendrán especial consideración los casos de movilidad geográfica de las funcionarias víctimas de violencia de género.»

Tres. Se añade una letra i) al apartado 1 del artículo 20 de la Ley 30/1984, de 2 de agosto, de Medidas para la Reforma de la Función Pública, con el siguiente contenido:

«i) La funcionaria víctima de violencia sobre la mujer que se vea obligada a abandonar el puesto de trabajo en la localidad donde venía prestando sus servicios, para hacer efectiva su protección o su derecho a la asistencia social integral, tendrá derecho preferente a ocupar otro puesto de trabajo propio de su Cuerpo o Escala y de análogas características que se encuentre vacante y sea de necesaria provisión. En tales supuestos la Administración Pública competente en cada caso estará obligada a comunicarle las vacantes de necesaria provisión ubicadas en la misma localidad o en las localidades que la interesada expresamente solicite.»

Cuatro. Se añade un nuevo apartado 8 en el artículo 29 de la Ley 30/1984, de 2 de agosto, de Medidas para la Reforma de la Función Pública, con el siguiente contenido:

«8. Excedencia por razón de violencia sobre la mujer funcionaria.

Las funcionarias públicas víctimas de violencia de género, para hacer efectiva su protección o su derecho a la asistencia social integral, tendrán derecho a solicitar la situación de excedencia sin necesidad de haber prestado un tiempo mínimo de servicios previos y sin que resulte de aplicación ningún plazo de permanencia en la misma. Durante los seis primeros meses tendrán derecho a la reserva del puesto de trabajo que desempeñaran, siendo computable dicho período a efectos de ascensos, trienios y derechos pasivos.

Esto no obstante, cuando de las actuaciones de tutela judicial resultase que la efectividad del derecho de protección de la víctima lo exigiere, se podrá prorrogar por períodos de tres meses, con un máximo de dieciocho, el período en el que, de acuerdo con el párrafo anterior, se tendrá derecho a la reserva del puesto de trabajo, con idénticos efectos a los señalados en dicho párrafo.»

Cinco. Se añade un nuevo apartado 5 al artículo 30 de la Ley 30/1984, de 2 de agosto, de Medidas para la Reforma de la Función Pública con el siguiente contenido:

«5. En los casos en los que las funcionarias víctimas de violencia de género tuvieran que ausentarse por ello de su puesto de trabajo, estas faltas de asistencia, totales o parciales, tendrán la consideración de justificadas por el tiempo y en las condiciones en que así lo determinen los servicios sociales de atención o salud, según proceda.

Las funcionarias víctimas de violencia sobre la mujer, para hacer efectiva su protección o su derecho a la asistencia social integral, tendrán derecho a la reducción de la jornada con disminución proporcional de la retribución, o a la reordenación del tiempo de trabajo, a través de la adaptación del horario, de la aplicación del horario flexible o de otras formas de ordenación del tiempo de trabajo que sean aplicables, en los términos que para estos supuestos establezca la Administración Pública competente en cada caso.»

Redactado los apartados 1.3 y 2.3 conforme a la corrección de errores del BOE núm. 87, del 12 de abril de 2005.

D.A. 10.ª Modificación de la Ley Orgánica del Poder Judicial.

Uno. Se modifica el apartado segundo del artículo 26 de la Ley Orgánica 6/1985, de 1 de julio, del Poder Judicial, que queda redactado de la siguiente forma:

*«**Artículo 26.***

Juzgados de Primera Instancia e Instrucción, de lo Mercantil, de Violencia sobre la Mujer, de lo Penal, de lo Contencioso-Administrativo, de lo Social, de Menores y de Vigilancia Penitenciaria.»

Dos. Se modifica la rúbrica del capítulo V del título IV del libro I de la Ley Orgánica 6/1985, de 1 de julio, del Poder Judicial, que queda redactada de la siguiente forma:

«Capítulo V. De los Juzgados de Primera Instancia e Instrucción, de lo Mercantil, de lo Penal, de Violencia sobre la Mujer, de lo Contencioso-Administrativo, de lo Social, de Vigilancia Penitenciaria y de Menores.»

Tres. Se modifica el apartado 1 del artículo 87 de la Ley Orgánica 6/1985, de 1 de julio, del Poder Judicial, que queda redactado de la siguiente forma:

*«**Artículo 87.***

1. Los Juzgados de Instrucción conocerán, en el orden penal:

a) De la instrucción de las causas por delito cuyo enjuiciamiento corresponda a las Audiencias Provinciales y a los Juzgados de lo Penal, excepto de aquellas causas que sean competencia de los Juzgados de Violencia sobre la Mujer.

b) Les corresponde asimismo dictar sentencia de conformidad con la acusación en los casos establecidos por la Ley.

c) Del conocimiento y fallo de los juicios de faltas, salvo los que sean competencia de los Jueces de Paz, o de los Juzgados de Violencia sobre la Mujer.

d) De los procedimientos de "habeas corpus".

e) De los recursos que establezca la ley contra las resoluciones dictadas por los Juzgados de Paz del partido y de las cuestiones de competencia entre éstos.

f) De la adopción de la orden de protección a las víctimas de violencia sobre la mujer cuando esté desarrollando funciones de guardia, siempre que no pueda ser adoptada por el Juzgado de Violencia sobre la Mujer.»

Tres bis. Se adiciona un nuevo párrafo en el apartado 2, del artículo 89 bis de la Ley Orgánica del Poder Judicial, con el contenido siguiente:

«A fin de facilitar el conocimiento de los asuntos instruidos por los Juzgados de Violencia sobre la Mujer, y atendiendo al número de asuntos existentes, deberán especializarse uno o varios Juzgados en cada provincia, de conformidad con lo previsto en el artículo 98 de la presente Ley.»

Cuatro. Se modifica el apartado 1 del artículo 210 de la Ley Orgánica 6/1985, de 1 de julio, del Poder Judicial, que queda redactado de la siguiente forma:

«1. Los Jueces de Primera Instancia y de Instrucción, de lo Mercantil, de lo Penal, de Violencia sobre la Mujer, de lo Contencioso-Administrativo, de Menores y de lo Social se sustituirán entre sí en las poblaciones donde existan varios del mismo orden jurisdiccional, en la forma que acuerde la Sala de Gobierno del Tribunal Superior de Justicia, a propuesta de la Junta de Jueces.»

Cinco. Se adiciona un nuevo párrafo en el apartado 3 en el artículo 211 de la Ley Orgánica 6/1985, de 1 de julio, del Poder Judicial, que queda redactado de la siguiente forma:

«Los Jueces de Violencia sobre la Mujer serán sustituidos por los Jueces de Instrucción o de Primera Instancia e Instrucción, según el orden que establezca la Sala de Gobierno del Tribunal Superior de Justicia respectivo.»

D.A. 11.ª Evaluación de la aplicación de la Ley.

El Gobierno, en colaboración con las Comunidades Autónomas, a los tres años de la entrada en vigor de esta Ley Orgánica elaborará y remitirá al Congreso de los Diputados un informe en el que se hará una evaluación de los efectos de su aplicación en la lucha contra la violencia de género.

D.A. 12.ª Modificaciones de la Ley de Enjuiciamiento Criminal.

Se añade una disposición adicional cuarta a la Ley de Enjuiciamiento Criminal con el contenido siguiente:

«1. Las referencias que se hacen al Juez de Instrucción y al Juez de Primera Instancia en los apartados 1 y 7 del artículo 544 ter de esta Ley, en la redacción dada por la Ley 27/2003, de 31 de julio, reguladora de la Orden de Protección de las Víctimas de la Violencia Doméstica se entenderán hechas, en su caso, al Juez de Violencia sobre la Mujer.

2. Las referencias que se hacen al Juez de Guardia en el título III del libro IV, y en los artículos 962 a 971 de esta Ley, se entenderán hechas, en su caso, al Juez de Violencia sobre la Mujer.»

D.A. 13.ª Dotación del Fondo.

Con el fin de coadyuvar a la puesta en funcionamiento de los servicios establecidos en el artículo 19 de esta Ley, y garantizar la equidad interterritorial en su implantación, durante los dos años siguientes a la entrada en vigor de esta Ley se dotará un Fondo al que podrán acceder las Comunidades Autónomas, de acuerdo con los criterios objetivos que se determinen en la respectiva Conferencia Sectorial. Ello, no obstante, la Comunidad Autónoma del País Vasco y la Comunidad Foral de Navarra se regirán, en estos aspectos financieros, por sus regímenes especiales de Concierto Económico y de Convenio.

Las Comunidades Autónomas, en uso de sus competencias, durante el año siguiente a la aprobación de esta Ley, realizarán un diagnóstico conjuntamente con las Administraciones Locales, sobre el impacto de la violencia de género en su Comunidad, así como una valoración de necesidades, recursos y servicios necesarios, para implementar el artículo 19 de esta Ley.

La dotación del Fondo se hará de conformidad con lo que dispongan las respectivas Leyes de Presupuestos Generales del Estado.

D.A. 14.ª Informe sobre financiación.

Sin perjuicio de la responsabilidad financiera de las Comunidades Autónomas, conforme a lo establecido en la Ley 21/2001, de 27 de diciembre, por la que se regulan las medidas fiscales y administrativas del nuevo sistema de financiación de las Comunidades Autónomas de régimen común y Ciudades con Estatuto de Autonomía, y de acuerdo con el principio de lealtad institucional en los términos del artículo 2.1.e) de la Ley Orgánica 8/1980, de 22 de septiembre, de Financiación de las Comunidades Autónomas, los Ministerios competentes, a propuesta de los órganos interterritoriales correspondientes, elaborarán informes sobre las repercusiones económicas de la aplicación de esta Ley. Dichos informes serán presentados al Ministerio de Economía y Hacienda que los trasladará al Consejo de Política Fiscal y Financiera.

Redactado conforme a la corrección de errores del BOE núm. 87, del 12 de abril de 2005.

D.A. 15.ª Convenios en materia de vivienda.

Mediante convenios con las Administraciones competentes, el Gobierno podrá promover procesos específicos de adjudicación de viviendas protegidas a las víctimas de violencia de género.

D.A. 16.ª Coordinación de los Servicios Públicos de Empleo.

En el desarrollo de la Ley 56/2003, de 16 de diciembre, de Empleo, se tendrá en cuenta la necesaria coordinación de los Servicios Públicos de Empleo, para facilitar el acceso al mercado de trabajo de las víctimas de violencia de género cuando, debido al ejercicio del derecho de movilidad geográfica, se vean obligadas a trasladar su domicilio y el mismo implique cambio de Comunidad Autónoma.

D.A. 17.ª Escolarización.

Las Administraciones educativas adoptarán las medidas necesarias para garantizar la escolarización inmediata de los hijos en el supuesto de cambio de residencia motivados por violencia sobre la mujer.

D.A. 18.ª Planta de los Juzgados de Violencia sobre la Mujer.

Se añade un anexo XIII a la Ley 38/1988, de 28 de diciembre, de Demarcación y Planta Judicial, cuyo texto se incluye como anexo a la presente Ley Orgánica.

D.A. 19.ª Fondo de garantía de pensiones de alimentos.

En el marco de la protección contra la violencia económica en los términos previstos en esta ley, el Estado garantizará el pago de alimentos reconocidos e impagados a favor de los hijos e hijas menores de edad en convenio judicialmente aprobado o en resolución judicial, a través de una legislación específica que concretará el sistema de cobertura en dichos supuestos y que, en todo caso, tendrá en cuenta las circunstancias de las víctimas de violencia de género.

Para reforzar las medidas de apoyo a las víctimas de violencia económica, el Gobierno modificará la regulación actual del Fondo de Garantía de Pensiones en el sentido de mejorar su accesibilidad, su eficacia y su dotación económica, a través de la modificación del Real Decreto 1618/ 2007, de 7 de diciembre, sobre organización y funcionamiento del Fondo de Garantía del Pago de Alimentos.

Última modificación realizada por Ley Orgánica 10/2022, de 6 de septiembre, de garantía integral de la libertad sexual (BOE de 07-09-2022).

D.A. 20.ª Cambio de apellidos.

El artículo 58 de la Ley del Registro Civil, de 8 de junio de 1957, queda redactado de la siguiente forma:

> *«2. Cuando se den circunstancias excepcionales, y a pesar de faltar los requisitos que señala dicho artículo, podrá accederse al cambio por Real Decreto a propuesta del Ministerio de Justicia, con audiencia del Consejo de Estado. En caso de que el solicitante de la autorización del cambio de sus apellidos sea objeto de violencia de género y en cualquier otro supuesto en que la urgencia de la situación así lo requiriera podrá accederse al cambio por Orden del Ministerio de Justicia, en los términos fijados por el Reglamento.»*

D.A. 21.ª Macroencuesta de violencia contra la mujer.

La Delegación del Gobierno contra la Violencia de Género realizará y publicará los resultados de la Macroencuesta de violencia contra la mujer prevista en el artículo 29 de esta ley con una periodicidad mínima trienal.

Añadida por Ley Orgánica 10/2022, de 6 de septiembre, de garantía integral de la libertad sexual (BOE de 07-09-2022).

DISPOSICIONES TRANSITORIAS

D.T. 1.ª Aplicación de medidas.

Los procesos civiles o penales relacionados con la violencia de género que se encuentren en tramitación a la entrada en vigor de la presente Ley continuarán siendo competencia de los órganos que vinieran conociendo de los mismos hasta su conclusión por sentencia firme.

D.T. 2.ª Derecho transitorio.

En los procesos sobre hechos contemplados en la presente Ley que se encuentren en tramitación a su entrada en vigor, los Juzgados o Tribunales que los estén conociendo podrán adoptar las medidas previstas en el capítulo IV del título V.

DISPOSICIONES DEROGATORIAS

D.DT. única.

Quedan derogadas cuantas normas, de igual o inferior rango, se opongan a lo establecido en la presente Ley.

DISPOSICIONES FINALES

D.F. 1.ª Referencias normativas.

Todas las referencias y menciones contenidas en las leyes procesales penales a los Jueces de Instrucción deben también entenderse referidas a los Jueces de Violencia sobre la Mujer en las materias propias de su competencia.

D.F. 2.ª Habilitación competencial.

La presente Ley se dicta al amparo de lo previsto en el artículo 149.1, 1.ª, 5.ª, 6.ª, 7.ª, 8.ª, 17.ª, 18.ª y 30.ª de la Constitución Española.

D.F. 3.ª Naturaleza de la presente Ley.

La presente Ley tiene el carácter de Ley Orgánica, a excepción de los siguientes preceptos: título I, título II, título III, artículos 42, 43, 44, 45, 46, 47, 70, 71, 72, así como las disposiciones adicionales primera, segunda, sexta, séptima, octava, novena, undécima, decimotercera, decimoquinta, decimosexta, decimoséptima, decimoctava, decimonovena y vigésima, la disposición transitoria segunda y las disposiciones finales cuarta, quinta y sexta.

D.F. 4.ª Habilitación normativa.

1. Se habilita al Gobierno para que dicte, en el plazo de seis meses a partir de la publicación de esta Ley en el «Boletín Oficial del Estado», las disposiciones que fueran necesarias para su aplicación.

A través del Ministerio de Justicia se adoptarán en el referido plazo las medidas necesarias para la implantación de los Juzgados de Violencia sobre la Mujer, así como para la adecuación de la estructura del Ministerio Fiscal a las previsiones de la presente Ley.

2. En el plazo de seis meses desde la entrada en vigor de la presente Ley Orgánica el Consejo General del Poder Judicial dictará los reglamentos necesarios para la ordenación de los señalamientos, adecuación de los servicios de guardia a la existencia de los nuevos Juzgados de Violencia sobre la Mujer, y coordinación de la Policía Judicial con los referidos Juzgados.

D.F. 5.ª Modificaciones reglamentarias.

El Gobierno, en el plazo de seis meses desde la aprobación de esta Ley, procederá a la modificación del artículo 116.4 del Real Decreto 190/1996, de 9 de febrero, por el que se aprueba el Reglamento Penitenciario, estableciendo la obligatoriedad para la Administración Penitenciaria de realizar los programas específicos de tratamiento para internos a que se refiere la presente Ley. En el mismo plazo se procederá a modificar el Real Decreto 738/1997, de 23 de mayo, por el que se aprueba el Reglamento de ayudas a las víctimas de delitos violentos y contra la libertad sexual, y el Real Decreto 996/2003, de 25 de julio, por el que se aprueba el Reglamento de asistencia jurídica gratuita.

En el plazo mencionado en el apartado anterior, el Estado y las Comunidades Autónomas, en el ámbito de sus respectivas competencias, adaptarán su normativa a las previsiones contenidas en la presente Ley.

Redactado conforme a la corrección de errores del BOE núm. 87, del 12 de abril de 2005.

D.F. 6.ª Modificación de la Ley 1/1996, de 10 de enero, de Asistencia Jurídica Gratuita.

Se modifica el apartado 5 del artículo 3 de la Ley 1/1996, de 10 de enero, de Asistencia Gratuita, que quedará redactado como sigue:

> *«5. Tampoco será necesario que las víctimas de violencia de género acrediten previamente carecer de recursos cuando soliciten defensa jurídica gratuita especializada, que se les prestará de inmediato, sin perjuicio de que si no se le reconoce con posterioridad el derecho a la misma, éstas deban abonar al abogado los honorarios devengados por su intervención.»*

D.F. 7.ª Entrada en vigor.

La presente Ley Orgánica entrará en vigor a los treinta días de su publicación en el «Boletín Oficial del Estado», salvo lo dispuesto en los títulos IV y V, que lo hará a los seis meses.

Por tanto,
Mando a todos los españoles, particulares y autoridades, que guarden y hagan guardar esta ley orgánica.

Madrid, 28 de diciembre de 2004.
JUAN CARLOS R.

El Presidente del Gobierno,
JOSÉ LUIS RODRÍGUEZ ZAPATERO

ANEXO

ANEXO XIII
Juzgados de Violencia sobre la Mujer

Provincia	Partido judicial número	Exclusivos	Compatibles	Categoría del titular
Andalucía				
Almería.				
	1	–	1	
	2	–	1	
	3	–	1	
	4	–	1	
	5	–	1	
	6	–	1	
	7	–	1	
	8	–	1	
Cádiz.				
	1	–	1	
	2	–	1	
	3	–	1	Servido por Magistrado.
	4	–	1	
	5	–	1	
	6	–	1	Servido por Magistrado.
	7	–	1	Servido por Magistrado.
	8	–	1	
	9	–	1	Servido por Magistrado.
	10	–	1	Servido por Magistrado.
	11	–	1	
	13	–	1	
	14	–	1	
	15	–	1	
Córdoba.				
	1	–	1	
	2	–	1	
	3	–	1	
	4	–	1	
	5	–	1	
	6	–	1	

Provincia	Partido judicial número	Exclusivos	Compatibles	Categoría del titular
	7	–	1	
	8	–	1	
	9	–	1	
	10	–	1	
	11	–	1	
	12	–	1	
Granada.				
	1	–	1	
	2	–	1	
	3	1	–	
	4	–	1	Servido por Magistrado.
	5	–	1	
	6	–	1	
	7	–	1	
	8	–	1	
	9	–	1	
Huelva.				
	1	–	1	
	2	–	1	
	3	–	1	
	4	–	1	
	5	–	1	
	6	–	1	
Jaén.				
	1	–	1	
	2	–	1	
	3	–	1	
	4	–	1	
	5	–	1	
	6	–	1	
	7	–	1	
	8	–	1	
	9	–	1	
	10	–	1	
Málaga.				
	1	–	1	

Provincia	Partido judicial número	Exclusivos	Compatibles	Categoría del titular
	2	–	1	
	3	1	–	
	4	–	1	
	5	–	1	Servido por Magistrado.
	6	–	1	Servido por Magistrado.
	7	–	1	
	9	–	1	
	10	–	1	
	11	–	1	
	12	–	1	Servido por Magistrado.
Sevilla.				
	1	–	1	
	2	–	1	
	3	–	1	
	4	–	1	
	5	–	1	
	6	1	–	
	7	–	1	
	8	–	1	
	9	–	1	
	10	–	1	
	11	–	1	
	12	–	1	Servido por Magistrado.
	13	–	1	
	14	–	1	
	15	–	1	
Aragón				
Huesca.				
	1	–	1	
	2	–	1	
	3	–	1	
	4	–	1	
	5	–	1	
	6	–	1	
Teruel.				
	1	–	1	

Provincia	Partido judicial número	Exclusivos	Compatibles	Categoría del titular
	2	–	1	
	3	–	1	
Zaragoza.				
	1	–	1	
	2	–	1	
	3	–	1	
	4	–	1	
	5	–	1	
	6	–	1	
	7	–	1	
Asturias				
Asturias.				
	1	–	1	
	2	–	1	
	3	–	1	
	4	–	1	Servido por Magistrado.
	5	–	1	
	6	–	1	
	7	–	1	
	8	–	1	Servido por Magistrado.
	9	–	1	
	10	–	1	
	11	–	1	
	12	–	1	
	13	–	1	
	14	–	1	
	15	–	1	
	16	–	1	
	17	–	1	
	18	–	1	
Illes Balears				
Illes Balears.				
	1	–	1	Servido por Magistrado.
	2	–	1	
	3	1	–	
	4	–	1	

Provincia	Partido judicial número	Exclusivos	Compatibles	Categoría del titular
	5	–	1	Servido por Magistrado.
	6	–	1	
	7	–	1	
Canarias				
Las Palmas.				
	1	–	1	Servido por Magistrado.
	2	1	–	
	3	–	1	
	4	–	1	
	5	–	1	Servido por Magistrado.
	6	–	1	Servido por Magistrado.
	7	–	1	
	8	–	1	
Santa Cruz de Tenerife.				
	1	–	1	
	2	–	1	
	3	1	–	
	4	–	1	
	5	–	1	
	6	–	1	
	7	–	1	Servido por Magistrado.
	8	–	1	
	9	–	1	
	10	–	1	
	11	–	1	
	12	–	1	Servido por Magistrado.
Cantabria				
Cantabria.				
	1	–	1	Servido por Magistrado.
	2	–	1	
	3	–	1	
	4	–	1	
	5	–	1	
	6	–	1	
	7	–	1	

Provincia	Partido judicial número	Exclusivos	Compatibles	Categoría del titular
	8	–	1	
Castilla y León				
Ávila.				
	1	–	1	
	2	–	1	
	3	–	1	
	4	–	1	
Burgos.				
	1	–	1	
	2	–	1	
	3	–	1	
	4	–	1	
	5	–	1	
	6	–	1	
	7	–	1	
León.				
	1	–	1	
	2	–	1	
	3	–	1	
	4	–	1	Servido por Magistrado.
	5	–	1	
	6	–	1	
	7	–	1	
Palencia.				
	1	–	1	
	2	–	1	
	3	–	1	
Salamanca.				
	1	–	1	
	2	–	1	
	3	–	1	
	4	–	1	
	5	–	1	
Segovia.				
	1	–	1	
	2	–	1	

Provincia	Partido judicial número	Exclusivos	Compatibles	Categoría del titular
	3	–	1	
	4	–	1	
Soria.				
	1	–	1	
	2	–	1	
	3	–	1	
Valladolid.				
	1	–	1	
	2	–	1	
	3	–	1	
Zamora.				
	1	–	1	
	2	–	1	
	3	–	1	
	4	–	1	
	5	–	1	
Castilla-La Mancha				
Albacete.				
	1	–	1	
	2	–	1	
	3	–	1	
	4	–	1	
	5	–	1	
	6	–	1	
	7	–	1	
Ciudad Real.				
	1	–	1	
	2	–	1	
	3	–	1	
	4	–	1	
	5	–	1	
	6	–	1	
	7	–	1	
	8	–	1	
	9	–	1	
	10	–	1	

Provincia	Partido judicial número	Exclusivos	Compatibles	Categoría del titular
Cuenca.				
	1	–	1	
	2	–	1	
	3	–	1	
	4	–	1	
Guadalajara.				
	1	–	1	
	2	–	1	
	3	–	1	
Toledo.				
	1	–	1	
	2	–	1	
	3	–	1	
	4	–	1	Servido por Magistrado.
	5	–	1	
	6	–	1	
	7	–	1	
Cataluña				
Barcelona.				
	1	–	1	
	2	–	1	Servido por Magistrado.
	3	–	1	Servido por Magistrado.
	4	–	1	Servido por Magistrado.
	5	–	1	
	6	–	1	Servido por Magistrado.
	7	–	1	
	8	–	1	
	9	–	1	
	10	–	1	Servido por Magistrado.
	11	2	–	
	12	–	1	
	13	–	1	Servido por Magistrado.
	14	–	1	
	15	–	1	Servido por Magistrado.
	16	–	1	Servido por Magistrado.
	17	–	1	Servido por Magistrado.

Provincia	Partido judicial número	Exclusivos	Compatibles	Categoría del titular
	18	–	1	Servido por Magistrado.
	19	–	1	Servido por Magistrado.
	20	–	1	
	21	–	1	Servido por Magistrado.
	22	–	1	
	23	–	1	
	24	–	1	Servido por Magistrado.
	25	–	1	Servido por Magistrado.
Girona.				
	1	–	1	Servido por Magistrado.
	2	–	1	
	3	–	1	
	4	–	1	
	5	–	1	
	6	–	1	
	7	–	1	
	8	–	1	
	9	–	1	
Lleida.				
	1	–	1	
	2	–	1	
	3	–	1	
	4	–	1	
	5	–	1	
	6	–	1	
	7	–	1	
Tarragona.				
	1	–	1	
	2	–	1	Servido por Magistrado.
	3	–	1	
	4	–	1	
	5	–	1	
	6	–	1	
	7	–	1	
	8	–	1	

Provincia	Partido judicial número	Exclusivos	Compatibles	Categoría del titular
Comunidad Valenciana				
Alicante/Alacant.				
	1	–	1	Servido por Magistrado.
	2	–	1	
	3	1	–	
	4	–	1	Servido por Magistrado.
	5	–	1	
	6	–	1	
	7	–	1	
	8	–	1	Servido por Magistrado.
	9	–	1	Servido por Magistrado.
	10	–	1	
	11	–	1	
	12	–	1	
	13	–	1	Servido por Magistrado.
Castellón/ Castelló.				
	1	–	1	
	2	–	1	
	3	–	1	
	4	–	1	
	5	–	1	
Valencia.				
	1	–	1	
	2	–	1	Servido por Magistrado.
	3	–	1	
	4	–	1	Servido por Magistrado.
	5	–	1	
	6	1	–	
	7	–	1	
	8	–	1	Servido por Magistrado.
	9	–	1	
	10	–	1	
	11	–	1	
	12	–	1	
	13	–	1	

Provincia	Partido judicial número	Exclusivos	Compatibles	Categoría del titular
	14	–	1	Servido por Magistrado.
	15	–	1	
	16	–	1	
	17	–	1	
	18	–	1	
Extremadura				
Badajoz.				
	1	–	1	
	2	–	1	
	3	–	1	
	4	–	1	Servido por Magistrado.
	5	–	1	
	6	–	1	
	7	–	1	
	8	–	1	
	9	–	1	
	10	–	1	
	11	–	1	
	12	–	1	
	13	–	1	
	14	–	1	
Cáceres.				
	1	–	1	
	2	–	1	
	3	–	1	
	4	–	1	Servido por Magistrado.
	5	–	1	
	6	–	1	
	7	–	1	
Galicia				
A Coruña.				
	1	–	1	
	2	–	1	Servido por Magistrado.
	3	–	1	Servido por Magistrado.
	4	–	1	
	5	–	1	

Provincia	Partido judicial número	Exclusivos	Compatibles	Categoría del titular
	6	–	1	
	7	–	1	
	8	–	1	
	9	–	1	
	10	–	1	
	11	–	1	
	12	–	1	
	13	–	1	
	14	–	1	
Lugo.				
	1	–	1	
	2	–	1	
	3	–	1	
	4	–	1	
	5	–	1	
	6	–	1	
	7	–	1	
	8	–	1	
	9	–	1	
Ourense.				
	1	–	1	
	2	–	1	
	3	–	1	
	4	–	1	
	5	–	1	
	6	–	1	
	7	–	1	
	8	–	1	
	9	–	1	
Pontevedra.				
	1	–	1	
	2	–	1	
	3	–	1	Servido por Magistrado.
	4	–	1	
	5	–	1	
	6	–	1	

Provincia	Partido judicial número	Exclusivos	Compatibles	Categoría del titular
	7	–	1	
	8	–	1	
	9	–	1	
	10	–	1	
	11	–	1	
	12	–	1	
	13	–	1	
Madrid				
Madrid.				
	1	–	1	
	2	–	1	Servido por Magistrado.
	3	–	1	
	4	–	1	Servido por Magistrado.
	5	–	1	Servido por Magistrado.
	6	–	1	Servido por Magistrado.
	7	–	1	
	8	–	1	
	9	–	1	Servido por Magistrado.
	10	–	1	Servido por Magistrado.
	11	2	–	
	12	–	1	Servido por Magistrado.
	13	–	1	Servido por Magistrado.
	14	–	1	Servido por Magistrado.
	15	–	1	Servido por Magistrado.
	16	–	1	Servido por Magistrado.
	17	–	1	Servido por Matistrado.
	18	–	1	Servido por Magistrado.
	19	–	1	Servido por Magistrado.
	20	–	1	
	21	–	1	
Murcia				
Murcia.				
	1	–	1	
	2	–	1	Servido por Magistrado.
	3	–	1	
	4	–	1	Servido por Magistrado.

Provincia	Partido judicial número	Exclusivos	Compatibles	Categoría del titular
	5	–	1	
	6	1	–	
	7	–	1	
	8	–	1	
	9	–	1	
	10	–	1	
	11	–	1	
Navarra				
Navarra.				
	1	–	1	
	2	–	1	
	3	–	1	
	4	–	1	
	5	–	1	
País Vasco				
Álava.				
	1	–	1	
	2	–	1	
Guipúzcoa.				
	1	–	1	
	2	–	1	
	3	–	1	
	4	–	1	
	5	–	1	
	6	–	1	
Vizcaya.				
	1	–	1	
	2	–	1	Servido por Magistrado.
	3	–	1	
	4	1	–	
	5	–	1	
	6	–	1	Servido por Magistrado.
La Rioja				
La Rioja.				
	1	–	1	
	2	–	1	

Provincia	Partido judicial número	Exclusivos	Compatibles	Categoría del titular
	3	–	1	
Ciudad de Ceuta				
Ceuta.				
	12	–	1	Servido por Magistrado.
Ciudad de Melilla				
Melilla.	8	–	1	Servido por Magistrado.
Total nacional		14	421»	

Redactado conforme a la corrección de errores publicada en BOE núm. 87, de 12 de abril de 2005

VI. LEY ORGÁNICA 2/2010, DE 3 DE MARZO, DE SALUD SEXUAL Y REPRODUCTIVA Y DE LA INTERRUPCIÓN VOLUNTARIA DEL EMBARAZO

- BOE núm. 55, de 4 de marzo de 2010-

JUAN CARLOS I
REY DE ESPAÑA

A todos los que la presente vieren y entendieren.

Sabed: Que las Cortes Generales han aprobado y Yo vengo en sancionar la siguiente ley orgánica.

PREÁMBULO

I

El desarrollo de la sexualidad y la capacidad de procreación están directamente vinculados a la dignidad de la persona y al libre desarrollo de la personalidad y son objeto de protección a través de distintos derechos fundamentales, señaladamente, de aquellos que garantizan la integridad física y moral y la intimidad personal y familiar. La decisión de tener hijos y cuándo tenerlos constituye uno de los asuntos más íntimos y personales que las personas afrontan a lo largo de sus vidas, que integra un ámbito esencial de la autodeterminación individual. Los poderes públicos están obligados a no interferir en ese tipo de decisiones, pero, también, deben establecer las condiciones para que se adopten de forma libre y responsable, poniendo al alcance de quienes lo precisen servicios de atención sanitaria, asesoramiento o información.

La protección de este ámbito de autonomía personal tiene una singular significación para las mujeres, para quienes el embarazo y la maternidad son hechos que afectan profundamente a sus vidas en todos los sentidos. La especial relación de los derechos de las mujeres con la protección de la salud sexual y reproductiva ha sido puesta de manifiesto por diversos textos internacionales. Así, en el ámbito de Naciones Unidas, la Convención sobre la eliminación de todas las formas de discriminación contra la Mujer, adoptada por la Asamblea General mediante Resolución 34/180, de 18 de diciembre de 1979, establece en su artículo 12 que «Los Estados Partes adoptarán todas las medidas apropiadas para eliminar la discriminación contra la mujer en la esfera de la atención médica a fin de asegurar, en condiciones de igualdad entre hombres y mujeres, el acceso a servicios de atención médica, incluidos los que se refieren a la planificación familiar». Por otro lado, la Plataforma de Acción de Beijing acordada en la IV Conferencia de Naciones Unidas sobre la mujer celebrada en 1995, ha reconocido que «los derechos humanos de las mujeres incluyen el derecho a tener el control y a decidir libre y responsablemente sobre su sexualidad, incluida la salud sexual y reproductiva, libre de presiones, discriminación y violencia». En el ámbito de la Unión Europea, el Parlamento Europeo ha aprobado la Resolución 2001/2128(INI) sobre salud sexual y reproductiva y los derechos asociados, en la que se contiene un conjunto de recomendaciones a los Gobiernos de los Estados miembros en materia de anticoncepción, embarazos no deseados y educación afectivo sexual que tiene como base, entre otras consideraciones, la constatación de las enormes desigualdades entre las mujeres europeas en el acceso a los servicios de salud reproductiva, a la anticoncepción y a la interrupción voluntaria del embarazo en función de sus ingresos, su nivel de renta o el país de residencia.

Por su parte, la Convención sobre los Derechos de las Personas con discapacidad de 13 de diciembre de 2006, ratificada por España, establece la obligación de los Estados Partes de respetar «el derecho de las personas con discapacidad a decidir libremente y de manera responsable el número de hijos que quieren tener [...] a tener acceso a información, educación sobre reproducción y planificación familiar apropiada para su edad y a que se provean los medios necesarios que les permitan ejercer esos derechos», así como a que «mantengan su fertilidad, en igualdad de condiciones que los demás».

La presente Ley pretende adecuar nuestro marco normativo al consenso de la comunidad internacional en esta materia, mediante la actualización de las políticas públicas y la incorporación de nuevos servicios de atención de la salud sexual y reproductiva. La Ley parte de la convicción, avalada por el mejor conocimiento científico, de que una educación afectivo sexual y reproductiva adecuada, el acceso universal a prácticas clínicas efectivas de planificación de la reproducción, mediante la incorporación de anticonceptivos de última generación, cuya eficacia haya sido avalada por la evidencia científica, en la cartera de servicios comunes del Sistema Nacional de Salud y la disponibilidad de programas y servicios de salud sexual y reproductiva es el modo más efectivo de prevenir, especialmente en personas jóvenes, las infecciones de transmisión sexual, los embarazos no deseados y los abortos.

La Ley aborda la protección y garantía de los derechos relativos a la salud sexual y reproductiva de manera integral. Introduce en nuestro ordenamiento las definiciones de la Organización Mundial de la Salud sobre salud, salud sexual y salud reproductiva y prevé la adopción de un conjunto de acciones y medidas tanto en el ámbito sanitario como en el educativo. Establece, asimismo, una nueva regulación de la interrupción voluntaria del embarazo fuera del Código Penal que, siguiendo la pauta más extendida en los países de nuestro entorno político y cultural, busca garantizar y proteger adecuadamente los derechos e intereses en presencia, de la mujer y de la vida prenatal.

II

El primer deber del legislador es adaptar el Derecho a los valores de la sociedad cuyas relaciones ha de regular, procurando siempre que la innovación normativa genere certeza y seguridad en las personas a quienes se destina, pues la libertad sólo encuentra refugio en el suelo firme de la claridad y precisión de la Ley. Ese es el espíritu que inspira la nueva regulación de la interrupción voluntaria del embarazo.

Hace un cuarto de siglo, el legislador, respondiendo al problema social de los abortos clandestinos, que ponían en grave riesgo la vida y la salud de las mujeres y atendiendo a la conciencia social mayoritaria que reconocía la relevancia de los derechos de las mujeres en relación con la maternidad, despenalizó ciertos supuestos de aborto. La reforma del Código Penal supuso un avance al posibilitar el acceso de las mujeres a un aborto legal y seguro cuando concurriera alguna de las indicaciones legalmente previstas: grave peligro para la vida o la salud física y psíquica de la embarazada, cuando el embarazo fuera consecuencia de una violación o cuando se presumiera la existencia de graves taras físicas o psíquicas en el feto. A lo largo de estos años, sin embargo, la aplicación de la ley ha generado incertidumbres y prácticas que han afectado a la seguridad jurídica, con consecuencias tanto para la garantía de los derechos de las mujeres como para la eficaz protección del bien jurídico penalmente tutelado y que, en contra del fin de la norma, eventualmente han podido poner en dificultades a los profesionales sanitarios de quienes precisamente depende la vigilancia de la seguridad médica en las intervenciones de interrupción del embarazo.

La necesidad de reforzar la seguridad jurídica en la regulación de la interrupción voluntaria del embarazo ha sido enfatizada por el Tribunal Europeo de Derechos Humanos en su sentencia de 20 de marzo de 2007 en la que se afirma, por un lado, que «en este tipo de situaciones las previsiones legales deben, en primer lugar y ante todo, asegurar la claridad de la posición jurídica de la mujer embarazada» y, por otro lado, que «una vez que el legislador decide permitir el aborto, no debe estructurar su marco legal de modo que se limiten las posibilidades reales de obtenerlo».

En una sociedad libre, pluralista y abierta, corresponde al legislador, dentro del marco de opciones que la Constitución deja abierto, desarrollar los derechos fundamentales de acuerdo con los valores dominantes y las necesidades de cada momento histórico. La experiencia acumulada en la aplicación del marco legal vigente, el avance del reconocimiento social y jurídico de la autonomía de las mujeres tanto en el ámbito público como en su vida privada, así como la tendencia normativa imperante en los países de nuestro entorno, abogan por una regulación de la interrupción voluntaria del embarazo presidida por la claridad en donde queden adecuadamente garantizadas tanto la autonomía de las mujeres, como la eficaz protección de la vida prenatal como bien jurídico. Por su parte, la Asamblea Parlamentaria del Consejo de Europa, en su Resolución 1607/2008, de 16 abril, reafirmó el derecho de todo ser humano, y en particular de las mujeres, al respeto de su integridad física y a la libre disposición de su cuerpo y en ese contexto, a que la decisión última de recurrir o no a un aborto corresponda a la mujer interesada y, en consecuencia, ha invitado a los Estados miembros a despenalizar el aborto dentro de unos plazos de gestación razonables.

En la concreción del modelo legal, se ha considerado de manera especialmente atenta la doctrina constitucional derivada de las sentencias del Tribunal Constitucional en esta materia. Así, en la sentencia 53/1985, el Tribunal, perfectamente dividido en importantes cuestiones de fondo, enunció sin embargo, algunos principios que han sido respaldados por la jurisprudencia posterior y que aquí se toman como punto de partida. Una de esas afirmaciones de principio es la negación del carácter absoluto de los derechos e intereses que entran en conflicto a la hora de regular la interrupción voluntaria del embarazo y, en consecuencia, el deber del legislador de «ponderar los bienes y derechos en función del supuesto planteado, tratando de armonizarlos si ello es posible o, en caso contrario, precisando las condiciones y requisitos en que podría admitirse la prevalencia de uno de ellos» (STC 53/1985). Pues si bien «los no nacidos no pueden considerarse en nuestro ordenamiento como titulares del derecho fundamental a la vida que garantiza el artículo 15 de la Constitución» esto no significa que resulten privados de toda protección constitucional (STC 116/1999). La vida prenatal es un bien jurídico merecedor de protección que el legislador debe hacer eficaz, sin ignorar que la forma en que tal garantía se configure e instrumente estará siempre intermediada por la garantía de los derechos fundamentales de la mujer embarazada.

La ponderación que el legislador realiza ha tenido en cuenta la doctrina de la STC 53/1985 y atiende a los cambios cualitativos de la vida en formación que tienen lugar durante el embarazo, estableciendo, de este modo, una concordancia práctica de los derechos y bienes concurrentes a través de un modelo de tutela gradual a lo largo de la gestación.

La presente Ley reconoce el derecho a la maternidad libremente decidida, que implica, entre otras cosas, que las mujeres puedan tomar la decisión inicial sobre su embarazo y que esa decisión, consciente y responsable, sea respetada. El legislador ha considerado razonable, de acuerdo con las indicaciones de las personas expertas y el análisis del derecho comparado, dejar un plazo de 14 semanas en el que se garantiza a las mujeres la posibilidad de tomar una decisión libre e informada sobre la interrupción del embarazo, sin interferencia de terceros, lo que la STC 53/1985 denomina «autodeterminación consciente», dado que la intervención determinante de un tercero en la formación de la voluntad de la mujer gestante, no ofrece una mayor garantía para el feto y, a la vez, limita innecesariamente la personalidad de la mujer, valor amparado en el artículo 10.1 de la Constitución.

La experiencia ha demostrado que la protección de la vida prenatal es más eficaz a través de políticas activas de apoyo a las mujeres embarazadas y a la maternidad. Por ello, la tutela del bien jurídico en el momento inicial de la gestación se articula a través de la voluntad de la mujer, y no contra ella. La mujer adoptará su decisión tras haber sido informada de todas las prestaciones, ayudas y derechos a los que puede acceder si desea continuar con el embarazo, de las consecuencias médicas, psicológicas y sociales derivadas de la prosecución del embarazo o de la interrupción del mismo, así como de la posibilidad de recibir asesoramiento antes y después de la intervención. La Ley dispone un plazo de reflexión de al menos tres días y, además de exigir la claridad y objetividad de la información, impone condiciones para que ésta se ofrezca en un ámbito y de un modo exento de presión para la mujer.

En el desarrollo de la gestación, «tiene –como ha afirmado la STC 53/1985– una especial trascendencia el momento a partir del cual el nasciturus es ya susceptible de vida independiente de la madre». El umbral de la viabilidad fetal se sitúa, en consenso general avalado por la comunidad científica y basado en estudios de las unidades de neonatología, en torno a la vigésimo segunda semana de gestación. Es hasta este momento cuando la Ley permite la interrupción del embarazo siempre que concurra alguna de estas dos indicaciones: «que exista grave riesgo para la vida o la salud de la embarazada», o «que exista riesgo de graves anomalías en el feto». Estos supuestos de interrupción voluntaria del embarazo de carácter médico se regulan con las debidas garantías a fin de acreditar con la mayor seguridad posible la concurrencia de la indicación. A diferencia de la regulación vigente, se establece un límite temporal cierto en la aplicación de la llamada indicación terapéutica, de modo que en caso de existir riesgo para la vida o salud de la mujer más allá de la vigésimo segunda semana de gestación, lo adecuado será la práctica de un parto inducido, con lo que el derecho a la vida e integridad física de la mujer y el interés en la protección de la vida en formación se armonizan plenamente.

VI

Más allá de la vigésimo segunda semana, la ley configura dos supuestos excepcionales de interrupción del embarazo. El primero se refiere a aquellos casos en que «se detecten anomalías fetales incompatibles con la vida», en que decae la premisa que hace de la vida prenatal un bien jurídico protegido en tanto que proyección del artículo 15 de la Constitución (STC 212/1996). El segundo supuesto se circunscribe a los casos en que «se detecte en el feto una enfermedad extremadamente grave e incurable en el momento del diagnóstico y así lo confirme un comité clínico». Su comprobación se ha deferido al juicio experto de profesionales médicos conformado de acuerdo con la evidencia científica del momento.

La Ley establece además un conjunto de garantías relativas al acceso efectivo a la prestación sanitaria de la interrupción voluntaria del embarazo y a la protección de la intimidad y confidencialidad de las mujeres. Con estas previsiones legales se pretende dar solución a los problemas a que había dado lugar el actual marco regulador tanto de desigualdades territoriales en el acceso a la prestación como de vulneración de la intimidad. Así, se encomienda a la Alta Inspección velar por la efectiva igualdad en el ejercicio de los derechos y el acceso a las prestaciones reconocidas en esta Ley.

Asimismo se recoge la objeción de conciencia de los profesionales sanitarios directamente implicados en la interrupción voluntaria del embarazo, que será articulado en un desarrollo futuro de la Ley.

Se ha dado nueva redacción al artículo 145 del Código Penal con el fin de limitar la pena impuesta a la mujer que consiente o se practica un aborto fuera de los casos permitidos por la ley eliminando la previsión de pena privativa de libertad, por un lado y, por otro, para precisar la imposición de las penas en sus mitades superiores en determinados supuestos. Asimismo se introduce un nuevo artículo 145 bis, a fin de incorporar la penalidad correspondiente de las conductas de quienes practican una interrupción del embarazo dentro de los casos contemplados por la ley, pero sin cumplir los requisitos exigidos en ella.

Finalmente, se ha modificado la Ley 41/2002, de 14 de noviembre, Básica Reguladora de la Autonomía del Paciente con el fin de que la prestación del consentimiento para la práctica de una interrupción voluntaria del embarazo se sujete al régimen general previsto en esta Ley y eliminar la excepcionalidad establecida en este caso.

III

La Ley se estructura en un Título preliminar, dos Títulos, tres disposiciones adicionales, una disposición derogatoria y seis disposiciones finales.

El Título Preliminar establece el objeto, las definiciones, los principios inspiradores de la ley y proclama los derechos que garantiza.

El Título Primero, bajo la rúbrica «De la salud sexual y reproductiva, se articula en cuatro capítulos. En el capítulo I se fijan los objetivos de las políticas públicas en materia de salud sexual y reproductiva. El capítulo II contiene las medidas en el ámbito sanitario y el capítulo III se refiere a las relativas al ámbito educativo. El capítulo IV tiene como objeto la previsión de la elaboración de la Estrategia Nacional de Salud Sexual y Reproductiva como instrumento de colaboración de las distintas administraciones públicas para el adecuado desarrollo de las políticas públicas en esta materia.

En el Título Segundo se regulan las condiciones de la interrupción voluntaria del embarazo y las garantías en el acceso a la prestación.

La disposición adicional primera mandata que la Alta Inspección verifique el cumplimiento efectivo de los derechos y prestaciones reconocidas en esta Ley.

La disposición adicional segunda impone al Gobierno la evaluación del coste económico de los servicios y prestaciones incluidos en la Ley así como la adopción de medidas previstas en la Ley 16/2003, de 28 de mayo, de Cohesión y Calidad del Sistema Nacional de Salud.

Finalmente, la disposición adicional tercera se refiere al acceso a los métodos anticonceptivos y su inclusión en la cartera de servicios comunes del Sistema Nacional de Salud.

La disposición derogatoria deroga el artículo 417 bis del Código Penal introducido en el Código Penal de 1973 por la Ley Orgánica 9/1985, de 5 de julio, y cuya vigencia fue mantenida por el Código Penal de 1995.

La disposición final primera da nueva redacción al artículo 145 del Código Penal e introduce un nuevo artículo 145 bis, y la disposición final segunda modifica el apartado cuarto del artículo 9 de la Ley 41/2002, de 14 de noviembre, básica reguladora de la autonomía del paciente y de derechos y obligaciones en materia de información y documentación clínica. Finalmente, las restantes disposiciones finales se refieren al carácter orgánico de la ley, la habilitación al Gobierno para su desarrollo reglamentario, el ámbito territorial de aplicación de la Ley y la entrada en vigor que se fija en cuatro meses desde su publicación, con el fin de que se adopten las medidas necesarias para su plena aplicación.

TÍTULO PRELIMINAR
Disposiciones generales

ART. 1. Objeto.

Esta ley orgánica tiene por objeto garantizar los derechos fundamentales en el ámbito de la salud sexual y de la salud reproductiva, regular las condiciones de la interrupción voluntaria del embarazo y de los derechos sexuales y reproductivos, así como establecer las obligaciones de los poderes públicos para que la población alcance y mantenga el mayor nivel posible de salud y educación en relación con la sexualidad y la reproducción. Asimismo, se dirige a prevenir y a dar respuesta a todas las manifestaciones de la violencia contra las mujeres en el ámbito reproductivo.

Última modificación realizada por Ley Orgánica 1/2023, de 28 de febrero, por la que se modifica la Ley Orgánica 2/2010, de 3 de marzo, de salud sexual y reproductiva y de la interrupción voluntaria del embarazo (BOE de 01-03-2023).

ART. 2. Definiciones.

A los efectos de lo dispuesto en esta ley orgánica, se entenderá por:

1. Salud: El estado de completo bienestar físico, mental y social y no solamente la ausencia de afecciones o enfermedades.

2. Salud sexual: El estado general de bienestar físico, mental y social, que requiere un entorno libre de coerción, discriminación y violencia y no la mera ausencia de enfermedad o dolencia, en todos los aspectos relacionados con la sexualidad de las personas. Es también un enfoque integral para analizar y responder a las necesidades de la población, así como para garantizar el derecho a la salud y los derechos sexuales.

3. Salud reproductiva: El estado general de bienestar físico, mental y social, y no la mera ausencia de enfermedad o dolencia, en todos los aspectos relacionados con la reproducción. Es también un enfoque integral para analizar y responder a las necesidades de la población, así como para garantizar el derecho a la salud y los derechos reproductivos.

4. Salud durante la menstruación: El estado integral de bienestar físico, mental y social, y no meramente la ausencia de enfermedad o dolencia, en relación con el ciclo menstrual. Por gestión menstrual se entenderá la manera en que las mujeres deciden abordar su ciclo menstrual, pudiendo servirse para tal gestión de diversos productos menstruales, tales como compresas, tampones, copas menstruales y artículos similares.

5. Intervenciones ginecológicas y obstétricas adecuadas: Aquellas que promueven y protegen la salud física y psíquica de las mujeres en el marco de la atención a la salud sexual y reproductiva, en particular, evitando las intervenciones innecesarias.

6. Menstruación incapacitante secundaria: Situación de incapacidad derivada de una dismenorrea generada por una patología previamente diagnosticada.

7. Violencia contra las mujeres en el ámbito reproductivo: Todo acto basado en la discriminación por motivos de género que atente contra la integridad o la libre elección de las mujeres en el ámbito de la salud sexual y reproductiva, su libre decisión sobre la maternidad, su espaciamiento y oportunidad.

8. Esterilización forzosa: Forma de violencia contra las mujeres en el ámbito reproductivo que consiste en la práctica de una intervención quirúrgica que tenga por objeto o por resultado poner fin a la capacidad de una mujer de reproducirse de modo natural sin su consentimiento previo e informado o sin su entendimiento del procedimiento.

9. Anticoncepción forzosa: Forma de violencia contra las mujeres en el ámbito reproductivo que consiste en la intervención médica por cualquier vía, también medicamentosa, que tenga análogas consecuencias a la esterilización forzosa.

10. Aborto forzoso: Forma de violencia contra las mujeres en el ámbito reproductivo que consiste en la práctica de un aborto a una mujer sin su consentimiento previo e informado, a excepción de los casos a los que se refiere el artículo 9.2.b) de la Ley 41/2002, de 14 noviembre.

Última modificación realizada por Ley Orgánica 1/2023, de 28 de febrero, por la que se modifica la Ley Orgánica 2/2010, de 3 de marzo, de salud sexual y reproductiva y de la interrupción voluntaria del embarazo (BOE de 01-03-2023).

ART. 3. Principios rectores y ámbito de aplicación.

1. A efectos de esta ley orgánica, serán principios rectores de la actuación de los poderes públicos los siguientes:

a) Respeto, protección y garantía de los derechos humanos y fundamentales. La actuación institucional y profesional llevada a cabo en el marco de esta ley orgánica se orientará a respetar, proteger y garantizar los derechos humanos previstos en los tratados internacionales de derechos humanos.

Dentro de tales derechos, los poderes públicos reconocen especialmente:

1.º Que todas las personas, en el ejercicio de sus derechos de libertad, intimidad, la salud y autonomía personal, pueden adoptar libremente decisiones que afectan a su vida sexual y reproductiva sin más límites que los derivados del respeto a los derechos de las demás personas y al orden público garantizado por la Constitución y las leyes.

2.º Los derechos reproductivos y el derecho a la maternidad libremente decidida.

3.º El deber del Estado de garantizar que la interrupción voluntaria del embarazo se realiza respetando el bienestar físico y psicológico de las mujeres.

b) Diligencia debida. Es responsabilidad de los poderes públicos a todo nivel actuar con la diligencia debida en la protección de la salud y de los derechos sexuales y reproductivos, garantizando su reconocimiento y ejercicio efectivo. La obligación de actuar con diligencia debida se extenderá a todas las esferas de la responsabilidad institucional, e incluye el deber de hacer efectiva la responsabilidad de las autoridades y agentes públicos en caso de incumplimiento.

c) Enfoque de género. Las administraciones públicas incluirán un enfoque de género fundamentado en la comprensión de los estereotipos y las relaciones de género, sus raíces y sus consecuencias en la aplicación y la evaluación del impacto de las disposiciones de esta ley orgánica, y promoverán y aplicarán de manera efectiva políticas de igualdad entre mujeres y hombres y para el empoderamiento de las mujeres y las niñas.

d) Prohibición de discriminación. Las instituciones públicas garantizarán que las medidas previstas en esta ley orgánica se apliquen sin discriminación alguna por motivos de sexo, género, origen racial o étnico, nacionalidad, religión o creencias, salud, edad, clase social, orientación sexual, identidad de género, discapacidad, estado civil, situación administrativa de extranjería, o cualquier otra condición o circunstancia personal o social.

e) Atención a la discriminación interseccional y múltiple. En aplicación de esta ley orgánica, la respuesta institucional tendrá en especial consideración a factores superpuestos de discriminación, tales como el origen racial o étnico, la nacionalidad, la discapacidad, la orientación sexual, la identidad de género, la salud, la clase social, la situación administrativa de extranjería u otras circunstancias que implican posiciones desventajosas de determinados sectores para el ejercicio efectivo de sus derechos.

f) Accesibilidad. Se garantizará que todas las acciones y medidas que recoge esta ley orgánica sean concebidas desde la accesibilidad universal, para que sean comprensibles y practicables por todas las personas, de modo que los derechos que recoge se hagan efectivos para las personas con discapacidad, con limitaciones idiomáticas o diferencias culturales, para personas mayores, especialmente mujeres, jóvenes y para niñas y niños.

g) Empoderamiento. Las instituciones públicas implementarán esta ley orgánica con especial atención al fortalecimiento de la capacidad de agencia y la autonomía de las personas en cada fase del ciclo vital, con énfasis en las mujeres y en la población joven. Este enfoque, además, deberá contribuir a disminuir y eliminar las desigualdades estructurales que constriñen la vivencia del deseo y de la sexualidad plena, así como de otros elementos esenciales de la salud, los derechos sexuales y reproductivos.

h) Participación. En el diseño, aplicación y evaluación de los servicios y las políticas públicas previstas en esta ley orgánica, se garantizará la participación de las entidades, asociaciones y organizaciones del movimiento feminista y la sociedad civil, con especial atención a la participación de las mujeres desde una óptica interseccional.

i) Cooperación. Todas las políticas que se adopten en ejecución de esta ley orgánica se aplicarán por medio de una cooperación efectiva entre todas las administraciones públicas, instituciones y organizaciones implicadas en garantizar la salud y los derechos sexuales y reproductivos. En el seno de la Conferencia Sectorial de Igualdad, así como en el Consejo Interterritorial del Sistema Nacional de Salud, podrán adoptarse planes y programas conjuntos de actuación entre todas las administraciones públicas competentes con esta finalidad.

j) Implicación de los hombres. Fomentar la implicación y la responsabilidad de los hombres en la prevención de embarazos no deseados y de infecciones de transmisión sexual.

Las administraciones públicas promoverán, en el marco de sus competencias, la corresponsabilidad en el ámbito de la salud sexual.

2. Los derechos previstos en esta ley orgánica serán de aplicación a todas las personas que se encuentren en España, con independencia de su nacionalidad, de si disfrutan o no de residencia legal o de si son mayores o menores de edad, sin perjuicio de las precisiones establecidas en el artículo 13 bis, y siempre de acuerdo con los términos previstos en la legislación vigente en la materia sanitaria. Todas las referencias de esta ley orgánica a las mujeres relacionadas con los derechos reproductivos serán aplicables a personas trans con capacidad de gestar, lo que incluye lo previsto en relación con la salud durante la menstruación.

3. Las obligaciones establecidas en esta ley orgánica serán de aplicación a toda persona, física o jurídica, que se encuentre o actúe en territorio español, cualquiera que fuese su nacionalidad, domicilio o residencia.

Última modificación realizada por Ley Orgánica 1/2023, de 28 de febrero, por la que se modifica la Ley Orgánica 2/2010, de 3 de marzo, de salud sexual y reproductiva y de la interrupción voluntaria del embarazo (BOE de 01-03-2023).

ART. 4. Garantía de igualdad en el acceso y equidad territorial.

El Estado, en el ejercicio de sus competencias de Alta Inspección, velará por el cumplimiento homogéneo de esta ley orgánica en el conjunto del territorio, y, en particular, por el acceso en condiciones de igualdad y con un enfoque de equidad territorial a las prestaciones y servicios establecidos en esta ley orgánica.

Última modificación realizada por Ley Orgánica 1/2023, de 28 de febrero, por la que se modifica la Ley Orgánica 2/2010, de 3 de marzo, de salud sexual y reproductiva y de la interrupción voluntaria del embarazo (BOE de 01-03-2023).

TÍTULO I
Responsabilidad institucional en el ámbito de la salud, los derechos sexuales y reproductivos

Rúbrica modificada por Ley Orgánica 1/2023, de 28 de febrero, por la que se modifica la Ley Orgánica 2/2010, de 3 de marzo, de salud sexual y reproductiva y de la interrupción voluntaria del embarazo (BOE de 01-03-2023).

CAPÍTULO I
Políticas públicas para la promoción de la salud sexual y reproductiva

Rúbrica modificada por Ley Orgánica 1/2023, de 28 de febrero, por la que se modifica la Ley Orgánica 2/2010, de 3 de marzo, de salud sexual y reproductiva y de la interrupción voluntaria del embarazo (BOE de 01-03-2023).

ART. 5. Objetivos y garantías generales de actuación de los poderes públicos.

1. Los poderes públicos, en el desarrollo de sus políticas sanitarias, educativas y de formación profesional, y sociales garantizarán:

a) El acceso público, universal y gratuito a los servicios y programas de salud sexual y salud reproductiva.

b) La generación y difusión efectiva de información de calidad sobre salud, derechos sexuales y reproductivos.

c) El tratamiento de la educación afectivo-sexual y la detección y abordaje de conductas de abuso y violencia, en los términos establecidos en la Ley Orgánica 2/2006, de 3 de mayo, de Educación, en la Ley Orgánica 3/2022, de 31 de marzo, de ordenación e integración de la Formación Profesional, en las pertinentes leyes autonómicas y en los currículos de las diferentes etapas educativas y formativas que ambas normas contemplan.

d) El acceso a métodos anticonceptivos seguros y eficaces y a productos de gestión menstrual asequibles.

e) La eliminación de toda forma de discriminación y de las barreras que impidan el ejercicio pleno de los derechos sexuales y reproductivos.

f) La educación sanitaria integral, con perspectiva de género, de derechos humanos e interseccional, sobre salud sexual y salud reproductiva.

g) La información sanitaria sobre anticoncepción y sexo seguro, con especial atención a la prevención de las enfermedades e infecciones de transmisión sexual y de los embarazos no deseados.

h) La prevención, sanción y erradicación de cualquier forma de violencia contra las mujeres en relación con la salud, los derechos sexuales y reproductivos. Todas estas medidas se realizarán también en las lenguas oficiales de las comunidades autónomas.

i) El acceso a la justicia y los mecanismos de reparación de las personas cuyos derechos sexuales y reproductivos hayan sido vulnerados.

j) La generación y difusión efectiva de información de calidad sobre educación en materia menstrual y productos de gestión menstrual.

k) La atención específica a las personas con algún tipo de discapacidad, a quienes se garantizará su derecho a la salud sexual y reproductiva, garantizando y estableciendo para ellas entornos accesibles y los apoyos necesarios en función de su discapacidad.

2. Asimismo, en el desarrollo de sus políticas promoverán:

a) Acciones de desestigmatización y valoración sociosanitaria del personal involucrado en la prestación con garantías de los servicios de interrupción voluntaria del embarazo.

b) La atención con pertinencia cultural a las personas de otros orígenes nacionales, étnicos o raciales, cualquiera que fuere su situación administrativa de extranjería, y atendiendo especialmente a las posibles barreras del idioma, siempre de acuerdo con los términos previstos en la legislación vigente en materia sanitaria.

c) La atención pertinente a personas en situación de vulnerabilidad socioeconómica.

d) La atención especializada dirigida a personas en diferentes etapas del ciclo vital, con énfasis especial en la infancia y juventud, así como en la fase de la vida adulta de las mujeres en que tienen lugar el climaterio y la menopausia.

e) Las relaciones de igualdad, el respeto a las opciones sexuales individuales y la corresponsabilidad en las conductas sexuales.

f) La investigación, generación y difusión de conocimiento científico y especializado respecto de la salud, los derechos sexuales y reproductivos con perspectiva de género, interseccional y de derechos humanos.

g) Las relaciones de igualdad y respeto mutuo entre hombres y mujeres en el ámbito de la salud sexual y la adopción de programas educativos especialmente diseñados para la convivencia y el respeto de las opciones sexuales individuales.

h) La corresponsabilidad en las conductas sexuales, cualquiera que sea la orientación sexual.

Última modificación realizada por Ley Orgánica 1/2023, de 28 de febrero, por la que se modifica la Ley Orgánica 2/2010, de 3 de marzo, de salud sexual y reproductiva y de la interrupción voluntaria del embarazo (BOE de 01-03-2023).

ART. 5 bis. La salud sexual como estándar de salud.

Los poderes públicos reconocerán la salud durante la menstruación como parte inherente del derecho a la salud sexual y reproductiva. De la misma forma, combatirán los estereotipos sobre la menstruación que impactan negativamente en el acceso o el ejercicio de los derechos humanos de las mujeres, las adolescentes y las niñas.

El Consejo Interterritorial del Sistema Nacional de Salud, en colaboración con las sociedades científicas, aprobará los estándares mínimos de atención sanitaria a la salud durante la menstruación en las mujeres dentro del marco de atención a la salud sexual y reproductiva, con la perspectiva de derechos sexuales y reproductivos y garantizando la equidad en todos los niveles, promoviendo la investigación y la eliminación de la discriminación basada en estereotipos sobre la menstruación.

Añadido por Ley Orgánica 1/2023, de 28 de febrero, por la que se modifica la Ley Orgánica 2/2010, de 3 de marzo, de salud sexual y reproductiva y de la interrupción voluntaria del embarazo (BOE de 01-03-2023).

ART. 5 ter. Medidas en el ámbito laboral y de la Seguridad Social sobre la salud durante la menstruación.

A fin de conciliar el derecho a la salud con el empleo, se reconoce a las mujeres con menstruaciones incapacitantes secundarias el derecho a una situación especial de incapacidad temporal en los términos establecidos por el texto refundido de la Ley General de la Seguridad Social, aprobado por el Real Decreto Legislativo 8/2015, de 30 de octubre.

Añadido por Ley Orgánica 1/2023, de 28 de febrero, por la que se modifica la Ley Orgánica 2/2010, de 3 de marzo, de salud sexual y reproductiva y de la interrupción voluntaria del embarazo (BOE de 01-03-2023).

ART. 5 quater. Medidas de distribución de productos de gestión menstrual.

1. Los centros educativos garantizarán el acceso gratuito a productos de gestión menstrual en las situaciones en que resulte necesario y a través de los cauces que establezcan para ello.

2. Se garantizará, asimismo, el acceso gratuito de dichos productos a mujeres en riesgo de exclusión, en los centros que ofrecen servicios sociales, así como en los centros y otros lugares donde permanezcan personas privadas de libertad.

3. La entrega de productos de gestión menstrual respetará las elecciones de las personas usuarias. Los productos se encontrarán disponibles sin necesidad de mediación alguna, garantizando la protección de la identidad y la confidencialidad.

4. Los organismos públicos previstos en este artículo optarán de forma preferente y progresiva por los productos de gestión menstrual sostenibles, orgánicos, ecológicos, de rápida descomposición, reutilizables y libres de químicos, con el fin de causar el menor impacto posible al medio ambiente y en la salud de las mujeres y otras personas destinatarias.

5. Las anteriores medidas se adoptarán de forma progresiva en las dependencias de organismos públicos previstos en este artículo.

6. Se prohíbe la venta de los productos menstruales que sean entregados por las administraciones públicas en las entidades mencionadas y se promoverá su uso racional.

Añadido por Ley Orgánica 1/2023, de 28 de febrero, por la que se modifica la Ley Orgánica 2/2010, de 3 de marzo, de salud sexual y reproductiva y de la interrupción voluntaria del embarazo (BOE de 01-03-2023).

ART. 5 quinquies. Medidas en el ámbito de la comercialización de los productos de gestión menstrual.

Todos los productos de gestión menstrual que se comercialicen en el territorio del Estado deberán ser libres de agentes nocivos para la salud. Los fabricantes estarán obligados a hacer pública la información sobre su composición y posibles efectos en la salud humana, así como sobre su impacto ambiental.

Añadido por Ley Orgánica 1/2023, de 28 de febrero, por la que se modifica la Ley Orgánica 2/2010, de 3 de marzo, de salud sexual y reproductiva y de la interrupción voluntaria del embarazo (BOE de 01-03-2023).

ART. 5 sexies. Servicios de asistencia integral especializada y accesible.

1. Las administraciones públicas, en el ámbito de sus respectivas competencias, promoverán el derecho a la asistencia integral especializada y accesible, con objeto de la realización de las garantías y el cumplimiento de los objetivos enunciados en los artículos anteriores.

2. A tal fin, y en coherencia con lo establecido en el Real Decreto 1030/2006, de 15 de septiembre, por el que se establece la cartera de servicios comunes del Sistema Nacional de Salud y el procedimiento para su actualización, dispondrán servicios especializados, incluidos en la cartera de servicios del Sistema Nacional de Salud, dotados de equipos interdisciplinares que tendrán como objetivos principales la promoción de la salud sexual y la salud reproductiva en todas las fases del ciclo vital, que se constituyen como lugar de referencia para la coordinación con otros órganos institucionales de nivel local y autonómico.

3. Además de los servicios especializados dirigidos al conjunto de la población, las administraciones públicas establecerán servicios adaptados y adecuados a las necesidades y demandas de la población joven, que promuevan su participación para el desarrollo y abordaje integral de la sexualidad. También se atenderá de forma especial a la salud afectivo-sexual de las mujeres mayores teniendo en cuenta sus especificidades.

4. Estos servicios especializados estarán adaptados a las necesidades de las mujeres con discapacidad.

5. Estos servicios especializados estarán adaptados a las lenguas oficiales de las comunidades autónomas.

Añadido por Ley Orgánica 1/2023, de 28 de febrero, por la que se modifica la Ley Orgánica 2/2010, de 3 de marzo, de salud sexual y reproductiva y de la interrupción voluntaria del embarazo (BOE de 01-03-2023).

ART. 6. Apoyo a las entidades sin ánimo de lucro y sociedad civil.

Las administraciones públicas promoverán y fortalecerán la participación de las entidades sin ánimo de lucro, asociaciones, organizaciones sociales y organizaciones sindicales y empresariales más representativas, atendiendo a las diferentes realidades territoriales del Estado que, desde el movimiento feminista y la sociedad civil, actúan en el ámbito de la salud y los derechos sexuales y reproductivos, con especial atención a aquellas cuyas actuaciones tienen lugar en los ámbitos específicos regulados por esta ley orgánica. Quedarán excluidas de este artículo aquellas organizaciones contrarias al derecho recogido en la presente ley orgánica de interrupción voluntaria del embarazo.

Última modificación realizada por Ley Orgánica 1/2023, de 28 de febrero, por la que se modifica la Ley Orgánica 2/2010, de 3 de marzo, de salud sexual y reproductiva y de la interrupción voluntaria del embarazo (BOE de 01-03-2023).

CAPÍTULO II
Medidas en el ámbito de la salud sexual y reproductiva

Rúbrica modificada por Ley Orgánica 1/2023, de 28 de febrero, por la que se modifica la Ley Orgánica 2/2010, de 3 de marzo, de salud sexual y reproductiva y de la interrupción voluntaria del embarazo (BOE de 01-03-2023).

ART. 7. Atención a la salud sexual.

Los servicios públicos garantizarán:

a) El derecho a la libertad, la autonomía personal y el reconocimiento de las distintas opciones y orientaciones sexuales.

b) El enfoque antidiscriminatorio e interseccional en todas sus prácticas, a fin de valorar y abordar de forma integral las circunstancias relativas a la edad, sexo, identidad de género, origen nacional, lengua, étnico o racial, situación administrativa de extranjería, discapacidad y situación económica de las personas.

c) La calidad de los servicios de atención a la salud integral y, en especial, de la promoción e implementación de estándares de atención basados en el mejor y más actualizado conocimiento científico disponible respecto de la salud sexual en todas las fases del ciclo vital y sobre los derechos sexuales.

d) La información y el acceso a anticonceptivos de última generación, regulares y de urgencia, definitivos y reversibles, cuya eficacia sea avalada por la evidencia científica.

e) El fortalecimiento de la prevención y el tratamiento de las infecciones y enfermedades de transmisión sexual, con especial atención al virus de la inmunodeficiencia humana (en adelante, VIH) y virus del papiloma humano (en adelante, VPH), y énfasis en la población joven.

f) La implementación y fortalecimiento de servicios públicos de proximidad y en todos los niveles de la atención sanitaria, especializados en salud sexual y conformados por equipos multidisciplinares.

Última modificación realizada por Ley Orgánica 1/2023, de 28 de febrero, por la que se modifica la Ley Orgánica 2/2010, de 3 de marzo, de salud sexual y reproductiva y de la interrupción voluntaria del embarazo (BOE de 01-03-2023).

ART. 7 bis. Atención a la salud reproductiva.

Los servicios públicos de salud garantizarán:

a) La calidad de los servicios de atención a la salud integral y en especial de la promoción e implementación de estándares de atención basados en el mejor y más actualizado conocimiento científico disponible respecto de la salud reproductiva.

b) El enfoque antidiscriminatorio e interseccional en todas sus prácticas, a fin de valorar y abordar de forma integral las diferentes circunstancias relativas a la edad, sexo, identidad de género, origen nacional, étnico o racial, situación administrativa de extranjería, discapacidad y situación económica de la población y, especialmente, de las mujeres.

c) La provisión de servicios de la más alta calidad posible durante el embarazo, la interrupción del embarazo, el parto y el puerperio.

d) La garantía de información accesible sobre los derechos reproductivos, las prestaciones públicas, la cobertura sanitaria durante el embarazo, parto y puerperio, así como sobre los derechos laborales y otro tipo de prestaciones y servicios públicos vinculados a la maternidad y el cuidado de hijos e hijas.

e) La regulación de una situación especial de incapacidad temporal para la mujer que interrumpa, voluntariamente o no, su embarazo, en los términos establecidos en el texto refundido de la Ley General de la Seguridad Social, aprobado por el Real Decreto Legislativo 8/2015, de 30 de octubre.

f) La regulación de una situación especial de incapacidad temporal para la mujer embarazada desde el día primero de la semana trigésima novena de gestación.

g) La provisión de asistencia, apoyo emocional y acompañamiento de la salud mental a las mujeres que lo requieran durante el postparto o en el caso de muerte perinatal.

h) La atención perinatal y neonatal con una perspectiva integral de desarrollo saludable.

i) La atención integral durante todo el procedimiento de interrupción del embarazo, ofreciendo recursos de acompañamiento y atención especializada, en particular de acompañamiento psicológico específico.

j) El incremento de la calidad de los servicios relacionados con la prevención, detección y tratamiento de cánceres relacionados con la sexualidad y la reproducción, y especialmente de los denominados cánceres ginecológicos y de mama.

k) La provisión especializada de atención psicológica o sexológica con perspectiva de género.

Añadido por Ley Orgánica 1/2023, de 28 de febrero, por la que se modifica la Ley Orgánica 2/2010, de 3 de marzo, de salud sexual y reproductiva y de la interrupción voluntaria del embarazo (BOE de 01-03-2023).

ART. 7 ter. Garantía de acceso a la anticoncepción.

Las administraciones públicas, en el ámbito de sus competencias, garantizarán:

a) El acceso público y universal a prácticas clínicas efectivas de planificación de la reproducción, mediante el uso de métodos anticonceptivos, regulares y de urgencia, definitivos y reversibles, con especial atención a aquellos que presenten beneficio clínico incremental frente a las alternativas disponibles, que demuestren seguridad, y anticonceptivos masculinos, siempre que su eficacia y seguridad sea avalada por la evidencia científica rigurosa y de calidad.

b) La distribución gratuita de métodos anticonceptivos de barrera en los servicios a que se refiere el artículo 5 sexies, en los centros que ofrecen servicios sociales, en los centros residenciales dependientes de la red de servicios sociales y en los lugares donde permanezcan personas privadas de libertad.

c) Además, podrán distribuirse métodos de barrera durante las campañas de educación sexual que en ejercicio de su autonomía se realicen en los centros de educación secundaria.

Añadido por Ley Orgánica 1/2023, de 28 de febrero, por la que se modifica la Ley Orgánica 2/2010, de 3 de marzo, de salud sexual y reproductiva y de la interrupción voluntaria del embarazo (BOE de 01-03-2023).

ART. 7 quater. Corresponsabilidad.

Los poderes públicos, especialmente desde el ámbito de la educación y la salud, fomentarán la corresponsabilidad en la anticoncepción. A tal fin, se desarrollarán políticas públicas destinadas a:

a) La eliminación de los estereotipos y roles sociales que refuerzan la discriminación de las mujeres en el ámbito de la anticoncepción.

b) La investigación, financiación y comercialización de anticonceptivos masculinos que sean seguros y eficaces, y que contribuyan a distribuir de forma equitativa entre hombres y mujeres las responsabilidades de la anticoncepción.

c) La consideración de la anticoncepción como un asunto de salud pública y no como una responsabilidad exclusiva de las mujeres.

Añadido por Ley Orgánica 1/2023, de 28 de febrero, por la que se modifica la Ley Orgánica 2/2010, de 3 de marzo, de salud sexual y reproductiva y de la interrupción voluntaria del embarazo (BOE de 01-03-2023).

ART. 7 quinquies. Anticoncepción de urgencia.

A efectos de lo dispuesto en el artículo 111.2.c).12.ª del texto refundido de la Ley de garantías y uso racional de los medicamentos y productos sanitarios, aprobado por el Real Decreto Legislativo 1/2015, de 24 de julio, se considerarán adecuadas las existencias de los métodos anticonceptivos de urgencia que garanticen la normal prestación del servicio en función de la demanda de cada oficina de farmacia.

Añadido por Ley Orgánica 1/2023, de 28 de febrero, por la que se modifica la Ley Orgánica 2/2010, de 3 de marzo, de salud sexual y reproductiva y de la interrupción voluntaria del embarazo (BOE de 01-03-2023).

ART. 8. Formación de profesionales de la salud.

1. La formación de profesionales de la salud se abordará con perspectiva igualitaria entre mujeres y hombres, integral de derechos humanos e interseccional e incluirá:

a) La incorporación de los derechos sexuales y reproductivos en los programas curriculares de las carreras con competencias en dichos ámbitos.

b) La incorporación de la salud sexual y reproductiva en los programas curriculares de las carreras relacionadas con la medicina y las ciencias de la salud, incluyendo la investigación y formación, con los conocimientos más avanzados, en la práctica clínica de la interrupción voluntaria del embarazo.

c) La salud sexual y reproductiva en los programas de formación continuada a lo largo del desempeño de la carrera profesional en las áreas de la salud.

d) La realidad y las necesidades de los grupos o sectores sociales más vulnerables, como el de las personas con discapacidad.

Última modificación realizada por Ley Orgánica 1/2023, de 28 de febrero, por la que se modifica la Ley Orgánica 2/2010, de 3 de marzo, de salud sexual y reproductiva y de la interrupción voluntaria del embarazo (BOE de 01-03-2023).

CAPÍTULO III
Medidas en el ámbito de la educación y la sensibilización relativas a los derechos sexuales y reproductivos

Rúbrica modificada por Ley Orgánica 1/2023, de 28 de febrero, por la que se modifica la Ley Orgánica 2/2010, de 3 de marzo, de salud sexual y reproductiva y de la interrupción voluntaria del embarazo (BOE de 01-03-2023).

ART. 9. Formación sobre salud sexual y reproductiva en el sistema educativo.

1. Las administraciones educativas, en el ámbito de sus competencias contemplarán la formación en salud sexual y reproductiva, como parte del desarrollo integral de la personalidad, de la formación en valores, con base en la dignidad de la persona, y con un enfoque interseccional, que contribuya a:

a) La promoción de una visión de la sexualidad en términos de igualdad y corresponsabilidad, y diversidad, desde la óptica del placer, el deseo, la libertad y el respeto, con especial atención a la prevención de la violencia de género y la violencia sexual.

b) El reconocimiento de la diversidad sexual.

c) El desarrollo armónico de la sexualidad en cada etapa del ciclo vital, con especial atención a la adolescencia y juventud.

d) La prevención de enfermedades e infecciones de transmisión sexual, especialmente del VIH y del VPH, visibilizando la realidad de las personas VIH+/SIDA, desde el surgimiento del VIH hasta la actualidad, haciendo hincapié en sus necesidades y propuestas para superar la discriminación y olvido en el que viven.

e) La prevención de embarazos no deseados.

2. La educación afectivo-sexual, en todas sus dimensiones, forma parte del currículo durante toda la educación obligatoria, y será impartida por personal que habrá recibido la formación adecuada para ello, en consonancia con la Ley Orgánica 3/2020, de 29 de diciembre, por la que se modifica la Ley Orgánica 2/2006, de 3 mayo, de Educación.

Última modificación realizada por Ley Orgánica 1/2023, de 28 de febrero, por la que se modifica la Ley Orgánica 2/2010, de 3 de marzo, de salud sexual y reproductiva y de la interrupción voluntaria del embarazo (BOE de 01-03-2023).

ART. 10. Apoyo a la comunidad educativa.

Las administraciones públicas, en el ámbito de sus respectivas competencias, apoyarán a la comunidad educativa en la realización de actividades formativas complementarias relacionadas con la educación sexual, la prevención de infecciones de transmisión sexual y embarazos no deseados, facilitando información adecuada al profesorado, madres, padres y tutores de personas menores o personas con discapacidad.

Última modificación realizada por Ley Orgánica 1/2023, de 28 de febrero, por la que se modifica la Ley Orgánica 2/2010, de 3 de marzo, de salud sexual y reproductiva y de la interrupción voluntaria del embarazo (BOE de 01-03-2023).

ART. 10 bis. Educación para la prevención de las violencias sexuales.

Las administraciones educativas, en el ámbito de sus competencias incluirán, en los términos establecidos en la Ley Orgánica 3/2020, de 29 de diciembre, y en las disposiciones que la desarrollan y establecen los currículos de las diferentes etapas educativas, la educación afectivo-sexual, la igualdad entre mujeres y hombres y la educación en derechos humanos, como medidas dirigidas a la garantía de la libertad sexual y a la prevención de las violencias sexuales, incluida la que puede producirse en el ámbito digital. Estas medidas serán incluidas, asimismo, con el alcance que corresponda, en las ofertas formativas de Formación Profesional previstas en la Ley Orgánica 3/2022, de 31 de marzo.

Añadido por Ley Orgánica 1/2023, de 28 de febrero, por la que se modifica la Ley Orgánica 2/2010, de 3 de marzo, de salud sexual y reproductiva y de la interrupción voluntaria del embarazo (BOE de 01-03-2023).

ART. 10 ter. Medidas en el ámbito de la educación menstrual.

Las administraciones educativas, en el ámbito de sus competencias, garantizarán, en el marco de la educación afectivo-sexual, que el sistema educativo establece en los currículos de las diferentes etapas educativas, el abordaje integral de la salud durante la menstruación con perspectiva de género, interseccional y de derechos humanos en el ámbito de la educación, tanto formal como no formal, con especial atención a la eliminación de los mitos, prejuicios y estereotipos de género que generan el estigma menstrual.

Añadido por Ley Orgánica 1/2023, de 28 de febrero, por la que se modifica la Ley Orgánica 2/2010, de 3 de marzo, de salud sexual y reproductiva y de la interrupción voluntaria del embarazo (BOE de 01-03-2023).

ART. 10 quater. Medidas en el ámbito de la educación no formal.

Las administraciones públicas, en el ámbito de sus competencias, impulsarán, en el ámbito de la educación no formal, programas públicos de educación sexual y reproductiva dirigidos a personas adultas y adecuados a sus condiciones, necesidades e intereses diversos, con especial énfasis en las franjas etarias en las que se producen los procesos de climaterio y menopausia.

Añadido por Ley Orgánica 1/2023, de 28 de febrero, por la que se modifica la Ley Orgánica 2/2010, de 3 de marzo, de salud sexual y reproductiva y de la interrupción voluntaria del embarazo (BOE de 01-03-2023).

ART. 10 quinquies. Campañas institucionales de prevención e información.

1. Con el fin de promover los derechos sexuales y reproductivos, las administraciones públicas, en el marco de sus respectivas competencias, impulsarán campañas de concienciación dirigidas a toda la población, que promuevan los derechos previstos en esta ley orgánica, lo que incluye la corresponsabilidad en el ámbito de la anticoncepción, la eliminación de los estereotipos de género en el ámbito de las relaciones sexuales, la promoción de los derechos reproductivos con especial énfasis en la interrupción voluntaria del embarazo, el embarazo, parto y puerperio y la promoción de la salud durante la menstruación en las diferentes etapas de la vida y de la salud durante la menopausia y después de esta.

Asimismo, se realizarán campañas de prevención de conductas como la transmisión negligente o intencionada de infecciones de transmisión sexual o la retirada del preservativo sin consentimiento. También se impulsarán campañas que desmitifiquen todas las formas de violencia en el ámbito reproductivo contenidas en la presente ley, como la gestación por sustitución.

Las administraciones públicas, en el ámbito de sus competencias, promoverán la difusión en medios de comunicación social, publicidad, internet, redes sociales y empresas de la tecnología de la información y comunicación de contenidos que promuevan la concienciación, conocimiento y diagnóstico precoz de las enfermedades de la salud sexual y reproductiva.

2. Las administraciones públicas impulsarán campañas periódicas de información y prevención de las infecciones de transmisión sexual.

3. Las campañas se realizarán de manera que sean accesibles, tomando en consideración circunstancias, tales como la edad, la discapacidad, o el idioma. Para ello, tendrán especial divulgación en los medios de comunicación de titularidad pública y en los centros educativos y de formación, sociales, sanitarios, culturales y deportivos.

Añadido por Ley Orgánica 1/2023, de 28 de febrero, por la que se modifica la Ley Orgánica 2/2010, de 3 de marzo, de salud sexual y reproductiva y de la interrupción voluntaria del embarazo (BOE de 01-03-2023).

ART. 10 sexies. Formación en los ámbitos de las ciencias jurídicas, las ciencias de la educación y las ciencias sociales.

Las administraciones educativas, en el ámbito de sus competencias, promoverán la incorporación de contenidos de calidad, adaptados y suficientes sobre salud, derechos sexuales y reproductivos en las titulaciones relacionadas con las ciencias jurídicas, las ciencias de la educación y las ciencias sociales. Asimismo, dichos contenidos se incorporarán a los temarios de oposiciones vinculados al acceso a los cuerpos y escalas de las administraciones públicas relacionadas con los ámbitos de las ciencias de la educación, las ciencias jurídicas y las ciencias sociales.

Añadido por Ley Orgánica 1/2023, de 28 de febrero, por la que se modifica la Ley Orgánica 2/2010, de 3 de marzo, de salud sexual y reproductiva y de la interrupción voluntaria del embarazo (BOE de 01-03-2023).

CAPÍTULO IV
Medidas para la aplicación efectiva de la ley

Rúbrica modificada por Ley Orgánica 1/2023, de 28 de febrero, por la que se modifica la Ley Orgánica 2/2010, de 3 de marzo, de salud sexual y reproductiva y de la interrupción voluntaria del embarazo (BOE de 01-03-2023).

ART. 11. Elaboración de la Estrategia Estatal de Salud Sexual y Reproductiva.

1. Para el cumplimiento de los objetivos previstos en esta ley orgánica, el Consejo Interterritorial del Sistema Nacional de Salud aprobará la Estrategia Estatal de Salud Sexual y Reproductiva, que contará con la colaboración de las sociedades científicas y profesionales y las organizaciones sociales, así como con el informe favorable de la Conferencia Sectorial de Igualdad.

Corresponde al Ministerio de Sanidad su planificación, coordinación, desarrollo y evaluación, garantizándose la participación de los departamentos ministeriales cuyas actuaciones incidan especialmente en materia de salud sexual y reproductiva, y en particular del Ministerio de Igualdad; de las comunidades autónomas y ciudades con estatuto de autonomía; así como de las organizaciones representativas de los intereses sociales afectados.

2. La Estrategia se elaborará con criterios de calidad y equidad en el Sistema Nacional de Salud, con énfasis en la salud sexual y la salud reproductiva, y estará integrada por medidas en el ámbito de la educación, la formación y la investigación, la interrupción voluntaria del embarazo y las violencias contra las mujeres en estos ámbitos.

3. En el marco de la Estrategia se desarrollará un plan operativo que aborde de manera específica el diagnóstico precoz, el diagnóstico y el tratamiento y abordaje integral, con perspectiva de género, de las patologías relacionadas con la salud sexual y reproductiva de las mujeres.

4. La Estrategia establecerá mecanismos de evaluación internos y externos de la consecución de sus objetivos. La evaluación interna será bienal y realizada por una Comisión destinada expresamente a estas tareas de evaluación, formada por representantes del Comité Técnico y del Comité Institucional de la Estrategia Estatal de Salud Sexual y Reproductiva.

La evaluación externa, que también será bienal, se realizará a cargo de una Comisión diferente a los Comités Técnico e Institucional de la Estrategia o sus representantes designados para la evaluación interna, debiendo garantizar, en cualquier caso, la inclusión de la perspectiva de género en su metodología evaluativa.

Tanto en la Comisión de evaluación externa, como en ambos Comités de la Estrategia, se garantizará la representación de la institución responsable de la propuesta y ejecución de la política del Gobierno en materia de igualdad.

5. En el marco de la Estrategia, se desarrollará un plan operativo sobre la atención sanitaria al parto normal que aborde de manera específica el impulso de los objetivos, recomendaciones y estándares propuestos contenidos en dicha Estrategia.

Última modificación realizada por Ley Orgánica 1/2023, de 28 de febrero, por la que se modifica la Ley Orgánica 2/2010, de 3 de marzo, de salud sexual y reproductiva y de la interrupción voluntaria del embarazo (BOE de 01-03-2023).

ART. 11 bis. Investigación, recopilación y producción de datos.

1. La investigación en materia de salud, derechos sexuales y reproductivos se garantizará a través de políticas públicas con enfoque de género e interseccional que permitan obtener la mejor, más amplia y actualizada información científica respecto de la salud sexual, la salud reproductiva, la salud durante la menstruación y la salud durante la menopausia y el climaterio en cada etapa correspondiente del ciclo vital.

2. Las administraciones públicas llevarán a cabo y apoyarán la realización de estudios, encuestas y trabajos de investigación sobre las temáticas reguladas por esta ley orgánica, así como aquellos otros que, integrando la perspectiva de género e interseccional, las tengan en cuenta, a fin de obtener y producir el mejor y más actualizado conocimiento que sea posible

en el ámbito de la salud, los derechos sexuales y reproductivos. Se promoverá la recogida de datos y la elaboración de estudios sobre las infecciones de transmisión sexual, con la finalidad de analizar su prevalencia y guiar las medidas para su prevención y tratamiento. Asimismo, se promoverán los estudios sobre la crisis de reproducción y sus impactos sociales.

3. Se promoverá y garantizará la investigación que permita obtener la mejor, más amplia y actualizada información acerca de la menstruación y la salud durante la menstruación en las diferentes fases del ciclo vital de las mujeres, con un enfoque relativo a la prevención, diagnóstico y tratamiento de patologías que afectan al ciclo menstrual y los efectos que sobre este producen los distintos fármacos.

4. En la elaboración de las políticas públicas y en la realización de estudios, encuestas y trabajos de investigación se dará cumplimiento a la normativa vigente en materia de protección de datos de carácter personal.

5. Los objetivos de la investigación serán buscar soluciones a problemas específicos, explicar fenómenos y realidades, elaborar recomendaciones y propuestas de acción, desarrollar teorías, ampliar conocimientos, establecer principios y reformular planteamientos en relación con la promoción, protección y respeto de los derechos consagrados en esta ley orgánica.

Añadido por Ley Orgánica 1/2023, de 28 de febrero, por la que se modifica la Ley Orgánica 2/2010, de 3 de marzo, de salud sexual y reproductiva y de la interrupción voluntaria del embarazo (BOE de 01-03-2023).

TÍTULO II
De la interrupción voluntaria del embarazo

CAPÍTULO I
Condiciones de la interrupción voluntaria del embarazo

ART. 12. Garantía de acceso a la interrupción voluntaria del embarazo.

Se garantiza el acceso a la interrupción voluntaria del embarazo en las condiciones que se determinan en esta Ley. Estas condiciones se interpretarán en el modo más favorable para la protección y eficacia de los derechos fundamentales de la mujer que solicita la intervención, en particular, su derecho al libre desarrollo de la personalidad, a la vida, a la integridad física y moral, a la intimidad, a la libertad ideológica y a la no discriminación.

ART. 13. Requisitos comunes.

Son requisitos necesarios de la interrupción voluntaria del embarazo:

a) Que se practique por un médico especialista, preferiblemente en obstetricia y ginecología o bajo su dirección.

b) Que se lleve a cabo en centro sanitario público o en un centro privado acreditado.

c) Que se realice con el consentimiento expreso informado y por escrito de la mujer embarazada o, en su caso, del representante legal, de conformidad con lo establecido en la Ley 41/2002, de 14 de noviembre, básica reguladora de la autonomía del paciente y de derechos y obligaciones en materia de información y documentación clínica.

Podrá prescindirse del consentimiento expreso en el supuesto previsto en el artículo 9.2.b) de la referida ley. En el supuesto de mujeres con medidas de apoyo para el ejercicio de su capacidad jurídica se atenderá a lo dispuesto en el artículo 9.7 de la misma ley.

Última modificación realizada por Ley Orgánica 1/2023, de 28 de febrero, por la que se modifica la Ley Orgánica 2/2010, de 3 de marzo, de salud sexual y reproductiva y de la interrupción voluntaria del embarazo (BOE de 01-03-2023).

ART. 13 bis. Edad.

1. Las mujeres podrán interrumpir voluntariamente su embarazo a partir de los 16 años, sin necesidad del consentimiento de sus representantes legales.

2. En el caso de las menores de 16 años, será de aplicación el régimen previsto en el artículo 9.3.c) de la Ley 41/2002, de 14 de noviembre.

En el supuesto de las menores de 16 años embarazadas en situación de desamparo que, en aplicación del artículo 9.3.c) de la Ley 41/2002, de 14 de noviembre, requieran consentimiento por representación, éste podrá darse por parte de la Entidad Pública que haya asumido la tutela en virtud del artículo 172.1 del Código Civil.

En el supuesto de las menores de 16 años embarazadas en situación de desamparo cuya tutela no haya sido aún asumida por la Entidad Pública a la que, en el respectivo territorio, esté encomendada la protección de los menores, que, en aplicación del artículo el artículo 9.3.c) de la Ley 41/2002, de 14 de noviembre, requirieran consentimiento por representación, será de aplicación lo previsto en el artículo 172.4 del Código Civil, pudiendo la Entidad Pública que asuma la guarda provisional dar el consentimiento por representación para la interrupción voluntaria del embarazo, a fin de salvaguardar el derecho de la menor a la misma.

En caso de discrepancia entre la menor y los llamados a prestar el consentimiento por representación, los conflictos se resolverán conforme a lo dispuesto en la legislación civil por la autoridad judicial, debiendo nombrar a la menor un defensor judicial en el seno del procedimiento y con intervención del Ministerio Fiscal. El procedimiento tendrá carácter urgente en atención a lo dispuesto en el artículo 19.6 de esta ley orgánica.

Añadido por Ley Orgánica 1/2023, de 28 de febrero, por la que se modifica la Ley Orgánica 2/2010, de 3 de marzo, de salud sexual y reproductiva y de la interrupción voluntaria del embarazo (BOE de 01-03-2023).

ART. 14. Interrupción del embarazo dentro de las primeras catorce semanas de gestación.

Podrá interrumpirse el embarazo dentro de las primeras catorce semanas de gestación a petición de la mujer embarazada.

Última modificación realizada por Ley Orgánica 1/2023, de 28 de febrero, por la que se modifica la Ley Orgánica 2/2010, de 3 de marzo, de salud sexual y reproductiva y de la interrupción voluntaria del embarazo (BOE de 01-03-2023).

ART. 15. Interrupción por causas médicas.

Excepcionalmente, podrá interrumpirse el embarazo por causas médicas cuando concurra alguna de las circunstancias siguientes:

a) Que no se superen las veintidós semanas de gestación y siempre que exista grave riesgo para la vida o la salud de la embarazada y así conste en un dictamen emitido con anterioridad a la intervención por un médico o médica especialista distinto del que la practique o dirija. En caso de urgencia por riesgo vital para la gestante podrá prescindirse del dictamen.

b) Que no se superen las veintidós semanas de gestación y siempre que exista riesgo de graves anomalías en el feto y así conste en un dictamen emitido con anterioridad a la intervención por dos médicos especialistas distintos del que la practique o dirija.

c) Cuando se detecten anomalías fetales incompatibles con la vida y así conste en un dictamen emitido con anterioridad por un médico o médica especialista, distinto del que practique la intervención, o cuando se detecte en el feto una enfermedad extremadamente grave e incurable en el momento del diagnóstico y así lo confirme un comité clínico.

ART. 16. Comité clínico.

1. El Comité clínico al que se refiere el artículo anterior estará formado por un equipo pluridisciplinar integrado por dos integrantes del personal médico especialistas en ginecología y obstetricia o expertos en diagnóstico prenatal y un pediatra. La mujer podrá elegir uno de estos especialistas. Ninguno de los miembros del Comité podrá formar parte del Registro de objetores de la interrupción voluntaria del embarazo ni haber formado parte en los últimos tres años.

2. Confirmado el diagnóstico por el Comité, la mujer decidirá sobre la intervención.

3. En cada Comunidad Autónoma habrá, al menos, un Comité clínico en un centro de la red sanitaria pública. Los miembros, titulares y suplentes, designados por las autoridades sanitarias competentes, lo serán por un plazo no inferior a un año. La designación deberá hacerse pública en los diarios oficiales de las respectivas comunidades autónomas.

4. Las especificidades del funcionamiento del Comité clínico se determinarán reglamentariamente.

Última modificación realizada por Ley Orgánica 1/2023, de 28 de febrero, por la que se modifica la Ley Orgánica 2/2010, de 3 de marzo, de salud sexual y reproductiva y de la interrupción voluntaria del embarazo (BOE de 01-03-2023).

ART. 17. Información vinculada a la interrupción voluntaria del embarazo.

1. Todas las mujeres que manifiesten su intención de someterse a una interrupción voluntaria del embarazo recibirán información del personal sanitario sobre los distintos métodos

de interrupción del embarazo, quirúrgico y farmacológico, las condiciones para la interrupción previstas en esta ley orgánica, los centros públicos y acreditados a los que se podrán dirigir y los trámites para acceder a la prestación, así como las condiciones para su cobertura por el servicio público de salud correspondiente.

En el caso de procederse a la interrupción voluntaria del embarazo después de las catorce semanas de gestación por causas médicas, deberá facilitarse toda la información sobre los distintos procedimientos posibles para permitir que la mujer escoja la opción más adecuada para su caso.

2. En los casos en que las mujeres así lo requieran, y nunca como requisito para acceder a la prestación del servicio, podrán recibir información sobre una o varias de las siguientes cuestiones:

a) Datos sobre los centros disponibles para recibir información adecuada sobre anticoncepción y sexo seguro.

b) Datos sobre los centros que ofrecen asesoramiento antes y después de la interrupción del embarazo.

c) Las ayudas públicas disponibles para las mujeres embarazadas y la cobertura sanitaria durante el embarazo y el parto.

d) Los derechos laborales vinculados al embarazo y a la maternidad; las prestaciones y ayudas públicas para el cuidado y atención de los hijos; los beneficios fiscales y demás información relevante sobre incentivos y ayudas al nacimiento.

La elaboración, contenidos y formato de esta información será determinada reglamentariamente por el Gobierno, prestando especial atención a las necesidades surgidas de las situaciones de extranjería.

3. En el supuesto de interrupción del embarazo previsto en el artículo 15.b), la mujer que así lo requiera expresamente, si bien nunca como requisito para acceder a la prestación del servicio, podrá recibir información sobre los derechos, prestaciones y ayudas públicas existentes relativas al apoyo a la autonomía de las personas con alguna discapacidad, así como la red de organizaciones sociales de asistencia social a estas personas.

4. En todos los supuestos, y con carácter previo a la prestación del consentimiento, se habrá de informar a la mujer embarazada en los términos de los artículos 4 y 10 de la Ley 41/2002, de 14 de noviembre, básica reguladora de la autonomía del paciente y de derechos y obligaciones en materia de información y documentación clínica y específicamente sobre la naturaleza de cada intervención, sus riesgos y sus consecuencias.

5. La información prevista en este artículo será clara, objetiva y comprensible. En el caso de las personas con discapacidad, se proporcionará en formatos y medios accesibles, adecuados a sus necesidades y las mujeres extranjeras que no hablen castellano serán asistidas por intérprete. En aquellas comunidades autónomas en las que haya lenguas oficiales, esta atención será dispensada en cualquiera de ellas, si así lo solicitare la mujer.

Se hará saber a la mujer embarazada que dicha información podrá ser ofrecida, además, verbalmente, siempre que así se solicite. Cuando la información sea ofrecida de forma verbal, se circunscribirá siempre a los contenidos desarrollados reglamentariamente por el Gobierno.

Última modificación realizada por Ley Orgánica 1/2023, de 28 de febrero, por la que se modifica la Ley Orgánica 2/2010, de 3 de marzo, de salud sexual y reproductiva y de la interrupción voluntaria del embarazo (BOE de 01-03-2023).

CAPÍTULO II
Garantías en el acceso a la prestación

ART. 18. Garantía del acceso a la prestación.

Las usuarias del Sistema Nacional de Salud tendrán acceso a la interrupción voluntaria del embarazo en condiciones de igualdad efectiva. Las administraciones sanitarias que no puedan ofrecer dicho procedimiento en su ámbito geográfico remitirán a las usuarias al centro o servicio autorizado para este procedimiento, en las mejores condiciones de proximidad de su domicilio, garantizando la accesibilidad y calidad de la intervención y la seguridad de las usuarias.

Última modificación realizada por Ley Orgánica 1/2023, de 28 de febrero, por la que se modifica la Ley Orgánica 2/2010, de 3 de marzo, de salud sexual y reproductiva y de la interrupción voluntaria del embarazo (BOE de 01-03-2023).

ART. 18 bis. Medidas para garantizar la información sobre la prestación.

Los poderes públicos ofrecerán información pública sobre el proceso, normativa y condiciones para interrumpir voluntariamente un embarazo, garantizando:

a) La accesibilidad a un itinerario sencillo y comprensible que tenga en cuenta las diferentes edades, condiciones socioeconómicas, de idioma y de discapacidad de las usuarias.

b) El posicionamiento en internet de la información sobre centros públicos que prestan el servicio de interrupción voluntaria del embarazo, con particular atención a la función del Registro General de centros, servicios y establecimientos sanitarios (REGCESS).

c) La creación de una línea telefónica especializada en información sobre salud y derechos sexuales y reproductivos, que preste información sobre el derecho a la interrupción del embarazo y el itinerario de la prestación en los servicios públicos.

Añadido por Ley Orgánica 1/2023, de 28 de febrero, por la que se modifica la Ley Orgánica 2/2010, de 3 de marzo, de salud sexual y reproductiva y de la interrupción voluntaria del embarazo (BOE de 01-03-2023).

ART. 19. Medidas para garantizar la prestación sanitaria pública.

1. Con el fin de asegurar la igualdad y calidad asistencial de la prestación de interrupción voluntaria del embarazo, las administraciones sanitarias competentes garantizarán los contenidos básicos de esta prestación que el Gobierno determine, oído el Consejo Interterritorial de Salud. Se garantizará a todas las mujeres igual acceso a la prestación con independencia del lugar donde residan.

2. La prestación sanitaria de la interrupción voluntaria del embarazo se realizará en centros de la red sanitaria pública o vinculados a la misma, según lo establecido en el artículo 18. Los centros sanitarios en los que se lleve a cabo esta prestación proporcionarán el método quirúrgico y farmacológico, de acuerdo a los requisitos sanitarios de cada uno de los métodos.

3. Los poderes públicos garantizarán, de acuerdo con un reparto geográfico adecuado, accesible y en número suficiente, lo previsto en el artículo 18, en consonancia con lo previsto en el artículo 19 bis.

4. La usuaria del Sistema Nacional de Salud podrá recurrir en vía jurisdiccional, mediante el procedimiento para la protección de los derechos fundamentales de la persona regulado en la Ley 29/1998, de 13 de julio, reguladora de la Jurisdicción Contencioso-administrativa, en el caso de que el Comité clínico no confirmase el diagnóstico a que alude la letra c) del artículo 15 y la usuaria considerase que concurren los motivos expresados en el referido apartado.

5. Si, excepcionalmente, la administración pública sanitaria no pudiera facilitar en tiempo la prestación, las autoridades sanitarias reconocerán a la mujer embarazada el derecho a acudir a cualquier centro acreditado en el territorio nacional, con el compromiso escrito de asumir directamente el abono de la prestación. En este supuesto, las autoridades competentes de las comunidades autónomas o del Estado asumirán también los gastos devengados por la mujer, hasta el límite que éstas determinen.

6. Por su especial sujeción a plazos, la interrupción voluntaria del embarazo será considerada siempre un procedimiento sanitario de urgencia.

Última modificación realizada por Ley Orgánica 1/2023, de 28 de febrero, por la que se modifica la Ley Orgánica 2/2010, de 3 de marzo, de salud sexual y reproductiva y de la interrupción voluntaria del embarazo (BOE de 01-03-2023).

ART. 19 bis. Objeción de conciencia.

1. Las personas profesionales sanitarias directamente implicadas en la práctica de la interrupción voluntaria del embarazo podrán ejercer la objeción de conciencia, sin que el ejercicio de este derecho individual pueda menoscabar el derecho humano a la vida, la salud y la libertad de las mujeres que decidan interrumpir su embarazo.

El rechazo o la negativa a realizar la intervención de interrupción del embarazo por razones de conciencia es una decisión siempre individual del personal sanitario directamente implicado en la realización de la interrupción voluntaria del embarazo, que debe manifestarse con antelación y por escrito.

La persona objetora podrá revocar la declaración de objeción en todo momento por los mismos medios por los que la otorgó.

2. El acceso o la calidad asistencial de la prestación no se verán afectados por el ejercicio individual del derecho a la objeción de conciencia. A estos efectos, los servicios públicos se organizarán siempre de forma que se garantice el personal sanitario necesario para el

acceso efectivo y oportuno a la interrupción voluntaria del embarazo. Asimismo, todo el personal sanitario dispensará siempre tratamiento y atención médica adecuados a las mujeres que lo precisen antes y después de haberse sometido a una interrupción del embarazo.

Añadido por Ley Orgánica 1/2023, de 28 de febrero, por la que se modifica la Ley Orgánica 2/2010, de 3 de marzo, de salud sexual y reproductiva y de la interrupción voluntaria del embarazo (BOE de 01-03-2023).

ART. 19 ter. Registros de personas objetoras de conciencia.

1. A efectos organizativos y para una adecuada gestión de la prestación se creará en cada comunidad autónoma y en el Instituto Nacional de Gestión Sanitaria (INGESA) un registro de personas profesionales sanitarias que decidan objetar por motivos de conciencia respecto de la intervención directa en la práctica de la interrupción voluntaria del embarazo.

2. Quienes se declaren personas objetoras de conciencia lo serán a los efectos de la práctica directa de la prestación de interrupción voluntaria del embarazo tanto en el ámbito de la sanidad pública como de la privada.

3. En el seno del Consejo Interterritorial del Sistema Nacional de Salud, se acordará un protocolo específico que incluya las condiciones mínimas para garantizar el cumplimiento de los objetivos perseguidos con la creación de este Registro, junto a la salvaguarda de la protección de datos de carácter personal, conforme a lo previsto en la disposición adicional cuarta.

4. Se adoptarán las medidas organizativas necesarias para garantizar la no discriminación tanto de las personas profesionales sanitarias no objetoras, evitando que se vean relegadas en exclusiva a la práctica de la interrupción voluntaria del embarazo, como de las personas objetoras para evitar que sufran cualquier discriminación derivada de la objeción.

Añadido por Ley Orgánica 1/2023, de 28 de febrero, por la que se modifica la Ley Orgánica 2/2010, de 3 de marzo, de salud sexual y reproductiva y de la interrupción voluntaria del embarazo (BOE de 01-03-2023).

ART. 20. Protección del derecho a la intimidad, a la confidencialidad y a la protección de datos.

1. Los centros públicos y privados que presten cualquier tipo de asistencia sanitaria en relación con la salud sexual y reproductiva, y, en particular, la interrupción voluntaria del embarazo, garantizarán el derecho a la intimidad y a la confidencialidad de las pacientes en el tratamiento de sus datos de carácter personal.

2. De manera general, el tratamiento de datos de carácter personal y sanitario, así como el ejercicio de los derechos de la paciente, se ajustarán a lo dispuesto en el Reglamento (UE) 2016/679 del Parlamento Europeo y del Consejo, de 27 de abril de 2016; a la Ley Orgánica 3/2018, de 5 de diciembre, de Protección de Datos Personales y garantía de los derechos digitales, y a la Ley 41/2002, de 14 de noviembre.

3. Los centros prestadores del servicio deberán contar con sistemas de custodia activa y diligente de las historias clínicas de las pacientes e implantar en el tratamiento de los datos las medidas técnicas y organizativas apropiadas para garantizar un nivel de seguridad adecuado al riesgo conforme a la normativa vigente de protección de datos de carácter personal.

Última modificación realizada por Ley Orgánica 1/2023, de 28 de febrero, por la que se modifica la Ley Orgánica 2/2010, de 3 de marzo, de salud sexual y reproductiva y de la interrupción voluntaria del embarazo (BOE de 01-03-2023).

ART. 21. Tratamiento de datos.

1. En el momento de la solicitud de información sobre la interrupción voluntaria del embarazo, los centros, sin proceder al tratamiento de dato alguno, habrán de informar a la solicitante que los datos identificativos de las pacientes a las que efectivamente se les realice la prestación serán objeto de codificación y separados de los datos de carácter clínico asistencial relacionados con la interrupción voluntaria del embarazo.

2. Los centros que presten la interrupción voluntaria del embarazo establecerán mecanismos apropiados de automatización y codificación de los datos de identificación de las pacientes atendidas, en los términos previstos en esta Ley.

A los efectos previstos en el párrafo anterior, se considerarán datos identificativos de la paciente su nombre, apellidos, domicilio, número de teléfono, dirección de correo electrónico, documento nacional de identidad o documento identificativo equivalente, así como cualquier dato que revele su identidad física o genética.

3. En el momento de la primera recogida de datos de la paciente, se le asignará un código que será utilizado para identificarla en todo el proceso.

4. Los centros sustituirán los datos identificativos de la paciente por el código asignado en cualquier información contenida en la historia clínica que guarde relación con la práctica de la interrupción voluntaria del embarazo, de forma que no pueda producirse con carácter general, el acceso a dicha información.

5. Las informaciones relacionadas con la interrupción voluntaria del embarazo deberán ser conservadas en la historia clínica de tal forma que su mera visualización no sea posible salvo por el personal que participe en la práctica de la prestación, sin perjuicio de los accesos a los que se refiere el artículo siguiente.

ART. 22. Acceso y cesión de datos de carácter personal.

1. Únicamente será posible el acceso a los datos de la historia clínica asociados a los que identifican a la paciente, sin su consentimiento, en los casos previstos en las disposiciones legales reguladoras de los derechos y obligaciones en materia de documentación clínica.

Cuando el acceso fuera solicitado por otro profesional sanitario a fin de prestar la adecuada asistencia sanitaria de la paciente, aquél se limitará a los datos estricta y exclusivamente necesarios para la adecuada asistencia, quedando constancia de la realización del acceso.

En los demás supuestos amparados por la ley, el acceso se realizará mediante autorización expresa del órgano competente en la que se motivarán de forma detallada las causas que la justifican, quedando en todo caso limitado a los datos estricta y exclusivamente necesarios.

2. El informe de alta, las certificaciones médicas y cualquier otra documentación relacionada con la práctica de la interrupción voluntaria del embarazo que sea necesaria a cualquier efecto, será entregada exclusivamente a la paciente o persona autorizada por ella. Esta documentación respetará el derecho de la paciente a la intimidad y confidencialidad en el tratamiento de los datos de carácter personal recogido en este Capítulo.

3. No será posible el tratamiento de la información por el centro sanitario para actividades de publicidad o prospección comercial. No podrá recabarse el consentimiento de la paciente para el tratamiento de los datos para estas actividades.

ART. 23. Supresión de datos.

1. Los centros que hayan procedido a una interrupción voluntaria de embarazo deberán suprimir de oficio la totalidad de los datos de la paciente que consten en sus registros administrativos una vez transcurridos cinco años desde la fecha de alta de la intervención. No obstante, la documentación clínica podrá conservarse cuando existan razones epidemiológicas, de investigación o de organización y funcionamiento del Sistema Nacional de Salud, en cuyo caso se procederá a la supresión de todos los datos identificativos de la paciente y del código que se le hubiera asignado como consecuencia de lo dispuesto en los artículos anteriores.

2. Lo dispuesto en el apartado anterior se entenderá sin perjuicio del ejercicio por la paciente de su derecho de supresión, en los términos previstos en el Reglamento General de Protección de Datos y la Ley Orgánica 3/2018, de 5 de diciembre.

Última modificación realizada por Ley Orgánica 1/2023, de 28 de febrero, por la que se modifica la Ley Orgánica 2/2010, de 3 de marzo, de salud sexual y reproductiva y de la interrupción voluntaria del embarazo (BOE de 01-03-2023).

TÍTULO III
Protección y garantía de los derechos sexuales y reproductivos

Añadido por Ley Orgánica 1/2023, de 28 de febrero, por la que se modifica la Ley Orgánica 2/2010, de 3 de marzo, de salud sexual y reproductiva y de la interrupción voluntaria del embarazo (BOE de 01-03-2023).

CAPÍTULO I
Alcance de la responsabilidad institucional

Añadido por Ley Orgánica 1/2023, de 28 de febrero, por la que se modifica la Ley Orgánica 2/2010, de 3 de marzo, de salud sexual y reproductiva y de la interrupción voluntaria del embarazo (BOE de 01-03-2023).

ART. 24. Responsabilidad institucional.

1. Las administraciones públicas se abstendrán de realizar cualquier acto que vulnere los derechos sexuales y reproductivos establecidos en esta ley orgánica y se asegurarán

de que autoridades, personal funcionario, agentes e instituciones estatales y autonómicas, así como los demás actores que actúen en nombre de las anteriores se comporten de acuerdo con esta obligación.

2. Las administraciones públicas competentes garantizarán el libre ejercicio del derecho a la interrupción del embarazo en los términos de esta ley orgánica y, especialmente, velarán por evitar que la solicitante sea destinataria de prácticas que pretendan alterar, ya sea para afianzar, revocar o para demorar, la formación de su voluntad sobre la interrupción o no de su embarazo, la comunicación de su decisión y la puesta en práctica de la misma, con la excepción de la información clínica imprescindible y pertinente. Las intervenciones diagnósticas y terapéuticas asociadas con la decisión y la práctica de la interrupción del embarazo deberán basarse, en todo caso, en la evidencia científica.

3. Las administraciones públicas, en el ámbito de sus competencias, tomarán las medidas integrales y eficaces para prevenir, proteger, investigar, sancionar, erradicar y reparar las vulneraciones de los derechos sexuales y reproductivos de las mujeres.

Añadido por Ley Orgánica 1/2023, de 28 de febrero, por la que se modifica la Ley Orgánica 2/2010, de 3 de marzo, de salud sexual y reproductiva y de la interrupción voluntaria del embarazo (BOE de 01-03-2023).

ART. 25. Sensibilización e información.

1. Las administraciones públicas, en el ámbito de sus competencias, promoverán la adopción de campañas y acciones informativas, accesibles a todas las mujeres tomando en cuenta su situación, que incluyan información sobre sus derechos, y los recursos disponibles en caso de ver vulnerados sus derechos sexuales y reproductivos.

2. Las campañas se realizarán de manera que sean accesibles al conjunto de la población, tomando en consideración circunstancias tales como la edad, la discapacidad, el idioma, la ruralidad o la eventual residencia en el extranjero de nacionales españolas.

3. Sin perjuicio de lo previsto en otras normas, las administraciones públicas competentes, en todos los centros sanitarios, incluidos los servicios previstos en el artículo 5 sexies, pondrán en marcha medidas de información y asistencia a quienes vean vulnerados sus derechos sexuales y reproductivos, lo que comprenderá la orientación para el resarcimiento integral de los daños y perjuicios. Las mujeres atendidas deberán ser informadas de la existencia de estos servicios de asistencia.

Añadido por Ley Orgánica 1/2023, de 28 de febrero, por la que se modifica la Ley Orgánica 2/2010, de 3 de marzo, de salud sexual y reproductiva y de la interrupción voluntaria del embarazo (BOE de 01-03-2023).

ART. 26. Apoyo a entidades sociales especializadas.

Las administraciones públicas apoyarán el trabajo de las instituciones sin ánimo de lucro con programas de promoción y difusión de buenas prácticas en el ámbito de la salud ginecológica y obstétrica, así como aquellas que proporcionan acompañamiento y asistencia integral ante vulneraciones de derechos en el ámbito de la salud sexual y reproductiva. Quedarán excluidas de este artículo aquellas organizaciones contrarias al derecho recogido en la presente ley de interrupción voluntaria del embarazo.

Añadido por Ley Orgánica 1/2023, de 28 de febrero, por la que se modifica la Ley Orgánica 2/2010, de 3 de marzo, de salud sexual y reproductiva y de la interrupción voluntaria del embarazo (BOE de 01-03-2023).

CAPÍTULO II
Protección y garantía de los derechos sexuales y reproductivos en el ámbito ginecológico y obstétrico

Añadido por Ley Orgánica 1/2023, de 28 de febrero, por la que se modifica la Ley Orgánica 2/2010, de 3 de marzo, de salud sexual y reproductiva y de la interrupción voluntaria del embarazo (BOE de 01-03-2023).

ART. 27. Principios.

Las administraciones públicas competentes promoverán la prestación de servicios de ginecología y obstetricia que respete y garantice los derechos sexuales y reproductivos, tanto en el ámbito de la sanidad pública como en la privada. A tal fin, los servicios públicos destinarán esfuerzos especiales a:

a) Requerir de forma preceptiva el consentimiento libre, previo e informado de las mujeres en todos los tratamientos invasivos durante la atención del parto, respetando la autonomía de la mujer y su capacidad para tomar decisiones informadas sobre su salud reproductiva, en los términos establecidos en el artículo 8 de la Ley 41/2002, de 14 de noviembre, básica reguladora de la autonomía del paciente y de derechos y obligaciones en materia de información y documentación clínica.

b) Disminuir el intervencionismo, evitando prácticas innecesarias e inadecuadas que no estén avaladas por la evidencia científica y reforzar las prácticas relativas al parto respetado y al consentimiento informado de la paciente incluyendo a tal fin todas las medidas necesarias para incrementar el número de personal especializado.

c) Proporcionar un trato respetuoso, y una información clara y suficiente, lo que incluye el respeto a la decisión sobre la forma de alimentación elegida por las madres para sus recién nacidos.

d) Garantizar la no separación innecesaria de los recién nacidos de sus madres, y otras personas con vínculo directo con estas.

Añadido por Ley Orgánica 1/2023, de 28 de febrero, por la que se modifica la Ley Orgánica 2/2010, de 3 de marzo, de salud sexual y reproductiva y de la interrupción voluntaria del embarazo (BOE de 01-03-2023).

ART. 28. Investigación y recogida de datos.

1. Las administraciones sanitarias, en el ámbito de sus competencias, promoverán la realización de estudios sobre prácticas en el ámbito ginecológico y obstétrico contrarias a los principios establecidos en el artículo anterior y en las recomendaciones nacionales e internacionales sobre el parto respetado, que permitan evaluar y orientar las políticas públicas para su prevención y erradicación.

2. A los efectos de lo establecido en el apartado anterior, y para analizar la evolución de las citadas políticas públicas y promover buenas prácticas, las administraciones públicas competentes realizarán una recogida de datos periódica, a partir de la información proporcionada por los centros sanitarios.

Añadido por Ley Orgánica 1/2023, de 28 de febrero, por la que se modifica la Ley Orgánica 2/2010, de 3 de marzo, de salud sexual y reproductiva y de la interrupción voluntaria del embarazo (BOE de 01-03-2023).

ART. 29. Prevención y formación.

Las administraciones sanitarias, en el seno del Consejo Interterritorial del Sistema Nacional de Salud, seguirán promoviendo la adecuada formación del personal de los servicios de ginecología y obstetricia, incluido el de enfermería y matronería, para el respeto y la garantía de los derechos de las mujeres, adecuando su práctica profesional a lo dispuesto en el artículo 30.

Añadido por Ley Orgánica 1/2023, de 28 de febrero, por la que se modifica la Ley Orgánica 2/2010, de 3 de marzo, de salud sexual y reproductiva y de la interrupción voluntaria del embarazo (BOE de 01-03-2023).

ART. 30. Políticas públicas y protocolos.

1. En la Estrategia de Salud Sexual y Reproductiva se contemplará un apartado de prevención, detección e intervención integral para la garantía de los derechos sexuales y reproductivos en el ámbito ginecológico y obstétrico.

2. El Consejo Interterritorial del Sistema Nacional de Salud, con implicación del Observatorio de Salud de las Mujeres, aprobará un protocolo común de actuaciones para la garantía de los derechos sexuales y reproductivos en el ámbito ginecológico y obstétrico, que contemplará las medidas necesarias para que el sector sanitario contribuya a garantizar los derechos sexuales y reproductivos en este ámbito.

3. Tomando como marco el protocolo común, las comunidades autónomas promoverán que los centros sanitarios adopten protocolos específicos para la prevención de praxis profesionales contrarias a lo establecido en este Capítulo, asesoren a las mujeres sobre sus derechos y habiliten cauces para las reclamaciones que puedan formular quienes hayan sido afectadas por estas conductas.

Añadido por Ley Orgánica 1/2023, de 28 de febrero, por la que se modifica la Ley Orgánica 2/2010, de 3 de marzo, de salud sexual y reproductiva y de la interrupción voluntaria del embarazo (BOE de 01-03-2023).

CAPÍTULO III
Medidas de prevención y respuesta frente a formas de violencia contra las mujeres en el ámbito de la salud sexual y reproductiva

Añadido por Ley Orgánica 1/2023, de 28 de febrero, por la que se modifica la Ley Orgánica 2/2010, de 3 de marzo, de salud sexual y reproductiva y de la interrupción voluntaria del embarazo (BOE de 01-03-2023).

ART. 31. Actuación frente al aborto forzoso y la esterilización y anticoncepción forzosas.

1. Los poderes públicos velarán por evitar las actuaciones que permitan los casos de aborto forzoso, anticoncepción y esterilización forzosas, con especial atención a las mujeres con discapacidad.

2. Las administraciones públicas, en el ámbito de sus competencias, promoverán programas de salud sexual y reproductiva dirigidos a mujeres con discapacidad, que incluyan medidas de prevención y detección de las formas de violencia reproductiva referidas en este artículo, para lo cual se procurará la formación específica necesaria para la especialización profesional.

Añadido por Ley Orgánica 1/2023, de 28 de febrero, por la que se modifica la Ley Orgánica 2/2010, de 3 de marzo, de salud sexual y reproductiva y de la interrupción voluntaria del embarazo (BOE de 01-03-2023).

ART. 32. Prevención de la gestación por subrogación o sustitución.

1. La gestación por subrogación o sustitución es un contrato nulo de pleno derecho, según la Ley 14/2006, de 26 de mayo, sobre técnicas de reproducción humana asistida, por el que se acuerda la gestación, con o sin precio, a cargo de una mujer que renuncia a la filiación materna a favor del contratante o de un tercero.

2. Se promoverá la información, a través de campañas institucionales, de la ilegalidad de estas conductas, así como la nulidad de pleno derecho del contrato por el que se convenga la gestación, con o sin precio, a cargo de una mujer que renuncia a la filiación materna a favor del contratante o de un tercero.

Añadido por Ley Orgánica 1/2023, de 28 de febrero, por la que se modifica la Ley Orgánica 2/2010, de 3 de marzo, de salud sexual y reproductiva y de la interrupción voluntaria del embarazo (BOE de 01-03-2023).

ART. 33. Prohibición de la promoción comercial de la gestación por sustitución.

En coherencia con lo establecido en el párrafo cuarto del artículo 3.a) de la Ley 34/1988, de 11 de noviembre, General de Publicidad, las administraciones públicas legitimadas conforme al artículo 6 de dicha Ley instarán la acción judicial dirigida a la declaración de ilicitud de la publicidad que promueva las prácticas comerciales para la gestación por sustitución y a su cese.

Añadido por Ley Orgánica 1/2023, de 28 de febrero, por la que se modifica la Ley Orgánica 2/2010, de 3 de marzo, de salud sexual y reproductiva y de la interrupción voluntaria del embarazo (BOE de 01-03-2023).

DISPOSICIONES ADICIONALES

D.A. 1.ª De las funciones de la Alta Inspección.

1. El Estado ejercerá la Alta Inspección como función de garantía y verificación del cumplimiento efectivo de los derechos y prestaciones reconocidas en esta ley orgánica en todo el Sistema Nacional de Salud.

2. Para la formulación de propuestas de mejora en equidad y accesibilidad de las prestaciones y con el fin de verificar la aplicación efectiva de los derechos y prestaciones reconocidas en esta ley orgánica en todo el Sistema Nacional de Salud, el Gobierno elaborará un informe anual de situación, sobre la base de los datos presentados por las comunidades autónomas al Consejo Interterritorial del Sistema Nacional de Salud.

3. En la memoria anual sobre el funcionamiento del sistema, regulada en el artículo 78 de la Ley 16/2003, de 28 de mayo, de cohesión y calidad del Sistema Nacional de Salud, y que la Alta Inspección del Sistema Nacional de Salud deberá presentar al Consejo Interterritorial del Sistema Nacional de Salud para su debate, se incluirá un análisis específico sobre la implementación de esta ley orgánica.

4. Para el desarrollo de las funciones de la Alta Inspección, el Gobierno adoptará las disposiciones reglamentarias procedentes en el marco de esta ley orgánica.

Última modificación realizada por Ley Orgánica 1/2023, de 28 de febrero, por la que se modifica la Ley Orgánica 2/2010, de 3 de marzo, de salud sexual y reproductiva y de la interrupción voluntaria del embarazo (BOE de 01-03-2023).

D.A. 2.ª Evaluación de costes y adopción de medidas.

El Gobierno evaluará el coste económico de los servicios y prestaciones públicas incluidas en la Ley adoptando, en su caso, las medidas necesarias de conformidad a lo dispuesto en la Ley 16/2003, de 28 de mayo, de Cohesión y Calidad del Sistema Nacional de Salud.

D.A. 3.ª Dispensación gratuita de métodos anticonceptivos.

1. Se garantizará la financiación con cargo a fondos públicos de los anticonceptivos hormonales, incluidos los métodos reversibles de larga duración, sin aportación por parte de la persona usuaria, tal y como se establece en la normativa específica, cuando se dispensen en los centros sanitarios del Sistema Nacional de Salud.

2. Se garantizará la dispensación gratuita de métodos anticonceptivos de urgencia en los centros sanitarios del Sistema Nacional de Salud, así como en los servicios a los que se refiere el artículo 5 sexies, atendiendo a la organización asistencial de los servicios de salud de las comunidades autónomas y entidades gestoras del Sistema Nacional de Salud.

3. Las administraciones públicas, en el ámbito de sus competencias, velarán por hacer efectivo, en el plazo de un año, la dispensación gratuita de métodos anticonceptivos de barrera en los lugares a que se refiere el artículo 7 ter.b).

4. En el mismo plazo, las administraciones públicas, en el ámbito de sus competencias y con la coordinación del Ministerio de Sanidad y del Ministerio de Igualdad, concretarán las medidas relativas a la corresponsabilidad establecidas por el artículo 7 quater de esta ley orgánica.

Última modificación realizada por Ley Orgánica 1/2023, de 28 de febrero, por la que se modifica la Ley Orgánica 2/2010, de 3 de marzo, de salud sexual y reproductiva y de la interrupción voluntaria del embarazo (BOE de 01-03-2023).

D.A. 4.ª Protección de datos de carácter personal en los Registros de personas objetoras de conciencia.

1. Los datos personales que contengan los Registros de personas objetoras de conciencia regulados en el artículo 19 ter se llevarán a cabo conforme a lo dispuesto en el Reglamento (UE) 2016/679, del Parlamento Europeo y del Consejo, de 27 de abril de 2016, relativo a la protección de las personas físicas en lo que respecta al tratamiento de datos personales y a la libre circulación de estos datos y por el que se deroga la Directiva 95/46/CE (Reglamento General de Protección de Datos), y en la Ley Orgánica 3/2018, de 5 de diciembre, de Protección de Datos Personales y garantía de los derechos digitales.

2. El fundamento jurídico de legitimación para el tratamiento de los datos que recoja el Registro de personas objetoras, de acuerdo con su objetivo y finalidad, se encuentra en las letras g) e i) del apartado 2 de los artículos 9 y concordantes del Reglamento General de Protección de Datos, así como en las letras c) y e) del apartado 1 de su artículo 6.

3. Los datos de las personas objetoras recogidos en cada uno de los Registros serán aquellos que resulten estrictamente necesarios para identificar al personal sanitario que desarrolle su actividad en centros sanitarios acreditados para la realización de la interrupción voluntaria del embarazo cuyas funciones conlleven su participación directa en las citadas intervenciones. Los datos objeto de tratamiento deberán ser adecuados, pertinentes y limitados a lo necesario en relación con los fines para los que son recogidos, no debiendo incluirse, en ningún caso, el motivo de la objeción.

4. La finalidad perseguida con el tratamiento de los datos recabados en virtud del artículo 19 ter es la garantía de la prestación de la interrupción voluntaria del embarazo, adecuando los recursos humanos a la correcta programación de las intervenciones de interrupción voluntaria del embarazo. Los datos no podrán ser utilizados en ningún caso con fines distintos a los establecidos en este precepto.

5. Son responsables del tratamiento las Consejerías competentes en materia de sanidad de las comunidades autónomas y el Instituto Nacional de Gestión Sanitaria (INGESA), de acuerdo con sus respectivos ámbitos competenciales.

6. Las personas titulares de las Direcciones o Gerencias de los centros sanitarios acreditados para la realización de la interrupción voluntaria del embarazo tienen la consideración de destinatarias de los datos que sean estrictamente necesarios para la correcta planificación del servicio. Asimismo, tendrán esta condición respecto de los datos personales que sean estrictamente necesarios para conocer el número de personas objetoras en cada centro sanitario, acreditado quienes sean responsables de planificar los recursos humanos en cada Comunidad Autónoma y en el Instituto Nacional de Gestión Sanitaria (INGESA), con el fin de garantizar la prestación de la interrupción voluntaria del embarazo.

7. Las personas responsables y encargadas del tratamiento, así como todas las personas que intervengan en cualquier fase del mismo, estarán sujetas al deber de confidencialidad regulado por el artículo 5.1.f) del Reglamento general de protección de datos, sin perjuicio de los deberes de secreto profesional que, en su caso, resulten de aplicación.

8. La recolección de datos se hará conforme a la legislación vigente, con especial atención a:

a) La confidencialidad y la autenticidad de la identificación de la persona titular de los datos mediante certificado electrónico o instrumento similar de identificación segura.

b) El cumplimiento del deber de información previa a los interesados en los términos previstos en el artículo 13 del Reglamento general de protección de datos.

9. De acuerdo con la finalidad del tratamiento, se conservarán los datos recogidos durante el tiempo necesario para el cumplimiento del fin para el cual fueron recogidos y, en su caso, podrán conservarse, debidamente bloqueados, por el tiempo necesario para atender a las responsabilidades derivadas de su tratamiento ante los órganos administrativos o jurisdiccionales competentes. Una vez trascurrido dicho periodo de conservación, los datos serán suprimidos definitivamente.

10. Las administraciones públicas que sean responsables del tratamiento deberán implementar la protección de datos desde el diseño, de acuerdo con lo previsto en el artículo 25 del Reglamento general de protección de datos, realizando, desde el momento de la concepción del tratamiento, el correspondiente análisis de riesgos y evaluación de impactos para determinar las medidas técnicas y organizativas adecuadas. Estas medidas garantizarán los derechos y libertades de la persona interesada, así como la confidencialidad, integridad, disponibilidad, autenticidad y trazabilidad de los accesos a los datos, teniendo en cuenta, en todo momento, lo previsto en el Real Decreto 311/2022, de 3 de mayo, por el que se regula el Esquema Nacional de Seguridad.

11. La persona titular de los datos podrá ejercer todos los derechos regulados en los artículos 13 a 22 del Reglamento General de Protección de Datos, excepto el de oposición, al basarse el tratamiento en el cumplimiento de una obligación legal, conforme al artículo 6.1.c) del Reglamento General de Protección de Datos.

Añadida por Ley Orgánica 1/2023, de 28 de febrero, por la que se modifica la Ley Orgánica 2/2010, de 3 de marzo, de salud sexual y reproductiva y de la interrupción voluntaria del embarazo (BOE de 01-03-2023).

VI

DISPOSICIONES DEROGATORIAS

D.DT. Única. Derogación del artículo 417 bis del Código Penal.

Queda derogado el artículo 417 bis del Texto Refundido del Código Penal publicado por el Decreto 3096/1973, de 14 de septiembre, redactado conforme a la Ley Orgánica 9/1985, de 5 de julio.

DISPOSICIONES FINALES

D.F. 1.ª Modificación de la Ley Orgánica 10/1995, de 23 de noviembre, del Código Penal.

Uno.–El artículo 145 del Código Penal queda redactado de la forma siguiente:

«Artículo 145.

1. El que produzca el aborto de una mujer, con su consentimiento, fuera de los casos permitidos por la ley será castigado con la pena de prisión de uno a tres años e inhabilitación especial para ejercer cualquier profesión sanitaria, o para prestar servicios de toda índole en clínicas, establecimientos o consultorios ginecológicos, públicos o privados, por tiempo de uno a seis años. El juez podrá imponer la pena en su mitad superior cuando los actos descritos en este apartado se realicen fuera de un centro o establecimiento público o privado acreditado.

2. La mujer que produjere su aborto o consintiere que otra persona se lo cause, fuera de los casos permitidos por la ley, será castigada con la pena de multa de seis a veinticuatro meses.

3. En todo caso, el juez o tribunal impondrá las penas respectivamente previstas en este artículo en su mitad superior cuando la conducta se llevare a cabo a partir de la vigésimo segunda semana de gestación.»

Dos.–Se añade un nuevo artículo 145 bis del Código Penal, que tendrá la siguiente redacción:

«Artículo 145 bis.

1. Será castigado con la pena de multa de seis a doce meses e inhabilitación especial para prestar servicios de toda índole en clínicas, establecimientos o consultorios ginecológicos, públicos o privados, por tiempo de seis meses a dos años, el que dentro de los casos contemplados en la ley, practique un aborto:

a) sin haber comprobado que la mujer haya recibido la información previa relativa a los derechos, prestaciones y ayudas públicas de apoyo a la maternidad;

b) sin haber transcurrido el período de espera contemplado en la legislación;

c) sin contar con los dictámenes previos preceptivos;

d) fuera de un centro o establecimiento público o privado acreditado. En este caso, el juez podrá imponer la pena en su mitad superior.

2. En todo caso, el juez o tribunal impondrá las penas previstas en este artículo en su mitad superior cuando el aborto se haya practicado a partir de la vigésimo segunda semana de gestación.

3. La embarazada no será penada a tenor de este precepto.»

Tres.–Se suprime el inciso «417 bis» de la letra a) del apartado primero de la disposición derogatoria única.

D.F. 2.ª Modificación de la Ley 41/2002, de 14 de noviembre, Básica Reguladora de la Autonomía del Paciente y de Derechos y Obligaciones en materia de información y documentación clínica.

El apartado 4 del artículo 9 de la Ley 41/2002, de 14 de noviembre, Básica Reguladora de la Autonomía del Paciente y de Derechos y Obligaciones en materia de información y documentación clínica, tendrá la siguiente redacción:

«4. La práctica de ensayos clínicos y de técnicas de reproducción humana asistida se rige por lo establecido con carácter general sobre la mayoría de edad y por las disposiciones especiales de aplicación.»

D.F. 3.ª Carácter orgánico.

Esta ley orgánica se dicta al amparo del artículo 81 de la Constitución.

Los preceptos contenidos en el título preliminar, el título I, el capítulo II del título II, el título III, las disposiciones adicionales y las disposiciones finales segunda, cuarta, quinta y sexta no tienen carácter orgánico.

Última modificación realizada por Ley Orgánica 1/2023, de 28 de febrero, por la que se modifica la Ley Orgánica 2/2010, de 3 de marzo, de salud sexual y reproductiva y de la interrupción voluntaria del embarazo (BOE de 01-03-2023).

D.F. 4.ª Habilitación para el desarrollo reglamentario.

El Gobierno adoptará las disposiciones reglamentarias necesarias para la aplicación y desarrollo de la presente Ley.

En tanto no entre en vigor el desarrollo reglamentario referido, mantienen su vigencia las disposiciones reglamentarias vigentes sobre la materia que no se opongan a lo dispuesto en la presente Ley.

D.F. 5.ª Ámbito territorial de aplicación de la Ley.

Sin perjuicio de las correspondientes competencias autonómicas, el marco de aplicación de la presente Ley lo será en todo el territorio del Estado.

Corresponderá a las autoridades sanitarias competentes garantizar la prestación contenida en la red sanitaria pública, o vinculada a la misma, en la Comunidad Autónoma de residencia de la mujer embarazada, siempre que así lo solicite la embarazada.

D.F. 6.ª Entrada en vigor.

La Ley entrará en vigor en el plazo de cuatro meses a partir del día siguiente al de su publicación en el «Boletín Oficial del Estado».

Por tanto,
Mando a todos los españoles, particulares y autoridades, que guarden y hagan guardar esta ley orgánica.

Madrid, 3 de marzo de 2010.

JUAN CARLOS R.
El Presidente del Gobierno,
JOSÉ LUIS RODRÍGUEZ ZAPATERO

VII. LEY ORGÁNICA 18/2003, DE 10 DE DICIEMBRE, DE COOPERACIÓN CON LA CORTE PENAL INTERNACIONAL

—BOE núm. 296, de 11 de diciembre de 2003—

JUAN CARLOS I
REY DE ESPAÑA

A todos los que la presente vieren y entendieren.
Sabed: Que las Cortes Generales han aprobado y Yo vengo en sancionar la siguiente ley orgánica.

EXPOSICIÓN DE MOTIVOS

En virtud de la autorización concedida por la Ley Orgánica 6/2000, de 4 de octubre, España ratificó, por instrumento de 19 de octubre de 2000 (depositado el 25 de octubre), el Estatuto de la Corte Penal Internacional adoptado en Roma el 17 de julio de 1998. Dicho Estatuto entró en vigor, conforme a lo dispuesto en su artículo 126, el 1 de julio de 2002.

La estructura de esta ley, comparable a la que se siguió en la Ley Orgánica 15/1994, de 1 de junio, para la cooperación con el Tribunal Internacional para el enjuiciamiento de los presuntos responsables de violaciones graves del derecho internacional humanitario cometidas en el territorio de la ex-Yugoslavia, y en la Ley Orgánica 4/1998, de 1 de julio, para la cooperación con el Tribunal Internacional para Ruanda, parte del presupuesto del carácter autoejecutivo de numerosos preceptos del Estatuto de Roma, en condiciones de positividad que permiten su aplicación directa por los tribunales, en aquellos sistemas como el español, en los que los tratados pueden ser aplicados directamente cuando el contenido material de la norma internacional así lo permita.

En lógico desarrollo de ese planteamiento, la ley sólo regula aquellos aspectos orgánicos, procesales y procedimentales que permitan la aplicación concreta del Estatuto, evitando reproducir preceptos de éste que serían redundantes.

En el ámbito de las fuentes, se contemplan lógicamente, además del propio Estatuto y de esta ley, las demás leyes españolas aplicables, en lo que no esté regulado expresamente por ella. Además, habrán de tenerse en cuenta los acuerdos que puedan celebrarse entre España y la Corte, así como, en aquello que sea pertinente, las reglas de procedimiento y prueba de la Corte, que habrán de ser objeto de publicación en el 'Boletín Oficial del Estado'.

La ley regula con particular cuidado el llamado 'mecanismo de activación', a través de la denuncia por España de una situación que podría ser de la competencia de la Corte, configurándose como una competencia exclusiva del Gobierno en razón a las diversas variables de política exterior que deben ser ponderadas por el órgano constitucionalmente responsable de la política exterior.

La ley pone particular cuidado en la regulación de eventuales conflictos competenciales entre la Corte y los tribunales españoles, estableciéndose el deber del Ejecutivo de sostener la competencia española cuando ésta ha sido ejercida o se está ejerciendo, pero se establece un matiz o gradación en los deberes del Ejecutivo, inspirado en reciente doctrina tanto de la Sala Segunda como de la Sala Tercera del Tribunal Supremo, en orden al deber de recurrir o la facultad de hacerlo ante órganos judiciales externos. Cuando la causa se halla en un estadio inicial, en el momento procesal en que el Fiscal de la Corte reclama la competencia, el Gobierno tiene el deber de recurrir ante la Sala de Cuestiones Preliminares, pero cuando ésta ya se ha pronunciado sosteniendo la competencia de la Corte, el Gobierno tiene la facultad de apreciar soberanamente si se aquieta a esta decisión o interpone recurso ante la Sala de Apelaciones.

Un elemento significativo de esta ley es la entrega a la Corte de una persona reclamada por la misma, que resulta imprescindible, pues el Estatuto no permite dictar sentencias en rebeldía. Los preceptos del Estatuto y de las reglas de procedimiento y prueba son muy minuciosos y concordantes con el derecho interno español, por lo que esta ley sólo introduce los adecuados complementos.

El aspecto más significativo se refiere al principio general que establece el Estatuto acerca de la obligatoriedad de decretar la prisión provisional, siendo excepción la libertad provisional, aunque no se establece un automatismo riguroso eliminando por completo la facultad de apreciación por el juez interno, sino solamente que examine y valore las recomendaciones de la Corte, tal y como establece el artículo 59.4 del Estatuto. En orden a la entrega a la Corte, la característica principal es la limitación de los motivos de denegación de la solicitud, apartándose de los modelos clásicos en materia de extradición, ya que ni siquiera la existencia de cosa juzgada puede impedir la entrega, sin perjuicio de la valoración que, en su caso, pueda efectuar la Corte.

Junto al núcleo básico de la cooperación, constituido por la entrega a la Corte, la ley regula también diversos aspectos del auxilio judicial internacional, aunque teniendo en cuenta la precisión del Estatuto en la regulación de una variada tipología de comisiones rogatorias y otras formas de cooperación, ha parecido suficiente prever en la norma interna española mínimos complementos procesales.

La ejecución de las sentencias de la Corte, tanto en cuanto a las penas principales como en cuanto a las consecuencias accesorias y la reparación a las víctimas, es también objeto de regulación y, siguiendo la misma técnica legislativa, se introducen desarrollos normativos mínimos, siendo aplicables las normas generales y eventuales acuerdos con la Corte. En lo que concierne a las penas privativas de libertad, España ha formulado al ratificar el Estatuto una declaración expresando la disposición a recibir en España personas condenadas por la Corte, para cumplimiento de la condena, bajo determinados límites temporales, de acuerdo con la habilitación concedida por la disposición adicional única de la Ley Orgánica 6/2000, de 4 de octubre.

En el plano orgánico, se mantiene la competencia de la Audiencia Nacional para la cooperación pasiva concerniente a la entrega a la Corte, siendo competentes los restantes órganos judiciales, sea para la cooperación activa, sea para ciertos aspectos de la pasiva, como son las comisiones rogatorias, actos de notificación y otras formas de cooperación. En el orden político y administrativo, el Ministerio de Justicia es el órgano de relación con la Corte, sin perjuicio de tener que contar con el criterio del Ministerio de Asuntos Exteriores en los asuntos de su competencia.

La competencia para la entrega se residencia en el Juez Central de Instrucción de la Audiencia Nacional, con un recurso de apelación ante la Sala de lo Penal, con motivos tasados, tal y como está previsto en el artículo 790 de la Ley de Enjuiciamiento Criminal, en el procedimiento abreviado. A diferencia del modelo que inspira la Ley de Extradición Pasiva de 1985, la intervención del Poder Ejecutivo es reducida, judicializándose todo el sistema y eliminándose las llamadas fases gubernativas, y dentro de esta fase judicial ahora única, se reducen los motivos de oposición a la solicitud de entrega.

ART. 1. Objeto y fuentes jurídicas.

El objeto de esta ley orgánica es regular las relaciones de cooperación entre el Estado español y la Corte Penal Internacional en el ejercicio de la jurisdicción y funciones encomendadas a esta institución por el Estatuto de Roma de 17 de julio de 1998 -en lo sucesivo, el Estatuto y su normativa complementaria, mediante la atribución de competencias a los órganos estatales y el establecimiento de procedimientos internos adecuados, aplicables en lo no previsto en el Estatuto y sus normas complementarias en la medida en que éstas resulten pertinentes, en particular las reglas de procedimiento y prueba, así como en los acuerdos específicos de cooperación que España pueda celebrar con la Corte.

Con carácter supletorio a esta ley se aplicarán las normas orgánicas y procesales de aplicación general.

ART. 2. De la cooperación pasiva.

España prestará plena cooperación a la Corte Penal Internacional -en lo sucesivo, la Corte- de conformidad con lo prevenido en el Estatuto y en especial en su artículo 86.

ART. 3. De la cooperación activa.

Los órganos judiciales y el Ministerio Fiscal podrán dirigir, por conducto del Ministerio de Justicia, solicitudes de cooperación a la Corte que se consideren necesarias en el marco de un proceso que se siguiere en España y en los casos y condiciones que establece el artículo 93.10 del Estatuto.

ART. 4. De las autoridades competentes.

Son autoridades competentes para la aplicación de esta ley:
a) El Gobierno.
b) El Ministerio de Justicia.
c) El Ministerio de Asuntos Exteriores, en los casos previstos en esta ley, y, en todo caso, cuando intervinieran factores de política exterior.
d) El Ministerio de Defensa y el Ministerio del Interior, cuando el acto de cooperación afecte a sus competencias.
e) Los órganos judiciales de la jurisdicción ordinaria y, en particular, la Audiencia Nacional.
f) Los órganos judiciales militares y, en particular, el Tribunal Militar Central.
g) El Ministerio Fiscal.

ART. 5. De la representación y defensa procesal.

1. La representación y defensa en juicio de España ante los órganos de la Corte corresponderá a los Abogados del Estado integrados en la Abogacía General del Estado y de acuerdo con las instrucciones impartidas conjuntamente, en cada caso, por el Ministerio de Justicia y el Ministerio de Asuntos Exteriores. En los supuestos en que el procedimiento afecte a materias propias de algún departamento ministerial, se oirá a éste antes de impartir las citadas instrucciones.

2. El Gobierno, por motivos excepcionales y oído el Abogado General del Estado, podrá acordar que una persona, especialmente designada al efecto, actúe como agente de España en un determinado procedimiento ante los órganos de la Corte. La persona designada por el Gobierno asumirá en el desempeño de sus servicios las funciones de Abogado del Estado y se ajustará a las disposiciones que regulan el ejercicio de dichas funciones.

ART. 6. De los órganos de relación y consulta con la Corte.

1. El Ministerio de Justicia es el único órgano de relación entre la Corte, por un lado, y los órganos judiciales y Ministerio Fiscal, por otro, sin perjuicio de las competencias del Ministerio de Asuntos Exteriores.

2. El Ministerio de Justicia es también el órgano de consulta con la Corte en los casos previstos en el Estatuto, debiendo informar previamente de cada consulta al Ministerio de Asuntos Exteriores. En el supuesto de que la consulta afecte a materias propias del ámbito competencial de los Ministerios del Interior o Defensa, recabará el informe de estos departamentos.

Cuando la consulta incluya, a juicio del Ministerio de Asuntos Exteriores, aspectos de política exterior, será éste el competente, en coordinación con el Ministerio de Justicia y, en su caso, con otros ministerios concernidos.

ART. 7. De la solicitud para iniciar una investigación por el Fiscal de la Corte.

1. Corresponde exclusivamente al Gobierno, mediante Acuerdo del Consejo de Ministros, a propuesta conjunta del Ministro de Asuntos Exteriores y del Ministro de Justicia, decidir la presentación de la denuncia de una situación ante el Fiscal de la Corte, de conformidad con lo prevenido en los artículos 13, párrafo a), y 14 del Estatuto, y en su caso, para instar de la Sala de Cuestiones Preliminares que el Fiscal reconsidere su decisión de no iniciar actuaciones, conforme al artículo 53.3.ª) del Estatuto.

2. Cuando se presentare una denuncia o querella ante un órgano judicial o del Ministerio Fiscal o una solicitud en un departamento ministerial, en relación con hechos sucedidos en otros Estados, cuyos presuntos autores no sean nacionales españoles y para cuyo enjuiciamiento pudiera ser competente la Corte, dichos órganos se abstendrán de todo procedimiento, limitándose a informar al denunciante, querellante o solicitante de la posibilidad de acudir directamente al Fiscal de la Corte, que podrá, en su caso, iniciar una investigación, sin perjuicio de adoptar, si fuera necesario, las primeras diligencias urgentes para las que

VII

pudieran tener competencia. En iguales circunstancias, los órganos judiciales y el Ministerio Fiscal se abstendrán de proceder de oficio.

3. No obstante, si el Fiscal de la Corte no acordara la apertura de la investigación o la Corte acordara la inadmisibilidad del asunto, la denuncia, querella o solicitud podrá ser presentada nuevamente ante los órganos correspondientes.

ART. 8. Del requerimiento de inhibición al Fiscal de la Corte.

1. Recibida en el Ministerio de Justicia notificación del Fiscal de la Corte de inicio de una investigación conforme al artículo 18.1 del Estatuto, de tratarse de hechos cuyo conocimiento podría corresponder a la jurisdicción española por haber acaecido en territorio español u ostentar sus presuntos responsables la nacionalidad española, dicho departamento ministerial solicitará del Fiscal General del Estado información urgente sobre la existencia de actuaciones penales que se sigan o se hayan seguido en relación con los hechos objeto de la investigación, así como sobre si tienen competencia los tribunales españoles.

2. Cuando de la información suministrada por el Fiscal General del Estado apareciera que se ha ejercido jurisdicción en España, se está ejerciendo o, como consecuencia de la notificación recibida, se ha iniciado una investigación por las autoridades españolas, los Ministros de Justicia y de Asuntos Exteriores, en plazo que no podrá rebasar los veinte días desde la recepción de la notificación del Fiscal de la Corte, elevarán propuesta conjunta al Consejo de Ministros para que resuelva sobre sostener la competencia de las autoridades españolas y, en su caso, pedir la inhibición al Fiscal de la Corte conforme al artículo 18.2 del Estatuto.

3. Una vez aprobado el Acuerdo del Consejo de Ministros del apartado anterior, corresponderá al Ministerio de Justicia formular la petición de inhibición y realizar las restantes actuaciones previstas en el Estatuto para dar cumplimiento a dicho Acuerdo.

4. El Ministerio de Justicia responderá con carácter urgente a cualquier petición de información del Fiscal de la Corte referida al estado de los procedimientos penales que se siguieren en España y que hubieren sido objeto de petición de inhibición, recabando dicha información del Fiscal General del Estado o directamente del órgano judicial que estuviere conociendo del asunto. La información se transmitirá con los límites de utilización que estableciere el órgano judicial que autorizare la información.

5. Cuando de la información suministrada por el Fiscal General del Estado de conformidad con el apartado 1 resulte que no se ha ejercido jurisdicción, ni se está ejerciendo, ni se ha iniciado investigación en España, el Ministerio de Justicia lo comunicará urgentemente al Fiscal de la Corte.

ART. 9. De la impugnación de la competencia de la Corte o de la admisibilidad de la causa.

1. Corresponde exclusivamente al Gobierno, mediante Acuerdo del Consejo de Ministros, a propuesta conjunta del Ministro de Justicia y del Ministro de Asuntos Exteriores, acordar la impugnación de la competencia de la Corte o de la admisibilidad de la causa, de conformidad con lo previsto en los artículos 17 y 19 del Estatuto, cuando los tribunales españoles hayan conocido del asunto y haya recaído sentencia, o se haya decretado el sobreseimiento libre de la causa o estén conociendo del asunto. Dicho acuerdo habilitará, en su caso, al Ministerio de Justicia para llevar a cabo la impugnación.

2. Tal impugnación se formalizará a la mayor brevedad posible, antes del inicio del juicio en la Corte y, excepcionalmente, en el momento de su iniciación o en un momento posterior, fundándose en este último caso en el solo motivo de haberse producido ya cosa juzgada en España.

ART. 10. De la inhibición de la jurisdicción española a favor de la Corte.

Si, a pesar de la solicitud de inhibición al Fiscal de la Corte prevista en el artículo 8 de esta ley o de la impugnación de la competencia o la admisibilidad de la causa contemplada en el artículo 9, la Sala competente de la Corte autoriza al Fiscal a proceder a la investigación o mantiene su competencia, el órgano jurisdiccional español se inhibirá a favor de la Corte y a su solicitud le remitirá lo actuado.

ART. 11. De la detención.

1. Cuando fuere detenida una persona, en cumplimiento de una orden de la Corte de detención provisional o de detención y entrega, la autoridad que practicare la detención lo

comunicará inmediatamente al Ministerio de Justicia y al Juez Central de Instrucción de la Audiencia Nacional, debiendo ser puesta dicha persona a disposición del Juez Central de Instrucción sin demora y, en todo caso, dentro del plazo de setenta y dos horas siguientes a la detención.

2. El Juez Central de Instrucción oirá a la persona reclamada, asistida de letrado y, en su caso, de intérprete y al Ministerio Fiscal, dentro de las setenta y dos horas siguientes a su puesta a disposición judicial. Después de verificar la identidad del detenido, el contenido de la orden de detención y las circunstancias previstas en el artículo 59.2 del Estatuto informará al detenido del contenido de la orden de detención y de su derecho a solicitar la libertad provisional.

3. Cuando la orden de detención de la Corte se refiera a una persona que se encuentra cumpliendo condena impuesta por los tribunales españoles o por los de un tercer Estado desde el cual hubiere sido trasladada a España para su cumplimiento, la autoridad penitenciaria competente informará con antelación suficiente sobre la fecha de excarcelación al Juez Central de Instrucción y al Ministerio de Justicia, que informará a la Corte sobre la fecha prevista de excarcelación.

ART. 12. De la libertad provisional.

1. Si el detenido solicitara, en la comparecencia prevista en el artículo anterior, su libertad provisional, el Juez Central de Instrucción acordará remitir dicha solicitud a la Corte, a través del Ministerio de Justicia, con indicación del plazo para recibir sus recomendaciones, que no será inferior a veinte días. En la misma resolución el Juez Central de Instrucción acordará la prisión provisional del detenido por el tiempo estrictamente necesario para recibir las recomendaciones de la Corte sobre dicha solicitud y hasta que se resuelva sobre ésta.

2. Una vez recibida, a través del Ministerio de Justicia, la comunicación de la Corte con las recomendaciones que ésta formule sobre la solicitud de libertad, o concluido el plazo señalado para su formulación, el Juez Central de Instrucción, previa valoración de dichas recomendaciones, podrá acordar la libertad provisional del detenido cuando existan circunstancias urgentes y excepcionales que lo justifiquen y adoptará las salvaguardias necesarias para cumplir la obligación de entregar la persona a la Corte y, en especial, las medidas recomendadas al efecto por ésta.

3. Si en el plazo establecido en las reglas de procedimiento y prueba la Corte no hubiera remitido la documentación para la entrega prevista en el artículo 91.2 y 3 del Estatuto, el Juez Central de Instrucción podrá acordar la libertad provisional y las medidas cautelares adecuadas, que se mantendrán por un tiempo máximo de ciento ochenta días, sin perjuicio de volver a decretar la prisión una vez recibida la documentación de la Corte.

4. Cuando se acordare la libertad provisional, se informará a la Sala de Cuestiones Preliminares y, posteriormente, cuantas veces ésta lo solicite.

ART. 13. De la entrega simplificada.

1. En la comparecencia regulada en el artículo 11 de esta ley se interrogará a la persona reclamada acerca de si consiente en su entrega y, si diere el consentimiento, el Juez Central de Instrucción dictará auto acordando la entrega a la Corte sin más trámites y sin que sea necesario que la Corte remita la documentación prevista en el artículo 91 del Estatuto.

Se procederá de la misma manera si también consiente en la entrega respecto a otros hechos no comprendidos en la solicitud de la Corte y que pudieren aparecer en el curso del proceso ante ésta, y, si no accediere, la entrega se efectuará sólo por los hechos contenidos en la solicitud, sin perjuicio de lo que proceda, después de la entrega, en aplicación del apartado 2 del artículo 101 del Estatuto. Fuera de este caso, no se admitirá un consentimiento parcial.

2. El Juez Central de Instrucción remitirá urgentemente copia del auto al Ministerio de Justicia, que informará de inmediato a la Corte y solicitará indicaciones de ésta, en orden a la realización del traslado. Una vez recibidas dichas instrucciones, las transmitirá al Juzgado Central de Instrucción y al Ministerio del Interior a los fines de la entrega.

3. La persona reclamada, aunque se hubiere opuesto a la entrega en la citada comparecencia, podrá dar su consentimiento dentro de los quince días siguientes, procediéndose en tal caso conforme a lo prevenido en los apartados precedentes.

4. En la misma comparecencia se informará al detenido de que el consentimiento, una vez dado, es irrevocable.

ART. 14. De la orden de comparecencia de un imputado ante la Corte.

Cuando, en lugar de una solicitud de detención, la Corte hubiere dictado una orden de comparecencia, el Ministerio de Justicia remitirá la solicitud de la Corte al juez de instrucción del domicilio o residencia de la persona buscada, el cual citará a ésta personalmente, informándole de la fecha y demás circunstancias relativas a dicha comparecencia, y adoptará las medidas de aseguramiento de la comparecencia previstas en la legislación procesal española que considere más adecuadas, con exclusión de las privativas de libertad, remitiendo las diligencias practicadas al Ministerio de Justicia, que las transmitirá a la Corte.

ART. 15. De la entrega a la Corte.

1. No habiéndose accedido a la entrega simplificada, cuando hubiera sido detenida una persona en cumplimiento de una orden de la Corte de detención y entrega o una vez recibida en el Juzgado Central de Instrucción la documentación prevista en el artículo 91.2 ó 3 del Estatuto, según los casos, se pondrá ésta de manifiesto en Secretaría y se convocará a una audiencia que tendrá lugar en el plazo máximo de diez días, con citación de la persona reclamada y su defensor y, en su caso, de un intérprete, así como del Ministerio Fiscal. A dicha audiencia podrá asistir e intervenir un delegado del Fiscal de la Corte.

No se admitirán otras alegaciones o pruebas que las relativas a la concurrencia o no de los requisitos establecidos en los apartados 2 ó 3 del artículo 91 del Estatuto, sin perjuicio de lo dispuesto en el apartado siguiente.

2. Cuando se alegare la excepción de cosa juzgada, el Juzgado Central de Instrucción lo comunicará al Ministerio de Justicia, aplazando la resolución sobre la entrega, mientras el Ministerio de Justicia efectúa las consultas con la Corte previstas en el artículo 89.2 del Estatuto. Si de tales consultas resultare que la causa ha sido declarada admisible por la Corte, el Juzgado Central de Instrucción alzará la suspensión. Dicho Juzgado podrá también acordar la suspensión de la vista cuando hubiere de practicar alguna información complementaria.

3. Concluida la vista, el Juzgado Central de Instrucción resolverá sobre la petición de entrega, por medio de auto, en el plazo de tres días.

4. Si en el citado auto se denegare la entrega, podrá mantenerse la situación de prisión provisional hasta la firmeza de dicha resolución.

5. Si la resolución fuere estimatoria, una vez firme, se notificará de inmediato al Ministerio de Justicia y por éste se dará traslado seguidamente a la Corte, solicitando indicaciones para la realización del traslado, que una vez recibidas se comunicarán al Juzgado Central de Instrucción y al Ministerio del Interior.

6. Si la resolución fuere denegatoria de la entrega, una vez firme, se pondrá urgentemente en libertad a la persona detenida y se comunicará al Ministerio de Justicia, que a su vez lo hará a la Corte.

ART. 16. De las solicitudes concurrentes.

1. Cuando concurriere con la solicitud de entrega de la Corte una solicitud de extradición de un Estado, sea o no parte en el Estatuto, o una orden europea de detención y entrega, se notificará este hecho a la Corte y al Estado requirente y se tramitarán conjuntamente ambos procedimientos en el Juzgado Central de Instrucción que estuviere conociendo de la solicitud de entrega.

2. El Juez Central de Instrucción se abstendrá de decidir sobre la entrega, elevando ambos procesos a la Sala de lo Penal de la Audiencia Nacional, que resolverá de acuerdo con el Estatuto y, en su caso, de acuerdo con el tratado que existiere con el Estado requirente.

Cuando no existiere tratado, se dará preferencia a la solicitud de la Corte.

3. El Ministerio de Justicia informará a la Corte cuando, habiendo sido declarada inadmisible la causa por ésta, asimismo se hubiere denegado la extradición al Estado requirente.

ART. 17. De los recursos.

1. Contra las resoluciones del Juez Central de Instrucción relativas a la situación personal del reclamado cabe recurso de apelación ante la Sala de lo Penal de la Audiencia Nacional, que se sustanciará conforme a lo previsto en el artículo 766 de la Ley de Enjuiciamiento Criminal y se resolverá por auto en el plazo de cinco días.

2. Contra el auto del Juez Central de Instrucción en el que se resuelve sobre la entrega cabe recurso de apelación ante la Sala de lo Penal de la Audiencia Nacional, que se sustanciará conforme a lo prevenido en el artículo 790 de la Ley de Enjuiciamiento Criminal,

si bien en el escrito de formalización del recurso no se podrán formular otras alegaciones que las relativas a quebrantamiento de las normas y garantías procesales en el expediente y las relativas a la concurrencia de los requisitos establecidos en los artículos 89.2 y 91.2 ó 3, según los casos, del Estatuto.

3. Los autos de la Sala de lo Penal de la Audiencia Nacional resolviendo los recursos de los apartados anteriores no serán susceptibles de recurso alguno.

ART. 18. De la entrega temporal a la Corte.

1. Cuando se hubiere acordado la entrega a la Corte y la persona que deba ser entregada estuviere cumpliendo condena en España o sujeta a proceso por hechos distintos de los que han servido de base para la entrega, el Ministerio de Justicia, si no se opusiere el Tribunal sentenciador o el instructor, celebrará consultas con la Corte, a efectos de decidir sobre la entrega temporal a la Corte mediante resolución motivada, con las modalidades de la restitución a España que se determinen y computándose en todo caso el período pasado a disposición de la Corte.

2. Por el Ministerio de Justicia se transmitirán las informaciones precisas a los órganos judiciales competentes, según los casos, y al Ministerio del Interior, para efectuar el desplazamiento y en su momento el retorno.

ART. 19. De las actuaciones posteriores a la entrega.

1. Si, después de la entrega, la Corte pidiere autorización a España para proceder por una conducta anterior a la entrega, se trasladará la petición al Juzgado Central de Instrucción, o a la Sala de lo Penal en el caso previsto en el artículo 16 de esta ley, que resolverán de acuerdo con el criterio establecido en el apartado 2 del artículo 101 del Estatuto. Si a la solicitud de la Corte no se acompañare un acta en la que se contengan las observaciones de la persona entregada, el Ministerio de Justicia pedirá a la Corte que le sea transmitida y una vez recibida se remitirá al órgano judicial competente.

2. Cuando la persona entregada fuere puesta en libertad por la Corte por razones distintas del cumplimiento de la sentencia y la Corte se propusiera trasladarla a otro Estado, se remitirá esta información al Juzgado Central de Instrucción de la Audiencia Nacional y, en su caso, por el Ministerio de Justicia se dará el consentimiento de España para tal traslado o se solicitará su devolución a España si la razón de la puesta en libertad se debiere a que la causa fue declarada inadmisible por la Corte por el motivo previsto en el artículo 17.1.ª) del Estatuto.

ART. 20. De otras formas de cooperación con la Corte.

1. Los órganos judiciales y las restantes autoridades intervinientes darán cumplimiento a las solicitudes de cooperación formuladas por la Corte previstas en el artículo 93 del Estatuto que no estuvieran prohibidas en la legislación española y cuyo fin fuera también facilitar el proceso ante la Corte.

El Ministerio de Justicia acusará recibo e informará a la Corte acerca del órgano interno al que se haya transmitido la solicitud.

2. Cuando la solicitud de la Corte pudiera afectar a la defensa o a la seguridad nacionales o tenga por objeto documentos o informaciones que hubieren sido transmitidos a España con carácter confidencial por un Estado, una organización internacional o una organización intergubernamental, el Ministerio de Asuntos Exteriores, en coordinación con los Ministerios de Justicia, del Interior y de Defensa u otros Ministerios competentes, efectuará consultas con el Estado u organización de que proceda la información o documentación, informándose a la Corte del resultado de tales consultas.

3. Cualquier otra dificultad en el cumplimiento de la solicitud será objeto de consultas por el Ministerio de Justicia con la Corte.

4. El objeto de las consultas será exponer a la Corte la razón fundada por la que no puede prestarse la asistencia solicitada, considerar la posibilidad de atenderla de otra manera o con arreglo a otras condiciones, estudiar su modificación o retirada, así como asegurar la protección de informaciones de carácter confidencial o restringido.

5. En el caso de concurrencia de solicitudes de asistencia de la Corte y de un Estado, si aparecieren dificultades para atender a ambas, el Ministerio de Justicia celebrará consultas con la Corte y dicho Estado, con el fin de postergar o condicionar una de ellas, informando en su caso a la Corte, conforme al artículo 93.9.b) del Estatuto, de que las informaciones,

bienes o personas objeto de la solicitud están bajo el control de un tercer Estado u organización internacional.

ART. 21. De las personas sujetas a la jurisdicción de la Corte.

1. Las personas citadas como peritos o testigos para comparecer ante los tribunales españoles en cumplimiento de una comisión rogatoria expedida por la Corte tendrán las mismas obligaciones y responsabilidades que si hubieren sido citadas en una causa que se siguiere en España.

Si la comparecencia fuere en la sede de la Corte, tendrá carácter voluntario, solicitándose de ésta por el Ministerio de Justicia información acerca de las inmunidades y plazo de vigencia para la persona citada, que será transmitida a dicha persona, anticipándose los gastos por el Ministerio de Justicia. Si la Corte hubiere remitido alguna instrucción sobre la regla relativa a la autoinculpación, se entregará dicho documento al testigo y el órgano judicial se cerciorará de que ha sido debidamente entendido.

No será necesario el consentimiento cuando se tratare de un condenado por la Corte que se encontrare cumpliendo condena en España, en cuyo caso se efectuará el traslado temporal, en las condiciones que se acuerden con la Corte.

2. Cuando la solicitud de comparecencia en la sede de la Corte se refiriese a una persona detenida en España, el Ministerio de Justicia se dirigirá al órgano judicial que estuviere conociendo del asunto para que interrogue a dicha persona acerca de si consiente el traslado, y si lo consintiere y la autoridad judicial española no se opusiere, el Ministerio de Justicia autorizará el traslado, comunicándolo al citado órgano judicial y al Ministerio del Interior, en coordinación con la Corte.

3. Las personas en tránsito en España para comparecer ante la Corte gozarán de inmunidad.

4. Cuando hubieren de comparecer ante la Corte agentes o funcionarios españoles en calidad de perito o testigo, el Ministerio de Justicia, en coordinación, en su caso, con otros Ministerios o Administraciones de que dependan, solicitará de la Corte su protección.

5. El Ministerio de Justicia, en coordinación con el Ministerio del Interior y, en su caso, con otras Administraciones competentes, podrá convenir con el Secretario de la Corte la acogida temporal de víctimas traumatizadas o de testigos que pudieran correr peligro por su testimonio.

ART. 22. De la ejecución de las penas en España.

1. De conformidad con el acuerdo que eventualmente se celebre entre España y la Corte y con la disposición adicional única de la Ley Orgánica 6/2000, de 4 de octubre, por la que se autoriza la ratificación por España del Estatuto de la Corte Penal Internacional, el Ministerio de Justicia, previas las consultas oportunas, comunicará a la Corte las condiciones en las que España estuviese dispuesta a aceptar el traslado de un condenado a pena privativa de libertad o las razones que impidiesen la aceptación de dicho traslado.

Por el Ministerio de Justicia se transmitirán las oportunas informaciones al Ministerio del Interior para la realización del traslado, debiendo comunicarse por las autoridades penitenciarias al juez de vigilancia penitenciaria competente la llegada del recluso, en un plazo de veinticuatro horas.

2. En el caso de que, encontrándose cumpliendo condena en España una persona condenada por la Corte, ésta se propusiere designar a otro Estado para la continuación de la ejecución, el Ministerio de Justicia formulará las observaciones pertinentes.

3. Los jueces de vigilancia penitenciaria y el Ministerio del Interior prestarán el máximo apoyo a Magistrados y funcionarios de la Corte que se personaren en España para supervisar la ejecución de las penas.

4. Para que se pueda proceder en España contra un condenado que estuviere cumpliendo una condena impuesta por la Corte en un establecimiento penitenciario español, por hechos anteriores a su entrega a España, el juez instructor o el tribunal competente dirigirá la comunicación y la documentación pertinente al Ministerio de Justicia, que las trasladará a la Corte, absteniéndose de proceder hasta la decisión de ésta. Igualmente se actuará para la extradición a un Estado.

5. Cuando se celebre una vista en la Sala de Apelaciones acerca de una posible reducción de la pena de quien estuviere cumpliendo condena en España, corresponderá al Ministerio de Justicia determinar la conveniencia de la intervención procesal y los términos en que deba producirse.

6. En caso de evasión del condenado, el Ministerio de Justicia informará con urgencia al Secretario de la Corte de tal circunstancia y consultará con ella acerca de si España solicita su extradición al Estado en que se encuentre o si la Corte insta su entrega a dicho Estado.

7. Cuando la petición de ejecución de la Corte se refiriese a una multa u orden de decomiso, el Ministerio de Justicia transmitirá la documentación pertinente al Fiscal General del Estado para que inste la ejecución ante el órgano judicial competente y, en su caso, se pongan a disposición del Ministerio de Justicia los bienes o sumas obtenidas para su transferencia a la Corte.

ART. 23. De las medidas de reparación.

1. El Ministerio de Justicia, en el plazo indicado por la Corte o, en su caso, en el más breve plazo posible, remitirá observaciones sobre las cuestiones planteadas por la Corte, incluidas las relativas a las observaciones formuladas por los peritos, pudiendo recabar, a tal efecto, informaciones de organismos competentes.

2. Cuando las observaciones se refiriesen a la atribución del importe de la reparación a una organización intergubernamental o internacional, el Ministerio de Justicia consultará con el Ministerio de Asuntos Exteriores.

3. Cuando para cumplimentar la comunicación de la Corte hubieran de adoptarse medidas de ejecución, se procederá, en lo que sea pertinente, conforme al procedimiento previsto en el apartado 7 del artículo 22 de esta ley.

ART. 24. De la intervención de España en calidad de 'amicus curiae'.

Si España recibiere una invitación de la Corte para participar en un proceso en calidad de 'amicus curiae', el Ministerio de Justicia consultará con el Ministerio de Asuntos Exteriores para determinar la conveniencia u oportunidad de hacerlo y, en su caso, fijar los términos de dicha participación.

ART. 25. De la celebración del juicio y otras actuaciones procesales en España.

Si la Corte propusiere la celebración del juicio u otras actuaciones procesales en España, el Ministerio de Justicia, previa consulta con los Ministerios de Asuntos Exteriores y del Interior y otras autoridades competentes, comunicará a la Corte la decisión al respecto. En su caso, los aspectos no jurisdiccionales de dichas actuaciones estarán sometidos al acuerdo específico que se celebre con la Corte.

DISPOSICIONES ADICIONALES

D.A. 1.ª Reglas de procedimiento y prueba de la Corte.

Las reglas de procedimiento y prueba así como sus enmiendas se publicarán en el 'Boletín Oficial del Estado'.

D.A. 2.ª Del modo de proceder por los delitos contra la Administración de Justicia por la Corte.

1. El Ministerio de Justicia remitirá a la Corte, a petición de ésta, el informe que se le solicitare con carácter previo a la decisión de la Corte para ejercer o no su jurisdicción.

2. Sólo se podrá proceder en España en relación a estos delitos a solicitud de la Corte.

3. Si la Corte se inhibiere en favor de la jurisdicción española, el Ministerio de Justicia remitirá la solicitud al Fiscal de la Audiencia Nacional, si el delito hubiera sido cometido por un español en el extranjero, o al Fiscal General del Estado cuando el delito se hubiera cometido en España.

4. El Ministerio de Justicia informará a la Corte sobre el resultado del proceso.

D.A. 3.ª De los órganos jurisdiccionales militares.

1. Las referencias que esta ley hace al Juzgado Central de Instrucción y a la Sala de lo Penal de la Audiencia Nacional deben entenderse hechas, cuando la cooperación sea de la competencia de la jurisdicción militar, al Juzgado Togado Militar Central Decano y al Tribunal Militar Central, respectivamente.

En los mismos casos, las referencias que la ley hace al Ministerio Fiscal y al juzgado de vigilancia penitenciaria deben entenderse hechas al Fiscal Jurídico Militar y al Juez Togado Militar de Vigilancia Penitenciaria.

2. Lo dispuesto en el apartado 2 del artículo 7 de esta ley se entenderá sin perjuicio de lo establecido en las leyes reguladoras de la jurisdicción militar con respecto a la competencia de esta última en los casos de presencia permanente o temporal, fuera de territorio nacional, de fuerzas o unidades militares españolas, ni afectará tampoco al desempeño de la función jurisdiccional por los órganos judiciales militares que las acompañen.

DISPOSICIONES FINALES

D.F. 1.ª Carácter de esta ley.

Los preceptos contenidos en los artículos 7, 8, 9, 10, 11, 12, 13 (excepto su apartado 2), 15 y 21.3, la disposición adicional segunda y el apartado 2 de la disposición adicional tercera de esta ley tienen carácter orgánico. Los restantes preceptos tienen carácter ordinario y han sido dictados en ejercicio de lo dispuesto en el artículo 149.1.3.ª, 5.ª y 6.ª de la Constitución.

D.F. 2.ª Entrada en vigor.

La presente ley orgánica entrará en vigor el día siguiente de su publicación en el 'Boletín Oficial del Estado'.

Por tanto, Mando a todos los españoles, particulares y autoridades, que guarden y hagan guardar esta ley orgánica.

Madrid, 10 de diciembre de 2003.

JUAN CARLOS R.

El Presidente del Gobierno,
JOSÉ MARÍA AZNAR LÓPEZ

VIII. LEY ORGÁNICA 7/2014, DE 12 DE NOVIEMBRE, SOBRE INTERCAMBIO DE INFORMACIÓN DE ANTECEDENTES PENALES Y CONSIDERACIÓN DE RESOLUCIONES JUDICIALES PENALES EN LA UNIÓN EUROPEA

—BOE núm. 275, de 13 de noviembre de 2014—

(Incluye corrección de erratas publicada en BOE núm. 276, de 14 de noviembre de 2014.)

FELIPE VI
REY DE ESPAÑA

A todos los que la presente vieren y entendieren.
Sabed: Que las Cortes Generales han aprobado y Yo vengo en sancionar la siguiente ley orgánica.

PREÁMBULO

I

La cooperación judicial de la Unión Europea se articula sobre la base de los principios básicos de la armonización de legislaciones y el reconocimiento mutuo de resoluciones judiciales, como se proclama en los artículos 67 y 82 del Tratado de Funcionamiento de la Unión Europea.

El principio de reconocimiento mutuo como pieza básica de la cooperación judicial civil y penal en la Unión Europea, ha supuesto una auténtica revolución en las relaciones de cooperación entre los Estados miembros, al permitir que el reconocimiento y la ejecución o cumplimiento de las resoluciones judiciales traspase las fronteras del Estado donde se dictaron, para ser efectiva en los demás Estados.

Este nuevo modelo de cooperación judicial conlleva un cambio radical en las relaciones entre los Estados miembros de la Unión Europea, al sustituir las antiguas comunicaciones entre las autoridades centrales o gubernativas por la comunicación directa entre las autoridades judiciales, lo que junto a otras medidas ha logrado simplificar y agilizar los procedimientos de transmisión de las resoluciones judiciales. No obstante, las autoridades centrales de los Estados, fundamentalmente los distintos Ministerios de Justicia, prestan una valiosa ayuda al funcionamiento del sistema.

Así se pone de manifiesto en las dos normas de la Unión Europea que son objeto de transposición en esta Ley y que contribuyen a un mejor funcionamiento de las normas de reconocimiento mutuo, a las que complementan. Se trata de la Decisión Marco 2008/675/JAI del Consejo, de 24 de julio de 2008, relativa a la consideración de las resoluciones condenatorias entre los Estados miembros de la Unión Europea con motivo de un nuevo proceso penal y de la Decisión Marco 2008/315/JAI, de 26 de febrero de 2009, relativa a la organización y al contenido del intercambio de información de los registros de antecedentes penales entre Estados miembros. En este sentido, el programa de medidas destinado a poner en práctica el principio de reconocimiento mutuo de las resoluciones en materia penal contemplaba la necesidad de adoptar uno o varios instrumentos que garantizasen que la autoridad judicial de un Estado miembro pudiera tener en cuenta las resoluciones penales definitivas dictadas en los demás.

II

La Ley se inicia con un título preliminar que contiene su objeto y su régimen jurídico, en el que destaca el papel que juegan aquí los Convenios bilaterales o multilaterales entre los Estados miembros, que contribuyen a un mejor funcionamiento de los registros de antecedentes penales. A continuación, la Ley se estructura en otros dos títulos que se dedican, respectivamente, a regular el régimen aplicable al intercambio de información sobre antecedentes penales entre el Registro Central de Penados y las autoridades responsables de los registros nacionales de la Unión Europea y a la consideración de resoluciones judiciales condenatorias previas dictadas en otros Estados miembros de la Unión Europea. Estas normas se coordinan con la reforma del Código Penal para que los efectos de la reincidencia sean aplicables en las mismas condiciones cuando la sentencia condenatoria haya sido dictada en España o en cualquier otro Estado miembro de la Unión Europea.

III

La presente Ley viene a dotar de mayor seguridad jurídica una actuación que, en el marco de la cooperación judicial de la Unión Europea, ya se viene desarrollando por el Registro Central de Penados del Ministerio de Justicia, como autoridad competente para la remisión y la petición de la información relativa a los antecedentes penales. El Registro español ya participó, primero, en el proyecto piloto «Red de registros judiciales», a través del cual varios Estados de la Unión Europea intercambiaban información sobre antecedentes penales electrónicamente. Esta red ha sido sustituida por el Sistema Europeo de Información de Antecedentes Penales (ECRIS), creado por la Decisión 2009/316/JAI del Consejo, de 6 de abril de 2009, la cual se dictó precisamente en aplicación del artículo 11 de la Decisión Marco 2008/315/JAI, que se incorpora en esta Ley. En la práctica, ECRIS es un sistema electrónico de interconexión de las bases de datos de los registros de antecedentes penales de todos los Estados miembros, en el que éstos intercambian información sobre condenas de una manera rápida, uniforme y fácilmente transferible por ordenador. Un sistema que ya permite a Jueces y fiscales acceder fácilmente a una información completa sobre el historial delictivo de cualquier ciudadano de la Unión Europea, con independencia del país europeo en el que hubiera sido condenado.

Estas garantías se complementan a través del título I de esta Ley con normas que aseguren la eficacia de la cooperación entre las autoridades competentes de los distintos Estados, como se manifiesta en las normas que establecen la propia obligación de informar de las condenas, el contenido de esa información o los plazos en los que ha de practicarse.

Todas estas normas se concentran, en su aplicación en España, en el Registro Central de Penados, dependiente del Ministerio de Justicia. De acuerdo con las normas objeto de transposición, la información que trasladarán al Registro español es la que se refiere a condenas impuestas a españoles o a personas que hubieran residido en España, por los Tribunales de otro Estado miembro. Hay normas específicas en lo que se refiere a las condenas impuestas a menores y reglas de acuerdo con las cuales unos antecedentes pueden tenerse por cancelados a efectos de su toma en consideración por Jueces y Tribunales, pero mantenerse para retransmitirse a otros Estados, de acuerdo con lo que comunique la autoridad central del Estado de condena.

Del mismo modo, el Registro Central de Penados informará de las condenas dictadas en España a las autoridades centrales de los Estados de la nacionalidad del condenado, así como las modificaciones de las mismas o su cancelación, impidiendo su utilización fuera de un proceso penal.

Se ha de destacar que las peticiones de antecedentes a las autoridades competentes de otros Estados por parte del Registro Central de Penados se produce a instancias de Jueces y fiscales en el marco de un proceso penal, así como en los demás supuestos previstos por el ordenamiento jurídico.

IV

La regulación del título II de esta Ley supone la consagración del principio de equivalencia de las sentencias dictadas en la Unión Europea mediante su toma en consideración en procesos posteriores derivados de la comisión de nuevos delitos. Ello significa que, al igual que ocurre con las condenas anteriores pronunciadas en España, las que se dicten en otros Estados miembros deberán ser tenidas en cuenta tanto durante el proceso, como en la fase previa al mismo y en la de ejecución de la condena. Esa toma en consideración queda limitada en sus efectos a los que hubiera tenido una condena dictada en España y, además, sujeta al requisito de que la condena en otro Estado miembro hubiera sido impuesta por hechos que fueran punibles de conformidad con la ley española vigente a la fecha de su comisión.

El reconocimiento de efectos alcanza no solamente al momento de imposición de la pena, sino que se extiende a las resoluciones que deban adoptarse en la fase de investigación del delito o en la de la ejecución de la pena, por ejemplo, cuando se resuelva sobre la prisión preventiva de un sospechoso, sobre la cuantía de su fianza, la determinación de la pena, la suspensión de la ejecución de una pena o la revocación de la misma, o la concesión de la libertad condicional.

Junto a este principio general, con el propósito de reforzar la seguridad jurídica, la Ley enumera, en línea con las previsiones o facultades previstas en la Decisión Marco, los supuestos en los que tales condenas no pueden ser tomadas en consideración: a efectos de la revisión de las condenas que ya hubieran sido impuestas con anterioridad en España o de las resoluciones dictadas para dar inicio a su ejecución; a efecto de las condenas que eventualmente se impongan con posterioridad en España por delitos que se hubieran cometido antes de que se hubiera impuesto la condena anterior por el otro Estado miembro; así como en relación con las resoluciones sobre fijación de los límites de cumplimiento de la pena que se dicten conforme al artículo 988 de la Ley de Enjuiciamiento Criminal cuando incluyan alguna de esas condenas.

Asimismo, la firmeza de esas condenas impuestas en otros Estados constituye otra garantía ineludible, que impide que, en su defecto, se puedan tomar en consideración.

Por lo que respecta a la forma de recabar la información relativa a las resoluciones condenatorias dictadas en otros Estados, el Juez o Tribunal obtendrá la información mediante el intercambio de información sobre antecedentes penales o a través de los instrumentos de asistencia judicial vigentes. De este modo, el Registro Central de Penados se constituye de nuevo en un instrumento fundamental de apoyo a la labor de los Tribunales. Sólo cuando la información obtenida por estas vías fuera suficiente podrá ser tomada en consideración por el Juez o Tribunal competente.

En definitiva, el carácter instrumental de esta Ley dentro del ámbito de la cooperación judicial en la Unión Europea supone incrementar su eficacia y con ello la seguridad de los ciudadanos dentro del Espacio europeo de libertad, seguridad y justicia a través del intercambio de información sobre las condenas penales entre Estados miembros.

TÍTULO PRELIMINAR
Disposiciones generales

ART. 1. Objeto de la ley.

Esta ley orgánica tiene por objeto regular el régimen aplicable al intercambio de información sobre antecedentes penales de las personas físicas entre el Registro Central de Penados y las autoridades responsables de los registros nacionales de cada uno de los Estados miembros de la Unión Europea y a la consideración en los procesos penales tramitados en España de resoluciones condenatorias firmes dictadas con anterioridad por un órgano jurisdiccional penal por la comisión de un delito contra las mismas personas físicas en otros países Estados miembros de la Unión Europea.

Última modificación realizada por Ley Orgánica 4/2024, de 18 de octubre, por la que se modifica la Ley Orgánica 7/2014, de 12 de noviembre, sobre intercambio de información de antecedentes penales y consideración de resoluciones judiciales penales en la Unión Europea, para su adecuación a la normativa de la Unión Europea sobre el Sistema Europeo de Información de Antecedentes Penales (ECRIS) (BOE de 19-10-2024).

ART. 2. Régimen jurídico aplicable.

La cooperación entre las autoridades españolas y las de los demás Estados miembros de la Unión Europea, a los efectos señalados en el artículo anterior, se regirá por esta Ley, así como por lo dispuesto en los Convenios bilaterales o multilaterales con otros Estados miembros, en los protocolos o Convenios que los modifiquen o sustituyan, y en aquellas normas directamente aplicables de la Unión Europea en materia de cooperación judicial penal.

TÍTULO I
Intercambio de información sobre antecedentes penales

CAPÍTULO I
Disposiciones generales

ART. 3. Autoridad competente en España para remitir y recibir información sobre antecedentes penales.

En España, la autoridad central competente para remitir y recibir la información de las notas de condena de antecedentes penales por la comisión de infracciones penales es el Registro Central de Penados.

ART. 4. Procedimiento de intercambio de información sobre antecedentes penales.

1. El intercambio de información relativa a los antecedentes penales entre el Registro Central de Penados de España y las autoridades centrales de los restantes países miembros se realizará por vía electrónica, utilizando el Sistema Europeo de Información de Antecedentes Penales (ECRIS) y un formato normalizado.

2. Cuando no sea posible utilizar el procedimiento previsto en el apartado anterior, la transmisión de la información se efectuará a través de cualquier medio capaz de generar un registro escrito, o, en su caso, a través del formulario anexo a la ley, en condiciones que permitan a la autoridad central del Estado miembro receptor verificar la autenticidad de la información, tomando en consideración la seguridad de la transmisión. El formulario se traducirá a la lengua oficial o a una de las lenguas oficiales del Estado al que se dirige o, en su caso, a una de las lenguas oficiales acordadas por dicho Estado. Si el modo de transmisión previsto en el apartado anterior no estuviera disponible durante un periodo prolongado, la autoridad central informará de ello a los demás Estados miembros y a la Comisión.

Última modificación realizada por Ley Orgánica 4/2024, de 18 de octubre, por la que se modifica la Ley Orgánica 7/2014, de 12 de noviembre, sobre intercambio de información de antecedentes penales y consideración de resoluciones judiciales penales en la Unión Europea, para su adecuación a la normativa de la Unión Europea sobre el Sistema Europeo de Información de Antecedentes Penales (ECRIS) (BOE de 19-10-2024).

CAPÍTULO II
Notificaciones de sentencias condenatorias firmes entre los Estados miembros de la Unión Europea

ART. 5. Notas de condena relativas a españoles derivadas de sentencias firmes dictadas en otros Estados miembros.

1. El Registro Central de Penados inscribirá las notas de condena transmitidas como firmes que, por considerar que se refieren a una persona con nacionalidad española, le hayan sido remitidas por la autoridad central del Estado miembro de condena. Si el Registro Central de Penados tuviera constancia cierta de que la notificación se refiere a una persona que no tiene la nacionalidad española la rechazará, salvo que dicha persona hubiera sido condenada en España con anterioridad, fuera o hubiera sido residente en España o hubiera tenido la nacionalidad española. Cuando la notificación se refiera a menores de edad penal de acuerdo con la legislación del Estado de condena o la legislación española sólo se tendrán en cuenta a efectos de su transmisión a otros Estados miembros, con la excepción de las condenas impuestas por delitos contra la libertad e indemnidad sexuales o por trata de seres humanos con fines de explotación sexual, incluyendo la pornografía, que se remitirán de forma automática al Registro Central de Delincuentes Sexuales y Trata de Seres Humanos. Las notificaciones relativas a condenas impuestas por hechos no punibles en España sólo se conservarán a efectos de su transmisión a otros Estados miembros.

2. El Registro Central de Penados dejará constancia de aquellas notificaciones respecto de las que el Estado de condena haya indicado que no son retransmisibles a otros Estados miembros para propósitos distintos de un procedimiento penal, para su tratamiento diferenciado a efectos de certificación. En estos supuestos, recibida una solicitud de información de antecedentes penales, se procederá en la forma prevista en el apartado 5 del artículo 11.

3. A efectos de retransmisión, el Registro Central de Penados modificará o cancelará la información a que se refieren los apartados anteriores cuando así se lo comunique la autoridad central del Estado miembro de condena. La cancelación significará la eliminación física de los antecedentes cuando así lo comunique la autoridad central del Estado de condena.

Última modificación realizada por Ley Orgánica 4/2024, de 18 de octubre, por la que se modifica la Ley Orgánica 7/2014, de 12 de noviembre, sobre intercambio de información de antecedentes penales y consideración de resoluciones judiciales penales en la Unión Europea, para su adecuación a la normativa de la Unión Europea sobre el Sistema Europeo de Información de Antecedentes Penales (ECRIS) (BOE de 19-10-2024).

ART. 6. Obligación de información sobre las condenas pronunciadas en España.

1. El Registro Central de Penados informará sobre las condenas pronunciadas en España a la autoridad central del Estado de la nacionalidad del condenado, indicando si dicha información podrá ser retransmitida a otros Estados miembros para su utilización fuera de un proceso penal.

2. Cuando el condenado tenga la nacionalidad de varios Estados miembros, la información habrá de transmitirse a cada uno de ellos.

3. El Registro Central de Penados comunicará a la autoridad competente del Estado miembro de la nacionalidad del condenado las posteriores modificaciones o cancelaciones de la información que consten en el mismo.

4. Cuando el condenado fuera nacional de tercer país, el Registro Central de Penados comunicará sus datos personales al sistema centralizado previsto en el Reglamento (UE) 2019/816 del Parlamento Europeo y del Consejo, de 17 de abril de 2019. El término nacional de tercer país incluye a las personas que no sean ciudadanos de la Unión en el sentido del artículo 20, apartado 1, del Tratado de Funcionamiento de la Unión Europea y a las personas apátridas o de nacionalidad desconocida.

Última modificación realizada por Ley Orgánica 4/2024, de 18 de octubre, por la que se modifica la Ley Orgánica 7/2014, de 12 de noviembre, sobre intercambio de información de antecedentes penales y consideración de resoluciones judiciales penales en la Unión Europea, para su adecuación a la normativa de la Unión Europea sobre el Sistema Europeo de Información de Antecedentes Penales (ECRIS) (BOE de 19-10-2024).

ART. 7. Contenido de la información.

1. Salvo en caso de desconocimiento, la información que el Registro Central de Penados remita de oficio, como autoridad del Estado de condena, a las autoridades competentes de los Estados miembros de la nacionalidad del condenado incluirá:

a) Información sobre el condenado: Nombre y apellidos y, en su caso, nombres anteriores y alias, fecha y lugar de nacimiento (ciudad y Estado), nombre de los padres, sexo, nacionalidad y documento de identidad.

b) Información sobre el carácter de la condena: Fecha de la sentencia, fecha de firmeza de la sentencia, órgano judicial sentenciador y órgano judicial de ejecución de la sentencia, en su caso.

c) Información sobre el delito que dio lugar a la condena: Delito o delitos y precepto penal aplicado, fecha y lugar, si constase, de comisión del delito.

d) Información sobre el contenido de la condena: Pena o penas principales y accesorias, medidas de seguridad y resoluciones posteriores que modifiquen la ejecución de la pena.

2. El Registro Central de Penados deberá transmitir, si dispone de ello, las impresiones dactilares y la imagen facial obtenidas del condenado, así como cualquier otra información relativa a la condena que constase en el mismo.

Última modificación realizada por Ley Orgánica 4/2024, de 18 de octubre, por la que se modifica la Ley Orgánica 7/2014, de 12 de noviembre, sobre intercambio de información de antecedentes penales y consideración de resoluciones judiciales penales en la Unión Europea, para su adecuación a la normativa de la Unión Europea sobre el Sistema Europeo de Información de Antecedentes Penales (ECRIS) (BOE de 19-10-2024).

ART. 7 bis. Contenido de la información a remitir al sistema centralizado previsto en el Reglamento (UE) 2019/816.

1. El Registro Central de Penados, como autoridad central del Estado de condena, deberá crear un registro de datos en el sistema central para cada nacional de un tercer país condenado. El registro de datos deberá incluir los datos alfanuméricos, dactiloscópicos y, cuando el Derecho español permita la recogida y conservación, la imagen facial del condenado, así como los demás datos previstos en el art. 5.1 del Reglamento (UE) 2019/816.

2. Los datos dactiloscópicos del condenado se remitirán siempre que se hayan recogido durante el proceso penal y, en todo caso, cuando el nacional de un tercer país haya sido condenado a una pena de privación de libertad de una duración mínima de seis meses. Esta previsión resultará igualmente de aplicación cuando el nacional de un tercer país condenado ostente también la nacionalidad de algún país de la Unión Europea.

Añadido por Ley Orgánica 4/2024, de 18 de octubre, por la que se modifica la Ley Orgánica 7/2014, de 12 de noviembre, sobre intercambio de información de antecedentes penales y consideración de resoluciones judiciales penales en la Unión Europea, para su adecuación a la normativa de la Unión Europea sobre el Sistema Europeo de Información de Antecedentes Penales (ECRIS) (BOE de 19-10-2024).

ART. 8. Plazos para las notificaciones.

1. Las notificaciones de las condenas penales relativas a nacionales de los países miembros de la Unión Europea dictadas por los jueces y tribunales españoles se comunicarán cuanto antes y como máximo en el plazo de dos meses contados a partir del momento en que hayan sido remitidas al Registro Central de Penados.

2. La autoridad central española remitirá al sistema centralizado la información prevista en el artículo 7 bis, de forma automática, siempre que sea posible, y sin demora injustificada, después de que la sentencia firme condenatoria haya sido inscrita en el Registro Central de Penados.

Última modificación realizada por Ley Orgánica 4/2024, de 18 de octubre, por la que se modifica la Ley Orgánica 7/2014, de 12 de noviembre, sobre intercambio de información de antecedentes penales y consideración de resoluciones judiciales penales en la Unión Europea, para su adecuación a la normativa de la Unión Europea sobre el Sistema Europeo de Información de Antecedentes Penales (ECRIS) (BOE de 19-10-2024).

CAPÍTULO III
Información sobre antecedentes penales a petición de una autoridad central

ART. 9. Información sobre antecedentes penales.

La información sobre antecedentes penales comprende la que consta en el Registro Central de Penados, de acuerdo con sus normas reguladoras, con exclusión de las notas canceladas.

Última modificación realizada por Ley Orgánica 4/2024, de 18 de octubre, por la que se modifica la Ley Orgánica 7/2014, de 12 de noviembre, sobre intercambio de información de antecedentes penales y consideración de resoluciones judiciales penales en la Unión Europea, para su adecuación a la normativa de la Unión Europea sobre el Sistema Europeo de Información de Antecedentes Penales (ECRIS) (BOE de 19-10-2024).

ART. 10. Consultas sobre antecedentes penales.

1. El Registro Central de Penados podrá consultar a la autoridad central de otro Estado miembro sobre antecedentes penales relativos a una persona que fuera nacional o hubiera residido en dicho Estado cuando se requieran en el marco de un proceso penal o con cualquier otro fin válido en el ordenamiento jurídico español. Tratándose de nacionales de terceros países, la autoridad central podrá consultar al sistema centralizado con objeto de identificar al Estado o Estados miembros que posean información sobre antecedentes penales de aquel, con el fin de obtener información sobre condenas anteriores a través del Sistema Europeo de Información de Antecedentes Penales (ECRIS), cuando se solicite información sobre antecedentes penales de esa persona a efectos de un proceso penal contra la misma o con cualquier otro fin válido en el ordenamiento jurídico español. El Registro Central de Penados también podrá consultar el sistema centralizado para comprobar si, respecto de un ciudadano de la Unión Europea, algún Estado miembro posee información de antecedentes penales relativa a dicha persona como nacional de un tercer país. Cuando la finalidad de dicha consulta sea utilizar la información para fines distintos de un proceso penal, será necesario contar con el consentimiento expreso de la persona sobre la que se realiza la consulta, salvo que una norma estatal con rango de ley lo exceptúe.

2. Cuando el Estado requerido deniegue una información por no ser el Estado de condena y éste hubiera prohibido su retransmisión para fines al margen de un proceso penal, el Registro Central de Penados solicitará del Estado de condena la información de que se trate.

3. Cuando un ciudadano de la Unión Europea solicite la emisión de un certificado de antecedentes penales en España, deberá hacer constar su nacionalidad o nacionalidades de otro Estado miembro. En este caso, el Registro Central de Penados solicitará a la auto-

ridad central correspondiente que proporcione en extracto la información y datos conexos que pueda tener sobre dicha persona al objeto de completar su información. Si el interesado tuviera la nacionalidad de un tercer país, el Registro Central de Penados consultará al sistema centralizado con objeto de identificar al Estado o Estados miembros que pudieran poseer información sobre antecedentes penales de aquel, con el fin de obtener información sobre condenas anteriores a través de ECRIS para incluirlas en el certificado que se expida o dejar constancia negativa en caso contrario. El Registro Central de Penados incluirá la información y datos conexos recibidos de la autoridad central correspondiente en el extracto que facilite a la persona que haya solicitado la emisión del certificado de antecedentes penales.

Última modificación realizada por Ley Orgánica 4/2024, de 18 de octubre, por la que se modifica la Ley Orgánica 7/2014, de 12 de noviembre, sobre intercambio de información de antecedentes penales y consideración de resoluciones judiciales penales en la Unión Europea, para su adecuación a la normativa de la Unión Europea sobre el Sistema Europeo de Información de Antecedentes Penales (ECRIS) (BOE de 19-10-2024).

ART. 11. Respuesta a consultas formuladas por la autoridad central de otros Estados miembros.

1. El Registro Central de Penados responderá a las consultas que se formulen por la autoridad central de otro Estado, incluyendo:

a) Las notas de condena no canceladas dictadas por tribunales españoles.

b) Las notas de condena dictadas por tribunales extranjeros sobre las que no se haya comunicado su cancelación.

2. Cuando un Estado miembro realice una petición de información penal acerca de un ciudadano español para su utilización en un procedimiento penal, el Registro Central de Penados transmitirá a la autoridad central del Estado miembro requirente la información sobre las condenas pronunciadas en España que no estén reservadas a las autoridades judiciales españolas.

3. Cuando un Estado miembro realice una petición de información penal acerca de un ciudadano nacional de otro Estado miembro para su utilización en un procedimiento penal o para cualquier otro fin, el Registro Central de Penados transmitirá a la autoridad central del Estado miembro requirente la información sobre las condenas que figuren inscritas, siempre que no estuviesen reservadas a las autoridades judiciales españolas en la misma medida que lo dispuesto en el artículo 13 del Convenio Europeo de Asistencia Judicial en Materia Penal.

4. Si la solicitud se refiriese a un ciudadano de un tercer país, el Registro Central de Penados transmitirá a la autoridad central del Estado miembro requirente la información sobre las condenas que figuren inscritas, siempre que no estuviesen reservadas a las autoridades judiciales españolas, y sobre las condenas pronunciadas en terceros países y posteriormente transmitidas e inscritas en el Registro.

5. Si la solicitud de información penal fuera para fines distintos de un procedimiento penal, el Registro Central de Penados transmitirá a la autoridad central del Estado requirente la información penal que no estuviese reservada a las autoridades judiciales españolas, siempre que se acredite el consentimiento expreso del interesado, salvo que el mismo no fuera necesario conforme al Derecho español para procedimientos de idéntica naturaleza. En tal caso, el Registro Central de Penados transmitirá las condenas pronunciadas contra ciudadanos españoles que figuren inscritas siempre que el Estado de condena no se hubiera opuesto a esa retransmisibilidad, en cuyo caso se informará al Estado requirente acerca del Estado en que se dictó la condena, a los efectos oportunos.

Última modificación realizada por Ley Orgánica 4/2024, de 18 de octubre, por la que se modifica la Ley Orgánica 7/2014, de 12 de noviembre, sobre intercambio de información de antecedentes penales y consideración de resoluciones judiciales penales en la Unión Europea, para su adecuación a la normativa de la Unión Europea sobre el Sistema Europeo de Información de Antecedentes Penales (ECRIS) (BOE de 19-10-2024).

ART. 12. Plazos de respuesta.

La información sobre antecedentes penales a petición de una autoridad central de otro Estado miembro deberá ser respondida respetando los siguientes plazos:

a) Diez días hábiles desde la fecha de recepción de la consulta, cuando la autoridad competente de un Estado miembro solicite al Registro Central de Penados información sobre los antecedentes penales de un condenado para su uso en un proceso penal o para cualquier otro fin.

En el caso de que el Registro Central de Penados necesite información adicional para identificar a la persona a la que se refiere la solicitud, podrá consultar al Estado miembro requirente, respondiendo en todo caso en el plazo de diez días hábiles desde que le fuera proporcionada la nueva información solicitada.

b) Veinte días hábiles desde la fecha de recepción de la consulta, cuando a partir de la solicitud de un particular sobre sus antecedentes penales, la autoridad competente de un Estado miembro solicite al Registro Central de Penados información sobre los antecedentes penales de un condenado que sea o haya sido español o residente en España.

ART. 13. Condiciones de uso de los datos solicitados.

1. Los datos personales incluidos en la respuesta enviada por otro Estado miembro sobre los antecedentes penales de una persona, sólo podrán ser utilizados para los fines con que fueron solicitados y no serán conservados en el Registro Central de Penados, salvo que la solicitud haya sido realizada por el propio Registro Central de Penados para actualizar debidamente la información registrada, haciendo constar este propósito en la solicitud.

2. La información remitida a otros Estados no miembros de la Unión Europea de acuerdo con los Convenios y Tratados internacionales suscritos por España, en relación con los antecedentes penales de un condenado de nacionalidad española, deberá tener en cuenta, en relación con las notas de condena que le hayan transmitido otros Estados miembros, los límites previstos para la transmisión de información entre Estados miembros.

3. Sin perjuicio de lo establecido en los apartados anteriores, los datos de carácter personal comunicados al Registro Central de Penados por otro Estado miembro podrán ser utilizados para la protección del orden público o de la seguridad nacional en casos de amenaza inminente y grave.

4. Una vez cancelados o eliminados todos los antecedentes penales de un ciudadano nacional de un tercer país, el Registro Central de Penados procederá a suprimir, en el plazo máximo de un mes, la información que en su caso hubiera remitido al sistema centralizado de conformidad con lo dispuesto en el artículo 7 bis.

Última modificación realizada por Ley Orgánica 4/2024, de 18 de octubre, por la que se modifica la Ley Orgánica 7/2014, de 12 de noviembre, sobre intercambio de información de antecedentes penales y consideración de resoluciones judiciales penales en la Unión Europea, para su adecuación a la normativa de la Unión Europea sobre el Sistema Europeo de Información de Antecedentes Penales (ECRIS) (BOE de 19-10-2024).

TÍTULO II
Consideración de resoluciones condenatorias dictadas en otros Estados miembros de la Unión Europea

ART. 14. Efectos jurídicos de las resoluciones condenatorias anteriores sobre el nuevo proceso penal.

1. Las condenas anteriores firmes dictadas en otros Estados miembros contra la misma persona por distintos hechos surtirán, con motivo de un nuevo proceso penal, los mismos efectos jurídicos que las condenas anteriores firmes dictadas en España. Esta equivalencia de efectos jurídicos se aplicará en la fase previa al proceso penal, durante el propio proceso y con ocasión de la ejecución de la condena impuesta.

2. Las resoluciones condenatorias recaídas en procedimientos judiciales en otros Estados miembros no tendrán ningún efecto sobre las sentencias firmes recaídas en España con anterioridad ni sobre las resoluciones relativas a su ejecución, ni tampoco podrán provocar su revocación o revisión por los jueces o tribunales.

3. No podrán ser tomadas en consideración en un proceso penal desarrollado en España a efectos de imposición de penas, aquellas infracciones cometidas en otro Estado miembro cuando no hubiera recaído resolución de condena firme de las mismas.

4. Los antecedentes penales que consten en el Registro Central de Penados se tendrán por cancelados, aunque procedan de condenas dictadas en otros Estados, a efectos de su toma en consideración en España por los jueces y tribunales de acuerdo con el Derecho español, a menos que antes se comunique su cancelación por el Estado de condena.

Última modificación realizada por Ley Orgánica 4/2024, de 18 de octubre, por la que se modifica la Ley Orgánica 7/2014, de 12 de noviembre, sobre intercambio de información de antecedentes penales y consideración de resoluciones judiciales penales en la Unión Europea, para su adecuación a la normativa de la Unión Europea sobre el Sistema Europeo de Información de Antecedentes Penales (ECRIS) (BOE de 19-10-2024).

ART. 15. Solicitud de antecedentes penales de otros Estados para su consideración en un nuevo proceso penal.

El Juez o Tribunal o el Ministerio Fiscal obtendrán la información relativa a las resoluciones condenatorias dictadas en otros Estados mediante el intercambio de información sobre antecedentes penales o a través de los instrumentos de asistencia judicial vigentes.

A estos efectos, cuando se trate de nacionales de otros Estados miembros de la Unión Europea o ciudadanos nacionales de terceros países, o nacionales de otros Estados con los que se haya suscrito el correspondiente convenio de cooperación, el juez o tribunal o el Ministerio Fiscal recabarán de oficio los antecedentes penales de los investigados.

Última modificación realizada por Ley Orgánica 4/2024, de 18 de octubre, por la que se modifica la Ley Orgánica 7/2014, de 12 de noviembre, sobre intercambio de información de antecedentes penales y consideración de resoluciones judiciales penales en la Unión Europea, para su adecuación a la normativa de la Unión Europea sobre el Sistema Europeo de Información de Antecedentes Penales (ECRIS) (BOE de 19-10-2024).

DISPOSICIONES ADICIONALES

D.A. Única. Condenas anteriores al 15 de agosto de 2010.

(SUPRIMIDA)

Suprimida por Ley Orgánica 4/2024, de 18 de octubre, por la que se modifica la Ley Orgánica 7/2014, de 12 de noviembre, sobre intercambio de información de antecedentes penales y consideración de resoluciones judiciales penales en la Unión Europea, para su adecuación a la normativa de la Unión Europea sobre el Sistema Europeo de Información de Antecedentes Penales (ECRIS) (BOE de 19-10-2024).

DISPOSICIONES FINALES

D.F. 1.ª Preceptos no orgánicos.

Los preceptos comprendidos en el título I de esta Ley no tienen naturaleza orgánica.

D.F. 2.ª Título competencial.

Esta Ley se dicta al amparo de lo dispuesto en el artículo 149.1.6.ª de la Constitución, que atribuye al Estado la competencia exclusiva en materia de legislación penal y procesal.

D.F. 3.ª Incorporación de Derecho de la Unión Europea.

Mediante esta Ley se incorporan al Derecho español:

a) La Decisión Marco 2008/675/JAI, de 24 de julio de 2008, relativa a la consideración de las resoluciones condenatorias entre los Estados miembros de la Unión Europea con motivo de un nuevo proceso penal.

b) La Decisión Marco 2008/315/JAI, de 26 de febrero de 2009, relativa a la organización y al contenido del intercambio de información de los registros de antecedentes penales entre los Estados miembros.

D.F. 4.ª Entrada en vigor.

La presente Ley entrará en vigor a los veinte días de su publicación en el «Boletín Oficial del Estado».

Por tanto,
Mando a todos los españoles, particulares y autoridades, que guarden y hagan guardar esta ley orgánica.

Madrid, 12 de noviembre de 2014.

FELIPE R.

El Presidente del Gobierno,
MARIANO RAJOY BREY

ANEXO

Formulario para el intercambio de información de los registros de antecedentes penales entre los Estados miembros

Solicitud de información del registro de antecedentes penales

> **Con objeto de cumplimentar este formulario correctamente, se ruega a los Estados miembros que consulten el manual de procedimiento**

a) Información sobre el Estado miembro requirente:
Estado miembro:
Autoridad o autoridades centrales:
Persona de contacto:
Teléfono (con prefijo):
Dirección de correo electrónico:
Dirección postal:
Referencia del expediente, si se conoce:

b) Información sobre la identidad de la persona a la que se refiere la solicitud (*):
Nombre completo (todos los nombres y apellidos):
Nombres anteriores:
Seudónimos o alias, si los tiene:
Sexo: M ☐ F ☐
Nacionalidad:
Fecha de nacimiento (en cifras: dd/mm/aaaa):
Lugar de nacimiento (ciudad y Estado):
Apellidos del padre:
Apellidos de la madre:
Domicilio o dirección conocida:
Número personal de identidad, o tipo y número del documento de identidad personal:
Impresiones dactilares:
Otros datos disponibles que permitan su identificación:

____

(*) Para facilitar la identificación de la persona debe darse toda la información que sea posible.

c) Finalidad de la solicitud:
Márquese la casilla que proceda
1) ☐ Procedimiento penal (especifíquese la autoridad ante la que esté incoado el procedimiento y el número de referencia del asunto si se conoce).........................
....

2) ☐ Solicitud para fines distintos de un procedimiento penal (especifíquese la autoridad ante la que esté incoado el procedimiento y el número de referencia del asunto si se conoce, marcando la casilla que proceda):
   i) ☐ De un órgano jurisdiccional ....
   ....
   ii) ☐ De un órgano administrativo habilitado ....
   ....
   iii) ☐ De información del propio interesado sobre sus antecedentes penales ....
   ....

Finalidad para la que se solicita la información:
Autoridad requirente:
☐ El interesado no autoriza la divulgación de la información (si se ha solicitado su autorización de acuerdo con el Derecho del Estado miembro requirente).

Persona de contacto en caso de que sea necesaria información adicional:
Nombre y apellidos:
Número de teléfono:
Dirección de correo electrónico:
Otras informaciones (por ejemplo, urgencia de la solicitud):

Respuesta a la solicitud

Información sobre la persona a la que se refiere la solicitud
Márquese la casilla que proceda
La autoridad que suscribe confirma lo siguiente:
☐ no consta ninguna información sobre condenas en el registro de antecedentes penales de la citada persona;
☐ consta información sobre condenas en el registro de antecedentes penales de la citada persona; se adjunta relación de las condenas;
☐ consta información de otro tipo en el registro de antecedentes penales de la citada persona; se adjunta la información (optativo);
☐ consta información sobre condenas en el registro de antecedentes penales de la citada persona pero el Estado miembro de condena ha comunicado que la información sobre dichas condenas no puede retransmitirse para fines distintos de un procedimiento penal. Puede solicitarse información adicional directamente a .... (indíquese el Estado miembro de condena);
☐ con arreglo al Derecho nacional del Estado miembro requerido no se permite tramitar solicitudes formuladas para fines distintos de un procedimiento penal.

Persona de contacto en caso de que sea necesaria información adicional:

Nombre y apellidos:

Número de teléfono:

Dirección de correo electrónico:

Otras informaciones (limitaciones para el uso de los datos de que se trata solicitados fuera del marco de los procedimientos penales):

Indíquese el número de páginas que se adjuntan al formulario de respuesta:

En

el

Firma y sello oficial (en su caso):

Nombre y cargo/organismo:

Cuando proceda, adjúntese la relación de las condenas y remítase toda la información al Estado miembro requirente. No es necesario traducir el formulario ni la relación de las condenas a la lengua del Estado miembro requirente.

Redactada la letra b) conforme a la corrección de erratas publicada en el BOE núm. 276, de 14 de noviembre de 2014.

IX. LEY ORGÁNICA 5/1985, DE 19 DE JUNIO, DEL RÉGIMEN ELECTORAL GENERAL

—BOE núm. 147, de 20 de junio de 1985—

(EXTRACTO: Arts. 135-153)

(...)

CAPÍTULO VIII
Delitos e infracciones electorales

Sección I. Disposiciones generales

ART. 135.

1. A los efectos de este capítulo son funcionarios públicos los que tengan ésta consideración según el Código Penal, quienes desempeñen alguna función pública relacionada con las elecciones, y en particular los Presidentes y Vocales de las Juntas Electorales, los Presidentes, Vocales e Interventores de las Mesas Electorales y los correspondientes suplentes.

2. A los mismos efectos tienen la consideración de documentos oficiales, el censo y sus copias autorizadas, las actas, listas, certificaciones, talones o credenciales de nombramiento de quienes hayan de intervenir en el proceso electoral y cuantos emanen de personas a quienes la presente Ley encargue su expedición.

ART. 136.

Los hechos susceptibles de ser calificados con arreglo a esta Ley y al Código Penal lo serán siempre por aquel precepto que aplique mayor sanción al delito o falta cometidos.

ART. 137.

Por todos los delitos a que se refiere este capítulo se impondrá, además de la pena señalada en los artículos siguientes, la de inhabilitación especial para el derecho del sufragio pasivo.

Última modificación realizada por Ley Orgánica 10/1995, de 23 de noviembre, del Código Penal
(BOE de 24-11-1995).

ART. 138.

En lo que no se encuentre expresamente regulado en este Capítulo se aplicará el Código Penal.

También serán de aplicación, en todo caso, las disposiciones del Capítulo I, título 1.º, del Código Penal a los delitos penados en esta Ley.

Sección II. Delitos electorales

Redactado el título conforme a la corrección de errores publicada en el BOE núm 17, de 20 de enero de 1986.

ART. 139.

Serán castigados con las penas de seis meses a dos años y de multa de seis a veinticuatro meses los funcionarios públicos que:

1. Incumplan las normas legalmente establecidas para la formación, conservación y exhibición al público del censo electoral.

2. Incumplan las normas legalmente establecidas para la constitución de las Juntas y Mesas Electorales, así como para las votaciones, acuerdos y escrutinios que éstas deban realizar.

3. No extiendan las actas, certificaciones, notificaciones y demás documentos electorales en la forma y momentos previstos por la Ley.

4. Susciten, sin motivo racional, dudas sobre la identidad de una persona o la entidad de sus derechos.

5. Suspendan, sin causa justificada, cualquier acto electoral.

6. Nieguen, dificulten o retrasen indebidamente la admisión, curso o resolución de las protestas o reclamaciones de las personas que legalmente estén legitimadas para hacerlas, o no dejen de ellas la debida constancia documental.

7. Causen, en el ejercicio de sus competencias, manifiesto perjuicio a un candidato.

8. Incumplan los trámites establecidos para el voto por correspondencia.

Última modificación realizada por Ley Orgánica 2/2011, de 28 de enero, por la que se modifica la Ley Orgánica 5/1985, de 19 de junio, del Régimen Electoral General (BOE de 29-01-2011).

ART. 140. Delitos por abuso de oficio o falsedad.

1. Serán castigados con las penas de prisión de tres a siete años y multa de dieciocho a veinticuatro meses los funcionarios que abusando de su oficio o cargo realicen alguna de las siguientes falsedades:

a) Alterar sin autorización las fechas, horas o lugares en que deba celebrarse cualquier acto electoral incluso de carácter preparatorio, o anunciar su celebración de forma que pueda inducir a error a los electores.

b) Omitir o anotar de manera que induzca a error sobre su autenticidad los nombres de los votantes en cualquier acto electoral.

c) Cambiar, ocultar o alterar, de cualquier manera, el sobre o papeleta electoral que el elector entregue al ejercitar su derecho.

d) Realizar con inexactitud el recuento de electores en actos referentes a la formación o rectificación del Censo, o en las operaciones de votación y escrutinio.

e) Efectuar proclamación indebida de personas.

f) Faltar a la verdad en manifestaciones verbales que hayan de realizarse en algún acto electoral, por mandato de esta Ley.

g) Consentir, pudiendo evitarlo, que alguien vote dos o más veces o lo haga sin capacidad legal, o no formular la correspondiente protesta.

h) Imprimir, confeccionar o utilizar papeletas o sobres electorales con infracción de las normas establecidas.

i) Incumplir las obligaciones relativas a certificaciones en materia de subvenciones por gastos electorales previstas en esta ley.

j) Cometer cualquier otra falsedad en materia electoral, análoga a las anteriores, por alguno de los modos señalados en el artículo 302 del Código Penal.

2. Si las falsedades a las que se refiere este articulo se cometieran por imprudencia grave, serán sancionadas con la pena de multa de doce a veinticuatro meses.

Última modificación realizada por Ley Orgánica 2/2011, de 28 de enero, por la que se modifica la Ley Orgánica 5/1985, de 19 de junio, del Régimen Electoral General (BOE de 29-01-2011).

ART. 141. Delito por infracción de los trámites para el voto por correo.

1. El particular que vulnere los trámites establecidos para el voto por correo será castigado con las penas de prisión de tres meses a un año o la de multa de seis a veinticuatro meses.

2. El particular que participe en alguna de las falsedades señaladas en el artículo anterior será castigado con la pena de prisión de seis meses a tres años.

Última modificación realizada por Ley Orgánica 2/2011, de 28 de enero, por la que se modifica la Ley Orgánica 5/1985, de 19 de junio, del Régimen Electoral General (BOE de 29-01-2011).

ART. 142. Delito por emisión de varios votos o emisión sin capacidad.

Quienes voten dos o más veces en la misma elección o quienes voten sin capacidad para hacerlo serán castigados con las penas de prisión de seis meses a dos años, multa de seis meses a dos años e inhabilitación especial para empleo o cargo público de uno a tres años.

Última modificación realizada por Ley Orgánica 2/2011, de 28 de enero, por la que se modifica la Ley Orgánica 5/1985, de 19 de junio, del Régimen Electoral General (BOE de 29-01-2011).

ART. 143. Delitos por abandono o incumplimiento en las Mesas electorales.

El Presidente y los Vocales de las Mesas Electorales así como sus respectivos suplentes que dejen de concurrir o desempeñar sus funciones, las abandonen sin causa legítima o incumplan sin causa justificada las obligaciones de excusa o aviso previo que les impone esta Ley, incurrirán en la pena de prisión de tres meses a un año o multa de seis a veinticuatro meses.

Última modificación realizada por Ley Orgánica 2/2011, de 28 de enero, por la que se modifica la Ley Orgánica 5/1985, de 19 de junio, del Régimen Electoral General (BOE de 29-01-2011).

ART. 144. Delitos en materia de propaganda electoral.

1. Serán castigados con la pena de prisión de tres meses a un año o la de multa de seis a veinticuatro meses quienes lleven acabo alguno de los actos siguientes:

a) Realizar actos de propaganda una vez finalizado el plazo de la campaña electoral.

b) Infringir las normas legales en materia de carteles electorales y espacios reservados de los mismos, así como las normas relativas a las reuniones y otros actos públicos de propaganda electoral.

2. Serán castigados con las penas de prisión de seis meses a dos años y la de multa de seis meses a una año los miembros en activo de las Fuerzas Armadas y Seguridad del Estado, de las Policías de las Comunidades Autónomas y Locales, los Jueces, Magistrados y Fiscales y los miembros de las Juntas Electorales que difundan propaganda electoral o lleven a cabo otras actividades de campaña electoral.

Última modificación realizada por Ley Orgánica 2/2011, de 28 de enero, por la que se modifica la Ley Orgánica 5/1985, de 19 de junio, del Régimen Electoral General (BOE de 29-01-2011).

ART. 145. Delitos en materia de encuestas electorales.

Quienes infrinjan la normativa vigente en materia de encuestas electorales serán castigados con la pena de prisión de tres meses a un año, multa de doce a veinticuatro meses e inhabilitación especial para profesión, oficio, industria o comercio por tiempo de uno a tres años.

Última modificación realizada por Ley Orgánica 2/2011, de 28 de enero, por la que se modifica la Ley Orgánica 5/1985, de 19 de junio, del Régimen Electoral General (BOE de 29-01-2011).

ART. 146.

1. Serán castigados con la pena de prisión de seis meses a tres años o multa de doce a veinticuatro meses:

a) Quienes por medio de recompensa, dádivas, remuneraciones o promesas de las mismas, soliciten directa o indirectamente el voto de algún elector, o le induzcan a la abstención.

b) Quienes con violencia o intimidación presionen sobre los electores para que no usen de su derecho, lo ejerciten contra su voluntad o descubran el secreto de voto.

c) Quienes impidan o dificulten injustificadamente la entrada, salida o permanencia de los electores, candidatos, apoderados, interventores y notarios en los lugares en los que se realicen actos del procedimiento electoral.

2. Los funcionarios públicos que usen de sus competencias para algunos de los fines señalados en este artículo incurrirán en las penas señaladas en el número anterior y, además, en la inhabilitación especial para empleo o cargo público de uno a tres años.

Última modificación realizada por Ley Orgánica 2/2011, de 28 de enero, por la que se modifica la Ley Orgánica 5/1985, de 19 de junio, del Régimen Electoral General (BOE de 29-01-2011).

ART. 147. Delito de alteración del orden del acto electoral.

Los que perturben gravemente el orden en cualquier acto electoral o penetren en los locales donde éstos se celebren portando armas u otros instrumentos susceptibles de ser usados como tales, serán castigados con la pena de prisión de tres a doce meses o la multa de seis a veinticuatro meses.

Última modificación realizada por Ley Orgánica 2/2011, de 28 de enero, por la que se modifica la Ley Orgánica 5/1985, de 19 de junio, del Régimen Electoral General (BOE de 29-01-2011).

ART. 148.

Cuando los delitos de calumnia e injuria se cometan en período de campaña electoral y con motivo u ocasión de ella, las penas privativas de libertad previstas al efecto en el Código Penal se impondrán en su grado máximo.

Última modificación realizada por Ley Orgánica 2/2011, de 28 de enero, por la que se modifica la Ley Orgánica 5/1985, de 19 de junio, del Régimen Electoral General (BOE de 29-01-2011).

ART. 149.

1. Los administradores generales y de las candidaturas de los partidos, federaciones, coaliciones o agrupaciones de electores que falseen las cuentas, reflejando u omitiendo indebidamente en las mismas aportaciones o gastos o usando de cualquier artificio que suponga aumento o disminución de las partidas contables, serán castigados con la pena de prisión de uno a cuatro años y multa de doce a veinticuatro meses.

2. Los Tribunales atendiendo a la gravedad del hecho y sus circunstancias podrán imponer la pena en un grado inferior a la señalada en el párrafo anterior.

Última modificación realizada por Ley Orgánica 2/2011, de 28 de enero, por la que se modifica la Ley Orgánica 5/1985, de 19 de junio, del Régimen Electoral General (BOE de 29-01-2011).

ART. 150. Delito de apropiación indebida de fondos electorales.

1. Los administradores generales y de las candidaturas, así como las personas autorizadas a disponer de las cuentas electorales, que se apropien o distraigan fondos para fines distintos de los contemplados en esta Ley serán sancionados con las penas de prisión de uno a cuatro años y multa de seis a doce meses, si los fondos apropiados o distraídos no superan los 50.000 euros, y de prisión de dos a seis años y multa de doce a veinticuatro meses, en caso contrario.

2. Los Tribunales teniendo en cuenta la gravedad del hecho y sus circunstancias, las condiciones del culpable y la finalidad perseguida por éste, podrán imponer la pena de prisión de seis meses a un año y la de multa de tres a seis meses.

Última modificación realizada por Ley Orgánica 2/2011, de 28 de enero, por la que se modifica la Ley Orgánica 5/1985, de 19 de junio, del Régimen Electoral General (BOE de 29-01-2011).

Sección III. Procedimiento judicial

ART. 151.

1. El procedimiento para la sanción de estos delitos se tramitará con arreglo a la Ley de Enjuiciamiento Criminal. Las actuaciones que se produzcan por aplicación de estas normas tendrán carácter preferente y se tramitarán con la máxima urgencia posible.

2. La acción penal que nace en estos delitos es pública y podrá ejercitarse sin necesidad de depósito o fianza alguna.

ART. 152.

El Tribunal o Juez a quien corresponda la ejecución de las sentencias firmes dictadas en causas por delitos a los que se refiere este Título dispondrá la publicación de aquéllas en el «Boletín Oficial» de la provincia y remitirá testimonio de las mismas a la Junta Electoral Central.

Sección IV. Infracciones electorales

ART. 153.

1. Toda infracción de las normas obligatorias establecidas en la presente Ley que no constituya delito será sancionada por la Junta Electoral competente. La multa será de 300 a 3.000 euros si se trata de autoridades o funcionarios y de 100 a 1.000 si se realiza por particulares.

2. Las infracciones de lo dispuesto en esta Ley sobre régimen de encuestas electorales serán sancionadas con multa de 3.000 a 30.000 de euros.

3. A las infracciones electorales consistentes en la superación por los partidos políticos de los límites de gastos electorales les será de aplicación lo previsto en la Ley Orgánica 8/2007, de 4 de julio, sobre financiación de los partidos políticos.

Última modificación realizada por Ley Orgánica 3/2015, de 30 de marzo, de control de la actividad económico-financiera de los Partidos Políticos, por la que se modifican la Ley Orgánica 8/2007, de 4 de julio, sobre financiación de los Partidos Políticos, la Ley Orgánica 6/2002, de 27 de junio, de Partidos Políticos y la Ley Orgánica 2/1982, de 12 de mayo, del Tribunal de Cuentas (BOE de 31-03-2015).

(…)